区域国别法律发达史
系列丛书

张寿民　王海军 / 著

俄罗斯法律发达史

THE DEVELOPMENT HISTORY OF
RASSIAN LAW

（修订版）

法律出版社 LAW PRESS · CHINA
北京

图书在版编目（CIP）数据

俄罗斯法律发达史 / 张寿民，王海军著. -- 修订版.
北京 ：法律出版社，2025. --（区域国别法律发达史系
列丛书）. -- ISBN 978-7-5197-9432-3

Ⅰ. D909. 512

中国国家版本馆 CIP 数据核字第 2024HQ2230 号

俄罗斯法律发达史（修订版）
ELUOSI FALÜ FADASHI (XIUDINGBAN)

张寿民　王海军　著

责任编辑 孔明林
装帧设计 鲍龙卉

出版发行 法律出版社
编辑统筹 学术 · 对外出版分社
责任校对 王　丰　郭艳萍　张翼羽
责任印制 胡晓雅　宋万春
经　　销 新华书店

开本 A5
印张 14. 625　　**字数** 435 千
版本 2025 年 4 月第 1 版
印次 2025 年 4 月第 1 次印刷
印刷 北京金康利印刷有限公司

地址：北京市丰台区莲花池西里 7 号（100073）
网址：www. lawpress. com. cn
投稿邮箱：info@ lawpress. com. cn
举报盗版邮箱：jbwq@ lawpress. com. cn

销售电话：010-83938349
客服电话：010-83938350
咨询电话：010-63939796

书号：ISBN 978-7-5197-9432-3　　**定价：**78. 00 元

凡购买本社图书，如有印装错误，我社负责退换。电话：010-83938349

总　序

人类自诞生第一个法律文明即古代美索不达米亚法律文明以来，至今，已经有近5000年的历史了。在此进程中，人类的法律文明又经历了古代埃及的法老神权法制文明，古代中国法儒相较、礼法相融之秩序法制文明，古代印度以种姓制为基础的宗教等级法律文明，以及古代希腊、罗马以自然法和人类理性为底色、以良法之治为宗旨的商业法治文明，随后进入了近千年历史的中世纪社会。

在中世纪，原来古代美索不达米亚、古代埃及的法律文明已经消亡，代之而起的在西方是日耳曼法、教会法和海事法三大法律文明，在东方是以中华法系为中心的朝鲜、日本和越南等东亚法律文化，以及以印度教为基础的印度封建制法律体系。而在这两者之间，则是势力庞大、涉及国家众多的伊斯兰教法律体系。中世纪世界各国、各地区不同的法律形态，以该时代晚期的地理大发现、海洋大国的先后崛起、民族国家的纷纷成立，以及文艺复兴、罗马法复兴和宗教改革之三大运动的兴起而趋于衰变与转型。

最早进入这一历史转型的是英国，它在中世纪后期发展起来的普通法、衡平法和制定法（国会立法）的基础上，吸收近代资本主义之各项元素，逐步发展起了一整套资产阶级的法律体系，在工业革命、对外殖民扩张、建立起庞大的“日不落帝国”的过程中，形成了英吉利法系。其成员包括了美国、加拿大、澳大利亚、新西兰、马来西亚等所有英国的殖民地，并在美国崛起之后，转型成为英美法系，形成为近代世界法律发展的重要一极。

与此同时，经历了1789年法国大革命的冲击之后，出来捍卫“革命成果”的拿破仑（Napoléon Bonaparte，1769—1821），在用武力横扫欧洲大部分地区“旧秩序”的同时，掀起了轰轰烈烈的“六法全书”的编纂事业。从1791年的宪法，到1810年的刑法，在短短的十余年时间内，法国建立起了一个系统、完备、高效的近代资产阶级法律体系。这一体系,因法国的对外扩张以及若干国家在近代化进程中自愿学习和效仿,形成了一个比英美法系规模更为宏大的大陆法系,其成员遍及欧、亚、非和南美众多国家。

在近代两大资产阶级法系形成的同时,世界上其他国家与地区,也在探寻自己的法律改革之路,他们或传承和改造本国的法律文化,或移植英美法系和大陆法系的成果并使其日益本土化,从而形成了一个自人类诞生以来从未有过的世界各国法律近代化的浪潮,人类的法律发展开始步入一个崭新的文明形态。

那么,如何将上述近5000年人类法律文明发展之波澜壮阔的历史画卷展现出来,如何把现代世界各个国家和地区的法律发展的历史和现况表达出来,以满足广大读者对世界法律文明古今之变的了解,并为中国的法治现代化建设事业提供镜鉴。我们就萌生了编纂一套丛书的想法。从1998年起,以华东政法大学法律史学科为核心的学术团队,开始编写"世界各国法律发达史丛书",至2012年出齐,共12卷。

进入21世纪20年代,世界经济、政治、科技、文化发展更加迅速,国际形势风云变幻,许多国家和地区的法律制度都发生了重大变化,也呈现出了更加多元的特色。对此,需要我们予以关注,进行研究,并将其充分表达出来。于是,在法律出版社的全力支持和帮助下,我们开启了对"世界各国法律发达史丛书"的修订工程。与此同时,随着中国国际地位的提高和对外交往的深入,涉外法治与区域国别法治的研究也日益成为中国法学的热点议题。2022年,华东政法大学正式获批全国首批"国家级涉外法治研究基地",以法律史、国际法作为主要支撑学科成立了涉外法治研究院。同年,国务院学位委员会将区域国别学正式确立为交叉学科门类下的一级学科,华东政法大学也于2024年成功获批全国首批区域国别学学位点,以法律史为牵头学科,集合全校力量,开始培养区域国别法方向的研究生。

在这些大背景下,我们在此次修订过程中也将本套丛书的名称由"世界各国法律发达史丛书"更名为"区域国别法律发达史丛书",以期共同推进新时代区域国别法学的研究。具体内容仍然分为12卷,其书名为:

1. 英国法律发达史;
2. 美国法律发达史;
3. 法国法律发达史;

4. 德国法律发达史；

5. 日本法律发达史；

6. 意大利法律发达史；

7. 俄罗斯法律发达史；

8. 加拿大法律发达史；

9. 澳大利亚法律发达史；

10. 东南亚七国法律发达史；

11. 非洲法律发达史；

12. 拉丁美洲法律发达史。

由于本丛书第一版的编写，开始于近 30 年前，修订工作需要将这近 30 年中世界各国各地区法律发展的成果尽量全部收录进来。因此，本次修订工作量巨大。所以我们华东政法大学法律史研究中心、涉外法治研究院、涉外法治学院、法律文明史研究院，投入了几乎全部的力量，参与到这一工作之中。虽然我们的团队中也已齐聚了通晓相关国家和地区语言的专业人才，但仍然感到任务艰巨、压力山大、诚惶诚恐。因此，唯有认真仔细、谨小慎微，以如履薄冰、如临深渊的态度，完成这项工作。

在此过程中，我们要深深感谢法律出版社的领导，没有他们在经费和人力上的全力支持和帮助，我们的编写、修订和出版工作是无法展开的。尤其是学术分社的分社长孙东育、编辑部主任张心萌两位老师，更是投入了全部心血，参与了我们修订工作的全过程，并给予专业的指导和帮助。在本丛书出版之际，我谨代表我们全体编写人员对此表示一片诚挚的谢意。当然，对于修订版仍然存在的不足，均由我们作者承担，并希望广大读者予以批评指正，以在未来再次修订时进行改正。

何勤华

于华东政法大学

法律文明史研究院

2025 年 3 月 5 日

修订版序言

俄罗斯是俄罗斯联邦的简称。俄罗斯领土辽阔,人口众多。俄罗斯领土总面积为1709.82万平方千米,是世界上领土面积最大的国家。俄罗斯领土包括欧洲的北部和亚洲的北部,西北部同挪威和芬兰接界,西面的邻国有爱沙尼亚、拉脱维亚、立陶宛、波兰、白俄罗斯,西南面的邻国是乌克兰,南面同格鲁吉亚、阿塞拜疆和哈萨克斯坦相邻,东南面有蒙古国、中国和朝鲜,还同日本以及美国的阿拉斯加隔海相望。俄罗斯海岸线长达38,807千米,西面有亚速海、里海和波罗的海与大西洋相通,北面有巴伦支海、白海、喀拉海、拉普捷夫海、东西伯利亚海和楚科奇海与北冰洋相通,东面有白令海、鄂霍次克海和日本海与太平洋相通。俄罗斯总人口约1.464亿(据2023年1月1日的调查统计),共有194个民族。俄罗斯欧洲部分的西北部和中部地区的民族主要是俄罗斯人。西伯利亚、北高加索、远东地区为少数民族集中地区。除俄罗斯人外,俄罗斯的少数民族主要有:白俄罗斯人、乌克兰人、哈萨克人、鞑靼人、摩尔多瓦人、日耳曼人、犹太人、楚瓦什人、巴什基尔人、达格斯坦人、车臣人、印古什人、奥塞梯人、格鲁吉亚人以及亚美尼亚人等。俄语为俄罗斯全境通用的语言。东正教是俄罗斯的主要宗教,伊斯兰教在俄罗斯也有广泛的影响。

根据2020年修订的《俄罗斯联邦宪法》第65条的规定,俄罗斯由89个联邦主体组成,包括24个共和国、9个边疆区、48个州、1个自治州、3个联邦直辖市和4个自治专区。各共和国除了根据1992年3月31日公布的《关于俄罗斯联邦国家权力机构和俄罗斯联邦境内主权共和国权力机构职权范围和权限的划分的条约》让与联邦的权力之外,在各自境内拥有一切国家权力,有权制定自己的宪法和法律,可以独立地参加国际活动和进行对外经济贸易。

俄罗斯的首都是莫斯科,俄罗斯的国旗是红蓝白三色旗。

俄罗斯是一个既古老又年轻的国家,还是一个饱经沧桑的国家。从基辅罗斯算起,俄罗斯迄今已有1100多年的历史,它曾是欧洲封建专制制度存在时间最长的国家,以沙皇的独断专行闻名于世。俄罗斯又曾是社会主义制度的楷模。1917年十月革命后诞生了俄罗斯苏维埃联邦社会主义共和国(以下简称苏俄)。1922年年底,俄罗斯成为苏联的一个加盟共和国。直到1991年苏联解体,社会主义制度共在俄罗斯施行了74年。俄罗斯联邦独立成国至今已有30余年的时间。在苏联解体后,俄罗斯联邦在向现代资本主义过渡的转轨时期,在经济、政治、法律及社会生活等方面,旧的制度没有彻底废除,新出现的各种制度具有十分明显的继承性,不仅有苏联时期的痕迹,甚至还有十月革命前沙俄时期的痕迹。在后续发展的过程中,俄罗斯联邦通过不断改革,在各方面都有新的发展,其中在法律制度方面也呈现出诸多变化。因此,如果要深入研究俄罗斯的法律制度,就必须以纵观1100多年历史的视角,采用动态的方法。只有深刻了解过去的一切,才能透彻明白当今正在形成的一切。

本书将1100多年俄罗斯法律发展的历史分解成沙俄篇、苏俄篇、新俄篇,着力突出各个时期法律制度的主要特征及发展、演变的轨迹。

王海军

于上海·华东政法大学

2025年4月22日

序　言

《俄罗斯法律发达史》一书是华东政法学院法律史教研室张寿民教授最近完成的一部专著。张教授毕业于上海外国语大学俄语专业，后长期在华东政法学院从事外国法制史的教学和研究，对俄罗斯法律史有精深的研究。本书的出版，将进一步填补我国在俄罗斯法律研究中的空白。

众所周知，早期俄罗斯起先隶属于斯拉夫法系，后又继受罗马法系，在19世纪中叶，它基本上是大陆法系的成员。十月革命以后，它又创建了世界上第一个社会主义法律体系——苏联法律体系。苏联解体以后，它在法律发展方面又进行了诸多改革，从而形成了颇具特色的当代俄罗斯法。正是由于俄罗斯法律具有以上特色，因此，它在世界法律发展史上占有非常重要的地位。

中国自20世纪50年代初开始继受苏联法，并在此基础上创建了新中国的社会主义法律体系。改革开放以来，我们大量引进了西方发达国家的法律制度和原则，并结合中国的特殊国情，开始建设新的具有中国特色的社会主义法律体系，但50年代吸收的苏联法已经深入当代中国法律之中，并成为新中国法律传统的一个组成部分。同时，90年代以后形成的新的俄罗斯法律体系，对我们现在的社会主义法制建设仍然具有不可低估的作用。因此，对俄罗斯法律发展的历史进行比较系统的学习和研究，是我们每一个法律乃至政治和经济专业大学生和教师的基本任务，了解并熟悉俄罗斯法律史，其重要性并不亚于了解和熟悉西方发达国家的法律发展史。

自1996年由我牵头组织本院法律史教研室的同志编写“主要发达国家法律发达史丛书”以来，已经过了5年的时间，我们先后出版了英国、美国、法国、德国、日本等5个西方发达国家的法律发达史，张寿民教授的《俄罗斯法律发达史》一书的出版，为这套丛书的圆满完成划上了一个句号。

虽然,这6本书加在一起,洋洋洒洒也有250余万字,并填补了我国在这个领域研究的空白。但我们清醒地认识到,我们的工作是非常初步的,我们的成果也是比较肤浅的,只是为其他同志进一步深入研究这些国家的法律史做了一些前期性工作,提供了一些素材和入门的路径而已。我们期待着读者诸君的批评和指正。

最后,我们要感谢为本套丛书的出版倾注了大量心血的法律出版社总编贾京平老师、编辑室主任杨克老师,以及刘辉,卞学琪、裴玉章等各位责任编辑,没有他们的帮助和支持,本套丛书是不会这么快、这么顺利地和广大读者见面的。

何勤华

于上海·华东政法学院

2000年2月1日

目　　录

第一篇　沙俄篇

第三篇 新俄篇

第一篇　沙俄篇

公元前9世纪末至公元前6世纪初，俄罗斯领域内出现了第一个国家——外高加索南部的乌拉尔图王国，为一个奴隶制国家。公元前8世纪，乌拉尔图王国达到鼎盛期，占据了多个小公国和部落的领土。在公元前6世纪，乌拉尔图王国被南方邻国米太国征服。在外高加索和中亚地区，也出现了很多国家，此后波斯人的奴隶制国家阿契美尼德王朝①攻占了外高加索和中亚的大片土地，公元前4世纪马其顿国王亚历山大打败了阿契美尼德王朝，外高加索和中亚的各个民族又被纳入亚历山大的政治版图中。在亚历山大死后，这个地区又被他的将领塞琉古建立的塞琉古王朝②取代。在公元前3世纪时，一个独立王国——希腊-巴克特利亚王国在中亚细亚兴起，包括巴克特利亚、索格狄亚那、马尔吉亚纳和费尔干纳，一个世纪后逐渐解体。公元前1世纪，罗马军队侵入外高加索地区，将今天亚美尼亚、伊比利亚和里海附近的阿尔巴尼亚纳入自己的统治之下；到2世纪至3世纪时，罗马人才因其本国奴隶制危机而丧失在该地区的影响。在1世纪至4世纪时还出现了一个贵霜王国，③将巴克特利亚、索格狄亚那的领土纳入了自己的版图，成为当时的一个大国，之后迁到印度。随着时间的流逝，俄罗斯境内的国家构成体出现的范围开始向北方推移，进入了黑海和亚速海周围，西徐亚人及其建立的王国在当时占有重要位置。

古罗斯作为俄罗斯民族和俄罗斯国家的前身，起源于欧洲的东部，最终散布在广大的俄罗斯平原上，俄罗斯民族是东斯拉夫人重要的一支。东斯拉夫人是斯拉夫人中人数最多的一个分支，历史上大多居住在辽阔的东欧平原，西起第聂伯河和喀尔巴阡山，东至顿河、奥卡河和伏尔加河，南抵黑海，北达拉多加湖。从6世纪起，居住在南方的东斯拉夫人始称罗斯人。

8世纪至9世纪，东斯拉夫人的诸多部落联盟开始发展为国家，史称公

---

①　阿契美尼德王朝是公元前550—前330年古波斯统治的朝代。居鲁士二世为该王朝的创立者，波斯帝国版图包括中近东的大部分国家，大流士一世时期为全盛时期；后被马其顿国王亚历山大二世(亚历山大大帝)所灭。

②　塞琉古王朝为公元前312—前64年统治中东和近东的一个王朝。由马其顿国王亚历山大二世的部将塞琉古一世创建。公元前3世纪安条克三世时最为强盛，公元前64年被罗马征服。

③　贵霜王国是一个在巴克特利亚以贵霜部落为首的公国的基础上兴起的一个古代国家。1世纪末至3世纪为鼎盛期，包括今天的中亚、阿富汗、巴基斯坦、印度北部的大部分领土。

国。其中较大的是位于第聂伯河中游的基辅公国和位于北部的诺夫哥罗德公国。罗斯国家最后形成的年份是882年。传说诺夫哥罗德的王公奥列格(Олег,879—912年在位),沿第聂伯河南下,征服基辅和邻近众多小公国,建立以基辅为中心的统治,称罗斯大公,史称这个国家为“基辅罗斯”。基辅罗斯形成时期的历史条件同5世纪日耳曼人在西欧建立日耳曼诸王国时期的历史条件极其相似。当时,东斯拉夫人的生产力已发展到一定的水平,社会已经出现阶级分化,原始公社制已趋向解体。在东斯拉夫人的国家将要形成时,东斯拉夫人同已进入封建社会的,经济、文化已高度发达的东罗马帝国有着频繁和密切的交往,东斯拉夫人正在形成中的国家受到深刻影响。因此,罗斯人建立了早期封建制国家。基辅罗斯从形成的时刻开始就是那个时代中一个重要的大国,它在俄罗斯民族的历史上甚至在中欧和西欧民族那里都扮演着重要角色。基辅罗斯的主要组成部分的东斯拉夫人是欧洲的重要民族成分之一,其形成是东斯拉夫部落长时间发展的结果。

11世纪中叶,基辅罗斯开始解体,至12世纪已分为10多个公国。13—14世纪这些公国时有分合,主要的进程为,东北部是罗斯托夫-苏茨达尔公国(后改称弗拉基米尔-苏茨达尔公国),西北部大多并入立陶宛大公国。弗拉基米尔-苏茨达尔公国后又分为12个领地,其他公国内部也是分散的,出现许多小封建领地,形成了封建割据局势,基辅失去在罗斯政治和经济上的重要意义。

1223年,蒙古从南方草原入侵基辅罗斯,基辅罗斯国内处于割据状态,无力打退蒙古人的入侵。1240年,蒙古军队占领基辅,已征服基辅罗斯的大部分土地。1243年,蒙古可汗拔都自中欧回到基辅罗斯,长期驻防于伏尔加河下游地区,正式建立金帐汗国(也称钦察汗国)。蒙古对基辅罗斯的统治长达两个半世纪。蒙古的侵略和统治对基辅罗斯的社会经济产生了负面影响,沉重的负担和残酷的奴役使基辅罗斯民众展开了长期的反抗。

13世纪中叶,原居住在尼门河流域的立陶宛人形成大公国。14世纪初,立陶宛大公国向基辅大公国扩张,至奥里格尔德立陶宛大公在位时(1345—1377年),已吞并了包括基辅在内的整个第聂伯河流域,14世纪末进一步兼并了斯摩棱斯克,于是一度被金帐汗国占领的部分地区归入立陶宛大公国。与此同时,罗斯西南部的加利支公国也于14世纪中叶被波兰吞并。此时的俄罗斯已被分割为三大部分:东北罗斯包括弗拉基米尔-苏茨达尔公国和诺夫哥罗德为金帐汗国占领,西南罗斯包括基辅、斯摩棱斯克等为立陶宛大公国控制,更西部的加利支归属波兰。至15世纪,东斯拉夫人的三个分支——俄罗斯族、白俄罗斯族和乌克兰族,分别在东北、西北、西南三个地区开始形成。

14世纪,东北罗斯社会经济的发展为政治统一创造了前提,日益强盛的莫斯科公国成为统一事业的中心。莫斯科城建立于1147年,原为苏茨达尔一个王公的领地。莫斯科位于奥卡河支流莫斯科河上,处于伏尔加河上游通往奥卡河的商业要道,东南通向顿河上游,南下直入黑海,处在东北罗斯的中央,四周有许多小公国,不易受到蒙古、立陶宛及德国的直接威胁。到14世纪初,莫斯科公国已十分强盛,成为基辅罗斯最强的公国,为统一全国积蓄了政治和经济力量。莫斯科大公伊凡三世(Иван Ⅲ,1462—1505年在位)(以下未标注"在位时间"本字样的,为生卒年)对大封建主展开长期的斗争,先后占领了雅罗斯拉夫尔公国和罗斯托夫公国,吞并了诺夫哥罗德的广大领土。与此同时,伊凡三世进行了摆脱金帐汗国统治的斗争。东北罗斯的统一在瓦西里三世(Василий Ⅲ,1505—1533年在位)时期最后完成。至此,俄罗斯中央集权国家基本形成,俄罗斯成为一个统一的国家。

15世纪,俄罗斯中央集权国家并不巩固。瓦西里三世去世后,年仅3岁的伊凡四世(Иван Ⅳ,1533—1584年在位)即位,大贵族趁机互相纷争,政权落入叔伊斯基手中,后被格林斯基夺取。格林斯基把一部分城市和土地分封给他的亲属党羽,废除有利于中央集权的措施,俄罗斯重新出现封建割据的局面。政治上的混乱和外族的进犯,引起俄罗斯各阶层的普遍不满。1547年,莫斯科爆发反对格林斯基的活动,各地也发生反对大贵族和地方总督的叛乱,这时伊凡四世已经成年。1547年1月16日伊凡四世加冕即位,他不满足于大公的称号,出于炫耀自己至高无上的君权,强调莫斯科大公国在欧洲的崇高地位,正式自称为"沙皇"(царь)。① 从此,莫斯科大公国又称"沙皇俄国",简称"沙俄"[1721年,彼得一世(Пётр Ⅰ,1682—

① 沙皇的"沙"由拉丁文恺撒(caesar,古罗马独裁者,后成为罗马皇帝的头衔)转音而来。

1725 年在位)改称皇帝,但一般仍以“沙皇”称之]。伊凡四世一手镇压起义,一手进行改革,加强王权,限制大贵族的专横。16 世纪中叶,沙俄开始对外扩张,开始成为一个多民族的国家。

留里克王朝于 1598 年绝嗣,受中小贵族支持的外戚大贵族鲍里斯·戈都诺夫(Борис Федорович Годунов)被选为沙皇(1598—1605 年在位)。但其他大贵族极为忌恨,在 1601—1603 年沙俄发生饥荒、农民纷纷暴动的时候,借助波兰的力量,推翻了戈都诺夫的统治,造成了沙俄的政局动荡不定,波兰乘虚而入,欲变沙俄为波兰的附庸。沙俄人民奋起反对侵略者,莫斯科于 1612 年 12 月为民军收复。1613 年 1 月,沙俄召开缙绅会议,罗曼诺夫家族的米哈依尔·罗曼诺夫(Михаил Фёдорович Романов)被选为沙皇(1613—1645 年在位)。从此,沙俄开始了罗曼诺夫王朝的统治时期(1613—1917 年)。

17 世纪后半叶,沙俄进一步扩大自己的领土,成为一个幅员辽阔的国家。18 世纪是沙俄历史发展中的一个重要阶段,此时,沙俄成为欧亚一个重要的国家,成为一个强国。彼得一世即位初期尤为关心军事,不断为夺取出海口而打仗。在对瑞典战争时期(1700—1721 年),彼得一世进行了一系列改革。彼得一世一方面向西方学习、锐意改革,另一方面继续向周边扩张领土,使这个东欧平原上的国家在欧洲舞台上崭露头角。1721 年,彼得一世建立俄罗斯帝国,并自称皇帝。彼得一世的改革对加强沙皇统治具有重要意义,但是彼得一世的改革“是靠残酷地剥削奴隶来进行的”①。彼得一世之后的历代沙皇继续推行扩张政策,最终使俄罗斯成为世界上领土最为广阔的国家。18 世纪 70 年代爆发了普加乔夫(Пугачёв,1742—1775 年)领导的起义,叶卡捷琳娜二世(Екатерина Ⅱ,1762—1796 年在位)从前线调回所有军队镇压了普加乔夫起义;继而她实施了一系列加强国家机构权力的措施,把一再受农民起义震撼的沙俄暂时稳定下来。

19 世纪初期,沙俄的资本主义经济逐渐发展,封建农奴制逐步解体,沙俄政府全力维护建立在农奴制经济上的专制统治,亚历山大一世(Александр Ⅰ,1801—1825 年在位)加紧推行反动政策,这激起人民革命

① [苏]斯大林:《和德国作家艾米尔·路德维希的谈话》,载《斯大林全集》(第 13 卷),人民出版社 1956 年版,第 94 页。

运动的发展，摧毁农奴制和沙皇专制制度已经成为沙俄历史发展的要求。十二月党人正是这样的革命家。十二月党人起义是俄罗斯历史上第一次反沙皇专制制度的公开武装活动。农民起义的浪潮和革命民主主义者的斗争，迫使沙俄政府不得不加速进行改革，亚历山大二世（Александр Ⅱ，1855—1881 年在位）于 1861 年签署了改革法令和关于废除农奴制的特别宣言。1861 年废除农奴制是沙俄历史上从封建生产方式过渡到资本主义生产方式的转折点。19 世纪 80 年代沙俄完成了工业革命。一度低落的革命运动在 19 世纪 70 年代重新走向高潮，占主导地位的是民粹主义运动。在亚历山大三世（Александр Ⅲ，1881—1894 年在位）统治时期，沙俄政府的反动政策和行为引起了社会民众的不满。尽管如此，工人运动仍一往直前地壮大起来。但是，19 世纪 80 年代后民粹主义已变为改良主义，马克思主义在沙俄传播，1883 年普列汉诺夫（Георгий Вал-ентинович Плеханов，1856—1918 年）组织的劳动解放社是第一个沙俄马克思主义组织。与此同时，在许多地区出现了马克思主义小组。1895 年，圣彼得堡 20 多个马克思主义小组在列宁的领导下，联合成立了“工人阶级解放斗争协会”。1898 年，召开了俄国社会民主工党第一次代表大会。19 世纪末 20 世纪初，俄罗斯进入了帝国主义时期。20 世纪初的沙俄成为帝国主义一切矛盾的焦点，俄罗斯各族人民迫切要求摧毁沙俄政府的反动统治。1905—1907 年革命沉重打击了沙皇专制制度，是沙俄第一次人民革命。“没有 1905 年的‘总演习’，就不可能有 1917 年十月革命的胜利”。① 1905—1907 年的革命失败后，沙皇反动势力更强大了，因为斯托雷平（Пётр Аркадьевич Столыпин，1862—1911 年）当时任总理大臣，因此也称“斯托雷平反动时期”。

1914 年第一次世界大战的爆发推动了俄国革命的进程。1917 年 2 月和 10 月，俄国人民在布尔什维克党的领导下，连续不断地进行了资产阶级民主革命和社会主义革命。1917 年，二月革命推翻了统治沙俄长达 300 年之久的罗曼诺夫王朝。

---

① 《列宁全集》（第 39 卷），人民出版社 2017 年版，第 7 页。

第一章 基辅罗斯时期的法律制度（9—14世纪）

第一节 法律渊源

罗斯大公奥列格在位时期是基辅罗斯的迅速发展时期。他顺利出征拜占庭，强迫其与基辅罗斯缔结保证发展贸易的特殊条约。习惯法是9世纪至10世纪基辅罗斯的主要法律渊源。此外，基辅罗斯与拜占庭的条约有相当部分内容是来自基辅罗斯的法律，是探讨基辅罗斯法律的重要史料。基辅罗斯与拜占庭在907年、911年、944年和971年缔结了四个条约。前三个基辅罗斯和拜占庭的条约包含一些民法、继承法和刑法的规范。最后一个条约，史书的记载反映了斯拉夫人的婚姻习惯，反映了罗斯弗拉基米尔一世（Владимирский Ⅰ，978—1015年在位）关于规定和废除血钱的内容。后来，出现了一些法律汇编，《罗斯法典》就是最为重要的早期法律汇编。

一、《罗斯法典》

《罗斯法典》又名《罗斯真理》，是俄罗斯国家历史上第一部成文法典，在俄罗斯法制史上占有重要地位。借助《罗斯法典》的内容，我们可以了解基辅罗斯当时的社会制度、各种居民和奴隶的法律地位和国家结构、犯罪和刑罚的种类及民法的个别制度。在《罗斯法典》形成后的几个世纪中，它始终是法院审理案件中适用的基本法典,还是以后立法的渊源之一。例如,1397 年的《杜温条令》、1476 年的《普斯科夫审判法规》、1468 年的《卡塞米律书》、《一四九七年律书》、《一五五〇年律书》及《一六四九年会典》中的某些规范等。

(一)《罗斯法典》的版本

《罗斯法典》的版本,是研究《罗斯法典》的一个重要问题。《罗斯法典》最初并不是一部独立的法律文献,曾一度隐藏在编年史和宗教文献之中。据不完全统计,在 13 世纪至 18 世纪保存在各种抄本中的《罗斯法典》,有 110 种之多。"在这些抄本中,有些不仅条文数量不同,编排次序不同,甚至条文文字本身也有许多不同。尽管如此,《罗斯法典》大致可分为简编和详编两个版本。简编版《罗斯法典》通常发现于具有保存性质的古文献之中;详编版《罗斯法典》通常发现于教会的法令和法规的汇编之中。"①此外,还有一种缩编版。

现在知道的简编版《罗斯法典》有两个古代抄本,按这两个抄本的拥有地和所在地分为科学院的抄本和古文献学的抄本。简编版《罗斯法典》记载于诺夫哥罗德第一号编年史中,并被编入 1016 年的史料中。一般认为简编版《罗斯法典》由《雅罗斯拉夫法典》(在一些文献中又称《最古法典》)和《雅罗斯拉维奇法典》(又称《雅罗斯拉夫诸子法典》,亦称《雅罗斯拉夫三王子法典》)组成。简编版《罗斯法典》第 1—18 条、第 42—43 条是《雅罗斯拉夫法典》的条文,第 19—41 条属《雅罗斯拉维奇法典》的条文。

详编版《罗斯法典》的抄本数量在 100 种以上,它的文本比简编版长 4—5 倍,可以将详编版抄本按文本分为三类。第一类是最多的,为《教会法汇编》(或称《宗规集》和《正义的准则》)的法律汇编中存在的抄本;第二类包括各种特殊法律汇编中的各种抄本;第三类包括 15 世纪至 16 世纪的一些抄本,最初是由喀兰辛发现的,所以又称作"喀兰辛抄本"。详编版《罗斯法典》由《雅罗斯拉夫王公条例》和《摩诺马赫法规》构成。详编版《罗斯法典》吸收了简编版的绝大多数条文(简编版《罗斯法典》第 18 条、第 41 条没有列入详编版《罗斯法典》)。《雅罗斯拉夫王公条例》包括了简编版《罗斯法典》的 31 个条文(第 1—7 条、第 9—16 条、第 19—31 条、第 38 条、第 40 条和第 42 条),《摩诺马赫法规》吸收了简编版《罗斯法典》的 10 个条文

① 朱寰:《略论〈罗斯法典〉产生的社会条件》,载《求是学刊》1994 年第 3 期。

(第 8 条、第 17 条、第 32—37 条、第 39 条和第 43 条)。详编版《罗斯法典》第 4—8 条、第 18 条和第 19 条来自 1037 年《基辅法典》;后来的历代王公也对详编版《罗斯法典》进行过增补工作,以适应各自统治的需要。

《罗斯法典》除了简编版和详编版之外还有一种缩编版。将缩编版作为独立的第三个版本存在很多争论,"缩编版给出的内容,与我们所知的详编版有着区别。现代工作的作者把缩编版看作独立文献,他是早于详编法典的"①。但是它"其实是对详编版《罗斯法典》进行删节之后而形成的一种法律文献。基辅罗斯国家停止了自己的存在,但是它的法律体系和立法依然存在,继续在之后的国家中起作用,虽然已经出现了新的法律,但是他们不能代替所有以前罗斯国家的法律体系和制度,所以缩编版《罗斯法典》是从那些保留了法律特点的法律法规中挑选出来的"②。大多数研究者一致认为,缩编版《罗斯法典》是从详编版《罗斯法典》中摘选出来的。

(二)《罗斯法典》的形成

《罗斯法典》的形成历经两个世纪之久,一般认为在 11 世纪初至 13 世纪初,不过《罗斯法典》形成的基础应追溯至早时期的立法。A. 诺沃塞里奇夫在其著作《古代罗斯国家及其国际意义》中指出,11 世纪著名的主教和藏书家伊拉里奥曾赞颂古罗斯诸王公以"法律、勇气和智慧"治国(参阅《法与神启录》)。在 911 年基辅罗斯与拜占庭缔结的两个条约已提及《罗斯条例和法律》,这说明了奥列格和伊戈尔(Игорь Рюрикович)在位期间已进行立法。《罗斯条例和法律》的内容主要是习惯法的汇编。在镇压 945 年德列夫利安人的反抗后,女王公奥尔加强统治的手段之一,是"确立条例和乌洛克"(乌洛克是古罗斯的刑罚方法之一,凡因犯偷盗、损伤身体、杀死霍洛普罪行时,罪犯除向王公交纳罚金外,还应向受害人支付称作"乌洛克"的赔偿金)。罗斯大公弗拉基米尔一世在位时曾颁布适用于全国的《国家条例》。上述立法活动为《罗斯法典》的形成奠定了基础。

1.《雅罗斯拉夫法典》

雅罗斯拉夫·弗拉基米洛维奇·穆德雷(Ярослав Владимирович Мудрый,978—1054 年,以下简称雅罗斯拉夫)是个颇有学识的人,读过不

---

① Тихомиров М. Н. *Исследование о русской правде*. М–Л. 1941. с. 35.

② Ю. Л. Проценко. *Древнерусское государство и право:лекция*. В. 2000. с. 37.

少希腊书籍,后人称誉他为“智者”。他不仅制定了《雅罗斯拉夫法典》,而且用政治联姻的办法与欧洲许多国家的王朝建立了友好关系,同时加强宗教势力,修教堂、建寺院,还努力扩大国家版图,巩固大公政权,他为罗斯国家的发展做出了杰出的贡献,使基辅罗斯昌盛起来。在他逝世时,基辅罗斯已经是欧洲面积最大的国家,把所有东斯拉夫人都联合在一起,并且把一些非斯拉夫人的部落包括在自己的国土之内。

《雅罗斯拉夫法典》是雅罗斯拉夫担任大公期间组织编纂制定的,但是在此之前他已经在其领地炮制了一部《诺夫哥罗德审判法规》。在他成为罗斯大公之前,领地在诺夫哥罗德。据编年史记载,在诺夫哥罗德时期,他每年要按照规定向罗斯大公交纳2000格里夫纳的贡赋,但是在1014年他拒绝交纳,并且将其中1000格里夫纳分给诺夫哥罗德的亲兵们。诺夫哥罗德地方行政官向雅罗斯拉夫进贡的一切东西,他都不把这些交给他的父亲——罗斯大公弗拉基米尔。这是对王权和父权的挑战,所以弗拉基米尔非常生气,下令“清理道路,架设桥梁”,准备去征讨自己的儿子雅罗斯拉夫。雅罗斯拉夫知道此事后,非常惧怕他的父亲,于是派遣使者去请瓦良格人组成亲兵队为自己作战。但是这些瓦良格人来到后却“对诺夫哥罗德人施行暴力,强奸他们的妻子”。于是“诺夫哥罗德人奋起斗争,杀死了波罗莫尼邸宅的所有瓦良格人”①。这就是诺夫哥罗德爆发了反抗瓦良格雇佣军不当行为的活动,而这时弗拉基米尔一世正好去世。此后,弗拉基米尔一世的儿子们为争夺王位展开了激烈的争斗;最终雅罗斯拉夫登上罗斯大公宝座,于1015年制定了《诺夫哥罗德法规》。雅罗斯拉夫制定这部法规的目的在于缓解矛盾,以取得诺夫哥罗德市民的支持,借此与其兄弟争夺大公之位。“《诺夫哥罗德法规》的最初原文为《雅罗斯拉夫法典》第1—7条、第9—16条”②。可见《雅罗斯拉夫法典》就是在这部法规的基础上形成的。

在1024—1026年,罗斯托夫-苏茨达尔公国发生了斯麦尔德起义。根据编年史记载,1024年当地发生了饥荒,民间的多神教术士鼓动民众对抗政府,人们杀死富人及其女眷并认为“他们藏着大量的东西”,于是掀起了

---

① ［俄］拉夫连季编:《往年纪事》,朱寰、胡敦伟译,商务印书馆2011年版,第114页。

② Тихомиров. М. Н. *Исследование о Русской Правде*. М-Л. 1941. с. 48-61.

一场起义。之后雅罗斯拉夫赶到此地,对挑起事端的多神教术士进行处罚,或放逐或处死。鉴于这次起义的教训,雅罗斯拉夫颁布了《血款法》(又称《血钱法》),对原有的法规进行补充和修订,《雅罗斯拉夫法典》第 1 条第 2 款的规定“如果被害人是罗斯人、侍从、商人、审判官、审判执行官;如果被害人是游民……”是原来条文中没有的,其正是由于这次叛乱之后进行的补充。1037 年和 1038 年,他又在诺夫哥罗德和基辅先后两次进行了修订法律活动,目的是使这部法典可以推行于全国。但是这部法典并未就此形成,而是至 1054 年雅罗斯拉夫去世的时候,《雅罗斯拉夫法典》才最终编纂完成。这里值得注意的是,在我们所见的《雅罗斯拉夫法典》中共有 18 条,其中第 8 条、第 17 条和第 18 条在之前都是没有的。第 8 条有关拔掉某人胡须和髭的规定是在后来编纂整理法典时补充进去的,其余两条也是如此。所以可以看出,《雅罗斯拉夫法典》最后呈现出来的形式是经过了多次修改和补充才完成的。

《雅罗斯拉夫法典》是一部适用于基辅罗斯全国的成文法典,反映出雅罗斯拉夫统治时期的国家治理情况,也“较为全面地反映了罗斯的城市生活,是一部早期的社会治安文献”①。法典内容也反映出在雅罗斯拉夫大公统治时期,基辅罗斯社会处于新旧两种社会制度交替之中,即从氏族部落进入封建社会,但是封建关系还没有得到充分的发展。首先,《雅罗斯拉夫法典》保留了血亲复仇,同时规定了可以用罚款取而代之。这说明原始社会的残余仍留有明显的痕迹,不过已趋向瓦解。其次,《雅罗斯拉夫法典》有关霍洛普的规定体现出当时的社会保留了家长制奴隶制度的剥削形态。最后,《雅罗斯拉夫法典》关于各阶层居民的规定说明封建关系正在兴起,农村公社分化已经明显,破产农民开始走向依附地位。条文中提到的“自由穆日”“大宅主人”是早期的世袭领主和庄园主,而“切利亚迪”(大多数抄本为“霍洛普”)为依附民(农奴)。

2.《雅罗斯拉维奇法典》

1072 年形成的《雅罗斯拉维奇法典》是雅罗斯拉夫的儿子们 20 余年立法活动与司法实践的综合和总结。雅罗斯拉夫死后,“他的长子伊兹雅斯拉夫来基辅继大公位,将基辅、诺夫哥罗德和楚德控制在其政权之下,次

---

① 于沛、戴桂菊、李锐:《斯拉夫文明》,中国社会科学出版社 2001 年版,第 10 页。

子斯维雅托斯拉夫在切尔尼哥夫,三子弗谢沃洛德在佩列雅斯拉夫利,由三位王公共同决定国内问题及对外政策"①。所以,这个时期也被称为"三王子联合执政时期"。

由于大公之间的内讧及兄弟之间的争权夺利,内乱不可避免。在 1068 年,弗谢斯拉夫·布里亚奇斯拉维奇就在波洛茨克挑起内战,占领了诺夫哥罗德。伊兹雅斯拉夫、斯维雅托斯拉夫和弗谢沃洛德进行征讨并取得了胜利。同年,异族人——人数众多的波洛奇人大举进犯罗斯,三位王公前往迎敌,但是失败而逃。伊兹雅斯拉夫和弗谢沃洛德逃回了基辅,跟随他们逃回基辅的居民在市民大会上要求大公给予他们战马和武器,再次作战,但遭到大公的反对,于是导致了 1068 年基辅起义的爆发。这次起义声势浩大,起义者捣毁了监狱和王公的宅邸,赶走了罗斯大公,解救出之前挑起内战的弗谢斯拉夫,并拥戴其为王公。在这次起义的影响下,1071 年苏茨达尔地区和诺夫哥罗德地区也爆发了起义,这次起义的原因与 1024 年极其相似,也是由于饥荒,巫术师挑拨贫民去攻击储存大量粮食的富人阶层而引起的。在这种情势之下,王公们逐渐认识到法律在维护自身统治中的作用,力图通过新的法令来维护和巩固既有的制度以及自己的政权,因此重新制定法律的活动被提上日程。《雅罗斯拉维奇法典》就是在这样的大背景之下开始编纂的,"制定的目的就是重新恢复自 1068 年起义以后被破坏的王公领地的秩序,力图避免 1068—1071 年悲剧的重演"②。

1072 年,基辅三王公和几位大臣在维什格勒召开会议,正式制定这部法典。在《罗斯法典》中记载了这次活动,其参加者为伊兹雅斯拉夫、斯维雅托斯拉夫和弗谢沃洛德三位王公,以及其他几名贵族,包括基辅的行政和军事负责人科斯尼雅奇克、基辅地方贵族米基弗尔基雅宁、维什格勒的地方行政长官丘金、维什格勒的城防和市政建设负责人米库拉。之后,三王公召开了会议,专门讨论废除血亲复仇制度以及其替代制度,详编版《罗斯法典》中记载了这次会议,即"雅罗斯拉夫之后,他的诸子——伊兹雅斯拉夫、斯维雅托斯拉夫、弗谢沃洛德及其臣僚——科斯尼雅奇克、别列涅科、尼基弗尔,再次聚会,决定废除血亲复仇,代之以金钱赎罪,而其他仍遵

① М. В. Нечкиной, Б. А. Рыбакова. *История СССР*(*Том*1). М. ,1956. с. 82.

② Тихомиров. М. Н. *Исследование о Русской Правде*. М-Л. ,1941. с. 67.

照雅罗斯拉夫的法令——他的诸子作出这样的决定”①。但是《雅罗斯拉维奇法典》颁布之后,其效力受到了各个方面的干扰和破坏。首先,这种干扰来自立法者。三王公的内讧始终没有停止过,1073 年三王公联合执政彻底土崩瓦解,大公之位几度易人,《雅罗斯拉维奇法典》的效力受到严重干扰和破坏。其次,执法的亲兵经常以拷打和诬告等非法手段强行勒索罚金,人们得不到公正的审判,这种来自执法者的不法行为破坏了《雅罗斯拉维奇法典》的效力。这样,法律被实际破坏的情况迫使统治者不得不对法典进行补充和修改,因此,“《雅罗斯拉维奇法典》颁布之后,在 11 世纪 70 年代至 90 年代的 30 年中,关于法律条文和司法程序等问题仍继续修改和补充。编年史中记载了斯维雅托斯拉夫和弗谢沃洛德的立法活动。1076 年,斯维雅托斯拉夫重新制定了世袭领地法规,并完成了一部《汇编》。其法规的条文全部编入详编版《罗斯法典》中。《汇编》论述了有关法律的尊严和职能、诬陷以及一些司法裁判的问题,强调法庭审判应以争论双方和证人的供述为依据”②。

其实最初制定的《雅罗斯拉维奇法典》只有 10 条,即第 19—28 条,其余的条文都是在之后陆续补充进去的,其中“第 29 条关于诱拐他人的女奴或霍洛普的规定,是后来从某个与《雅罗斯拉维奇法典》相近的文献里转引来的”③。“在《雅罗斯拉维奇法典》形成之后构成了简编版《罗斯法典》的时候,其中有关盗窃财物和牲畜的条款,例如,第 29—40 条才被列入其中成为法典的内容”④。《雅罗斯拉维奇法典》产生之后,构成了简编版《罗斯法典》的两部法典已经完备。于是“在《雅罗斯拉夫法典》和《雅罗斯拉维奇法典》的基础上,在 11 世纪末 12 世纪初出现了简编版《罗斯法典》的法律汇编”⑤。

3.《雅罗斯拉夫王公条例》

详编版《罗斯法典》的第一部分是《雅罗斯拉夫王公条例》,又称《雅罗

---

① 王钺:《〈罗斯法典〉译注》,兰州大学出版社 1987 年版,第 45 页。

② 王松亭:《〈罗斯法典〉形成始末——俄国法制史研究之一》,载《吉林大学社会科学学报》1994 年第 3 期。

③ Тихомиров. М. Н. *Исследование о Русской Правде*. М-Л. ,1941. с. 67.

④ С. В. Юшков. *Русская Правда*. М. ,2002. с. 303.

⑤ М. В. Нечкиной, Б. А. Рыбакова. *История СССР*(*Том*1). М. ,1956. с. 84.

斯拉夫·弗拉基米里奇的审判》,或称《大公雅罗斯拉夫审判条例》,包括《一〇九七年法典》(又称《雅罗斯拉夫的法规》)和以后的新立法,主要内容涉及杀人行为、殴打、伤害、财产罪和利息。《雅罗斯拉夫王公条例》是基辅罗斯封建法的进一步发展。

1093—1096 年,波洛奇人全面进攻基辅罗斯,而这时的王公们依然进行着内战,互相争夺土地和权力,这样维护世袭领地制的法律则完全失去了作用。为了结束这种状况,雅罗斯拉夫的子孙们在 1097 年召开柳别奇会议。这次会议对《罗斯法典》的形成起到了很重要的作用。在这次会议上,以 1073 年的《雅罗斯拉夫法典》基辅修订本和 1072 年的《雅罗斯拉维奇法典》为蓝本,重新制定了一部新法典——《一〇九七年法典》,列入《雅罗斯拉夫王公条例》第 1—46 条,包括《雅罗斯拉夫法典》和《雅罗斯拉维奇法典》的大部分条文,所以在内容上与之前有颇多相似之处。第一,有一些条文完全一样。例如,其中规定某人拔剑但没有使用交纳 1 格里夫纳的内容与《雅罗斯拉夫法典》中规定的内容完全一样。此外,关于杀害王公庄头和田畯、契约农、保育员,以及杀害斯麦尔德、霍洛普规定的命金数额的内容,这两部法典规定都相同。第二,规定相似但做出了修改的条文。例如,规定砍断他人手指要支付给受害者 3 格里夫纳的赔偿金,与《雅罗斯拉夫法典》其中一条的内容很相似,只是后者规定的 3 格里夫纳是支付给王公罚金。又如,对命金征收者的报酬和待遇的规定,虽然与《雅罗斯拉维奇法典》的内容很相似,但也有不同的地方,说明其编纂者对此做了修订。当然,也有一些内容是根据当时的情况而新制定的,如:诬告免交命金,以及在免交命金之后要支付的其他费用问题,对于无人认领尸首而维尔福①免交命金的规定;关于神明裁判中的铁审判、水审判,某人在无法忍受对方行为而对其进行正当防卫的规定;第 27 条关于刺伤眼睛的规定;第 15 条关于保护手工业者的规定等。第 15 条的规定还采用了一些新的名称,例如,将"农业头人"(сельской староcт)改称为"农业梯温"(сельской тивун),将"耕作头人"(ратавный староcт)改称为"耕作梯温"(ратавный тивун),这

① 维尔福(вервь)是基辅罗斯时期的农村公社,这种组织是在东斯拉夫人民族公社解体的基础上形成的,是一种地域公社。这种村社在基辅罗斯南北方的称呼不同,在南俄地区被称为"维尔福",在北俄地区被称为"米尔"(мир)。

一改变说明了世袭领地制的发展及其管理的复杂化。在《一〇九七年法典》第 14 条附语中提及了波雅尔,这是以前立法中未出现过的,说明在当时社会中波雅尔土地占有制的进一步发展及其政治要求的加强。《雅罗斯拉夫王公条例》第 47—52 条来自罗斯大公斯维亚托波克(1093—1113 年在位)于 1100 年维提切夫会议后颁布的新法。

柳别奇会议虽然重新申明了世袭领地制的原则,但并没有发挥实质性的作用。在这次会议之后各地王公的内讧依然不止,封建王公、教会、地方豪绅和大商人更是趁机敲诈勒索,大放高利贷,普通民众的生活情况越发糟糕。于是社会矛盾急剧激化,反抗斗争持续不断。详编版《罗斯法典》中的后一部分内容就是在这种背景下产生的,主要是对债务和借贷问题作了一些规定,对高利贷利息进行了少许的限制。这几条也被纳入详编版《罗斯法典》中,与《一〇九七年法典》一起形成了详编版《罗斯法典》的第一部分。

4.《摩诺马赫法规》

在柳别奇会议之后,各地王公之间的政治斗争尖锐,表明了早期封建统一的国家已经开始走向终结。在 12 世纪初,基辅王公弗拉基米尔·摩诺马赫(Владимир Мономах)曾试图恢复早期封建国家时期的政治秩序,这种尝试是与镇压债农和城市里贫民起义相联系的。由于之前对债务和利息问题的规定有限,并不能在实质上稳定高利贷之下借贷农民的愤怒,由此产生的债农问题则成了 12 世纪罗斯最为严重的社会问题之一。随着封建化程度的加深,大批的自由农民因还不起高额的贷款而被迫以身抵债,沦为债农;而债农为改变自身的地位,争取应有的人身、财产权利,避免继续受封建主的侵害,便奋起反抗。在 1113 年,罗斯爆发了声势浩大的起义,矛头针对一切封建势力,包括罗斯大公、亲兵、东正教教会,以及从事高利贷的商人。这次起义也成为新法产生的外在助推力。

由于起义态势不可遏制,封建贵族和商人召开会议并决定将强大又有威信的别列斯托沃王公弗拉基米尔·摩诺马赫请到基辅,接替去世的斯维雅托波尔克(Святополк Владимирович)担任罗斯大公,寄希望他能够镇压起义,保障他们的安全和利益。但是摩诺马赫感觉必须向广大的民众让步,于是他进驻基辅之前在别列斯托沃召开贵族会议,制定了专门有关债务问题的法规,主要内容为"如果利息为 1/3 的债务,利息只允许收取到第三次;如果某人已收取两次利息,可以再次收取;第三次就是收取本金,不得再要求偿还债务”①。这次会议的决定使封建主们被迫对债农和城市的贫民作出了让步,“债权人获取了一年50%的债务并且债务人已经交纳这些债务的利息到第三年,那么债务人就被视为因返还债务而获得自由”②。这次专门的决议调整了债农和其主人的相互关系。与此同时,也形成一些法规。例如,保护无力偿还债务的商人人身权利,避免其沦为霍洛普,同时规定对债农财产和人身权利的保护;又如,债农的私人财产不被其主人侵害,有权控告其主人的不法行为、有权担任一般诉讼的证人等。这些立法使之前处于弱势的起义者们的社会地位有所改变,在这些措施的帮助,以及协调封建主态度的情况下,摩诺马赫平息了这场起义。这些规定后来被列入详编版《罗斯法典》第二部分《摩诺马赫法规》中前几条,即第53—66条。《摩诺马赫法规》第67—73条、第75—85条、第90—95条、第98—106条共计33条,是属于雅罗斯拉维奇于1076年制定的世袭领地法规,这部法规由于其子奥格列的反对,没有列入《一〇九七年法典》,到其孙弗谢沃洛德·奥利戈维奇(Всеволод Ярославич,以下简称弗谢沃洛德二世,1139—1146年在位)任罗斯大公时才被最后确认并有所增补。同时《摩诺马赫法规》中有许多都是对简编版《罗斯法典》的补充和修订。例如,偷盗海狸皮、牧草、干柴和各类船只,破坏野蜂巢标志的规定,除此之外还有重要的继承问题等,都是以往的法典条文中没有的。还有许多条款是经过修订的,例如,破坏野蜜蜂巢标志简编版《罗斯法典》规定3格里夫纳罚金,而《摩诺马赫法规》则规定为12格里夫纳罚金,偷盗家禽的罚金也有所提高。这些规定的修改也说明了当时私有财产关系的发展以及对私有财产的保护力度。

1174—1175年,《罗斯法典》的形成到了最后阶段,弗拉基米尔-苏兹达尔公国爆发了民众起义,其直接原因为“不公正的命金和罚金使很多人含冤受辱”。据史料记载,这次起义规模很大,王公的臣仆、地方行政长官、千夫长以及下级卫士被打死打伤,或被抄家,“在那里有大动乱和大灾祸,

---

① Н. Калачовъ. *Текст Русской Правды на основании четырехъ списковъ разныхъ редакции*. С-П. ,1889. с. 31.

② М. В. Нечкиной,Б. А. Рыбакова. *История СССР*(*Том*1). М. ,1956. с. 85.

无数人头落地,无法统计”。弗谢沃洛德二世登基。他成为罗斯大公之后,起义仍未被镇压且持续高涨,这迫使新的执政者必须制定新的法律以缓和矛盾。编年史记载了弗谢沃洛德二世的立法活动,“详本《罗斯法典》第74、86—89、96、97、107、109、110—121条共计21条,就是他的作品。这诸多条款主要涉及有关赋税和霍洛普两方面内容”①。13世纪初,在诺夫哥罗德完成了《罗斯法典》的详细修订本,同时将前几部法典编纂在一起,并且做出了技术修订,《罗斯法典》随着长久的社会动荡以及发展结束了它长期而复杂的形成过程。

从表面上看,《罗斯法典》编纂过程是法律条文随着新出现的社会动荡情况不断地增订和修改,但如果从深层次去理解,那么可以发现,《罗斯法典》其实是国家封建化过程中的必然产物。原始氏族社会的痕迹并没有完全消除,而是在一定程度上左右着人们的思想及行为;封建土地所有制已经开始形成,并向前发展;土地所有制的变化引起了社会阶层的分化,造成了矛盾和冲突;城市化的进程也让罗斯社会居民不断流动,依托城市形成的手工业、商业中心促进了内外经济、政治的交流与发展。这些都为《罗斯法典》的法律渊源的选择提供了可能性,例如,血亲复仇的习惯、根据封建化程度而进行的立法和判例、解决内部政治纠纷的会议立法等。《罗斯法典》的法律渊源多而杂,加之国家的内外部原因,所以也决定了其编纂过程和内容的复杂,同时也反映了当时法律文化的混合性。结合《罗斯法典》的法律渊源和形成过程,可以看出罗斯社会在制定法律的过程中接触了多种因素,调和着各种社会关系,使用多种法律手段来进行社会控制,并且借鉴了能为其用的外来文化,可见在社会发展过程中结合实际情况而理性选择法律渊源制定法律是《罗斯法典》形成的内在轨迹。

二、其他渊源

基辅罗斯诸王公立法活动还表现为制定和颁布教会条例和条令。现在所知悉的有:《弗拉基米尔条例》《雅罗斯拉夫王公条例》《诺夫哥罗德王公弗谢沃洛德条例》《王公弗谢沃洛德对奥斯帕卡地方伊凡教会公布的条

---

① 王松亭:《〈罗斯法典〉形成始末——俄国法制史研究之一》,载《吉林大学社会科学学报》1994年第3期。

令》《诺夫哥罗德王公圣斯拉夫条例》《斯摩棱斯克王公罗斯其斯拉夫的条令》。上述条例和条令中的一些规范是《罗斯法典》没有规定的,是对《罗斯法典》的补充。这些条例和条令的主要内容说明了国家和教会的关系,确定了僧侣的地位,规定了教会法庭的管辖权。

如前文所述,在基辅罗斯与拜占庭缔结过的四个条约中,除了 971 年同拜占庭签订的第四个条约丝毫没有基辅罗斯法律体系的内容之外,前三个基辅罗斯与拜占庭条约均包含基辅罗斯民法、继承法和刑法的一些规定。

在 12 世纪至 14 世纪的诺夫哥罗德封建制共和国出现了《诺夫哥罗德审判法规》,其主要内容涉及诉讼程序和法院组织,体现出诺夫哥罗德波雅尔对诉讼程序和法院组织起着积极的作用。但是,这一法规没有完整保存下来。

第二节　法律的主要内容

一、国家法

9 世纪至 10 世纪基辅罗斯的政权机构主要由大公、王公、军队、王公会议、谓彻和地方机关组成。基辅罗斯大公的内部职能是“约束被剥削者多数”,外部职能是“靠侵略他国领土来扩大本国统治阶级的领土,或是保卫本国领土以防他国侵犯”。基辅王公直接管理的只是基辅土地,其他归并的领域主要由罗斯大公任命的王公管理。罗斯大公从领地和贡税中获得大量物资,居民还对国家承担军役和车运的义务。当时盛行的司法罚金也归大公或王公所有。大公和王公行使权力的主要支柱是由侍卫、民军和外国雇佣军组成的军事力量。

侍卫住王公处,由王公供养,高级侍卫称“波雅尔”(Бояре),低级侍卫称“阿特罗克”和“结茨基”。当时的千夫长、市长和王公行政机关的其他代表都属波雅尔,他们拥有相当数量的土地,还有自己的侍卫。王公行使权力时还依靠一些行政人员和顾问。由有权势的侍卫和显贵组成王公的会议。

波雅尔最早起源于氏族部落的显贵和公社的长老、城堡的头人,后来王公的亲兵也因得到赏赐的土地逐渐成为波雅尔。波雅尔是大土地占有者,拥有世袭领地。他们是统治阶层的主体,是封建主阶级中最有特权的阶层,享有广泛的政治权力。他们不仅参加国家管理,而且可以派出代表参加国际谈判。944 年,伊戈尔大公远征拜占庭,并和拜占庭谈判新的商约,在谈判代表中就有 22 名波雅尔。在 1072 年伊兹雅斯拉夫三兄弟召开会议制定《雅罗斯拉维奇法典》时,也邀请了当时的大波雅尔参加。

在 10 世纪至 11 世纪,波雅尔的势力还不够强大,往往处于对大公政权的依附地位,成为政权的支柱和帮手,对基辅罗斯的统一和社会的发展起过一定的促进作用。从 11 世纪末开始,波雅尔的势力上升,逐渐成为分裂势力的帮凶,或本身就是分裂势力。在罗斯各地区发展起来的波雅尔力图成为该地区有充分权力的主人,他们团聚在"自己的"王公周围,整个身心所关心的不是全罗斯的利益,而是当地的"地方"利益。波雅尔力图摆脱成为地方独立发展障碍的基辅,因为各地"地方"正在很快变成公国,变成独立、具有封建性的半国家组织。

谓彻是为解决最重要的问题(如动员全国力量抵抗外来入侵者)而召开的一种会议,王公侍卫、显贵和全体居民都可以出席,实权操在显贵和侍卫手中。谓彻是一种民众大会,是"从人民议会演变而来的"①。在罗斯建国之前的东斯拉夫人部落时期,就已经存在谓彻部落会议,由这个会议选举出酋长或王公;但是他们的权限并不能超越部落会议,可见俄罗斯民族的初期就已经出现了限制领袖权力的思想萌芽。在基辅罗斯建国之后,大公和王公的权力依然受到其限制。11 世纪末,谓彻成为王公们在政治上不得不考虑的有力参与者,这样王公就被迫同城市订立契约,即一种政治性的协定。这些协定规定地方王公治理地方应遵守的种种制度,地方王公的权力因此受到城市谓彻的约束。例如,1146 年,罗斯大公弗谢沃洛德二世去世,经与基辅市民达成协议,由大公的兄弟伊戈尔继位。可是,基辅市民鉴于在弗谢沃洛德二世在世时曾受到基辅城内法官和官员们的压迫,要求伊戈尔今后亲自审判罪犯,不要把司法权交给下属。伊戈尔不得不向基辅市民保证,今后任命法官将首先征得谓彻的同意。

王公的权力也必须依靠地方行政机关、千夫长、百人长和十人长行使

---

① [俄]О. И. 奇斯佳科夫主编:《俄罗斯国家与法的历史》(上卷)(第 5 版),徐晓晴译,付子堂审校,法律出版社 2014 年版,第 43 页。

着地方上的军事行政职能。10世纪中叶奥丽加(Ольга)王后统治时期,开始设立地方财政行政机关,称作市镇。

11世纪至12世纪基辅罗斯的经济进一步发展,大封建土地占有制日益发展,封建领主的力量也不断增长,城市经济的意义不断加强。至11世纪,原来的侍卫波雅尔已成为土地占有者,经济上不再依赖于王公,只是以普通附庸的身份为王公服务。大公已获得宗主地位,居于所有人之首,是最大的封建主,是波雅尔利益的代表者和维护者。王公除继续保留原有的内部和外部职能外,现在进一步复杂化了。王公拥有巨大的私人王室领地,必须领导王室领地内的行政机关。这一时期的波雅尔大多已定居在自己的领地内,王公必须在自己领地内招募民军。这一时期王公的立法活动显著加强,王公的主要顾问是波雅尔、高级僧侣的代表和有权势的宫廷侍从。王公会议只在必要时召开,解决战争与和平、国家管理和法院等最重要的问题。和前一时期一样,谓彻仍是封建上层的机关,由王公召集,一般在固定地点进行(如在诺夫哥罗德宫或在基辅的雅罗斯拉夫王宫或索菲亚寺院)。谓彻通过的决议需要全体一致同意。召集谓彻往往是为了批准或更换王公,解决战争与和平问题,批准高级公职人员(如市长、梯温)。在诺夫哥罗德等公国中,谓彻大会起着重要的作用;但是在一些公国中,谓彻几乎没有作用。在这一时期还出现了封建主代表大会,主要解决牵涉几个公国或封建主利益的问题。在11世纪至12世纪时期,千夫长首先依然是军事领导者,同时还成了千人组地区的全部行政权(财政、司法和警察权)的拥有者。同样地,百人组已成为城市行政机关,百人长也从单纯的军事长官演变成特别的财政、行政和司法机关。由此可见,“十进管理制”已发生了变化,与此同时它还受到了宫廷世袭领地管理制的冲击。随着宫廷高级侍卫、波雅尔成为领主之后,低级宫廷侍从(梯温、密奇尼克)上升为王公的行政代理人,不仅管理王公的经济事务,还在一般的行政、财政和司法组织中起积极的作用。密奇尼克和结茨基成了司法行政代理人。后来,出现了宫廷官员,他们领导一定的管理部门。宫廷总管是最重要的宫廷官员。在这一时期,地方机关是市长和乡长。市长负责审判、收贡税和各种费用、管理警察、领导城市军事力量。市长和乡长有梯温和略多维奇作助手,还有一些职业化的助手如血钱收取者和过桥税吏等。

12世纪至14世纪是基辅罗斯的封建割据时期。在12世纪中叶,基辅罗斯已分裂为12个罗斯公国,其中最具代表性的是弗拉基米尔-苏茨达尔公国和诺夫哥罗德封建制共和国。在弗拉基米尔-苏茨达尔公国,政权机构和前一个时期没有多大区别,宫廷世袭领地管理制继续发展,在王公以下设立了以御总管为首的中央宫廷机关体系,地方有总督进行管理。诺夫哥罗德封建制共和国的最高权力机关和管理机关由波雅尔会议、谓彻和王公三部分组成。从法律上而言,谓彻是主要权力机关,在特定地点(雅罗斯拉夫宫)召开,有自己的官署,有特殊的谓彻印鉴(一般认为此印鉴是12—14世纪诺夫哥罗德封建制共和国的国玺),所有成年居民都出席,必须全体一致才可以通过决议。它的权限相当广泛,是一个立法机关,选举和罢免高级公职人员,规定税收,有权宣布战争或缔结和约,还拥有最高审判权,负责审理政治罪和渎职案件。但是,诺夫哥罗德封建制共和国的实际权力被波雅尔会议操纵。出席波雅尔会议的人员有:波雅尔、市长、千夫长、百人长和区长的代表。波雅尔会议对行政机关的活动进行监督,决定哪些案件应移交谓彻审理,决定一切国内外政策。王公由谓彻选举,规定了预防王公经济和政治力量过于强大的办法。王公不能颁布法律,不能独自决定战争与和平问题,不能单独进行审判。由此可见,王公被贬抑为一个军事领袖。城市中设有市长,但不是王公任命的,而是谓彻选举产生的,实际上由波雅尔会议任命。千夫长是市长的第一助手,负责商业管理,还是商业案件的法官。主教(1165年后为大主教)有权监督一切并主持波雅尔会议,他还是国库的保管者。

在封建割据时期,波雅尔完全形成了一支政治和经济上的独立势力,他们在地方上竭力干预各封邑公国的政治生活,力图以自己的力量控制政权。基辅的波雅尔从1097年起便干预王公事务。正是在波雅尔的干预下,柳别奇会议作出了“让每一个人保持自己的世袭领地”的决议。在以后的很多政治事变中,波雅尔都起了不可忽视的作用。1113年摩诺马赫越位继任罗斯大公,就是在波雅尔的强有力的支持下而得以成功的。

在这一时期年贡是基辅王公收入的主要来源。年贡是以“出巡索贡”的方式由王公直接征收,或者由最显要的侍卫征收。具体而言,“每年十一月的时候罗斯大公带领着自己的亲兵队从基辅出发到领地去,对那里的农民收取贡赋”①。出巡索贡的队伍经常到德列夫利安人、德列哥维奇人和

① М. В. Нечкиной, Б. А. Рыбакова. *История СССР*(*Том*1). М., 1956. с. 76.

塞维尔人境内去征收贡赋,如粮食、毛皮、蜂蜜、蜂蜡等,从 11 月持续到第 2 年的 4 月才返回基辅。索贡队伍的路线是沿第聂伯河北上,至斯摩棱斯克折转,然后沿杰斯纳河返回基辅,全程 1200—1500 千米,沿途设有大量供队伍居住的斯达诺维什(становише)。索贡得来的一部分物品及俘虏大部分作为商品被出售到君士坦丁堡,再换取纺织品、酒和水果等奢侈品,以供王公、贵族享用,其余一部分物品作为酬劳分发给亲兵。在弗拉基米尔一世将基辅罗斯的领地分给他的 12 个儿子之后,由于封地的面积相对较小,索贡就变成了地方性的小规模活动了。"事实上,这种传统是早期瓦良格人在征服东斯拉夫人过程中形成的,罗斯贵族一直依靠武力维持留里克王朝历代君主的统治。由于古代罗斯人尚无自己的文字和国家管理系统,因此在相当长时期里,他们只能以这种野蛮的掠夺方式行使国家权力"①。945 年,伊戈尔大公曾亲自带领亲兵队到德列夫利安人部落索贡,最终因其贪欲被德列夫利安人杀死。之后,伊戈尔的妻子——女大公奥丽加对该部落进行了报复;但同时她意识到这种索贡行为带来的弊端和反抗,于是进行了改革。她"同自己的儿子率领亲兵队由此巡视德列夫利安人各处,并建立贡物和征收的规章制度","在姆斯塔一带建立乡村营地,并确定了贡物额度,对卡卢加州一带也规定了代役租制和贡物额度"②。这表明,出巡索贡制度已经逐渐被废除,同时确立了以土地关系为主要对象的新的获取财富的方式。

王公领地的收入是王公收入的另一来源。战利品也是王公收入的一个重要来源。10 世纪末之后,血钱和"浦罗达热"(当时的王公通过司法程序收取的费用)成为王公收入的又一个来源。王公的军事力量由侍卫和民军组成。侍卫住在王公的宫廷里,其生活依靠王公。民军大部分是招募而来的,参加民军的人员企图在战争中获得战利品。

二、民法

(一)土地所有权

6 世纪至 8 世纪东斯拉夫人的社会经济状况发生了剧变。在 6 世纪

---

① 陈志强:《巴尔干古代史》,中华书局 2007 年版,第 290 页。

② [俄]拉夫连季编:《往年纪事》,朱寰、胡敦伟译,商务印书馆 2011 年版,第 48 页。

时,古罗斯的氏族制度开始瓦解,并且开始形成"公社"制度。在当时处于农耕生产方式的要求之下,公社人员需要以联合生产的方式予以应对,公社的森林、牧场、水源、荒地等为公有,耕地则为家庭分配使用,但是这种联合已经突破了原来氏族社会时期的血缘基础,更多是以生产和土地的相邻为条件。随着生产力的提高,农业产品逐渐增加,剩余产品随即产生,如何分配这些剩余产品则成为公社需要解决的问题。

随着公社内部贫富分化,长老和部落酋长上升为富有贵族,他们利用职权获得更好的土地,不断兼并农民的土地。按照当时的社会结构,公社中具有一定权势的长老和首领被分配到了一些私人财产,而其他人则形成了共有财产,这种财产的分配方式也在一定程度上形成了俄罗斯社会初期有关"私权"的萌芽形态。财产权的分化也促使了公社内部的身份差异出现,拥有个人财产的群体阶层开始借助其原本的权威和现有的经济基础来奴役和统治另外一个群体,这样其实就产生了等级化的社会身份。同时,在身份差异的基础上,具有个人财产的"权贵"群体获取了更多的权力,逐渐也将原本属于其他群体的公有财产划归自己所有,而更多失去财产的群体则逐渐形成了社会底层的基础,财产的不均衡和身份的差异不断扩大,形成了俄罗斯早期社会的主要样态。

10世纪后,王公贵族们建立起自己的大庄园,形成了大公贵族的大土地占有制。罗斯大公还把大量土地赐给教会,形成了教会大土地占有制。至此,基辅罗斯的封建土地所有制最终形成了。

在10世纪至11世纪,基辅罗斯境内已有大规模的领地,王公和波雅尔都拥有自己的土地和村庄。这些大土地占有者的利益,受到法律的严格保护,《雅罗斯拉夫法典》的一些条文明显反映了这一情况。11世纪至12世纪大封建土地占有制愈益发展,当时的农民失去了耕畜和劳动工具,不得不依附于封建主,所以封建土地所有制的发展是与直接生产者沦于封建依附地位相联系的。在基辅罗斯,最大的土地占有者是大公和封邑王公,他们的土地除了主要来自掠夺公社社员的土地,还包括大量占据的无人土地。王公不仅拥有乡村,还拥有城市。波雅尔领地的来源有两种方式:一些氏族部落显贵以剥夺公社社员的土地,抢夺并开垦荒地而成为波雅尔;另一些波雅尔领地是以领主和附庸的关系从大公(或王公)处获得土地。《弗拉基米尔条例》反映出教会不仅被授予乡村土地,甚至被授予城市土地,从而出现了教会领地。教会领地的扩大,一方面得益于王公及其土地占有者的捐助,另一方面教会以剥夺、购买、交换以及在未赎取抵押的情况下占领他人的土地。

12世纪至14世纪的封建割据时期,出现了王公王室领地占有制和王公侍卫的土地占有制。但是,在诺夫哥罗德封建制共和国,剥夺公社土地仍主要由波雅尔和教会封建主进行,因此没有出现上述两种新的土地占有制形式。

(二)债权

《罗斯法典》有关债务的内容显示出当时的特点,债务会导致债权人对债务人的权利的确立。例如,按照当时法律的规定,人身雇佣契约往往导致霍洛普身份的确立。另一特点是,在基辅罗斯,债务仅指契约债务,这与其他古代中世纪国家将人身损害赔偿视作债务之一是有很大区别的,因为根据《罗斯法典》的规定,因损害所生之债和犯罪混合在一起,须处以刑罚。

9世纪至12世纪订立契约的方式主要是口头订立,但有具体规定的形式如拍手或握手。在一些重要契约如涉及不动产的契约中,较多采用书面形式,还要有见证人在场。当时的契约已有附带的协议,例如,已有关于保证履行债务的补充条约,有的契约还附有涉及违约罚金和关于分期还债的协议。当时的契约种类主要有互易、买卖、借贷、租赁、雇佣、寄托等。

《罗斯法典》写道:"假如某人要买霍洛普……也要有证人,并在霍洛普本人面前交出一个诺喀他(当时的货币单位——作者注)。"由此可见,买卖霍洛普的契约须有证人和霍洛普本人在场。《罗斯法典》还严格保护买主的利益,买主在购得物的质量方面受到欺骗,可以要求解除契约。买主购得卖主无所有权的物品,买卖契约即告不成立。

《罗斯法典》对借贷契约作了详细规定,涉及借贷契约的订立和有效的条件。借贷契约的订立必须有证人在场;在有争执时,证人需要发誓证明事实本身和契约成立的条件。借贷契约的对象十分广泛,包括货币、谷物及蜂蜜等;借贷利息颇大,区分出月息、四月息和年息。摩诺马赫时期对利息的最高额作了限制,年息不超过本金的20%,还禁止将未偿还债务的人变成霍洛普。商人可以不需要见证进行借贷;如发生纠纷,仅依据债权人的发誓来判断。从《罗斯法典》的规定可以看出,当时存在一种"借贷雇佣",是没有偿还能力的人的借贷,是以自身为抵押的借贷,债务人称作柴苦比,在借贷期间住在债权人家里,为债权人劳动,直到债务清偿为止。这种借贷雇佣契约需按特别手续签订。

《罗斯法典》只有一条涉及寄托契约,但从内容看,当时认为寄托是一种私人间的友谊效劳,因此交存物件时不需要证人,为他人保管物品一般不收特别的报酬。如果就交存物件的多少发生纠纷,受托人可以采用发誓证明自己的清白和名誉。

诺夫哥罗德封建制共和国同一些日耳曼城市签订过条约,内容涉及自由贸易的相互权利。例如,1189 年(或 1199 年)条约第 10 条规定了解决违反契约的程序,第 13 条禁止监禁外国债务人。

(三)婚姻、家庭和继承法

在古代罗斯,婚姻、家庭和继承制度在一定意义上属于习惯调整的领域,并且形成了较为传统的行为模式,然而这其中却时刻充斥着宗教性因素;尤其是东正教传入罗斯之后,原有的习俗被逐渐打破,在固有习惯和教会方式相结合的状态下,这类私法性和民间性极强的规则开始产生变化,形成了一种较为混合性的行为方式。在这种方式之下,民间习惯依然起着非常重要的作用,甚至可以说其具有不能也绝对不可能被取代的功能。外来的一些法律制度和因素也影响着这些习惯,并且在一定程度上开始进入婚姻、家庭和继承规则领域中,在妥协的基础上发挥着其作用。

1. 婚姻法

(1)结婚的方式

9 世纪至 10 世纪基辅罗斯的婚姻有抢婚、买卖婚和送婚三种形式。之后随着东正教的传播和确立,结婚的方式和规定都发生了一些变化。①抢婚。在受洗之前,缔结婚姻通过新郎强抢新娘的途径来完成是非常普遍的,“抢婚应该是个人缔结婚姻的第一种形式,这也正好证明了编年史中所说的,这样,抢婚在接受基督教之前在很多斯拉夫部落都存在,虽然并不是全部部落都这样”①。这种缔结婚姻的方式并没有什么仪式,或者说只能勉强将在“抢婚”之前所进行的活动称为“婚礼”。所以,有的学者就认为“抢亲是婚姻的一种低级形式甚至是对婚姻的否定,因为这实际上并不是结婚,而是纯粹的拐骗。现在在乡村中男女青年捉迷藏的游戏,就是基督

① М. Ф. Владимирский-Буданов. *Обзор истории русского права*. М. ,2005. с. 481.

教婚礼以前的这种抢亲的最后残余”[①]。9世纪时已经以“举行仪式”的抢婚取代更早期的直接抢婚,因此实际上是未婚妻和“抢婚者”商讨后进行的。②买卖婚。买卖婚是缔结婚姻的第二种方式,媒人将新郎称作商人,将新娘视作“商品”,这有非常古老的来源,在很大程度上和抢婚的方式有关。新娘最初是通过抢夺得到的,但是因被抢夺失去女儿或女性亲属的家庭,他们的激愤情绪并不会在委屈中得到缓和或消解,因为强抢别族的女子就会引起氏族之间的敌意,于是被抢一方可以聚集在一起并携带武器再亲手抢回被夺走的女儿,这样在双方之间就可能发生战争。而让富有的人给予受损害的人赔偿是调和矛盾和结束战争最具习惯性的做法,具体就是用“聘礼”消除矛盾,即向被抢女子的亲族付钱购买该女子,在这种形式中最先出现了买卖婚姻的萌芽。它应该是出现在抢婚最频繁的时期,后来“聘礼”逐渐变成了公开的买卖婚姻制度,即按照双方亲族相互之间的协商,由女方的亲族把该女子卖给她的未婚夫——强抢的行为被男方对女方的和平聘娶所取代。③送婚。“送婚”指父母亲自将新娘送至新郎家,第二天早晨新郎付一笔款项给新娘父母。在基辅罗斯接受基督教之后,盛行教会的结婚形式,婚姻开始受教会管辖,基本上采用东罗马帝国的婚姻制度。关于送婚这种缔结婚姻的方式,在罗斯国家建立之前斯拉夫民族中的一支——波利安人那里就已经出现了。当时的波利安人已经较早脱离了野蛮状态,他们“具有自己祖先传下来的温顺平和的性格”,婚嫁习俗是“新郎不来迎亲,而是别人在前一天把新娘送过来,到第二天又把嫁妆送过来——还有所收的礼物”[②]。这种婚姻是在自愿同意以及宗教仪式——“送去”的基础上的结婚方式。

(2)结婚的条件

凡未达结婚年龄、近亲等和姻亲之间的婚姻,未征得结婚者本人或其家长同意的婚姻,均为无效婚姻,由教会解除。其中,婚龄是为了可以让结婚的人在决定关于婚姻的问题上有明确的理性认识和自由的意志。拜占庭的法律中的婚龄不是固定的,男性是14岁或15岁,而女性是12岁或13

---

① [俄]瓦·奥·克柳切夫斯基:《俄国史教程》(第1卷),张草纫、浦允南译,商务印书馆1992年版,第118页。

② [俄]拉夫连季编:《往年纪事》,朱寰、胡敦伟译,商务印书馆2011年版,第10页。

岁。虽然基辅罗斯移植过拜占庭的法律制度,也包括婚姻法层面的规定,但是对于婚龄的规定没有很快在基辅罗斯实行。在基辅罗斯,结婚的年龄要更小一些,甚至男性在 11 岁、女性在 10 岁时就结婚了。这种较小年龄就结婚的例子在王公家庭很多。基辅罗斯的教会法规也规定了婚龄,男性为 15 岁,而女性为 12 岁。但是这种规定一直处在与习惯法的强烈斗争中,并且到 17 世纪和 18 世纪也没有得到全社会的认同和承认。按照拜占庭的法律理论,结婚必须有父母或其他监护人的同意;但是法律也规定了例外情况,例如,父亲(或者是具有父权的祖父)没有健康的智力,或者存在偏见,或者他在此之前已经失踪 3 年,在这些情况下,婚姻没有父亲的同意也可以完成。除此之外的所有其他情况,都不能放任子女自由地结婚,而必须在父母许可的情况下才可以。按照基辅罗斯法律的观念,婚姻不只是个人和家庭的事情,也是社会的事情,仆役人员结婚需要取得王公的许可,而非王公仆役人员则要去他所处辖区的地方长官那里取得许可。

(3)解除婚姻的条件和情况

①婚姻关系中主体的人身死亡。按照当时基辅罗斯法律的规定,解除婚姻的条件之一是事实的人身死亡。在多神教时期这个观念一直占有不可动摇的地位,婚姻(一夫一妻)要一直维持到死亡。在这里也指出:在基辅罗斯,寡妇要在丈夫死后烧死自己。阿拉伯的历史学家对此进行了详尽的记录,马苏迪写道:“如果丈夫去世,那么他还活着的妻子要与他一起死去;但是如果妻子死了,丈夫则不用这样做。如果未婚就去世,那么男方可以在女方死后再娶妻,而相反女方则要焚烧自己,为了可以进入天堂。”① 对于婚姻中一方的人身的消亡,可以说是婚姻关系结束的自然原因,并不用过多的理论或者是法律来加以证明或规定;但是值得注意的是,这种理由只单纯地针对妻子,而不是丈夫,这显然给丈夫在家庭生活中提供了更大的自由。②夫妻一方患有疾病。疾病在很广泛的意义上说,在于和过去的生活或者是其身体本身的健康程度有关。所以,如果在婚后有了很严重的疾病,就意味着他(她)本身并没有结婚者所需要的健康基础。这样也可以让人相信,长期生病和患上了无法医治的绝症是离婚的充足理由,这在古罗斯的习惯中体现得很明显,虽然在法律中没有规定,但是在实际中却

---

① М. Ф. Владимирский-Буданов. *Обзор истории русского права*. М. ,2005. с. 506.

得到了很广泛的运用。可是,教会法规禁止这些成为离婚的条件,在《雅罗斯拉夫条令》中也规定,如果妻子患了重病,或者是失明,或者长期生病,这种情况不能赶她走;同样妻子也不能赶走丈夫。这种规定也就意味着,妻子或丈夫不能在对方生病时离婚或是抛弃对方,这也是教会教义在法律上的体现;但是同时规定了假装生病可以导致同第一个配偶离婚,并可以进行第二段婚姻。其中夫妻一方的疾病包括最主要的一点,就是不育。不育可以被看作最大的疾病。不育虽然并不能导致身体机能在家庭劳动方面的弊端,但是意味着无法构成一个纯粹的家庭联合体,也无法完成传宗接代的家族任务,所以这种情况也是导致离婚的一种原因。③通奸所导致的道德原因。从拜占庭法律中我们可以得知离婚的道德原因只有一个,就是通奸。因为在所有不道德行为中,通奸的程度最高。罗斯法律在这个关系中与拜占庭法律有所不同。第一,对于妻子和丈夫在通奸时离婚是一种道德条件。当然,这个不是突然就出现的。在多神教时期关于这个没有提及,因为当时不仅允许多妻,也允许有情人。而且在基督教时期多妻制并没有很快消除,拥有情人的情况也在很长一段时间内存在;直到 12 世纪,也不允许依照丈夫有公开的情人而解除婚姻。但最终,按照可以解除婚姻的这个原因,对于丈夫和妻子提出了这个道德条件。第二,依照情人的存在而解除婚姻的后果,罗斯法律与拜占庭法律有所区别。当建立这个原则时,这种情况会导致离婚,并且在丈夫或妻子有过错的情况下,解除配偶的新婚姻关系,这延伸到双方配偶。④夫妻之间的不和睦。在夫妻之间他们自己的原因,也可以导致离婚。古罗斯法律允许夫妻之间因生活不和睦而离婚,因为配偶之间的关系取决于信任和健康。婚姻的目的按照习惯法反映出来的信息,就是“和睦友爱”,即有相同的思想和感情。夫妻间生活的不和睦应该体现在实际中,确定配偶中一方或双方的行为:他们之中有一个人引起或不能以独立的经济能力来支持家庭生活,或者是妻子的亲属与夫家不和睦,或者是其中一方不道德甚至犯罪。离婚的条件就是配偶双方在这些行为中表现出来的不和睦,即“恶性的生活”;但在这里首先是指客观实际的不和睦情况,这可以在 12 世纪的资料中得到证明,例如,如果妻子发现丈夫负债且是个醉鬼,开始出售衣服买酒,那么允许离婚。在生活中有离婚的条件,直接的一个理由就是贫穷,在这种情况下,当然会出现不和睦——很少量的自然产品,在紧迫的生活需要中体现出来。⑤一方对另一方有犯罪行为。婚姻关系的解除有时直接体现在配偶中有一人对对方有犯罪行为,例如,妻子偷窃丈夫的财物。《雅罗斯拉夫法令》中就提到了妻子到丈夫的储藏室进行偷窃或偷窃货物的情况。拜占庭法中有关于配偶中一方对另一方犯罪的部分情况,如杀人未遂,可以导致剥夺权利,然后解除婚姻;关于这些可以导致离婚的犯罪在罗斯法律中也有所提及,并指出这是家庭极其不和谐的表现。

解除婚姻关系如同缔结婚姻一样,需要进行一定的程序,并且同时存在世俗和宗教两种方式。世俗的方式就是在配偶之间签订书面契约,在世俗法庭的主持和见证之下来证明或表示解除之前的婚姻契约,或者只是由一方的行为——准许妻子从丈夫那里离开而解除。其中以多神教方式来缔结的婚姻,解除更加简单,即到水边交涉完成,因为当时也是在水边完成的婚姻。相对于世俗方式,教会极力追求其自身作为主导者身份来干涉,所以有些婚姻关系的解除需要经过教会法庭的审判和裁决,并且经过教会的同意才可以完成。

2. 家庭法

家庭关系中家长制残余十分浓厚:丈夫有权处罚妻子;妻子不忠实时,丈夫有权杀死她。夫妻之间的财产关系,长期实行丈夫有权占有、使用并支配财产(包括妻子带来的嫁妆)。至 11 世纪,妻子的财产权才有了一些扩大。子女始终受父权支配。此时,基辅罗斯已经有了关于监护的制度。《罗斯法典》规定,父亲死后,母亲如改嫁,必须为幼年子女设定监护人。改嫁之母亲必须将现有财产归还其子女,对在其管理期间任何丢失之物都应赔偿。还进一步规定,监护期间所造成的一切损失均由监护人承担,监护人接收被监护人财产时必须有证人在场,监护终止时监护人须归还全部接收的财产;但是,从被监护人财产所得之利益则归监护人所有。《罗斯法典》规定监护期至被监护人长大自立时终止,但没有规定具体的年龄。

3. 继承法

基辅罗斯早在 9 世纪已有关于遗嘱继承和法定继承的规定。911 年,罗斯与拜占庭签订的条约中有这样的规定:一个罗斯人在为拜占庭帝国皇帝服务期间死亡,他既没有处分自己的财产,也没有留下自己的继承人,他的财产即归其旁系亲属继承;如果该罗斯人死后留有遗嘱,遗产就必须按照遗嘱进行处分。《罗斯法典》确立了两种不同的继承程序:斯麦尔德身后无子财产归王公所有,但未嫁的女儿可获得一份嫁妆;波雅尔死后财产不归王公,由儿子继承,没有儿子时由女儿继承。《罗斯法典》没有涉及丈夫的继承,但对妻子继承作出了规定。父亡母存时,儿女不可以继承财产,财产由母亲负责管理。基辅罗斯继承法的另一特点是,幼子所得遗产比兄长多。

三、刑法

在907年、911年、945年及971年基辅罗斯与拜占庭签订的四个条约中,明显地反映了9世纪至10世纪时期的犯罪种类和刑罚种类。

911年的条约第4条的内容表明,无论是罗斯人杀死拜占庭人,还是拜占庭人杀死罗斯人,都可以在行凶地点杀死凶手。如果凶手隐匿,死者亲属取得依法归他所有的凶手的部分财产,拿获后即处死凶手。911年的条约第5条、945年的条约第14条均规定以剑或其他物件殴击者处5公升银子罚款,如没有财产应交出所能交出的一切,直至脱下身上的衣服。911年的条约第6条、第7条两条涉及财产罪,规定可以杀死拒捕的偷窃者;不抗拒而就捕,应交纳相当于所窃物品的3倍价值的赔偿。

在12世纪至14世纪基辅罗斯规定的犯罪种类有:(1)反对王公政权罪,包括组织和参加反对王公的活动(犯这种罪的人往往被处死)和背叛,即附庸不忠(封邑王公不忠就剥夺封邑,波雅尔背叛处死刑)。王公作为国家政权的代表,如果对其侵害就意味着是侵害国家政权,而其中较为严重的就是弑君。关于侮辱君主的概念出现在苏茨达尔地区并反映在编年史中,其中记载了王公安德烈·柳戈柳布斯基被弑杀后,对凶手通过审判方式进行处理的情况。这种行为也延伸到对王公随从人员的侵害的情况中。在《罗斯法典》中就明确规定了杀害王公的随从人员(如马厩长、总管、梯温等)的行为与惩罚方式,这被看作对王公权益的侵害,也是相当于针对国家的犯罪。在该法典中还有一个规定可以说明这个犯罪行为,即侵害王公权力的非法拘禁刑讯行为。(2)杀人罪。《雅罗斯拉夫法典》第1条的规定明确了刑事罚款的统一数额,并对杀害当时社会中不同人员规定了刑事罚款的统一数额,而且规定了复仇者的狭窄范围仅限于死者的亲属,即《雅罗斯拉夫法典》第1条就规定的故意杀人的行为,"如果某人杀害了他人……如果是罗斯人,或者是侍从,或者商人,或者审判官,或者审判执行官;如果被害人是游民,或者是斯洛维涅人,也应当是 40 格里夫纳”①。《雅罗斯拉维奇法典》以 9 个条文对杀人罪作出了规定,被杀害的对象有封建主庄园的总管、王公的税吏、王公的梯温、马厩长、庄头和田畯、契约农、封建主身边的乳母和保育员,同时还包括了斯麦尔德。《雅罗斯拉夫王公条例》关于杀人罪的规定有进一步的发展。首先,扩大了生命受双倍血钱保护的范围,凡杀害王公的一般梯温和部属也要处双倍血钱。其次,规定杀害波雅尔的侍从也要加重处罚。最后,有了按恶意程度对杀人罪判处不同刑罚的规定。《摩诺马赫法规》开始对杀害妻子作出规定,处以一半血钱(20 格里夫纳)。(3)侵犯人身罪是仅次于杀人的犯罪行为。根据《罗斯法典》中对有关伤害行为的规定,可以看出这种行为的危害性,而根据伤害的程度不同,惩罚力度也有所不同。在《罗斯法典》的条款中,共有两种伤害行为,即致人伤残和一般伤害。《罗斯法典》区分出武器致伤,手、棍棒及其他物件的打击和割手、割脚及剜眼等。还认定致人残废是最严重的侵犯人身罪。(4)侵犯名誉罪。《罗斯法典》将拔掉髭或胡须、强拉或强推他人视作行为上的侮辱,构成侵犯名誉罪。这是损害人身部分的侮辱。《雅罗斯拉夫法典》中就规定“拔掉他人的髭 12 格里夫纳;拔掉他人胡须 12 格里夫纳”②。《摩诺马赫法规》中也有对拔掉他人胡须的处罚规定。对于古代罗斯人来说,髭和胡须是非常珍贵的部分,具有表示勇敢精神的象征意义,他们认为人体的灵魂都聚集在这个地方,它是人体最神圣的部位,是最高荣誉的象征。如果被他人无故拔除,就意味着将要身败名裂,所以罗斯人非常注重对拔除髭和胡须的行为;也正因如此,该法规认为这是一种对人身严重侮辱的犯罪行为,并严厉处罚这种行为。《雅罗斯拉夫法典》规定:“如果某人用棍棒、竿子、手、食器、饮酒器,或者用剑背,殴打、砍砸他人,那么赔偿 12

---

① Н. Калачовъ. *Текст Русской Правды на основании четырехъ списковъ разныхъ редакции.* С-П. ,1889. с. 1. 据王钺先生对法典的分析和注释,罗斯人是居住在古代罗斯南方地区、在基辅附近的居民;侍从是罗斯王公的扈从队;审判官是王公的重要助手,战时担任军官,平时负责王公法庭的审判工作;审判执行官是王公法庭审判案件的具体执行者;游民是从自己原来村社里游离出来的破产者,以及被释放的奴隶;斯洛维涅人是生活在诺夫哥罗德城郊区农村的居民。

② Н. Калачовъ. *Текст Русской Правды на основании четырехъ списковъ разныхъ редакции.* С-П. ,1889. с. 2.

格里夫纳。”①接下来又规定:“如果某人用没有拔出剑鞘的剑或剑柄殴打他人,那么支付 12 格里夫纳。”②详编版《罗斯法典》也有相似规定,即“如果某人用棍棒,或者食器,或者饮酒器,或者剑背殴打他人,那么支付 12 格里夫纳”③。虽然条文中的表述为“殴打”或“砍砸”,很可能被认为是伤害行为,但是根据古代罗斯的习俗,用器皿或者剑背等的打击会严重损害他人的人格和声誉。从另一个方面来考察,我们可以注意到法条规定注重的是击打工具,如棍棒、竿子、手、食器、剑柄等,而没有规定人身的受伤害及健康程度,所以更加注重对人身的侮辱性。《雅罗斯拉夫教会条例》提及言语上的侮辱。(5)侵犯财产罪。在古代罗斯时期,私有财产已经出现,并且随着封建化的进程,各封地领主都拥有数量不等的私有财产,同时在村社中的斯麦尔德也拥有一定的私有财产。这种私有财产的产生就意味着个人所有权的确立。为了保护这些所有权以及私有财产,立法者对各种形式侵害财产的行为都予以规定,并将其作为一种犯罪行为加以处罚。其中包括盗窃财物、损坏他人物品以及其他形式的损害。《罗斯法典》对此列举了五种:强盗、盗窃、毁灭他人财产、损害他人财产和非法使用他人财产,可见当时严格保护封建主的财产不受侵犯。《罗斯法典》中详细记载了盗窃马、牛、家禽、木材、干草、霍洛普等而被抓获的盗贼应该支付何种罚金,立法者尽量不漏掉任何可能被偷盗的财物。(6)侵犯家庭和妨害风化罪。《雅罗斯拉夫教会条例》提及诱拐和强奸波雅尔妻子应处的刑罚。这违反基督教家庭制度。这类行为属于教会法庭管辖并处以有利于教会权力的罚金,但是也有来自王公方面补充的刑事惩罚。例如,近亲结婚;娶两个妻子,即同时与两个妻子结婚,就是没有合法地解除第一段婚姻而娶其他人;有两个丈夫,在这种情况下惩罚属于两个丈夫;丈夫有情妇;在没有主教同意的情况下按照个人意志允许妻子离开丈夫和按照双方同意而离婚,按照婚姻是否举行了教会婚礼仪式,处罚也是完全不同的;父母方面非法、滥用权力强迫

---

① Н. Калачовъ. *Текст Русской Правды на основании четырехъ списковъ разныхъ редакции.* С-П. ,1889. с. 1.

② Н. Калачовъ. *Текст Русской Правды на основании четырехъ списковъ разныхъ редакции.* С-П. ,1889. с. 1.

③ Н. Калачовъ. *Текст Русской Правды на основании четырехъ списковъ разныхъ редакции.* С-П. ,1889. с. 23.

子女的婚姻,即拒绝同意子女的婚姻或强迫子女结婚。违反道德犯罪包括各种方式的纵欲、淫荡;抢夺少女,这种行为侵害了三个客体,伤害道德、损害了父母的权力和规定禁止抢劫的法律;强奸,具有复杂的客体,即侵害健康、名誉和道德;兽奸。

11 世纪末,在雅罗斯拉夫三王子联合执政时期,基辅罗斯废除了血亲复仇,当时规定的刑罚有六种:(1)死刑。虽然《罗斯法典》中没有提及死刑,但这一刑罚手段是当时社会的客观现实,凡是起义者和背叛大公的波雅尔都被处死。(2)权利和财产全部剥夺。此种刑罚既没收财产又将罪犯及其家属沦为奴隶或流放,主要适用于强盗、盗马者和纵火者等。(3)血钱。系杀人的罚款,由王公征收。死者亲属所得钱款称赔偿金。(4)杀害王公的霍洛普和斯麦尔德应交纳的赔偿金。(5)浦罗达热。系交给王公的罚款。(6)乌洛克。系受害人所得的赔偿金。另外,侵犯教会的犯罪往往被处残害肢体刑,如剜眼、挖鼻、割耳等。

这一时期基辅罗斯刑法具有以下一些特点:(1)没有区分民事和刑事违法行为。凡是使人遭受物质上、身体上或精神上的损害的行为,都视为犯罪。简编版《罗斯法典》第 14 条规定,蓄意不偿还债务就是致债权人损害,债务人就要受刑罚。① (2)保护封建主利益是当时刑法的主要目的,对霍洛普的人身和财产根本不予保护。例如,杀害霍洛普,凶手可以不受刑罚只需向该霍洛普的主人偿付他所受的损失。(3)视受害人的地位规定了不同的刑罚。(4)刑法的一些基本概念已开始形成。《罗斯法典》将犯罪分为恶意、疏忽和偶然三种,并规定了不同的刑罚,还区分了未遂和既遂。

四、法院和诉讼

基辅罗斯早期的司法制度尚处于萌芽和初级阶段,司法机关还没有从行政机构中分离出来,亦无专门的司法官吏,“司法权由个人、村社和国家机关行使,主人有权审理自己的奴隶和依附他的人,村社有权审理村社成

---

① “……如果债务人有钱而不还,那么债权人不仅可取回自己的钱,还可获得三个格里夫纳。”参见外国法制史研究会编:《外国法制史汇刊》(第 1 集),武汉大学出版社 1984 年版,第 203 页。

员在村社领域内的犯罪"①。王公、王公臣僚、千夫长、地方行政长官和乡长都是法官,王公住所就是审判场所。随着社会经济的发展,基辅罗斯国内的财产纠纷案件增多,司法机关逐渐形成并日趋复杂化,开始出现了一些专门的司法人员。诉讼方面,"在古代罗斯时期在刑事诉讼和民事诉讼程序之间并没有一定的界限,在那段时间他们有共同的特征就是同一意义的起诉过程,在过程中双方不仅拥有相同的权利,也是诉讼过程的推动力。此外,他们有责任证明真相。如果一方放弃就被认为是对诉讼的拒绝"②。基辅罗斯时代的教会在司法制度体系中亦占有重要地位。东正教的大主教和主教,始终是国家决策集团中不可缺少的成员,由大主教和主教组成审判机关,负责审理教会内部案件和某些民事纠纷。为维护教会的司法权,世俗政权曾多次颁发教会审判条例。

(一)审判组织

在基辅罗斯时期,虽然司法制度并不完善,但是已经出现了具有公权力性质的审判组织,形成了一套较为完整的审判体系,表现为各种性质的法庭。

1. 王公法庭

审判职能被认为是王公最基础和最重要的、不变的权力,王公拥有最一般的审判职能,由此而产生的审判组织就是王公法庭。它可以是第一审级和最后审级法院,在对地方法院审判不满的时候还可以作为上诉法院。基辅罗斯已经存在这种法庭并且《罗斯法典》有所提及,有关盗窃等通常的刑事案件都要交给王公进行审判,同时也包括一些民事类型的纠纷。审判地点就是王公庭院,不只是王公的官邸,也包括在王公官员所在省的庭院。

2. 谓彻

谓彻作为基辅罗斯国家一个较为重要的机构,也具有一定的司法审判职能,是具有法院意义上的审判组织。谓彻在最初时期拥有对所有的诉讼

---

① [俄]鲍里斯·尼古拉耶维奇·米罗诺夫:《俄国社会史:个性、民主家庭、公民社会及法制国家的形成(帝俄时期:十八世纪至二十世纪初)》(下卷),张广翔等译,山东大学出版社 2006 年版,第 34 页。

② А. В. Шободоева. *История отечественного государства и права: курс лекций и методические материалы*. И. ,2009. с. 93-94.

案件审理的权力,但是后来“只局限于审理背叛的案件”①,如通常讨论损害整个国家领土权利的案件,即关于领土占有的案件及其他侵害国家利益的犯罪。

3. 村社法庭

在基辅罗斯还有在依附民之上形成的法庭组织,称为村社法庭。因为当时存在大量的农村村社,居住了大量的自由农民,而其中有许多纠纷或者案件并不能完全依靠王公或者其他具有司法职能的机关来解决,所以逐渐形成了以村社为依托的司法审判机构。村社法庭只能是在村社里面解决小的内部的案件,如小额债权债务案件。

4. 教会法庭

除了王公法庭和村社法庭之外,东正教在基辅罗斯确立之后,出现了教会法庭。东正教教会在基辅罗斯国家的司法事务中起到很大影响作用。虽然东正教在很长一段时间里没有得到广大基辅罗斯民众的认可,其教义也没有得到完全遵从;但是随着东正教在基辅罗斯确立,大公就逐渐以法令的形式赋予教会一些司法权,形成了与世俗司法权并存的现象。

5. 会审法庭

《雅罗斯拉夫条令》其实已经很明确地规定了教会审理的案件,这样就可以划分出不同法庭的审判范围,“有些案件归教会法庭审判,其他的归世俗法庭审判,还有一种是混合类型法庭,是由教会代表和国家权力代表组成”②,这种司法组织被称为会审法庭。该条令已经规定,哪些案件由教会法官单独审理,哪些案件必须由组织世俗法官和教会法官会同审理。这种具有混合性质的法庭是根据案件或人员的特殊性而组织的;某些案件兼有刑事和宗教双重性质,本应由王公法庭审理的当事人,但因案件中有宗教成分,因而吸收教会法官参加;有些当事人本应由教会法庭审理,但因犯的案件应由王公法庭审理,因此教会法庭必须吸收王公法庭的法官参加。在第一个场合,教会法官是王公法官的助手;在第二个场合,就正好相反。

---

① [俄]鲍里斯·尼古拉耶维奇·米罗诺夫:《俄国社会史:个性、民主家庭、公民社会及法制国家的形成(帝俄时期:十八世纪至二十世纪初)》(下卷),张广翔等译,山东大学出版社 2006 年版,第 34 页。

② А. В. Шободоева. *История отечественного государства и права: курс лекций и методические материалы.* И. ,2009. с. 44.

“这种会审法庭是一种特殊的,别具一格的综合体:他处理的案件属于甲裁判权之下,但是犯案的人却是属于乙裁判权之下的”①。例如,杀人案件属于世俗法庭管辖,但是,如果凶手是教会人员,那么犯罪主体就属于教会管辖的范围,在这种情况下就需要会审法庭审判了。

在基辅罗斯虽然最初并没有将司法机关和行政机关区分开,其职权也混合在一起,但是在行使司法权的时候就会凸显出一些人的意义,而这些人在司法审判、执行的过程中都具有一定的作用。首先就是具有法官性质的人,如上所述,这类人不仅包括大公和王公,也包括他们的臣仆,而行政长官也因授权而具有这样的职能。《罗斯法典》中就提到审判官(ябетник),他是王公的重要助手,战时担任军官,平时负责王公法庭的审判工作。其次是具有执行职能的司法人员,例如,《罗斯法典》提到的审判执行官(мечник),原意为“佩剑者”,即佩带象征司法权力之剑的人,系王公法庭审判案件的具体执行者。最后,还有命金、罚金征收者,他们属于执行命金惩罚的人员,因为命金和罚金是王公收入的主要部分之一,所以需要这些执行者来完成。一般由王公邑从队的青年成员组成,他们除了可以担任王公法庭的助手或其他工作如管理一般行政事务之外,还可以担任征收者。这些司法人员形成了古代罗斯司法制度中的重要元素,各种审判活动就是在各种审判组织的基础上依靠这些人员来进行的。

(二)诉讼当事人

诉讼双方是在诉讼程序中的当事人,是任何诉讼开始时所必须参加的人;他们不仅是提起诉讼的人,同时也是要在法庭审理过程中叙述案件、提交证据、召唤证人、进行辩论以及导致最后结案的重要角色。在基辅罗斯时期,诉讼程序接近于辩论式,诉讼双方被称为对手,表明原告及被告(人)在辩论中处于平等地位,②当时的诉讼过程并没有将原告和被告(人)作出区分;但这些仅指在一些所谓的民事案件中出现的情况,如果在刑事诉讼中又有所不同了。在当时的刑事案件中,国家作为原告的情形还没有出

---

① [俄]瓦·奥·克柳切夫斯基:《俄国历史教程》(第1卷),张草纫、浦允南译,商务印书馆1992年版,第251页。

② 参见[俄]鲍里斯·尼古拉耶维奇·米罗诺夫:《俄国社会史:个性、民主家庭、公民社会及法制国家的形成(帝俄时期:十八世纪至二十世纪初)》(下卷),张广翔等译,山东大学出版社2006年版,第35页。

现,国家仅帮助来提起诉讼的人指控对方。① 所以,在刑事诉讼中将国家理解成现在法律规定的原告式的公诉人的情况,在当时罗斯社会还不存在;但是随着时间的推移,早期国家已经开始帮助私人申诉者对被起诉人进行追捕,而追捕罪犯的责任则交给维尔福承担,并最终积极参与到双方的利益纠纷中,禁止侵害他人人身的罪犯逃脱社会对他进行的惩罚。

诉讼双方当事人,按照现代诉讼法理论来看待应当是自然人或者法人,但是在古代社会并不是那么绝对,或者说不那么清晰。因为诉讼在古代人的观念中往往涉及的并不是单纯的个人纠纷,而是会涉及集体,所以其中的诉讼双方也会具有集体性。同时,并非全部情况都是如此,法律意义上的自然人作为原告或被告(人)的情形也是存在的。在基辅罗斯时期,个人、家庭、家族和村社都可以以诉讼当事人的身份参加诉讼。

此外,限制亲属或邻居群体作为诉讼的集体参加者,法律应该确定是否所有的人应该独自出现在法庭上,或者可以派出别人作为自己的代表。最初,原告和被告(人)本人必须出庭,当时个人缺乏诉讼主体资格是一般原则,诉讼应该在家庭或部落的共同帮助下才能完成其单个人的诉求,因此《罗斯法典》对全权代表这类人并没有作出规定。只有在诺夫哥罗德和普林斯科地区审判文件中诉讼代表才得到了广泛的应用和发展。根据诺夫哥罗德审判文件,全权代理人在那里被称为“负责者”,所有人都可以请代理人。相反,在普林斯科地区,法律只将能够请代理人的权利赋予妇女、未成年儿童、僧侣或修女、年老体衰的人和耳聋的人。作为诉讼代表,首先必须是和原告或被告(人)具有家庭关系的人,很明显这是原来家庭作为集体诉讼人的残留表现。这样很自然的代表关系就是儿子对母亲,丈夫对妻子。诺夫哥罗德审判文件提到了这个问题,允许寡居的老人让自己的儿子来代表自己进行诉讼。

(三)诉讼程序

在古代罗斯,诉讼程序也没有现代意义上刑事诉讼法和民事诉讼法之分。在基辅罗斯时期,国家在刑事案件中的原告身份并不明确,刑事和民事诉讼、侦查式和辩论式诉讼也没有严格区分开,双方在审理中的辩论内

---

① СМ. ,Белковец. Л. П, Белковец. В. В. *История государства и права России курис лекций*. Новосибирск. ,2000. с. 20.

容、主审法官和出庭时间由双方协定,双方在庭审中都可以使用证人,而且证据形式多种多样。总体而言,诉讼模式更接近于辩论式,当时诉讼双方被称为“对手”,这也表明了原告及被告(人)在辩论中处于平等地位。[①]

按照《罗斯法典》的规定,所有的诉讼程序均具有对抗性的特征,即诉讼双方在案件中都是平等参与者,双方均具有几乎同等的诉讼权利,并且在这种权利的基础上可以进行一定的活动,这些活动就在诉讼中不同程度地起到了促进作用。诉讼程序开始于提起诉讼,受害人或者其亲属应该作为原告提起诉讼,《罗斯法典》时期的法院不主动进行审判,甚至在杀人案件中也是如此。在提起诉讼后,还有逮捕、法庭证明、判决与执行程序。

不过《罗斯法典》提到了特有的诉讼程序,这些诉讼行为就其本质属性就属于刑事案件。例如,对质、排除痕迹,但是“无论在什么情况下,也无论是刑事案件还是民事案件,都通过辩论程序进行审理,在此程序下诉讼双方是平等的,其本身就是整个诉讼行为的推动者”[②]。

(四)证据制度

在基辅罗斯时期,法庭证据其实就是诉讼双方在诉讼过程中为胜诉而运用的手段、办法或工具,而审判本身仅是在调解、评判的过程中使这些证据手段达到一种平衡。在诉讼过程中可以运用各种口头证据、书面证据以及口供、供词。在《罗斯法典》时代,有一套证据体系,在诉讼程序中体现为很多方式,包括被告(人)的供词、证人证词、外部特征,此外还包括一整套审判性质的形式主义的证明体系——抽签、宣誓、考验和司法决斗。

(五)诉讼费用

在古代罗斯社会,审判活动是一种可以获得经济收益的方式,所以审判也成为王公盈利的一种方式;因为在审判时王公可以从诉讼双方那里收取特殊费用,其中也包括基于审判活动而产生的税款。

如果实行铁审判,《罗斯法典》规定:“铁审判支付40库纳,给审判执行

---

① 参见[俄]鲍里斯·尼古拉耶维奇·米罗诺夫:《俄国社会史:个性、民主家庭、公民社会及法制国家的形成(帝俄时期:十八世纪至二十世纪初)》(下卷),张广翔等译,山东大学出版社2006年版,第35页。

② [俄]О.И.奇斯佳科夫主编:《俄罗斯国家与法的历史》(上卷)(第5版),徐晓晴译,付子堂审校,法律出版社2014年版,第51页。

官5库纳,给助手半格里夫纳。”[①]如果被诬告而免交命金,产生的费用必须缴纳,《罗斯法典》规定:“如果免交命金,那么支付给助手1格里夫纳的感谢费;原告也支付1格里夫纳,被告人还应拿出9库纳作为辩护费。”[②]在执行中,该法典规定了罚金、命金征收者在他们执行任务过程中所需要的所有费用,包括他们本人以及其助手的酬劳、食物、差旅辛苦费、洗尘费等,甚至包括他们乘骑的马匹的饲料也要供应。

与诉讼有关的税款,例如,法庭税,是进行控诉或应诉之后应该缴纳给法庭的税款。《摩诺马赫法规》规定:“法庭税:来自命金的9库纳,并付给纳款人9维科士;来自野蜂蜜地区的案件30库纳,并付给纳款人12维科士;释放奴隶的案件支付9库纳,给纳款人9维科士;来自其他诉讼案件的胜诉者4库纳,付给纳款人6维科士。”[③]又如,发誓税,这是在法庭证明中需要提出证据时发誓所要缴纳的税款。《摩诺马赫法规》规定:“发誓税如下:来自杀人案件30库纳,来自野蜜蜂地区的诉讼案件是27库纳,来自农耕地区的诉讼案件也是这样,而释放切良津税为9库纳。”[④]

此外,“除了这些费用之外,在所有的诉讼中都确定了一个习惯性的费用,即要给‘抄稿子的人’——制定判决书的人员10库纳,支付给外出执行判决时负责驾驶马车的人5库纳,以及取暖需要的2诺卡达”[⑤]。这些在诉讼中产生的费用,对于当事人来讲也是一种沉重的负担。

随着时间的推移及社会封建化的加强,基辅罗斯的司法制度也发生了一些变化,这在之后较为著名的诺夫哥罗德和普林斯科地区表现明显。诺夫哥罗德的司法制度是建立在区分王公和谓彻审判组织的基础上,王公法庭,即王公本身以及他的行政长官和梯温作为审理者,主要审理和解决的

---

① Н. Калачовь. *Текст Русской Правды на основании четырехь списковь разныхь редакции*. С-П. ,1889. с. 35.

② Н. Калачовь. *Текст Русской Правды на основании четырехь списковь разныхь редакции*. С-П. ,1889. с. 23.

③ Н. Калачовь. *Текст Русской Правды на основании четырехь списковь разныхь редакции*. С-П. ,1889. с. 38. 库纳和维科士是基辅罗斯时的货币单位。

④ Н. Калачовь. *Текст Русской Правды на основании четырехь списковь разныхь редакции*. С-П. ,1889. с. 18. 在抄本中,有关“27库纳”的说法原文以直译为“30库纳少3库纳”,为避免语言烦琐,笔者直接译为27库纳。

⑤ Попов. А. *Русская Правда в отношении к уголовному праву*. М. ,1841. с. 121.

是刑事案件。谓彻的管辖范围很大,地方行政长官的审判在关于土地财产的重要的案件上,千夫长审判针对因为贸易(尤其是个人贸易之间的贸易)产生的诉讼。普林斯科司法制度是在两个世俗法庭的基础上建立起来的,所有法庭都是由王公、谓彻构成的,形成了一个中心审判机构,由王公、行政长官和乡村警察即公社的代表组成。虽然指出了王公地方法庭和行政长官,但是在实际中他们审判总是在一起的。

这个时期的司法处于萌芽阶段,制度形态不完善,也没形成体系,更没有发生大的变革,基本上是以习惯法为主,但基本体现了古代俄罗斯社会法制的基本特征。

第二章 俄罗斯中央集权制时期的法律制度（14—17 世纪）

1236 年，15 万蒙古大军越过乌拉尔山占领保加尔城；1238 年，东北罗斯地区的梁赞、弗拉基米尔-苏茨达尔等公国尽被蒙古大军攻陷；1239 年，蒙古大军继续西征西南罗斯；1240 年攻陷基辅，占领加利奇-沃伦公国，紧接着入侵波兰、捷克、匈牙利和多瑙河沿岸各公国；1243 年，蒙古开始统治基辅罗斯。蒙古在基辅罗斯推行"八思哈"制度①，同时通过任命弗拉基米尔大公、宗教等方式巩固其统治，并将较为野蛮和残酷的制度运用到基辅罗斯。伊凡三世执政后成为"全俄罗斯的君主"，莫斯科公国的统一事业也进入了最后的关键阶段。这个时期莫斯科公国势力空前强大，俄国的政治统一基本完成，凭借雄厚的财力和物力，伊凡三世于 1463 年占领了雅罗斯拉夫，1474 年又灭掉了罗斯托夫公国，1478 年又吞并了主要敌人诺夫哥罗德的广大领土；1480 年，蒙古人在俄国的统治也随金帐汗国的内讧、分裂而结束。伊凡三世基本统一了东北罗斯大部分的国土，以莫斯科为中心的中央集权国家初步形成和发展起来。伊凡四世统治期间，积极推行对外扩张政策，对内实行专制统治，以"第三

---

① "八思哈"制度是 13 世纪中期蒙古金帐汗国统治俄罗斯居民的一种军事政治制度。"八思哈"是突厥语中的"镇守官"，由部分居民组成十户、百户、千户等军事组织，由蒙古人任指挥，该制度于 14 世纪初在俄罗斯被废除。

罗马”自居,自称“沙皇”,莫斯科公国也蜕变为沙皇俄国,最终形成了俄罗斯中央集权制国家。

第一节　法律渊源

在俄罗斯中央集权制国家形成时期,《罗斯法典》依然是重要的法律渊源,同时也出现了一些新的法律文件。随着俄罗斯中央集权制的巩固,社会经济和政治制度的巨大变化决定了法律制度的变化。《一四九七年律书》将以前零散的法律规范系统化,是俄罗斯中央集权制国家的第一部法典,而且对制定适合封建社会发展的法律规范起到了示范作用。《一六四九年会典》是俄罗斯君主专制萌芽时期的封建法律会典,是一部典型的农奴制法典。

一、《总督管理条令》

自从中央集权制国家产生后,莫斯科大公颁布了一系列恩许状,不仅赐予机关还赐予一定的团体、地区的居民一些特权。《总督管理条令》就是一种恩许状,1397年《杜温条令》和1488年《白湖条令》最具代表性。《总督管理条令》的主要内容有:总督的“供养”额,归总督所得的司法规费和刑事罚款,传唤出庭费、贸易规费以及结婚费等,还规定了总督的司法权及其同中央法院的关系,规定了总督管理人员的构成(梯温、正直人及预审法官),有时包括为数不多的刑事规范。

1397—1399年《德维纳条状》由莫斯科大公颁布,是一个规定德维纳地方总督权限的条状,规定由国家机关负责提起刑事诉讼,保证被告人出庭和传唤民事案件的诉讼当事人,着重规定总督有权征收诉讼各阶段的诉讼费用和刑事罚款,总督司法权限与中央法院的关系以及地方上参与审判的人员等,还包括为数不多的刑事法规。1397年《杜温条令》的内容主要来自《罗斯法典》,有关犯罪和刑罚体系的规定同《罗斯法典》的相关内容没有明显的区别。1488年《白湖条令》,是伊凡三世将白湖边区并入俄罗斯后,向该边区居民颁布的恩许状,对总督的权力有详细的规定,一定程度上限制了总督的专横行为。

二、审判法规

在俄罗斯中央集权制国家形成时期,莫斯科大公在一些“大公国”和“封邑公国”的独立地位被取消之后,对这些地区的有影响力的法规进行了修订。1472 年签订了《科罗斯汀条约》之后,又修订了《诺夫哥罗德审判法规》。1484—1486 年对《普斯科夫审判法规》进行了修订。

《诺夫哥罗德审判法规》的渊源为:《罗斯法典》、习惯法和谓彻的决议。最初它是诺夫哥罗德贵族共和国的法规。在莫斯科大公国吞并整个诺夫哥罗德地区后,莫斯科大公修订了该法规,主要内容涉及法院组织和诉讼程序。该法规规定的司法机关有:谓彻、王公、市长、千夫长和诺夫哥罗德的大主教,所规定的诉讼程序体现出弹劾主义特点。

《普斯科夫审判法规》最初由普斯科夫谓彻于 1467 年通过予以颁布,后由莫斯科大公于 1484—1486 年进行了修订工作,《罗斯法典》是其主要渊源。其主要内容有:①规定了普斯科夫公国的政治制度,封建主和农奴的关系。②以较多的篇幅规定了民事法律关系,涉及所有权的调整、动产和不动产的划分、所有权的取得以及债务关系,还规定了法定继承和遗嘱继承的规范。③规定了较为完备的犯罪体系和残酷的刑罚。

三、《一四九七年律书》

自 13 世纪末起,莫斯科公国的经济和政治实力迅速增长。在 14 世纪初,莫斯科公国就和其他封建公国为成为全俄政治中心展开了激烈的争夺,莫斯科公国在克服封建割据状态和建立统一国家中的主导作用已明确地确立了。伊凡三世继续扩张正在建立的中央集权国家的疆界,合并了大诺夫哥罗德、特维尔公国以及梁赞的一半土地,在和立陶宛进行战争以后又合并了许多公国,并于 1480 年最终摆脱蒙古的统治。伊凡三世基本上完成了俄罗斯中央集权制国家的建立。在统治这一国家的方法上,伊凡三世不再停留在修订个别封建中心的法律,而是力图建立法院组织和诉讼程序的统一制度,力图制定新的民法规范和刑法规范以保护封建阶级的特权,于是在制定新法典方面进行了大量的工作。伊凡三世命令自己的侍从弗拉基米尔·古久夫编纂了一部法典草案。王公和波雅尔杜马于 1497 年

9月批准了这一草案,正式得名为《一四九七年律书》,又名《伊凡三世律书》或《大公律书》。这是俄罗斯中央集权制国家的第一部法典。

《一四九七年律书》共68条,其渊源为《罗斯法典》《普斯科夫审判法规》中的一些规范、习惯法、当时各种条令中的规定,以及编纂此部律书时新增加的内容。由此可见,这部律书是适应新的形势和新的需要的,对于巩固刚建立的俄罗斯民族国家和中央集权制是有巨大意义的,对制定适合封建社会发展的法律规范是有积极意义的。

《一四九七年律书》在内容结构上已有一定的系统性,但实体法(民法和刑法)规范仍未从大量的程序法规范中分离出来。该律书共分四个部分:第一部分是对中央法院活动的详细规定(第1—36条),其中包括刑法规范(第9—14条);第二部分规定地方法院、州法院的组织和活动(第37—45条);第三部分为民法和程序法规范(第46—66条);第四部分为诉讼程序补充条款(第67—68条)。

《一四九七年律书》的主要内容是关于诉讼方面的规范,划分了各种法院的权限,规定了统一的司法收费,规定了许多案件适用纠问式诉讼形式,强调了书面文件作为主要司法证据的意义,体现了司法中央集权化的趋势,削减了各地总督的权力并迫使地方总督服从中央机关的监督。该律书的条文也涉及维护封建主的利益,规定应授予封建主书面文件以证明他们对依附于他们的居民所具有的权利。该律书使农民进一步农奴化,有专门的条文规定完全的霍洛普的来源。在涉及农民的脱离权方面,该律书明文规定了"犹列夫日"即俄历8月26日,农忙结束之日的前后各一星期之内农民可以离开旧主人;在全俄范围内限制农民的转移权是进一步稳定农奴制关系的强制性措施,有利于保护封建制度。该律书还充分体现了统治原则,对各种犯罪,尤其是对侵犯封建主生命和财产的行为和反抗政治制度的行为,加强了刑罚措施,以保护势力日益增长的军功贵族和商人的利益。

《一四九七年律书》使当时分散零乱的法律系统化,反映了俄罗斯中央集权制国家形成时期法律的主要内容和特点。伊凡三世的后继者瓦西里三世,曾经对《一四九七年律书》进行过修订和增补工作,但是修订后的律书没有流传下来。《一四九七年律书》被《一五五〇年律书》取代。

四、《一五五〇年律书》

到瓦西里三世时期,莫斯科大公的权力进一步扩大,莫斯科公国也最终形成了一个地域广袤、民族众多的殖民国家,这也加速了专制制度的形成和发展。瓦西里三世去世后,年幼的伊凡四世继位,大贵族趁机起了纷争,政治上的混乱和外族的侵犯引起了各阶层的普遍不满,还爆发了反对格林斯基家族的起义,①各地也发生了反对大贵族和地方总督的活动。1547 年 1 月,伊凡四世即俄国历史上著名的“伊凡雷帝”在克里姆林宫的乌斯宾斯基大教堂举行加冕仪式,总主教马卡利将摩诺马赫王冠戴到他头上,并授予其“沙皇”称号。从此,“沙皇”成为俄国君主的通称。伊凡四世便是俄国第一位沙皇,莫斯科公国也称“沙俄”。在这一时期内,在极力对外扩张的同时,伊凡四世还以巩固沙皇的专制制度、强化沙皇的专制统治为主要目的,宣扬“君权神授”理论。他曾说:“俄罗斯自从接受基督教以来就存在专制制度。专制制度以君权无限为前提。专制沙皇对自己的臣民享有无限生杀予夺职权。我可以随意宽赦自己的臣民,也可以随意处死他们。一切不服从沙皇的行为都是不服从上帝的行为。”②

由于在当时的沙俄,国家机构尚不完善,因此从中央到地方,大贵族仍然在把持着政府机构,诉讼权、审判权完全掌握在大贵族手中,他们通过各种案件的审理每年都获得大量的收入,大贵族在担任地方长官时也拥有诸如免税方面的各种特权,这些都成为威胁伊凡四世统治的重要政治阻碍力量。为了削弱大贵族的势力,加强能同大贵族抗衡的中小贵族的势力,加强自己的统治,从 16 世纪 50 年代开始,伊凡四世开始以加强中央集权为主要内容的改革,包括政治、经济、司法和军事等方面。

1549 年 2 月 27 日,沙俄历史上第一次缙绅会议③召开,由波雅尔、高级

---

① 格林斯基家族是 15—18 世纪俄国封建大贵族家族,系伊凡四世的母亲——大公夫人叶琳娜·瓦西里耶芙娜·格林斯卡娅一方的亲属。他们在俄国实行多年的封建王公家族统治,并在此过程中互相倾轧,给俄国人民带来了深远的灾难。1547 年 6 月,莫斯科发生大火,人民出于对封建压迫者的愤怒,到处传说是安娜·格林斯卡娅用妖术焚烧莫斯科。随后,反对格林斯基家族的莫斯科起义爆发。

② 陈之骅主编:《俄国沙皇列传》,东方出版社 1999 年版,第 3 页。

③ 缙绅会议又名“国民代表会议”,是 16—17 世纪沙俄的等级代表机构。

教士、封地贵族的代表参加,中心议题就是政治改革和制定新法典,其主要目的是打击大贵族,联合中小贵族即城市上层市民,加强中央集权统治,同时这次会议的召开也标志着沙俄等级代表君主制的确立。会议上,伊凡四世发表了极其激烈的言论,指责大贵族滥用权力和巧取豪夺的行为,要求他们不得再犯,否则将予以严惩甚至处死。同时基于此次会议,形成了《一五五〇年律书》,并将会议上宣布的最具有中央集权化的成果肯定了下来。

《一五五〇年律书》又称《沙皇律书》《伊凡可畏律书》,亦称《第二律书》,因共100条,也有人称此为《百条律书》。关于《一五五〇年律书》的渊源,有两种观点。第一种观点认为《瓦西里三世律书》是《一五五〇年律书》的基本渊源。① 第二种观点认为《一四九七年律书》才是《一五五〇年律书》的基本渊源,并认定不存在1538年《瓦西里三世律书》,更主要的理由在于《一四九七年律书》的绝大多数条文都被列入《一五五〇年律书》。一般认为,《一五五〇年律书》有33条是新制定的,所采用的《一四九七年律书》的条文也都经过一一修改,但有所发展,增加的新条文超过1/3。新的律书内容结构更为系统化,民法规范集中于一处予以规定(第76—97条),特别规定了新立法条款的律书执行程序(第98条)。新增加的内容主要包括:禁止发布已签发证书撤回指令(第43条);宣布法律不溯及既往原则,全部案件依照新律书裁决(第97条)等。新条文与伊凡四世推行的国家政策有关,如对法官滥用权力和非法裁判规定了严厉的刑罚措施、对地方行政官员选举活动及“审判官”活动程序等作出了详细规定(第62条、第68—70条)。因此,《一五五〇年律书》的实施有利于进一步巩固和发展俄罗斯中央集权制国家。

《一五五〇年律书》第一部分涉及中央法院的组织和管辖权,第二部分是有关地方法院的规定,第三部分包括司法和诉讼方面的规范,第四部分为补充条款。它对侵犯波雅尔和普通贵族的财产、生命和名誉的行为规定了严厉的处罚,比《一四九七年律书》更充分地反映了军功贵族和商人的利益。

---

① 参见[苏]C. B. 尤什可夫:《苏联国家与法权历史》(第1卷),中国人民大学国家与法权历史教研室译,中国人民大学出版社1954年版,第166页。

五、16世纪的其他渊源

(一)《百条宗教令》

伊凡四世在制定《一五五〇年律书》的同时,在莫斯科召开“百条宗教令会议”。这次会议的决议形成了1551年《百条宗教令》。这是一部教会律书,仿照《一五五〇年律书》亦由百条组成。主要内容涉及东正教教会制度、宗教生活和宗教风习等,也对与教会有关的国家法律——民法、刑法、婚姻家庭和诉讼法作出了规定。但是,《百条宗教令》基本上是俄罗斯东正教会的一部法典。

(二)各部法令集

伊凡四世在制定《一五五〇年律书》时,已考虑到随着社会的发展,必然会颁布新的法令以补充和修改律书的不足。《一五五〇年律书》第98条规定,将律书以后出现的法令作为补录追补入律书。这些补录主要是各部作出的,而且往往将一个部的法令合并在一起,日积月累之后就形成了各部法令集。最主要的有:《司法案件法令集》《地政部法令集》《奖功份地部法令集》《强盗部条例集》等。这些法令集在当时具有法律效力,是法律的组成部分。

(三)1589年《沙皇弗多尔·伊凡诺维奇律书》和《综合律书》

《一五五〇年律书》及随后颁布的一些法令都对正在不断发展的封建化尤其是对农民农奴化的各种关系以规范的手段进行了法律调整。但是,随着农奴制关系的进一步发展,律书和法令跟不上封建统治集团的利益和需要,律书和法令被认为过时、陈旧,产生了编纂新法典的要求。与此同时,各部颁布的法令不断增加,这些法令的立法技术很不完善,主管部往往只了解本部的法令,对其他部颁布的法令少有了解,不得不相互查询,造成了实际工作的困难和立法的混乱。在上述背景情况下,俄罗斯出现了新的法律汇编,主要是1589年《沙皇弗多尔·伊凡诺维奇律书》(弗多尔·伊凡诺维奇在位期间为1584—1589年)。1589年律书的编纂者至今未查实,据说是北部某地一位法官的作品。因此,实际上1589年《沙皇弗多尔·伊凡诺维奇律书》是私人编纂的成果,不是通过立法手段颁布的正式法典,不过往往被司法部门主要是北部一些法院采用,因为1589年《沙皇弗多尔·伊凡诺维奇律书》的渊源是沙皇正式颁布的《一五五〇年律书》,还吸纳了各部法令以及北部一些地方法院的审判实务,作者还对这些渊源的一些规范进行了修订工作,增加了有关乡政权组织、地方法院、社会生活和北部农民经济关系等内容。

在1589年《沙皇弗多尔·伊凡诺维奇律书》出现后,当时还流传另一部私人编纂的法规汇编——《综合律书》。但是,至今人们对这部律书了解甚少。

(四)1581年和1597年法令

1581年沙皇颁布了《关于禁止的年代的法令》。在这些年份里,不适用犹列夫日的规定,禁止农民离开一个地主到另一个地主那里去,同样也禁止将农民从一个地主处转移到另一个地主那里去,"直到君主下诏为止"。但是,实际生活中违反1581年《关于禁止的年代的法令》的事件屡屡发生。1597年沙皇颁布了《关于搜索逃农并将他们送还原主原处的法令》,甚至农民离去已经3年,同样地适用此法令。

六、立陶宛条例

立陶宛大公国先后于1529年、1566年及1588年颁布过三个立法文件。1529年条例的内容主要涉及国家法、审判法、民法和刑法。1566年条例适应封建关系的发展,确认了小贵族在议会享有代表权,规定了大公和议会分掌政权。1588年条例有利于封建化的加速进行,使农民彻底农奴化,其主要内容广泛涉及民法和刑法规范。这三个立陶宛条例都是俄罗斯《一六四九年会典》渊源的组成部分。

七、《一六四九年会典》

1648年,莫斯科发生了大规模抵制增收盐税的活动。沙皇阿列克谢·米哈伊洛维奇(Алексей Михайлович,1645—1676年在位)在平息此事之后,决定于同年9月召开缙绅会议,审查以前的法律和制定新的法律汇编。参加此次国民会议的人员有波雅尔、奖功地主和商人的代表。为了进行新的法律汇编工作,沙皇政府设立了以波雅尔奥多也夫斯基王公为首的特别委员会,该委员会提出的法律汇编草案,又经国民会议于1649年批准,因此得名《一六四九年会典》。

《一六四九年会典》又称《阿列克谢·米哈伊洛维奇法典》,是俄罗斯君主专制制度萌芽时期的封建法典,由25章组成,共967条。《一六四九年会典》的渊源为:《一四九七年律书》、法令、波雅尔判决、各部法令集、立陶宛条例和拜占庭的法律。该会典还包括了起草人拟就的新条文和国民会议议员代表要求增加的新条文。可以将该会典划分为五个部分:第1—9章为第一部分,涉及国家法;第10—15章为第二部分,有关诉讼法;第16—20章为第三部分,主要内容为物权法;第21—22章为第四部分,涉及刑法;第23—25章为第五部分,内容为补遗。和前时期的律书一样,该会典缺乏调整中央机关活动的规范,只有个别条文涉及家庭法和债权法。

《一六四九年会典》以立法的形式确定了国家首脑——沙皇的专制世袭君主的法律地位,进一步确认了农民农奴化的后果,强化农奴制度,确立了军功份地制度,加强对沙皇、教会、贵族人身和财产的保护。从立法技术上来看,该会典已经具有较为完备的体系。在刑法方面,不仅区分了故意犯罪和非故意犯罪、主犯和从犯、既遂和未遂,而且还有关于正当防卫、紧急避险的规范。该会典规定的刑罚极其残酷,法官具有较大的自由裁量权。《一六四九年会典》的颁布施行是俄罗斯封建中央集权制的重大发展,经过之后的不断补充和修订(1653年有关贸易的法令;1669年有关抢劫罪和杀人罪的规定;1677年有关庄园和世袭领地的规定),其效力一直持续到1835年《俄罗斯帝国法律全书》开始生效施行为止。

八、新法令条款

《一六四九年会典》制定之后,俄罗斯法的进一步发展,是通过颁布法令来实现的。1649—1696年修改、补充和废除会典规范的法令共有1500多个。这些法令被统称为《新法令条款》,它们在俄罗斯法律史上有较为重要的地位,主要有:1669年"关于偷窃、强盗、杀人案件的新法令条款",1676年"关于奖功份地的新法令条款",1677年"关于奖功份地和世袭领地的新法令条款",1684年"不动产指令",以及1654年颁布的涉及财政方面的条令和1677年颁布的《贸易条例》。

第二节　法律的主要内容

一、国家法

(一)莫斯科大公和沙皇

在14—16世纪,莫斯科大公最初已是早期封建王国的君主,虽然全部政权都由莫斯科大公掌握,但其权力范围仅局限于王室领地范围。在附庸的领地上,大公权限的主要依据是封邑王公签订的附庸条约及莫斯科大公本人颁发的、给予自己的波雅尔、侍从及教会机关的豁免状。以后,随着封邑的不断取消和将封邑王公变成供职王公,豁免权的进一步限制和取消,莫斯科大公国演变为中央集权制的俄罗斯民族国家,莫斯科大公的政权不断加强和扩大。在伊凡三世和瓦西里三世时期,莫斯科大公政权已成为中央集权制国家的君主政权。伊凡三世为限制封邑王公的权力,于1481—1482年修改了大公和封邑王公的条约,至15世纪90年代初伊凡三世对封邑王公更为严厉,并且获得了奖功份地贵族和城市商人的支持。鉴于莫斯科大公政权的发展和政治影响的加强,伊凡三世及其继任者自称为"全俄罗斯的君主"。

伊凡四世在1547年采用"沙皇"称号后,进行了国家机关的改造工作,开始实行"皇室领地制",并以此剥夺了波雅尔的世袭领地,从而摧毁了封建显贵的经济和政治势力,沙皇政权进一步加强了。沙皇拥有立法、司法和管理权,还握有最高军权,而且沙皇控制教会的权力也加强了。但是在一些十分重要的情势下,沙皇还是必须通过国民会议才能作出决定,沙皇由国民会议选举是沙皇政权合法性的必要条件之一。瓦西里三世和米哈依尔·罗曼诺夫都是经选举而登上王位的。不过,在伊凡四世之后,已确定了沙皇王位按嫡长单独继承的原则。

(二)波雅尔杜马和国民会议

莫斯科大公的权力行使,要受上层封建主的指导。封建主上层人士组成了特别机关——波雅尔杜马,其因大多数成员是波雅尔而得名,实际上是封建主会议,始设于15世纪。杜马成员代表最有势力的王公附庸集团的意见和愿望。属于大公的职权同样也属于波雅尔杜马,后者在审判、管理及立法方面帮助前者,涉及重要问题的解决一般由大公和波雅尔杜马一起作出决定。自15世纪末起,波雅尔杜马的政治意义开始降低,在瓦西里三世时期这种低落现象尤为明显。波雅尔杜马的组成人员也出现了变化,杜马的书记基本上由同奖功份地贵族关系密切的官吏担任,作用明显增大,与大公最亲近的小波雅尔及普通贵族也成为波雅尔杜马的成员。波雅尔杜马逐渐成为大公的咨议性机关。

波雅尔杜马一般在沙皇宫廷举行会议,由沙皇担任主席;沙皇缺席时,可以独立作出决议。16世纪时,一些重要问题往往由所谓的亲近杜马或枢密杜马(其成员皆为沙皇最亲近人士,后演变为"小阁")参加讨论,然后才提交波雅尔杜马。在沙皇王位空缺期间,波雅尔杜马是唯一的权力机关。

在伊凡四世时期,波雅尔杜马有21名成员,至弗多尔·阿列克塞维奇时期增至167名。随着波雅尔杜马人数的增多,会议的召开亦更频繁,并且在杜马内设立了一些部门(或称委员会)以解决特殊问题。例如,曾设立一个解决司法案件的部门,称作惩治院。

波雅尔杜马还是当时的最高司法审级,负责审理政治案件、门第之别的案件以及职务上的犯罪,是各部判决的第二审级。

在解决战争与和平等最重要问题时,莫斯科大公还必须召开封建主代表大会听取意见。

16世纪时,俄罗斯还出现了另一个新的最高权力机关——国民会议。它由波雅尔杜马(全体成员)、高级僧侣会议和各等级代表会议(奖功份地贵族和商人代表会议)组成。第一次国民会议于1566年召开,其成员并不是选举产生的,而是直接邀请,后来一些成员是在一些等级中进行选举产生的,主要是普通贵族和小波雅尔,而且他们有较多的机会再度参加国民会议。工商业者代表很少参加国民会议。农民代表只在1613年参加过一次国民会议。就地区而言,并非所有的县(县是选举区)都有权派遣自己的代表参加国民会议。1613年的国民会议只有39个县的代表,不过1648年的国民会议有119个县的代表。

召开国民会议的权力属于沙皇,沙皇空缺时可以由波雅尔杜马、教长或临时政府召集。国民会议开会后分为三个部分:波雅尔杜马、神圣会议和各县选任代表会议,它们各自讨论作出决定,但都只起参考作用,最终的决议须由沙皇或波雅尔杜马作出。国民会议的任务是解决最重要的国家事务:选举沙皇、讨论和解决关于战争与和平的问题,规定新的捐税以及通过一些重要的法律。

国民会议一度起过作用,但至17世纪后半期已丧失存在的意义;1653年国民会议最后一次召开,之后往往以莫斯科普通贵族及商人的代表会议取而代之。1681年召开的废除"门第之别"的会议,1682年召开的财政问题的会议,虽然也被冠之以"国民会议",实际上是政府同某一等级代表进行磋商而召开的等级会议。

(三)总管、布其和部

14—16世纪,随着俄罗斯国家内部和外部职能的复杂化,中央和地方机关有了明确的划分。当时的中央管理制度,是宫廷世袭领地制,宫廷管理的各个部门也就是一般管理的各个部门。在宫廷管理制度中,管理宫廷的波雅尔称为御总管,御总管是行政人员中最重要的人物,其凭借村长管理各地。除了御总管管理的宫廷外,另设有宫廷布其官厅。"布其"(俄语"путь"的音译)一词表示利益、优先和收入之意,后来就将由布其波雅尔管理的某种业务总体称为"布其"。14—16世纪俄罗斯国家存在的布其有:鹰狩布其,掌管鹰狩,还包括鹰狩官及其猎取飞禽的服务人员;膳食布其,掌管国王的饮食;御马布其,掌管繁殖马匹及马厩和牧场;饮料布其,司掌酒窖与饮料;渔猎布其等。布其由布其波雅尔领导,管理御马布其的布其波雅尔称御马官,管理膳食布其的布其波雅尔称御膳官。他们都是封建主上层人员。除了布其波雅尔之外,大公宫廷中尚有其他宫廷侍从。

随着莫斯科公国成为一个庞大的中央集权制国家,宫廷世袭领地管理制度发生了巨大的变化,布其制度失去了存在的意义,产生了新的管理机关"部"。最初,大公将一些事务委托给不隶属布其官厅而独立执行受托事务的波雅尔或书记。随着时间的推移形成一个机关,并渐渐确定了一个机关的权限与组成,继而发展成部。有一些部如财库部、宫廷部、御马厩部和地政部,是在王公宫廷主管机关的基础上形成的。例如,宫廷部是由王公的御总管的主管机关形成的。原先管理王公财库的库官地位低微,但是随着经济和交往的不断复杂化,库官的职权也随之复杂化了,贸易规费开始向库官上交,库官还以国家文件的保管者身份开始参加和外国使节的谈判。这些新的职责使库官由王公个人财库的保管者演变为有编制的独立的主管机关的领导者。至16世纪初,财库主管机关由库官、掌玺官和两个书记组成,实际上还有数名助理书记隶属于这一机关。还有一些部是随新的行政和经济任务的出现而形成的。由于部这种经常进行工作的机关的出现,形成了由书记和助理书记组成的部机构。部的管理制度提拔了一些人,他们既不属于波雅尔贵族,也不属于服务人员(普通贵族),是非贵族出身的人。最早的部形成于15世纪末,如管理大公个人财产和大公财产库的财政部以及宫廷部、使节部、品位部、驿运部等。至16世纪初已有10个部,并且许多部已不是由波雅尔而是由书记负责管理,个别领导重要部的书记也获准参加波雅尔会议。

部制度的最终形成和发展是在16世纪后半期。当时的部不单纯是行政机关,由于司法不脱离行政,当时的部还是一个司法机关。至16世纪后半期,俄罗斯的部已有50多个,而且有一些部已设立若干个处。这一个时期的部可以概括为五类:宫廷世袭领地部(后来的财政部)、军政部、司法行政部、地区部和专门部。每一类又包括好几种部。宫廷世袭领地部包括御马厩部、渔猎部、鹰狩部(管理沙皇的狩猎)、大宫廷部(管理沙皇宫廷的供养)、大国库部(管理直接税)等。军政部包括品位部(最初主管一切军事管理事宜和任命服务人员,后来又形成新的部)、射击部、哥萨克部、外国人部、军器部等。地区部包括中央管理一定地区的各部,如弗拉基米尔部、科斯特罗马部、乌斯鸠克部、下诺夫哥罗德部等。专门部包括使节部(管理对外关系问题和顿河哥萨克地区以及收入归使节部作为经费的一些城市)、石料部、出版事业部、药房部、寺院部、金银业部等。

从宫廷世袭领地管理机关发展形成的“部”制度,往往还经管沙皇私人的经济事务,可见前者的遗迹仍十分明显。

(四)地方管理机关

此时期地方管理的组织有别于基辅罗斯,俄罗斯国家已划分出县、乡。县是当时最大的行政单位,即城市和属于城市的土地。各县面积不平均,有的县包括并入莫斯科大公国的整个公国,有的县仅是某公国的一部分。县分为区,区又分为乡,但有时相反,即乡被分为区。在诺夫哥罗德,区分为市、镇,在普斯科夫区分为古帕。行政划分是随着新领地的归并而逐渐进行的,因此并非完全一致。

总督和乡长是供养制下的主要机关。在各县的中心城市任命总督，在县内各乡中任命乡长。他们管理税收、审判及处置城市附近各乡的一切案件。在县的范围内，总督是地方军事力量的指挥员，总督还负责警务及行政事务(如管理军役事务、修桥铺路等事务)。总督及乡长的收入有：巡行供养费、定期征收的苛捐杂税(一年 2 次或 3 次)，以及司法、贸易和结婚规费。总督和乡长的职位是有期限的，只有在例外情况下才是世袭的。在地方上，还有征收规费的规费征收者，征收贡税(直接税)的贡税征收者，买卖马匹时收取特别捐税的马税征收者。总督还经常让自己的霍洛普及自己身旁的人参与各种事务，并指派他们为行政与公务代理人：梯温、预审法官等。

在地方行政的供养制下，总督和乡长的生活开支可以完全合法地依靠当地居民，总督和乡长首先关心的是个人利益，忙于向居民征收苛捐杂税(供养费)，所以他们也趁机盗窃和搜刮民财，贪赃枉法，往往忽视农奴化进程中的紧张局势，不能有力解决日益增长的农奴反抗问题；奖功份地贵族和城市商人对此纷纷表示不满。鉴于这种情况，伊凡三世开始对地方长官的权力进行限制，严格规定了总督在管理、征税和审判方面的活动；伊凡四世时期则进行了司法行政区改革，进一步限权。

在 14 世纪前后，俄罗斯国家内封建主的豁免权有了进一步的发展。大封建主诸如“喀涅热待”(供职王公)和波雅尔甚至不需要任何特别恩赐就享有豁免权，同时，中小封建主也取得了特别的豁免状(恩许状)。根据豁免状的恩赐，在世袭领地和奖功份地上可以建立行政机关管理审判和征税等事宜，豁免状还禁止地方行政机关干预封建主的审判和管理。15 世纪末 16 世纪初，随着中央集权化进程，封建主的豁免权逐渐受到了限制。例如，取消了封建主对最严重犯罪的审判权(杀人案件和强奸案件须移交总督审理)，甚至罪证俱在的盗窃案件也需移交总督审理。

1555—1556 年，供养制被废除了，由司法区和地方自治取而代之。各地从封地贵族、商人、手工业者和国有农民中选举出的“地方司法税务官”取代了食邑制的总督和乡长，他们对中央政府负责。每一个县都设立了一个司法区管理机关，其职权从最初的查究“强盗”和“歹人”并加以惩处，扩展至管理财务问题，继后司法区管理机关的权限也被日益扩展。地方自治机关的产生晚于司法区管理机关，最初出现在奖功份地占有制充分发展的地区,以及商业和手工业中心所在的县。它不仅代表商人的利益,还代表着普通贵族的利益。后来,不仅各县,在一些乡都建立了地方自治机关,其成员包括地方执法官、地方书记、征税、司法、警务执行人等。

到17世纪,沙俄地方行政和司法管理主要实行督军制,督军的权力范围包括县城和县属所有村庄的财政和司法事务,以及警察和军队事务①,而"由选出的长官和地方官组成的审判委员会也因司法权转归督军而被关闭了"②。这个时期,司法行政区的主管职责也扩大了,除了抢劫和盗窃外,杀人、放火、诱人背离东正教、忤逆双亲等案件也属于其管辖范围。③

(五)税收制度

在俄罗斯中央集权制国家形成和发展的过程中,税收制度随之完善,开始明确区分直接税和间接税。直接税是按照不可动产等级表(定期财产登记册)进行征收的。课税的索赫(coxa),不仅是土地衡量标准,也是一切财产的计算单位。在城市中以索赫为计算户数的单位,一定索赫的户数视为一个纳税组织,并以"索赫"指称这个组织。最初,捐税按县或乡分摊,后期已经改为按纳税人数分摊。间接税和规费包括以下几种:商品税(例如,进市规费是指商品运入集市时交纳的费用)、客商规费(指在集市中获得场所或地段所交纳的费用)、贩卖税(例如,出卖木柴或木料时所交纳的费用)。按当时的情况,此类捐税一般由专人包办。17世纪时期,沙俄政府的直接税、间接税、规费以及其他国家收入来源的项目不断增加。直接税扩及驿钱、贡税、近卫兵税及代役租。17世纪70年代末,按户纳税制度正式取代以前的按索赫纳税制度。17世纪后半期,沙俄政府还不断规定特种税,例如,对城市工商业者征收1/5税、1/7税或1/10税(收入的1/5、1/7或1/10);消费税和规费的项目也不断扩大。鉴于规费对商业的限制过于苛刻,17世纪中叶规费被统一贸易税取而代之,后者征收的金额为流通额之5%。酒类专卖成为该时期国家收入的一个重要来源。

---

① 参见[俄]瓦·奥·克柳切夫斯基:《俄国史教程》(第3卷),左少兴等译,商务印书馆2013年版,第150页。

② 赵士国:《俄国政体与官制史》,湖南师范大学出版社1998年版,第73页。

③ 参见[俄]瓦·奥·克柳切夫斯基:《俄国史教程》(第3卷),左少兴等译,商务印书馆2013年版,第151页。

(六)军事制度

在莫斯科公国的最初时期,军队由波雅尔及其随从,以及自由侍从的民军组成。在紧急情况下,全体居民均须应征加入军队。以后,早先的军事义务制度被取消,改而采用由纳税组织索赫提供民兵,数额视索赫这一纳税组织的具体情况而定,这称作"索赫供应制",索赫作为纳税组织还须向民军提供薪饷和武器装备。16世纪前半期,由于民军和索赫供应制无法同邻国武装齐备、训练良好的军队相对抗,由普通贵族和小波雅尔组成的贵族军队成为重要的军事力量,普通贵族和小波雅尔因服兵役而获得军功份地与薪俸。至17世纪,沙俄的军事力量由三部分组成:民军、普通贵族军队和常备军(近卫军),此时期开始有了诸如炮兵等特种军队。

二、民法

(一)封建土地所有制

随着俄罗斯中央集权制国家的形成和发展,俄罗斯的封建土地所有制获得了进一步的发展,可区分出沙皇领地、世袭领地和奖功份地。

凡是不属僧侣封建主的土地就是沙皇领地,远离莫斯科的沙皇领地上的农民一般由行政机关管理,称"黑色纳税人";离莫斯科较近的由特别的领地管理人管理,这种农民称作"宫廷"人民。沙皇领地包括宫廷土地、黑色纳税土地和森林。沙皇将部分黑色纳税土地分封给波雅尔和普通贵族。

波雅尔和自由侍从在服务的条件下或由于服务而得以掌握土地,他们可以世代占有,这种世袭的土地称作"世袭领地"。世袭领地可以出让、出卖或交换,世袭领地主必须服军役。16世纪时,世袭领地可区分为祖传的、购买的、恩赐的和旧封邑王公的。祖传的世袭领地主要特征为:所有者将它出让后,其家族成员在40年之内有权向获得者赎回。家族一切成员都有赎回权。法律规定,世袭领地只可以出卖给本县的封建主。世袭领地的继承限于本族的继承人。不是从本族成员手中获得的领地被称为购买的世袭领地。购买的世袭领地通过继承归另一人,就变成祖传的世袭领地。购买的世袭领地占有者同样须服军役,也可以将该土地出让,但是其家庭成员没有赎回权。沙皇恩赐的世袭领地,沙皇有权收回。但是,1628年的一项法规规定恩赐的世袭领地同于祖传的世袭领地。旧封邑王公的世袭领地的支配权受到较多的限制,其占有者只能将土地出让给自己的兄弟或侄子,只有男性才能继承这种世袭领地,旁系亲属继承人不得超过第七等亲。如果没有符合条件的继承人,旧封邑王公的世袭领地就成为沙皇领地。

相对于世袭领地而言,奖功份地亦称军功份地,是附条件较多的土地占有,一般不可以出让或世袭,但也须担负军役。凡是服务人员——波雅尔、普通贵族、小波雅尔、书记、助理书记、宫廷侍从、客商、雇佣骑兵以及龙骑兵等都可以有奖功份地。奖功份地大小视地位高低而定,一般为耕种的土地,有时是荒地。奖功份地是俄罗斯封建土地所有制的主要形式。后来,奖功份地成为可以继承的土地,《一六四九年会典》进一步允许以奖功份地换取世袭领地。

俄罗斯封建土地所有制还包括教会占有土地。当时的教长、总主教、主教实际上都是土地占有者。他们还将土地分给下属的服务人员(如波雅尔和小波雅尔)。

(二)契约法

14—15 世纪,质权还未获得充分的发展,但抵押问题已经出现。当时的抵押品主要是土地,法律抵押品持有人对抵押品不仅可以占有、使用,还享有支配权。抵押者期望履行义务后收回抵押品。然而,当时的土地买卖往往有赎回权的约定,因此,很难区分抵押与附有赎回权的买卖。此后,随着商品货币关系的发展,法律对质权十分注意,并对动产和不动产质押作出了规定。质押的土地一般须移交给受质人,但也存在土地(质押物)留在出质人手中的方式。法律还规定,质押的土地由受质人使用,出质人就无须支付利息。当质押物为动产时,必须移交给受质人,但受质人没有使用和支配质押物的权利。《一六四九年会典》规定了抵押品经双方同意归受质人所有。

《一四九七年律书》和《总督管理条令》都没有涉及债权方面的内容。16 世纪之前,对民事侵权行为往往按刑法规范进行处罚;16 世纪之后,俄罗斯债权法有了发展,最初的债务人以人身作担保的方法已经被以财产对债务负责的做法所取代。《一五五〇年律书》明文禁止债务人以为债权人服务代替利息的支付。1558 年法令进一步规定,不得迫使无力偿还债务的债务人充作债权人的完全的霍洛普,即使债务人请求也不许可这一做法,至多允许债务人在债务清偿前为债权人做工。17 世纪的立法已明确规定只允许债权人对债务人的财产进行追索,不允许对债务人人身进行处分。最初债权人是对债务人的工作场所及动产进行追索,后来发展到只对债务人的世袭领地和奖功份地进行追索。直至17世纪,俄罗斯的债权法还没有确立个人责任原则,债务被认为是属于当事人家族的,夫妻、子女、父子都彼此对债务负责,农民须对主人的债务负责,反过来债权的享有也一样。

16—17世纪的俄罗斯契约有长足的发展,契约订立已从口头形式过渡到书面形式。1655年的一项法令公开规定,法官不得受理没有书面文件的借贷、寄托和使用借贷契约的申诉。《一六四九年会典》对书面契约的订立作了详细的规定。这一时期还明文规定了一些契约必须经官方认证或在国家机关进行登记。例如,《一五五〇年律书》规定出卖马匹必须在特种表册中进行登记,还规定不履行契约时应交纳违约罚金。16—17世纪,契约类型有了新的发展,在原有的买卖、互易、借贷、寄托契约的基础上,产生了财产租赁等新的契约类型。

借贷契约必须具有书面形式。《一六四九年会典》明文禁止收取借贷利息,但是实际上仍收取利息,而且高达20%,甚至更高。寄托契约是以书面形式签订的,《一六四九年会典》规定,物品保管人在保管的物品被盗窃的情况下可以不负责任。如不是因被盗窃而失去保管的物品,保管人就必须承担责任。由于16—17世纪俄罗斯的手工工场大量增加,人身雇佣契约在当时颇为流行,且必须是书面形式的契约。《一六四九年会典》还对雇佣家庭奴仆的契约作出了规定,此种雇佣契约的期限不得超过5年,还须经霍洛普部批准。

(三)婚姻、家庭和继承法

婚姻、家庭和继承法的变化主要发生在16—17世纪。

在14—15世纪,俄罗斯的婚姻法主要受东正教教会法的制约。16世纪之后,订婚仪式受到高度重视。当时的法律规定,婚前必须订立特殊契约(嫁妆转移文书),以表示订婚。事后不履行该契约,就被罚交违约金(扎列得)。嫁妆转移文书一般由未婚夫及未婚妻的父母或监护人订立,必须具备书面形式,还应向当局登记。除了交付违约金之外,也可以因重大的反对理由经法院同意而毁除嫁妆转移文书。1551年《百条宗教令》规定的结婚年龄,男子为15岁,女子为12岁,实际生活中往往发生11岁男孩和

10 岁女孩结婚的现象。自 14 世纪起,结婚必须举行教会结婚仪式。教会只承认在教会中举行婚礼的第一次婚姻为真正的婚姻,对第二次和第三次的婚姻只采用“祝福”形式。按照《一六四九年会典》和 1651 年法令,第四次婚姻没有法律上的效力,因此,第四次婚姻的寡妇和子女都不是法定继承人。离婚手续一般由教会机关办理,其依据一是夫妻双方的书面契约,二是丈夫的单方文件(休书)。在 16—17 世纪,东正教教会法规定的离婚理由受到限制。

夫妻关系中,丈夫的权力开始受到限制,但仍然巨大。丈夫有权惩罚自己的妻子,也可将妻子交出服侍他人。丈夫杀死妻子只受鞭笞,妻子杀死丈夫则处死。但是,这一时期妻子开始有了一些权利,家庭财产开始向夫妻财产分立过渡,法律已明文规定,丈夫不经妻子同意不得擅自处分妻子的嫁妆。17 世纪中期之前,夫妻双双作为破产债务人受债权人支配;后来,妻子已不再受债权人支配,甚至进而规定妻子不对丈夫的债务承担任何责任。

在家庭关系中,16—17 世纪的立法开始限制父母的亲权。父母不得将自己的子女充作他人的完全的霍洛普。只有父母本身处于奴役地位时,才可以将子女处于奴役地位。父母对子女的生杀权也随之消失。但是,家长权仍有明显的表现,《一六四九年会典》明文禁止司法机关受理儿子对父母的控告,根据父母一方的申诉,法院可以不通过调查,赋予父母惩罚子女的权利。监护方面基本上遵循《罗斯法典》,变化表现在两个方面:其一,监护人的权利略有扩大,可以采用转让财产的方法以偿还债务;其二,被监护人在成年后,有权对监护人的行为提出申诉。

该时期依然实行遗嘱继承和法定继承两种形式。16 世纪起法律对遗嘱作了进一步的规定。遗嘱可以是书面的,也可以是口头的。书面遗嘱由被继承人亲笔签署即可生效,但是立遗嘱人系文盲时须经证人签署并至教会登记批准后方可生效。口头遗嘱必须在教会神职人员面前订立。16 世纪起,女儿和妻子的法定继承权进一步扩大;17 世纪时即使死者有儿子,女儿也有法定继承权,可以获得一定数量的地产。1624 年一项法令规定,在战争中阵亡的奖功份地地主的寡妇可获得 1/5 的奖功份地。一般情况下,寡妇可得遗产中动产的 1/4。17 世纪后半期,法定继承人的范围扩大至远亲,“叔伯和第二等亲、第三等亲及第四等亲的堂兄弟”均被赋予继承权。

被继承人没有立遗嘱又没有法定亲等的继承人,则其财产为无继承人财产,归沙皇所有,教会可能获得这种无继承人财产的世袭领地的金钱价值。

三、刑法

最初,《罗斯法典》在莫斯科大公国继续有效。《杜温条令》中的犯罪和刑罚基本上类同于《罗斯法典》,没有什么区别。15世纪,刑法的基本原则有了较多变化。《一四九七年律书》规定的犯罪行为多于《罗斯法典》,包括侵犯国家政权罪、侵犯封建主财产和人身罪、渎职罪、侵犯司法当局罪、强盗罪、偷窃罪以及诬告罪等;而且立法更确切了,已有了关于强盗行为的概念,区分出了各种盗窃罪。《一六四九年会典》进一步扩大犯罪种类,包括侵犯教会罪、侵犯君主罪、违反管理秩序罪、侵犯法院罪、违反身份法罪以及侵犯私人罪。当时的侵犯教会罪包括四种行为(第1章):①渎神,一般处焚刑;②用暴力或欺骗手段使他人信奉伊斯兰教,处焚刑;③故意停止礼拜,处死刑;④在礼拜时发表猥亵的言论,处鞭笞刑。凡是弑君、起义和背叛均视作国事罪,处死刑。违反管理秩序罪主要包括伪造货币、酿制和贩卖烈性酒以及输出违禁品等。伪誓被认定为侵犯法院罪,它同诬告一样须受到刑罚,包括割舌、鞭笞,并处徒刑1年。《一六四九年会典》对侵犯私人罪作了详细规定,已区分出故意杀人和非故意杀人,前者处死刑,后者处鞭笞和徒刑。还规定有特种杀人罪:杀双亲者处死刑,"不得宽赦";杀夫者应被活埋;杀子女者处1年徒刑。该会典还规定图谋杀人应处以断手的刑罚。该会典将致人残废、伤害、严重殴打从侵犯名誉和财产罪分列出来,成为独立的犯罪种类。犯言语上的侮辱名誉罪时,视受害人的地位判处罚款(毁损名誉罚金)和刑罚。《一六四九年会典》关于侵犯财产罪的规定比过去的立法更加详细。该会典规定,第一次盗窃受鞭笞,割左手,徒刑两年,然后流放。《一五五〇年律书》规定第二次盗窃处死刑。《一六四九年会典》规定第三次盗窃处死刑。该会典还明确区分了抢夺、强盗行为和盗窃行为,还有了关于欺诈行为的概念和处刑的规定。消灭他人财产已成为一个独立的犯罪种类,包括纵火、毁坏他人财产等行为。《一六四九年会典》认定纵火焚烧庄院是严重的犯罪行为,应处焚刑。

《一四九七年律书》规定有严酷的各种刑罚,包括死刑、当众惩罚(鞭笞)、罚款,刑事惩罚的目的是报复、获取财产利益和恫吓。《一六四九年会典》规定死刑是最高的刑罚手段,共计在35种场合规定适用死刑。斩首、绞刑和溺刑为普通死刑,焚刑、活埋和肢解是特种死刑。割手、耳、鼻、眼都属残害肢体刑,鞭笞和棍打为苦刑。《一六四九年会典》规定的徒刑和流放也是极严酷的刑罚。徒刑分有期和无期。该会典的刑罚还有剥夺名誉、剥夺官等、罚款和没收财产。可以看出《一六四九年会典》体现的刑罚目的,已不仅是报复,而更加着眼于威吓。《一六四九年会典》对一些犯罪行为规定判处徒刑,而不明确期限,使法官有较大的余地,从而加强了恐怖性。

《一四九七年律书》刑法方面有一个明显的特点,视犯罪者是否为"众所周知的歹人"而规定不同的刑罚。① 所谓"歹人"是指侵犯封建主生命和财产的农民,"歹人"若有盗窃、强盗、杀人或诬告一律处死刑。

《一六四九年会典》的内容反映出犯罪行为的数量大大增加,对犯罪行为都加强了刑事处罚。国家权力机关甚至在受害人提出控诉之前已开始进行追诉。《一六四九年会典》已明显区分了犯罪行为和民事违法行为。《一六四九年会典》的立法进步性还表现在已区分了故意犯罪和非故意犯罪,规定了免受刑罚的因素和对重犯行为的加重刑罚,有了关于正当防卫、紧急避难的规范,规定了7岁以下儿童和精神病患者免受刑罚,对主犯和从犯作了区分,提及了知情不报的隐匿行为,区分了单纯的犯意行为的未遂和既遂。

四、法院和诉讼

(一)法院体系与司法权

中央集权国家时期的沙俄,中央法院体系包括王公、波雅尔杜马、布其波雅尔以及各部。地方上的司法权则由总督和乡长行使。总督对一切案件都可以作出终审判决,这是其享有的绝对司法权。同时,总督对最重要的案件的判决必须由大公批准,这被称为有限的司法权。在司法区管理机关建立以后,司法权就逐渐归总督掌控了。《一四九七年律书》对司法体制进行了统一规定,划分了总督法院、波雅尔法院、教会法院和大公法院的权限。到16世纪中期,随着司法行政区改革的完成,司法权逐渐由总督和乡

① 《一四九七年律书》第8条、第39条有此规定。参见外国法制史研究会编:《外国法制史汇刊》(第1集),武汉大学出版社1984年版,第208-212页。

长转归给了司法区长官。

16世纪,沙皇的直接司法活动只局限于封建社会上层。17世纪已明文禁止越过最低审级向沙皇呈请判决,违反者应受惩罚。在沙皇的司法活动受限制后,波雅尔杜马的司法权就大大扩充了,在杜马以下设立一个"司法案件委员院",又称"惩治院"。各部在自己职权范围内是次一级的司法审级,同时是一些专门的司法部,如服务人员案件审理部、地政部、强盗部以及霍洛普部等。在地方上取消了供养制度以后,司法权归司法区和地方自治机关。司法区机关最初只审理一些刑事案件,此后逐渐扩大到一切民刑案件。

17世纪时期的司法体制较为复杂。中央司法机关有沙皇、波雅尔杜马及各衙门。沙皇的司法活动仅限于裁决具有被沙皇裁判的有特权的人和封建社会的上层分子的案件。波雅尔杜马的司法权很大,是最高司法审级,负责审理国事罪、渎职罪、门第之争,它还是衙门判决的最高上诉机关。17世纪末,在波雅尔杜马之下成立了专门处理司法事务的机构,即大理院,这个机构成为全国最高法院。各衙门几乎都有处理司法事务的权力,但也有一些衙门主管司法事务,例如,封地衙门和莫斯科衙门。

当时还存在世袭领地法院,这类法院是为了审理宫廷世袭领地、修道院、波雅尔和奖功份地上的农民的一切案件而设立的。僧侣封建主的司法权由豁免状作出规定,地方居民的代表如村长和法院助理人员参加审理。教会也有自己的中央和地方法院。总主教和教长就是教会的中央法院,设有教长司法部,由教长及其波雅尔负责审理。地方上由僧正行使司法权。

(二)诉讼制度

在俄国中央集权制国家形成时期,诉讼程序和基辅罗斯时期没有很大差别,主要使用抗辩式诉讼。15世纪一些重要案件转而采用纠问式诉讼,但是审理次要的民刑案件还是采用抗辩式诉讼。在抗辩式诉讼中,案件开始于原告的被称为"呈文"的起诉,一般以口头方式提出。审判机关根据收到的呈文采取措施传唤被告(人)到庭;被告(人)出庭要有担保人担保,被告(人)如果以某种方式逃避出庭就将输掉官司甚至无须审理。

纠问式诉讼被用于审理最重大的刑事案件,其中包括政治犯罪。"促使它得到采用的动机与其说是为了寻找真理,不如说是为了迅速而残酷地镇压‘歹徒’”[①]。从总体上看,“歹徒”并不一定都是被揭露出来的罪犯。他们只不过是些不可靠、名声不好、受到“善良”人即奉公守法的社会成员“责难”的人。纠问式诉讼和抗辩式诉讼的不同之处在于:前者是由法院主动并完全按照自己的酌量提起,然后审理和终结案件,被审判人更像是诉讼的客体,“查明真相”的首要方式是刑讯逼供;后者一般由利害关系人起诉,法院才审理,并且随时可以因和解而终止。利害关系人提交的申请书应写明问题的实质,明确诉讼范围和被告人住处;书记收到申请后,需要作出有关批示,执行吏据此传唤被告人出庭。被告人不出庭即被认为有罪,原告不出庭就被视为撤诉。在辩论式诉讼程序模式中,自原告递交起诉书时起开始立案。任何一方不出庭都会导致案件终结,处理结果自然将会对缺席方不利。法院将判决向双方公布,对判决不服者可以上诉。

在彼得一世进行司法改革之前,沙俄在诉讼程序模式上的辩论式和侦查式已经一定程度被区分,但是体现出来的界限是较为模糊的,有学者就认为“在大体上,彼得一世之前的辩论式诉讼模式是普遍的,而侦查式则是例外情况”[②]。从纯粹意义上来讲,二者之间并不存在近代司法制度意义上的划分标准,只能认为“侦查式程序在彼得一世之前不能被视为占主导地位的诉讼方式,但也不能被视为例外”[③]。

当时的证据形式主要为证人证言、司法决斗、吻十字架和抽签,依然保留了基辅罗斯时期的一些证据形式,包括神明裁判。从16世纪开始,书面证据获得了重大意义,神明裁判制度被逐渐取消,司法决斗也被吻十字架取代。在证据形式中,纠问式诉讼有一些特殊形式。因为此种诉讼模式是由司法机关主动开始进行的,法院积极参与搜集证据、询问被告(人)、拷打逼供、对质、判决以及执行等活动;所以除了证人证言,拷打逼供和一般询问获得的材料也会成为诉讼的主要证据。

在这个时期,诉诸封建法庭的经济代价是相当昂贵的,诉讼双方都要缴纳名目繁多的费用。例如,按照《一四九七年律书》的规定,诉讼双方除

---

① [俄]О.И.奇斯佳科夫主编:《俄罗斯国家与法的历史》(上卷)(第5版),徐晓晴译,付子堂审校,法律出版社2014年版,第133页。

② Владимирский-Буданов. М. Ф. *Обзор иссторechи русского права*. Р. ,1995г. с. 640.

③ [俄]О.И.奇斯佳科夫主编:《俄罗斯国家与法的历史》(上卷)(第5版),徐晓晴译,付子堂审校,法律出版社2014年版,第254页。

缴纳诉讼费外，还需要向主审法官缴纳诉讼费的6%、向书记员支付诉讼费的4%作为报酬或者辛苦费。此外，还有专门的司法决斗费用，即使是在双方已经和解并拒绝当庭决斗的情况下仍然要缴纳决斗费；而且“决斗场”一旦摆出，除了向主审法官和书记员付费外，还要向组织决斗的专门官员付费。

（三）教会司法制度

随着俄国中央集权国家的形成，沙皇开始重视教会在国家意识形态领域的作用，于是二者开始合作，伊凡四世为集中权力，还借助教会的教义说明皇权是神授的：“如果上帝没有授给，那么就得不到政权。”①在这个基础上，教会管理的集中化也在16世纪中叶完成。1551年，在莫斯科召开了一次宗教会议，旨在用统一的思想来指导整个国家政治生活，伊凡四世提出必须将决议汇集成册，目的是在一个统一的国家中必须建立统一的教义和仪式，这样才能实现中央集权领导，才能将全部教会系统置于自己的管辖模式之下，使各级教会组织为世俗政权服务。在1598年，沙俄东正教教会还根据局势的变化和需求，决定在国内建立牧首制成立牧首教区。

17世纪，教会由封建主的统治工具变成了贵族国家的统治工具。《一六四九年会典》废除了教会对其所属人员在民事和刑事案件方面的司法权。在此之前，这些表现为颁布所谓的“达尔罕证书”，或称“不受审判证书”。这些证书是颁发给一些修道院的，并将其所属人员的一些非宗教案件都转归大内府管辖。缙绅会议确定，对所有教士实行一项共同的措施，即教士涉及的一切非宗教案件均由世俗法院管辖。这种措施给教会带来不小的经济损失，因此他们也丧失了大量诉讼费用收入。1650年，修道院衙门建立，这种措施得到了加强。该衙门仅仅由世俗人员、杜马贵族和司书组成，并且负责审理所有主教、修道院当局、司祭、教堂教士以及所有教会所属人员和农民的民事案件；在刑事案件方面，宣布所有教会所属人员均归侦缉衙门和刑事衙门以及地方军政长官管理。牧首尼康也因此称《一六四九年会典》为“魔鬼的法典”。一些主教和修道院都针对该会典的措施进行了激烈的反抗，但是仅在审判方面取得了一些让步：如同1667年宗教会议决议的那样，真正的教士、司祭、修道士和主教甚至在刑事案件方面

① 孙成木、刘祖熙、李建主编：《俄国通史简编》（上），人民出版社1986年版，第191页。

不受世俗机关管理,随后修道院衙门被撤销了。

可以说,这个时期是一个“政教共生”的时代,[①]在教会成为政权统治工具的前提下,国家在一定程度上收回了司法权,但是这引起了教会的抗拒,两者因此展开了争夺司法权的斗争。这一争夺司法权的斗争首先是争取经济收入的斗争,而非争取权力的斗争,因为在牧首公署和各主教公署里,司法职权实际掌握在为沙皇政府所控制的世俗官员手中。[②]

① 参见[美]拉伊夫:《独裁下的嬗变与危机——俄罗斯帝国二百年剖析》,蒋学祯、王端译,谭汝谦、汤象校,学林出版社 1996 年版,第 2 页。

② 参见[苏]尼·米·尼科利斯基:《俄国教会史》,丁士超、苑一博、杜立克等译,丁士超校,商务印书馆 2000 年版,第 130 页。

第三章　帝国时期沙俄的法律制度（18 世纪—1917 年）

自 1721 年彼得一世被授予“全俄罗斯皇帝”头衔后，沙俄国号改为“俄罗斯帝国”（此时依然可以称为“沙俄”，为表述统一，下文仍使用“沙俄”），直到二月革命后尼古拉二世（1894—1917 年在位）退位后才灭亡。这个时期与沙俄近代化过程相重合，也可以说是一个“西欧化”的过程。沙俄在这段历史时期中，经历了多次、多维度的改革，在法制进程与法制文明视角下观察，自彼得一世开始法制改革，沙俄法制开启了近代化进程，此后的叶卡捷琳娜二世、尼古拉一世（1825—1855 年在位）都以不同的方式进行了改革，逐步建立近代法制，而亚历山大二世在 1861 年的废除农奴制改革和 1864 年的司法改革则是最为成功的。

第一节　法律渊源

18 世纪是沙俄历史发展中一个重要的阶段，自 17 世纪末起，沙俄处在改革前夕，最终，彼得一世进行了改革。18 世纪末 19 世纪初，沙俄出现了资本主义经济形式，农奴制经济制度发生了危机。社会经济的变化呼唤着改革立法，虽然没有废除《一六四九年会典》，但是颁布了许多文件以巩固国家政权。在这一时期，法律和行政命令有了区别,明确了法律是元老院、宗务院、沙皇以下的各种会议和各署颁布的文件。法律草案的讨论先在各署或各专门委员会进行,然后在元老院、宗务院和沙皇以下的各种会议上进行。法律的批准权属于沙皇,沙皇不在时由元老院颁布法律。当时的法律包括法令、条例和规程。彼得一世的规程是最重要的,因为其内容涉及各机关的组织和结构。规定各署机关共同的任职程序的是总规程(亦称各署条例)。和规程相似的是关于设立重要官职的法令,包括关于元老院议员、元老院以下的总检察长、各署检察官职位的法令。

自《一六四九年会典》颁布之后至19世纪上半叶,沙俄进行了大量的立法工作,已积累了好几万项各式各样的法律,它们有的互相补充、有的甚至互相排斥,政府有关部门曾多次试图审查和整理那些杂乱无章的法规、条例、规程和法令等。1830年《俄罗斯帝国法令全集》的出版工作完成,1833年《俄罗斯帝国法律全书》出版。

19世纪中叶,由于沙俄社会经济的发展和克里米亚战争的失败,沙皇政府被迫颁布《关于农民脱离农奴依附关系的一八六一年二月十九日法令》(1861年2月19日宣言,以下简称"1861年法令")。亚历山大二世还公布了实行改革的一系列法规。

1905年,沙俄爆发了第一次俄罗斯革命,尼古拉二世1905年10月17日颁布了《关于完善国家制度的宣言》,允诺赋予公民自由,赋予国家杜马以立法职权。实际上,沙皇政府只是颁布了一些暂行规则,力图使行政专横合法化。1906—1911年,沙俄沙皇政府实行了培植富农的土地改革,史称"斯托雷平土地改革",或称"斯托雷平的土地立法"。

在第一次世界大战期间,沙皇政府的立法工作一方面使国家机关适应战争的需要,另一方面采取各种措施镇压工农运动。1917年二月革命后,形成了历史上罕见的两个政权并存的局面——临时政府和工兵代表苏维埃。在革命形势日益发展和无产阶级发展已臻成熟的情况下,以列宁为首的布尔什维克党于1917年11月7日领导了彼得格勒的武装起义,推翻了临时政府,建立了世界上第一个社会主义国家。

一、18世纪的条例、法令、宣言和恩许状

1716年《军事条例》(Артигул воинский),又称《彼得一世军事条例》,

颁布于1716年3月20日,是彼得一世在推行军事改革背景下颁布的沙俄历史上第一部系统、完整的军事法典,有些内容还适用一般居民,具有很特殊的意义。

这部《军事条例》的制定是彼得一世改革的一个组成部分,彼得一世早在1697年就酝酿制定这一条例。在起草过程中,其翻译了大量西欧立法,但是没有照抄照搬,对参考使用部分都作了重大的修改,应该肯定《军事条例》是彼得一世的创作物。《军事条例》由四部分内容组成,第一部分共68章,是狭义的军事条例,涉及军事的基本制度和军队高级职务及其职责;第二部分共24章209条,主要内容为各种犯罪行为,是军律简释,更确切地说是一部军事法典;第三部分共16章81条,涉及诉讼程序,可以说是一部军事诉讼法典;第四部分的规范涉及操练、行军准备和联队官职条例。1720年《海上条例》是有关海军的军事条例,内容涉及海军组织和任职程序等,对沙俄加强海军建设、取得和保卫出海口有重大的作用。1782年《整饬条例》是叶卡捷琳娜二世在位期间制定的关于警察机关的条例,主要规定了警察组织和有关违反社会治安的情况。

18世纪颁布的法令有:1723年《关于审判程式的法令》,规定民事案件和大多数刑事案件的审理不再采用侦查诉讼原则,且新规定了4项原则;1763年法令限制适用拷打等肉体刑;1767年法令进一步规定适用拷打须由部长批准;1781年又颁布了《关于对各种盗窃行为进行审判和惩罚的法令》。

1736年安娜·伊凡诺夫娜(Анна Ивановна,1730—1740年在位)颁布的宣言把贵族开始服役的年龄从15岁提高至20岁,并规定服役期限为25年。1762年彼得三世(Пётр Ⅲ,1761—1762年在位)①的宣言取消了贵族必须服役的制度。

叶卡捷琳娜二世于1775年颁布了《关于建立郡制的法令》,以两级制(郡、县)行政地域的划分,取代1708年法令规定的三级制(郡、省、辖区),加强了郡长的权力。此法令直至1917年十月革命胜利后才被废除。叶卡

① 彼得三世是伊丽莎白·彼得洛夫娜(1741—1762年在位)的继位者,但彼得三世出身自荷尔斯坦的日耳曼亲王,即位不久就命令停止对腓特烈二世(腓特烈大帝)的军事行动,旋即被废,其妻叶卡捷琳娜二世登上沙皇宝座。

捷琳娜二世还于1785年分别颁布了“俄罗斯帝国城市权利和利益恩许状”(以下简称城市恩许状)和“高贵的俄罗斯贵族的权利、自由和优先权恩许状”(以下简称贵族恩许状)。前者规定城市中拥有不动产者、商人、名誉市民等有权组成“市民会”,可选举市长以及等级性的行政和司法机关,实行自治,最富有的商人集团代表还享有一系列优待和特权。城市恩许状有利于沙俄资本主义的发展。贵族恩许状规定贵族有权开设工厂和在庄园中举办集市,享有免除强制性的国家义务的权利,享有选举县和郡的贵族领袖、结社以及向君主上书请愿等权利。保罗一世(Павел Ⅰ,1796—1801年在位)曾废除贵族恩许状,认为贵族团体对专制统治有危害性。亚历山大一世重新确认1785年贵族恩许状的内容,并加以推广至全国各地。

二、法典的编纂

(一)《俄罗斯帝国法令全集》和《俄罗斯帝国法律全书》

彼得一世在其执政时期,积累了大量的立法文件,为此他已考虑到整理材料和编纂统一法典的任务,计划将其改革中积累的零散的法令进行整理以编纂成法典,并为此成立了专门委员会。彼得一世及其继承者叶卡捷琳娜二世设立的各次委员会也做过法典编纂的努力,但都没有完成编纂工作。

1801年,亚历山大一世成立了从彼得一世时算起的第十次法典编纂委员会。最初该委员会仍无进展,1809年亚历山大一世委托斯佩兰斯基(M. M. Сперанский)制定并提出国家改革总计划,同时任命斯佩兰斯基伯爵领导委员会的工作,法典的编纂有了实质性的进展。斯佩兰斯基于1809年提出国家改革草案,主张君主立宪的外壳下俄国实行杜马制度,但遭到了贵族的反对。斯佩兰斯基还提出民法典草案,计划在俄罗斯编纂一部和1804年《法国民法典》一样的法典。1809年10月,斯佩兰斯基准备好了《俄罗斯帝国民法典草案》第一部分,并提请国务会议审议,1810年1月1日的国务会议进行了讨论并予以刊印,第二、第三部分工作此后也宣告完成。但由于与《法国民法典》有着密切的相似关系,其编纂民法典的意图不仅未能实现,还遭到了激烈的抨击而未获得批准。① 更为不幸的是,斯佩兰

① 参见张建文:《俄罗斯民法典编纂史研究》,中国政法大学出版社2012年版,第33页。

斯基于 1812 年被控叛国和破坏现行制度的基础,最终被流放到下诺夫哥罗德。

尼古拉一世再次将编纂法律的任务提上日程,他认为此前各次法典编纂委员会只从事新法律的制定,是法典制定工作失败的主要原因,而明确了其首要任务是收集和整理旧法律。尼古拉一世不再设立法典编纂委员会,而是于 1826 年在自己的私人官署下设立第二处负责此项工作。斯佩兰斯基于 1821 年被召回到圣彼得堡,具体承担编纂任务。根据尼古拉一世的命令,斯佩兰斯基首先着手编纂法令全集,收集了自《一六四九年会典》以后的各种立法文件,总数达至 53,239 件。于 1830 年完成并出版了《俄罗斯帝国法令全集》,包括 1649—1825 年的全部立法,共计 30,920 条法律条文和个别法律文件的文本,共 40 卷;另有按年代排列和按字母排列的目录、索引,计 2 卷;员额编制和税率,计 3 卷以及图表 1 卷。此后,出版了包括 1825 年 12 月 12 日至 1881 年法令的第 2 版,计 55 卷。1881 年以后颁布的法令被列入第 3 版。《俄罗斯帝国法令全集》收集了自《一六四九年会典》颁布以来至尼古拉一世即位期间的各种立法文件,达 5 万多件,为沙俄时期历代法律、法令的汇编,而非立法性质的法典编纂。

在《俄罗斯帝国法令全集》的基础上,斯佩兰斯基又从中挑选出适用的法规,删去失效的法规,进行《俄罗斯帝国法律全书》的编纂工作。《俄罗斯帝国法律全书》于 1833 年完成,1835 年 1 月 1 日起在俄罗斯帝国生效,共有 4.2 万多条,分为 15 卷。此后颁布的法规也并入法律全书,作为补充,至 1917 年已有 10 万条左右。《俄罗斯帝国法律全书》第 1 卷至第 3 卷涉及"根本的和制度性的"法律,规定了国务会议、元老院、各部、郡管理机关等国家机关的权力和文牍程序;第 4 卷至第 8 卷的内容涉及国家的义务、收入和财产的法律;第 9 卷是关于身份的法律;第 10 卷为民法;第 11 卷至第 14 卷涉及国家治安和整饬,即关于警察的法律;第 15 卷为刑法。

(二)《刑罚和感化法典》及其他刑事立法

斯佩兰斯基的立法编纂工作,将以前零乱分散的法律并入了一部法律全书之内,推动了俄罗斯的立法进程。但是,《俄罗斯帝国法律全书》实质仍然是一部封建农奴制的法典,尤其是刑法、法院组织和民法规范明显不适应俄罗斯社会发展的需要,因此,沙俄政府于 1836 年起就对《俄罗斯帝国法律全书》第 15 卷中的刑事法律展开审查修改工作,至 1844 年编纂了一部《刑罚和感化法典》,于1845年生效。该法典的特点包括三方面:首先,《刑罚和感化法典》的规定体现出同罪不同刑,处刑轻重视犯罪者社会地位而定;其次,刑罚体系十分复杂,并分为刑事处分和感化处分;最后,这部法典特别注重保护农奴制度和封建君主专制制度。1885年,沙俄政府颁布了新的《刑罚和感化法典》,以使法典能适应新的社会条件的需要。此外,在1864年司法改革时,制定了一个专门法典——《调解法官适用刑罚条例》,主要涉及一些立法上称作轻犯的犯罪。

三、1903年《俄国刑法典》和1906年《俄国根本法》

在19世纪60年代,沙俄的资产阶级改革加速了国家立法的发展,尤其是以前颁布的只代表贵族和农奴主利益的刑法引起了普遍不满。1881年,为了编纂新的刑法典,沙俄政府设立了一个刑法典编纂委员会。1895年,该委员会完成了刑法典草案和草案说明,草案贯彻了资产阶级刑罚体系的原则。为了审查这一刑法典草案,国务会议组织了一个特别会议,该会议于1901年对刑法典草案作了重大修改,拟定了新的刑法典草案,此草案于1903年被批准,即1903年《俄国刑法典》。1903年《俄国刑法典》由总则和分则构成,共687条,犯罪的概念颇宽,赋予法官极其广泛的裁量余地。1903年《俄国刑法典》的刑罚体系与1844年《刑罚和感化法典》基本雷同。按照当时的规定,法典的生效需要颁布一个特别决议,由于这一特别决议没有颁布,一般认为1903年《俄国刑法典》没有正式生效。但是,关于国事罪一章却被认为有效,因为此章较为详细地列举了各种国事罪和加重镇压的手段。

1905年10月,沙俄全国开始大罢工,沙俄政府最初企图用武力镇压罢工,但是这一企图没有得逞。于是,尼古拉二世在1905年10月17日颁布了宣言,许诺召开杜马,保障言论、集会、结社自由。但是,沙俄政府并没有颁布法律兑现10月17日的宣言,仅颁布了一些暂行规则,旨在使行政专横合法化。1905年11月24日颁布的《出版暂行规则》,虽然废除了对各种期刊预先进行检查的制度,但明文规定如果作者和编辑犯罪,行政当局可以以行政命令查封刊物,同时起诉犯罪者。1906年3月4日的《结社暂行规则》规定,可以不向政府当局申请而成立社团,但又规定内务部部长有权封闭任何社团。该暂行规则规定成立社团者须将章程草案申请有关部批准,郡长和市长有权停止任何社团的活动,将职工会的宗旨局限于经济方面,禁止职工会从事政治活动。1906 年 3 月 4 日颁布的《集会暂行规则》,规定在学校中只能举行教学性质的公开集会,举行露天的公开集会须获得郡长和市长的批准,违反规定者负刑事责任。

1906 年 4 月 23 日批准的《俄国根本法》确认了政治制度方面的一些变化。1905 年 5 月 6 日颁布的《设立国家杜马的法令》和《设立国务会议的法令》,规定了沙皇同国家杜马和国务会议的相互关系,这一内容在 1906 年《俄国根本法》中获得了确认。1906 年《俄国根本法》规定沙皇总揽行政、军事、外交和批准立法大权,同时又披上了资产阶级立宪的外衣,形式上规定沙皇和"国务会议以及国家杜马共同行使立法权",宣布新法律未经国务会议和国家杜马同意以及未经沙皇批准,均不得生效。1906 年《俄国根本法》的大部分内容重复了彼得一世的立法文件和尼古拉一世颁布的根本法的规定。

此外,在民法典领域,1882—1915 年,俄罗斯帝国也一直在受到《德国民法典》编纂运动的强烈刺激,俄罗斯帝国也试图对民法进行根本改革,起草的 1905 年俄罗斯帝国民法典草案虽然已经完成并得以公布,但是由于第一次世界大战的爆发而未完成立法程序。①

第二节 法律的主要内容

一、国家法

在帝国时期,沙俄依然是一个严格的中央集权制国家。该时期沙俄在国家制度方面没有重大变化,其他方面的主要变化表现为:18 世纪以前的、作为等级事务委员会的国民会议已被取消,彼得一世的改革取消了波雅尔杜马,即以前的国家权力机关已不再存在。彼得一世时期新设立了元老

---

① 参见张建文:《大国崛起的法治之路——俄罗斯民法典编纂活动及其历史启示》,载《人民论坛·学术前沿》2013 年第 17 期。

院、最高枢密会议、宗务院以及署。19 世纪,沙俄的国家最高机关已区分为最高管理机关和从属管理机关。19 世纪上半叶的最高管理机关除沙皇外,还有国务会议、部长委员会、沙皇私人官署和宫廷部。1861 年又新设立了一个咨议机关——内阁;19 世纪末又增设了军事会议和海军将领会议这样两个最高管理机关。俄罗斯帝国的从属管理机关包括元老院和各部。

(一)最高管理机关

专制制度在彼得一世的《军事条例》第 20 条获得了立法依据。沙皇是专制君主,具有立法权和最高行政权,既是军队的最高统帅,又是教会的首领,可以任免官吏,不受监督地支配国家财政。总之,沙皇不向任何人负责。彼得一世于 1726 年设立最高枢密会议,会议成员在彼得一世去世后曾企图限制皇权,但未得逞。最高枢密会议后为内阁所取代。19 世纪,沙皇仍和以前一样是国家元首,是无限专制君主,全部政权由他掌握,全权支配国家的资金,是世袭的,只有当朝皇室成员才有王位继承权。

当时的立法规定:"政权所及整个版图上的管理权属于君主。在最高管理事务中他的政权是直接行动的,在从属管理事务中政权在一定程度上由皇帝托给地方和个人,后者以君主的名义并按照君主的命令行动。"

1906 年《俄国根本法》宣布,沙俄仍为一个专制的国家,其第 4 条规定:"最高专制政权属于全俄皇帝,沙皇和以前一样,总揽行政、军事和对外政策大权及批准法律之权。"俄国 1917 年二月革命推翻了沙皇政权,成立了临时政府。

国务会议是亚历山大一世于 1801 年设立的一个最高咨议机关,由沙皇任命的人员组成,1810 年为 35 人,1890 年为 60 人。最初由沙皇亲自主持会议,后来沙皇正式任命其中一个成员为国务会议主席。国务会议下设四个厅:法律厅,其职责为预先审查一切具有普遍性意义的法律草案;公民和宗教事务厅,主要管辖司法、宗教管理和警察事务;国家经济厅,其职责是管理工业、科学、商业、财政、地方事务和国库;军事厅,主要管理与军事事务相关的问题,包括军事立法,军事法规和章程中有争议的条款的适用,中央和地方军事机构的组成和改造,军队的人员和装备的配备,以及军事要塞的建设等。上述各厅的审查事务须经国务会议的全体会议审批。国务会议全体会议由各厅成员、各部部长和不参加各厅的国务会议成员组成,国务会议还直接管辖在非常情况下采取的一般对内措施、对外政策的重要问题和沙皇下令办理的事项,国务会议的意见只有在皇帝批准后才有强制力。国务会议还设立特别会议以审理对元老院、各厅决议的申诉。20 世纪初,国务会议议员一部分是选举产生的,另一部分是由沙皇任命的,其中大部分是贵族、大工业家和商人。国务会议处理的事务来自各部部长、杜马、国务会议议员按立法创议程序提出的议案。

部长委员会是仅次于国务会议的最高咨议机关,系依据 1802 年 9 月 8 日的宣言而设立,至 1812 年,部长委员会的结构已经明确稳定。部长委员会包括主席及职务上的成员和任命的成员。职务上的成员包括国务会议各厅主席和各部部长。按当时立法的规定,部长委员会的日常事务有:需要各部共同考虑或协助的事务、各部部长在决定和执行中遇到的疑难事务和部长权力范围内不能决定的事务。部长委员会有权独立决定的事务为:关于年金和一次补助金的决定,关于允许东正教教会、修道院获得不动产的事项。部长委员会管辖的事项相当广泛,包括非常警备措施、禁止出版有害刊物、国民粮食、交通建设、建立股份公司、保护东正教、剥夺国籍以及监督郡长等。在以后俄罗斯的革命年代中,部长委员会进一步拥有特别巨大的权限,内阁设立后其被废除。

沙皇私人官署设立于 1812 年,下设六个处,这些处的权力实际上与部的权力不相上下,其中第三处主要承担镇压国内的社会运动和革命运动的任务。宫廷部设于 1826 年,下设管理封邑土地的封邑总管理局。

1905 年 10 月 17 日宣言宣布召开国家杜马,授权国家杜马制定国家法律。但是,关于国家杜马的法规却写道:"国家杜马的设立是为了讨论根据国家根本法及按照本机关和国务会议机关中所规定的程序上奏最高专制政权的立法提案。"因此,国家杜马仅成为一个咨议机关。国家杜马议员总数是 584 人,是选举产生的,但是选举是不平等的,大土地所有者可以直接选举复选代表,小土地所有者只能选举全权代表,农民须经四级制选举选出复选代表,最终由复选代表在郡选举大会上选举国家杜马议员。国家杜马管辖的事项为:关于要求颁布、修改、补充、中止及撤销法律的问题和预算的问题。国家杜马有权对各部部长的不法行为提出质问。国家杜马由沙皇下诏召开,沙皇有权解散国家杜马。国家杜马决议须提交国务会议审查并提请沙皇批准,如果国务会议认为需要修改,则由国务会议和国家杜马派员组成调查委员会进行讨论,然后将决议重新向国家杜马和国务会议提交讨论。于1906年、1907年、1907—1912年及1912—1917年,先后召开过四次。① 十月革命胜利后,国家杜马被彻底解散。

(二)从属管理机关

波雅尔杜马被取消后,沙俄曾出现过朝房(或称大臣会议)的国家机关,人数8—14人,但很快就于1711年被彼得一世设立的元老院取代。最初,元老院由沙皇任命的9名议员组成,在设立各署之后,署议长都参加元老院,以后又限为3名主要署的议长参加。元老院还有来自各郡的委员,每郡两名。元老院有自己的官署,由秘书官长领导。元老院下有许多公职人员,最重要的是监察官,由行政监察长和副行政监察长领导,监察官是一种国家侦探,暗中监视一切,监督审判的正确与否。元老院在设立初期还有巡按大臣,1722年被总检察长取代。1720年后,元老院设有上报官,接受对各署提出的申诉,向元老院报告。1722年,元老院增设的爵位长官负责管理贵族事务。彼得一世时期的元老院是立法咨议机关,有权提出立法问题,沙皇不在时可以颁布法律,同时又是最高司法上诉审级,也是政治犯罪和公职人员犯罪的第一审级。彼得一世死后,元老院的地位明显下降。叶卡捷琳娜二世时,元老院已经不是一个整体,分为六个厅,各厅分管一定的事务。

19世纪初期,元老院丧失了它在彼得一世时期所享有的权力,亚历山大一世在改组中央国家机关时,对元老院颇为重视。1802年9月8日颁布了新的《关于元老院职权的法令》。按照此法令的规定,当总检察长对元老院的决定提出抗议时,总检察长必须在元老院成员在场时向沙皇作报告。元老院有权向沙皇提出关于已陈旧过时的法律的报告,元老院有权研究各部的年度总结并转呈沙皇。依据《关于元老院职权的法令》,元老院实际上已失去了立法咨议职能,虽然元老院的全体会议可以制作法律草案,但已不得直接面呈沙皇,而必须通过司法部和国务会议向沙皇提出。元老院在19世纪末已不是一个整体,而是五个独立机关的总和,即两个司法厅三个行政厅(第一厅、第二厅和爵位厅)。第一厅的职权相当广泛,可以公布法

① 1905年8月6日,沙俄政府公布法律召开杜马,因法律草案由国务大臣布里根起草,故称“布里根杜马”,但此次杜马未召开。1906年4月27日召开的第一届国家杜马又称“维特杜马”,因为此届杜马的条例由内阁会议主席维特(Витте)拟定。

律,保护和认证各等级的特权,审理关于国家管理的案件。第二厅审理不服农民自治监督机关判决的案件。爵位厅是管理贵族和名誉市民身份权的机关。

彼得一世从管理教会方面的案件角度设立了宗务院,由沙皇任命的 12 位政府要人组成,是沙皇俄国的最高教会机关,负责管理结婚离婚事务、传教事务以及宗教罪。一切最重要案件须经沙皇批准,其他案件由宗务院内设的检察总监负责。

彼得一世于 1707 年设立署取代以前的部,职权划分更为明确了,分为外交署、军政署、海军署、会计署(主管收入)、经费事务署(主管支出)、审计署、矿山署、手工工场署、贸易署、司法署、教会署和世袭领地署。各署机关由会议室和官署两部分组成,会议室包括议长、副议长、4 名顾问和 4 名属员,议长由沙皇任命,副议长由元老院提名沙皇批准;官署由书记和记录员等组成。19 世纪时,亚历山大一世以部取代署。最初设立的部包括军政、海军、外交、内务、财政、司法和国民教育等。部长和他的助手由沙皇任命,部长是各主管部的独任首长,直接从属于最高政权,拥有广泛的权限,可在权限范围内单独发布命令,可任免部内工作人员。部又分为由主任领导的厅,各厅有自己的官署。1811 年后,各部开始设立部会议和厅全体会议。

1905 年 10 月 9 日,沙俄政府颁布法令对 1861 年设立的内阁进行了改组,内阁成为协调各部和各主管机关关系的机关,其职权为:预先审查各部部长和各委员会对国家杜马或国务会议立法事项或其他事项作出的建议;讨论各主管机关长官关于调任最高和地方管理机关主要职务的建议;审查以内阁名义递呈沙皇的报告;在国家杜马休会期间讨论各种措施;等等。

20 世纪初期的中央机关还有原属国务会议的第一厅和第二厅,后来成为独立机关。第一厅负责批准荣誉称号以及国家杜马和国务会议议员,讨论内阁总理犯罪应负的责任。第二厅有权讨论财政、各部开支预决算以及国家储备银行的年度决算,审查建设私人铁路的有关事项;专门管辖强制出让财产事项的特别会议;管理国务会议文牍事务及刊印法律全书和法令全书的国务署;协调陆军和海军管理机关活动的国防会议。

(三)地方管理机关

彼得一世在 1708 年颁布了一项法令,将沙俄分为 8 个郡,郡下为省。

1719 年增加为 11 个郡,郡下分省,省下分辖区。1775 年叶卡捷琳娜二世把郡的数目增加至 40 个,取消省一级的划分,郡直接划分为若干县。彼得一世时期,郡长由沙皇任命,管理一郡的军事、财政和警务等方面的工作。郡长既直属于元老院,又从属于各个署。郡长下面有郡议会,由从贵族中选出的 8—12 人组成,郡议会成员均为郡长助手。彼得一世任命军帅管理各省。各辖区由地方贵族选出的委员管理,并从属于军帅。彼得一世的地方管理还涉及城市,管理全俄廓区人(工商业者)的中央机关为市会,各城市设地方公所。1727 年以总市公署取代市会,城市设市公署和市会。市公署主要管理财政、司法和警务等事务。

叶卡捷琳娜二世在 1775 年下令由郡长管理各郡,郡务会协助郡长管理。郡务会由郡长、郡顾问、郡检察长组成。副郡长是郡长的直接助手并兼管税务监督局。与此同时,叶卡捷琳娜二世取消了省的划分,郡以下分若干县,由地方警务负责县的管理。根据 1785 年城市恩许状,市民会成为新的城市自治机关。市民会由普通城市杜马和城市杜马中的 6 名成员组成。市民会的会员大会选举市首长和等级司法行政机关的成员。19 世纪,沙俄的行政区域划分没有改变。根据 1837 年训令,郡长为最高当局的主要代表,是一郡的首领,同时也是郡警察和武装力量的首长,还是国库的保护者。此训令还规定在边远地区设总督一职,管辖几个郡的事务。协助郡长管理的机关是郡务会。1845 年 1 月 2 日的法律规定,郡务会由全体会议和官署组成。全体会议由郡长、副郡长、顾问和属员组成,郡长任主席。郡还设有管理财政问题的税务监督局。1833 年后,各郡增设了道路委员会。19 世纪 60 年代至 70 年代改革后,各郡出现了一些新的政府机关:监察局、郡消费税管理局(管理征收工业品税的机关)。还设立了诸如郡工程师、郡测量师、工厂监督和卫生监督等专门的职位。出现了一些专门机关,如矿山、邮电、交通等管理局。根据 1864 年 1 月 1 日法规,县和郡的地方自治机关由县和郡地方自治代表会议和地方自治执行局组成。1870 年 6 月 16 日法规规定,城市自治机关由城市杜马和市执行局组成,管理工商业、国民教育、卫生等,受郡长和内务部部长的监督。1892 年法规缩小了城市自治机关的权限。

(四)税收和财政制度

彼得一世财政改革的一个内容,是自 1718 年采用按人头征税取代以前的按户征税,男丁为对全体居民实行按人头征税的单位,为此进行了全体居民的登记工作,并将以后实行的人口调查称为复查。彼得一世十分重视沙俄工业的发展,为了鼓励、支持沙俄工业,对外国商品提高了外国商品税的税率,并于 1753 年和 1777 年分两次废除了以往的众多进口税,统一采用外国商品税。18 世纪沙俄的专卖种类大为增加,除了原有的酒类专卖外,先后实行了烟类、食盐等的专卖,还对邮政和矿山实行了垄断,林业收入跃升为最重要的国库收入。19 世纪 30 年代,沙俄的国库收入不能满足庞大官僚机构和军队的开支需要(尽管一再提高外国商品的关税),沙俄政府不断发行纸币以弥补政府开支的需要,纸币币值不断下降,严重时 3 或 4 个纸币卢布才可抵 1 个银卢布。在尼古拉一世时期,国家对财政制度进行了改革,禁止一部分纸币流通,从而提高了纸币的币值。19 世纪后半期沙俄资本主义关系有了长足发展,政府又一次进行了财政改革,1882 年设立的国家银行以"活跃工商业"为宗旨,是当时财政改革的一个主要内容。财政改革的另一个内容为废除酒类专卖制,代之以实行消费税制度。彼得一世时期实行的人头税至 1887 年 1 月 1 日后正式废除。国有铁道的收入和关税的收入至 19 世纪末成为国家收入的重要来源。

(五)军事制度

彼得一世是沙俄正规陆海军的卓越组织者和建立者。1705 年诏书规定实行兵役义务制,每 20 户出一名服兵役者,倘是骑兵,还需提供几个月的粮食和马匹。1760 年后,每年征新兵,每 100 人征兵 1 名。彼得一世还规定海陆军的编制,陆军联队编制,联队下分为骑兵连和营,营下又分为连。由于沙俄在同法国进行战争之后需要扩充军队,亚历山大一世时期开始建立军屯区,要求军屯区的农民应将服军役与农业劳动结合起来,后来军屯区制度因受到农民的强烈反对被废除了。1874 年的改革,取消了只由纳税等级(农民及小市民)负担兵役义务制,改为普遍兵役义务制,凡年满 21 岁者,不论属于哪一等级均要应征入伍,陆军服役期限为 6 年,海军为 7 年。

二、民法

18 世纪时,沙俄最终形成了动产和不动产的概念,债权法方面出现了新的契约,民事法律行为类型大增,颁布了票据法。19 世纪前半期,斯佩兰斯基在《俄罗斯帝国法律全书》中增加了一系列体现资产阶级法因素的新规范,但是没有从根本上改变民法的封建性质,仍然规定公民的权利能力和行为能力由等级、民族及其他封建标志决定,还把不少的土地面积排除在买卖对象之外。例如,公社社员和公社不能出卖、转让国有农民(依附国家而非封建主,担负着繁重的贡税和各种无偿的劳役,但享有人身自由的农民)和封邑农民(也称宫廷农民,从属于沙皇宫廷,实际上是皇家的私有财产,专门给沙皇提供必需品),家族赎取权的规定又限制了贵族地产的出卖和转让。权利能力和行为能力的限制大多同公民的宗教信仰有关,例如,禁止基督徒和非基督徒通婚;还同民族有关,例如,西部 9 个郡的波兰人有权利购置土地,接受土地作抵押品和租佃土地。随着资本主义关系在沙俄的进一步发展,19 世纪后半期民法中出现了无记名证券、各种保险制度、著作权、工业发明权和商标权,契约种类进一步增加,有了仓库保管契约、铁路运输契约等。

（一）物权

18 世纪沙俄的物权已区分出占有权、所有权、他物权(主要是役权及质权)。当时的立法已经注意保护占有权,规定占有权不受暴力的侵犯,禁止所有者擅自从占有者处取回被占有物,必须经司法机关审理才可以恢复所有权。获得所有权的方法已有明确的规定:占有无主物、拾得物、战利品、孳息、根据契约而获得(赠与、买卖、互易等)、皇帝恩赐及时效消灭(一般为 10 年)。1714 年《关于单独继承的法令》取消了奖功份地和世袭份地的区分,两者已合而为一,普通贵族对奖功份地有了所有权。18 世纪后半叶的立法对占有作了合法占有和非法占有的区分。《俄罗斯帝国法律全书》第 10 卷第一部分第 420 条对所有权的含义作出了界定:"所有是按照民法所规定的程序,不以外人为转移,独自永远或世代拥有、享有和处理财产的权力。"《俄罗斯帝国法律全书》还以参与权的方式对所有权的行使作出了限制,法律无例外地为一切人的利益而规定的限制称作一般参与权,例如,道路通行权,为船只和木筏拉纤而使用的河岸权、内河船行权。为一定的人的利益对所有权的限制称作局部参与权,例如,土地和草场的占有者有权要求相邻土地的主人不使水位高涨以免淹没耕地和牧场。

1861 年 2 月 19 日,亚历山大二世签署了 1861 年法令。根据此法令的内容,地主失去了对农奴的人身占有权,农奴成为自由农民,地主把园地

(指住宅旁的园地)交给这些自由农民长期使用,农民在任何时候都有赎回园地的权利,还规定把耕地和附属地交给农民使用,但必须取得地主的同意,农民才可以赎回这类份地,如果地主不同意,农民仍然和以前一样必须服劳役或交役租。"1861年法令"把农民这种状况称为过渡状况,将农民称为"暂时有义务的人"。1881年12月的一个法律规定,自1883年1月1日起,一切"暂时有义务的人"都成为自由农民。与"1861年法令"相配套的是一般法规和地方法规。根据这些法规的规定,在农民不按时缴纳代役租时,地方警察有权登记农民动产将其出卖。地方法规还规定了在赎回时农民拥有土地的最高额和最低额,如规定每户农民所赎回土地不得超过1俄亩,还规定如果改革前农民使用的土地比法规所规定的最高额还多时,地主可以把多余部分留给自己。农民赎回份地时,必须在49年内付清赎金(但首期必须缴纳赎金的20%)。此后,在1905年革命压力下,沙俄政府被迫宣布从1907年1月1日起废除赎金。

1905—1907年的革命给予沙俄政府以沉重打击,显示出农民对沙皇的信心日益消失。为此,沙皇认为富农阶级是农村的一个稳固支柱,沙皇政府首相兼内务部部长斯托雷平进行了一次土地改革,以培植富农的势力。1906年11月9日颁布了《土地法》,此法允许农民退出村社另立单独的田庄或独家农场。1906年11月15日颁布的法令,允许农民可以抵押自己的份地。斯托雷平于1910年6月14日和1911年6月29日继续颁布两个法令,进行土地改革。通过上述法令的实践,村社制度被彻底取消,单独田庄和独家农场大量出现,土地变成个人所有财产,可以买卖、抵押、出租。

质权在18世纪有很大的发展,动产和不动产的抵押采用农奴式的签订手续签约。《一六四九年会典》关于到期不偿清债务,受质人可将抵押品据为己有的规定,至1737年被废除。1737年的法令规定在无法偿债的情况下应延期18个月,若延期后仍不能清偿,则质权人可以公开拍卖抵押品。

(二)契约

18世纪的沙俄法律十分重视契约签订手续,一般订立契约必须是书面形式的,签订手续分为三种:第一种为自办的签订手续,指缔约双方自己拟订并签署;第二种为随后申报的签订手续,指缔约双方拟订签署后在特别的卷册中进行登记,并且经公证人、经纪人认证;第三种为农奴式的签订手续,指在监视员监督之下由农奴录事在公式文章的纸张上书写契约,并由2—5个证人证明。不动产契约基本上采用农奴式的签订手续签约。

18世纪下半叶,沙俄立法已对私人抵押和银行抵押作了区分,还详细地划分了因契约所生之债和因损害所生之债。《俄罗斯帝国法律全书》第10卷第一部分第574条对因损害所生之债作出了规定:“一切财产上的损失及使他人蒙受的损害和亏损,一方则负赔偿的义务,另一方则产生要求赔偿的权利。”《俄罗斯帝国法律全书》还详细地规定了缔结、履行和中止契约的程序,第10卷第一部分第1528条的规定体现了契约是在缔约双方相互同意下拟定的,需缔约双方契约自由原则。按照《俄罗斯帝国法律全书》的规定,未成年人、精神病患者、挥霍浪费者等受监护的人,无权签订契约。契约的客体可以是财产,也可以是人的行为,规避法律而签订的契约无效。凡是旨在解除合法夫妻关系,使国库费用受损失或逃避支付债务等而签订的契约不具有法律效力。《俄罗斯帝国法律全书》还规定,缔约双方可以在契约中指定日期、支付金额和违约金。缔结契约可以用自办的、公证的、申报的或农奴式的手续订立。担保契约的方式有:定金、违约金、保证和抵押。《俄罗斯帝国法律全书》列举的契约有:互易、买卖、财产租赁、承揽和供给、财产借贷和使用借贷、寄托、合伙、保险以及人身雇佣等。不动产的互易必须按公证手续办理,动产的互易可以口头进行,不受限制。动产的租赁中,航海和内河轮船的租赁必须采用书面形式,其他动产的租赁只需口头形式即告成立。不动产的租赁原则上必须订立书面契约,但城市建筑物和地段的租赁可以采取口头形式。不动产租赁契约的法律规定注重保护出租者的利益。例如,屋主和地主有权在任何时候单方面中止租赁契约,将承租者赶出住房或将佃户赶出土地。又如,承租者在期满前中止租赁契约,出租者有权要求至期满之日为止的全部租金。《俄罗斯帝国法律全书》规定,建筑物的建造、修理和改造,材料和物品等的供给,财产和人的转运等是承揽和供给契约的标的,上述内容的契约都必须以书面形式签订。借贷契约以公证手续确认,《俄罗斯帝国法律全书》没有规定借贷利率,在借贷契约无利率约定时,债权人只可以收取6%的借贷利息。《俄罗斯帝国法律全书》没有对使用借贷契约规定报酬,但其规定若将使用借贷财产损坏的,必须按该财产的物价进行赔偿。18世纪后半叶起,合伙契约有了长足的发展,商业公司和工业公司已有相当的发展。合伙分为:(1)完全合伙,指以自己的全部财产对合伙行为负责的合伙;(2)合资公司,其参与者只以一定资金对公司的行为负责;(3)股份公司,其股东的财产责任只限于一定的股份;(4)劳动合伙,是为了进行一定工作而成立的合伙组织。上述 4 种合伙都必须以书面形式订立,成立股份公司还须获得政府有关机关的许可。《俄罗斯帝国法律全书》还对人身雇佣契约作了详细规定,人身雇佣契约的期限不得超过 5 年。

(三)婚姻、家庭和继承

18 世纪上半叶,婚姻法有了较大的发展,已明文规定结婚年龄男子为 20 岁,女子为 17 岁。1774 年宗务院的一项法令对此作出了新的规定,结婚年龄男子为 15 岁,女子为 13 岁,最高结婚年龄为 80 岁。还规定结婚当事人双方的同意是婚姻有效的必备条件。明文规定了近亲等的血亲和姻亲不得通婚。1722 年彼得一世颁布法令禁止低能儿结婚。法律规定的离婚理由有:一方终身苦役流放、进入修道院、下落不明、患不治之症、与他人通奸、没有性能力等。在夫妻关系方面,妻子的地位开始提高,妻子已有权利能力和行为能力,夫妻财产已开始分开,丈夫对妻子的财产不再享有权利。妻子的嫁妆以及妻子婚后购买、受赠与和继承所得的或者以妻子的名义获得的财产都是属于妻子个人的财产。但是,当时法律还有封建家长制的残余,仍规定丈夫可惩罚妻子,丈夫变更永久住址时,妻子应同时迁住。妻子擅自离家出走,丈夫有权向法院控告并强迫妻子返回丈夫的住所。子女的地位也有了提高,父母的家长权比过去小了,但是,法律依然规定父母是子女的管制者,有权惩罚子女,1775 年的一项法令规定父母可以把不顺从的子女送往管制所。19 世纪起,立法开始区分婚生子女和非婚生子女,非婚生子女无权继承父亲遗产。一般情况下,民政和司法机关不受理子女对父母的控告。根据父母的要求,不经特别的法院审理就可以关押不服从亲权的子女 2—4 个月监禁。

该时期的继承法已基本定型,明文规定了遗嘱继承和法定继承两种方式,并且是前者优于后者。18 世纪时遗嘱分口头和书面两种形式,书面遗嘱由遗嘱本人签署,男女都有立遗嘱权。19 世纪前半期进一步明确规定神经错乱者、自杀者、未成年人、被判处剥夺一切身份者无权立遗嘱。立遗嘱人的自愿意志是遗嘱生效的必要条件。按公证手续订立遗嘱应有 3 个证人在场,并进行登记。自办手续无须登记,但仍须 3 个证人在场。19 世纪上半叶的立法对遗嘱内容作了一些限制,一般情况立遗嘱人可以将自己的遗产赠给任何人。但是,在犹太人、波兰人和外国人无权占有不动产的地区,将不动产赠给上述人员时该遗嘱即为无效。还规定祖传世袭和长子继承的地产不能按遗嘱赠给他人。

法定继承方面的主要变化为:1714 年颁布的《关于单独继承的法令》规定了长子继承制,不动产由长子继承。动产的法定继承为诸子均分,在无儿子时,女儿才可获得一部分遗产以维持生活。19 世纪上半叶法律规定,所有的血亲不限亲等都是法定继承人,按血亲等次继承,直系卑亲属有最近的继承权,并且已经有了代位继承的规定。无直系卑亲属则由旁系亲属继承。但是,作为尊亲属的父母,只有终身使用已故子女财产的权利。

三、刑法

(一)1716 年《军事条例》

在 18 世纪,《一六四九年会典》仍然有效。1716 年《军事条例》是当时主要的刑事立法,该条例明显体现了刑事处罚力度的加强。《军事条例》对 120 种情况规定适用死刑。1714 年法令认为犯罪是使国家受损害的行为。该时期立法已注意区分主犯和共犯。《军事条例》的新内容还表现在:(1)对精神病患者减轻刑罚,儿童犯偷窃罪不受刑罚而由该儿童父母受鞭笞刑;(2)对神情激奋状态下的犯罪减轻刑罚,对酗酒犯罪者加重刑罚;(3)还涉及了偶然行为、故意行为和疏忽行为的区分,对正当防卫、紧急避难和时效消灭等作了明确规定;(4)对主犯、教唆犯等规定了同样的刑罚,规定了共犯,但还没有规定明确的刑罚。

18 世纪,沙俄的犯罪种类增加了。违反信仰罪已成为主要的犯罪种类,《军事条例》的前几条条文均涉及这一犯罪,包括渎神罪、违反教会仪式罪等。政治罪在立法中有了明显的发展,侵犯沙皇生命和名誉是最严重的政治罪,包括用言语、行动渎犯、指责沙皇,大多数的政治罪犯都被处死。叛逆罪除了包括和敌人通信、向敌人提供情报等外,还扩及暴动和起义。职务罪主要指贿赂和不执行职务。撤销和销毁政府法令、伪造货币、作伪证均为违反管理秩序罪。侵犯生命罪中主要是杀人罪,并区分出普通和特种两种杀人罪。对侵犯人身罪作出了十分详细的规定,包括殴打、致人残废等。关于侵犯财产罪的规定充分体现了严格保护封建主财产。例如,偷

20 卢布以下的财物,第 1 次处以 6 次通过队列鞭笞,第 2 次处以 12 次通过队列鞭笞,第 3 次先割耳、鼻再处苦役流放,第 4 次处死刑。偷 20 卢布以上者即处绞刑,盗窃国家财产者一律处绞刑。抢夺罪处车裂刑。关于伤害风化罪的处罚也极其残酷,强奸者一律处砍头,通奸者处监禁和苦役流放,乱伦者处死刑。

1716 年《军事条例》关于刑罚的规定,体现出刑罚的目的在于威吓、报复及隔离犯罪者使之不能危害国家,因此该条例规定的刑罚都极其残酷,包括死刑、监禁、流放、肢体刑等。该条例广泛采用死刑,并区分为:刀剑砍头、绞刑、枪毙的普通死刑和肢解、活埋、用金属溶液注入咽喉、车裂的特种死刑。在该条例中,肢体刑也被广泛采用,包括残害肢体刑(割舌、烧穿舌头、砍断手指节的指头)和苦役。监禁有普通监禁和残酷监禁的区分。另外,还有凌辱性刑罚(例如,把受刑者的名字钉在绞刑架上,倒悬死者双足以及当众下跪请示原谅)和财产刑(包括扣薪、罚款和没收财产等)。

(二)《刑罚和感化法典》

19 世纪上半叶进行了两次刑事立法的编纂工作。第一次于 1832 年完成,由于所编纂法律都已十分陈旧,因此,斯佩兰斯基立即进行第二次编纂,这一工作最终由布鲁多夫伯爵完成,于 1844 年颁布了新的《刑罚和感化法典》。这部法典的特点有:(1)它是一部适应封建农奴制关系的法典,继续确认早已存在的不平等的刑罚体系。例如,同一犯罪按罪犯的社会地位判处不同的刑罚,特权等级(贵族、僧侣、名誉市民等)不受体罚。(2)这部法典第 1 条规定"违法行为本身,以及法律规定应判刑罚的不执行,系犯罪或轻犯"。这一规定表明立法者已经对犯罪和轻犯作出了区别。(3)列举了免除刑事责任的理由,即偶然的或意外的行为、年幼无知(10 岁以下者无条件免除责任,10—14 岁有条件地免除责任)、犯罪时处于疯狂或疾病发作状态、偶然的过失或受骗以及正当防卫等。(4)还进一步完善了刑法的一些重要规范,例如,注意区分了故意的和非故意的犯罪和轻犯,对犯意、预备行为、未遂和既遂犯罪,以及共犯作出了详细和明确的规定。

1844 年《刑罚和感化法典》共 12 篇,其中有 9 篇涉及保护现行的社会政治制度。例如,规定了宗教罪、国事罪、违反管理制度罪等,对这些犯罪的处罚均极其严厉。还有 3 篇是关于侵犯个人生命、健康、自由和名誉犯罪,以及侵犯财产犯罪和轻犯的规定和应判处的刑罚。

1844年《刑罚和感化法典》规定了十分复杂的刑罚体系,列举了11种刑罚,由死刑至训谕共35等。总体而言,刑罚分为刑事处罚和感化处罚两种。刑事处分可以概括为:剥夺一切身份权和死刑、剥夺一切身份权和苦役流放(无期、4—20年的有期)、剥夺一切身份权和流放到西伯利亚。该法典规定了剥夺一切身份权的范围,即丧失与贵族地位、教职或称号、名誉市民地位相联系的权利和特权,终止夫妻间的权利和父母对子女的权利以及丧失财产所有权。感化处分有下列几种:(1)剥夺一切特殊权利和优先权并流放到西伯利亚(可以处有期徒刑也可以不处徒刑)。对不免受体刑者须将其送到囚犯感化营并剥夺一切特殊权利和优先权。(2)流放他郡并剥夺一切特殊权利和优先权(可以处有期徒刑也可以不处徒刑)。对不免受体刑者处体刑剥夺一切特殊权利和优先权。(3)有期的城堡监禁并剥夺某些特殊权利和优先权。(4)判处8个月至2年的有期徒刑并剥夺某些特殊权利和优先权。(5)判处1—3天的短期拘禁。(6)当庭谴责或罚款。剥夺一切特殊权利和优先权是指剥夺荣誉称号、官等、贵族地位、担任国家公职的权利等。1844年《刑罚和感化法典》已经有了主刑、附加刑和代替刑的规范。例如,剥夺权利、忏悔、没收财产、禁止在一定地区内居住等均为附加刑。在法律规定的某些情况下,代替主刑的称作代替刑。该法典还规定特别处分和例外处分。对职务上的犯罪和轻犯的特别处分有:革职、降职、谴责、扣除薪俸等。剥夺基督教的葬仪和剥夺继承权属于例外处分。

为了使旧的农奴制刑法典适应新的社会条件,沙俄政府于1885年重新颁布了《刑罚和感化法典》,其新意表现在加强保护地主利益的同时,还注重保护工厂主的利益,补充和发展了关于破坏工业条例的规定,更为详细地规定了关于工人罢工的犯罪,甚至规定鼓动罢工者都要受到严厉的处罚。1885年《刑罚和感化法典》没有包括1844年《刑罚和感化法典》关于治安司法机关审判的刑事犯罪的规定,因为这些刑事犯罪已归入1864年的《调解法官适用刑罚条例》。

(三)其他刑事立法

其他刑事立法,包括前文提及的《调解法官适用刑罚条例》,该条例共13章,第1章是关于刑罚的规定,列举了谴责、申诫、训谕,300卢布以下的罚金,3个月之内的拘禁,1.5年之内的监禁等刑事处罚。第2章至第9章涉及的犯罪种类主要有:违反社会制度、违反管理制度、违反防火规则等。

另有专章对侵害人身安全、侮辱名誉、侵害他人财产等犯罪作出规定。当时的刑事立法还有1875年《军事刑罚条例》和1886年《海军刑罚条例》、1889年"乡法院暂行规则"。1875年《军事刑罚条例》和1886年《海军刑罚条例》不仅适用于现役军人,而且适用于依据非常时期的法律被指控犯政治罪的非军人。

如前文所述,这个时期主要的刑事立法还有1903年《俄国刑法典》。1903年《俄国刑法典》由总则和6章分则组成,计787条。总则172个条文、分则615个条文。总则部分规定了犯罪概念、故意、过失、犯罪预备、犯罪未遂、共同犯罪,该法典将犯罪分为重大犯罪、犯罪和轻微犯罪,其中政治犯罪的概念很宽;分则规定了宗教犯罪、国事罪、职务犯罪及其他各类犯罪。

1903年《俄国刑法典》首次规定了刑法的空间效力,即效力范围及于整个俄罗斯帝国领域内,同时,还规定刑法的效力适用于所有进入俄罗斯帝国境内的外来人(第4—13条)。根据1903年《俄国刑法典》的规定,犯罪是"其实施时法律所禁止并以刑罚相威胁的行为";犯罪主体是年满10岁且具有刑事责任能力的自然人;主观方面为故意或者过失;对于预备犯罪和未遂犯罪,只有在法律有规定的情况下,犯罪人才受刑罚处罚(这主要是相对于重罪而言的);犯罪中止免除刑罚;共犯指的是自愿合作或者共同商议实施行为的行为人,同时还对实行犯、教唆犯和帮助犯进行了界定。①

1903年《俄国刑法典》的刑罚体系与1844年《刑罚和感化法典》基本相同,法官享有广泛的裁量权。

1903年《俄国刑法典》的颁布改变了1844年《刑罚和感化法典》所确立的较为复杂的刑罚体系,在很大程度上进行了简化。具体而言,1903年《俄国刑法典》将刑罚分为8类:死刑;服苦役(4年至终身);终身流放到指定地区居住(但非必须流放到西伯利亚或其他偏远省份);囚禁劳改队;囚禁要塞;囚禁监狱;短期拘留;罚金。② 之前所存在的刑事处罚和感化处罚的分类方式被废除了,但是贵族、僧侣、商人和荣誉市民被判处死刑、流放

① 参见庞冬梅:《俄罗斯刑法总则制度研究》,法律出版社2023年版,第20-21页。

② 参见[俄]鲍里斯·尼古拉耶维奇·米罗诺夫:《俄国社会史:个性、民主家庭、公民社会及法制国家的形成(帝俄时期:十八世纪至二十世纪初)》(下卷),张广翔等译,山东大学出版社2006年版,第19页。

西伯利亚服苦役或居住、囚禁监狱或感化院等刑罚时依然会被剥夺等级权利,从这个角度看,对特权等级的处罚要比非特权等级严厉。

在简化的刑罚体系中,附加刑的规定趋于详细。1903 年《俄国刑法典》规定了 3 种褫夺权利的处罚作为附加刑:(1)褫夺一切公权,即剥夺等级权利、爵位、职衔、奖章、担任国家职务或社会职务的权利,限制财产权及某些其他权利;(2)褫夺一切特殊权利和优惠待遇,无论是个人还是公共的,表现为禁止担任国家职务和社会职务,禁止在商会或手工业者行会中登记,禁止在民事诉讼中充当证人,禁止担任仲裁法官、监护人、代理人;(3)褫夺某些由人的阶级属性决定的权利和优惠待遇,主要表现为剥夺进入等级机构的选举权和被选举权。此外,该法典中还规定了财产刑。财产刑中最常见的为罚没和罚金。法律还规定了个别罚没,即没收犯罪工具和犯罪所得,“而主要针对犯罪人家庭的一般罚没,作为一种刑罚措施,尚不为当时包括俄罗斯在内的欧洲国家立法所知”①。

由于沙俄革命运动的高涨,沙俄政府加强了对付工农群众的刑罚手段,如对罢工参加者和组织者都要处以监禁。

四、法院体系

(一)1864 年司法改革之前的法院体系

彼得一世是沙俄试图将司法和行政分开的第一人。他设立了宫廷法院和初级法院,它们都直接隶属司法署。宫廷法院由首席法官、副首席法官和几名陪审员组成,管辖民事和刑事案件。初级法院分为合议制和独任制两种。合议制初级法院由首席法官和陪审员组成,在 9 个大城市设立。独任制初级法院只有法官一人,设立在其余城市。彼得一世还设立了两种专门法院:军事法院和宗教法院。司法署是宫廷法院和初级法院的第二审级。元老院既是最高审级又是最重大案件的第一审级和各署判决的第二审级。宫廷法院和初级法院在彼得一世去世后于 1727 年被废除,其审判权归属军帅和郡长。

在叶卡捷琳娜二世时期,沙俄的法院体系十分纷繁复杂。叶卡捷琳娜

---

① [俄]О. И. 奇斯佳科夫主编:《俄罗斯国家与法的历史》(上卷)(第 5 版),徐晓晴译,付子堂审校,法律出版社 2014 年版,第 319 页。

二世颁布的1775年《关于建立郡制的法令》有关于设立一些新法院的内容。高级地方法院和低级地方法院是专门为贵族而设立的审判机构。高级地方法院是初级地方法院的第二审级。初级地方法院由地方贵族选出的任期3年的地方警务官和2—3名陪审员组成,是一个选举的、合议制的机关。初级地方法院的职责相当广泛,不仅管辖司法,还管辖行政事务,具体的事务为:维持县内的平静和安宁、执行政府机关命令、保护道路和桥梁的完好、采取措施防止传染病、监督商业、执行警察任务、管辖关于居民担负各种义务的事项、一部分侦查事项、次要民事案件的审理等。初级地方法院不一定要召集双方当事人之后才开庭,在发现案件后当场即可作出处以罚款的决定。对于初级地方法院判决不服的可以提出上诉。初级地方法院只能管辖县内乡村地区,县城内由市长管辖。叶卡捷琳娜二世为城市居民设立的法院为市公署和郡公署。市公署是最低审级,由2名市长和4名市参事组成。郡公署是市公署的上诉审级。初级裁判所和高级裁判所,是叶卡捷琳娜二世为农民设立的司法机关。初级裁判所是最低审级,由郡务会从官员中任命的裁判官和农民选出的8名陪审员组成。高级裁判所是初级裁判所的上诉审级,由元老院根据郡务会推荐而任命的两个首席法官和从乡绅、官吏和地方居民中选出的任期3年的10名陪审员组成,分为民事裁判庭和刑事裁判庭。

叶卡捷琳娜二世设立的刑事审判院和民事审判院是郡内一切司法机关的最高上诉审级。每院由女皇任命的首席法官、元老院任命的两名陪审员和两名顾问组成。1775年在各郡城又重新设立宫廷法院,负责审理民事和刑事案件。初级宫廷法院由两名宫廷法官和两名陪审员组成。高级宫廷法院由两名首席法官、两名顾问和两名陪审员组成。1791年后取消高级和初级的划分,统称宫廷法院。元老院仍是最高司法机关。

叶卡捷琳娜二世还在每郡设立一个感化法院,由被任命的感化法官和6名陪审员组成(由各等级按每等级两人共同推选),它的主要职责是以调解方式审理民事案件,也管辖某些刑事案件(例如,神经错乱者和未成年人的刑事案件)。感化法院的判决不仅依据法律,还依据良心。

叶卡捷琳娜二世为了审理国内最重要的国事罪,在其执政时期还特意设立过最高刑事法庭,但是它并不是经常性司法机关,1764年8月17日出于审理米洛谓御案件的需要,第一次设立了最高刑事法庭。1771年第二次设立最高刑事法庭,审理莫斯科叛乱中大主教安姆弗洛西被杀案件。出于审理普加乔夫及其亲信的案件的需要,1774 年第三次设立最高刑事法庭。最高刑事法庭的成员由参政院、宗务院和各委员会代表组成,人员并不是固定的,最高刑事法庭的判决也须经女皇批准才生效。此后,在镇压十二月党人起义之后,尼古拉一世也组织过一个由国务会议和参政院大员们参加的特别最高刑事法庭来处理该案件,其中被移送审理的有 121 人,最后这个法庭毫无仁慈地判决 36 人死刑,其他人流放苦役。

在 19 世纪前半期,沙俄的法院体系发生了一些变化。在保罗一世时期,取消了各等级的第二级法院,即省议会、高等地方法院和高级裁判所,因为这些法院与省级刑事审判法院和省级民事审判法院的工作重复,此外还取消了初级裁判所,恢复了秘密办公厅。亚历山大一世时期,在所有的法院里都有各等级的代表,国家还在成立的大学中设立了自治法院。1802 年成立了管理所有法院和检察院的司法部,在法院体系中又增加了商业法院,专门审理商人之间、商人与其他等级居民之间的商业纠纷。第一个商业法院于 1808 年在敖德萨成立,最后一个商业法院即第九商业法院于 1853 年在第比利斯成立。从 1832 年开始,商业法院的活动严格按照《商业法院章程和商业法庭诉讼程序条例》进行。尼古拉一世时期,主要对农民阶层的司法进行了改革,1839 年专门为国有农民设立了专门法庭——乡和村农民特别法院,全部由从农民选举出的人员组成,法律还明确规定了法院的权限。这是国有农民的最低级法院,这里法院主要审理农民轻微犯罪案件。乡农民特别法院受理涉及金额在 15 卢布以下的申诉,而村农民特别法院受理涉及金额在 5 卢布以下的申诉。农民特别法院可以对罪犯处以 25 戈比至 1 卢布的罚金。

(二)1864 年司法改革之后的法院体系

1864 年司法改革是沙俄 19 世纪 60 年代和 70 年代前半期改革的组成部分。总体而言,1864 年司法改革中有较多的资产阶级法制因素,设立了陪审法院,改组了检察机关,设立了律师团体,实行了司法侦查员制度,宣布了资产阶级民主的诉讼程序,规定了公开、言词、辩论的诉讼原则。1864 年司法改革规定的法院体系仍十分复杂。司法机关分为地方的和一般的两种。地方的司法机关包括调解法官和调解法官大会、司法行政机关和乡法院。调解法官由县地方自治代表会议选举产生,在城市由城市杜马选举产生。调解法官的任职资格为:有一定的教育程度,3 年以上的服务期限和一定的财产。调解法官有权判处 300 卢布以下的罚款和 1.5 年以下的监禁。但是涉及僧侣、贵族和其他名誉市民的案件,调解法官无管辖权。调解法官分为分区法官和名誉法官。分区法官是调解司法机关的主要公职人员,单独进行工作。名誉法官没有薪俸因此可以担任其他职务。在双方当事人亲自向他请示调停时,名誉法官才进行审判,不过他可以参加调解法官代表大会,在分区法官因病和因故缺席时可以代行职务。全区调解法官组成调解法官大会,由议长、常任成员和调解法官组成,大会议长从调解法官中选任,任期 3 年。调解法官大会是分区法官判决的上诉审级。元老院和司法部的上告厅负责监督治安司法机关的活动。地方司法机关中的司法行政机关,是根据 1889 年关于实行地方长官制度的法律而设立的,由地方长官、城市法官和区法院驻县成员组成。城市法官和区法院驻县成员由司法部任命,城市法官的职权和分区法官一样。区法院驻县成员是独任法官,审理不归地方长官和城市法官管辖的案件。地方长官和城市法官的管辖范围较为狭窄。对农民设立了专门的乡法院,由 4 名法官和 4 名陪审员组成,法官和陪审员由地方长官从农村协会提出的候选人中任命。乡法院院长由县代表大会任命,人选可以是乡法院法官或者乡长。乡法院管辖次要的轻微案件,如盗窃和轻伤案件等。

一般司法机关分为区法院和审判院。区法院按司法区单独划分(不等同于郡、县等行政单位),几个区法院组成审判院。当时共有 106 个区法院,14 个审判院。区法院由院长和若干名法官组成,是民事刑事案件的第一审级,在有陪审员参与下作出的刑事判决为最终判决,对这一判决只能向元老院提出上告。区法院的陪审协议会(陪审团)由 12 人组成,在官方法官主持审理完毕之后,陪审团应对是否有罪、有罪应判处何种刑罚向法官提出自己的意见。审判院是区法院的上诉审级,下设民庭和刑庭。在重大案件的审理中,审判院是第一审级,例如法令规定,自 1889 年起,国事罪由审判院在等级代表参加下进行审理。

1864 年司法改革后,元老院依然是最高法院、上诉法院和最高司法监督机关。

20 世纪初,面对沙俄革命运动的高涨态势,沙俄政府经常宣布个别地区处于战时状态,进而加强军事法庭的职权。同时,将一些案件从有陪审员参加的审判院管辖范围划出,改由区法院的特别庭(由官方法官和贵族代表组成)审理。“一战”时期,法院组织体系和活动程序也发生了变化。1914 年 7 月 20 日,法律确认了重新修改的《军事法院组织条例》中“战时法院”的内容,指出,“在发生战争行动的地区和被宣布进入战时状态的地区,军事司法权属于团的、兵站的和军区的军事法院及总军事法院或其上诉审法院”①。在非常状态下在交战地区和被宣布进入战时状态的地区设立战地军事法庭,由军官组成,战地军事法庭的审判对象是所有的军人、属于军队编制的人员、沙俄军队占领地区的居民、被宣布进入战时状态的地区的民事管理部门的人员,以及战俘。战地军事法庭应在犯罪和过失发生后 24 小时内组成并立即审理案件,其判决立即生效,在审理过程中往往采用刑讯逼供。

五、检察制度

(一)沙俄检察制度的建立

沙俄的检察制度是沙皇彼得一世一手创建的,因此他也被称为俄罗斯检察机关和检察监督制度的奠基者。17 世纪初,沙俄曾设立机要事务衙门履行监督职能,但是这个衙门并非单纯的监督机关,还需要履行其他职责,所以其监督职能一定程度上受到了影响。彼得一世为了保证自己改革中颁布的法律可以得到更好地贯彻执行,所以特别重视法律执行的监督情况,“17 世纪末至 18 世纪初,沙俄内的犯罪率急剧增长。其中,职务犯罪、贿赂罪、盗窃国库罪的数量增长最快”②。这种大量滥用职权、盗窃国家财产、贪污、受贿案件频繁出现的情况逐渐成为影响国家政权和社会稳定的不安因素,所以此时的沙俄迫切需要成立一个国家机关同这些阴暗现象作斗争。

1711 年参政院成立,各委员会主席均为参政院成员,使参政院无法对各委员会行使监督职能,而作为国家最高权力机构的参政院也必须独立运行,不能与各委员会相互关联,所以为了弥补这个制度漏洞,彼得一世决定

① [俄]О. И. 奇斯佳科夫主编:《俄罗斯国家与法的历史》(上卷)(第 5 版),徐晓晴译,付子堂审校,法律出版社 2014 年版,第 326 页。

② 刘向文:《谈俄罗斯联邦检察制度的历史发展》,载《俄罗斯中亚东欧研究》2008 年第 6 期。

将除陆军、海军和外交三个委员会外的其余委员会的主席从参政院剔除出去。这样,彼得一世为了加强参政院对各委员会进行监督,同时也是为了对参政院本身进行监督,下令在沙俄成立一个行政监察机关。① 这一机构是仿效德国建立的,其任务是对不公正的法院进行秘密监视和查问。1713年,国家在参政院设立了总行政监察官,在其他中央机关设立监察官,在地方设立省监察官和城市监察官,在军队设军事监察官,从而建立了监察官制度。各级监察官都要在总监察官的领导下工作。监察官不仅可以揭露政府官员的违法行为,还可以直接向参政院对官员提出起诉。

1714年3月7日《关于行政监察及其职责和活动的命令》规定了行政监察的职权、活动的程序,并明确区分了总行政监察官、省行政监察官、市行政监察官和基层一般行政监察官职权。监察官的任务是对全部国家机关的活动进行监督,秘密调查和揭发不遵守法令、盗窃国家财产、贪污受贿等行为,并向参政院和沙皇报告。为了鼓励监察工作,彼得一世取消了他们的纳税义务,授予他们不受地方政权管辖的权力,甚至规定在指控成立后将被检举人罚金的一半分给监察官,"即使指控不能成立,也不得判处监察官有罪,甚至不得因不实指控'受到严惩,整个家园遭到破产'而抱怨他"②。这种制度遭到了多数权臣的反对,但因为有沙皇的支持,才得以继续发展,"监察官也没有辜负沙皇的期望,在抑制职务犯罪及贪污受贿方面发挥了重要的作用"③。

当时的行政监察官是一个极其秘密的职务,而且声望也很小,整体上对营造法律秩序氛围的影响极其微弱。同时,各级行政监察官无法从国库获得物资保证,"履行职责活动的经费需要其个人'掏腰包',所以导致敲诈勒索、受贿及其他滥用权力的现象发生"④。当时沙俄总行政监察官A.Я.涅斯捷洛夫就是因受贿和贪污被彼得一世亲手送上法庭判处死刑。

---

① 参见赵振英:《俄国政治制度史》,辽宁师范大学出版社2000年版,第67页。

② [俄]瓦·奥·克柳切夫斯基:《俄国史教程》(第4卷),张咏白、郝建恒等译,商务印书馆2013年版,第180页。

③ [苏]Б.Б.卡芬加乌兹、[苏]Н.И.巴甫连科主编:《彼得一世的改革》(上册),郭奇格等译,商务印书馆1997年版,第479页。

④ 刘向文:《谈俄罗斯联邦检察制度的历史发展》,载《俄罗斯中亚东欧研究》2008年第6期。

1714年3月17日,彼得一世发布命令力图制止行政监察官的受贿行为,规定了行政监察官滥用职权应承担的责任,罚款是最轻的处罚,最严重的是宣布该行政监察官为罪犯并送交法院审理。但是,这些规定没有取得预期良性效果,反而导致行政监察官威信扫地。鉴于行政监察制度自身的制度缺陷,以及在沙俄的不良运行状况,彼得一世也承认该制度的建立对于沙俄法制是失败之举,同时沙俄社会各阶层对行政监察的活动越来越不满,这种制度也逐渐开始解体,行政监察官一职逐渐被取消,最后彻底被废除。

虽然行政监察制度的种种弊端及运行状况不佳导致其在沙俄的失败,但这是沙俄对监督的一种尝试和制度体验,成为之后建立检察制度的借鉴和教训,所以从某种意义上说,监察制度是沙俄检察制度的萌芽形态。因为监察机构是非正式的机构,监察官秘密从事活动,因而在推动沙俄司法发展方面意义不大,彼得一世也意识到监察制度存在的诸多问题。鉴于此,彼得一世决心改革监察机构,检察长职务取代了行政监察官,检察机关成为新的保卫法制的国家机关。

1722年1月12日彼得一世颁布了《关于设立总检察长的命令》,规定效仿法国的检察机关设立以总检察长为首的检察机关,据此在参政院设立总检察长和检察长,在其他国家机关设立检察官。检察机关明显不同于行政监察机关,被授予对法律遵守情况进行公开监督的权力,彼得一世对检察机关赋予了极高的期望,竭力保证检察机关在沙俄社会中的作用和权威,检察官在国家官吏级别表中也占据了较高的位置。

彼得一世创建的检察制度主要是从法国借鉴而来的。在这种模式之下,检察机关是一个统一的整体,各级检察长都听命于参政院的总检察长。但沙俄与法国不同的是,法国的检察官必须服从法律,维护国王的利益,而沙俄的检察官服从沙皇并以此为基础维护法律。实际上,沙俄检察官监督司法机构执行法律的职责也是从法国借鉴来的,但法国的检察官隶属于司法机构,而在沙俄,检察官隶属于行政机构。此外,沙俄的检察官与瑞典的巡视官类似,都需要监督法令的执行,二者不同之处在于瑞典巡视官只监督司法机构,总检察官和巡视官都隶属于参政院各部大臣,而沙俄的检察官除监督法令的执行之外,要负责监督国库,以及协助沙皇监督各级官吏。

这样,在彼得一世时期,沙俄建立起了真正的检察制度,这是沙皇在结合法国检察制度、瑞典的巡视官制度的同时,基于沙俄传统而创建的一种全新制度。这种制度在很大程度上受到了欧陆国家检察制度的影响，但更多的是彼得一世进行的制度本土化与创新，而且“俄罗斯帝国检察机关的成立，奠定了俄罗斯联邦检察机关在历史上的雏形”①。

1722 年 4 月 27 日，彼得一世颁布的《关于总检察长职权的命令》在沙俄检察机关活动的法律调整方面起着重要作用。根据这一法令，在商业法院、宫廷法院及教会机构都设立了检察官职位。

检察机关和检察长的主要职责包括：监督法院活动，对违反法律的行为提出改正建议，对不合法的裁定提出抗诉并要求予以取消或修改，对已实施逮捕的刑事犯的审理进行监督，对国库资金的流向进行监督。检察官也可以通过参政院总检察长要求国家行政机关决议或者决定暂停执行。具体而言，参政院办公厅隶属于总检察长，总检察长本人不受参政院领导，而直接归沙皇管辖，总检察长和各级检察长有权干预各院讨论的各种问题，指出哪些决定是不合法的，必须复议，总检察长还有权建议参议院就法律未调整的问题通过决议，“由此可见，当时的沙俄总检察长不仅拥有法律监督权，而且在法的创制领域拥有部分权限”②。甚至有权使参政院的决定中止执行。此外，“他们还要检察参议员是否忠于职守，对工作是否勤勤恳恳，兢兢业业”③。很明显，总检察长权倾朝野，在官位等级表的金字塔处于仅次于沙皇的位置。总检察长的职权甚至辐射到了元老院各官署。总检察长在沙皇缺席的情况下主持元老院工作，向元老院成员解释沙皇的敕令的内容，确定元老院讨论议案的顺序，可以对元老院不合法的决议提出异议并将这些决议递呈沙皇审查，元老院应向总检察长递交工作报告，可以向沙皇提出颁布新法律和废除不符合现实生活要求的旧法律的建议。总检察长手下有多名密探，他们被分散在各个部门，调查贪污受贿、偷税漏税和贪赃枉法等情况。这些做法起到了积极的作用，在开始的一段时间内有效地抑制了以权谋私和其他违法犯罪行为。概言之，总检察长的主要职责是监督法律的执行情况。各级检察长隶属于总检察长，对国家机关的活

---

① 刘向文、王圭宇：《俄罗斯联邦检察制度及其对我国的启示》，载《中国刑事法杂志》2010 年第 9 期。

② 刘向文：《谈俄罗斯联邦检察制度的历史发展》，载《俄罗斯中亚东欧研究》2008 年第 6 期。

③ 陶惠芬：《俄国近代改革史》，中国社会科学出版社 2007 年版，第 66 页。

动是否遵守法制实施监督,例如,负责维护国家的利益,对被捕者的案件审理情况实施监督,对被监禁者的羁押场所实施监督,还有权对各种国家机关的非法决定提出异议,并有权提出消除其他违法行为的建议。

按照1722年《关于总检察长职权的命令》,检察机关主要是维护法律,监督法律的执行。因此,总检察长被称为"沙皇的眼睛""国家的眼睛""国家案件的诉讼代理人",服从总检察长的各级检察长被称为"省长的眼睛"。

彼得一世对于总检察长的职责和地位十分清楚,所以在挑选第一任总检察长人选时十分谨慎。彼得一世对总检察长的要求是:"不受出身限制,但必须是一个为人高尚和有聪明才智的人。"1722年,帕维尔·伊万诺维奇·雅古任斯基(Павел Иванович Ягужинский)作为第一任总检察长开始实行对参政院的监督。他为检察机关的体系和组织的发展作出了重要的贡献,确定了各级检察机关活动的原则和条件。

自1722年起,在参政院设置了"总收受呈文官"一职,类似沙皇的贴身秘书,专门接受官吏提交的控诉状,转交给沙皇审批,这也是沙皇直接行使监督职能的表现。直属于参政院之下工作的还有总监察官和首席监察官,各省、各城市的监察官均听命于他们。他们监督官吏的舞弊行为,主要是受贿行为。但是根除官僚贵族国家的受贿现象是不可能的。根据总检察长的建议,沙皇下令在东正教事务总管理局中设检察总长,并规定这一职务为东正教会的中央机关,该检察总长应是非宗教人士,对东正教事务总管理局的活动实施国家的最高监督,服从总检察长向其发出的专门指令。

可见,在当时的沙俄,检察机关作为监督机关,是以集中原则为基础的统一体系的要求。① 各级检察长的首要任务,是对各种国家机关、公职人员的活动是否遵守法制实施监督,对他们颁布的法律文件的合法性实施监督。

根据1722年1月12日的命令,检察机关通过监督、忠告和警告三种方式向上一级监督机关提出异议或上告,以维护法律适用的效力和作用。检察机关应监督地方政府和公职人员准确执行法律和及时、正确地判决案件。为此,检察长应出席参加法庭审理,可以不受阻挠地从地方政府取得所需的各种文件、资料和决议。在地方政府的活动中一旦出现不合法现象

① 参见[俄]Ю. Е. 维诺库罗夫主编:《检察监督》(第7版),刘向文译,中国检察出版社2009年版,第28页。

和不符合程序的行为时,检察长既可以进行忠告和警告,指出违法之处,又可以提出消除违法的措施。检察长的忠告或警告具有约束力,受到忠告或警告的公职人员必须执行。如果检察长提出的忠告或警告由于某种原因没有被执行,他有权提出异议或上告。检察长通过总检察长向元老院或其他各官署提出异议,并可以迫使国家政权机关停止执行其决议或决定。

东正教事务总管理局检察总长、各官署检察长、各地法院院长以及各省检察长均以总检察长的名义活动,以总检察长的名义履行职权,都受总检察长的领导和监督。只有沙皇、元老院或者总检察长本人才可以处罚各级检察长。总检察长直接听命于沙皇,也只有沙皇才可以处罚总检察长。

彼得一世时期建立的检察制度具有一个明显的特点,即检察机关的组织和活动贯穿着集中制和严格的一长制原则,检察机关是一个统一的整体,各级检察长都只服从总检察长。彼得一世所建立的检察机关和检察制度,在维护沙俄政府法制,以及同贪污受贿、滥用职权行为作斗争方面都起了非常有效的作用。

(二)沙俄检察制度的演变

彼得一世去世后,由叶卡捷琳娜一世执政,检察机关依然履行着监督法律执行的职责。1726 年,沙俄政府颁布《关于监察职责的法令》,试图以法律的形式确认总检察长和高级检察长的各种权力,以维护彼得一世时期的司法改革的成果。但是,当时的沙俄国内情况已经发生了很大变化,一些宠臣不断施加压力来阻挠改革的深入,在这种情况下,《关于监察职责的法令》无法得到实施,总检察长雅古任斯基被调离岗位担任驻波兰大使,检察机构的人员被大大削减。1727 年隶属于检察机关的检察官被废除,宫廷法院等其他法院的检察官都被免职,沙俄检察机关对法律执行的监督程序也实质上遭到了破坏,以总检察长为首的检察机关已经不具有国家机关的作用,其机构的权力被大大削弱,检察机关的作用已经微不足道。较为蹊跷的是,在彼得一世去世之后,"很快发生了一件意想不到的事情:1730 年,总检察官、参政院检察官、各部普通检察官突然都不露面了,谁也不知道他们去哪里了,不过这些任职人员都还活着"①。可见,检察机关和检察制度

① [俄]瓦·奥·克柳切夫斯基:《俄国史教程》(第 5 卷),刘祖熙等译,商务印书馆 2013 年版,第 112 页。

在当时沙俄的处境窘迫之至。

安娜·伊凡诺夫娜时期曾发布诏书恢复了检察机关,但是沙俄总检察长和检察机关实际上已经徒具虚名了,不起任何实际作用,检察机关基本也停止了活动,甚至可以说已经被撤销了,在安娜·列奥波尔多夫摄政时期则再次以政令方式被废除。1740 年,伊丽莎白·彼得洛夫娜(1741—1762 年在位)继位为沙皇,开始全面恢复彼得一世在 1722 年 1 月 12 日发布的命令中所确立的沙俄检察机关和总检察长的职责,这主要体现在她于 1741 年 12 月 12 日发布的命令中。该命令的主要内容为恢复检察机关的设置,并赋予其在彼得一世时期所拥有的那些权限。通过这些法令所确认的事项,沙俄检察官的数量开始大大增加,检察官和检察机关又成为国家机关中不可或缺的角色。总体而言,这个时期沙俄的检察机关所起到的司法监督作用还十分有限。

为何会出现这种情况?考察当时的历史背景是可以得到答案的。彼得一世去世后,受官僚贵族的阶级风格和欲望的影响,中央机关实行了变革。沙俄政府为了使贵族享有特权,在行政机关、司法机关和检察机关之上相继建立了一系列享有立法权威的新的最高机构。这些机构相当于叶卡捷琳娜一世和彼得二世时期的最高枢密院,安娜·列奥波尔多夫时期的内阁,伊丽莎白·彼得洛夫娜时期的代表会议,彼得三世时期的九人委员会。官僚贵族阶级的这种企图还在其他人身上突出表现出来,政府各部机关中最具大官僚主义成分的是以参政院总检察长为首的检察机关。作为"沙皇的眼睛"和法律的维护者,他们自然会限制官僚贵族阶级,那么这个贵族阶级将检察机关进行"改革"也是利益层面的必然选择。

叶卡捷琳娜二世执政以后,在恢复检察机构权力的同时,沙俄检察制度进一步向前发展和完善,"形成了组织严密的、不知疲倦的捍卫封建国家利益的检察机关体系"①。在这样的体系之下,检察机关获得许多新的职权,大大扩大了检察机关的监督范围。

1762 年叶卡捷琳娜二世在继位之初就对参政院起到的主导作用极为不满,担心参政院没有法制规范会反对专制制度,因此颁布文告表示要对

---

① [俄]O. И. 奇斯佳科夫主编:《俄罗斯国家与法的历史》(上卷)(第 5 版),徐晓晴译,付子堂审校,法律出版社 2014 年版,第 244 页。

参政院进行改革。1763 年,参政院改革法令出台,规定检察长分为六个级别,将财政、内政和司法委员会交给总检察长负责,并要出席有关这些方面的会议,“总检察长负责传达沙皇的圣旨和听取汇报,监督和处理参政院的事务”①。之后,总检察长的影响逐渐提高,不仅可以参加法典的编纂工作,还要对全国的行政机构的工作进行监督。1767 年,编纂的新法典赋予检察机关参与侦查犯罪的权利,确立了检察机关同法院的紧密关系,实现了检察机关与需要国家保护的人群之间的保障和被保障关系。

1774 年通过了《关于各省机构的命令》,进行省级行政机构改革。为了使改革后的司法机构能有效运转,叶卡捷琳娜二世的省级行政机构改革进一步完善了检察制度,“各个省都设立了检察官一职,他们分属于各个等级的省法院和省公署。省公署的检察官被视为省检察官,其职位高于各等级法院的检察官”②。这些省级检察官受到了省长和总检察长双重领导。此外,还规定了各省检察长的任务和权限,这些制度建设在推动检察制度发展方面起到了很大作用。1775 年 11 月 7 日,《关于检察官和司法稽查员的职责的命令》规定,省检察官应向总督报告法院没有准确执行法律、命令的情况和警察机关在侦查案件中违反程序的情况。根据新的法令,检察机关的结构也作出调整,省级各类法院中都有检察官和司法稽查员,一个省内共有 4 名检察长,包括省检察长、高级地方法院检察长、省议会检察长和高级农民特别法院检察长,并在 8 个县各设 1 名司法稽查员,司法稽查员履行检察长助手的职责。一般来说,检察官和司法稽查员在维护政府利益、监督法院是否遵守国家各项法律的同时,还负责监督省内各类司法机构的运转情况。法院审理涉及官员利益的案件时,在作出判决之前必须向检察长作出通报并听取检察长的意见。在各省检察长及其所属下级检察长所承担的任务中,包括:为维护“皇帝陛下的权力、规章、利益的完好无损”实施监督,“以使任何人都不能从人民那里征收被禁止的税费”;消灭“无处不在的有害的贿赂”。上述检察长有权对省、县机关的活动遵守法律的情况实施监督,审查法院作出的裁决是否符合法律。在各级法院里,检

---

① 陶惠芬:《俄国近代改革史》,中国社会科学出版社 2007 年版,第 101 页。

② [俄]О. И. 奇斯佳科夫主编:《俄罗斯国家与法的历史》(上卷)(第 5 版),徐晓晴译,付子堂审校,法律出版社 2014 年版,第 244 页。

察长必须维护“需要照料的人”的利益,其中包括维护聋哑人、未成年人的利益。特别重要的是,检察长有责任预防违法行为,采取措施制止违法行为,对非法的法律文件提出异议。①

叶卡捷琳娜二世进行的检察制度改革对沙俄地方检察机关的发展和完善具有积极意义。此后,叶卡捷琳娜二世还通过了一系列立法活动进一步完善了检察机关的机构,并提高检察机关在维护沙俄法制方面的威望。

保罗一世时期总检察长的权力得到进一步提升,他“可以决定军队和海军的人员组成、物资和技术装备,还可以就政府的财政问题向沙皇建言献策。在行政管理上,参政院检察机构可以监督总督,在应对犯罪、饥荒及其他灾难上协调中央和地方机构。总检察长还负责向沙皇汇报有关农民起义的情况”②。在保罗一世统治时期,总检察长相当于政府的“首席部大臣”。然而总检察长在这个时期所获得的这些权力都是临时性的,大多并不是法律规定的而是沙皇授予的。在这种情况下,检察机关在地方机构中的监督作用有所下降,检察机关在中央和地方的监督作用也被大大削减,检察长和司法稽查员的人数也被压缩了。在1797年时,郡司法稽查员的职务被取消,行政监察官的职务取代了郡检察机关。

亚历山大一世时期,随着部门制政府的建立,检察机关的监督职能得到了恢复,并且总检察长获得了司法部部长的职权。③ 1802年,沙俄司法部建立,总检察长开始隶属司法部,司法部部长开始兼任总检察长的职务,参政院逐渐丧失监督政府机构的权力,演变成了一个监督法律执行的机构,而各省的检察长开始成为地方司法机关的组成部分。

亚历山大二世时期,沙俄检察机关的活动发生了根本性的变化并获得了加强。早在1864年司法改革之前,沙俄国务会议于1862年通过了《关于检察机关的基本条例》。该条例规定了检察机关的国家机关的地位,检察机关监督的内涵、任务和职权,规定了检察机关组织和活动的一系列原则,这些都一直贯穿沙俄时期。该条例还包含了检察机关的统一和集中化

① 参见[俄]Ю. Е. 维诺库罗夫主编:《检察监督》(第7版),刘向文译,中国检察出版社2009年版,第28页。

② 郭响宏:《俄国1864年司法改革研究》,陕西师范大学2011年博士学位论文,第76页。

③ 参见[俄]О. И. 奇斯佳科夫主编:《俄罗斯国家与法的历史》(上卷)(第5版),徐晓晴译,付子堂审校,法律出版社2014年版,第272页。

原则,各级检察长以检察机关的名义行使职权,总检察长(兼司法部部长)行使最高监督权,下级检察机关服从上级检察机关的领导,检察长不被任意免职,检察长不受地方当局影响独立作出决定。

为了确保检察长不受地方政府影响独立活动,该条例还规定了各级检察长的任免程序,总检察长和郡检察长由沙皇下诏书任免,其他检察长均由总检察长任免。

1864 年的司法改革规定了检察长在刑事和民事诉讼中进行活动的任务和程序,规定检察长不得干预法院的工作,不得妨碍或限制法官的独立审判。同时还规定,检察机关必须经常监督司法侦查员的工作,有权提起刑事诉讼,有权对法院的判决以上诉书形式提出抗诉,还负责监督法院刑事判决的执行。

亚历山大三世曾设立委员会,尝试起草加强检察机关监督职能的法律,竭力将检察机关演变为镇压机构。在镇压 1905 年革命过程中,沙俄检察机关扮演了刽子手的角色,被广大人民群众所唾弃。十月革命之后,新的苏俄检察机关才在 1922 年成立。

六、诉讼制度

(一)彼得一世时期的诉讼制度

在彼得一世进行法制改革的过程中,其偏爱的军事法制被摆在了第一位,所以相关诉讼立法都是与军事法紧密相关的。1697 年《诉讼或司法讼争简要规则》颁布,这个规则建立在 1697 年敕令的基础之上,是对该敕令的补充和发展。[①] 针对军事司法、军事诉讼程序发展了这些规则,涉及的完全是军事司法中的诉讼法和审级制度,其中规定了非常明确的审级制度。"最前面的两章似乎带有总则的性质。其中给出了法院组织框架和某些基本的诉讼原则。接下来符合逻辑地叙述了诉讼进程,并非常独特地分立出了三个主要部分"[②]。总体看来,这是一个纯粹的程序法,只有最后一章含有实体法的内容,但民刑诉讼依然合体,诉讼的一般过程、程序性文件的名

---

① 参见[俄]О. И. 奇斯佳科夫主编:《俄罗斯国家与法的历史》(上卷)(第 5 版),徐晓晴译,付子堂审校,法律出版社 2014 年版,第 255 页。

② [俄]О. И. 奇斯佳科夫主编:《俄罗斯国家与法的历史》(上卷)(第 5 版),徐晓晴译,付子堂审校,法律出版社 2014 年版,第 248 页。

称和效力对于刑事案件和民事案件来说都是相同的。

从很大程度上讲,《诉讼或司法讼争简要规则》具体适用范围是军事司法领域,但是其是否也可以适用于非军事领域,学术界是有争议的。例如,有人认为"立法者并没有解释《诉讼或司法讼争简要原则》应该针对哪种法院和哪些案件,所以应该认为它最初的适用范围限于军事法院的"①。有学者则在研究《军事法典》的效力范围时,也将与其紧密相连的《诉讼或司法讼争简要规则》进行分析,并证明它仅限适用于军事法院,②其反对者则肯定地认为"这部法律也适用非军事法院"③。这些问题其实就是在讨论该规则的性质,即其是否为专门性军事诉讼规则。较为折中的观点认为,"它把军事法规的效力延伸到了民事机关,但只有当民事机关的活动在不同程度上涉及军队时才应该考虑适用该法律"④。

此后,《诉讼或司法讼争简要规则》开始适用于刑事领域,而且既包括军事法庭的案件,也包括非军事法庭的案件,但之后这种双重性并没有得到很好的延续。

1697 年彼得一世颁布了《关于庭审中取消对质;用审问、刑讯代替对质;证人及其证言、起誓;对作伪证者的处罚及税费的敕令》,规定国内的一切案件自此之后均采用侦查诉讼,也称为纠问制诉讼模式。所以,从彼得一世时期开始,沙俄开始实行侦查式诉讼模式,以往民刑案件中适用的辩论式模式被废除,也即有人认为的"抗辩式诉讼的最后残余在彼得一世时期彻底消失"⑤。但从总体来看,这个敕令并没有什么创新之处,"只是沿用了已有的、过去数个世纪中形成的刑讯逼供方式"⑥。

1716 年《军事条例》第三部分"诉讼述要"详细地规定了侦查式诉讼模

---

① Владимирский-Буданов. М. Ф. *Обзор исстории русского права*. Р. ,1995. с. 642.

② 苏联学者 П. С. 罗马什金在其著作《彼得一世的刑事立法和军事——刑事立法的主要原则》中就肯定了这个观点。参见[俄]О. И. 奇斯佳科夫主编:《俄罗斯国家与法的历史》(上卷)(第 5 版),徐晓晴译,付子堂审校,法律出版社 2014 年版,第 256 页。

③ Ющков. С. В. *История государства и права СССР*. Ч. 1. М. ,1950. с. 376.

④ [俄]О. И. 奇斯佳科夫主编:《俄罗斯国家与法的历史》(上卷)(第 5 版),徐晓晴译,付子堂审校,法律出版社 2014 年版,第 256 页。

⑤ Чельцов. М. А. *Уголовный процесс*. М. ,1948. с. 89.

⑥ [俄]О. И. 奇斯佳科夫主编:《俄罗斯国家与法的历史》(上卷)(第 5 版),徐晓晴译,付子堂审校,法律出版社 2014 年版,第 255 页。

式的内容,体现了侦查诉讼的不公开和书面审理的特点。其中规定诉讼程序分为侦查和审判两个阶段,在审判阶段法官先评定侦查所获得的材料,然后进行宣判,民事案件中关于个人受辱的案件由原告或受辱人提起,刑事案件则由法官提出。

彼得一世于1723年颁布了《关于审判程式的法令》,宣布放弃了民刑案件中的侦查式诉讼模式,同时规定了新的诉讼程序,即实行口头当庭辩论,原告和受害人在申诉时必须明确指出被告(人)应答复的控诉要点,扩大代理人的范围,规定双方当事人出庭的日期。

(二)叶卡捷琳娜二世时期的发展

在叶卡捷琳娜二世时期,诉讼法有了新的发展,主要集中在《治省章程》中,该章程详细地规定了法院的活动形式。

首先,详尽规定了针对判决和裁决的多审级申诉体系。例如,对县法院的裁决可以向县高级法院申诉,而对县高级法院就一定范围内的案件作出的裁决,可以向省高等法院申诉。同时,多审级申诉制度也对设置在城市和农村中的法院的等级作出了相应规定。最高审级的法院仍然是参政院。

其次,民事诉讼和刑事诉讼的明确分立。专门的刑事和民事审判机关也建立起来。县高级法院、省议会和高级农民特别法院都设立了两个司——刑事案件司和民事案件司。省一级司法体系的最高审级是刑事审判厅和民事审判厅。

最后,按照等级原则划分管辖权。叶卡捷琳娜二世建立了具有普遍意义的等级式法院体系,所以在管辖权上也是严格按照等级原则来划分的,但这并不意味着诉讼法规范中也存在等级差别,案件的提起和按审级审理的原则还是无等级差别的。具体而言,刑事案件永远归属一审法院,即县法院、市议会或初级农民特别法院。有可能被判处死刑或鞭笞于市及剥夺爵位的犯罪不在其管辖范围之内,应当移交二审法院,即县高级法院、省议会或相关的高级农民特别法院。在这种情况下,一审法院充当的是侦讯机关的角色,二审法院对案件进行实质性审理后作出判决,同时必须将判决呈送刑事审判院审核。①

① 参见[俄]О. И. 奇斯佳科夫主编:《俄罗斯国家与法的历史》(上卷)(第5版),徐晓晴译,付子堂审校,法律出版社2014年版,第258页。

1765年,叶卡捷琳娜二世宣布所有案件均采用辩论式诉讼程序模式,而在司法实践中法院依然根据案件性质采用侦查式诉讼程序,“但是在侦查式诉讼程序中出现了辩论式诉讼程序的特点,而在辩论式诉讼程序中也包含着侦查式诉讼程序的特征”①。两种诉讼程序模式已经开始相互融合或者相互渗透了,这个时期的沙俄,这种形式诉讼程序形成了。

(三)1864年司法改革后的诉讼制度

1. 诉讼原则的变化

(1)确定辩论式诉讼原则。在1864年司法改革时,亚历山大二世颁布了《刑事诉讼条例》:该条例废除了侦查式诉讼程序模式,宣布“对各类案件都采用辩论式诉讼程序审理”②,形成了资产阶级民主性质的诉讼程序;确立了公开、言词、辩论的诉讼原则,将以往的秘密审讯变为公开审讯;允许律师代表争讼双方参加缺席审判。同时取消了在彼得一世时期开始实行的形式证据制度。沙俄法律史上首次出现了民事诉讼法,实行任意原则,由当事人双方决定法庭审理的时间和程序等问题。

在民事诉讼的法庭审理过程中,诉讼双方应展开激烈辩论,并以辩论为基础来证明自己理由的正当性,最终以争取获得有利于自己的判决结果。诉讼双方均有权向法庭提供证据,有权向自己认为合适的证人发出询问,也有权提出自己的法律诉求,当然也可以放弃之前提出的法律诉求。民事诉讼案件采用“不告不理”原则,即只有当一方当事人提出诉讼请求时,法院才会根据这个请求考虑是否受理该件民事案件,这也在很大程度上决定了法院必须根据诉讼双方所提交的相关证据材料进行判决,作出判决结果和意见,有关这点在《民事诉讼条例》中也有规定,即“在民事案件中,法院不负责搜集证据材料,法院的裁决以诉讼双方提供的证据材料为基础”③。此外,虽然判决要依据双方提供的证据,但是法官为了了解案件

---

① [俄]鲍里斯·尼古拉耶维奇·米罗诺夫:《俄国社会史:个性、民主家庭、公民社会及法制国家的形成(帝俄时期:十八世纪至二十世纪初)》(下卷),张广翔等译,山东大学出版社2006年版,第39页。

② [俄]鲍里斯·尼古拉耶维奇·米罗诺夫:《俄国社会史:个性、民主家庭、公民社会及法制国家的形成(帝俄时期:十八世纪至二十世纪初)》(下卷),张广翔等译,山东大学出版社2006年版,第42页。

③ Б. В. Виленский. *Россое законодательство* X-XX *веков. Том*8. М. ,1991. с. 73.

事实,有权向诉讼双方提出一些与案件相关的问题,法院如果认为双方提供的证据有矛盾,可以调查案件的相关情况。法官如果认为双方提供的证据不充分,可以要求双方追加提供的证据。最后法官根据双方提交的证据以及庭审辩论的情况作判决。①

刑事诉讼程序模式与民事诉讼程序模式不同,其所实行的是混合式诉讼模式。在庭审前的调查环节中,是以侦查式诉讼程序模式为主导,这是由于审前调查是由检察官监督、司法侦查员具体负责的,这个阶段法律并不允许犯罪嫌疑人及其代理律师参与,也不能对具体过程和情况进行询问。审前调查结束之后就开始进入庭审阶段,在这个过程中辩论式诉讼程序模式开始占据主导地位。具体而言,在刑事案件审理过程中,诉讼双方以及双方的代理律师、检察官均有权对司法侦查员所提供的证据、证人证言,以及与犯罪有关的法律问题进行辩论,在这个阶段他们拥有平等的权利。由于多数刑事案件涉及的是公众利益,法官和检察官并不能如民事诉讼一样单纯考虑诉讼双方的利益,这就意味着他们拥有更多的自主权,即使原告不想对案件提起诉讼,检察官也会以公诉形式提出。但是从整个诉讼过程中的各方权利综合考量,被告人和辩护律师拥有与公诉人几乎相等的权利,法律甚至规定在庭审过程中被告人可以最后一个做总结发言,可以说,在刑事诉讼程序中,辩论式是主导模式。

(2)口头辩诉原则。经过1864年司法改革,口头辩诉原则取代了过去的法定证据制度,"因为这是沙俄以往司法不公正的主要原因"②。依据口头辩诉原则,被告人拥有在法庭上为自己辩护的权利,同时也可以聘请律师作为辩护人来行使辩护权。该原则在具体的诉讼活动中的实践规则根据民事与刑事案件性质的不同而有所区别。具体而言,在民事诉讼中,口头辩诉与起诉书以及其他文件都可以被看作具有同等效力的辩护方式。在案件审理过程中,诉讼双方出庭不是必要条件,在不出庭的情况下提供书面材料也是允许的,而在一方当事人缺席但聘请了律师或者一方当事人缺席且也没有聘请律师的情况下,并不会影响法院判决。也就是说,与以

---

① 参见郭响宏:《俄国1864年司法改革》,陕西师范大学2011年博士学位论文,第111页。

② Н. В. Давыдов, Н. Н. *Полянский. Судебная Реформа. Том*1. М. ,1915. с. 314.

往相比,民事诉讼中的书面证据只作为案件审理的参考,而不是判决案件的唯一依据,口头辩诉作为重要的法庭审理形式被提高到了一个重要地位。在刑事诉讼中,所有的证据,包括证人证言、专家的证词、物证等都要在法庭上以口头形式进行陈述,审前调查中收集的证据材料也需要陈述,法庭依据这些陈述审核证据中的细节问题。证人证言应当是口头证据中较为重要的部分,如果证人因疾病、死亡、路途遥远等原因不能出庭作证,禁止对其证言进行陈述,法院只可以公开证人在审前调查中提供的证言,"这样做的目的是与法庭上提供的证据进行比对"①。在这样的诉讼原则之下,"法官要么判定被告人有罪,要么判定被告人无罪,必须作出明确的判决"②。这样就避免了法官因证据不足而拖延审判。

口头辩诉原则的确立对当时沙俄的诉讼制度具有很大价值:①维护当事人平等的、合法的权利,在该原则之下,检察官、诉讼双方、律师都可以在庭审中提出问题,对证人进行询问,也可以质疑某些证据的合理性;②最大限度降低作伪证的可能性,当庭进行口头辩诉时,诉讼参与人都可以进行口头陈述和询问,作伪证的空间就极为狭窄了;③判决理由最大可能地与事实真相衔接,通过口头辩诉,各方人员的证据得到整合和分析,案件事实部分逐渐清晰,与真相更加接近,这样对判决具有非常重要的意义;④体现诉讼民主,保障人权,诉讼主体平等地行使辩护权,以口头辩诉方式来完成以往的法定证据制度要求的任务,剔除了法定证据制度之下的司法弊端,体现了司法平等、司法民主,也是对诉讼当事人人权的保障。

此外,与口头辩诉原则相关的一项原则即"自由心证"被引入。《刑事诉讼条例》就规定:"陪审员和法官要以证据为依据,根据自己内心的认知来判定被告人是否有罪。"③因为无论法庭审理中出现何种证据,最后法官和陪审员所依据的是其内心对这些证据的判断,而这些判断更多出于主观,所以在这个层面上考量,口头辩诉在庭审中会对法官进行证据判断起到非常重要的作用。可以说,这两个原则的结合对公正审判具有重要价值。

---

① 郭响宏:《俄国 1864 年司法改革研究》,陕西师范大学 2011 年博士学位论文,第 59 页。

② Н. В. Давыдов, Н. Н. *Полянский. Судебная Реформа. Том*1. М. ,1915. с. 314.

③ Б. В. Виленский. *Росское законодательство* Х–ХХ *веков. Том*8. М. ,1991. с. 197.

(3)审判公开原则。1864年司法改革之前,沙俄的审判都是秘密进行的,法院是在静悄悄的办公室里审理诉讼案件的,不仅不对当事人开放,也不对社会开放。在1864年司法改革过程中,大部分人主张审判公开,因为“一个审判公开的法庭才能揭露案件的真相,保护被告(人)的权利,并引导法官在认真思考案件基础上做出公正的判决”①。基于此,改革之后审判公开原则开始确立,诉讼双方当事人、检察官、律师和证人都有权参与到案件的审理过程中,公众也可以对庭审进行旁听,可以说是对当事人和社会的双重开放,与之前的制度形成了鲜明对比。根据沙俄法律的规定,审判公开原则的适用是有所限制的。首先,诉讼当事人和代理律师在审前调查阶段都无权过问案件及调查的具体内容,即在这个阶段是不公开的。其次,有一些案件是法律规定不宜公开审理的,如渎神、与违反伦理道德有关的犯罪、与女性荣誉和贞操有关的犯罪等。最后,1864年《刑事诉讼条例》规定:“陪审团的投票不向任何人公开。”②这是为了保护投反对票的陪审员及其家人的安全。

审判公开原则的确立及实施成为1864年司法改革中最主要的制度创新点之一,这个原则受到沙俄社会各阶层人士,甚至反对司法改革的人的正面评价。大家一致认为审判公开原则的确立对国家司法具有重要意义,不仅可以提高司法管理水平,防止司法腐败,维护司法公正,还可以集中体现国家政治的民主性。对此,1876年《俄罗斯公报》上谈到有关审判公开问题时,就指出审判公开“有助于将法院审判的内容公开化,会让每个人有意识地参与到维护国家司法的进程中;没有审判公开,一切都不可能有发展前景;没有审判公开,司法会被腐蚀;没有审判公开,权力会被滥用”③。

2. 诉讼程序的改革

亚历山大二世在1864年进行的司法改革中颁布了《民事诉讼条例》和《刑事诉讼条例》,这两部法律文件也成为调整诉讼制度的主要依据。上述两部法律对法院管辖的诉讼案件及诉讼程序规则作出了规定,同时确定了一系列诉讼原则,例如,口头辩诉、审判公开、直接原则、法院根据内心确信

---

① Н. В. Давыдов, Н. Н. *Полянский. Судебная Реформа. Том*1. М. ,1915. с. 318.

② Б. В. Виленский. *Росское законодательство* X - XX *веков. Том*8. М. ,1991. с. 186.

③ 郭响宏:《俄国1864年司法改革研究》,陕西师范大学2011年博士学位论文,第59页。

自由评价证据等。刑事诉讼中规定被告人拥有辩护权,民事诉讼中则规定诉讼各方权利平等。

1864年颁布《民事诉讼条例》后,“俄国法律史上首次出现了民事诉讼法”①,《民事诉讼条例》对调解法院和普通法院的诉讼程序分别作出了规定。具体而言,该条例规定:调解法院管辖范围为“案值不超过300卢布的诉讼案件;大数额的交易纠纷案件,或者债权案件,在规定期限内不进行控诉的案件;当事人不在,在规定期限内既没有撤诉也没有控诉的案件”②。在第一审程序中,诉讼可以用书面形式和口头形式提出。案件的进行则是口头的。被告在出庭前一般可以提出书面答辩,但是并不要求书面准备。证人的证明、证书及其他文件,法官方面的实地调查材料等都是证据。当法官认为案情已经明了,即停止当事人的辩论而宣告判决。法官将写成的判决书向诉讼关系人宣读,同时指出当事人有在规定期间内向上一审级法院上诉的权利。除了这种通常的程序外,还有简略的诉讼程序。被告在短期间内被传唤出庭,如法官认为被告的辩驳不值得重视,即可作出判决。调解法官对价值不超过30卢布的诉讼所作判决被视为发生法律效力的判决。法官的判决由地方警察、乡长和村长执行。对调解法官作出的未发生法律效力的判决,可以向调解法官代表大会提起上诉。

普通法院受理不属于调解法院管辖的诉讼案件。其最低的审级为区法院。案件的进程从原告提起诉讼时开启。法院接受诉状后由法院院长查明诉状是否合乎法律要求,如果不符合法律要求,将其退还,或留而不办。同时将被告传唤到法院,以便让他知道自己已经被控告。在诉状提出以后,即交换辩论文书。辩论文书一共分为四种:原告方提出的诉状和答辩状,被告一方提供的驳辩状和反驳状。根据诉讼关系人请求,法院院长决定是否对案件进行庭审。

民事诉讼的审判活动遵守公开原则。诉讼程序始于提交诉状,举证责任由原告方承担。证据种类包括:现场勘查到的材料、一方当事人的誓言、

---

① [俄]鲍里斯·尼古拉耶维奇·米罗诺夫:《俄国社会史:个性、民主家庭、公民社会及法制国家的形成(帝俄时期:十八世纪至二十世纪初)》(下卷),张广翔等译,山东大学出版社2006年版,第42页。

② *Судебные уставы* 20 *ноября* 1864 *года, с изложением рассуждений, на коих они основаны. Часть первая.* СПб. ,с. 80-81.

承认、询问证人、调查间接当事人、文件和鉴定意见。审理程序一般是首先听取案件的报告,然后当事人开始辩论,法院对诉讼关系人进行调解,最后检察长发表结论。判决一经作出,法院院长立即用书面形式阐明判决的内容。如不服判决,法律规定可以对法院判决向上一级法院提出上诉和向参政院民事案件上诉厅递交有关请求撤销判决的呈文。

在刑事诉讼领域,《刑事诉讼条例》规定,调解法院负责审理一些轻微的刑事案件,包括可能受到下列惩罚的:训诫和批评、3卢布以下的罚金、3个月以下的拘役、1年以下的有期徒刑。①

不属于调解法院管辖的所有违法行为和过失犯罪的案件都由区法院负责审理。归高等法院管辖的案件有:要求撤回区法院判决和对区法院判决有异议的案件;按特别诉讼程序审理的案件,包括国事罪和渎职罪。此外,《刑事诉讼条例》还明确规定了启动刑事诉讼的根据、案件初步调查和预审的时限、证据的种类和使用方式等内容。

刑事诉讼的第一个阶段是侦查,具体分为初步调查和预审。正式侦查为刑事诉讼的特别阶段,只有在特别重要的情况下才进行。正式侦查由司法侦查员负责,他们是从区法院成员中挑选出来的,且必须具有4年的司法工作经历,检察机关对其侦查工作进行监督。司法侦查员在进行侦查中要"调查案件真相,现场勘查犯罪发生地的有关情况,询问证人,审问被告人,调查对被告人有罪和有利双方面的证据"②。这里需要提及的是,司法侦查员可以采取一切法律禁止之外的手段进行侦查,他们是接受过正规法学教育的人,除非有严重失职和犯罪行为,否则不能被随意罢免。司法侦查员正式侦查完毕后应当将结果呈报相关法院的检察官。检察官审查完侦查材料后或者制定起诉书,或者终止案件,或者发回补充侦查。起诉结论应该含有据以让被告人出庭的证据。这一阶段不允许律师介入。刑事案件如果由有陪审团参加的区法院审理,那么在法院的准备会议上就要以抽签方式挑选30名陪审员和6名后备陪审员。被审判人有权有根据地要求审判庭的以下成员回避:3名法官、控方代表和法庭书记员。在30名陪审员中,控方可以要求不超过6人回避,而被告人可以申请任何人回避,但

① Б. В. Виленский. *Россокое законодательство* X－XX *веков. Том*8. М. ,1991. с. 123.
② Б. В. Виленский. *Россокое законодательство* X－XX *веков. Том*8. М. ,1991. с. 146.

至少剩下18人;不要求阐明申请陪审员回避的理由;从剩下的人中再抽签确定12人参加诉讼。

第二个阶段为起诉,这个程序的启动由检察机关和审判机关负责,按照一般的诉讼程序,区法院一般由检察长负责起诉。

第三个阶段就是法庭审理,法庭审理始于宣读起诉书,然后法庭审查预审材料。在法庭调查阶段陪审员拥有与法官相等的了解案件材料的权利。法庭审查有关勘验、查抄、搜查的案卷记录,以及文件、物证,询问被审判人、证人和鉴定人。法院可以自己指定鉴定人。法庭调查结束后,双方当事人就所出示证据的真实性展开辩论。最后是律师发言。法庭调查结束后审判庭庭长将意见征询表交给陪审员并作临别发言,其中包括对法庭辩论的结论。陪审员们到会议室并就相关问题作出自己的回答。陪审员的决定即判决可以是有罪判决也可以是无罪判决,如果是后者,法庭在宣布陪审员决定后应立即释放被告人。

此外,值得注意的是,法庭判决除分为有罪判决和无罪判决外,还分为终审判决和非终审判决。终审判决可以按上诉程序重新审理,但不是实质性的,仅就判决是否合法重申。非终审判决容许按上诉程序对案件重新进行实质性审理。

上诉制度也发生了变革。经过司法改革之后上诉制度分为两种:第一种是受理对一审法院判决进行的上诉,被称为"普通上诉制度";第二种是对终审判决向撤诉法院进行的上诉,被称为"撤诉上诉制度"。它们共同构成了俄国1864年司法改革之后的上诉制度。

第一种是普通上诉制度。普通上诉制度适用的范围较为普遍,各种民刑事案件,只要诉讼一方不服一审判决,都可以向法律规定的上一级法院进行上诉。根据法律规定,上诉请求需要在一审判决公布之后的1昼夜,即24小时内提出,否则一审判决就生效并交付执行。① 在民事诉讼中,执行一般在判决公布之后就进行,如果当事人上诉并否决了一审判决,那么上诉方可以要求二审法院判定被上诉方赔偿一审判决中被执行的自己的

---

① См. Б. В. Виленский. *Росское законодательство* X - XX *веков. Том*8. М. , 1991. с. 137-138.

财产,也可以请求将财产恢复。[①] 在刑事诉讼中,判决只有在上诉期满后才可以执行,如果当事人提出上诉,那么执行程序暂缓,需等待二审法院的终审判决并据此执行。[②] 民刑案件的上诉期是不同的,之前提到的 24 小时并不是上诉期,而是提出请求的期限,只要提出之后,就会有一个法律规定的上诉期限,民事案件的上诉期是 1 个月,刑事案件则为 2 周,起算点均在一审法院公布判决之后的第 2 天,在规定期间内上诉都是有效的。在诉讼当事人提出上诉请求的时候,就需要准备向二审法院提起正式上诉了,所以一般情况下,二审法院会在很短时间收到上诉状。法律对上诉状内容是有具体要求的,其中最重要的就是上诉的具体理由,如与案件事实有关的问题,适用法律方面的问题,上诉理由的确定和提交必须让二审法院认可上诉的可信度和可行性。在接到上诉状之后,二审法院就要开始对案件进行重新审理了,包括重新审查与案件有关的证据,听取证人证言,以及对其他材料进行审查。这个过程仅仅是对原案件进行再次审理,法院不会再进行补充侦查,当事人也不能提出新的诉求。[③] 在进行审理之后,二审法院就会根据审理结果作出终审判决。判决结果一般分为两种,要么维持一审法院的判决,要么推翻一审判决,重新作出新的判决。在上诉之后,二审法院的判决就是终审判决,具有法律效力,如果双方没有异议,就进入判决执行程序。在民事上诉案件中,判决可以立即执行,但是在刑事上诉案件中,必须在检察官和当事人都无意提起撤诉上诉的情况下才可以执行。

第二种是撤诉上诉制度。据普通上诉制度的规定,二审法院作出判决并公布之后,就成为终审判决。但是法律还规定,如果诉讼当事人认为二审法院在重审案件时侵犯了自己的基本权利,或者认为其中有适用法律不当的情况,可以继续上诉,其上诉机关为参政院民事和刑事撤诉法院,或者

---

① См. *Судебные уставы* 20 *ноября* 1864 *года*, *с изложением рассуждений*, *на коих они основаны. Часть вторая*. СПб. , с. 89.

② См. Б. В. Виленский. *Росское законодательство* X – XX *веков. Том*8. М. , 1991. с. 137.

③ См. *Судебные уставы* 20 *ноября* 1864 *года*, *с изложением рассуждений*, *на коих они основаны. Часть первая*. СПб. , с. 87 – 89. Б. В. Виленский. *Росское законодательство* X – XX *веков. Том*8. М. ,1991. с. 137–138.

其他撤诉法院,①这种上诉制度也被称为撤诉上诉制度。这种上诉制度比普通上诉制度复杂。提出撤诉上诉的主体是多元的。案件中任何一方都可以提出撤诉上诉,诉讼双方之外第三方如果能证明案件与其有利害关系也可以提出。此外,检察官也可以依照职权提起,即抗诉。

可以进行撤诉上诉的判决一般为二审法院的终审判决,也就是说,诉讼当事人只有经历过一审和二审之后,才可以提请参政院撤诉法院进行撤诉上诉。法律在其中还规定了两个例外:第一个就是在没有上诉法院的区域,陪审团的裁决也可以成为撤诉上诉的根据;②第二个就是调解法院作为一审法院,但是其裁决为终审判决,虽然不能按照普通上诉制度上诉到调解法官大会,但是可以直接上诉到撤诉法院,由省司法合议庭来负责受理。③ 在参政院受理的撤诉上诉案件中,以提交撤诉上诉状为受理条件,该上诉状并非当事人提交,必须通过二审法院送达。撤诉上诉状的内容主要包括撤诉的具体理由,如二审法院适用法律不当、审理程序违法、法官的越权行为,④此外上诉状的内容还包括要求撤诉法院需要了解和考虑的其他具体问题。如果上诉状理由不合理,撤诉法院是不予受理的。在撤诉上诉中,撤诉法院主要审理法律适用情况和审理程序问题,而与事实有关的问题并不在审查之列,所以往往会导致事实与法律之间的界限难以确定,这也就需要法官将所有案情全部了解。实质上撤诉上诉中审查要更加全面和明确,以便将事实问题转化为法律问题,并确定其中具有法律意义的事实,然后才可以依据这些确定可以适用的法律规则。这就要求撤诉法院的法官必须既熟悉相关的法律知识,也要有丰富的司法经验。撤诉法院在对上诉进行审查之后,将发布一份撤诉裁定,或者维持原判,或者撤销原判发回重审,相比较而言,后一种情况要复杂一些。如果撤诉法院认为上诉理由不充分,那么将维持二审法院的判决,该判决将具有正式法律效力,此后

---

① См. *Судебные уставы* 20 *ноября* 1864 *года*, *с изложением рассуждений*, *на коих они основаны. Часть первая*. СПб. ,с. 356.

② См. Б. В. Виленский. *Росское законодательство* X – XX *веков. Том*8. М. , 1991. с. 202.

③ См. *Судебные уставы* 20 *ноября* 1864 *года*, *с изложением рассуждений*, *на коих они основаны. Часть первая*. СПб. ,с. 73-74,80.

④ См. *Судебные уставы* 20 *ноября* 1864 *года*, *с изложением рассуждений*, *на коих они основаны. Часть первая*. СПб. ,с. 92,361.

不能提起撤诉上诉,案件也就此终结。如果撤诉法院认为上诉理由充分合理,撤诉法院将公布裁定撤销二审判决,并在其中说明二审法院或者违反了法定程序,或者适用法律不当,或者有关证据采纳方面的违法情况,同时附以法律意见来纠正之前的做法。在撤销二审判决的情况下,撤诉法院还要指定法院以发回重审。按照法律规定,发回重审法院必须是原二审法院或者与其同级的法院,但原二审法院的原审法官必须回避,需重新组合法官席。在重审中,法庭须根据撤诉法院的法律指导意见进行,对案件中的主要问题进行针对性处理。一般而言,在案件需要全面审理的情况下,通常由原二审法院或邻近的同级法院进行重审,以达到节省司法成本的目的。对于在撤诉上诉中发回重审的案件,一般不能再次提起撤诉上诉,但是法律又规定除非重审法院又有违法行为,实质上就是允许对重审法院的判决进行撤诉上诉。在裁定之后,就进入了执行程序。如果裁定维持原判,那么就由二审法院或者是陪审团参与的区法院指派执行官执行原判决;如果是撤销原判发回重审,即使是重审后再次提起撤诉上诉,都需要等待最终的判决公布之后才可以执行,这些判决一般都是立即执行的。其中需要注意的一个问题就是,撤诉法院作出的是裁定而非判决。也就是说,这种法律意见对当事人是没有法律效力的,其约束力只限于对原二审法院或重审法院,主要目的在于督促法院可以作出让诉讼双方都感到公正的判决。所以,撤诉法院并不是作出终审判决的机构,案件最终还是要回到原审法院由原审法院作出判决。

七、律师制度

在彼得一世司法改革之前,“律师”这一个概念和群体在俄罗斯人的思维中并不存在,而这个时期实质起到律师作用的群体是诉讼代理人,所以在沙俄司法制度史上与律师制度较为类似的就是诉讼代理人制度。

在《罗斯法典》时代,法律文件中并未记载有关诉讼代理人和律师的条文,只是提及了诉讼代表,但是这与诉讼代理人或者律师相差甚远。在 15 世纪时,诉讼代理人制度在沙俄得到发展。《一六四九年会典》就对诉讼代理人进行了规定,但是关于诉讼代理的形式、代理费用,以及诉讼代理人的管理没有做出详细规定,只是禁止现任官员和已经卸任的官员担任诉讼代理人。18 世纪后期,沙俄政府颁布法令规定,“被告(人)和原告任何一方都可以通过聘请的代理人进行诉讼”①。这些代表就被称为诉讼代理人，法律明确了当时不能担任诉讼代理人的范围：未成年人；在涉及宫廷农民的案件中，宫廷农民不得担任代理人，在其他案件中，农民只有在得到主人允许的情况下才可以充当代理人；教士；僧侣和修女；官员；因被控犯罪而被剥夺权利，没收财产，或者流放西伯利亚即强制劳役的人，即使他们已经免于惩罚，但仍不能担任法庭代表；尽管没有被剥夺权利，但因法庭裁定而成为声誉不佳的人；那些因刑事犯罪而被处以肉体惩罚的人；因刑事犯罪或者行为不端而被开除的官员，以及政府机构的雇佣人员；那些被警察监视即那些因为触犯某些条例而被禁止作为代表的人。② 按照当时的法律规定，代理人只允许出现在商业案件的审理中，至于监护人则只能旁听。此外，代理人的职能在法律上并没有明文规定。在 1864 年司法改革之前，沙俄的诉讼代理人类似于德国的庭外律师，可以替当事人写诉状，提供法律咨询，但不能出庭参加诉讼。

这个时期虽然实行了诉讼代理人制度，但是在彼得一世引入纠问制的诉讼模式之后，法定证据制度被广泛实施，诉讼代理人在司法活动中的作用十分有限，法官往往只看重警察提供的调查报告，被告(人)在法庭上几乎没有什么权利，诉讼代理人的功能发挥也受到了限制。正因如此，此时不问学历、年龄、性别，只要会说话、能喘气的人都可以成为诉讼代理人，代理人的背景十分复杂，包括贵族地主、破产商人、退伍军人、酒店伙计、被革职的官员等。大多数代理人只为赚钱，根本不理解法律条文的规定，更加缺乏起码的职业道德。

通过 1864 年司法改革，沙俄形成了与法国模式相类似的律师制度，近代律师制度在沙俄正式形成，但是律师制度在沙俄的建立经历了一个较为艰难的过程。

亚历山大二世在执政之初，并未打算在沙俄引入西方的律师制度，甚至发布命令禁止国会讨论诸如律师制度这样的问题。但是普鲁多夫等人向沙皇提出，“进行司法改革后所形成的新的司法制度中，如果没有律师制

① *Свод законов Российской империи. Том десятый. Часть* Ⅱ. *Законы о судопроизводстве и взысканиях гражданских*. 1857. с. 40.

② См. *Свод законов Российской империи. Том десятый. Часть* Ⅱ. *Законы о судопроизводстве и взысканиях гражданских*. 1857. с. 41–42.

度,那么检察官也就没有存在的必要,只有有了发达的律师制度,引入辩论式诉讼原则才有意义”①。当时,舆论对律师制度进行了讨论,认为只有建立律师制度,律师参与诉讼,案件才可以辩论清晰,法官的判决才会公正。律师参与法庭公开辩论,允许公众参与,诉讼会成为一种合理的竞争;律师参与诉讼,法庭可以变成一所具有法制教育功能的学校;律师可以在社会身份不平等、贫富分化的社会现状中为弱势群体谋得利益。但同时也有反对的声音,如民事诉讼中引入律师制度没有必要,因为民事案件中一方必定是持无理要求的,为无理的一方进行代理实质上是违背伦理道德的。

虽然有人反对在沙俄引入律师制度,但以扎鲁德尼为代表的改革者认为,“在俄国不引入律师制度,要建立起全新的司法制度,要引入对抗式辩诉模式,要推行陪审制,根本就没办法实现”②。而且在扎鲁德尼、枢密使奥博列恩斯基公爵和俄罗斯科学院院长、前内务部大臣普鲁多夫在1857—1859年起草的改革方案中都有关于设立律师制度的规定。1861年,国务会议在讨论司法改革方案中也开始认识到了建立律师制度的重要性与必要性,其大多数成员都认为,如果律师制度缺失,在民刑案件的法庭辩论中就没有辩论式诉讼模式存在的空间,这就会使被告(人)无法充分行使辩护权,也无法维护自身利益,这也是当前司法诉讼中的突出问题,而其主要原因就是原有的诉讼代理人理论和实践知识的匮乏。所以,律师制度能否建立是司法改革成功与否的关键。

在各方的争论以及拥护者的争取之下,沙皇亚历山大二世经过利弊权衡最终同意在沙俄建立律师制度。1862年,沙俄政府为进一步推动司法改革,正式颁布了司法改革基本原则。在该原则中有15项内容涉及律师制度,包括律师的独立身份、职能和责任、在法庭上享有辩护专权等。1864年《司法改革条例》颁布,1866年正式生效,最终确立沙俄的律师制度。有人这样形容律师制度在俄国的产生,即“1862年9月29日和1864年11月20日是俄罗斯这列火车出发前的两次鸣笛,第三声在1866年4月17日响起,

① Н. В. Давыдов, Н. Н. *Полянский. Судебная реформа Том*1. М. ,1915. с. 291.

② 郭响宏:《俄国1864年司法改革研究》,陕西师范大学2011年博士学位论文,第142页。

列车离开了站台”①。俄罗斯也将4月17日视为该国律师的诞生日。

1864年《司法改革条例》使律师获得了法定的生存条件,改革法令也规定正式建立沙俄的律师制度,改革创建律师职业群体。按照改革法令的规定,律师是自由独立的,律师既要负责准备诉讼材料,也要负责出庭辩护。到1864年11月,通过其他相关改革法令的颁布,“律师制度在俄国正式建立,并成为帝俄晚期司法发展的突出特征之一”②。

根据1864年《司法改革条例》中对律师职业群体的规定,成为职业律师必须满足两个条件,第一个条件是要受过大学法学教育并取得毕业证,第二个条件是毕业后须经过5年的司法实践,在满足这两个条件之后才可以取得执业资格,才可以正式出庭担任辩护人。私人辩护士一般没有特别规定的条件。审判院的辩护士超过20人时,在审判院的允许下,可以成立辩护士会议。由于当时沙俄国内、国外贸易的发展,立法不够完善,契约关系十分复杂,需要懂法律的人帮助工作,因此律师人员大量增加,出现了律师团体。

八、陪审制度

在沙俄之前,俄国就出现过类似陪审制的形式状态。在基辅罗斯时期,就有民众参与刑事案件审判的习俗存在,《罗斯法典》中规定:“如果某人拖欠他的钱,而他告发:那么他要向法庭提供12名现场目击者。债务人如仍拒绝偿还债务,应支付3格里夫纳的赔偿,原告取回自己的钱。”③如果有原告坚持自己的行为,而被告(人)拒不承认,那么需要让他们在12人面前对簿公堂。这种情况只是在乡村地区存在,是一种村社法庭的司法习俗,虽然之后村社司法逐渐发生了变化,但由12名见证人组成的陪审团继续起着重要的作用。从某种程度上看,这种虽然能够称为“陪审团”,但是这种民众参与审判的形式只是具有陪审制的外在形态,而其中的制度内涵和价值并没有体现出来。

---

① Троицкий. Н. А. *Адвокатура в России и политические процессы* 1866 - 1904 *гг*. Тула. , 2000. с. 29.

② 郭响宏:《近代俄国律师制度的创建及其影响》,载《世界历史》2014年第1期。

③ Н. Калачовъ. *Текст Русской Правды на основании четырехъ списковъ разныхъ редакции*. С-П. ,1889. с. 2.

在叶卡捷琳娜二世时期,由于建立了等级式法院,所以在审判中就会吸收一些选举产生的等级代表参与,例如,在高等地方法院由正、副院长和10名陪审员组成,县级地方法院由1名院长和2名陪审员组成,感化法院就由1名法官和选举出来的6名陪审员组成,陪审员为贵族、市民和农民各2名。① 由于其具有泛等级性质,各个等级只能审理本等级的人员。但是这些等级代表并不拥有审判权,不能进行最终的裁决,代表着沙皇统治的职业法官才是最终裁判者。这些被选举出来的等级代表只具有监督法律执行的职能,而且最重要的是被选举出来的各等级代表并不能代表全体人民,最多只是各等级利益的捍卫者。在相关制度层面,法定证据制度和侦查式诉讼模式在1864年司法改革之前还影响着诉讼制度的发展,法定证据制度将陪审员根据良心进行裁判的空间挤压了,侦查式诉讼模式的存在和口头辩诉原则的缺失,也使得被告(人)在庭审中没有多少辩护权,陪审员也无法通过裁判来保障其合法权益。

1864年司法改革开始引入西方的陪审制。在此之前,就已经有所准备了,1862年在进行司法改革策划时就已经提出了要引入陪审制的意见,因为陪审制有利于刑事诉讼的审判公正,可以将定罪和量刑分开,可以保障被告人的利益,而且被告人和检察官都可以质疑陪审员,这样也会提高陪审团的质量。② 这样的言论和观点,加之当时沙俄的司法窘状,在很大程度上说明了陪审制的重要价值和需要引入的必要性,甚至有人提出,"如果不在刑事案件中引入陪审团制度,刑事诉讼就不会有本质性变革"③。在确定引入陪审制之后,沙俄于1866年开始在莫斯科和圣彼得堡的区法院进行有陪审员参与的案件审理。在其后的几年中,随着司法改革措施的不断落实,陪审制逐渐推广到全国,参与审理的法院中有各阶层的陪审员。这些陪审员按照司法改革确定的诉讼原则,依据法庭辩论和证据来进行公正裁决。这样,陪审制才在沙俄得到正式确立。

陪审制在沙俄的引入和确立在很大程度上是与当时的改革背景相契合的。首先,在农奴制改革的推动下,农奴制被废除,政府必须要对被解放

---

① 参见赵振英:《俄国政治制度史》,辽宁师范大学出版社2000年版,第71页。

② См. Н. В. Давыдов, Н. Н. Полянский. *Судебная Реформа. Том*1. М., 1915. с. 316.

③ Н. В. Давыдов, Н. Н. Полянский. *Судебная Реформа. Том*1. М., 1915. с. 316.

的农奴进行相应的司法管理,以此来稳定起初的社会秩序,这样就必须要增强司法的民主性。其次,1864 年司法改革是得到了沙皇亚历山大二世全力支持的,否则成功的概率是很小的,也正是“沙皇亚历山大二世对司法改革的态度直接决定了陪审制的命运”①。

在俄罗斯帝国时期,有关陪审制的规定全部都存在于 1864 年颁布的《刑事诉讼条例》中,这也证明了沙俄陪审制的适用范围。《刑事诉讼条例》第 201 条规定:“犯罪或者法律规定应该处罚的过失案件,与侵害个人或集体的权利的案件,由陪审团参加的区法院管辖。”②也就是说,只有刑事案件才可以由有陪审团参与的法院来审理,而且还必须是重刑案件。法律也规定了不适用陪审制的情况,《刑事诉讼条例》第 202 条规定:“有关宣称自己没有亲人的流浪者的案件,或者为自己供职阶层作伪证的案件,在区法院进行审理时不吸收陪审员参加。”③此外,政治案件也适合用陪审法庭审判。总体而言,“俄罗斯陪审法庭的案件管辖范围不以犯罪的性质或种类为准,而是根据处刑轻重”④。

在 1864 年司法改革之后,由于陪审制对政权形成挑战,所以在 1878 年,颁布的法令限制了陪审制的适用范围,规定一些不属于陪审团审判的案件范围,而将其交由军事法庭审判,包括:对各级政府的暴力犯罪,破坏通信设备犯罪,针对银行及信贷机构官员的犯罪,违反一夫一妻原则的犯罪,以及未经正式授权储备爆炸性材料的犯罪。

---

① 郭响宏:《近代俄国陪审制度的创立及其实践》,载《世界历史》2012 年第 4 期。

② Б. В. Виленский. *Росское законодательство* X-XX *веков. Том*8. М. ,1991. с. 139.

③ Б. В. Виленский. *Росское законодательство* X-XX *веков. Том*8. М. ,1991. с. 139.

④ 米铁男:《俄罗斯刑事陪审团制度刍议》,载《中国刑事法杂志》2011 年第 5 期。

第二篇　苏俄篇

在1905年革命中，沙俄的无产阶级显示出了自己的巨大力量。1914年爆发的第一次世界大战给沙俄带来了深重苦难，也使俄国革命的条件日臻成熟。二月革命推翻了统治沙俄300多年的罗曼诺夫王朝，建立了资产阶级临时政府。为了进一步推动革命，以列宁为首的布尔什维克党领导俄国无产阶级于1917年11月7日（俄历10月25日）在圣彼得堡将资产阶级临时政府赶下台。当晚，全俄工兵代表苏维埃第二次代表大会在斯莫尔尼宫召开，大会一致通过了《告工人、士兵和农民书》，宣告资产阶级临时政府已经被推翻："全部地方政权一律转归当地工兵代表苏维埃。"第2天和第3天，大会又通过了《和平法令》和《土地法令》。大会选举了由101人组成的新的全俄中央执行委员会，成立了第一届苏维埃政府——人民委员会，列宁当选为人民委员会主席。1918年1月23日，全俄工兵代表苏维埃第三次代表大会召开，1月25日通过了《被剥削劳动人民权利宣言》，宣告俄罗斯苏维埃联邦社会主义共和国，即苏俄成立。在十月革命后的几年里，以列宁为首的布尔什维克党采取了一系列措施，进行了大量的立法工作，以完善新的国家政权，巩固十月革命的伟大成果。在苏俄时期，布尔什维克党在列宁的领导下，对建设新的国家和法律制度做了大量的尝试，为社会主义国家和法制的建立与完善打下了坚实的基础。

1922年12月，苏俄、乌克兰、南高加索、白俄罗斯4个独立的苏维埃共和国在自愿、平等并可以自由退出原则的基础上建成了一个统一的新国家——苏维埃社会主义共和国联盟（苏联）。1925年，乌兹别克斯坦和土库曼斯坦加入苏联；1929年，塔吉克斯坦加入苏联；南高加索于1936年分成亚美尼亚、阿塞拜疆和格鲁吉亚3个苏维埃社会主义共和国，分别成为苏联的加盟共和国，1936年，哈萨克斯坦和吉尔吉斯斯坦加入苏联。1940年8月，摩尔多瓦、爱沙尼亚、拉脱维亚、立陶宛也分别成为苏联的加盟共和国。上述15个加盟共和国联合组成联盟国家，建立了全联盟的国家权力机关和国家行政机关，确立了全联盟的法律、军队、国籍和国民经济体系。加盟共和国①是一个享有主权的独立国家，有权根据苏联宪法制定本共和国宪法，有自己的国家权力机关和管理机构，有自己单独的法律，但不得与联盟立法冲突。

---

① 15个加盟共和国各有一个主要的民族，该民族的名称就是该加盟共和国的名称。

1924 年 1 月,列宁逝世,约瑟夫·维萨里奥诺维奇·斯大林(Иосиф Виссарионович Сталин)(以下简称斯大林)成为苏联的领导人。1925 年前后,苏联爆发了一场政治经济路线大辩论,斯大林巧妙地利用右派和"左"派的争论,在苏联掀起了一场轰轰烈烈的加速工业化和农业全盘集体化运动。1941 年 7 月,成立了以斯大林为主席的最高统帅部,该部门领导苏联人民开始了长达 4 年的卫国战争,并最终获胜。1953 年 3 月 5 日,斯大林因脑溢血突然去世。斯大林领导苏联由弱变强,成为两极世界中的一极。但是,斯大林也有重大的失误。

格奥尔基·马克西米连诺维奇·马林科夫(Георгий Максимилианович Маленков)、拉夫连季·巴夫洛维奇·贝利亚(Лаврентий Павлович Берия)、维亚切斯拉夫·米哈伊洛维奇·莫洛托夫(Вячеслав Михайлович Молотов)"三驾马车"存在的时间极其短暂。1953 年 9 月,尼基塔·谢尔盖耶维奇·赫鲁晓夫(Никита Сергеевич Хрущёв)(以下简称赫鲁晓夫)任苏共中央第一书记,1955 年 2 月,马林科夫辞去部长会议主席职务,赫鲁晓夫迈向了权力顶峰。赫鲁晓夫的改革是对苏联传统体制的一次重大的调整,但是,赫鲁晓夫在改革中犯了许多错误,最终断送了改革和自己的政治生命。1964 年 10 月,苏共中央解除了赫鲁晓夫的一切职务,列昂尼德·伊里奇·勃列日涅夫(Юрий Леонидович Брежнев)(以下简称勃列日涅夫)出任苏共中央第一书记。自 1966 年起,苏联正式推行"新经济体制"。1982 年 11 月 10 日勃列日涅夫病故,11 月 12 日,尤里·弗拉基米罗维奇·安德罗波夫(Юрий Владимирович Андропов)(以下简称安德罗波夫)当选为苏共中央总书记兼国防会议主席。1983 年 6 月,他又当选为苏联最高苏维埃主席团主席。安德罗波夫的执政给沉闷的苏联带来了一丝新鲜空气。1984 年 2 月 9 日,安德罗波夫病逝,年老多病的康斯坦丁·乌斯季诺维奇·契尔年科(Константин Устинович Черненко)(以下简称契尔年科)接过了领导苏联的责任。13 个月后,即 1985 年 3 月 10 日,契尔年科去世。同年 3 月 11 日,在苏共中央非常全会上,米哈伊尔·谢尔盖耶维奇·戈尔巴乔夫(Михаил Сергеевич Горбачёв)(以下简称戈尔巴乔夫)当选为苏共中央总书记、苏联国防会议主席。戈尔巴乔夫上台后推行了一条错误的改革路线,引发了苏联社会的全面危机,最终导致苏联解体。1991 年 12 月 25 日,苏联国旗从克里姆林宫顶上徐徐降下,存在 69 年的苏联消失了。

第四章　苏维埃社会主义法的创建

1917年的沙俄是帝国主义链条中最薄弱的一环，帝国主义的矛盾在沙俄时期空前尖锐。当两大帝国主义国家集团正在拼搏厮杀的时候，一声春雷响遍大地，伟大的十月革命冲破了帝国主义战线，开辟了世界历史的新纪元。无产阶级夺取政权，是社会主义法产生的前提。十月革命胜利后，反映剥削阶级意志、维护剥削制度的资产阶级法被废除了，取而代之的是人类历史上的新型法——苏维埃社会主义法。社会主义法根本不同于剥削阶级类型的法，它从诞生之日起就反映了工人阶级和劳动人民的意志，成为实现苏维埃政权基本任务的重要手段、同剥削阶级作斗争的主要工具之一和建设社会主义的一种强大杠杆。苏维埃政权建立之后，列宁亲自领导和创立了苏维埃社会主义法。

第一节　列宁——苏维埃社会主义法的缔造者

一、列宁的政权建设理论

十月革命后，列宁领导俄国无产阶级勇敢探索，大胆创新，建成了一个新型国家，确立了崭新的制度，发展了他在领导俄国无产阶级革命过程中提出的政权建设的丰富理论。

十月革命使沙俄人民从专制的沙皇统治下获得解放。首先,在这个新生的国家里,农民占总人口的80%以上,多数农民是文盲,这不仅限制了民主的实现范围与程度,而且使国家不得不实行工人优于农民的不平等选举制。其次,苏俄无产阶级"是在炽热斗争的烈火中、在内战的烽火中开始拟定没有剥削者的国家的基本原则"①。列宁曾要求"所有机关的全部工作都要适应于战争,按战时要求加以改造!"②这就必然要求集中权力,强化组织,实行铁的纪律。最后,当时新政权还处于巩固时期,它不仅要抗击帝国主义国家的军事干涉,打败白匪军的猖狂进攻,而且要镇压内部的各种叛乱和暴动。国家暴力职能因而显得特别重要。此外,为了在苏俄这样一个无产阶级人数不多的国家实现社会主义,列宁特别强调国家管理中的集中和无产阶级统一意志的重要性。所有这些,都必然会在列宁政权建设理论中有所反映,使之带有时代和苏俄的特点。列宁完全同意马克思关于无产阶级专政的原则。他认为,从资本主义向共产主义过渡时期的国家,虽然可能有多种政治形式,但本质必然是无产阶级专政。然而,列宁没有墨守成规,他根据苏俄小农占多数的现实,把工农联盟视为无产阶级专政的最高原则。这一理论贡献,使苏维埃政权获得了广泛的阶级基础和坚不可摧的力量。

在政体问题上,列宁也有独到的见解。恩格斯在晚年提出:"共和国是无产阶级将来进行统治的现成的政治形式。"③但是,"无产阶级为了争取社会主义,必然要同最主张民主共和的资产阶级和小资产阶级进行斗争"④。同时,鉴于议会制共和国的种种弊端,列宁明确指出:"不要议会制共和国(从工人代表苏维埃回到议会制共和国是倒退了一步),而要从下到上由全国的工人、雇农和农民代表苏维埃的共和国。"⑤

列宁特别重视巴黎公社的经验,特别是那些体现了人民管理国家的方法和措施。列宁认为:"只有当群众知道一切,能判断一切,并自觉地从事

① 《列宁全集》(第35卷),人民出版社2017年版,第276页。
② 《列宁选集》(第4卷),人民出版社1972年版,第24页。
③ 《马克思恩格斯选集》(第4卷),人民出版社2012年版,第508页。
④ 《列宁选集》(第1卷),人民出版社1995年版,第591-592页。
⑤ 《列宁选集》(第3卷),人民出版社1995年版,第15页。

一切的时候,国家才有力量。”[①]十月革命后,列宁指出:“对我们来说,重要的就是普遍吸引所有劳动者来管理国家。”苏维埃国家组织的进一步发展,“重要的就是普遍吸收所有的劳动者来管理国家。这是一项艰巨的任务”[②]。由此可见,列宁发展了关于发动群众广泛参加国家管理的理论。

马克思、恩格斯一致认为:“旧的政府权力的纯粹压迫机关应该铲除。”[③]苏维埃政权打碎了一切旧的国家暴力机器。由于俄国刚刚摆脱沙皇专制制度,苏维埃政权从俄国资产阶级那里几乎没有继承到任何有价值的遗产。列宁曾说过:“无产阶级的统治就表现在取消了地主资本家的私有制。”[④]这一论断把苏维埃国家同旧国家截然分开。

苏俄无产阶级夺取政权和巩固政权,实际上是在布尔什维克党领导下实现的。但是,在国家政治生活中确立党的领导权原则有一个探索过程。1905年,列宁就把苏维埃当作新政权的萌芽,他认为“要苏维埃完全归附某一个政党是不妥当的”[⑤]。十月革命后,苏维埃成了真正的权力机关,布尔什维克党无论是在苏维埃还是在政府中都占据优势,但是,这时仍未提出布尔什维克党领导苏维埃国家的原则。1919年,俄共(布)第八次代表大会上才第一次明确指出:“共产党特别要力争在当前的国家组织——苏维埃中实现自己的纲领和自己的全部统治。”[⑥]此后,列宁作了进一步论述:“我们共和国的任何一个国家机关没有党中央的指示,都不得决定任何一个重大的政治问题或组织问题。”[⑦]对于党领导苏维埃国家,列宁提出了一些设想和措施。他认为,党的任务就是对国家机器的工作实行总的领导,“党的代表大会所通过的决定,对于整个共和国都是必须遵守的”[⑧]。

列宁提出了社会主义监督的一系列原则和方法。首先,列宁把苏维埃

---

① 《列宁选集》(第3卷),人民出版社1995年版,第347页。

② 《列宁选集》(第3卷),人民出版社1995年版,第464页。

③ 《马克思恩格斯选集》(第2卷),人民出版社1972年版,第376页。

④ 《列宁选集》(第4卷),人民出版社1995年版,第122页。

⑤ 《列宁全集》(第12卷),人民出版社2017年版,第56页。

⑥ 《苏联共产党代表大会、代表会议和中央全会决议汇编》(第1分册),中共中央马克思恩格斯列宁斯大林著作编译局译,人民出版社1964年版,第570页。

⑦ 《列宁选集》(第4卷),人民出版社1995年版,第157页。

⑧ 《列宁选集》(第4卷),人民出版社1995年版,第449页。

当作实现人民监督的最重要机关之一。最高苏维埃拥有监督人民委员会的工作、免除人民委员职务的权力,并有权修改或撤销政府的一切决定,或停止政府决定的执行。其次,列宁十分重视加强国家检查机关的建设,从工作程序到工作内容,从人才挑选到经费来源,他都作了许多指示。最后,列宁全力支持、发展和扩大非党工、农代表会议,发挥它们在监督工作中的作用。列宁还倡议建立政府机关的信访制和报告制,以便实现人民对政府的监督,下级对上级的监督。

"苏维埃政权应当成为调节俄国整个生产的机关。"经济工作成了苏维埃政权最有意义的政治活动。列宁认为组织劳动竞赛、进行经济统计与监督是苏维埃政权的重要任务之一。

列宁的政权建设理论是世界无产阶级的财富,为各国无产阶级建设新型国家提供了理论根据。

二、列宁的社会主义法制理论

列宁坚持并发展了马克思主义关于无产阶级革命和无产阶级专政的重要原则之一——无产阶级革命必须夺取政权、摧毁旧法制、创立社会主义的新法制。列宁在领导俄国无产阶级革命和苏维埃社会主义法制建设的过程中,对社会主义法制产生的一般规律、本质和作用作了深刻的阐述,即"如果没有政权,无论什么法律,无论什么选出的代表都等于零"①。列宁的这一论述说明,工人阶级和它所领导的广大人民群众,通过无产阶级革命打碎资产阶级国家机器,夺取国家政权,是社会主义法制产生的必要前提。无产阶级革命必须摧毁反动的旧法制,"社会主义的无产阶级时时刻刻都要记住,它所面临的、必然会面临的是一场群众性的革命斗争,这场斗争将摧毁注定要灭亡的资产阶级社会的全部法制"②。在列宁上述思想的指导下,布尔什维克党领导俄国人民取得了十月革命的伟大胜利,在建立苏维埃政权的同时,摧毁了反动的旧法制。从十月革命胜利到 1924 年初的短短 6 年时间里,列宁以极大的热情初步创建了苏维埃社会主义法,他把马克思主义的基本原理同苏维埃革命的具体实践相结合,创造性地发

---

① 参见《列宁全集》(第 13 卷),人民出版社 2017 年版,第 309 页。

② 《列宁全集》(第 20 卷),人民出版社 2017 年版,第 16 页。

展了马克思主义的法学，为苏维埃社会主义法制建设奠定了理论基础。

早在十月革命前，列宁就指出："法律是取得胜利并掌握国家政权的阶级的意志的表现"①。十月革命胜利后，列宁进一步发挥了这一思想，揭示了社会主义法的本质。苏维埃"所有的法令都照顾到他们的利益"②。在高度评价两项具有世界意义的《和平法令》和《土地法令》时，列宁指出："新政权颁布了符合于广大人民群众的要求和希望的法律。"③由此可见，社会主义法不仅要反映工人阶级的利益，还必须反映广大人民群众的利益。

社会主义法是无产阶级专政的重要工具。新生的苏维埃政权要得到巩固和发展，社会主义法制是必不可少的重要手段。

1918年春，美国、英国、法国和日本帝国主义开始了武装干涉苏俄，妄图扼杀年轻的苏维埃共和国。被推翻的地主、资产阶级疯狂地进行反抗活动，妄图恢复他们已失去的"天堂"。面对危急的形势，面对抵抗外来侵略和国内的反革命势力这一首要任务，列宁要求极大地发挥社会主义法制在对敌人实行专政方面的作用，"把一切胆敢危害人民事业的分子抓起来，交付人民革命法庭审判"④。列宁精辟地阐明了社会主义法是无产阶级专政的重要工具，镇压是无产阶级专政的组成部分。在无产阶级专政的条件下，只是在一定的历史阶段，为了绝大多数人的利益镇压少数人才是必要的，因为镇压并不是无产阶级专政的基本属性。"在任何社会主义革命中，因而也在我们于1917年10月25日所开始的俄国社会主义革命中，无产阶级和它所领导的贫苦农民的主要任务，却是进行积极的或者说创造性的工作，就是要把对千百万人生存所必需的产品进行有计划的生产和分配这一极其复杂和精密的新的组织系统建立起来"⑤。

在粉碎国内反革命势力和外国武装干涉之后，人民赢得了长期的和平，苏维埃国家的中心任务开始转为经济建设，保障社会主义经济建设成为社会主义法制的首要任务。列宁在1921年12月指出："我们的政权愈

---

① 《列宁全集》（第16卷），人民出版社2017年版，第292页。
② 《列宁全集》（第34卷），人民出版社2017年版，第468页。
③ 《列宁全集》（第33卷），人民出版社2017年版，第56页。
④ 《列宁全集》（第33卷），人民出版社2017年版，第66页。
⑤ 《列宁全集》（第34卷），人民出版社2017年版，第153-154页。

趋向稳固,民事流转愈发展,就愈需要提出加强革命法制这个坚定不移的口号。"①列宁的这一基本思想在新经济政策时期得到了充分的体现。1921年3月21日,全俄中央执行委员会颁布了《关于用粮食税代替余粮征集制的法令》。这一法令的颁布和施行,调动了广大农民的积极性,巩固了社会主义的经济基础。农民需要工业品去交换他们的粮食,但是,社会主义工商业不能完全满足农村的商品需求。人民委员会于1921年5月24日颁布了《关于交换的法令》,允许公民个人及合作社组织自由交换农产品和手工业、小工业产品,即在流通和工业生产领域准许私人经营,准许私人贸易。新经济政策的实施,为比较迅速地恢复国民经济创造了条件。

由此可见,列宁的大量著作在论述苏维埃国家职能的同时,精辟地阐明了社会主义法制在苏维埃革命和建设中的积极作用。苏维埃国家要得到巩固和发展,社会主义法制是必不可少的手段。列宁明确指出:"根据法制来进行管理国家"②,"假使我们拒绝用法令指明道路,那我们就会是社会主义的叛徒"③。从十月革命胜利后到1918年《俄罗斯苏维埃联邦社会主义共和国宪法(根本法)》(以下简称1918年《苏俄宪法》)制定前,人民委员会通过了大约600件法令、决议、告居民书和其他政府文件(不包括委任的决议和大量的关于财政拨款的决议),其中有500多件是经列宁签署公布的。列宁明确指出法律必须由专门的立法机构来制定。"在党的代表大会上是不能制定法律的"。在党的代表大会上可以制定党的政策,但不能制定法律,因为法律是国家意志的体现,是由国家制定或认可的。党的政策要取得国家意志的属性,必须通过国家立法机关按照一定程序,把它制定或认可为法律。苏俄成立后,经常起作用的国家权力机关是全俄中央执行委员会,它从成立之日起至1918年《苏俄宪法》制定时为止,通过了109项法令、决议、告居民书及其他文件。同时期的人民委员会是依据全俄中央执行委员会1917年11月4日(俄历)决议的授权,也获得了颁布法令的权力。

从十月革命胜利之日起,列宁就认为苏维埃国家的立法活动和法律

---

① 《列宁全集》(第42卷),人民出版社2017年版,第364页。

② 《列宁全集》(第13卷),人民出版社2017年版,第67页。

③ 《列宁全集》(第36卷),人民出版社2017年版,第188页。

的系统编纂具有重要意义，特别重视法令的系统化和法典的编纂。列宁极为重视法典的编纂工作，对法典的编纂作出许多原则性指示。在起草民法典时，最初在财产关系上规定了广泛的自由，列宁了解情况后，要求对此重新进行审订，以便规定国家对这些关系实行最大限度的干预。在新经济政策时期，投机行为十分猖獗，成为具有特殊性质和严重危害的行为。列宁建议"重新审查和修改关于投机倒把活动的一切法令，宣布一切盗窃公共财物行为，一切直接或间接、公开或秘密地逃避国家监督、监察和计算的行为，都要受到制裁（事实上要比从前更严厉三倍地加以惩办）"①。列宁关于投机活动的这个概念，在 1921 年通过的一系列法律中得到了反映。1921 年 7 月 15 日《关于违反税务和交换法令》规定了采取相互勾结或恶意不向市场发货的方法来人为地抬高物价，以收购和销售苏维埃国家所禁止的商品为营业的行为应负的法律责任。这项法律未作任何改动地被写进《俄罗斯苏维埃联邦社会主义共和国刑法典》（以下简称 1922 年《苏俄刑法典》）（第 137 条和第 139 条）。在制定刑法典时，列宁又提出犯罪的概念。

列宁关于社会主义法制的理论是十分丰富的，对深入研究社会主义法制、加强社会主义民主和健全社会主义法制都具有极其重要的现实意义。

第二节　苏维埃政权初期的立法活动

在革命形势日益发展和无产阶级革命条件已臻成熟的情况下，以列宁为首的布尔什维克党于 1917 年 11 月 7 日领导了十月革命，工人和士兵迅速占领了火车站、邮政局、电报局、国家银行和临时政府各部。停泊在喀琅施塔得港的"阿芙乐尔"号巡洋舰，炮轰克伦斯基临时政府盘踞的冬宫。"阿芙乐尔"号的炮声宣告了十月革命的胜利。

---

① 《列宁选集》（第 4 卷），人民出版社 1995 年版，第 517 页。

一、十月革命的胜利在立法上的肯定

1917 年 11 月 7 日晚,在彼得格勒斯莫尔尼宫召开的全俄工兵代表苏维埃第二次代表大会,庄严宣布全部政权已转归苏维埃。这次代表大会的决议,从立法上肯定了伟大十月革命的胜利。

地方苏维埃的代表在斯莫尔尼宫参加了这次会议,其中三大党派的人数分别为布尔什维克党 390 人,社会革命党 160 人,孟什维克党 72 人,布尔什维克党占据了明显优势。[①] 会议主要讨论政权移交,以及有关政权组织、战争和土地问题。[②] 会议期间孟什维克党和右翼社会革命党集团反对武装革命,因此一部分人与布尔什维克党人产生了冲突并退场,导致会议中断,但这并没有影响整个会议作出各种决议。这次代表大会通过了由列宁签署的《告工人、士兵和农民书》。它宣布推翻了地主和资本家的政权,中央和地方政权转入工人、士兵和农民代表苏维埃手中,从此,“各地全部政权一律转归工兵农代表苏维埃,各地苏维埃应保证真正的革命秩序”。它还确定了苏维埃政权的迫切任务:“向各国人民提议立即缔结民主和约,立即在各条战线上停战”;“将保证把地主、皇族和寺院的土地无偿地交给农民委员会处理;将使军队彻底民主化,以维护士兵的权利;将规定工人监督生产,将保证按时召开立宪会议;将设法把粮食运往城市,把生活必需品运往农村;将保证俄国境内各民族都享有真正的自决权”[③]。

关于和平、土地和建立苏维埃政府的问题,是全俄工兵代表苏维埃第二次代表大会讨论的中心问题,列宁亲自作了关于和平和关于土地的报告,大会通过了《和平法令》和《土地法令》。

《和平法令》向“一切交战国人民及其政府建议,立即就缔结公正的民主的合约开始谈判”[④]。作为和平的第一步,建议缔结不少于 3 个月的停战协定。这一法令在立法上首次规定了民族自决权直至分立和建立独立的国家。这一原则后来成为苏联多民族国家的国家制度中最重要宪法原则

---

① См: Н. А. Омельченко. *История государственного управления в России*. М. , 2014. с. 321.

② См: В. М. Сырых. *История государства и права России*(Том2). М. ,2014. с. 15.

③ 《列宁选集》(第 3 卷),人民出版社 1995 年版,第 338 页。

④ 《列宁全集》(第 33 卷),人民出版社 2017 年版,第 9 页。

之一。该法令特别强调,所提出的关于缔结不割地不赔款的公正的民主和约的建议,并非最后通牒,苏维埃政府乐意研究其他国家可能提出的和平条件。《和平法令》明确宣布了帝国主义战争是反对人类的极大犯罪,阐述了保卫和平的斗争纲领,详细地规定了苏维埃国家不可动摇的对外政策原则:各民族不分大小一律平等,不干涉别国的内部事务,为各国人民之间的和平与友谊、为他们的和平共处与睦邻而斗争。

《土地法令》是列宁根据242个地区的农民委托书起草的,于1917年11月8日全俄工兵代表苏维埃第二次代表大会上获得通过。它是苏维埃政权关于土地问题的第一个法令,全文共5条。它宣布没收地主、皇家、寺院和教会的土地,废除土地私有制,将国内的一切土地转归国家所有,成为全民的财产。这一规定消灭了地主阶级的经济基础,同时奠定了土地国有化的基础。《土地法令》建议地方苏维埃和土地委员会在实践中遵循土地训令办事。1917年8月在《消息报》上公布的训令是根据242个农民苏维埃和土地委员会的训令编成的。它给农民以选择土地使用形式的自由,规定了平均使用原则。平均使用原则是一项小资产阶级的原则,布尔什维克党并未把它列入自己的纲领。但是,考虑到平均使用土地的思想当时在农民中十分普遍,布尔什维克党不仅没有将它从农民土地训令中删掉,还把整个训令变为社会主义国家的法律。《土地法令》对巩固工农联盟、对孤立采取妥协主义的孟什维克党与社会革命党,有着巨大的意义。“俄国无产阶级正是这样把农民从社会革命党人那里争取过来的,确实可以说,是在无产阶级夺得国家政权几个小时之后就争取过来的。这是因为取得胜利的无产阶级在战胜了彼得格勒资产阶级几小时之后,就颁布了《土地法令》,在这个土地法令中以革命的速度、毅力和果敢精神立刻完全满足了大多数农民的全部迫切的经济需要,用非赎买的办法完全剥夺了地主”①。

全俄工兵代表苏维埃第二次代表大会选出了全俄苏维埃代表大会闭会期间的最高权力机关——全俄中央执行委员会,通过了成立第一届苏维埃(临时工农政府)即人民委员会的法令。全体代表推选列宁为人民委员会主席。“在立宪会议召开之前,为了管理国家,必须建立临时工农政府,

① 《列宁全集》(第38卷),人民出版社2017年版,第14页。

这个政府称为人民委员会”①。

二、苏维埃国家初期的立法机关

在苏维埃国家建立的初期,全俄中央执行委员会是经常起作用的权力机关,它的机构和工作程序是在1917年11月2日(俄历)召开的全俄中央执行委员会会议上确定的。全俄中央执行委员会全体会议每两周至少召开1次,除此之外,还有以大多数成员的形式(不得少于全体成员的半数)召开会议,也可以缩小成员的形式(不得少于全体成员的1/4)召开会议。全俄中央执行委员会的职权范围是在它的工作实践中确定的,后来在1918年《苏俄宪法》中得到肯定。全俄中央执行委员会的工作机关是它的主席团、各部和各委员会。

在全俄中央执行委员会内,曾就它与人民委员会的相互关系问题展开过激烈的争论,“左翼”社会革命党人要求取消人民委员会颁布法令和不经全俄中央执行委员会的事先讨论便可采取任何实际措施的权力。这一要求在当时的历史条件下是有害的,因为十月革命后,苏维埃国家面临着紧张的形势和剥削阶级的强烈反抗,苏维埃政府不得不及时地采取一些特别有效的措施,以巩固胜利成果。全俄中央执行委员会否决了“左翼”社会革命党的要求,并在1917年11月4日(俄历)通过了一项决议。该决议首先确认了人民委员会对全俄中央执行委员会负责并受其监督的决定和全俄中央执行委员会有权撤换政府及其某些成员的决定;同时,该决议强调了全俄中央执行委员会同资产阶级国家的议会,不仅在阶级本质上,而且在工作方法上是根本对立的。考虑到苏维埃政府面临的任务的艰巨性,全俄中央执行委员会授权人民委员会在紧急情况下可以颁布某些应急的法令。这一授权后来在1918年《苏俄宪法》中得到了肯定。

在苏维埃国家建立的初期,全俄中央执行委员会和人民委员会所通过的法令,大部分是创建性的;这些法令的内容在立法上巩固了苏维埃国家制度的基础、国家权力机关和行政机关的制度。

法令是统治阶级意志的表现形式之一,法令的最重要特点,就是它在苏维埃制度的宣传上起着巨大作用,是把大多数群众吸引到苏维埃政权方

---

① 《苏维埃政权法令》(第1卷),国家政治出版社1957年俄文版,第20页。

面来的强大工具。法令“是一种号召，但不是以往的那种号召：‘工人们，起来推翻资产阶级！’不是的，这是号召群众，号召他们采取实际行动。法令，这是号召群众实际行动的指令”①。全俄苏维埃代表大会、全俄中央执行委员会和人民委员会的法令，不仅不排斥而且要求发挥群众的广泛的主动性和革命首创精神，在实施法令所预定的措施时，尽可能考虑到地方特点和民族特点。

三、建立苏维埃国家机关的法律文件

（一）镇压反革命的专门机关

打碎旧的资产阶级的国家机器，建立新的苏维埃的国家机器，从伟大的十月革命的第一天起就开始了。面对资产阶级官吏大规模怠工，立宪民主党和其他反革命组织进行的破坏，苏维埃国家采取了坚决措施同反革命怠工进行斗争。列宁在1917年12月7日（俄历）给捷尔任斯基的信中，肯定了建立专门机构及同反革命进行斗争的必要性，并且规定了这一专门机构的任务。同一天，人民委员会通过了关于建立以捷尔任斯基为首的全俄肃清反革命及怠工非常委员会（以下简称全俄肃反委员会）②的决议。该决议规定了这一机构的任务：“①在全国范围内消灭一切反革命和怠工的企图和行为，不论其来自何方；②将一切怠工者和反革命分子交付革命法庭审判，并拟定同他们斗争的各种措施……”③全俄肃反委员会的队伍，由经过审查的共产党员，证明自己是忠于苏维埃政权的工人、士兵和农民的优秀代表组成。全俄肃反委员会各级机关揭露和消灭了大批反革命组织（拯救祖国和革命同盟、保卫立宪会议同盟、民族中间派），以及一系列间谍组织和许多土匪团伙。1918年夏天，全俄肃反委员会的武装力量粉碎了“左翼”社会革命党人在莫斯科、雅罗斯拉夫尔和其他一些城市所组织的反革命暴动。全俄肃反委员会以自己的功绩在劳动人民中享有巨大的威信，在保卫社会主义革命成果、揭露和粉碎反革命力量方面完成了大量的工作。它在国内战争时期发挥了十分重要的作用，成为一把打击敌人的锋利

---

① 《列宁全集》（第36卷），人民出版社2017年版，第188页。

② “肃反委员会”的俄语缩写为“ЧК”，中文音译为“契卡”。

③ ［苏］Г. А. 别洛夫编：《全俄肃反委员会历史（1917—1921）文件汇编》，国家政治出版社1958年俄文版，第79页。

的“刀子”。然而,全俄肃反委员会那种先斩后奏,完全独立地逮捕和镇压的做法,也容易误伤革命队伍中的同志,甚至干涉了布尔什维克党的党内生活。因此,随着阶级斗争形势的变化和工作重心的转移,列宁和俄共中央及时提出减少以至停止由全俄肃反委员会直接逮捕和镇压的做法,限制其职权。全俄肃反委员会于 1922 年 2 月改组为国家政治保卫局,1934 年并入内务人民委员部。

(二)新型的工农红军

新型的苏维埃军队的创立是在复杂的环境中进行的。最初,苏维埃国家采取了重大措施促使旧军队民主化和在旧军队中建立革命的秩序。人民委员会于 1917 年 12 月 16 日(俄历)颁布了两个法令:《关于军队中的选举原则和权力组织的法令》和《关于一切军人权力平等的法令》。按照这两个法令,在军队中取消了一切官衔和职衔,废除等级标志,以及和它们有关的特殊享受等。规定连队及其分队的全部权力转归相应的士兵委员会和士兵苏维埃。团长及团长以下的指挥官必须由相应的部队的全体大会选举产生,团以上的指挥官在有关的联队代表大会或联队委员会会议上选出。实行指挥员选举制和军人权力平等,有助于根绝反动军官的影响,帮助军队肃清敌对分子。但是,苏维埃政权面临的形势迫切要求立即建立工农红军。列宁在 1917 年 12 月就已提出了立即创立红军的实际任务。1918 年 1 月 15 日(俄历),列宁签署了人民委员会《关于建立工农红军的法令》。该法令规定,红军是根据自愿原则由劳动阶级中最有觉悟的分子组成的。领导军队的最高机关是人民委员会,进行直接领导的是军事人民委员部及其下属机关——全俄红军建设委员会。1918 年 1 月 31 日,人民委员会通过了《关于建立红海军的法令》。建立海军的原则与陆军相同。红军和红海军的组建采取自愿原则是一项临时性措施,因为当时人民厌战,绝大部分士兵渴望回家,所以说自愿原则又是唯一可行的和正确的。1918 年 5 月 29 日,全俄中央执行委员会通过了《关于实施普遍义务兵役制的法令》。关于建立红军的法令颁布之后,中央和地方招募志愿兵和组织红军部队的工作即全面展开。1918 年 2 月 23 日,在纳尔瓦和普斯科夫的战斗中,年轻的红军给了武器精良的德国精锐部队以毁灭性的打击,这一天就成了苏维埃武装力量的生日。

(三)苏维埃司法机关

布尔什维克党通过革命确立了苏维埃政权在俄罗斯的地位之后，就开始了一系列的制度重建，其中司法制度就是随着苏维埃国家与法的创立而形成的，包括新法院、诉讼审判等制度。实质上，早在苏俄颁布法令之前，一些地方苏维埃就主动创建了名称繁多的司法机关：革命法庭、人民良心法庭、人民行政法院等。随着苏维埃法制的创立，大部分司法制度是根据一些法令和规范性文件建立起来的，其中最为重要的就是《关于法院的第一号法令》《关于法院的第二号法令》《关于法院的第三号法令》。

1917年12月5日(俄历11月22日)，人民委员会通过了《关于法院的第一号法令》。这是粉碎地主资产阶级旧法院和奠定苏维埃司法制度建立基础的第一个立法文件。革命前的各种各样的地主资产阶级法院——州(区)法院、高等法院、作为最高审级的枢密院、军事法院、海上法院、商务法庭被撤销，法院侦查员制度、检察监督制度、律师制度和私人代理制度都被废除了。各地都建立了人民法庭，该法令规定，由一名专职审判员和两名人民陪审员组成，还规定以直接民主选举产生审判员和陪审员。这一法令规定的法院合议审理案件，需要有人民陪审员参加的原则和审判员的选举制原则，是苏维埃司法制度的最重要原则。地方法院的管辖范围为诉讼金额不超过3000卢布的民事案件和刑期不超过剥夺自由两年的刑事案件，但是，实际上地方法院受理不属于革命法庭管辖的一切刑事案件。《关于法院的第一号法令》还就侦查制度、检察制度和律师制度作了规定。第5条允许法院在判决中遵照旧政府的法律办理，“但作这种判决时，只能以未被革命废除和不违背革命的良心和法律意识的条款为限”。这一规定在当时有着巨大的意义。苏维埃国家在立法还不完备的情况下，利用某些旧法律，主要是程序法，是可以理解的。必须明确指出，在这条的附注中，载有列宁的建议，一切同全俄中央执行委员会和人民委员会的法令，以及同布尔什维克党和“左翼”社会革命党的最低纲领相抵触的法律都自行废除。不过，旧政府的法律在苏俄没有施行多久。1918年11月30日颁布的《苏俄人民法院条例》第22条附则载明：“在刑事判决和民事判决中，禁止引用已经被推翻的历届政府的法律。”

如何对待沙皇时代的刑事法规问题，在《关于法院的第一号法令》通过之前，曾经有过激烈的争论。在十月革命后最初几个月中，“左翼”社会革命党人占据着司法人民委员部的领导岗位,主张原则上保留旧的刑事法律,只进行个别的、局部的修改。他们的这种观点已体现于当时给各个地方法院关于适用刑事法规的指示中,也体现于他们依据沙俄政府1903年《俄国刑法典》拟定的《俄罗斯革命法典》草案中。库尔斯基就这一刑法典草案发表了一针见血的见解,“左翼”社会革命党人企图在这一草案中,“以反常的结合硬把无产阶级民主同资产阶级民主拉在一起”。1918年3月16日,全俄苏维埃第四次非常代表大会批准《布列斯特和约》之后,“左翼”社会革命党人从人民委员会召回自己的代表,从此布尔什维克党人在司法人民委员部居领导地位,立即着手全部废除沙皇时代的法规。斯图奇卡(Пётр Иванович Стучка,1865—1932年)曾这样写道:“旧的法规已被‘烧成灰烬’,但我们某些革命者(指‘左翼’社会革命党人)却妄图用大火中幸存下来已被烧焦的纸片拼凑《俄罗斯革命法典》,以代替创建真正的新的革命法规。然而无产阶级革命却责成我们必须创建这种法规。”由斯图奇卡和科兹洛夫斯基(Мечислав Юльевич Козловский)共同起草的《关于法院的第一号法令》草案提出了法院应该遵循的“不是被推翻的历届政府所制定的法规,而是人民委员会的法令,革命的信念和革命的法律意识”。

《关于法院的第一号法令》的一些基本规定在1918年3月7日(俄历2月22日)全俄中央执行委员会通过的《关于法院的第二号法令》中得到了进一步发展。新的法令扩大了地方法院的管辖权,规定设立州法院,其成员由地方(市或县)苏维埃选举产生。地方苏维埃选出3人组成侦查委员会对州法院审理的案件预先侦查。《关于法院的第二号法令》规定了有巨大意义的、极为重要的、用本地语言进行诉讼的原则。《关于法院的第二号法令》还规定了新的审判机关体系,但是这一复杂体系并没有完全建立起来。

1918年7月20日,苏俄人民委员会又颁布了《关于法院的第三号法令》。该法令扩大了地方人民法院的管辖范围,除了关于谋杀他人、强奸、抢劫、土匪行为、制造伪币、贿赂和投机倒把以外,一切刑事案件均由地方人民法院审理,并可判处5年以下剥夺自由的刑罚。地方人民法院还可以审理诉讼金额在1万卢布以下的民事案件。该法令对审判机关体系重新作了调整。这一法令标志着苏维埃审判机关体系获得进一步的发展。《关于法院的第三号法令》修改了《关于法院的第一号法令》第5条的规定,明确规定审理案件时,必须遵循苏维埃政府的法令和社会主义的法律意识。1918年的《苏俄人民法院条例》第22条附则已明文禁止援引旧政府的法律条款。

第三节　宪法史的新纪元

从1917年10月—1918年12月(俄历),苏维埃政权以空前的速度在辽阔的俄罗斯领土上普遍建立起来,可以说这是苏维埃政权凯旋式进军时期。在俄罗斯中部的多数大城市,布尔什维克党领导的苏维埃通过和平方法将政权夺到自己手中。但是,在莫斯科、伏龙涅什、萨拉托夫、喀山、斯摩棱斯克等城市,反革命派作了激烈的反抗,苏维埃是通过武装道路夺取政权的。苏维埃在未被德国占领的波罗的海沿岸地区比其他民族边区较快地取得了政权。1917年12月26日(俄历),列维尔斯克苏维埃革命军事委员会夺取了政权,宣告了爱沙尼亚边区苏维埃胜利。1917年12月举行的拉脱维亚工人、士兵、雇农代表苏维埃选举了第一个拉脱维亚苏维埃政府。1917年11月底,苏维埃政权在白俄罗斯取得了胜利。在乌克兰,建立苏维埃政权的过程是在复杂的形势下进行的。

一、肯定苏维埃民族政策的宣言

苏维埃政权在苏俄民族边区粉碎各种各样的反对苏维埃政权的“政府”并取得迅速胜利,最重要的条件就是正确的民族政策。这一政策的基本原则在人民委员会于1917年11月2日(俄历)通过的《俄国各族人民权利宣言》中,得到了立法上的肯定。

这一宣言是由列宁、斯大林签署的,公布在《真理报》上。它宣告:苏维埃国家同沙皇及资产阶级临时政府在民族问题上的反人民政策,经常唆使各族人民互相侵害,煽动各民族间的敌对情绪的政策以及伪善、挑拨、掠夺别国和别国人民等政策实行彻底决裂。该宣言规定了苏维埃政权解决民族问题的基本原则:苏维埃国家各民族一律平等和自主;各民族都享有自由自决,以及分离并组成独立国家的权利;废除一切民族的及民族宗教的特权与限制;各少数民族和种族均得自由发展。

二、宣布消灭人剥削人的制度的宣言

全俄苏维埃代表大会开幕前,召开了立宪会议。由于大部分农民还来不及充分认识十月革命的成果和意义,在1917年11月的立宪会议选举中,右翼社会革命党获得了多数投票。当时的投票结果为:工人阶级的大多数和军队的半数投了布尔什维克党的票,布尔什维克党得900多万张票,占25%。大多数农民投了社会革命党的票,社会革命党人、孟什维克党及其他小资产阶级民主派的政党共得2262万张票,占比为62%,地主和资产阶级的政党(立宪民主党等)得462万张票,占比为13%。尽管立宪会议中的多数派属于反对苏维埃的资产阶级和小资产阶级政党,苏维埃政府仍旧召开了立宪会议,因为大部分的农民仍然相信立宪会议,错误地期望它能真正地解决和平问题、土地问题和其他问题。布尔什维克党内的投机分子要求苏维埃服从立宪会议,这实际上意味着拒绝苏维埃政权,转向资产阶级民主制的轨道上去。针对当时的局势,列宁受布尔什维克党中央的委托起草了《关于立宪会议的提纲》。列宁精辟地论述了布尔什维克党对立宪会议的原则态度,强调说明了苏维埃共和国比以立宪会议为代表的资产阶级议会制共和国有着巨大的优越性,并对社会革命党人在立宪会议选举中所取得的暂时胜利的原因作了深刻的科学分析。该提纲明确指出,立宪会议如果与苏维埃政权分道扬镳并开始反对这一政权,那将使立宪会议自己在政治上遭到灭顶之灾。列宁的《关于立宪会议的提纲》得到了广大人民群众的拥护。反革命势力预定在立宪会议开幕那天进行新的暴动。1918年1月3日(俄历),全俄中央执行委员会通过了《关于确认将国家政权职能攫为己有的一切企图为反革命行为的法令》,授权苏维埃政府以其拥有的一切手段直至动用武装力量来镇压这类企图。

1918年1月18日,立宪会议开幕。立宪会议中的社会革命党和孟什维克党的多数派拒绝了这一宣言,从而公开表明了自己的反革命本质。次日,全俄中央执行委员会通过了列宁起草的《关于解散立宪会议》的法令,苏俄广大劳动群众——工人、农民和士兵一致拥护取消“立宪会议”,因为它走上了反苏维埃政权和反人民的道路。

解散立宪会议几天之后,全俄工兵代表苏维埃第三次代表大会于1918

年1月23日召开(会期为1918年1月23—31日)。3天后,全俄农民代表苏维埃第三次代表大会也正式召开,它通过了关于同工、兵代表苏维埃代表大会合并的决议。1918年1月25日,全俄工兵代表苏维埃第三次代表大会通过了《被剥削劳动人民权利宣言》。该宣言第1条宣布,“中央和地方的全部政权属于苏维埃”,从立法上固定了工、兵、农代表苏维埃的无限权力和独揽政权,规定苏俄是建立于各自由民族之间自由联盟基础上的各民族苏维埃共和国联邦,极为充分地阐述了苏维埃联邦的基本原则。该宣言总结了建立苏维埃国家制度的经验,明确规定苏维埃的阶级本质是无产阶级专政的国家形式,明确规定了从资本主义向社会主义过渡时期苏维埃国家的主要任务——“消灭任何人对人的剥削,完全消除社会之划分为各阶级的现象,无情镇压剥削者的反抗,建立社会主义的社会组织”。该宣言确认了在经济方面建立社会主义基础的法令之后,规定了苏维埃国家在建设社会主义方面的一些最初步骤——废除土地私有制、土地为全民财产、对生产实行工人监督、建立最高国民经济委员会、实行银行国有化等。为了保卫劳动人民的政权和消除剥削阶级复辟的一切可能性,颁布了关于建立由劳动者组成的社会主义红军和彻底解除有产阶级武装的命令。该宣言反映了使人类摆脱罪恶的帝国主义的坚强决心,从立法上确定了与对亚洲、殖民地和小国的千百万劳动人民进行压迫和奴役的政策实行彻底的决裂,并宣布各族人民一律平等。

这一宣言,总结了苏维埃国家十月革命以来的伟大成果,指明了苏维埃政权的基本任务。它是苏维埃国家最重要的宪法性法律。“1789年法国资产阶级革命时曾发表《人权宣言》,也就是宣布可以自由剥削那些没有生产工具和生产资料者的权利的宣言。我们俄国的社会主义革命也应当提出宣言,但我们提出的是宣布消灭人剥削人的制度的宣言”①。

三、俄罗斯共和国联邦机关的建立

全俄工兵代表苏维埃第三次代表大会还通过了《关于俄罗斯共和国联邦机关》的决议。这一宪法性文件简述了规定苏俄最高权力机关结构的基

① [苏]Я. М. 斯维尔德洛夫:《论文和演说集》,国家政治出版社1939年俄文版,第37页。

本原则,以及它们同地方权力机关在民主集中制基础上的相互关系的基本原则,从此奠定了此后苏联实行高度中央集权体制的基础。

根据斯维尔德洛夫的建议,这次代表大会更改了苏维埃政府的名称,取消了“工农临时政府”中的“临时”一词,正式称为“俄罗斯苏维埃共和国工农政府”。

全俄工兵代表苏维埃第三次代表大会的历史意义是特别重大的。它从立法上肯定了苏维埃政权初期所取得的成就,并通过了最重要的宪法性文件——《被剥削劳动人民权利宣言》和《关于俄罗斯共和国联邦机关》。这两个文件都载入了1918年《苏俄宪法》。

四、第一部社会主义类型宪法

1918年7月10日,在全俄苏维埃第五次代表大会上通过的1918年《苏俄宪法》,于7月19日在《全俄中央执行委员会公报》上公布并正式生效,是世界上第一部社会主义类型的宪法。此前,全俄工兵代表苏维埃第三次代表大会曾委托全俄中央执行委员会起草一部宪法。但是,在同德国及其盟国仍然处于交战状态下,苏维埃国家面临的首要任务是为和平而进行积极的斗争。缺少大量军队的苏俄被迫对德国作出让步,1918年2月23日夜间,布尔什维克党中央决定接受苛刻的掠夺性的和平条件。1918年3月14—16日,全俄苏维埃第四次非常代表大会以784票多数(26票反对,115票弃权)通过了《布列斯特和约》。只有在和约缔结之后,全俄中央执行委员会才有可能着手进行宪法草案的实际准备工作。

(一)起草工作中的斗争

1918年4月1日,斯维尔德洛夫在全俄中央执行委员会会议上做了“关于选举苏俄宪法起草委员会的报告”。在这次会议上,成立了宪法起草委员会,其成员有布尔什维克党的代表斯维尔德洛夫、斯大林和米哈伊尔·尼古拉耶维奇·波克洛夫斯基(Михаил Николаевич Покровский)与“左翼”社会革命党人的代表,以及有发言权而无表决权的“社会民主党”激进派的代表,民族事务、军事、内务、司法、财政和最高国民经济委员会等人民委员部的代表也是宪法起草委员会的成员。斯维尔德洛夫被选为委员会主席,民族事务人民委员部的代表阿瓦涅索夫(Аванесов)任委员会秘书。

宪法起草委员会成员的成分复杂，给宪法起草工作增加了困难，宪法草案的准备工作从 1918 年 4 月 5 日一直延续到 7 月 5 日。“左翼”社会革命党竭力主张国家管理的彻底分权，提出了使地方脱离中央合法化的建议。例如，他们建议只把领土原则作为国家结构的基础，而不照顾某些省份居民的民族成分，建议宣布任何省都是“联邦共和国”并享有无限的权力直到行使最广泛的“立法”职能。“社会民主党”激进派反对苏维埃国家的社会主义性质，建议取消草案中的“社会主义”一词。在他们提出的草案内容中有许多无政府主义的主张，要求立即消灭一切所有制（包括个人所有制），主张个人消费品公有化、取消货币、商品等。“左翼”社会革命党人、“社会民主党”激进派在自己的建议遭到拒绝之后，转而支持司法人民委员部的代表列依斯涅尔（Лейснер）教授提出的草案。列依斯涅尔的草案坚决反对民族的政治自决权，他援引资产阶级联邦的例子，以此表明世界上存在的联邦是不考虑个别地区居民的生活特点和民族成分的，认为国家制度中的民族原则早已是陈旧的偏见。列依斯涅尔还提出了苏维埃联邦政权机关的无政府工团主义结构。按照他的意见，联邦的主体必须是地方联邦团体——公社，由经济和社会协会以及联合组织（生产联合会的职工会、合作社等）的代表组成公社苏维埃。列依斯涅尔的草案规定，地方公社、省和地区几乎完全脱离中央政权而独立，还为地方主义、地方分立主义以及国家管理的无限分权作辩护。这一草案彻底否定了无产阶级专政，只字未提这一概念。

宪法起草委员会拒绝了列依斯涅尔的草案，通过了斯大林受其委托而起草的宪法一般原则草案。它的主要渊源为《被剥削劳动人民权利宣言》和《关于俄罗斯共和国联邦机关》。斯大林的草案指出，苏俄宪法是无产阶级专政国家的宪法，是从资本主义向社会主义过渡时期的宪法。

1918 年 6 月，布尔什维克党中央委员会在列宁主持下召开了特别委员会会议，对宪法草案作了最后定稿。根据特别委员会的建议，总纲这一章增补了关于劳动者权利和义务的一些条款，全俄中央执行委员会这一章也作了重要的扩充，更加具体化。第 7 章关于人民委员会作了改写，关于选举权这一章作了大量的修改。宪法草案定稿在《消息报》上公布并提交全俄苏维埃第五次代表大会讨论。7 月 4 日召开的这次代表大会于 7 月 10 日一致通过了第一部苏维埃宪法——1918 年《苏俄宪法》。

1918年《苏俄宪法》除序言外,正文共6编17章90条。6编分别为:《被剥削劳动人民权利宣言》、总则、苏维埃政权组织、选举权和被选举权、预算法、国徽和国旗。

(二)社会主义类型宪法的基本原则

1918年《苏俄宪法》明确规定了苏维埃国家作为无产阶级专政国家的阶级实质,从立法上巩固了它的政治基础——工、兵、农代表苏维埃,在经济上巩固了苏维埃国家在建设社会主义经济方面所采取的最初步骤。第3条宣布,土地、森林、矿藏、水流、全部家畜、农具、实验农场、农业企业和银行都是国家财产。此条还批准了关于工人监督和最高国民经济委员会的法令。

1918年《苏俄宪法》明确规定了其自身有效的历史时期为从资本主义向社会主义过渡的时期和这一时期内的基本任务为确立"苏维埃政权形式的城乡无产阶级与贫农专政,以便完全镇压资产阶级,消灭人对人的剥削,从而奠立没有阶级划分、没有国家权力"的社会。这是1918年《苏俄宪法》的最重要特点之一,它不仅肯定了苏维埃政权的成果,而且拟定了苏维埃国家未来活动的纲领。

根据1918年《苏俄宪法》的规定,有特殊生活习惯和民族成分的各地区苏维埃的权利:根据联邦原则联合成为加入苏联的地区联盟。由此可以得出这样的结论,1918年《苏俄宪法》规定并从立法上巩固了苏维埃联邦制的原则,即联合苏维埃共和国的自愿和平等原则。这些原则经受了历史的考验,成为建立苏联的基础。

十月革命前,列宁同马克思、恩格斯一样,是反对联邦制的。他们认为,无论从社会的经济发展,还是从无产阶级的革命团结来说,联邦制都是不可取的。但是十月革命后,列宁根据俄国民族关系的实际情况,改变了以前的观点,提出了新的看法。他说,联邦制是过渡到自愿融合的形式,"作为已经学会自愿超脱民族纠纷的劳动者走向自觉的更紧密的统一的过渡办法"①。列宁从反对联邦制转变为主张联邦制,是从十月革命后俄国那些"真正需要某种程度的国家独立性的重大民族差别"②出发的。首先,

① 《列宁全集》(第34卷),人民出版社2017年版,第68页。

② 《列宁全集》(第34卷),人民出版社2017年版,第139页。

到十月革命时,俄国许多民族实际上已经处于完全分离和彼此隔绝的状态。由于沙皇政府长期实行民族压迫政策,少数民族同大俄罗斯民族存在严重的对立。连续几年的帝国主义战争,牵制和削弱了沙皇政府的力量,它对各民族地区的控制略有放松,各民族分离情绪有所发展。二月革命后,许多民族建立起资产阶级民族主义政权,民族的分离和隔绝状态进一步发展。十月革命和国内战争时期,一些民族的劳动人民在俄共(布)的领导下,推翻了地主资产阶级的反动统治,建立了苏维埃共和国,并得到了俄罗斯苏维埃共和国的承认。当时,各苏维埃共和国之间的联系和合作,是通过订立双边协定和条约来调节的,每个共和国都有一套与俄罗斯苏维埃共和国政府平行的机构。这种状态决定了十月革命后实行联邦制不仅是促使各民族由分散趋于接近、联合的巨大进步,而且也是各民族共和国已有的联盟关系的顺乎自然的发展。其次,民族运动所占的比重比十月革命前想象得要大得多。各民族人民不仅在推翻旧制度、巩固新政权的斗争中作出了重大贡献,而且在革命胜利以后渴望在国家体制上更多地反映各民族的客观情况。在当时的苏俄,实行联邦制既尊重了各民族人民的意愿,又有利于克服大俄罗斯民族的残余,促进各民族的自愿联盟。除了上述两个重大特点外,列宁还注意到苏俄在多民族国家建设方面的实践证明各民族的自愿联盟是可取的。

1918 年《苏俄宪法》第 3 篇规定了中央和地方国家政权机关的结构、活动程度和职权范围。其规定,全俄工、兵、农和哥萨克苏维埃代表大会是国家最高权力机关,它由城市苏维埃和省代表大会的代表组成。由代表大会选举产生并对其负责的全俄中央执行委员会是大会闭会期间的国家最高权力机关。一切具有全国性的事宜都由全俄苏维埃代表大会和全俄中央执行委员会决定。例如,批准、修改和补充苏俄宪法,全面领导对内对外政策,规定和变更边疆,接受新的民族共和国或承认退出,宣战媾和,确定全国国民经济及其他部门的原则和计划,确定全国性赋税,规定苏俄武装力量的组织原则,制定全国性的立法、法院组织和诉讼程序、民事和刑事立法,宣布大赦和特赦,等等。

1918 年《苏俄宪法》规定苏俄的立法权由全俄苏维埃代表大会、全俄中央执行委员会和人民委员会行使。

凡全国性事务均为全俄苏维埃代表大会管理事项,1918 年《苏俄宪法》对其进行了一一列举。全俄苏维埃代表大会认为应为其管辖的事项,也属于其管辖范围(第50条)。第51条规定了属于全俄苏维埃代表大会专属管辖的事项,包括确立、补充和修改苏维埃宪法的基本原则,批准和平条约。

1918年《苏俄宪法》规定了全俄中央执行委员会具有最高立法、指令和监督机关的职权。全俄中央执行委员会确定工农政府和苏维埃全体政权机关的整体方向,整合和协调立法和管理工作,对苏维埃宪法、全俄苏维埃代表大会和苏维埃中央权力机关决议的执行情况进行监控。该机构由大约200人组成。全俄中央执行委员会负责审核和批准法令草案和人民委员会或各部门提出的议案,发布本部门的法令和指令。该机构召集全俄苏维埃代表大会,并向其汇报工作和提交总政策和分项报告。第45条提到全俄中央执行委员会主席团。1918年11月,全俄第四次苏维埃代表大会对宪法条文作出修改,全俄中央执行委员会不再作为常设执行机关,但每2个月召开至少1次例会。由于国内战争,大部分全俄中央执行委员会的成员都不在莫斯科,基本不能履行自己的义务。因此,其职能转由新设立的主席团行使。根本法赋予主席团管理机关的权力,规定主席团可以审议委员部和人民委员之间产生的各种争议。

苏俄政府即人民委员会,由全俄中央执行委员会建立,人民委员会要对全俄中央执行委员会和全俄苏维埃代表大会负责。人民委员会有权颁布法令、训令、指示和采取一般的管理国家所必需的一切措施。人民委员会作出的最重要的、具有巨大社会政治意义的决议和决定,必须提交全俄中央执行委员会批准。在当时,将立法权授予人民委员会是必要的,是符合苏维埃国家利益的。

1918年《苏俄宪法》规定,地方政权机关为州、省、县和乡苏维埃代表大会,并由其组建自己的执行委员会。其规定了地方苏维埃代表大会的最高人数限制:州苏维埃代表大会不得超过500人;省(地区)和县(区)苏维埃代表大会不得超过300人。地方苏维埃代表大会的执行机关均为执行委员会,由相应的代表大会选举产生。宪法还规定了执行委员会的人数限制:州和省不得超过25人;县不得超过20人;乡不得超过10人(第62条)。

(三)选举制度探讨

1918年《苏俄宪法》肯定了当时业已形成的苏维埃选举制度。所有年满18周岁的劳动者，不分性别、信仰、民族、种族、居住情况、教育程度等，都有选举权和被选举权。在当时历史条件下，这是世界上的民主选举制度。宪法规定的选举制度有适合苏俄国情的特点。苏维埃政权剥夺了剥削者的选举权和被选举权。凡是使用雇佣劳动力意图谋利者、依靠不劳动而获收益为生者、私商和掮客、僧侣及神职人员、旧警、宪兵、特务和旧俄掌权的贵族，以及精神病患者或心神丧失者及受监护者、因贪污或不端行为被判刑者都不得参加选举和不能被选入苏维埃。剥夺剥削者的选举权和被选举权不是无产阶级专政的必然特征。"剥夺剥削者的选举权问题，是纯粹俄国的问题"①。这并非布尔什维克党事先确定的，而是由剥削者反对苏维埃政权的残酷斗争所引起的。列宁不止一次地谈到了这一措施的暂时性，并认为在一定的条件下，可以实行没有限制的普遍选举。② 剥削阶级的消灭和社会主义在苏联的全面胜利，创造了实现普遍选举权的可能性，1936年《苏联宪法》肯定了普选权。

根据1918年《苏俄宪法》的规定，在市苏维埃，每2.5万名选民产生1名全俄苏维埃代表大会代表；在省苏维埃，每12.5万名选民产生1名全俄苏维埃代表大会代表，在省苏维埃代表大会选举中，市苏维埃所选代表的优势被确定下来了。这一规定只是肯定了在十月革命前事实上早已形成的工人和农民在苏维埃选举中不完全平等的选举权，这在当时是必要的，有利于巩固工人阶级在苏维埃国家中的领导作用。1936年《苏联宪法》取消了工人和农民在选举权方面原有的暂时性差别，肯定了完全平等的选举权。

1918年《苏俄宪法》还肯定了已经形成的多级选举的实践经验。仅仅在市和村苏维埃代表的选举中实行直接选举。1918年《苏俄宪法》没有规定表决方式，但是全俄中央执行委员会批准的有关选举方式的指示确认了当时采用的公开表决方式。

1918年《苏俄宪法》肯定了劳动者享有最广泛的民主权利和自由，包括信仰、出版、集会、结社等自由，而且在人类历史上第一次提供了实现这些权利的条件和物质手段。其还规定，对因政治和宗教原因而遭受迫害的

---

① 《列宁全集》(第35卷)，人民出版社2017年版，第256页。

② 参见《列宁全集》(第36卷)，人民出版社2017年版，第84页。

外国人给予居留权。同时,其规定了公民应尽服兵役的义务、劳动的义务,第18条明确规定:“不劳者不得食。”

列宁提出:“苏维埃宪法,不是哪个委员会的臆造,不是法学家们的杜撰,也不是对别的宪法的抄袭。世界上还从来没有过我们这样的宪法。这部宪法记载了无产阶级群众反对国内和国际剥削者的斗争经验和组织经验。”①

1918年《苏俄宪法》是世界上第一部社会主义类型的宪法。它总结了苏维埃国家巨大的创造性活动,肯定了创立和巩固无产阶级专政国家的经验。它对其他社会主义国家宪法的制定有不可磨灭的影响,对资本主义国家的制宪活动也有一定的促进作用。

第四节　苏维埃部门法基础的奠定

一、适应公有制的民法原则

苏维埃国家在建立初期,创立和形成了许多最重要的苏维埃民法制度,其中,生产工具和生产资料的社会主义国家所有制有特殊的地位和意义。

(一)银行国有化的措施

十月革命胜利后的第二天,全俄工兵代表苏维埃第二次代表大会通过的《土地法令》就宣布土地收归国有。《土地法令》中最重要的一些规定,在全俄中央执行委员会1918年1月27日批准的《土地社会化法令》和1919年2月14日批准的《社会主义土地调整和向社会主义农业过渡的措施条例》中得到进一步的发展。土地的国有化表明全民土地所有制形式的确立,土地国有化使主要的农业生产资料变为全民所有。

此后,苏维埃国家实行了银行国有化,避免了巴黎公社将法兰西银行留在资产阶级手中的错误。十月革命后的第1天,赤卫队就占领了国家银

① 《列宁全集》(第35卷),人民出版社2017年版,第145页。

行。要真正掌握国家银行,还需要作出极大的努力。国家银行的高级官吏拒不服从苏维埃政权。苏维埃政权依靠小职员和从工人及前线回来的士兵中招收的新的工作人员,粉碎了银行官吏的反革命怠工。1917 年 11 月 30 日,人民委员会从国家银行取得第 1 笔 500 万卢布用作各项开支。全俄中央执行委员会为了对按人民委员会的凭证拨款实行监督,设立了财政小组委员会。在私营银行国有化之前,建立了对银行的监督。由于实行工人监督遭到了资本家的强烈反对,因此必须加快向银行国有化过渡。1917 年 12 月 14 日(俄历)全俄中央执行委员会发布的《关于银行国有化的法令》规定,所有私营股份银行及私人银行一律收归国有,同国家银行合并为统一的苏俄人民银行,并宣布银行业务由国家垄断。在没收大资本家存款的同时,苏维埃国家作出保证,充分保护属于劳动者阶级的小额存户的利益。

《关于银行国有化的法令》并不适用于信用合作社。1917 年 10 月初,在苏俄共有 1.2 万多个信用社和 4300 多个贷款储蓄合作社,它们是受 1912 年建立的莫斯科合作银行领导的。在私营银行国有化后,莫斯科合作银行的社会革命党和孟什维克党在合作的幌子下,通过合作银行对私营工商业主发放贷款,这是直接破坏银行国有化法令的基本原则的做法,更为严重的是,合作银行还向反对苏维埃政权的群体提供经费。这一切使苏维埃政权不得不提出莫斯科合作银行收归国有的问题。关于该银行国有化的法令,是人民委员会于 1918 年 12 月 2 日通过的。

废除沙俄政府和资产阶级临时政府所借的国债,是获得胜利的无产阶级在财政方面采取的仅次于银行国有化的第二个最重大的革命措施,全俄中央执行委员会 1918 年 2 月 3 日的法令决定取消沙俄政府和资产阶级临时政府所借的国债,以及政府对各企业、机关债务的担保。人民委员会 1918 年 10 月 26 日法令规定了废除国家有价证券的最后办法。

(二)工人监督生产

列宁提出并论述了工人监督生产是走向社会主义的过渡措施。这是创造性发展马克思主义的范例。列宁十分重视尽快地在全国组织工人监督生产,他在十月革命胜利后的几天内就制定了《工人监督条例》草案,确定了工人监督机构的任务、权利和义务。在列宁这个草案的基础上,起草了全俄中央执行委员会和人民委员会关于工人监督的法令。1917 年 11 月 14 日,全俄中央执行委员会通过了《工人监督条例》。第 1 条宣称:“为了有计划地调节国民经济,兹规定在一切工业、商业、银行、农业、运输业、合作社和生产合作社,以及其他有雇佣工人或家庭劳动的企业中,施行由工人监督企业产品和原料的生产、买卖及其保管事宜以及监督财务的办法。"①该法令规定:工人监督由该企业全体工人通过其选出的机构实行之,同时该机构中应该有职员和技术人员的代表参加。每个大城市、省或工业区均设立地方工人监督委员会,由工会、工厂委员会和工人合作社的代表组成。工人监督机关的决定,企业主必须服从。苏维埃政权坚决贯彻关于在全国所有企业中实行工人监督生产的法令。在十月革命第1年里,工人监督机构开展大量工作使被资本家关闭的企业恢复生产。工人监督生产促进了经济领域十月革命成果的巩固,为社会主义工业国有化做好了准备,并使之顺利进行。

(三)全面国有化

从十月革命胜利起,布尔什维克党就开展了大工业国有化的准备工作。在1917年11月19日《真理报》上发表的《告工人、士兵和农民书》中,列宁指出,人民委员会正在起草关于银行和辛迪加国有化的国家法令。他认为,托拉斯和辛迪加的国有化是首要的措施。《关于实行银行国有化及其必要措施的法令草案》第1条宣布"一切股份企业为国家财产"。这份草案是列宁于1917年12月在最高国民经济委员会主席团会议提出的。1917年11月人民委员会讨论了顿巴斯整个煤炭工业国有化的问题,1918年1月开始筹备石油工业国有化,同时制定了国家全部大工业国有化的法令。从1917年10月起到1918年6月1日止,根据人民委员会的法令和最高国民经济委员会的决议,对100家企业实行了国有化和暂归国家管制;根据地方国民经济委员会和地方苏维埃的决议,对386家企业实行了国有化和管制。"为了同经济和生产的破坏作坚决斗争,为了巩固工人阶级和贫农的专政",人民委员会于1918年6月28日通过了全国大工业国有化的历史性法令。由列宁签署的这项法令宣布,矿山、冶金和金属加工、纺织、电机、锯木和木材加工、制烟、玻璃、陶瓷、制革、水泥等工业部门的大型企业,以及蒸机磨坊、地方公用事业、食品工业的某些企业、私人铁路等为苏俄的

---

① [苏]И. А. 格拉德科夫:《苏联工业国有化(1917—1920年文件资料汇编)》,国家政治出版社1954年俄文版,第74页。

财产。对法令加以分析可以看到,它是经过深思熟虑、大量掌握国家各种不同工业企业状况后起草的。实行国有化是无偿的,无论股东还是各企业主都不得向苏维埃政权索取费用。大工业的国有化是生产资料公有制的一个重大措施,为整个国民经济的社会主义改造创造了条件。苏维埃国家是按照列宁的指示进行对大工业的国有化:生产资料国有化应当伴随着对它们的实际占有,并在事实上用新的、工人管理工厂的办法来代替资本家的管理。这一时期颁布的国有化法令,是生产工具和生产资料社会主义所有制最初的法律依据。它们的法律意义还在于:它们把国家社会主义所有权,特别是国家专有的所有权对象的范围,国有化财产转为国家所有制的程序及管理国有化财产的组织机构等确定下来并加以调整。

(四)对继承的限制

除社会主义国有化外,在限制和消灭私人资本主义所有制方面,苏维埃国家还采取了一系列其他措施。1918 年 4 月 27 日,全俄中央执行委员会通过《关于取消继承的法令》,取消了对私人资本主义财产的继承。按照该法令的规定,死者超出 1 万卢布的财产应收归国家所有。死者不超过 1 万卢布的财产以及城乡劳动者家庭的宅旁园地、家具和生产资料所构成的财产,由死者的近亲属直接管理和支配。因此,该法令所废除的不是一般的继承,而是对私人资本主义财产的继承。1918 年 5 月 7 日全俄中央执行委员会《关于赠与的法令》,也具有相同的目的,它宣布金额超出 1 万卢布的财产赠与或其他无偿赠送都是无效的。

二、从传统民法中分离出来的婚姻、家庭法

在十月革命胜利后,沙俄政府规定的妇女地位不平等和屈辱性的婚姻与家庭立法被彻底改变,新型的社会主义婚姻与家庭法的基本原则获得了确立。全俄中央执行委员会和人民委员会于 1917 年 12 月通过的《关于公民婚姻、关于儿童与户籍的办理的法令》及《关于离婚的法令》,对苏维埃婚姻家庭法作了极为重要的原则性规定,并在立法上予以固定。按规定程序在民事登记机关进行登记的才是有效婚姻,规定了结婚及婚姻关系存续的自愿原则,废除了父母包办婚姻和宗教信仰上的结婚限制,法定结婚年龄为:男子 18 周岁以上、女子 16 周岁以上,还确认了婚姻家庭关系中的男女平等原则和非婚生子女与婚生子女平等原则。法令宣布限制直系亲属

的婚姻、不准重婚、精神病患者不得结婚。《关于离婚的法令》废除了十月革命前复杂的和侮辱性的离婚诉讼,规定了夫妻双方均享有离婚请求权。

1918 年 9 月 16 日,全俄中央执行委员会通过的《苏俄户籍、婚姻、家庭和监护权法典》使苏俄的婚姻家庭法得到进一步发展。该法典更加明确地强调结婚必须到民事登记机关办理登记,未登记的宗教婚姻为无效婚姻;比较详细、明确地规定了夫妻双方的权利与义务;首次提出了夫妻中一方居住地的变更并不对另一方形成跟随迁移的义务,婚姻并不形成夫妻间财产的共有关系,每一方都可以参与一切法律所容许的财产法律关系。这些规定确立了苏维埃婚姻家庭法中最重要的规范。该法典还十分详尽地规定了关于父母与子女间的人身和财产的权利与义务问题,肯定了父母应完全为子女的利益平等地行使亲权,在父母滥用权利时,法院可以剥夺父母的亲权,父母和子女的财产关系建立在分产原则之上,子女无权占有父母的财产,父母也无权占有子女的财产,责成父母为无劳动能力和贫困的子女提供饮食和生活费用,成年子女、有劳动能力的子女应承担无劳动能力和贫困父母的赡养费用。

1918 年《苏俄户籍、婚姻、家庭和监护权法典》禁止过继自己的子女和收养别人的子女(第 183 条),这一临时性的规定是出于一种现实危险性的考虑,因为城市中的资产阶级分子和农村中的富农分子可能利用收养制度去剥削孤儿、流浪儿和雇农的子女等,苏维埃政权刚刚建立的监护机构尚缺乏经验,还不能保证对每一个收养子女的情况实行严密的监督。

1918 年《苏俄户籍、婚姻、家庭和监护权法典》对其他苏维埃共和国产生了重大影响,并为它们所采用。这部法典也是历史上第一部把婚姻和家庭的立法从民法中区分出来的法典,后来,它被 1926 年 11 月 19 日全俄中央执行委员会通过的《苏俄婚姻、家庭和监护法典》所取代。

三、保护劳动人民和镇压反革命的刑事立法

在苏维埃国家成立初期,就建立和形成了全新的社会主义刑法。苏维埃刑法最初就是无产阶级专政及其惩罚机关同反革命分子和其他犯罪分子作斗争的强大武器,同时又是对劳动人民进行共产主义教育的重要工具之一。当时确定刑法的主要任务,是保护苏维埃社会制度和国家制度,保护由苏维埃国家所建立的法律秩序和苏维埃公民的人身财产权免受犯罪

分子的侵犯。在十月革命后初期，苏维埃刑法的主要渊源是全俄苏维埃代表大会、全俄中央执行委员会、人民委员会、革命军事委员会、全俄肃反委员会的法令，以及人民委员会的命令和地方苏维埃的法令。刑法领域中的地方性的法律创制，在苏维埃政权存在的最初岁月是必要的，但是到1918年年中，已颁布了大量的包含有刑法规范的法规，因此在新的条件下刑法领域中地方性的法律创制已失去本身的意义，在个别场合下甚至是有害的。苏维埃国家已十分重视并促使所有地方机关和公民都遵守苏维埃法律。1918年11月，全俄苏维埃第六次代表大会通过的《关于认真遵守法律的决议》是加强社会主义法制和革命的法律秩序的重要步骤。

在1917—1918年的苏维埃刑法和革命法庭的实践中，已规定了反革命叛乱和暴动罪的明确概念，这是一种反革命罪。这种犯罪的构成要件是：(1)准备、组织反革命叛乱和暴动并参与其中；(2)参与旨在推翻苏维埃政府的阴谋和组织，不论是否已经实行。反革命组织的共犯和帮助反革命组织成员的行为人也要负刑事责任。另一种反革命罪是各种反革命组织和个人企图篡夺国家政权权力的行为。这一犯罪构成是由1918年1月3日全俄中央执行委员会通过的《关于确认将国家政权职能攫为己有的一切企图为反革命行为的法令》确定的。该法令指出，国家的全部权力属于苏维埃和苏维埃机关，篡夺国家政权某一职权的任何企图都是反革命罪。这一法令首先是针对立宪会议中的立宪民主党人和社会革命党人的，因为他们企图夺取国家政权，同时也针对各地企图篡夺国家政权职权的保皇派、社会革命党人和其他反革命组织。

在苏维埃国家诞生初期，上层资产阶级官吏的反革命怠工是一种普遍的反革命犯罪行为。因此，用为数众多的包括刑法规范的法令来惩办这种犯罪，也绝非偶然。反革命活动也表现在资产阶级、社会革命党人和孟什维克党利用他们的报纸、期刊进行反苏维埃的煽动和宣传。人民委员会的法令和其他法规十分明确地规定了这种犯罪构成的要件。

1917年11月15日(俄历)，人民委员会在给革命军事委员会的通知《关于同投机行为作斗争》中对投机行为作了政治上的评价，授权地方苏维埃政权机关逮捕投机商、抢购者和他们的帮凶，交付革命法庭审判。1918年7月22日，人民委员会通过《关于投机行为的法令》，总结了同投机商斗争的经验，确定了这一犯罪的正确构成和适用的刑罚种类。

1918 年 5 月 8 日,人民委员会通过的《关于贿赂行为的法令》首次提出了担任国家和社会职务的公职人员的概念,规定受贿罪判处剥夺自由 5 年以上,附带强制劳动。行贿、教唆、同谋以及参与这一犯罪行为的人都应判处刑罚。利用特权、违反本身职责、勒索贿赂者及有产阶级人士等为贿赂罪的严重情节要加重处罚。

苏维埃国家建立初期颁发的刑事法规和其他规范性法令还没有确定量刑的明确幅度,量刑往往表述为不确定的制裁(“提交革命法庭审判”“投入喀朗施塔监狱直至提交革命法庭审判”等)。1917 年 12 月 19 日(俄历)司法人民委员部的指示,曾首次规定刑罚种类,包括:罚金、剥夺自由、驱逐、宣布罪犯为人民的敌人、剥夺全部或部分政治权利、限制使用或没收(部分或全部)财产、服公役。在这一指示和刑罚种类表中没有最高刑——枪决。这不是疏忽、偶然的现象,而是执掌司法人民委员部的“左翼”社会革命党人力图削弱革命法庭的效能,不能对反革命叛乱和暴动的组织者执行枪决。“左翼”社会革命党人退出政府之后,司法人民委员部于 1918 年 6 月 16 日作出了《关于撤销一切迄今所颁布的〈关于革命法庭的通告〉》的决定,授予革命法庭运用一切刑罚包括枪决的权力。

第五章　早期的法典编纂

第一节　关于刑法典编纂的一场争论

一、暂时的空白

十月革命后，列宁就认为苏维埃国家的立法活动和法律的系统编纂具有重要意义。苏俄法典的编纂工作于1917年开始，当时在以斯图奇卡为首的司法人民委员部里成立了专门的法典编纂司，并于1918年就着手制定无产阶级国家第一部刑法典。但是要制定法典，首先需要时间和经验。伊萨耶夫（Исаев）在1922年写道：在革命的年代不得不有一个没有刑法典的时期，从法制史的观点来看这是完全正常的现象。A. A. 皮特昂科夫斯基（Андрей Андреевич Пионтковский）在1923年指出，无产阶级政权不可能一下子制定出自己的刑法典，因为阶级斗争将表现为什么样的形式，在当时是不清楚的。然而，一些研究苏维埃问题的资产阶级学者有时提出了歪曲历史事实的论点：苏维埃政权建立初期没有刑法典是苏维埃国家有意识的行动，因此而造成的“法律真空”有利于同阶级敌人进行更加有效的和无情的斗争。事实上斯图奇卡早在1921年就驳斥过这种无稽之谈，他提到，我们常常碰到一个必须驳斥的神话，似乎我们总是反对法律，特别是反对制定各种法典。恰恰相反，我们是从建立诸如土地社会化、8小时工作日等法规开始的，而且不可能不这样做。要知道,我国革命是有史以来最有组织的革命。难道我们能够拒绝像立法这样一种改组社会的组织手段吗?

什维科夫(Шивиков)在研究了档案材料之后,认为司法人民委员部部务会议1918年10月9日的决议应当是苏俄司法人民委员部制定刑法典草案工作的开始。不过,在以后相当长的时间内,制定苏维埃刑法典的意见是遭到一部分人反对的。苏维埃第一批刑法理论家之一的科兹洛夫斯基在苏维埃政权成立的最初几个月,曾对由国家制定苏维埃刑法规范的体系持否定态度。在1918年的一篇文章中,他写道,无产阶级在取得胜利后,已把法典作为无用之物抛弃了,并将在斗争过程中创造出从未有过的新的无产阶级的法。他还断言,在从资本主义向社会主义过渡的时期,法不应成为法典,不应是成文的法律汇编。后来,科兹洛夫斯基改变了自己的观点,他在1920年召开的全俄第三次苏维埃司法工作者代表大会上说:"如果说到目前为止我们是在没有法典的情况下生活的话,这并不是由于有人反对过制定法典,而是因为当时没有可能制定法典,谁也不怀疑有制定法典的必要。"

二、一些极端左倾的观点

在1920—1921年就无产阶级国家将制定的新型刑法典的性质问题,国家展开了新的争论。当时颇为流行的意见是,刑法典不应该是通常的"资产阶级"所理解的那样的法典,而应该是"指南""中央对地方的指令""社会主义惩治政策一般原理的说明"(如科兹洛夫斯基、莱维京、别尔曼就持有这样的观点)。当时已经任人民司法委员的库尔斯基曾一度主张制定一部"不包含各种犯罪确切定义"的法典。也有人如H. B. 克雷连科(Николай Васильевич Крыленко)认为,刑法典分则的条文不应该包含法定刑,只需给法院开一个供自由选择惩罚方法的名目即可。斯图奇卡一度主张以问答的形式编纂法典,认为不采取逐条叙述内容的方法"将是未来无产阶级法律的一种形式,那样的法律形式就不存在资产阶级制度的任何阴影了"。

上述种种建议和想法是苏维埃法学家们一种本能的渴望,他们渴望建立与地主、资本家统治下截然不同的崭新的原则,这一渴望也反映到法制建设方面。科兹洛夫斯基曾写道:"俄国十月革命胜利后,在地球上第一次出现从资本主义向社会主义过渡的制度，在社会主义革命的过程中应当创建一种特别的任何地方都未曾有过的法律。”但是，有时革命的热情会使人们走向另一个极端，发表一些过头的言论和主张。历史进程纠正了极端左倾的观点，提出上述关于刑法典的创新建议的布尔什维克法学家们后来自己也承认了这一点。克雷连科在1931年承认他自己关于制定不要法定刑的刑法典的主张是“左倾”错误。上述创新建议的产生同当时苏维埃的立法特点是有关系的，因为苏维埃政权最初的一大批法令，都没有规定犯罪行为的精确要件，大多数场合没有指出具体的法定刑，从而使一部分法学家将此误认为是无产阶级刑法的特点。斯图奇卡还指出造成上述“崭新”建议的另一因素：当时没有任何范例和经验。他这样写道：“我们从事这一建设的理论家的任务是繁重的，因为他们没有先例和现成的模式可循，而且又是处于俄罗斯落后的现实条件下。”

不过，必须实事求是地指出，在当时的争论中，也不乏正确的见解。例如，斯图奇卡早在1917年12月对沙皇时代的法律论述道：“这部法律全书（指《俄罗斯帝国法律全书》）由15卷组成，其重量，如果我没有弄错的话，不少于半个普特。在1个小时之内甚至烧都烧不完，更不消说浏览了。”布尔什维克法学家正确地认为，新法律“应当是广大群众最容易理解的”，“对广大工农群众是通俗易懂的”，因为我们的国家是为他们而建立的。

应该明确指出，1920—1921年关于刑法典形式的一些极端左倾性质的言行，在草拟1922年《苏俄刑法典》的过程中都已得到纠正。实际上，1919年制定的《苏俄刑法指导原则》是上面这场争论的“前哨战”。按照一些法学家的想法，最初是要把“指导原则”作为给各级人民法院适用法律规范的一个指令，不过，事实上它却成了1922年《苏俄刑法典》的总则。

三、首次尝试

1919年《苏俄刑法指导原则》是苏维埃刑法总则规范系统化的最初尝试，是苏维埃政权头两年法院和法庭实践经验的总结。

《苏俄刑法指导原则》由序言和8章组成。序言叙述了苏维埃刑法的阶级特征，强调指出不能适用革命前旧法律、旧的刑法典，必须制定创立与无产阶级专政相符合的新法。《苏俄刑法指导原则》规定，苏维埃刑法是镇压犯罪分子的专政工具，以此保护从资本主义向共产主义过渡时期的符合劳动群众利益的社会关系。《苏俄刑法指导原则》在苏维埃刑法中首次给犯罪下了一个实质性的定义:犯罪是对刑法所保护的社会关系的秩序的破坏,是对现行社会关系和有关制度具有危害的作为或不作为。这一犯罪定义不仅强调了违法性,还强调了犯罪的作为或不作为的社会危害性。《苏俄刑法指导原则》第 7 条规定:“刑罚是一种强制感化措施,政府通过这种措施保证现行社会关系的秩序不受后者(犯罪者)的破坏。”在规定刑罚本质的同时,该原则也提出了刑罚的任务,即保护社会关系免受已遂或未遂的犯罪行为和可能实施的犯罪行为的破坏。第 10 条规定:“刑罚必须适当,同时完全不带折磨的性质,不应使犯罪人遭受无益的和多余的痛苦。”这一规定强调了刑罚的人道主义原则是苏维埃刑法的特征。

在总结了苏维埃法院和革命法庭曾经运用过的和人民委员会所颁布法律、法令中曾规定过的一些刑罚种类的基础上,《苏俄刑法指导原则》第 25 条规定的刑罚种类有:警告、公开训诫、强制实施某种不剥夺自由的行为(如进某种训练班)、宣布抵制、暂时或永远开除出某团体、恢复原状或不能恢复原状时赔偿受害者的损失、撤职、禁止担任某种职务或执行某种工作任务、没收全部或部分财产、剥夺政治权利、宣布为革命或人民的敌人、不收容于剥夺自由场所的强制工作、定期的剥夺自由或直至一定事实发生前的不定期剥夺自由、宣布不受法律保护、枪决以及上述数种刑罚的并罚。《苏俄刑法指导原则》赋予法院和革命法庭在选择刑罚措施上享有充分的自由。第 12 条规定:“在决定惩罚措施时,必须认真区分:(1)实施犯罪的人是否属于有产阶级,犯罪目的是要恢复、保存或获取与财产所有权有关的某种特权,还是属于处于饥饿或贫困中的穷人;(2)是为了恢复压迫阶级的政权还是为了个人的利益而犯罪;(3)是在意识到将造成危害的情况下实施的还是在无知和不自觉状态下实施的犯罪;(4)实施犯罪者是常业犯(累犯)还是初犯;(5)实施犯罪者是集团、帮伙、匪帮还是个人;(6)实施犯罪者是对人身采取暴力手段还是非暴力手段;(7)行为指向的是人身还是财产;(8)行为实施者的行为是有预谋、有残酷、恶意、奸诈和狡猾的表现,还是由于激怒、轻率和漫不经心所致。”这一规定要求法院作出判决时既要考虑从轻或从重处罚的罪行情节,也要考虑犯罪分子的个人情况及其罪过的大小。此外,该指导原则还阐明了共犯问题,表述了缓刑制度等。

刑法和犯罪具有阶级性质的马克思主义的观点,在苏维埃政权初期的立法文件中得到了确认。《苏俄刑法指导原则》的“导言”提出了法的阶级定义。斯图奇卡事后评论道：“我应该承认，当时我们作出这个定义是相当匆忙的，主要是凭嗅觉，而不是对这个问题进行了仔细的研究。当我确信这一个定义一般来说是经得起批评的时候，即使现在我还是感到很高兴。”关于刑法的阶级性质和犯罪的阶级本质的概念，乃是《苏俄刑法指导原则》的中心问题。斯图奇卡认为这一点是这个历史文献的主要功绩。他曾这样写道：“……第一次把法的问题放到坚实的科学基础之上，它摒弃了对法的纯粹形式主义的观点，不是把法看成永恒不变的范畴，而是在阶级斗争中不断变化的一种社会现象。”

1919 年《苏俄刑法指导原则》对刑事法律关系的规定还是相当不完全的，很少谈及罪过的形式、正当防卫、紧急避难这样一些重要的刑法制度，对刑罚和改造犯罪分子的教育意义没有作出足够充分的规定。《苏俄刑法指导原则》还不是一部刑法典，但是，它在改进苏维埃司法机关的活动、巩固社会主义法制以及发展苏维埃刑法等方面，起了巨大作用，它确认了新的、社会主义性质的刑法的基本原理。克雷连科肯定了《苏俄刑法指导原则》的历史作用，主要在于“第一次以清晰明确的形式阐明了首先是我们所理解的一切刑法，其次是我们无产阶级刑法在内容和目的方面的基本指导思想”。

第二节　新经济政策与苏俄法典

一、社会经济关系的基本特征的固定

在粉碎国内反革命势力和外国武装干涉之后，苏维埃人民赢得了长期的和平并开始转入经济建设。1921 年，与一些欧洲国家签订了和平条约和贸易协定，经济封锁被打破了。1920 年 12 月 25—29 日召开的全俄工兵代表苏维埃第八次代表大会是转入和平建设的重要标志。在人民委员会的工作报告中，列宁说明了苏维埃共和国从战争转入和平的过渡时期的形势，提出把经济建设作为党和国家的主要任务。但是，巨大的国内困难摆

在苏维埃国家面前,两次战争——第一次世界大战和反革命及外国武装干涉者发动的国内战争——给苏维埃国民经济造成了严重损失,使之濒于崩溃的边缘,工人和农民的处境十分困难。农民开始对战时共产主义的余粮征集制及其全部体制表现出严重的不满情绪。全俄工兵代表苏维埃第八次代表大会没有取消战时共产主义政策,但是大会提出的任务的内容和性质,已经不可能通过战时共产主义政策来实现了。随着国家工作重心向和平建设的转移,必须在农民小商品生产与社会主义产业之间建立稳定的经济联系,以形成发达的商品流转。1921 年 3 月举行的俄共(布)第十次代表大会通过以粮食税代替余粮征集制的决议,此后颁布了《关于用粮食税代替余粮征集制的法令》。这被认为是实行新经济政策的开始。

以粮食税代替余粮征集制是新经济政策的第一个重要步骤。按照法令的规定,粮食、原料、饲料的分派代之以实物税,总税额按"满足军队、城市工人和非农民居民的起码需要"来计算确定。因此,粮食税的数额比余粮征集制的数额低得多,而且粮食税的征收要照顾农民的财产状况,据《乌克兰苏维埃社会主义共和国国家与法的历史》提供的资料,在乌克兰征收富裕农户的粮食税为贫穷者的几十倍。1921—1922 年经济年度的总税额,与按余粮征集制准备征收的数量相比,差不多减少了一半。法令还规定,农民完成了定额之后,余粮全部归自己所有并可以自由支配,或出卖或交换其他东西。粮食税的实现,一方面从总体数量上减轻了农民的负担,另一方面消除了农民种粮越多交粮也越多的顾虑,鼓励农民多生产。随着农民手中粮食的增多,农民渴望用粮食交换他们需要的工业品,《关于交换的法令》的颁布解决了这个问题,即在流通和工业生产领域准许私人贸易。

新经济政策在工业方面的内容,是将战时共产主义时期全部收归国有的小企业恢复私有,并在大中企业实行租让制和租赁制。1921 年 5 月,苏维埃政府下达了关于发展小工业、手工业和合作社的指示,允许私人开办企业;某些小型企业宣布取消收归国有,发还私人所有。实际上,当时苏维埃国家宣布取消收归国有的,只是少数小型企业。国有化企业转移到合作社联合组织及私人手中的多半不是所有权,而是租用权。这是国家资本主义的一种形式。在工业管理体制方面,新经济政策改变了战时共产主义时期高度集权的"总管理局制",改而实行"统一领导,分级管理"的体制,企业的自主权相应扩大了,并在国家企业中实行了经济核算制。

恢复货币和发展贸易是新经济政策的又一个重要内容。1922 年 3 月俄共(布)第十一次代表大会审时度势,决定恢复商品货币关系,将最初的实物交换制改为现金贸易。商品和货币关系的恢复,也使在战时共产主义时期被宣布为非法的贸易复活起来。

新经济政策的实施,为比较迅速地恢复国民经济提供了有利条件。虽然 1921 年农业大歉收并出现严重的饥荒,但是农业还是恢复了,工业也开始复苏。到 1921—1925 年度,粮食总年产量已接近战前水平,1926 年的工业生产指数已高出了战前(1913 年)的水平。新经济政策的实施表明了苏维埃政权已允许资本主义的存在。这一变化的前提条件是,苏维埃国家和全部基本生产资料与生产工具的所有权都牢固地掌握在无产阶级手中。新经济政策不同于战时共产主义的强制政策,这一变化取决于社会主义国家过渡时期经济的特点。

1921—1922 年,苏维埃法不断发展,它的一般原则,法律部门和具体规范也成熟起来了,同时过渡时期社会经济关系的基本关系已经明确固定下来。1921 年 12 月召开的俄共(布)第十一次代表大会的决议提出了制定新的法律的任务。“在革命进程中和在政权机关实行的经济政策的基础上建立起来的新型关系,应当在法律中得到反映,并在诉讼程序中受到保护。”①代表会议还建议制定稳定的民事规范。1921 年 12 月底召开的全俄第九次苏维埃代表大会重申了上述决议。这些决议构成了苏维埃重要立法部门的法典编纂的依据。列宁极为重视法典编纂工作,对此作了许多原则性指示。

1922 年 5 月,第九届全俄中央执行委员会第三次会议通过了《苏俄刑法典》。1922 年 10 月第九届全俄中央执行委员会第四次会议通过了《俄罗斯苏维埃联邦社会主义共和国土地法典》(以下简称《苏俄土地法典》)、《苏俄劳动法典》、《俄罗斯苏维埃联邦社会主义共和国民法典》(以下简称《苏俄民法典》),批准了《苏俄法院组织条例》,会议建议修订 1922 年《苏俄刑事诉讼法典》。1923 年 2 月,全俄中央执行委员会主席团批准了新的刑事诉讼法典。1923 年 7 月第十届全俄中央执行委员会第二次会议通过

---

① 《苏联共产党代表大会、代表会议和中央全会决议汇编》(第 1 分册),中共中央马克思恩格斯列宁斯大林著作编译局译,人民出版社 1964 年版,第 593 页。

了《俄罗斯苏维埃联邦社会主义共和国民事诉讼法典》(以下简称1923年《苏俄民事诉讼法典》)和《苏俄森林法典》。

二、为经济发展提供广阔可能性的民法典

1922年《苏俄民法典》由第九届全俄中央执行委员会第四次会议于1922年10月31日通过,1923年1月1日起生效。在《苏俄民法典》制定之前,1922年5月22日举行的第九届全俄中央执行委员会第三次会议通过了《关于被苏俄承认、受苏俄法律保障和苏俄法院维护的基本私有财产权的法令》。该法令的颁布为制定《苏俄民法典》提供了一般原则的规定。其主要内容是:凡权利能力不受法律明文限制的一切公民,只要遵守法律规定的条件,都有权在苏俄及与苏俄有结盟关系的苏维埃共和国境内,从事商业、工业及法律允许的其他职业和工艺;在维护土地国有化和工业国有化的条件下,法律承认未收归市有的建筑物的所有权、在国有土地上建筑新建筑物的权利,以及对动产和不被禁止流通的货物的私有权;法律承认公民有权缔结法律所不禁止的各种契约。

1922年《苏俄民法典》在结构上分为总则、物权、债、继承4编共21章435条。第1编是总则,包括5章:基本原则、权利主体(人)、权利客体(财产)、法律行为、诉讼时效。总则规定,一切民事权利都受法律的保护,但民事权利的实现违背社会、经济目的的情形除外。全体公民不论性别、种族、民族、信仰、出身,均被赋予民事权利能力,非依法律不得剥夺或加以限制。但民事权利不得滥用,不得违反国家利益,凡违反法律目的或规避法律的行为一律无效。特别需要指出的是,该法典第3条明确规定:"土地关系、由雇佣劳动所产生的关系、家庭关系,都由专门法典规定。"①此后,苏联的各加盟共和国的民法中都排除了对上述关系的规定而另行制定专门的法典。第2编为物权,包括3章:所有权、建筑权、财产抵押权(后来在第3章中又增加了"在流转和加工中的商品的抵押权"内容)。该法典对物权的规定,把所有权分为国家、合作社和个人3种,但也允许在一定范围之内国家监督之下的私人经济存在。该法典规定保障土地、矿藏、森林、水流、公用铁路等一切经济命脉应为国家绝对所有;规定在维护社会主义公有制的

---

① 《1922年苏俄民法典》,郑华译,法律出版社1956年版,第3页。

同时允许私人所有制的存在,但其对象仅限于尚未停止私人流转的财产,并对私有财产的利用实行国家监督和法律限制,私营企业主主要在国家严格规定的范围内活动。第 3 编是债,共 13 章,债法总则包括一般原则、由合同所产生的债、财产租赁、买卖、交换、借贷、承揽、保证、委托及行纪合同、公司(合伙、无限公司、两合公司、有限责任公司、股份公司)、保险、不当得利之债、侵权之债。由于该法典制定实施于新经济政策之时,合同具有特殊重要的意义,因而有关合同的规定在该法典中占有很大的篇幅,对于合同的性质、种类、内容、订立的形式、履行的原则及不履行合同应负的财产责任等均做了规定。债编部分占 1922 年《苏俄民法典》全部篇幅的 2/3(第 106—415 条)。第 4 编是继承。该法典对继承方面的规定较为简略,共 20 条。该法典对继承人包括法定继承和遗嘱继承在内的范围和个人财产继承范围的规定都非常狭小。法定继承人的范围只限于被继承人的近亲,即被继承人的子女(包括养子女、非婚生子女、孙子女、曾孙子女)、配偶以及被继承人生前扶养已满 1 年的亲属或非亲属,为其法定继承人。在无上述继承人时,遗产归国家所有。1922 年《苏俄民法典》没有法定继承人顺序的规定,遗嘱自由处分财产也很有限,遗产继承的最高额为 10,000 万卢布(一直到 1926 年才取消此规定)。这主要是为了防止资本主义财产的积聚,限制资本主义发展而采取的一项措施。在继承方面,公民所继承的财产通常限于储蓄、住宅及其他生活资料。法定继承的目的在于实现社会主义社会家庭在经济上的消费职能,在同一继承顺序中贯彻男女平等、婚生子女与养子女和非婚生子女一律平等的原则。同时,该法典给公民以遗嘱的方式处理其遗产的权利,但其遗嘱不得违背法律的规定,不得剥夺法定继承人中未成年人、无劳动能力或丧失劳动能力而生活困难的人必须继承的份额。

1922 年《苏俄民法典》一方面不可动摇地巩固了十月革命取得的社会主义生产体制和社会主义所有制,维护和保障了社会主义和劳动群众在财产关系方面的利益;另一方面该法典为经济(包括私人经济)的主动发展提供了充分广阔的可能性,其目的是发展生产力,最终促进社会主义建设。

1922 年《苏俄民法典》第 1 条提出了社会主义民法的最重要原则之一,即在苏维埃社会中,民事权利的行使只有与其社会经济目的相一致时,才受到法律的保障。该法典规定,全体公民不分性别、种族、民族和信仰、社会出身均具有民事权利能力并且都享有广泛的权利;在苏俄境内可自由迁徙、选择法律所允许的职业、获得和转让财产、组织工业和商业企业。正如该法典指出的那样,赋予公民以基本的财产权利,是为了在国家机关、联合组织和私人之间,以及在私人与私人之间,建立一种正常的相互关系。就民法典的这一问题,列宁写道:"我们在这方面一直力求划清界限:什么是从法律上满足任何公民与目前经济流转有关的要求,什么是滥用新经济政策。这类现象在所有国家都是合法的,而我们却不想让它合法化。"①

1922年《苏俄民法典》第21—23条规定,土地及其矿藏、水流、铁路及车辆、飞机为国家绝对所有。这些客体以及公有的企业及其设备、船舶、建筑物、爆炸物品、军事装备、通信设施和某些其他客体等,禁止民事流转。

1922年《苏俄民法典》第30条的作用十分重要。此条规定,违反法律、规避法律,或明显有害于国家的契约一律无效,涉及由契约所产生的义务方面的第147条也专门规定了同样的原则。按照1922年《苏俄民法典》的规定,凡通过欺骗、威胁、暴力、迷惑等手段签订的契约,为贫困所迫签订的契约,臆造的和虚伪的契约,都是无效的。

1922年《苏俄民法典》在维护国家和合作社所有制、巩固社会主义阵地的同时,允许私人所有制的存在,但其对象仅限于尚未停止私人流转的财产,包括未被没收的房屋、商店和雇工未超过法定人数的工业企业等。私有财产的利用符合法律的规定才能保障其存在。这样的规定有利于限制私有制成长的可能性。例如,未经没收的房屋在一定条件下可以成为买卖对象,但是买主不得拥有1处以上房屋,在3年内卖主出卖的房屋也不得多于1处。在借贷契约方面,禁止利上加利。

苏维埃政权最初鉴于经济遭到严重破坏以及粮食供应状况严重困难,限制整个契约关系特别是买卖契约关系的范围,在当时不是由民事契约而是由有关行政法规调整粮食和其他食品的采购。然而1922年《苏俄民法典》制定时已过渡到新经济政策时期,契约已具有特殊重要意义,因此关于契约的规定占了法典的很大篇幅。

1922年《苏俄民法典》依据1922年5月22日的《关于被苏俄承认、受苏俄法律保障和苏俄法院维护的基本私有财产权的法令》确认的原则,承

① 《列宁全集》(第43卷),人民出版社2017年版,第249-250页。

认配偶或直系亲属对于价值在1万卢布以内的遗产，享有按遗嘱继承或法定继承的权利。不同之处在于，1922年《苏俄民法典》不再将转移给曾和死者同居的继承人的家常用品与家具的价值列入最高继承限额之内。1922年《苏俄民法典》还规定，继承开始后的6个月内无人提出继承权利时，该遗产为无人继承财产而收归国有。

1922年《苏俄民法典》在苏联各加盟共和国的民事立法中具有代表性。它的制定在于调整一定范围内的财产关系，保卫十月革命的成果、国家财产和劳动群众利益，对巩固和发展社会主义经济关系起了重要作用。1922年《苏俄民法典》一直施行到1964年才为新的《苏俄民法典》取代。

三、1918年《苏俄户籍、婚姻、家庭和监护权法典》

在苏维埃社会主义国家中，自十月革命以来婚姻家庭法是社会主义法律独立的部门法。1917年12月29日颁布的《关于解除婚姻关系的法令》明确规定离婚不受宗教机关的约束。在此之后，这一方面的社会关系仍然继续适用各加盟共和国的单行的婚姻、家庭及监护法典，这些法典与各加盟共和国的民法并存。同时也必须认识到，虽然苏维埃婚姻家庭法独立于民法存在，但并不是说苏维埃民法的一切规范一律不适用于家庭关系，如扶养关系就属于家庭法处理的社会关系的范围。总体来说，在家庭关系中适用民法规范带有个别性，并非广泛的应用。这些规范主要是适用于家庭财产关系，只有在家庭婚姻的立法中对于这个问题没有明文规定的时候，也只有在适用民法规范且不违背家庭法的基本精神时才适用。

苏维埃国家政权建立以后，立即开始用革命方法改造家庭关系。为了达到这个目的，首先必须消灭在革命前的立法中确定的家庭制度。新的苏维埃政府在成立不久即颁布两项婚姻法令，1917年12月19日全俄中央执行委员会和人民委员会先后颁布的《关于解除婚姻关系的法令》规定：只有民事婚姻才是婚姻在法律上的有效形式，并且规定了出生、死亡和婚姻的民事登记制度。同年12月20日颁布的《关于民间婚姻、子女及户籍簿的施行的法令》①废除了教会对家庭事务的管辖权，而把这种管辖权移交给

① 在《关于解除婚姻关系的法令》和《关于民间婚姻、子女及户籍簿的施行的法令》两道法令中，第一道法令没有注明日期，发表于工农临时政府公报第36期，第二道法令日期为1917年12月18日，发表于1917年12月20日工农临时政府公报第37期。

新建立的民事登记处和地方法院。它们对废除沙俄时代的婚姻家庭制度、排除宗教机构对婚姻家庭生活的干涉起到了关键作用,标志着苏维埃家庭立法的开始。这两个法令在苏维埃法律史中占有特殊地位,它们将沙俄时代的关于家庭及婚姻的立法进行彻底的清除,第一次制定了苏维埃家庭法及婚姻的最重要的、最主要的原则,在以后的苏维埃法律史中,这些原则基本未变。

可以说,上述1917年的两个法令在婚姻家庭关系方面奠定了初步的基础,确立了处理新型家庭关系立法的基本框架,但许多更为具体的问题尚未解决。1918年9月16日,第五届全俄中央执行委员会会议通过了一个内容广泛的《苏俄户籍、婚姻、家庭和监护权法典》。

《苏俄户籍、婚姻、家庭和监护权法典》解决了一个在理论及实践上极为重要的问题:只承认世俗婚姻的新法律;解决了革命前按宗教仪式缔结的婚姻有无效力的问题。《苏俄户籍、婚姻、家庭和监护权法典》明确规定,在新的革命法律颁布之前所缔结的婚姻,等同于登记的婚姻。基于宗教仪式的婚姻,对于结婚的双方,不产生任何权利与义务。①

《苏俄户籍、婚姻、家庭和监护权法典》规定,只有在户籍登记处登记的民事(世俗)婚姻,才产生配偶的权利和义务。特别强调,结婚登记由当地户籍登记处负责办理(以往由教区办理),不登记,婚姻就不成立。准备结婚的双方要用口头或书面形式向离自己住所最近的户籍登记处提出结婚申请,申请时要同时附上身份证书,双方自愿结婚的声明以及不存在法律所规定的不得结婚的情况的声明。婚姻非登记不能生效是这部法典所持有的鲜明立场。《苏俄户籍、婚姻、家庭和监护权法典》没有规定等待期,因而可以认为提出申请之日即可结婚。也正因为如此,它与1926年《苏俄婚姻、家庭和监护法典》不同,不是说在户籍登记处"办理婚姻手续",而是说在户籍登记机关"缔结婚姻"。这就赋予婚姻登记形成权利的特殊意义,在婚姻登记以后负责人就把登记内容宣读给结婚人听,并宣布他们的婚姻是合法缔结的,婚姻在载入登记簿之日起就算已经缔结。

《苏俄户籍、婚姻、家庭和监护权法典》规定男方婚龄是18岁,女方婚

① 参见[苏]Г. М. 斯维尔特洛夫:《苏维埃婚姻——家庭法》,方城译,作家书屋1954年版,第59页。

龄是16岁。结婚不再需要父母亲同意,子女只要到达婚龄,亲权就结束了。直系亲属不得结婚,全血缘或半血缘的兄弟姊妹间不得通婚。已经在登记婚姻状态中的人,或者处在虽未登记但已具有登记婚姻的效力状态中的人不得再结婚。婚礼要在当地专为举办婚礼而建立的户籍登记处公开进行,由登记处的负责人主持,在结婚登记簿上登记婚姻,并将登记证书内容读给双方当事人听,宣布婚姻已合法成立,同时根据申请签发结婚证书。结婚双方可以使用相同的姓,或采用新娘或新郎的姓,也可并用两人的姓。结婚不要求必须有证人。

《苏俄户籍、婚姻、家庭和监护权法典》中要求离婚的手续大为简化,而离婚也较易实现(双方请求离婚时,地方法院或户籍登记处就准许离婚。只一方请求离婚时,案件应经地方法院公开审理)。此外,该法典专章规定了关于婚姻无效及确认这种无效的手续。未婚夫妇间的不同宗教信仰不再是婚姻的障碍。该法典在十月革命后第一次规定监护问题,1917年法令废除了革命前的监护制度,而苏维埃监护制度的原则及具体方式都在1918年的《苏俄户籍、婚姻、家庭和监护权法典》中得以确立。

《苏俄户籍、婚姻、家庭和监护权法典》是第一部苏维埃—社会主义类型的法典。这部法典是在马克思主义思想影响下制定的,特别是受到恩格斯的经典著作《家庭、私有制和国家起源》一书理论的影响,因此具有一定的革命浪漫主义色彩。苏维埃法学理论认为,婚姻在以前是反映私有财产利益的资产阶级社会制度,现在则是建立在爱情与相互尊重的唯一基础之上。资产阶级家庭是反映整个国家与社会全部矛盾的缩影,现在作为“社会经济单位”而将完全予以废弃。新的婚姻家庭制度摆脱了宗教的干预,实现了婚姻自由和家庭关系中的男女平等,提高了非婚生子女的地位,这些无疑都是历史的进步。但从另一个角度而言,过于激进的改革措施导致了一个时期的家庭观念淡薄,从而也影响了苏维埃社会家庭的稳定。这一点在1926年《苏俄婚姻、家庭和监护法典》中显得尤为突出。

四、有利于农业经济发展的土地法典

1922年《苏俄土地法典》于1922年10月30日第九届全俄中央执行委员会第四次会议通过,同年12月1日起施行。它包括了1922年5月《劳动土地使用法》的内容。《苏俄土地法典》由基本原则,以及关于劳动土地使用、关于城市土地和国有地产、关于土地调整和移民3编组成。

1922年《苏俄土地法典》巩固了十月革命在土地关系方面获得的成果,它永远废除了土地、地下蕴藏、水流和森林的私有权。第2条规定:“苏俄境内的全部土地,不论由谁来管辖,都属国家所有,不得为私人流转的标的物。”因此,全部农业用地为统一的国有地,由农业人民委员部管理,它们的使用者是劳动农民和各种联合组织、城市的移民、国家机关和国家企业。买卖、赠送、抵押土地以及类似的行为是不允许的,违反者要被追究刑事责任,这种契约是无效的,土地由国家收回。

实际上,《土地法令》早已宣布了土地国有化,这是苏维埃政权的一项基本政策。但是,关于全部土地国有化问题,在不同的国家有不同的解决方法。当时,在欧洲一系列社会主义国家中,由于历史上的原因,农民长期掌握小块土地私有权,私有传统在这些国家根深蒂固,因此,东欧各社会主义国家并没有在建国初将全部土地收归国有,只是没收大片土地所有者的土地,而且将其大部分交给农民,使农民具有有限的私人所有权。

《苏俄土地法典》规定,土地的劳动使用权是没有期限的,只有依照法律才能缩短期限。这一规定,体现了苏维埃保障土地关系的稳定性的政策,有利于发展农业生产力和照顾劳动农民的利益。

按照《苏俄土地法典》的规定,农民可以自由选择土地的使用形式:按村社平均划分、按地段(隔离地、单独田庄和小村耕区)划分、共同耕作(共耕社、劳动组合、合作社)。农民可以按自己的意愿使用土地,但是必须符合土地的经济用途和不违背法律上的限制,不得实际损害邻近土地使用者的利益。该法典还肯定了不问使用者性别、种族、民族和信仰如何的土地使用者的平等地位。

《苏俄土地法典》允许劳动农民因自然灾害、没有或缺乏劳动力而暂时无力耕种土地时,出租全部或部分土地,出租期限不得超过1个轮作期,经乡执行委员会批准可以延长期限,但不得超过2个轮作期(在实行3个轮作制地区,出租年限为3年)。但是,只允许劳动出租,任何人不得通过租赁取得超过其全家耕种能力的土地。禁止在租来的土地上使用雇工劳动,禁止转租。

《苏俄土地法典》规定,只有在农户的劳动或家具不能适时完成必要的农活时,才可以使用辅助性雇工劳动。但是,“使用雇工劳动的农户仍旧要保持自己的劳动方式”。也就是说,农户所有具有劳动能力的成员要在自家的土地与雇工同样劳动。在新经济政策条件下,苏维埃国家不得不允许富农出租土地和雇工劳动。1925 年 4 月颁布了《关于农户使用辅助性雇工劳动的条件暂行规定》。它规定雇主和雇工的协议应当确定雇佣的所有基本条件,职工会可代表雇工签署协议,劳动条件不得低于《关于农户使用辅助性雇工劳动的条件暂行规定》公布的标准。协议应包含雇工每周工作的天数和节假日休息的天数,雇工工资不得低于本地的最低工资限额,为雇工提供必要的保险(在 1 年内受雇 3 次以上)等。

在“关于共同耕作”一章中,规定每一个农村合作社无论采用何种土地使用方式,都可以通过联合劳动和共同使用生产工具从事土地耕作。这一章的规范表明了《苏俄土地法典》有力地保证农业的社会主义生产方式得到优先发展。该法典还规定,公共的即集体耕作的土地应予保持而不得减少,甚至可以超出规定的面积。其他土地使用者都不享有这样的特权。给集体以优惠照顾并没有损害其余所有农户的实际利益,同时还使他们逐步确信集体经营是一种行之有效的办法。

1922 年《苏俄土地法典》还就关于土地调整工作的程序、关于农民的宅地问题、关于农民事务管理机关等一系列问题,规定了一些基本原则。

这部土地法典在坚持土地国有化的前提下,建立了正确的、稳定的、合乎经济与生活条件的土地使用制;在农民自由选择土地使用形式的基础上,规定了对土地关系的调整。它有利于发展农业经济、保障工农联盟。正如列宁指出:“土地问题,即如何安排绝大多数居民——农民的生活问题,是我们的根本问题。”从十月革命的第一天起,苏维埃政权的土地立法就把“民所绝对必需的、能够保证农民同工人的联盟的一切主要东西,都规定下来了。从那个时候起,不管我们在连年战争的这五年中是多么艰苦,我们从来没有忘记使农民在土地方面得到最大的满足”①。

五、劳动立法的进程

第一部《俄罗斯苏维埃联邦社会主义共和国劳动法典》于 1918 年 12 月由司法人民委员部颁布。为了适应新经济政策的需要,全俄中央执行委

---

① 《列宁全集》(第 43 卷),人民出版社 2017 年版,第 249 页。

员会于1922年10月30日通过了新的《苏俄劳动法典》。这部劳动法典以后经多次修改和补充,直至1972年4月1日才被第三部《苏俄劳动法典》取代。

1917年10月29日(俄历)通过并于1917年10月30日(俄历)公布的《八小时工作制的决议》,表明了苏维埃俄国是世界上第一个规定8小时工作制以及工人和职员均享受半薪休假的国家。

在苏维埃国家成立的最初几个月里,就工人和职员的社会保险进行了根本改革,实际上实现了1912年布尔什维克普拉加代表会议决议首次提出的关于社会保险的基本原则。

1917年12月11日(俄历)全俄中央执行委员会通过的《关于失业保险条例》规定,凡是按照规定程序进行登记的失业职工,可以得到当地中等工资水平的失业补助。1917年12月30日(俄历)全俄中央执行委员会通过的《关于疾病保险的法令》,将疾病保险扩大至一切雇佣劳动者。此法令规定,孕妇产假为16周(产前、产后各8周),规定哺乳期女工的工作日为6小时并可进行1次工间喂奶。

1918年1月27日人民委员会通过了《关于职业介绍所的法令》。它规定只有经过地方职工会联合会所建立的职业介绍所的介绍,才能接受此人参加工作,取缔了一切私人和中间人的雇佣劳动事务所以及类似机构。

1918年《苏俄劳动法典》由司法人民委员部、劳动人民委员部和全俄工会中央理事会共同起草制定。由序言、9章内容和条款的特别附件构成。序言部分宣布该法典的各项原则普遍适用于企业、机关和事业单位领取工资的人员,也适用于私人雇佣的劳动人员。一切同该法典相抵触的决议、劳动协议均为无效。1918年《苏俄劳动法典》实行普遍义务劳动制,不劳动分子将被强制投入社会公益劳动。这一规定是在国内战争年代吸收劳动力的必要措施,体现了战时共产主义政策的特点。1918年《苏俄劳动法典》从立法上肯定了苏维埃政权在劳动关系方面的巨大成果。一切工厂企业实行8小时工作制,夜班7小时,未成年工人以及对身体有害的工种为6小时。规定连续工作半年可休假2周,连续工作1年的休假1月,一般情况下不准加夜班。从保护妇女和未成年人出发,他们不上夜班,不加班,不得从事繁重的体力工作或对健康有害的工作。重申了孕妇在产前和产后各享受8周带薪假期。规定了同工同酬原则，根据不同性质的工种和不同的工作条件支付工资。1918年《苏俄劳动法典》有专门一章涉及提高劳动生产率的问题。强调了企业内部规章是保证劳动生产率的手段，提出了要加强劳动纪律。该法典有专门条款提出了工会在决定劳动条件、生产定额、内部规章方面应起积极的作用。对职工工会选举产生的劳动检查机关职权、领导关系，该法典也都作了规定。1918年《苏俄劳动法典》以社会保障取代了革命初期实行的社会保险。社会保险的资金来自企业、机关以及私人企业主交纳的钱款。该法典制定时几乎所有的工业都已国有化，实行了高度的集中管理制度，企业不再有财务自主权，因此由国家基金提供社会保障资金的来源。

1922年《苏俄劳动法典》由总则篇和分则篇组成，分为17章，共198条。它重申了第一部劳动法典的基本原则。它同1918年《苏俄劳动法典》的不同之处有：

1922年《苏俄劳动法典》废除了全民义务劳动制，改为实行自由雇工制度。详细规定了签订劳动契约的程序，完成工作的办法和赔偿。按照1922年《苏俄劳动法典》的规定，职工工会不仅可以作为集体契约的一方，而且在劳动纠纷和日常生活的一切问题上均代表职工。凡是低于劳动法典、集体契约或内部规章规定的劳动条件的协议，凡是限制劳动者政治和民事权利的协议，均为无效。

1922年《苏俄劳动法典》取消了适应国有化和战时共产主义政策的国家社会保障制度，重新恢复了社会保险体制，因为新经济政策的实行促使企业的财政经济状况有了好转，所以规定保险费由使用雇工劳动的企业和私人支付。

1922年《苏俄劳动法典》就保护劳动者的利益作出了具体的规定，确保雇工不受私人企业主的欺压。第49条明确规定，如果受到雇主或其家庭成员的粗暴待遇，雇工随时有权解除契约。这一规定明显地保护了劳动者的权利。因为私营企业主是侵犯雇工权利的最大隐患，所以该法典的制裁锋芒主要是针对私人企业主的。保护私营企业中工人的利益，使其不受资本主义的剥削，也是修改1918年《苏俄劳动法典》的主要原因之一。

六、苏俄刑法典

1922 年《苏俄刑法典》于 1922 年 5 月 24 日由全俄中央执行委员会批准,同年 6 月 1 日施行。该法典由总则 56 条和分则 171 条组成。此后,依据 1924 年《苏联和各加盟共和国苏联刑事立法纲要》(以下简称 1924 年《刑事立法纲要》),苏俄于 1926 年又通过了新的刑法典(1926 年《苏俄刑法典》)。

起草和颁布刑法典时,要解决的一个特别重要的问题是它的基本原则,即刑法典是否应当建立在资产阶级刑法理论的基础上,以资产阶级法典为样板,与资产阶级法典基本相同;还是必须与资产阶级法典有原则区别,包含新的、本质上具有十月革命创立的苏维埃刑法的规范。斯图奇卡在自己的《司法人民委员部的革命任务》一文中写道,只有创制共产主义制度的法典,或者至少是创制共产主义过渡时期的法典,编纂刑法才有意义。他还强调指出,对于旧的法典,必须彻底地、毫无保留地加以摧毁,我们要运用新法典和现实生活每天给我们提供的那些创制法律的材料。

"左翼"社会革命党人曾于 1917 年 12 月到 1918 年 3 月(俄历)占据了司法人民委员部的领导地位,他们企图强行通过《俄罗斯革命法典》。该刑法典草案为资产阶级法律原则死灰复燃提供了机会。Г. В. 什维科夫对这一"革命法典"作了详尽的分析,认定它的内容来自 1903 年《俄国刑法典》,草案中的大多数条文,其罪状和 1903 年《俄国刑法典》完全一致,新列入的 36 个条文,一半以上来自资产阶级刑法典。Г. В. 什维科夫写道:"左翼"社会革命党人在革命辞藻的掩护下,企图贩卖资产阶级法律来代替制定新的社会主义刑法典。

1920 年和 1921 年,在苏维埃法律出版物上公布了《苏俄刑法典》的两个草案。第一个草案是由司法人民委员部总咨询处的专门委员会制定的,实际的成员是仍保留着资产阶级世界观的法学家们。草案自始至终反映了资产阶级社会学派所特有的观点。草案分则某几章的条文几乎逐条逐句抄自 1903 年《俄国刑法典》,完全忽视了苏维埃刑事立法,甚至没有提到苏维埃政权。另一个草案由 1921 年成立的苏维埃法学研究所拟定。这个草案的出发点与苏维埃社会主义法格格不入,因此也遭到了否认。在 1922 年 1 月召开的全俄苏维埃司法工作者第四次代表大会上,Н. А. 切尔留恩恰凯维奇在关于司法人民委员部制定的刑法典草案的报告中说："……对那个草案(指前面提及的第一个草案),我们连一个字也没有采用。"在提及苏维埃法学研究所的草案时则说:"……我们也没有以它为基础,而是走自己独立的道路。"

1922年《苏俄刑法典》共13章227条,其中总则5章56条,分则8章171条。第5条的规定体现了该法典的任务,是在法律上保卫劳动者国家,防止各种犯罪行为及社会危险分子的侵害,并对破坏革命秩序的人适用刑罚。第6条对犯罪所下的定义是,凡威胁苏维埃制度的基础及工农政权在向共产主义过渡时期内所建立的革命秩序的一切有社会危险性的作为或不作为,均为犯罪行为。苏维埃国家公开承认自己刑事政策的阶级性,它旨在保护国家和劳动者的利益,刑事政策的锋芒指向资产阶级分子——过渡时期犯罪的主要体现者。苏维埃国家摒弃了使犯罪者受折磨的刑罚目的。1922年《苏俄刑法典》规定了刑罚的目的——预防犯罪分子和其他社会不稳定分子的新的违法行为,通过劳动改造使违法者适应于共同生活的条件,使犯罪分子不能继续实施犯罪。犯罪分子具有故意或过失造成的罪过,才是适用刑罚的必要条件。1922年《苏俄刑法典》规定了从极刑到公开训诫的一整套灵活的刑罚体系。

1922年《苏俄刑法典》高度注意同私营工商业者滥用新经济政策的行为作斗争。有的条款对承租人浪费根据契约获得的国家财产的行为施加惩戒。恶意地利用与国家组织签订的契约以及有害于国家的不正当行为,也要受到惩处。该法典的许多条款规定了雇主违反劳动法规的制裁。该法典还规定了对经济领域其他犯罪的惩处。凡破坏国家专营法规,人为地抬高市价或恶意地不向市场发货,以牟利为目的伪造行销的产品等犯罪行为一般判处长期剥夺自由。

1922年《苏俄刑法典》列入了关于类推的规范。在1922年1月26—30日召开的全俄苏维埃司法工作者第四次代表大会上,有人在关于刑法典草案的报告中称类推"是基本原则之一"。库尔斯基在第九届全俄中央执行委员会第三次会议上关于刑法典的报告中认为类推是"绝对需要的"。苏维埃司法机关的领导者解释说:第一部苏维埃刑法典包含类推的规范,是由于不可能在法典中把可能出现的各种形式的犯罪活动都包括进去。当时认识到,人民委员会和全俄中央执行委员会主席团不可能那么及时地对生活中发生的所有现象作出反应。疏漏总会是有的,为了使危害现象得以消除,必须使法院有权干预,而不能只等待规范的正式颁布。但是,从刑事政策发展看,应该指出类推制度是在特定的历史时期被列入刑法典的。在苏维埃国家建立的初期,允许类推存在是历史的必然,是政治的需要。过渡到新经济政策时期后,出现了一些新的阶级斗争形式,不可能由刑法典事先对它们作出规定,因而确有必要把类推规定在刑法典规范之中。类推制度在苏维埃刑法的发展过程中起过积极的作用,为司法实践借助于类推填补刑法的空白提供了法律依据。然而,就是在上述指出的年代里,类推也还是被当作一般规定中的例外情况。1926 年《苏俄刑法典》也保留了类推制度,因为该法典通过时阶级斗争正处于紧张的形势下。在 20 世纪 30 年代中期对类推问题进行了一场论战,在 1938 年全苏法学研究所召开的第一次科学大会上,许多苏联刑法学家提出了从刑事立法取消类推的问题。他们的理由有:类推制度同苏联的宪法和法律稳定性是不相容的,因为通过类推实际上是在建立新的刑法规范;类推并不是苏维埃刑法所特有的制度,早在采用它的时候就明确是一种暂时的现象;根据类推适用法律,往往造成审判实践中对社会主义法制的破坏。不过,时任苏联总检察长的 А. Я. 维辛斯基(Андрей Януарьевич Вышинский)坚决反对取消类推的建议。"不可能制定把一切可能的犯罪情况都作出规定的那种刑法典"①。在 1953 年,维辛斯基还曾指责 1952 年出版的刑法总则教科书,"没有声明我国刑事立法需要保留类推"②。关于类推的争论,在"二战"后重新成为法律出版物的讨论对象。这一争论最终由立法者解决了。1958 年 12 月通过的《苏联和各加盟共和国刑事立法纲要》(以下简称 1958 年《刑事立法纲要》)已取消类推。

1922 年《苏俄刑法典》首次系统地表述和整理了苏维埃社会主义刑法的各种规范,促进了社会主义法制的发展和加强。在列宁领导下制定的这一刑法典,对苏维埃刑事立法的进一步发展和完善,以及苏维埃刑法科学

---

① [苏]А. Я. 维辛斯基:《法学理论战线上的状况》,苏联国立大学法律出版社 1937 年版,第 32 页;《联共(布)第十八次代表大会和社会主义法律科学的任务》,载《苏维埃国家与法》1939 年第 3 期。

② А. Я. 维辛斯基:《苏维埃法律科学的几个问题》,载《苏维埃国家与法》1953 年第 4 期。

的发展都具有十分重要的意义。1922 年《苏俄刑法典》总则和分则中的各项基本原则和许多规范，经过实践的检验，得以修改和完善，后来被列入全苏的刑事立法和各加盟共和国的刑法典之中。

第三节　早期法典的评述

20 世纪 20 年代初进行的法典编纂工作对于苏维埃国家的经济和苏维埃法的发展具有重大意义。苏俄制定的各部法典并非简单地将苏维埃国家已颁布的法律加以系统化，而是为每一个部门法确立了一般原则和制定了许多新规范，并且将它们定型化。这一时期颁布的法典都具有一定的稳定性。1923—1925 年曾对 20 世纪 20 年代初的所有法典作了修改，但是改动的幅度不大，一般说来，改变的是各部法典的一些具体规范和制裁方法，各个部门法的一般原则均未变动。这说明了，过渡时期社会经济关系的特点在各部法典中获得了十分深刻和充分的反映。

应该肯定地说，20 世纪 20 年代初颁布的苏俄法典，基本上体现了它们作为从资本主义向社会主义过渡时期苏维埃法的特征和社会主义法典的特点。固定在民法典、土地法典、劳动法典中的社会主义革命的主要成果——基本生产资料和生产工具的公有制，运用阶级分析观点对待犯罪和惩罚及司法审判（这主要体现于刑法典和诉讼法典），有重大的现实意义。这些原则说明苏维埃法在本质上是社会主义的新型法，同剥削阶级国家的法有着本质区别。1922—1923 年法典的制定者们是用列宁关于社会主义建设学说武装起来的，这一学说不仅反映出了从资本主义到共产主义过渡时期的特点，也反映出苏维埃国家未来的社会主义发展的远景。

20 世纪 20 年代初，苏俄法典的编纂是此后苏联的各加盟共和国广泛开展法典编纂的基础和开端。一些加盟共和国把苏俄的法典作为制定本国法典的依据，或者在保留本民族不同特点的同时，运用苏俄法典的基本原则。乌克兰除了有与苏俄各部法典同名称的法典外，还制定和通过了全苏统一适用的教育法典。白俄罗斯、乌兹别克斯坦、土库曼斯坦等共和国在本共和国境内普遍推行苏俄法典，只是为了适应本民族的特点修改了苏俄法典中的某些原则。在哈萨克斯坦和某些中亚地区的加盟共和国,地方经济的特点导致了特殊立法部门的出现——水利法。它调整使用灌溉系统方面的各种关系。

20世纪20年代初,苏俄各部法典的编纂是新型社会主义法的原则、部门、制度与规范的创立和形成过程中,最重要和最有影响的一个阶段。

但是,历史的发展并不是平坦的直线。在20世纪20年代末、30年代初曾一度出现过对所编纂法典的否定浪潮。其起因是,1924年《刑事立法纲要》颁布之后,各加盟共和国依据该纲要制定或修改本国的刑法典;当时法律出版物或一般性出版物发表了尖锐批评的意见,并且建议进行最根本的改革,基本上有两种倾向。

E. B. 帕舒卡尼斯(Евгений Брониславович Пашуканис)认为法律是资产阶级的制度,在谈到当时的苏维埃刑事立法时写道:"只要保留着实质性的刑法典的形式,术语的改变在颇大程度上就会是纯粹字面上的变革……刑法典贯穿了罪罚相当的法律原则。"他接着说,那种认为"似乎可以把某些犯罪放在天平秤上称称它们的轻重,并用监禁几年和几个月来表示"的想法是十分荒唐的。他还认为"什么'犯罪构成''有罪'的概念、'责任能力'的种类、'共犯中帮助犯、教唆犯行为之间的细微区别'等,以及法典本身都应该取消,而且法律形式的消灭不仅要冲破资产阶级社会的束缚,还要彻底肃清资产阶级社会的一切残余"。

克雷连科在1930年出版的《苏联法院和法》中写道,他没有表示反对1922年《苏俄刑法典》和1926年《苏俄刑法典》的结构,那是因为他和他人一样没有经过辩论就不加批判地接受了,现在看来当时是犯了错误。克雷连科还进一步解释说,这是由于当时当了旧的资产阶级传统思想的俘虏。他赞扬了1919年《苏俄刑法指导原则》,批评1922年《苏俄刑法典》是一部法律规范汇编。针对该法典规定的法定刑,克雷连科批评道,对量刑尺度,即确切的犯罪构成和法律事先宣布对每一种犯罪的刑罚的准确幅度,应当予以否定。按照谁应该得多少的事先规定来衡量刑事制裁的原则,不是别的,而是把交换关系的理论硬套到刑法中。

上述实质上是以虚无主义态度对待苏维埃刑事法律的言论,遭到了尖锐的原则性的批评。在1929年2月第六次检察、司法和侦查工作者代表大会上,很多与会者都对上述言论发表了严肃的、坚持原则的批驳意见。

苏联最高法院院长 A. H. 维诺格洛夫（Александр Николаевич Винокуров）在法律学术刊物和一般刊物上，在各种会议上发表的批评意见尤为全面。他申明，革命法制应当贯穿在整个法律中，认为刑法典分则是被禁止的各种行为的一览表。每一个社会成员都应懂得，什么样的社会关系受到国家保护，哪些行为应予以禁止和会受到制裁。按照维诺格洛夫的看法，各种犯罪的名目应当尽可能详尽无遗，而不应当是举例性的，犯罪构成应当准确。所谓量刑尺度，即刑罚应与所实施的行为相符合，似乎是反映商品关系的资产阶级谎言的论点，也受到了严肃认真的批评。维诺格洛夫写道："等价原则不仅与商品关系相联系，而且是社会主义社会和从资本主义向共产主义过渡的时期所固有的一个原则。这个原则，使整个法律思想体系，也使刑法为之生色。"

1937 年，克雷连科对自己的错误论点，在出版物上进行了毫无保留的自我批评。他写道，对于确切和详尽地规定各种犯罪的所有法规，法院必须绝对遵守，不能只有大体上的规定。准确的犯罪构成的原则，对实行社会主义法制具有非常重要的意义。法定刑也是实行法制的一种手段，他还强调指出，依据犯罪行为的性质和轻重程度，以及犯罪人的危险性严格区分刑罚方法的意义，这在 1922 年《苏俄刑法典》和 1926 年《苏俄刑法典》中已作了规定。接着，他承认，否定量刑尺度及把刑法典分为总则和分则，否定明确的犯罪构成，是错误的和有害的主张。

在 1922 年《苏俄刑法典》，尤其在 1924 年《刑事立法纲要》颁布以后，一些坚持社会学派观点的学者曾提出过关于刑事立法改革的建议。皮昂特科夫斯基在 1929 年写道：帝国主义时期的刑法形式部分地可以是过渡时期（从资本主义向共产主义过渡的时期）刑法形成的原型。因此，帝国主义时代的资产阶级刑法理论（刑事社会学派）也应当引起苏维埃刑法理论家们的特别注意。他认为，要求刑罚与犯罪行为的客观轻重程度相符合，从本质上而言，是与苏维埃刑法格格不入的；苏维埃刑法中罪罚相当的强制形式代表着"资产阶级的"刑法形式，社会保卫方法是罪罚不相当的刑法强制形式，它反映的则是无产阶级专政的特殊法律制裁形式。

A. H. 特拉伊宁（Арон Наумович Трайнин）在 1929 年写道，必须遵守各种犯罪的详尽名目的规定是一种偶像崇拜；把分则奉为必须遵行的规范的总和，就必然会束缚法院；他建议坚决摒弃反映商品关系的罪罚相当形式和量刑尺度,建议取消分则而恢复到规定一般性禁令的体系。

对苏维埃刑事立法改革进行的长期而激烈的争论,实质上是对苏维埃刑法的内容、形式和意义及其制度的争论。这场争论没有导致改革,因为不存在任何强有力的根据来说明应颁布新的立法纲要和刑法典。

1924 年《刑事立法纲要》是在争论开始前 3 年通过的,而具有全联盟性质的《国事罪条例》和《军职罪条例》是在 1 年以前才通过的。依据 1924 年《刑事立法纲要》修订、颁布的 1926—1928 年各加盟共和国刑法典只是在争论开始前或开始时才通过的。本来理论界应当探讨的问题,是深刻揭示这些法律的内容,以及在适用这些新法律的实践的基础上完善这些法律的某些规范。不过,也不能够说这场争论是徒劳无益的,它使人们确实看清了那些实质上取消或贬低社会主义法制一些极其重要原则的观点是不科学的和有害的。

争论完全证实,苏维埃刑法的制度,刑法典分则中的罪行和法定刑,是社会主义刑法的形式,并在有效地发挥着它们的作用。

苏维埃政权初期的法律,包括列宁直接领导参与下制定的法律,反映着党和国家的政策。把 1922 年《苏俄刑法典》和 1924—1928 年的法律说成是资产阶级法律的翻版,是毫无根据的、十分荒谬的。

通过争论,人们对整个苏维埃刑事法律及其具体规范更加尊重了,认为这些规范必须绝对遵守,不得违反。争论的结果为刑事立法的改革进行严肃认真的准备工作扫清了道路,从而使经受了生活检验的立法的一切规范得以切实地保留下来。

第六章　联盟立法

1917 年伟大的十月革命胜利后诞生的第一个劳动人民的国家——苏俄。苏维埃联邦社会主义联盟,即苏联作为一个联邦制的国家是 1922 年 12 月 30 日建立的。

第一节　苏联的建立

一、历史发展的要求

在十月革命胜利后的国内战争和外国武装干涉的年代,各个苏维埃共和国结成了军事政治联盟,当然它在一定程度上也带有经济联盟的特点。1919—1920 年,列宁提出了苏维埃共和国结成紧密联盟的思想。从当时的条件看,实现列宁的这一思想已势在必行。所有苏维埃共和国的经济和政治制度,无论在内容或形式上,都属于同一类型,有着共同的目标和任务,各民族劳动群众的根本利益是一致的。从国际环境看,苏维埃国家正面对比自己强大得多的整个资本主义世界,经受着国际资本主义的压力,各自依靠分散的力量是难以单独存在下去的。从历史上看,各苏维埃共和国境内的各族人民同俄罗斯民族人民有着悠久的经济文化的交流,共同进行过反对地主资本家、外国奴役者的斗争。从经济上而言,沙俄的殖民政策已经把许多地区变成工业中心的原料供应地,可以说在某种程度上已经形成一个统一的经济综合体,因此为了恢复受到破坏的生产力,为了社会主义建设,需要紧密的经济联盟。

列宁指出,必须“力求达到愈来愈紧密的联邦制同盟”①。1921—1922年,各苏维埃共和国的关系更加密切,从1920年年底起,各苏维埃共和国开始同苏俄订立相应的条约。乌克兰苏维埃社会主义共和国第一个同苏俄签订结成军事—经济联盟条约。最重要的管理部门:陆海军、外贸、劳动、交通、邮电等人民委员部及最高国民经济委员会联合起来了。1921年1月,白俄罗斯苏维埃社会主义共和国与苏俄缔结了同样的联盟条约。之后,阿塞拜疆、亚美尼亚、格鲁吉亚也都与苏俄订立了联盟条约。

1921—1922年,取消了各共和国设置的税卡,各共和国之间的贸易被认为是国内贸易而不是对外贸易。规定了共同的财政制度,编制了总的预算。在所有共和国建立了统一的邮电、交通和立法体制。按照1920—1921年的条约,苏俄的法律和条例,经其他共和国同意后可在其境内施行。通常由各苏维埃共和国中央执行委员会、人民委员会及人民委员部以其本身的决议,批准苏俄的有关法规,在自己境内具有法律效力,但根据特殊条件的要求可作必要的改动。各苏维埃共和国制定本国新法规时,也全面地参考和利用了苏俄的立法经验。

二、对斯大林模式的批评

建立统一的联盟国家的全部必要条件,到1922年下半年已经准备就绪。列宁认为联邦制是共和国国家联盟最适宜的形式。但是,他没有规定这种联邦制的具体模式。在1922年夏讨论成立苏联的问题时,对共和国联合的形式提出了各种各样的方案。有的建议联邦采取临时性联盟的形式,不需要统一的政府和军队等。有的认为,加入联盟的每一个共和国,包括自治共和国在内,都是联盟的独立成员,因此,建议取消已经成立的俄罗斯联邦及南高加索联邦。也有人提议把乌克兰、白俄罗斯及南高加索各共和国列为俄罗斯联邦内享有自治共和国权力的成员。这些建议都背离了列宁关于民族建设的原则。

1922年8月,俄共(布)中央组织部设立了特别委员会,其任务为研究

---

① 《列宁选集》(第4卷),人民出版社1972年版,第273页。

各独立共和国相互关系的形式。关于共和国联合的提纲草案是由斯大林起草的。这个草案的出发点是,将所有独立的苏维埃社会主义共和国(包括乌克兰、白俄罗斯、格鲁吉亚、阿塞拜疆、亚美尼亚)都列为俄罗斯联邦内享有自治共和国权力的成员。这个反映“自治化”思想的草案背离了列宁关于各共和国在联邦内一律平等的原则,是错误的。这个草案的错误就在于,它不是同当时特别危险的民族沙文主义作斗争,反而为其发展提供了条件。列宁坚决反对斯大林提出的草案和“自治化”思想。在致俄共(布)中央政治局委员们的信中,列宁建议抛弃“自治化”思想,在完全平等的基础上实现共和国的联合,成立由各独立共和国组成的联邦制形式的新国家——苏维埃社会主义共和国联盟。这样,列宁不仅提出了各苏维埃共和国建立国家联盟的思想,还规定了这种联合的原则和形式。

三、水到渠成的苏联

1922年10—12月,所有苏维埃共和国的机关、苏维埃代表大会、党的代表会议、无党派人士会议、工人与农民会议,都对成立苏联的问题展开了全面和普遍的讨论。列宁的思想到处都受到热烈的赞同。12月上半月,乌克兰苏维埃第七次代表大会、白俄罗斯苏维埃第四次代表大会、南高加索联邦第一次苏维埃代表大会先后召开,都一致通过了《关于成立苏联的决议》,同意《苏联宪法基本要点》并选出了各自的出席苏联第一次苏维埃代表大会的全权代表。

1922年12月23—29日举行全俄工兵代表苏维埃第十次代表大会,讨论了成立苏联的问题,一致通过了《关于成立苏维埃社会主义共和国联盟的决议》和《关于俄罗斯联邦以平等共和国的资格加入苏联的决议》,并一致赞同根据列宁指示起草的《苏维埃社会主义共和国联盟成立宣言》(以下简称《苏联成立宣言》)和《苏维埃社会主义共和国联盟成立条约》(以下简称《苏联成立条约》)。其他苏维埃社会主义共和国准备出席苏维埃社会主义共和国联盟第一次苏维埃代表大会的代表参加了全俄工兵代表苏维埃第十次代表大会。列宁非常关心苏联的成立,因病未能参加大会,但他抱病写好了演说稿,强调了遵守各苏维埃共和国平等和自愿的原则,旗帜鲜明地表示反对沙文主义,谴责了“自治化”思想的错误。与此同时,列宁认为各苏维埃共和国在军事和外交方面必须无条件地实行联合。

1922年12月30日召开苏维埃社会主义共和国联盟第一次苏维埃代表大会,大会通过了《关于成立苏维埃社会主义共和国联盟的决议》,批准了《苏联成立宣言》及《苏联成立条约》,通过了制定苏联宪法的决议,选举了苏联中央执行委员会。当时,苏联由4个加盟共和国组成,即"俄罗斯、乌克兰、白俄罗斯、南高加索苏维埃社会主义联邦共和国"。

《苏联人民委员会条例》是1923年制定的,同年11月经苏联中央执行委员会批准实施。1923年还制定了《人民委员部总条例》《全联盟人民委员部》《联合人民委员部条例》。

第二节　宪法

一、1924年《苏联宪法》

1924年《苏维埃社会主义共和国联盟宪法》(以下简称1924年《苏联宪法》)巩固了苏联的成立,为联盟和加盟共和国权限的划分提供了法律依据。

1923年1月初,苏联中央执行委员会为了执行苏维埃社会主义共和国联盟第一次苏维埃代表大会的决议,设立了宪法委员会。该委员会的任务是,在各加盟共和国对《苏联成立条约》提出的修改和补充意见的基础上,着手起草苏联宪法。在宪法委员会工作的第一阶段,出现了苏联成立过程中已出现过的分歧。1923年4月召开的俄共(布)第十二次代表大会解决了宪法起草中的分歧意见,通过了根据列宁的民族建设原则起草的关于民族问题的特别决议。大会建议,在建立苏联中央政权机关时,应保证让所有加盟共和国相互之间,或对于中央政权的权利和义务的平等。在最高机关体系中,建议在平等的原则上创建一个包括所有民族共和国和民族省的特别代表机关;在执行机关的组成上,要保证各加盟共和国代表能够真正参加。在规定各加盟共和国的相互关系时,应当让它们享有广泛的财政权和预算权。这些是完善和促进宪法委员会工作的基础。大会之后,苏联中央执行委员会根据俄共(布)中央的建议,成立了以加里宁为主席、各加盟共和国中央执委会代表参加的扩大的新宪法委员会。1923 年 6 月举行的俄共(布)中央委员会第四次全体会议决定,在苏联中央执行委员会设立与联盟院并列的第二院——民族院,并规定了它的组成、权力和职权范围,全会还规定了人民委员部的组成,扩大了各加盟共和国独立的预算权。

宪法委员会按照党的方针性指示,于 1923 年年中完成了《苏联宪法》草案的起草工作,并报请苏联中央执行委员会批准。7 月 6 日,苏联第一届中央执行委员会第二次会议通过了根本法——《苏联宪法》,批准了以列宁为首的苏联人民委员会的组成,建议制定"苏联中央执行委员会和人民委员会条例""人民委员部条例""国家政治保卫总局条例""苏联最高法院条例"等。

1924 年《苏联宪法》由《苏联成立宣言》及《苏联成立条约》两篇组成。《苏联成立宣言》强调了苏维埃国家的民族政策与资本主义世界的民族压迫政策的根本对立,说明了各苏维埃共和国联合成为联盟国家的原因及其联合的原则——自愿、平等、保证每一个共和国的主权及自由退出苏联之权。《苏联成立条约》由 11 章组成:苏联最高权力机关的职权(第 1 章),加盟共和国的主权及联盟国籍(第 2 章),苏联苏维埃代表大会(第 3 章),苏联中央执行委员会(第 4 章),苏联中央执行委员会主席团(第 5 章),苏联人民委员会(第 6 章),苏联最高法院(第 7 章),苏联各人民委员部(第 8 章),国家政治保卫总局(第 9 章),加盟共和国(第 10 章),苏联国徽、国旗及首都(第 11 章)。

按照 1924 年《苏联宪法》的规定,苏联最高权力机关行使下列职权:外交事务及对外贸易、宣战及媾和、组织和领导武装力量、规定全联盟国民经济的原则及总计划、领导运输及邮电事务、批准统一的国家预算及统一的货币信贷制度、规定土地使用和调整的总原则、规定法院组织和诉讼程序、民事和刑事立法以及劳动法规的总原则、规定国民教育及人民保健的总原则等。宪法各项基本原则的批准和修改权专属于苏维埃代表大会。

加盟共和国的立法权仅受联盟职权范围的限制,除此以外每个加盟共和国均可独立行使其权力,并有自由退出联盟之权,各加盟共和国疆域非经各共和国的同意不得变更,各加盟共和国公民均有联盟国籍。1924 年《苏联宪法》规定的对各加盟共和国职权范围的限制是自愿的,是符合各加盟共和国自身利益的,因为在联盟成立之后,捍卫和保障各加盟共和国主权已经必须依靠联盟的全部力量和援助。

苏联的最高权力机关是苏联苏维埃代表大会。苏联苏维埃代表大会闭会期间,苏联中央执行委员会为最高权力机关。它由联盟院和民族院组成。联盟院由苏维埃代表大会按人口比例从各加盟共和国的代表中选出,民族院由各加盟共和国和自治共和国的代表组成,每个共和国无论人口多少都选派5名代表,每个自治共和国选派1名代表。苏联中央执行委员会采取两院制结构,使各民族劳动者的共同利益,以及各共和国和自治省的特殊民族利益都受到了保障。苏联中央执行委员会的主席人数按加盟共和国的数目选举产生,苏联中央执行委员会通过定期召开的常务会议进行工作。

苏联中央执行委员会闭会期间,苏联的最高立法、执行及指挥的权力机关为由两院联席会议选出的中央执行委员会主席团,其有权停止和废除苏联人民委员会、各人民委员部及各加盟共和国中央执委会和人民委员会的决定,但是它仅能停止各加盟共和国苏维埃代表大会决定的执行,无权予以废除。

苏联人民委员会是苏联中央执行委员会的执行及指挥机关,由苏联中央执行委员会组织。设立人民委员部是为了直接领导某些国家管理部门。外交、陆海军、外贸、交通邮电等人民委员部为全联盟人民委员部、由直属于它的特派全权委员在各加盟共和国进行工作。最高国民经济委员会、粮食、劳动、财政、工农检查5个人民委员部为联合人民委员部,它通过各加盟共和国同名称的人民委员部开展工作,其余所有的国家管理部门的工作,全部纳入加盟共和国的职权范围,内务、司法、农业、教育、卫生、社会保险等为共和国的人民委员部。全联盟人民委员部的全权委员参加加盟共和国的人民委员会并享有发言权。苏联中央执行委员会如有决议,他们也享有表决权。

1924年《苏联宪法》通过后,所有加盟共和国都以此为依据制定了本共和国宪法。1925年5月通过了《俄罗斯苏维埃联邦社会主义共和国宪法》(以下简称1925年《苏俄宪法》)。

随着苏联社会主义革命和建设取得了巨大成就,1936年12月5日苏联第八次苏维埃代表大会批准了新宪法。

二、1936 年《苏联宪法》

列宁逝世以后，布尔什维克党及其著名活动家，如斯维尔德洛夫、加里宁等，在理论上和实践中对苏维埃的建设都做出了重要贡献。在列宁逝世以后，斯大林作为苏联党和国家的主要领导者，领导苏联人民经过近 30 年艰苦卓绝的斗争。在苏维埃建设方面，斯大林同斯维尔德洛夫、加里宁，以及其他苏联领导人一起为逐步完善苏维埃制度付出了巨大的努力。同时必须指出，在斯大林执政期间，尤其在后期，由于他本人的严重失误乃至过错，主要由于他违背了社会主义民主原则，违背了他曾坚持过的在发展社会主义民主方面的正确的理论和实践，苏联法制基本上处于停滞不前的状态。

在 1936 年《苏联宪法》制定颁布前，斯大林在苏维埃组织机构建设上已采取了一些重要的措施，最突出的是在最高权力机关建立两院制结构。1922 年苏联的成立表明了多民族联盟的国家已正式诞生，实现了各民族平等。为了把苏维埃国家体制的建设同照顾少数民族的利益兼顾起来，斯大林提出在最高权力机关设立一个"能够反映所有的共和国和民族的需要和要求的机关"。1936 年修订 1924 年《苏联宪法》时，斯大林针对有人提出要取消民族院的建议，强调指出，没有民族院"就无法管理苏联这样一个多民族国家"①。

斯大林主持修订的 1936 年《苏联宪法》对最高国家权力的组织机构进行了重要调整。1936 年《苏联宪法》撤销了苏联、加盟共和国和自治共和国的苏维埃代表大会、中央执行委员会和中央执行委员会主席团，新设立了苏联、加盟共和国和自治共和国最高苏维埃及其主席团，这就将原来的三级最高国家权力机关简化为两级。同时扩大了人民直接选举最高权力机关并对其实行监督的民主权利，改变了过去的苏维埃代表大会逐级选举的做法，改而采用最高苏维埃由全国选民直接选举的方法。1936 年《苏联宪法》把立法权集中于最高苏维埃手中。1936 年以前，由于往往需要以迅速的立法手续来摧毁旧的社会关系，并建立新的社会关系，苏维埃国家存

---

① 《斯大林与德国作家路德维希的谈话》，曹葆华、徐芝延校译，人民出版社 1954 年版，第 4-5 页。

在5个立法机构——苏联苏维埃代表大会、苏联中央执行委员会、苏联中央执行委员会主席团、苏联人民委员会、苏联劳动和国防委员会。1936年《苏联宪法》规定的新的立法程序保障了法律的稳定性,巩固了社会主义的法制,体现了颁布法律方面的民主精神。1936年《苏联宪法》以法律的形式规定设立最高苏维埃的常设机构——常设委员会。这一机构的建立保证了苏维埃代表能直接参与苏维埃决定的执行和管理国家大事,使苏维埃充分发挥自己的职能。1936年《苏联宪法》还规定了苏维埃活动的组织形式,其中最重要的是召开苏维埃会议,其他的组织有:常设委员会、最高苏维埃主席团和地方苏维埃执行委员会。苏维埃通过它们行使自己的职能。

最高苏维埃主席团作为国家集体元首的思想是斯大林逐步阐明的,并在1936年《苏联宪法》里得到了具体确立。1936年斯大林在《关于苏联宪法草案》的报告中,深入地、明确地阐述了国家集体元首制思想。针对有人提出苏联最高苏维埃主席团主席不应由苏联最高苏维埃选出,而应由全国居民选出的建议,斯大林说道:"我认为这个补充是不正确的,因为它不符合我国宪法的精神。根据我国宪法制度,在苏联不应有和最高苏维埃同等地由全国人民选举而能和最高苏维埃对立的总统个人。苏联的总统是集体的,这就是最高苏维埃主席团,包括最高苏维埃主席团主席在内,这个主席团不是由全国人民,而是最高苏维埃选举,并应向最高苏维埃报告工作。"1936年《苏联宪法》以法律的条文固定了苏联国家集体元首制。苏联最高苏维埃主席团共有33名成员,主席团主席1人,副主席16人(每一个加盟共和国1人)、主席团秘书1人、委员15人,可见是一个集体的"总统"。最高苏维埃主席团行使了相当一部分国家元首的职权。1924年《苏联宪法》赋予它的职权基本上是立法方面,一共有5项。按照1936年《苏联宪法》的规定,它的职权共有14项,从立法方面扩大到政治组织、外交和国防、监督国家权力的执行和指挥机关,以及其他一些特殊领域。

列宁逝世后,斯大林领导苏联人民经过近30年的艰苦奋斗,进入了社会主义,确立了生产资料公有制,实行了各尽所能按劳动分配的原则,消灭了剥削阶级、废除了人压迫人的制度,实现了各民族、各阶级的人人平等。正是在这种历史条件下,1936年《苏联宪法》规定,苏联公民享有劳动权、休息权、物质抚恤权、教育权、公民的平等权,以及信仰、言论、出版、集会、结社、人身和住宅不可侵犯等自由,上述权利和自由都受到物质上、组织上和法律上的保证。

1936 年《苏联宪法》首次向世界公布，苏联人民享有普遍、平等、直接和无记名投票的选举权。选举制度的改革加强了群众对苏联机关的监督，也强化了苏联机关对群众的责任，有助于提高选民的政治积极性和当家作主的责任感，有助于扩大无产阶级专政的基础，使其根基更加巩固。

斯大林在执政前期曾经在不少方面坚持和发展了社会主义民主，但是，他在执政后期，却在一些重要方面削弱以至破坏了社会主义民主。1936 年《苏联宪法》规定："苏联最高苏维埃是行使苏联立法权的唯一机关。"可是实际上，在斯大林时期党的中央机构代行国家机构的职能，成了制定政策法令的机构。斯大林没有把社会主义民主的建设同社会主义的法制建设结合起来。由于没有健全的社会主义法制，执法人员办事无章可循，违法者不受约束和制裁。自十月革命胜利后，就产生了苏维埃代表，可是长期以来没有制定代表法（直到 1922 年才制定），有关苏维埃代表活动的若干民主制度，没有形成法律，代表工作无章可循，代表对自己也没有约束力，别人对代表权利的干涉和侵犯也不受追究。有关各级苏维埃的工作条例也不完善，缺乏法律依据（这些法律大多是在勃列日涅夫时期才逐步制定和完善的）。虽然 1936 年《苏联宪法》明文规定地方苏维埃拥有领导地方经济和文化建设的权利，但由于没有明确具体的立法，各级苏维埃职责不明，往往产生互相推诿和无人负责的现象。1936 年《苏联宪法》建立了普遍、平等、直接和不记名的选举制度，斯大林也多次强调党和国家的干部应选举产生。可是，斯大林到后来实际上对党和国家机关干部实行了委任制和终身制。宪法规定的最高苏维埃会议在他晚年也不定期召开了。1938—1946 年共召开 12 次最高苏维埃会议，1946—1953 年只召开 5 次最高苏维埃会议。

三、1977 年《苏联宪法》

实施时间长达 40 年的 1936 年《苏联宪法》被 1977 年《苏联宪法》取代。1977 年《苏联宪法》由序言和 9 篇内容组成，共 174 条。

1977 年《苏联宪法》草案的起草工作由苏联最高苏维埃组织成立的宪法起草委员会负责。1977 年 5 月 27 日，最高苏维埃主席团通过了宪法起草委员会提交的苏联宪法草案并决定交付全民讨论。宪法起草委员会对全民讨论作出了总结,共修改了宪法草案的 118 条,并增加了 1 条。

1977 年 10 月 4—7 日,召开了最高苏维埃第七次非常会议。10 月 7 日苏联最高苏维埃对宪法草案的每一篇都进行单独表决,一致通过了 1977 年《苏联宪法》。

这部宪法保留和发展了由列宁制定的社会主义类型宪法的特点,保留和发展了国家建设的列宁主义原则。1977 年《苏联宪法》序言指出,继承了 1918 年第一部苏维埃宪法(1918 年《苏俄宪法》)、1924 年《苏联宪法》和 1936 年《苏联宪法》的思想和原则。1977 年《苏联宪法》确认以往宪法确立的苏联政治基础——苏维埃,人民通过苏维埃充分行使全部国家权力,首次使用了人民代表苏维埃这一名称。1977 年《苏联宪法》保护作为经济制度基础的生产资料的社会主义所有制;同时,关于经济制度的条款大大增加了。这部宪法保留了国家的联邦体制和苏维埃自治的各种形式,继承和发展了以往的宪法依据的国际主义原则;同时,考虑到各民族日益接近和形成新的历史性共同体(苏维埃人民)的事实,写入了许多新的旨在巩固国家联盟原则和更有效地贯彻统一的国家政策的内容。1977 年《苏联宪法》保留了共产党是苏联整个政治体制的核心这一原则性规定。其他列宁主义的宪法原则——爱好和平的外交政策、保卫祖国、国家政权组织和活动的基础是民主集中制和社会主义法制等都在 1977 年《苏联宪法》获得了确认。

1977 年《苏联宪法》从立法上确认了苏联国家权力的主要原则:(1)苏联的全部权力属于苏联人民;(2)确认了在苏联个人自由的最高表现是摆脱剥削、阶级暴力和压迫,摆脱民族隔阂和仇视;(3)确认了人们平等的主要条件是没有私有制和普遍的劳动义务;(4)确认了在苏维埃国家整个历史时期人民享有最广泛的各种权利和自由以及实现这些权利和自由的保障。发展和发扬民主,发展和发扬人民权力,是 1977 年《苏联宪法》的显著特点,贯穿于所有篇、章、条、款之中。

1977 年《苏联宪法》规定和确认了发达社会主义社会的特点。第 1 章阐明了社会主义全民国家的本质及其社会阶级性质(第 1 条)。此章深刻地阐述了苏联的政治制度,明确规定,社会的领导力量和指导力量——苏联共产党是苏联政治制度、一切国家机关和社会组织的核心。其还规定,生产资料的社会主义所有制是苏维埃国家的经济基础,而工人、农民和知识分子的牢不可破的联盟是苏维埃国家的社会基础。工人阶级是苏维埃社会的主导力量。

1977年《苏联宪法》第1章“政治制度”是1936年《苏联宪法》所没有的，1936年《苏联宪法》将政治制度问题和社会经济制度问题合并写在“社会结构”这一章。1977年《苏联宪法》把政治制度列为专门一章，是“因为有必要在宪法确认成熟的社会主义社会权力机构的建立、发展和活动的某些原则”①。1977年《苏联宪法》第2条规定，人民通过作为苏联政治基础的人民代表苏维埃行使自己的权力。其还涉及了其他的国家机关：国家管理机关和人民监督机关、法院和检察院等。社会政治制度还包括社会组织，主要是工会、共青团、合作社及其他劳动人民联合组织。1977年《苏联宪法》规定上述组织都可以根据自己章程规定的任务，参加管理国家事务和社会事务，处理政治、经济和社会文化问题。

1977年《苏联宪法》将关于劳动集体的条文列入了政治制度这一章，这是全民讨论草案的重要成果之一。第6条准确、清楚地载明了苏联共产党是苏维埃社会的领导力量和指导力量，是苏维埃社会政治制度的核心。

在1977年《苏联宪法》第2章“经济制度”中，有关条文反映了“发达社会主义阶段苏维埃社会的生产关系的发展水平”②。其规定的发达社会主义的经济制度包含这样一些内容：生产资料社会主义所有制、社会主义分配原则、发展社会主义经济的计划性质和管理经济的民主方式。第10条规定了公有制对经济制度的意义：“苏联经济制度的基础是国家（全民）所有制和集体农庄合作所有制形式的生产资料社会主义所有制。”根据第11条的规定，国家财产是苏联全体人民的共同财产，国家所有制是社会主义所有制的基本形式。第12条规定，国家促进集体农庄合作社所有制的发展，并使其同国家所有制不断趋同。这意味着，在发达社会主义的条件下，国家所有制形式和集体农庄合作社所有制形式越来越趋同。特别是正在出现一批新的农工一体化经济组织形式。苏维埃立法规定，非法所得的财产，或者是合法取得而被用于谋取非劳动收入时，对这种占有人可以实行法律制裁，现在这个规则已成为宪法规范。第13条规定：“归公民个人

---

① 《КоИституция развитого социальзма》，1980年俄文版。

② 《КоИституция развитого социальзма》，1980年俄文版。

所有或使用的财产,不得用来获取非劳动收入和损害社会利益。”第18条规定,必须保护并科学地、合理地利用土地及其矿藏、水流、资源、植物和动物,保持空气和水流的洁净,保证自然财富的再生和人类环境的改善。

1977年《苏联宪法》首次在根本法层面规定了公民权利有保健权和住房权。第53条规定,家庭受苏维埃国家的保护,这是一种新的宪法权利。

四、人民监督制度

根据苏共中央1965年12月全会的决议,苏联1965年12月9日的法律规定建立人民监督机关,并通过了《苏联人民监督机关法》。在人民监督机关体系中,包括苏联人民监督委员会,各加盟共和国人民监督委员会、边疆区、州、自治州、专区、市和区人民监督委员会,在基层单位建立人民监督小组和监督岗。1968年12月19日,苏共中央委员会和苏联部长会议通过了《苏联人民监督机构条例》。1977年《苏联宪法》肯定了这一制度,并促使人民监督制度更趋完善和不断发展。根据1977年《苏联宪法》第126条的规定,苏联最高苏维埃于1979年11月30日批准了《苏联人民监督法》,这是吸引劳动者参加社会和国家事务管理的一个重要组成部分。此项法律总结了苏联监督机关的进程:从工人监督、工农监督到人民监督制度,规定人民监督是将国家监督与企业、集体农庄、机关和团体的劳动者的社会监督结合起来的一种形式。这两者的有机统一具体体现在成员组成方面,监督机构中除了国家机构的代表外,还有社会组织的代表,工人、职员、集体农庄庄员、科学家、文化工作者和人民监督机构的积极分子。其中相当一部分成员是编外人员,不领取报酬。人民监督机构遍及苏维埃国家的所有机构:部、国家委员会、局、处和地方人民代表苏维埃执委会的管理部门等。按照1977年《苏联宪法》第126条的规定,苏联人民监督委员会由苏联最高苏维埃设立,任期5年,委员会主席参加政府工作。苏联人民监督委员会是联盟和加盟共和国的机构,在苏联最高苏维埃及其主席团领导下进行工作,在监督经济、社会、文化建设以及国家管理方面工作时,接受苏联部长会议指示。

企业、集体农庄、机关和团体的监督委员会、小组、监督岗,由劳动集体选举产生,任期2年。参加人民监督委员会的编外工作人员,1年可以脱产2周,并可以获得平均工资。对在劳动和社会活动中表现出色的人民监督员可予以奖励,其可享受3天的有报酬假期。未经有关的人民监督委员会的同意,不能根据行政建议将人民监督小组主席调至低报酬的工作单位。

监督机构的基本方针是,监督国家的经济和社会发展计划的完成,提高社会生产的效率,将科技成果推广到生产中。它们的任务是尽量节约地使用劳动资源和物资、资金,合理地使用和改进对自然资源的保护。人民监督机构的另一项任务是,保护国家利益,社会组织利益,保护苏联公民的权利免遭国家、社会机构和他们的负责人的侵犯。

人民监督机关有权消除已发现的违法行为,防止新的违法行为的产生,有权对有过错的公职人员提出警告、训诫、严厉训诫处罚,有权向领导机关提出撤换不负责任的公职人员等。人民监督机关是加强一切经济和管理领域的监督,及时检查有关干部实际执行党和政府指示的有效手段。

五、宪法监督保障制度

苏联的宪法监督保障制度经历了最高国家权力机关监督保障制,最高国家权力机关和检察机关共同监督保障的发展与变化。

1918年《苏俄宪法》第31条规定,全俄中央执行委员会为苏维埃国家最高立法、发布命令和监督机关。它统一协调立法工作和管理工作,并负责监督苏维埃宪法、全俄苏维埃代表大会和苏维埃政权中央机关各项决定的实施情况。1924年《苏联宪法》在规定最高国家权力机关为监督宪法实施机关,同时,规定最高法院检察院为监督宪法实施的机关。因此,当时的苏联最高法院不仅是一个审判机关,还要根据苏联中央执行委员会主席团的要求,对各加盟共和国的决议和苏联人民委员会的决议是否符合宪法提出意见。1924年7月24日颁布的《苏联最高法院检察院条例》,把上述宪法规定具体化了。

1936年《苏联宪法》纠正了1918年《苏俄宪法》和1924年《苏联宪法》在最高国家权力机关措辞上的混乱,明文规定苏联最高苏维埃是苏联最高国家权力机关,由苏联最高苏维埃而不是由其主席团监督宪法的实施。1936年《苏联宪法》首次规定,苏联最高苏维埃认为必要时,得组织关于任何问题的调查委员会或审查委员会。同时规定,苏联的所有机关和人员必须执行上述委员会的要求,提供必要的材料和文件。这些规定发展了苏联的宪法监督保障制度。除此之外,1936 年《苏联宪法》规定,苏联检察机关是监督宪法实施的另一机关。这一规定是在检察机关统一和集中之后作出(1933 年 6 月《关于建立苏联检察院的决议》规定苏联建立独立的苏联检察院)。

1977 年《苏联宪法》总结了苏联建国 50 多年来在宪法监督保障制度方面的经验教训,参考了外国宪法的经验,进一步完善了 1936 年《苏联宪法》确立的宪法监督保障制度。1977 年《苏联宪法》规定,最高国家权力机关及其常设机关都是监督宪法实施的机关。第 73 条规定,监督苏联宪法遵守情况并保证各加盟共和国宪法符合苏联宪法的权力属于联盟国家。第 121 条规定,苏联最高苏维埃主席团有权监督苏联宪法的遵守情况,并保证各加盟共和国宪法和法律符合苏联宪法和法律的规定。第 164 条规定,苏联总检察长及其下属各级检察长对各级国家机关执行法律情况实行最高监督。根据 1977 年《苏联宪法》颁布的 1979 年《苏联检察院法》将上述宪法规定具体化了。1977 年《苏联宪法》不仅明确规定了苏联宪法监督机关,还规定了违宪诉讼的主体。第 58 条规定,苏联公民有对公职人员、国家机关和社会组织的行为提出控告的权利。控告应按照法定程序和期限予以审理。此条所说的"行为",当然也包括违宪行为,就是说苏联公民是违宪诉讼的主体。

第三节　行政法

一、行政法学的轨迹

苏维埃行政法学创建于苏联建立初期。在这一段时期内,它的发展很缓慢,因为十月革命后从事行政法研究的主要是革命前的一些法学家,如 A. И. 耶利斯特拉托夫、B. Л. 利巴列夫斯基、A. E. 叶夫基希耶夫、M. Д. 扎格里亚茨科夫、П. H. 卡拉德热-伊斯克罗夫等。虽然他们在一定程度上力求以新的方式阐明苏维埃行政法的各种制度,但是他们不是用马列主义理论，而依然遵循资产阶级法学的传统习惯研究行政法。当时也存在另一些行政法学家的代表人物，这些人错误地认为，在国家管理中形成的关系不再是法律关系而是技术关系，法律形式随着社会主义的发展消失了。20世纪20年代，法学界对行政法的研究有了一定的进展，曾出版了 А. И. 耶利斯特拉夫、阿纳诺夫、М. Д. 扎里亚茨柯夫等人编写的有关行政法的论著和教科书。20世纪30年代，苏联法律虚无主义盛行，行政法的研究和教学曾一度中断。

1938年7月举行的第一次全苏维埃国家和法律科学讨论会曾试图给整个苏维埃社会主义法律——包括行政法确定定义。这次会议对于行政法的发展起了特别积极的作用，"行政法"被列入法律教学计划中的必修课。从此，行政法学在整个苏维埃社会主义法学体系中占据了一个重要的地位。1940年出版的集体编写的《法律学院行政法》教科书是第一本行政法教科书。

自20世纪60年代起，研究苏联行政法的学者逐渐增多，苏联经济改革引起的国家行政管理的组织、任务和范围的变化成为研究的中心课题。1964年，苏共中央《关于进一步发展法律科学和完善国家法律教育的决议》和1967年苏共中央《关于进一步发展社会科学和加强社会科学在共产主义建设中的作用的决议》对苏维埃行政法学的发展起了极大的作用。

20世纪70年代初的苏联行政法学比20世纪50年代有所发展，在体系结构内容上都有一些变化。虽然从整体上看，30多年来苏联行政法学是一脉相承的。但是，可以明显地看出，20世纪70年代以来苏联学者对于行政法的研究，较之30年代已进一步深入。以马诺辛等编写的《苏维埃行政法》为例，最突出的是新的行政法学著作进一步把行政法作为国家管理的重要武器引入社会管理的范畴。国家的实际管理活动的分论部分，各部门行政法，在全书中的地位更为突出了，篇幅占全书近1/2。总论部分第2编的"行政法体系中的苏维埃行政程序立法"一章以前没有，是新增加的。它反映了苏联行政立法的新趋向，这与世界各国在行政立法中逐渐注意关于行政程序立法这种发展趋向是相一致的。该书第3编也值得注意，它论述了苏联行政法的四类主体，打破了以往行政法学著作将主体局限于国家机关及其工作人员（至多将社会团体附列于国家机关之后）的传统做法，将社会团体和公民与前两者并列冠以行政法主体之称，这也体现了苏联行政法的一个新发展。马诺辛的《苏维埃行政法》第 4 编增加了“行政责任”一章,论述了违反行政管理法规应予以行政处分的案件的构成与审理。此书的分则部分,从体系到内容也有一些变化。马诺辛将国民经济列于首位,其次是社会文化、行政政治、对外关系和跨部门协调方面的管理。将国防列入行政政治之中,而将对外关系的管理独立成篇,并将财政管理扩展为“跨部门协调方面的管理”。这些变化,有些是体系结构排列次序的调整,有些则在内容上有新的增加,都反映了苏联从 20 世纪四五十年代到七八十年代在行政管理方面实际上的发展变化。

二、行政立法的历史轨迹

行政立法是苏联立法体系中的重要组成部分。它调整的社会关系涉及社会生活和国家生活的各个方面:国民经济、文化教育、国防外交、医疗保健等领域的国家管理都属于它所调整的范围,不仅内容广泛,而且数量之多远远超过其他法律部门,占苏联整个立法的 75%以上。

十月革命胜利后,年轻的苏维埃国家在列宁的领导下,为了运用法律手段以推进和保障革命的胜利成果和建设事业,抓紧了各方面的立法,其中就包括行政立法。在苏维埃国家建立初期,列宁一直担任苏维埃国家最高行政机关、人民委员会的主席,直接领导国家的行政管理工作,苏维埃国家初期的许多行政法规就是由列宁亲自起草和修改的。由于列宁对行政立法的高度重视,苏维埃国家在短短的 7 年间,建立和健全了各种行政法律制度,达到了较佳的行政管理效果,从而保障了在阶级斗争极其复杂的形势下仍然顺利地实现革命和建设的历史任务。

列宁逝世后,在斯大林执政的 29 年里,行政法学曾一度受挫,但是,为了完善苏维埃国家的各项行政管理制度,行政立法从未间断过。早在 1925 年,俄罗斯和乌克兰两个苏维埃共和国就制定了《行政法典草案》。俄罗斯提出的草案由于没能确切反映社会主义行政管理的特点而未通过。1927 年 10 月 12 日经乌克兰中央执行委员会正式通过,于次年 2 月 1 日起生效的《乌克兰苏维埃社会主义共和国行政法典》(以下简称《乌克兰行政法典》),是苏联加盟共和国的第一部行政法典。这部法典的起草工作,可以追溯到 1920 年。当时,为了更好地调整共和国内日益增多的行政法律关系,乌克兰司法人民委员部建立了专门的法典编纂小组,负责对工农政府已经颁布的各种法令和决议中有关行政法律关系的规定进行整理归类。1921年,乌克兰中央执行委员会先后作出《关于基层行政法令决议的颁布程序的决议》和《关于行政处罚的决议》,它们对后来的行政法典草案起了奠基作用。1922年的行政法典示范提纲,则是行政法典的前身。1923年后,编纂工作改由内务人民委员部负责,该部根据乌克兰的实际情况,借鉴了苏俄行政法典草案的经验,于1924年向乌克兰中央执行委员会立法审议委员会提出了法典草案,又经2年多的反复讨论和多次修改,第一部苏维埃行政法典终于在1926年9月底制定出来。此法典是对苏维埃政权各行政机关和其他机关所做工作的总结,同时反映了当时苏维埃法学工作者的理论和实践水平。《乌克兰行政法典》共分15章,528条。它曾起过重要作用,尤其在其通过的最初年代里,“行政法典出色地简化和加强了行政工作”(见诸乌克兰内务人民委员部20世纪20年代末的报告)。随着时间的推移,新编纂的行政法典在许多方面已不同于第一部法典,其结构和形式都发生了变化。但是,新法典仍然保留了第一部行政法典的编纂原则以及大多数规范的实质。

在20世纪30年代,工业化和农业集体化时期和以后的卫国战争及战后恢复时期,苏联仍然进行了一系列的行政立法活动。例如,先后颁布了《苏联关税法典》《苏联商业航海法典》《苏联国家监察部所辖各机关实施罚款条例》《关于国家机关领导人员交接工作程序条例》《关于按隶属程序追究纪律责任条例》等。这些条例和立法文件对于完善苏联各项事业的行政管理制度都起到了积极的作用。

20世纪50年代以来,生产高度的社会化和现代化,迫切要求改革行政管理制度,苏联为了适应形势的需要,围绕以下几个方面的问题迅速地加强了行政立法的活动。

1. 进行了完善行政管理机构的立法工作,如制定了《苏联部长会议法》《苏联各部总条例》《生产联合公司条例》《企业条例》等。苏联的行政管理机构,在20世纪30年代业已定型。1977年《苏联宪法》基本上保持了原来的机构。此后,苏联在宪法的基础上颁布了上述几项法律,对行政管理机构作了局部调整和改革,主要是加强行政机关内部组织和取消一些中间环节。具体体现于三项措施:第一,在苏联、各加盟共和国和自治共和国部长会议内设主席团,作为其常设机构,以便及时解决对国民经济实行领导有关的行政管理问题。第二,撤销部、委员会下属的总管理局,建立和加强联合公司。联合公司被视为苏联管理体系中独立的一个环节,既不同于中央和地方管理机关,又不同于企事业单位的行政机构,它是对企事业单位进行业务管理的部门的内部机关。第三,划分各级行政管理机关的权限,扩大基层环节的管理权。苏联是采取政企不分的管理方式的,国营企事业单位的行政机构是其行政管理系统中的基层环节。苏联虽然通过立法采取了一些完善行政机构的措施,但其行政机关的弊端并未得到很好的解决。苏联所设部的数量之多,按人口平均居世界第一位,臃肿的机构就很难实现高效能的行政管理。

2. 加强行政监督。在列宁、斯大林时期,苏联就重视国家管理过程中的监督作用。列宁曾指出:“计算和监督——这就是把共产主义社会第一阶段‘调整好’,使它能正常地运转所必需的主要条件。”[①]20 世纪 50 年代以来,苏联为了加强行政监督制度通过了一些新的法律和法令,其中最主要的是制定于 20 世纪 60 年代,1979 年 11 月 30 日修改和补充的《苏联人民监督法》。该法对监督系统进行了改组,把国家监督和社会监督结合起来。契尔年科认为,此法“是具有重大政治意义的文件,它标志着人民监督机关发展到一个重要时期。它提高了人民监督机关的作用,提高了作为国家监督和社会监督相结合的、统一集中的监督系统的威信。法律在明确规定人民监督委员会、人民监督小组和人民监督岗的性质、原则、形式、组织结构、职权和任务的基础上,为它的活动以及它同权力机关、管理机关和社会组织的相互关系方面建立了可靠的法律根据”[②]。

苏联对行政管理活动的监督有多种形式,除人民监督委员会的监督之外,还有:(1)国家权力机关的监督,这主要是通过行政机关向苏维埃会议所作的工作报告、苏维埃的各种委员会的活动和代表的质询权来进行的;(2)法院和检察机关的监督;(3)主管部门与部门内部的监督;(4)社会组织、劳动者集体和公民的监督。1968 年 4 月 12 日,苏联最高苏维埃主席团颁布的《关于公民建议、申诉与控告审理程序的命令》,是保障公民实现监

---

① 《列宁选集》(第 3 卷),人民出版社 1995 年版,第 202 页。

② [苏]契尔年科:《党的机关和国家机关的工作问题》,莫斯科政治书籍出版社 1982 年俄文版。

督权的行政立法文件。此命令规定，国家机关审理公民的申诉并采取相应措施。在申诉中公民可以对管理机关及其公职人员提出批评、建议、意见。

3. 健全干部管理制度。苏联的干部人事制度，主要是由劳动法和行政法调整的。干部因自己的劳动定额或劳动报酬等问题与机关、企业之间产生的关系由劳动法规范调整；干部的编制、任免、奖惩及其履行职务方面的活动等由行政法加以调整。苏联在历史上就重视干部工作，斯大林提出“干部决定一切”的口号，足见其重视的程度。不过，干部管理制度和其他管理制度一样，是适应时代的要求而不断发展的。20世纪50年代以来，苏联通过行政立法形成了一套完整的干部管理制度，从选拔、配备和培训以及考核、奖惩与退休等规定都已制度化。这方面的立法内容相当广泛，各种条例、章程数量也很多，其中有些规定还是比较符合客观现实需要的。在干部的选拔条件方面，立法一般都规定，除了要考虑政治品质以外，还要考察干部的业务能力和文化水平。例如，担任检察员、审判员和律师的干部，必须具有高等法律学校毕业的资质。立法的明确要求，促使苏联干部的业务文化水平不断提高。1976年，苏联各级法院的审判员受过高等教育的已达79.6%。1983年，各加盟共和国部长会议主席、边疆区和州执行委员会主席受过高等教育的达98.8%；市、区执委会主席达96.5%。苏联法律规定，如果血亲和姻亲的近亲属（父母、夫妻、兄弟、姐妹、子女，姻兄弟和姻姐妹、岳父母）同时担任的职务有直接隶属上下级关系或监督关系者，不得在同一机关或企事业单位中任职。法律还规定，苏联录用干部有任命、选举和征聘三种方式。任命一般适用于国家机关和企事业单位的领导人员，机关的领导人由上级机关任命，其他工作人员由机关领导人任命；选举一般适用于社会组织、代表机关和会议性机关；征聘一般适用于科学、文化教育单位的业务人员。苏联的干部管理制度也存在不少缺陷，主要表现为：干部编制庞大，人浮于事的现象严重；干部的职责范围划分不够明确和科学；对干部的监督机制流于形式，以及由于实际存在的领导职务的终身制而导致干部队伍老化。

苏联的行政立法，包括国家权力机关和国家管理机关颁布的，含有行政规范的那些法律性文件，其形式有条例、章程、法典、工作指示和规则等。苏联始终没有统一、完备的“行政法典”。苏联的行政立法烦琐、杂乱，有的法规已经过时，而实际生活需要的新的法规又未能制定出来，已制定的法规不够严密、过于笼统,甚至有的还互相矛盾。苏共二十五大提出了要加强行政立法的任务,但是,苏联学者认为,行政立法“迄今为止仍大大落后于其他部门”。

第四节 民法

一、苏联初期的民事立法

随着苏联的建立及其立法机关和行政机关活动的开始,就有了联盟的民事法律,其中,可以称作联盟最初民事立法的有:1923 年颁布的《关于国家工业托拉斯的法令》、1924 年的《关于发明专利权的法令》、1925—1928 年的《关于著作权的纲要》、1926 年颁布的《关于废除继承限额的法令》和《关于集体农庄和国营农场的法令》、1930—1931 年的《关于信贷改革的法令》等。另外,还颁布了一些以加强保护社会主义所有制为目的的民事法律,如《关于改进货物运送的法令》《关于商品价格核算的法令》。

民法的重大修改是与工业的改造和经济核算制的建立相联系的。1930—1931 年进行的税制和信贷改革在这些变化中起了重大的作用。1930 年的信贷改革是根据苏联中央执行委员会和人民委员会《关于信贷改革的法令》进行的。在改革前,一直采用商业性贷款——一个组织用货币和商品向另一个组织贷款。在经济恢复时期,合法的商业性贷款曾经在企业经济活动中起过一定的作用。这种制度却妨碍正常的业务工作,因为资金和价值长期滞留在债务人手中,致使相当部分国家资金脱离了流转而被冻结起来,经济组织感到资金不足。同时,财政机关对于向经济组织发放的贷款也不能行使应有的监督权。实行改革以后,国家银行成为发放短期贷款的唯一机关。商业贷款被禁止了。企业和组织只有根据严格指定的用途,为开展一定的经济业务才能获得贷款。国家银行有权参加审查和批准经济核算制企业的结算。

1928 年,苏联中央执行委员会和人民委员会批准了《关于劳动纠纷的调解、仲裁与法院审理规则》,规定绝大多数劳动纠纷必须由纠纷仲裁委员会在职工会地方委员会代表的参加下解决。这一规则直至1957年都在发挥作用。

1929年10月13日,苏联中央执行委员会和人民委员会公布了《苏联和各加盟共和国纪律惩戒立法纲要》。这一纲要体现了进行自觉遵守纪律的教育要与加强同各种违反纪律现象的斗争相结合的精神。该纲要规定了违反职责和劳动纪律的纪律责任。违反纪律要受到训诫和申斥直到开除的处分,并将此记入劳动手册。但是在违反者没有作出解释之前,不能加以处罚。在认真劳动1年期满后,处分即告失效。

二、第一个全联盟的法典式民事立法文件

"二战"之后,苏联进入和平建设时期。战后苏联民事立法的特点是进一步采取了关于扩大各加盟共和国立法权的措施,并相继制定各有关法律的全苏和各加盟共和国立法纲要。在20世纪40年代以来关于民法的一系列理论探索的基础上,1957年2月11日苏联最高苏维埃通过了《关于把各加盟共和国法院组织法的立法权及通过民法典、刑法典和诉讼法典的权限划归各加盟共和国》法律,规定法院组织和诉讼程序的立法原则及民事、刑事立法原则的权限仍属于苏联。各加盟共和国必须在遵循全联盟立法原则基础上来制定自己的法律规范,不得违反或超越联盟立法。

20世纪50年代末至60年代是苏联继20世纪20年代之后的又一次立法高潮。与第一次不同的是,经过30余年的发展建设之后,尤其是"二战"之后,苏联作为反法西斯国家取得胜利,苏维埃社会主义制度不仅得以巩固,而且在全世界范围还有了很大的发展,东欧一些国家被苏军占领,随后成立了苏维埃模式的政府,并实行苏联式的社会主义制度。而在苏联国内,随着国有经济的全面胜利,20世纪20年代基于权宜之计允许部分私营经济的社会经济基础已实际不复存在。因此,1922年《苏俄民法典》已经不能适应时代的要求,制定新的民法典以及其他法典已势在必行。

民事立法是以民事法律规范为内容的规范性文件的整个体系,它是与民法——调整社会生活中财产关系和人身非财产关系的法律规范的总和——相适应的。民事法律规范具体规定在各种数量众多的准法律文件之中。

苏联宪法是国家的根本法,具有最高的法律效力,规定了整个法律体

系的指导原则。1977年《苏联宪法》第2章“经济制度”和第7章“苏联公民的基本权利、自由和义务”中的各项规定对民事法律具有直接意义。第2章规定了社会主义所有制,计划、公民的个人财产及其继承。宪法中关于国家计划、经济核算制、利润和价值的利用这些规范,是确立社会主义组织之间的债的关系以及有社会主义组织参与的债的关系的基础。第7章规定的苏联公民的基本权利义务,对确定民事法律规范中关于权利能力和各种民事权利的内容是十分重要的。苏联宪法不仅是发展和完善法律体系的根据,并且是现行的法律,是规范性文件体系中的组成部分。

民事立法是包括联盟的、加盟共和国的、自治共和国的、各主管机关的以及地方性的已编纂为法典的和一切其他文件的整个体系。在各种民事法律中,占首要地位的是苏联最高苏维埃于1961年12月8日通过《苏联和各加盟共和国民事立法纲要》(以下简称1961年《民事立法纲要》),是规定民事法律调整的基本原则的第一个全联盟的法典式文件,自1962年5月1日起施行。它是发展和完善民事立法的依据,明确划分了全联盟和各加盟共和国、自治共和国的立法适用范围。作为全联盟的立法文件,1961年《民事立法纲要》保证对各种重要的财产关系进行统一的调整,这是包括苏联境内的社会生产、分配、交换一切环节的苏联经济的统一性所决定的。1961年《民事立法纲要》也保证对一些重要的人身非财产关系进行统一的调整。1961年《民事立法纲要》在民事法律文件体系中具有最高法律效力,这就表明,任何民事法律文件不能与其相抵触;其他全联盟的或共和国的规范性文件与1961年《民事立法纲要》相抵触时,应当以后者的规范为准。

1961年《民事立法纲要》有着很严整的结构,由序言和8编内容组成,共129条。第1编“总则”,包括确定民事立法的任务,规定民事法律调整的对象,规定民事法律关系参加人的权利能力与行为能力的一些规范;也包括规定民事权利的行使与保护以及义务的履行的一些规范。在这一编里还有关于法律行为的代理,关于诉讼时效,关于民事权利和义务产生的根据的一些规范。第2编“所有权”,集中了关于所有人的权能、国家所有权、集体农庄合作所有权、工会和其他社会团体所有权的规范;还有关于个人所有权,保护所有人的和非所有人的占有人的权利的规范和关于所有权产生及终止的时效规范。第3编“债权”,关于债的一般规定,包括债的发生、履行、担保、不履行的责任,还包含关于各种契约和契约以外债的规范。这是 1961 年《民事立法纲要》中篇幅最长的一编,因为债的规范调整着社会主义社会中广泛利用的商品货币关系。1961 年《民事立法纲要》第 4 编、第 5 编和第 6 编涉及公民的创作活动的规范、著作权、发明权和发现权的规范。第 7 编是关于继承的规范,涉及继承的根据、继承人的范围、继承人对债务的责任和继承开始的地点。第 8 编规定外国人和无国籍人的权利能力,外国民事法律和国际条约的适用等。

对于有一些领域的关系,1961 年《民事立法纲要》只作了简要规定,而由各种专门的法典与章程作详细的规定。在海上运输方面,有苏联最高苏维埃主席团 1968 年 8 月 17 日的法令批准的《苏联海商法典》;在空中运输方面,有苏联最高苏维埃主席团 1961 年 12 月 26 日的法令批准的《苏联航空法典》;在铁路运输方面,有苏联部长会议于 1964 年 4 月 6 日批准的《苏联铁路章程》;在内河运输方面,有苏联部长会议于 1955 年 10 月 15 日批准的《苏联内河航运章程》;在汽车运输方面,有各加盟共和国制定的汽车运输章程,如苏俄部长会议于 1969 年 1 月 8 日批准的《苏俄汽车运输章程》。

各加盟共和国基本的民事法律是民法典,民法典在各加盟共和国民事法律中具有最高法律效力。所有的加盟共和国于 1963—1965 年都制定了各自的民法典。其中,1964 年 6 月 11 日,苏俄最高苏维埃通过了《苏俄民法典》,自 1964 年 10 月 1 日起施行,它取代了 1922 年《苏俄民法典》。这一时期的各加盟共和国的民法典均是根据 1961 年《民事立法纲要》制定的,将 1961 年《民事立法纲要》的一些最普通的原则不作改变地列入法典之中。各加盟共和国的民法典还调整 1961 年《民事立法纲要》规定的由各共和国民法典自行处理的法律关系,如第 95 条规定,公民在抢救社会主义财产时所受损害的赔偿方法,由各加盟共和国的法律加以规定。第 60 条规定,调换住房的办法,由各加盟共和国的法律加以规定。各加盟共和国民法典还发展了 1961 年《民事立法纲要》中的许多一般性的规定。第 16 条和第 17 条规定了诉讼时效问题,在民法典中都有诉讼时效专章。关于法律行为,1961 年《民事立法纲要》只在第 14 条中予以规定,各加盟共和国民法典规定了 21 条。各加盟共和国民法典还调整了 1961 年《民事立法纲要》没有规定的一些关系,如由保管契约、委托契约、借贷契约、交换契约等所产生的法律关系。在篇幅上,各加盟共和国的民法典比1961年《民事立法纲要》多,1964年《苏俄民法典》共569条,《白俄罗斯民法典》共564条,《乌兹别克民法典》共622条,而1961年《民事立法纲要》只有129条。

由于各加盟共和国在很大程度上采用了1961年《民事立法纲要》的结构,所以它们具有结构上的共同性,都由8编组成,各编标题也相同。在内容上,各加盟共和国民法典也存在类似之处,因为各加盟共和国的经济政治任务是一致的。但是,各加盟共和国民法典并非毫无差别,例如,在各章的安排顺序上、各章的标题上、在调整某种关系的规范的数量上,以及在调整的性质上都存在不同之处。《哈萨克民法典》《塔吉克民法典》规定了调整无因管理中发生的关系,而1964年《苏俄民法典》无此规定。关于以买方终身供养卖方为条件的住宅转让契约,1964年《苏俄民法典》只规定了1条,《摩尔达维亚民法典》为2条。各加盟共和国民法典关于15岁到18岁未成年人处分自己的工资或助学金的问题也有不同的解决方法,1964年《苏俄民法典》规定监护和保护机关在有充分根据时既可以限制也可以剥夺未成年人独立处分其工资或助学金的权利,但是,《乌克兰民法典》只是限制未成年人的这种权利。各加盟共和国民法典之间存在某些差异,是因为各有自己的传统,各有自己的民族、文化和各自的特点。例如,关于法定继承人范围的问题,更要考虑各自的民族特点和习俗以及家庭组成的概念。《乌兹别克民法典》和《阿塞拜疆民法典》规定的法定继承人范围就比较大一些,包括了侄子女和外甥子女。

1964年《苏俄民法典》在许多方面承袭了1922年《苏俄民法典》的原则。这种继承的存在,是因为在社会主义制度下,仍然利用商品货币形式,以及与商品货币相联系的经济核算制和物质刺激原则。但是,在许多关系方面,两者之间存在着不同之处。1922年《苏俄民法典》有不少篇幅涉及各种公司(合伙、无限公司、有限责任公司、股份公司等),这一点在苏维埃政权建立的最初年代里,尤其在新经济政策时期是有意义的。1964年《苏俄民法典》就代之以关于公民间或各种社会主义组织的联合活动的规定。1964年《苏俄民法典》还调整了1922年《苏俄民法典》没有规定的许多关系,例如,供应、基本建设承包,运送、结算和信贷关系,名誉和尊严的保护等。由于这两部民法典是在社会主义建设的不同阶段制定的,存在不同是符合发展规律的。例如,为了适应新经济政策时期的需要,1922年《苏俄民法典》第15条规定了各种私人机构的活动,1964年《苏俄民法典》就没有这些规定。

司法实践对民事立法的发展有重大的意义,体现为1961年《民事立法纲要》和民法典等法律规范的许多原理,是在司法实践中形成的。1964年《苏俄民法典》第253条关于买方以终身供养卖方为条件的住宅买卖的规则,在成为法律规范之前,早就已经在司法实践中运用了。由于抢救社会主义财产而发生的债,就是先在司法实践中形成,然后在1961年《民事立法纲要》和民法典中规定下来(1961年《民事立法纲要》第95条,1964年《苏俄民法典》第472条),国家机关起诉请求返还被非法占有的国家财产,不适用诉讼时效,这一原理(1961年《民事立法纲要》第17条、1964年《苏俄民法典》第90条)也是在司法实践中制定出来的。苏联最高法院曾经就公民因受犯罪行为侵害后进行医疗所受损失的补偿问题向苏联最高苏维埃主席团提出建议。这个问题产生于苏联最高法院全体会议讨论对一件刑事案件(案件里的当事人以犯罪行为致人损害)的抗诉时。这次讨论的结果是,苏联最高苏维埃主席团于1973年6月25日通过了《关于公民因受犯罪行为的损害而支出医疗费用的赔偿的法令》。

三、民法的变化

扩大民法调整的范围是联盟和各加盟共和国民事立法一个最明显的趋向。它是由苏联实际生活中的20世纪60年代中期实行经济政策后产生的社会经济因素所决定的。民法是用来进行改革的工具之一。实现这一趋向主要是通过互相联系的经济法律的渠道进行的。

(一)调整范围的扩大

扩大民法调整的范围,从而增加民法规范在整个苏联法律的大量共同的规范和制度中的比重,是通过人所共知的“重新分配”每个法律部门之间的对象来实现的。这种“重新分配”决定了社会关系本身的显著变化,这些社会关系由于本身内容的发展,需要另外一种与这一内容相适应的法律规范。

扩大民法调整范围的第一个重要方面,表现为调整城市、农村、工业与农业之间的社会经济联系的法律形式的发展。20世纪20年代,苏联农产品的采购是在义务交售制法律制度的范围内加以规定的。这一制度的必要标志,是行政法律形式的形成和相应的社会经济联系的随之而来的变动。而现在(从方向看),同样一些社会关系则由苏联民法调整,农产品的采购契约就是根据苏联民法规范缔结和履行的。

法律形式的类似的改革也发生在工业对农业的物质技术供应关系的调整上。这里,同样是用民法规定这一手段,但是,这些手段需要进一步的发展,以便通过经济和法律手段在最大限度上满足农业企业的利益。

扩大民法调整范围的第二个同样重要的方面,表现为建立和“增加”新的规范和制度,有时甚至是整个附属部门法。表明这个方面情况的是民法性质的服务制度的命运。众所周知,无论是1922年《苏俄民法典》,还是1961年《民事立法纲要》,或者各加盟共和国民法典,都没有规定调整提供服务的关系这一类的规范。上述法典仅对个别种类的服务合同作了规定(如委托、保管、行纪)。一系列个别的服务契约,则在专门规范法令的范围内单独加以调整(如保管契约就是这样)。现在,把那些规定提供服务的关系的法规的重要指示加以综合的必要性增加了。这种综合应在全联盟和各加盟共和国的立法中表现出来,特别是由1961年《民事立法纲要》增加2—3个条文是适当的。在这些条文中,应就服务契约的主要的法律概貌(契约的定义、契约的客体和某些其他原则)作出规定。这些一般规范,应当在各加盟共和国民法典和一些有联盟意义的特殊的附带法令中,得到详细的体现。从1961年《民事立法纲要》第3条的规定来看,提供服务的关系应当分别加以规定,社会主义组织之间提供经济服务的关系由联盟法令加以规定,其余提供服务的关系则由各加盟共和国的法律加以规定。

(二)改革的要求

苏联民法发展的一个重要表现是,由于苏联社会主义企业的业务与经济上的独立性明显扩大,民法调整的范畴更加充实了。在经济改革过程中制定的一系列法令,都有民法规范,如《企业条例》。关于民事法律关系参与人的法律的发展,不仅包括发展那些调整公民参加的关系的规范,而且包括那些社会主义组织间的关系为其规定的对象的规范。这种趋向很清楚地体现出在巩固和发展苏联民事立法中民事法律关系参与人本身的自由处置性和主动性原则。

自由处置性,这是苏联民事权利主体实现自己的权利地位和主观权利的法律的自由。要建立和进一步发展民事法律关系的主动性,就必须由民事法律的参与者本身完成相应的“第一步”，这是前提。

在苏联民法中，在现代条件下发展主动性和自由处置性原则，无论调整社会主义组织的关系，还是调整公民的关系，都不会有什么疑问的。这是由于权利主体制度在现行立法中得到了重大发展（例如，公民可以根据1961年《民事立法纲要》和各加盟共和国民法典有关条文；涉及社会主义组织，首先依据《企业条例》）。

在考察民事关系参与人的权利和自由的进一步发展的趋向时，必须注意两个因素：(1)现行的民事立法给予权利主体以广泛的财产权和自由，但是苏联民法所调整和保护的非财产关系这个范围依然是很狭小的。科学和立法的实践应尽力弥补这个缺陷。(2)关于社会主义组织的权利和自由，应当极大地发展那些在法律上保证这些组织承担的许多权利和自由有实际实现的可能性的法律规范和制度。众所周知，在经济改革进程中，民法调整方法在规定权利方面取得了非常显著的进步，现在的任务就在于“无限”地扩大企业和其他经济组织的财产权利，只要在这些企业和组织同上级管理机关，同运输部门、银行机构等的相互关系上能够保证这些权利自由。

苏联所有制的民法形式的进一步发展，在民法调整的社会关系中，表现于经济核算制和组织原则的加强。

现代生产管理形式的发展，决定于所有制形式。国家所有制首先在苏联历史进程中发展起来，相应地，所有制关系的法律调整也得到了发展。1961年《民事立法纲要》和各加盟共和国民法典所作出的有关立法的补充（实行社会组织所有权制度、占有保护制度等）足以说明。

国家所有制的关系的发展要求改善企业经济核算活动和组织活动，苏联的企业通过经营管理权占有国家财产。经济核算制的法律形式问题，是民法学的主要问题之一，在这方面，这里只需注意两个问题。

第一个问题是，经济改革在当时的进展明显地证明，巨大的组织工作不仅由计划机关（总管理局和部门管理局的机关）进行，而且由国民经济计划的执行者本身进行，后者在签订适当的经济合同及在执行合同的过程中，彼此发生各种组织关系，这些组织关系由于法律调整不仅取得行政的形式，而且取得民法的形式。所以必须使用这些形式，这是由企业和其他经济组织之间形成的社会关系性质本身决定的（没有相互的从属性，拥有经济的主动性和自由处置性,具备经营管理的独立性等)。详细地、全面地分析民法组织规范(那些调整民事权利主体之间在协调原则上建立的组织关系的规范)的客观需要已经成熟了,因而,无论在产品和商品的供应条例中,在基本建设承揽合同的规则中,在运输的章程和法典中,还是在其他一系列的规范法令中都有这种规范。加强民法调整的组织原则是完全合乎规律的:社会主义组织和企业不是法律的消极执行者,而是自己生产和自己与经济关系的其他参与者发生互相关系的积极的组织者。上述趋向的发展决定于社会主义生产的协作和专业化的体系。与此相联系,值得特别注意的是"标准化"法律的发展。标准化的法律几乎在当时还没有引起法学家们的注意,如果说注意到标准化,则主要是在因为供给产品质量不好追究责任时。那时,摆在民法学(而不是行政法学)面前的巨大而又复杂的任务是适当地提出标准化的法律问题,提出发展现行立法的建议。必须拟定国家标准化制度,度量衡的法律草案。同这个制度密切联系的是价格制度,而这一制度在当时并没有引起民法学家的注意。

第二个问题是,在经济改革过程中,不仅国家机关计划组织工作质量的水平提高了,而且各种经济法律的刺激也开始得到了广泛采用,各种物质奖励的形式在后者中占重要地位,消极的刺激的形式,特别是民法责任的方法的作用也是重要的。但是,经济法律制裁(无论是财产程序还是组织程序)的结构还没有形成。这个结构的发展显然应当按照如下措施:首先,彻底划分民法的责任措施和保护措施,因为这种或那种的措施都具有不同的法律上和事实上的根据,担负着远不相同的职能。其次,彻底划分民法保护措施本身,显然,应当被划分为三种措施,保护民事权利主体的措施、保护法律程序的措施和分配损失或使损失局部化的措施。

上述两个问题属于民法调整本身的变动,从立法上(规范上)突出民法规范同其他部门特别是劳动法和行政法的规范的互相作用是重要的。企业(经济组织)对自己作为当事人的民事法律责任和劳动法、行政法以及其他法律部门所规定的责任(保护)措施之间必须有明确的"法律上"的结合点。苏联一些法学家认为,应当达到这样一种状况,即生产中、计划和管理中所造成的损失,不应当只落在企业的肩上,还必须使有过错的人,从车床工人、设计人员、计划人员或质量检验员,一直到总管理局局长,必要时,包括部长、各主管部门的领导人担负(即使在一定范围内)财产责任。由于他们的过错,社会遭受了物质损失(例如,不适当地组织生产,在拟订计划中有过错以及不能及时地用基金提供保证等)。

非物质(非财产)的刺激,这样的调整方法也应该得到并非次要的发展,因为上述刺激在实践中主要是用于著作权、发明权和发现权制度中。当然,不能不看到非财产措施,特别是在产品和商品的供应条例,基本建设承揽合同的规则等之中对非法的供应人或订购人、订货人或承揽人适用的组织上措施(如解除合同)。必须使其他社会主义组织(发货人和运输业等)之间的关系也由组织上的制裁加以"安置"。

完善苏联民事立法形式,它的结构和法典编纂工作,不能仅归结为民法在其历史发展过程中有更完备的法律技术形式。立法者应依靠许多社会科学(经济学、社会学、统计学、法学等)的成就,选择最符合社会要求的法律调整手段和方法、方式及结构,排除立法上的缺陷,更有成效地利用不同的法律部门及其个别制度互相作用的可能性。

20世纪50年代中期的法典编纂工作在完善民事立法的形式和结构上是一个巨大的进步。但是,上述一般的(就对象是部门法的)法典的编纂(纲要和加盟共和国民法典)也没有取消进一步改善苏联民法的形式和进一步发展苏联民法的个别制度,如从属部门法的编纂。例如,在当时,编纂住宅立法的必要性是最迫切的。据统计,住宅立法始于20世纪20年代制定的近300条规范法令,以合并的方式将这些法令编纂苏联住宅法典不会改变立法的本质,而且这恰恰是苏联当时所需要的。同样的情况还存在于社会主义经济组织的经济联系的调整上,拟定并通过苏联经济法典的必要性成熟了。还必须进一步编纂运输立法,拟定和通过关于标准化、度量衡的法规,补充调整非财产关系的法规等。

(三)企业和联合企业权利的扩大

20世纪60年代以来,苏联不断贯彻执行完善经济机制的各项措施,其目的是提高社会生产效益。扩大企业和联合企业的权利在完善经济机制的措施体系中占据重要地位。改善社会主义经营管理的这个方针,是20世纪60年代后20年的一个具有代表性的特征。它特别明显地表现在1965年进行经济改革的过程中。当时,通过了《社会主义国营生产企业条例》,它扩大了企业在其活动的各个领域中的经济权利。但是,后来围绕着该条例制定了大量的部门性的指示。这些部门性规范文件数量很大,在很大程度上贬低了该条例内容的价值,在确定该条例各条文的适用程序时对企业的主动性和经济自主性规定了重大的限制。

1965年,曾经大大缩减了上级机关给企业的指令性计划指标的数量,从而扩大了企业在计划方面的权利。各个企业可以独立地解决自己活动的许多问题。但是,后来又恢复了对许多指标的指令性计划。造成这一局面的原因众多,其中之一是法律规定的指标不能保证企业的有效工作。在生产联合企业的权利方面也有类似的情况。法律规定的生产联合企业的权利实际上与企业的权利等同,更何况法律所规定的计划程序在实践中并非始终都能得到遵守。企业和联合企业的计划任务常常被修改,不时地被规定一些附加任务,然而在物资和财源上却没有给予保障。为了克服上述这些缺点,苏共二十六大决议提出了在国民经济各个环节中发展经济核算制的任务。经济核算制的巩固对于扩大企业和联合企业的权利有重大意义,因为有关环节的经济自主性是经济核算制的一个重要因素。

经济核算制不仅在苏联的企业和生产联合企业的活动中适用,而且在大型经济系统,如全联盟的和加盟共和国的联合企业及工业和建筑业的活动中运用。苏共中央和苏联部长会议1983年8月18日的《关于加速国民经济中科学技术进步的措施的决议》规定,不仅应在工业中实行创造和采用新技术的经济核算制,还应该在农业、建筑业、运输业、邮电业、地质和物资技术供应中采用这个制度。

提高经济契约的作用也有助于扩大企业和联合企业的权利。参加经济契约关系是企业和联合企业经济自主性的表现。当时,经济契约在苏联已被用来作为编制计划的工具,作为形成产品生产和销售计划的手段。这一趋势具体表现在发展5年的长期经济契约之中。经济契约的计划职能,也在实行经济核算制的工业管理机关与物质技术供应机关之间签订契约时明显地表现出来。这是苏联部长会议1981年2月10日决议批准的新的《产品供应条例》规定的。虽然提高契约在组织经济关系中的作用这一趋势在法律上作出了反映,但是苏共中央和苏联部长会议1979年7月12日的《关于改进计划工作和加强经济机制并提高生产效益和工作质量的决议》中,关于提高契约作用的许多规定没有得到实现。依据该决议,企业和联合企业应当根据所签订的契约规定生产产品的品名和品种。可是,在苏联的计划体制中,却是先批准计划,然后在计划的基础上再签契约。苏联科学院通信院士、俄罗斯联邦功勋科学家 B. B. 拉普捷夫（Лаптев Владимир Викторович）认为，由于调整计划关系和合同关系以及横向和纵向经济关系的不协调，该决议关于提高契约关系的作用和扩大企业和联合企业权利的一些规定没有得到实现。

1978 年，不仅按照完成计划任务的结果，而且按照履行契约义务的结果对企业和联合企业进行评价的做法，强化了经济契约的作用。苏共中央和部长会议 1983 年 4 月 11 日的《关于在遵守产品供应契约义务方面的严重缺点以及加强部、主管机关和企业在这项工作中的责任的决议》，强调指出了不仅对企业和联合企业而且对部门的活动进行评定时，都要参照契约义务的履行情况并将其作为评价指标的重点。苏共中央和苏联部长会议 1983 年 7 月 7 日《关于完善农业与国民经济其他部门相互间的经济关系的决议》规定，契约义务的履行情况应当作为对为农业服务的部门所属企业和联合企业活动的评价指标。这一方法是建立在完成计划任务和发展契约义务的责任采取统一立场的基础之上的，符合横向经济关系和纵向经济关系的统一性。

苏共二十六大及苏共中央 1982 年 11 月全会和 1983 年 6 月、1983 年 12 月和 1984 年 2 月全会的决议都指出，必须实行生产集约化，扩大企业和联合企业的自主权，发扬它们活动中的社会主义进取精神。苏联最高苏维埃 1983 年 6 月 17 日通过的《关于劳动集体和提高劳动集体在企业、机关和组织管理中的作用法》的法律，以扩大劳动集体的权利为目的，其根据是它们的权利不仅由全体职工大会和社会团体行使，而且也由有关经济机关的行政部门行使。这里表明经济权利不是赋予行政部门，而是赋予企业本身，由它的行政部门作为企业的机关加以行使，并且在法律所规定的情况下，经济权利并非由行政部门单独行使，而是行政部门与企业的工会组织共同行使。法律也以同样的方式规定了生产联合企业的权限。苏联在经济改革中，已提出要扩大企业和联合企业的经济权利，应当明确认识到这里指的不是企业和联合企业的行政部门的权利，不是它们的经理的权利，而是作为劳动集体的有关经济机关的权利。这些权利不仅应当由公职人员行使，而且在一定情况下，还应当由企业和联合企业的社会团体行使。B. B. 拉普捷夫认为，只有这种理解才符合企业和联合企业管理的民主化以及劳动集体广泛参与管理生产的原则。

为了扩大企业和联合企业的权利,苏共中央和苏联部长会议1983年7月14日通过的《关于扩大工业中生产联合企业(企业)在计划工作中和经济活动中的权利以及加强它们对工作成果的责任的补充措施的决议》,规定在许多工业部门——联盟范围的重型机器制造业和运输机器制造业以及电机工业、食品工业以乌克兰为试点,轻工业以白俄罗斯为试点,地方工业以立陶宛为试点进行试验。上述各个部门的企业和联合企业自主经营权得到扩大。

一些苏联学者指出,改善对经济关系的法律调整不能仅归结为颁布新的规范性文件,需要的不仅是在法律上规定企业和联合企业的广泛权利,而且要求促使这种权利能得到实现。因此,在加强检察机关对国民经济中有关主体遵守法律情况实行监督的同时,仲裁机关在解决经济争议时应当促进企业和联合企业经济权利和利益的真正实现。1979年11月30日通过的《苏联国家仲裁法》责成国家仲裁机关担负起对经济领导机关的文件是否遵守法制实行监督的职能。该法第19条规定,国家仲裁机关应当拒绝满足以违反法律的国家管理机关文件为依据的请求。仲裁机关解决经济争议时对上述文件是否遵守法制实行监督,对于保证企业和联合企业的经济自主性有重要意义。但是,这只有助于具体案件的正确解决,还不能完全排除不合法文件对经济关系的不良影响,因为国家仲裁机关在行使监督权时并不撤销不合法的文件。

四、婚姻、家庭法的演变

新经济政策实施以后,苏维埃政权加强了各个领域的立法工作,并提出对婚姻家庭法的修改,以便进一步加强保护妇女及子女在家庭中的权利问题。新的《苏俄婚姻、家庭和监护法典》草案在1925年10月全俄中央执行委员会第二次会议上批准了司法人民委员部提出的原则,并在媒体上公布,供苏俄各族广大工农群众加以讨论。1926年11月19日,该法典草案在全俄中央执行委员会第三次会议上通过,并于1927年1月1日起生效。

《苏俄婚姻、家庭和监护法典》是在总结1918年《苏俄户籍、婚姻、家庭和监护权法典》施行经验的基础上,加以修改、补充而成的,共143条,由婚姻、父母子女及其他亲属间的相互关系、监护及保佐、户籍登记等4篇内容组成。1926 年《苏俄婚姻、家庭和监护法典》承认了事实婚姻，改变了 1918 年《苏俄户籍、婚姻、家庭和监护权法典》规定的只有在户籍登记处登记的婚姻，才产生配偶间权利和义务的原则。新法典规定的结婚年龄男女均为 18 岁。关于配偶的财产关系，1926 年《苏俄婚姻、家庭和监护法典》规定配偶一方婚前的财产，婚后仍为其单独的财产，在婚姻关系持续期间取得的财产为共有财产。此时已准许收养，但以被收养者为幼年或未成年人，并以收养人绝对保证儿童的利益者为限。

1968 年 6 月 27 日，苏联最高苏维埃通过了《苏联和各加盟共和国婚姻和家庭立法纲要》（以下简称《婚姻和家庭立法纲要》），规定自 1968 年 10 月 1 日起施行。《婚姻和家庭立法纲要》除序言外，包括总则、婚姻、家庭、户籍和苏维埃婚姻家庭立法对外国公民及无国籍人的适用、外国婚姻和家庭法，以及国际条约和国际协定的适用等章节，共 39 条。《婚姻和家庭立法纲要》提出了一些主要原则并规定了一些单独的规范，在一些需要统一规定的问题上对各加盟共和国具有约束力。各加盟共和国的婚姻和家庭法典依据《婚姻和家庭立法纲要》制定，更详尽地规定了家庭关系，同时考虑到各自的一些习惯、民族和地方的特点。俄罗斯联邦最高苏维埃于 1968 年 7 月 30 日通过了新的《苏俄婚姻和家庭法典》，并于 1968 年 11 月 1 日起施行，1926 年《苏俄婚姻、家庭和监护法典》同时废除。1968 年《苏俄婚姻和家庭法典》共 166 条，同 1926 年《苏俄婚姻、家庭和监护法典》相比较，增加了总则编，取消了监护及保佐编，还增加了第 5 编“苏维埃婚姻和家庭立法对外国人和无国籍人的适用，外国婚姻和家庭法以及国际条约和国际协定的适用”。1968 年《苏俄婚姻和家庭法典》还摒弃了早期的一些陈旧规范。

长期以来，苏联一直存在婚姻家庭关系不稳定的问题。20 世纪六七十年代以来更趋严重。主要表现在三个方面。（1）结婚人数相对减少。由于西方文化和生活方式不断传入苏联，一些公民的家庭观念日益淡薄，达到法定婚龄的男女而不结婚的人数剧增。例如，据苏联《社会学研究》1979 年第 2 期论述该问题的文章透露的资料，约有 1/3 的 20—30 岁的男女是独身，每 1000 人就有 70 多位单身男女，全苏有 1300 万已达婚龄的青年没有结婚。又如，离婚后再婚的人数也减少了。据苏联《文学报》1978 年 4 月 11 日的一篇文章提供的数字，到 1976 年，全苏居民中有几百万离婚后不再结婚的公民，这一现象在苏联空前罕见。（2）离婚率大幅度上升。苏联的离婚率于1976年已猛增至每3对夫妇中就有1对提出离婚,比1960年增加2倍以上,且处于上升趋势。尤其是轻率离婚的现象十分严重,一些新结婚的夫妇,在发生一些冲突后就分手了。婚姻已持续相当长时间的家庭而离婚的在总数中也占有很大的比重。在当时苏联女多男少的情况下,一些违反道德准则的现象相当普遍。(3)非法同居人数日益增多。在非法同居者中,既有达到婚龄而不结婚者,也有离婚后不再结婚者。根据调查资料,有35.7%的男离婚者和18.2%的女离婚者在离婚前已经与他人有非法同居的关系。

综观苏联婚姻家庭法有关离婚手续的规定,可以看出,为了建立和巩固新型的婚姻家庭关系,防止轻率离婚,苏联是不断地改进的。1917—1918年,在列宁亲自支持下制定的《关于婚姻与家庭的法令》明文规定如双方均愿意离婚,可不经法院到户籍登记机关办理。诉讼离婚应由法院审理。此种诉讼离婚制度,对革命初期的草率离婚现象曾起过节制作用。1926年《苏俄婚姻、家庭和监护法典》则取消了诉讼离婚制度,一切离婚均可向户籍登记处免费登记,使获准离婚更加容易,助长了一些公民以轻率的态度对待婚姻和家庭问题,离婚率大增。1936年6月27日,苏联部长会议通过了修改离婚手续的决议,规定申请离婚的双方必须亲自去登记,并在他们的身份证上注明"离婚"字样,离婚手续费也比以前增加了(第1次50卢布,第2次150卢布,第3次起为300卢布)。这些做法在当时起到了一定的作用,但大量的轻率离婚现象依然存在。为此,1944年7月8日,苏联最高苏维埃主席团颁布法令,恢复初期的诉讼离婚制度,进一步规定离婚必须经过两道法律诉讼程序,先由基层法院调解,调解不成时再由上一级法院进行审理。离婚案件要在报纸上公布,费用由提出离婚的一方负担。再次提高了离婚的手续费用,申请离婚时需要付100卢布,发给离婚证书时要交付500卢布至2000卢布。这一法令对控制大量离婚现象曾起到很大的作用。1945—1950年,全苏每年离婚的案件在6万起左右,比"二战"前的20万起大大下降了。但是,这一离婚制度也有弊端,它妨碍了有充分理由离婚的人行使离婚自由的权利,也造成了离婚率下降的虚假现象,许多要求离婚的夫妇虽未获准离婚,实际上已分居多年了。

1965年12月10日,苏联最高苏维埃主席团颁布的法令,大大简化了离婚手续,把两道诉讼程序改为一道。于是,全苏的离婚率又骤然上升,在新规定实行的第二年,离婚率比前一年增长了近2倍,一些早已断绝关系的夫妇纷纷向法院公开登记离婚。1968 年的《婚姻和家庭立法纲要》规定，在夫妻双方一致同意离婚、无子女或子女已成年并且没有其他争议的情况下，离婚可通过行政手续，到户籍登记处办理。面对离婚率上升趋势，苏联政府比较重视户籍登记机关在限制轻率结婚和轻率离婚方面的作用，并且产生了一定的效果。根据彼得格勒家庭生活问题咨询处负责人 A. M. 斯维亚多希教授的资料，由于对打算离婚的人做了工作，有 1/3 的婚姻得到了维护。苏联各地结婚登记部门还实行一种新的制度：申请结婚的男女在提出申请后满 1 个月（如有必要可延长至半年）才能正式登记结婚，其目的在于促使男女双方认真思考，避免匆忙成婚。

除了上述关于离婚的法律措施外，苏联还采用各种办法教育青年树立对婚姻家庭的责任感。例如，20 世纪 70 年代以来在全苏各大城市的文化宫和企事业单位先后成立了“婚姻家庭问题咨询中心”“家庭生活问题讲习班”，有针对性地讲授关于婚姻家庭关系中应注意的问题，很受欢迎，起到了一定的作用。为了巩固婚姻家庭关系，苏联还不断改善多子女母亲的劳动和生活条件，采取许多具体办法鼓励和支持独身者建立家庭。

苏联为了巩固婚姻家庭关系采取了一系列措施，但是没有从根本上使存在的尖锐矛盾有所缓和，也就是说没有找到解决问题的有效办法。苏联的一些学者建议，对家庭发展倾向及家庭中发生的变化进行更深入的研究，应该在苏联科学院社会学研究所的基础上建立研究家庭问题的科学研究中心，还建议在各学科专家的共同参加下，制定出巩固婚姻和家庭关系的长期总体规划。

第五节　土地立法和集体农庄立法

一、土地立法

1928 年 12 月 15 日，苏联第四届中央执行委员会第四次会议通过的《苏联土地使用和土地调整总纲》，这是有关土地制度的第一个全联盟的法令，规定了土地关系方面的一系列基本问题。《苏联土地使用和土地调整总纲》再次强调,土地国有化是苏联土地制度的基础,它为农业社会主义改造和土地的使用及调整提供了充分的可能性。组织土地调整和土地使用的主要任务,是“发展农业生产力,保证大力促进农业的社会主义建设”。为此目的,集体经济以及贫农、中农、少地和无地的农户优先获得劳动使用土地的权利,被剥夺选举权的人只能在最后分得土地。《苏联土地使用和土地调整总纲》禁止土地买卖、抵押和交换,否则不仅宣告其行为无效,还要给予刑事惩罚。《苏联土地使用和土地调整总纲》还对土地出租和使用雇工劳动作了很大限制。只有困难户才可以出租土地,富农出租土地是被禁止的,如果富农违反这一规定,将收回他的土地。在农户保持劳动本色的条件下,一般准许以雇工劳动作为辅助性劳动。虽然没有明文禁止富农使用雇工劳动,但实际上已不存在这样的可能性,因为《苏俄劳动法典》的效力已经完全扩大适用于富农户。

1968 年 12 月 13 日,苏联最高苏维埃通过《苏联和各加盟共和国土地立法纲要》(以下简称《土地立法纲要》),1969 年 7 月 1 日起施行,除序言外,共 11 章 50 条。《土地立法纲要》对总则、农业用地、居民点(城市、城市型村镇和农村居民点)的土地、非农业用的土地(涉及工业、运输业、疗养区、自然保护区等)、国家森林资源的土地、国家水资源的土地、国家储备土地、国家地籍簿、国家土地规划、土地纠纷的解决、违反土地立法的责任和国际条约的适用等作了规定。《土地立法纲要》指出苏维埃土地立法的任务是:调整土地关系以保证合理使用土地,创造提高土地效率的条件,保护组织和公民的权利,以及加强土地关系方面的法制。《土地立法纲要》明确规定了各加盟共和国调整土地关系的权限。根据《土地立法纲要》,各加盟共和国修改了各自的土地法典。1980 年 1 月 7 日苏联最高苏维埃主席团对《土地立法纲要》进行了增补,增补了第 12 章的内容,该章原本只有 1 条。此外,1977 年和 1980 年也对《土地立法纲要》的一些条款作了补充和修改。

二、集体农庄立法

苏维埃集体农庄法是随着集体农庄制度的建立产生并发展起来的独立部门法。如前文所述,《土地法令》是苏维埃政权的第一个法律,它为农业的社会主义改造奠定了基础,为社会主义成分在农业中的出现创造了条件。苏俄农业人民委员部1917年12月4日《关于由农业委员会调整土地和农业关系的指示》规定,对由无地和少地农户组成的劳动组合和生产劳动社,优先分配土地。全俄中央执行委员会1918年2月19日《关于土地社会化的法令》,责成中央和地方政权机关的农业部门做到,“在农业中减少个体经济,发展更利于节约劳动和产品的集体经济”。为了解决这个课题,全俄中央执行委员会又于1919年2月14日通过决议,批准了《社会主义土地规划和向社会主义农业过渡措施条例》。

苏联中央执行委员会和人民委员会1921年11月17日《关于在完成国家税收方面农业集体单位与个体经济同等对待和农业集体单位适用农业合作社条例的法令》规定,集体农庄在组织关系上属于农业合作社的系统,而它们的活动基本上由有关农业合作社的立法来调整。

1919年2月19日,农业人民委员部根据《社会主义土地规划和向社会主义农业过渡措施条例》批准了《农业生产合作社标准章程》,同年5月19日又批准了《农业劳动组合标准章程》。在这些章程所确立的原则基础上,集体农庄建设迈出了最初的步伐。

在1922—1923年,通过了合作社、农业劳动组合和共耕社的新示范章程,主要考虑了实行新经济政策而引起的国内局势的变化,促进了集体农庄内部关系的调整,把农民引到社会主义建设中。

这些示范章程在1926—1927年,由于集体农庄运动的迅速发展,又作了必要修改,重视了集体农庄建立自己的物质生活基地问题。苏联中央执行委员会和人民委员会把发展农业合作社看作振兴农业、吸引劳动农民群众参加社会主义建设的最重要手段之一,并且认为必须奠定坚实的基础,实行全苏农业居民的合作化,因此于1924年8月22日通过了《关于农业合作社的决议》。此项决议确认合作社、农业劳动组合和共耕社自其章程登记日起即为法人。为了适应集体农庄建设的成就,苏联中央执行委员会和人民委员会又于1927年3月16日通过了《关于集体经济的决议》,规定集体农庄享有比个体经济更多的优待与优先权。《关于集体经济的决议》明确指出,必须严格遵守加入集体农庄、由最简单的集体经济形式转到较复杂的形式的自愿原则。首次提出在集体农庄建立能保证公有经济稳定的不可分基金的问题,并规定从国家机关得到的财产要作为不可分资产交给集体农庄无偿使用和自由支配。从上述内容可以看出,1927年3月16

日的决议,是第一个专门调整集体农庄活动的全苏性决议。它为独立的集体农庄立法部门奠定了基础。这一决议比过去颁布的立法更加全面地触及了集体农庄的内部关系问题,其中包括集体农庄事务的管理问题。所以,在即将实行全盘集体化时期,苏联就已开始形成独立的集体农庄法部门。

对于作为独立的法律部门的集体农庄法的产生问题,在苏联曾有过争论。1955 年出版的《集体农庄法》的作者这样写道:“十月革命以后,劳动农民群众开始向社会主义的发展道路过渡。十月革命以后也产生了一个新的法律部门——集体农庄法。”①目前,大多数学者发表的著作与论文均对“十月革命后产生论”持否定态度。他们认为,作为法律部门的集体农庄法,在苏联出现集体农庄制度以前,是不可能产生的。②

1929 年,随着集体农庄建设不断加快,农民的思想也发生了很大转变,这些都有利于集体农庄的发展。这一年,农民开始整村、整乡、整区地加入集体农庄。中农也开始大批地加入集体农庄,集体化已成全盘化之趋势。集体农庄建设和集体农庄法进入了一个新的发展阶段。向全盘集体化过渡并在此基础上消灭富农阶级,这两件事在联共(布)中央 1930 年 1 月 5 日《关于集体化的速度和国家帮助集体农庄建设的办法的决议》和苏联中央执行委员会和人民委员会 1930 年 2 月 1 日《关于巩固全盘集体化区内农业社会主义改造和同富农阶级斗争的措施的决议》中固定下来。上述 1 月 5 日的决议第一次把农业劳动组合提高到本阶段集体农庄运动的主要形式的地位,授权苏联农业人民委员部在最短期内拟定出《农业劳动组合示范章程》,并要求广泛吸收集体农庄组织参加这一工作。2 月 1 日的决议禁止全盘集体化区内的个体经济出租土地和使用雇佣劳动,并授权边疆区(州)苏维埃执行委员会和自治共和国政府没收富农的财产和采取一切必要的措施同富农作斗争,直到把他们迁移到本国别的区、州。从富农那里没收的财产,通常归入集体农庄的不可分基金,作为贫农和雇农参加集体

---

① [苏]H. B. 巴甫洛夫:《集体农庄法》,克里姆林出版社 1955 年俄文版,第 29 页。

② 参见[苏]H. B. 巴甫洛夫:《集体农庄法》,克里姆林出版社 1960 年俄文版,第 8 页;参见[苏]M. H. 科兹里:《集体农庄法》,载《社会主义建设时期(1921—1935 年)的苏维埃国家与法》第 2 册,克里姆林出版社 1968 年俄文版,第 552 页;参见[苏]B. C. 贝利亚耶娃:《集体农庄法渊源》,克里姆林出版社 1972 年俄文版,第 59-60 页。

农庄的加入费。

由集体农庄管理总局和农业人民委员部同意，苏联中央执行委员会和人民委员会主席团1930年3月1日批准的《农业劳动组合示范章程》，在集体农庄建设方面，在巩固作为集体农庄的基本形式的农业劳动组合方面有重要的意义。这是第一个取得了法律效力并具有由此产生的一切法律后果的示范章程。《农业劳动组合示范章程》涉及：建立集体农庄实行自愿原则；必须把集体农庄庄员的个人利益同公共利益正确地结合起来；明确划分实行公有化的财产和仍归庄员个人支配的财产；劳动组合土地实行统一和不可缩减的原则；劳动组织、计酬和收入分配的方法与程序；等等。1930年《农业劳动组合示范章程》规定，集体农庄可拥有不可分基金与股金、赡养没有劳动能力者的基金、临时生产需要基金、种子与饲料基金。它排除了把社会公有化生产资料归还给退出农庄庄员的可能性，指出对退出农庄的人进行货币结算，只有股金才予以退还。

1930年《农业劳动组合示范章程》奠定了集体农庄建设的马克思列宁主义的根本原则。"任何把管理国营农场的组织制度搬到集体农庄来的企图都是反列宁主义的，因为集体农庄不同于国营农场，国营农场是用国家资金建立起来的国营企业，而集体农庄是农民用自己的资金自愿建立起来的公共的联合组织，因此它们是各有其特点的"①。有关集体农庄的这一原理，在苏联是不可动摇的。

1930年秋季开始的集体农庄运动的高涨，导致1931年在苏联主要谷物产区完成了农业集体化。1931年3月举行的苏联苏维埃第六次代表大会，对集体农庄在组织上和经济上的巩固予以很大的注意。大会通过了《关于集体农庄建设的决议》，对集体农庄运动作出总结，揭露了集体农庄工作中存在的缺点，提出了巩固和发展集体农庄的措施。

到1934年，苏联集体农庄制度获得了不可逆转的胜利。随着集体农庄制度的产生、发展和巩固，苏维埃集体农庄法也产生了、发展了，并且形成了一个独立的法律部门。

1930年《农业劳动组合示范章程》，在实施集体化的年代，对于巩固作

---

①《苏联共产党代表大会、代表会议和中央全会决议汇编》（第4分册），中共中央马克思恩格斯列宁斯大林著作编译局译，人民出版社1957年版，第173页。

为集体农庄的基本形式的农业劳动组合起到了特别重大的作用,可是,对于集体农庄建设的实践所提出的一系列问题,却不能给予回答。此外,还必须将此后几年积累的成功经验在立法上固定下来,因而有必要制定新的《农业劳动组合示范章程》。

全苏集体农庄庄员——突击队员第二次代表大会1935年2月17日通过、苏联人民委员会和联共(布)中央同日批准了新的《农业劳动组合示范章程》。这个示范章程在发展集体农庄,从组织上和经济上巩固集体农庄方面起了突出的作用,在30多年间,它一直是苏联集体农庄法的主要文献。

1935年《农业劳动组合示范章程》提出了农业劳动组合的目的和任务,确定了集体农庄建设的根本原则——农民参加集体农庄的自愿原则,调整了土地使用问题,明确了参加集体农庄对划分财产公有和农庄户自有的原则,规定了农庄户自有家畜、家禽的数量,详细制定了加入劳动组合和开除出劳动组合的程序,以及提出申诉的程序。

1935年《农业劳动组合示范章程》多年来一直是集体农庄生活的基本法律,从法律上固定了集体农庄法的全部主要制度。随着1935年《农业劳动组合示范章程》的通过,集体农庄法最后形成了苏联社会主义法律的一个独立部分。后来的集体农庄立法对这一章程的基本条款作了发展和补充,保证了《农业劳动组合示范章程》的贯彻执行。

1936年《苏联宪法》把苏维埃集体农庄法不可动摇的基础——《农业劳动组合示范章程》——的最重要条款固定了下来。

1937—1938年,在1935年《农业劳动组合示范章程》和1936年《苏联宪法》的基础上,进一步从组织上和经济上巩固了集体农庄,增加了农庄的公共财富。

在卫国战争的艰苦条件下,农业担负着向前线和全国居民提供农产品,向工业提供原料的任务。集体农庄通过扩大耕地面积(主要在东部地区),提高农作物单位面积产量和畜牧业成品率,通过更好地组织生产和庄员劳动等途径来完成这一任务。国家采取了改善集体农庄组织、加强劳动纪律的立法措施。

苏联人民委员会和联共(布)中央1942年4月13日通过了《关于提高集体农庄庄员劳动日最低限额的决议》。为了使集体农庄适时进行一切农业劳动,获得丰收,进一步发展畜牧业,保证庄员有较高的劳动日收入,向国家和军队供应足够的粮食,决议规定提高战争期间每个有劳动能力的男女庄员全年劳动日最低限额。在各农作物种植区和畜牧区,由 100 个劳动日提高到 120 个劳动日,在植棉区提高到 150 个劳动日。

在 1941—1945 年卫国战争时期,集体农庄立法获得了迅速发展,促进了集体农庄制度的巩固。这一出色制度经受住了严峻的考验,成为战胜希特勒的最重要因素之一。当时,《农业劳动组合示范章程》是战时集体农庄生活的不可动摇的法律。

1946 年,联共(布)中央和苏联部长会议查明,《农业劳动组合示范章程》在集体农庄中受到了严重破坏。为此,1946 年 9 月 19 日颁布了《关于消除集体农庄中违反〈农业劳动组合示范章程〉现象的办法》。1948 年 4 月 19 日颁布了《关于改善集体农庄劳动组织、提高劳动生产率和整顿劳动报酬的决议》。该决议认为,千方百计地加强"固定生产队——劳动组合"的基本劳动组织形式是改善集体农庄劳动组织的最重要任务。

集体农庄的合并促进了它们在组织上和经济上的巩固,苏联部长会议 1950 年 4 月 25 日决议规定,改变集体农庄地界、合并和划小集体农庄面积,都应征得 2/3 以上劳动组织成员的同意。

1953 年 9 月,苏共中央全会揭露了集体农庄领导工作中的严重缺点和错误,制定了提高农业生产、向农业提供物质技术帮助、加强集体农庄和庄员对自己劳动成果物质利益的关心等措施。

苏共中央和苏联部长会议 1955 年 3 月 9 日《关于改变农业计划实践的决议》,批评了制定集体农庄农业生产计划的老一套办法:它束缚了庄员们创造性和主动性的发挥,其主要缺点在于,播种计划是由上级向集体农庄布置的,造成了对集体农庄的命令主义,削弱了它们对发展公有经济利益的关心。该决议提出,自 1955 年起,只向集体农庄下达国家采购农产品数量的计划任务,农业生产计划由集体农庄自行制订。

苏共二十大强调,进一步加速提高农业生产是第六个五年计划的首要任务之一。组织手段和法律手段,其中包括发展到新阶段的集体农庄法,也促进了这一任务的解决。苏共中央和苏联部长会议 1956 年 3 月 6 日《关于农业劳动组合章程和进一步提高庄员在集体农庄生产组织与劳动组合事务管理中的主动性的决议》,建议集体农庄从保证迅速提高农业和畜牧业生产这一首要任务出发,结合当地的条件,对已颁布的《农业劳动组合示范章程》的个别条款,自行加以补充和修改。为了进一步提高庄员从物质利益上对发展公有经济的关心,此决议建议集体农庄广泛实行按月向庄员预付报酬的制度,并自行规定发放补充报酬的办法和数额。这一措施扩大了"集体农庄民主——集体农庄建设"中一条最重要的原则,提高了劳动生产率。

为了贯彻1958年苏共中央全会6月的决议,苏联部长会议于1958年6月30日通过了《关于取消义务交售制和机器拖拉机站实物报酬制以及关于新的农产品采购办法、价格和条件的决议》。根据这个决议,改为实行统一的采购形式,即由国家按经济上合理价格向集体农庄采购农产品。自1961年起,定购合同制成了国家采购农产品的法定形式。

1969年11月召开的全苏集体农庄庄员第三次代表大会,对苏联农业的社会主义改造作了历史性的总结,通过了新的《集体农庄示范章程》和其他重要决议。1969年的《集体农庄示范章程》,同1935年《农业劳动组合示范章程》相比较,对于集体农庄的生产活动和文化教育活动各个方面的调整要充分得多,对于集体农庄的新目标和新任务以及集体农庄庄员权利与义务的阐述要详尽得多,极大地扩充了集体农庄法的作用范围。新的示范章程填补了集体农庄关系法律调整的一系列空白,比较详细地阐明了集体农庄的法律地位,使一系列集体农庄法律制度(例如,集体农庄成员资格,集体农庄所有权,生产、经济和财政活动法律调整等制度)与集体农庄制度现代发展阶段的要求相适应了,用新的内容充实了这些制度。此外,新的示范章程还确定了一些新的制度,如集体农庄庄员在执行劳动任务时对给集体农庄财产造成损失所负的物质责任的制度。与此同时,新的示范章程删除了已经过时的或失去作用的规范和制度。

全苏集体农庄庄员第三次代表大会通过的文件,是列宁合作社计划获得胜利的令人信服的、有力的证明。这些文件对于在新的发展阶段进一步巩固集体农庄制度起着巨大的作用,而且为集体农庄法律部门和集体农庄法律科学开创了一个新阶段。集体农庄制度的发展,理所当然地要求完善集体农庄法律规范和制度。

第六节　劳动立法

一、苏联《劳动立法纲要》

1970 年 7 月 15 日,苏联最高苏维埃批准了《苏联和各加盟共和国劳动立法纲要》(以下简称《劳动立法纲要》),自 1971 年 1 月 1 日起实施,共 15 章 107 条。包括:第 1 章“总则”、第 2 章“集体合同”、第 3 章“劳动合同”、第 4 章“工作时间与休息时间”、第 5 章“劳动报酬”、第 6 章“劳动纪律”、第 7 章“劳动的安全与卫生”、第 8 章“妇女劳动”、第 9 章“未成年工劳动”、第 10 章“在职培训的优待”、第 11 章“劳动争议”、第 12 章“工会与职工参加生产管理”、第 13 章“国家社会保险”、第 14 章“遵守劳动立法的监督检查”、第 15 章“附则”。《劳动立法纲要》规定的苏联劳动法的任务是:规定全体职工的劳动关系,促进劳动生产率的增长和社会生产效率的提高,提高劳动人民的物质生活和文化生活水平,促进劳动纪律的加强,使造福于社会的劳动逐步变成每个有劳动能力的人的第一生活需要,规定高水平的劳动条件,大力保护职工的劳动权利,规定职工的基本劳动权利和义务(劳动权利包括劳动权、报酬权、休息权、获得卫生和安全的劳动条件的权利、获得免费培训的权利、组织工会和参加生产管理的权利、依法获得物质帮助的权利等,劳动义务包括遵守劳动纪律的义务、爱护人民财产的义务、完成劳动定额的义务等)。依据 1970 年《劳动立法纲要》,苏俄最高苏维埃制定了新的《苏俄劳动法典》,并于 1972 年 4 月 1 日起施行。实施近 50 年的 1922 年《苏俄劳动法典》被正式废止。

二、劳动立法的演变

(一)巩固劳动纪律的法律手段

自 20 世纪 70 年代末起,苏联不断地通过了许多有关劳动问题的规范性文件。例如,《关于完善建筑业劳动组织、劳动工资和劳动鼓励制度》《关于完善科学工作者、工业设计师和工艺技师的劳动工资》《关于提高工业联合体、企业和团体的行家、工段长和车间主任的作用和关于加强对他们的劳动鼓励》等。这些法规对1970年《劳动立法纲要》和随后颁布的各加盟共和国劳动法典作出了重大的修改和补充。这说明劳动和生产的发展,促使许多关系发生了新的变化。

苏共中央、苏联部长会议、全苏工会中央理事会1979年12月13日通过《关于在国民经济中进一步巩固劳动纪律和减少干部流动的决议》,1983年7月28日通过《关于加强巩固社会主义劳动纪律方面工作的决议》,苏联部长会议、全苏工会中央理事会1983年7月28日通过《关于巩固劳动纪律补充措施的决议》,苏联最高苏维埃主席团1983年8月12日颁布《关于修改和补充苏联若干立法行为的命令》。这些立法文件都旨在巩固劳动纪律,以便精确组织生产过程、提高劳动效率。下文我们就这些法令在实际运用中的一些情况作出简要介绍。

苏联法律在很多情况下会把向工作人员提供优惠与他们的一般工龄、连续工龄联系起来。如在第十一个五年计划中,职工连续工龄不少于25年者,有子女的妇女在一个企业、机构工作连续工龄不少于20年者,其退休金增加10%—20%。同时,企业、机构有权给一般工龄者增加退休金,国家社会保险金数额按连续工龄的长短来决定。根据1979年12月13日决议,一年中无正当理由两次自动离职者不得保留其连续工龄。抚养3个或3个以上不满16岁(学生不满18岁)子女的职工自动离职属于因正当理由离职。根据《劳动立法纲要》第12条的规定,管理机关无权要求工人完成劳动合同以外的工作。1979年12月13日决议还规定了连续工龄的优待补充休假,这主要针对联合组织、企业、生产单位、工业、农业、建筑业、运输业、通信部门以及地质调查、水文气象、环境监测机构相关职工。1983年7月28日决议第4条进一步规定,勤恳劳动、不违反劳动纪律的职工每年享受3天补充休假。

根据1983年7月28日决议第6条的规定,无故旷工的职工(包括在工作日连续或累计缺勤3小时以上的职工)从假期中扣除旷工的天数,旷工1天扣除1天假期。上班时处于不清醒状态也是一种违反纪律的现象,1983年8月12日苏联最高苏维埃主席团《关于修改和补充苏联若干立法行为的命令》将此作为废除劳动合同的一条单独理由。1983年7月28日决议第6条还规定,职工违反劳动纪律,无正当理由缺勤或上班时处于不清醒状态者,可以调到报酬较低岗位,为期3个月,或者调任较低职务3个月。在上述期间不予办理自行离职手续。

按照《劳动立法纲要》第35条的规定,职工因家庭情况和其他正当理由经申请可由管理机关提供短期不保留原薪的休假。1983年8月12日命令对《劳动立法纲要》第35条作了补充:必要时经双方协议根据生产的条件和可能,这种休假时间可由职工在以后工作中偿还。1983年12月25日的命令进一步规定,偿还休假时间以休假后3个月为限,可以在办理不保留原薪的休假时决定,也可以事后决定,但补偿应在职工非工作时间进行。如果工作人员不遵守做工偿还休假的允诺,那么,在他再度要求休假时,可考虑让劳动集体讨论此事,但是不可将此举视为违反劳动纪律。

1983年7月28日的《关于巩固劳动纪律补充措施的决议》有助于进一步巩固生产秩序,提高劳动生产率,但实际生活中存在一些命令主义的情况,如用某些起惩戒作用的极端措施(如开除)来代替教育工作。在某些企业中因违反劳动纪律而被免职的人数显著增加,1983年全苏因这个原因被免职者比1982年几乎增加了12%。

(二)《苏联劳动集体法》及其实施状况

1977年《苏联宪法》确认了劳动集体在苏联国家政治、经济、社会和文化教育中的地位和作用。1983年6月17日,苏联最高苏维埃颁布的《苏联劳动集体法》是宪法原则的具体化。它规定了劳动集体的性质、任务、活动原则、基本权限及其他权限的实现。通过宪法和《苏联劳动集体法》的规定,劳动集体的主体地位得到了法律上的最终承认。

承认劳动集体作为法律主体,在苏联过去的立法过程中甚为曲折。在很长一段时期内,在苏联法学著作中占统治地位的观点认为,劳动集体仅是经济、道德和社会的构成组织,不是法律权利的构成组织。它只是管理的对象,而以厂长为代表的行政机关才是企业业务经营的负责部门,生产管理权力的执行机关,国家利益的代表者,是集体当然的法律主体。1948年,苏联法学家A. B.弗涅季克托夫在其出版的《社会主义国家所有制》一书中,提出了相反的观点。他把社会主义国家经济机构规定为“由负责干部领导的、国家组织的、国家委托它完成一定国家任务,并为实现这些任务国家提供给它相应部分国家统一基金的职工集体”。① 按照这一定义,作

① [苏]A. B.弗涅季克托夫:《社会主义国家所有制》,苏联科学院出版社1948年俄文版。

为集体法律主体的应该是整个职工集体,劳动集体不仅是管理的对象,而且是管理的主体。A. B. 弗涅季克托夫的这一理论后来被称为"集体法律主体的理论"。它在苏联法学界引起了一场长达20多年的争论。在争论开始后的一段相当久的时间里,"集体法律主体的理论"遭到多数人的否定。除了因为它在当时不符合苏联的正统观点外,还由于苏联战后需要高度统一的计划和强有力的集中手段恢复被战争破坏的经济,集体法律主体这个问题尚未完全提到实际生活中来,它的重要性人们还没有充分认识。直到20世纪50年代末,特别是20世纪60年代中期,由于经济改革扩大企业自主权,要求相应扩大和加强劳动集体的权利,苏联当局才对这一理论予以重视。1958年,A. B. 弗涅季克托夫被选为苏联科学院院士,他的"集体法律主体的理论"成为苏联经济改革扩大和加强集体权利的理论基础。依据这一理论制定的1965年的《社会主义国营生产企业条例》在扩大企业自主权、加强厂长(经理)权力的同时,规定了工会、常设生产会议和工人大会等社会组织和集体机构在企业管理中的部分权利。苏共二十四大以后,苏联批准了一系列旨在扩大和加强集体参与企业生产管理和对生产进行监督的权利的法律文件。主要有:1971年9月苏联最高苏维埃主席团批准的新的《工会基层委员会权利章程》和1973年6月苏联部长会议、全苏工会中央理事会批准的新的《常设生产会议条例》,1974年批准的、1976年进行修改的《生产联合公司条例》和与它同时修改的《社会主义国营生产企业条例》。这些文件比以前的立法更明确地规定了工会与行政机关行使权利的三种情况——共同行使、协商行使和工会参与行使。

在《苏联劳动集体法》制定以前,苏联未曾有过劳动集体的专门法律,但集体的法律权利还是有的。不过,它们反映在苏联各个时期的许多不同部门的法律中,如劳动法、工会法、行政法、民法、刑法、刑事诉讼法及其他一些地方性和局部性的有关劳动集体权利的法规中。这次《苏联劳动集体法》规定的劳动集体的权利,是对过去分散在各个法律中的有关劳动集体的法律权利进行的汇总和在近几年劳动集体理论和实践发展的基础上对劳动集体法律权利所作的一些补充。过去关于劳动集体权利的法律规定与1983年《苏联劳动集体法》相比,也呈现出差距,这是因为以前的劳动集体的概念与此时所说的劳动集体的概念含义有很大的不同。原来的劳动集体指以工会为代表的、反映职工利益的"企业集体"。它与以行政机关为代表的、体现国家利益的“企业”是相对的。现在,劳动集体指“企业集体”和“企业”的融合。因此,现在的劳动集体既包括了工会的那部分权利,又列入了行政机关的那部分权力。行政机关的这部分权力大大地增加了劳动集体的法律内容,在《苏联劳动集体法》规定的劳动集体的基本权限中占有很大的比重。

劳动集体权利的实现对于确立和提高集体的法律地位有着特别重要的意义。在《苏联劳动集体法》颁布前,劳动集体法律权利的实现有:劳动集体大会直接实现集体权利;通过工会等社会组织间接实现集体权利;由行政机关实现集体权利。每种形式在实现集体权利时所享有的权力是不相同的:全体大会拥有的往往是形式上的权力;工会等社会组织具有的是一般的权力;行政机关握有的则是全部实质性的权力。在新制定的《苏联劳动集体法》中,劳动集体权利的实现有了重大的变化。

根据苏联部长会议的委托,苏联科学院主席团社会科学部于 1985 年 3 月 7 日举行会议,讨论了“实施劳动集体法的社会经济和法律因素”。苏联科学院国家与法研究所所长、院士库德里亚夫采夫,苏联科学院经济研究所所长、通讯院士 E. M. 卡普斯尔,苏联科学院社会学研究所所长、哲学博士 B. M. 伊万诺夫出席会议并作了报告。他们的报告都认为,《苏联劳动集体法》的许多规定实施得要么不够有力,要么徒具形式。因此,该法提出的目标——提高劳动集体在管理企业、机关团体中的作用——认真说来并未达到。结果,无论是《劳动集体法》通过之前就已起作用的生产民主方面的机构(工会、常设生产会议、人民监督小组和人民监督岗)还是《劳动集体法》予以扩权的那些组织形式(全体大会、劳动集体代表会议)的作用都没有真正提高。

在劳动集体成员中,积极参与企业、机关和团体事务管理的只是一部分人(有的企业多些、有的少些),他们是经选举产生的社会团体的领导成员,这些团体的积极分子、先进生产者和革新能手。这样做的结果实际上是把集体分成了“积极”和“消极”两部分,这是不符合《劳动集体法》序言中阐明的要使每一个劳动者都感到自己是本企业的主人这一原则的。劳动集体的广泛权力未能在实践中充分实现有一系列原因,其中也有组织和法律方面的原因。属于这类原因的是在劳动集体的权力和企业、工会组织的权力之间没有明确的划分;全体会议的权限规定得比较含糊;全体会议休会期间行使劳动集体全权的机构为数过多等。劳动集体在制定远景规划和日常计划,使用鼓励基金,挑选干部,分配由节约原材料和劳动取得的奖金等问题上的某些权力得不到充分保障,同样也是重要原因。

在20世纪七八十年代的部门立法中,有关的法律细则不够详尽也给实施《劳动集体法》的某些规定带来了困难。例如,在劳动立法和行政立法中并没有明确规定哪类职工应属于领导人员,所以,《苏联劳动集体法》第13条规定的任职时应考虑劳动集体的意见的人员究竟是哪些,就很不清楚。

讨论会上还引用了就实施《苏联劳动集体法》举行的首届民意测验的若干结果。测验表明,接受测验的绝大多数人认为制定这一法律是非常适宜的;有一部分人认为是非常必要的;而一部分人认为"并非所有企业都成熟到足以实施这项法律的程度"。对实施这项法律后果评价如下:59.2%的人指出自己所在集体对工作的态度有所改善,40.8%的人认为该法通过以后这方面的情况没有根本变化;在对集中思想道德状况影响方面,41.6%的人认为该法通过以后集体中的思想道德状况有所好转,51.1%的人却认为"状况照旧",7.3%的人认为思想道德状况"变得更坏了"。

与会者在发言中指出,法律科学不仅要总结实践的结果,而且应该在总结实践的基础上提出修改和改进劳动集体法的问题。

(三)《苏联个体劳动法》

1986年11月19日,苏联最高苏维埃通过《苏联个体劳动法》,并从1987年5月1日起施行。《苏联个体劳动法》的问世,无疑是苏联实行改革的产物,它不仅在苏联国内引起了很大的反响,也受到世人的关注。当然,从改革的深度和广度看,苏联迈出的这一步并不算大,但较之过去确有不少新的发展。

1977年《苏联宪法》第17条规定,允许在家庭手工业、居民生活服务业等方面存在个体劳动,国家还为调整这种劳动制度制定出具体的法律文件,例如,1976年5月3日苏联部长会议通过的《公民家庭手工业劳动条例》就是一个具有全苏纲领性的调整个体劳动的立法文件。但是,《公民家庭手工业劳动条例》并没有鼓励发展个体劳动的条文,也未把个体劳动视为对社会有益的劳动,然而,禁止性规范以及监督、制裁的规定占了一大半。由此可见,苏联政府长期以来对个体经济基本上采取抑制政策,一直持“不欢迎”态度。1986 年颁布的《苏联个体劳动法》改变了过去那种抑制个体劳动的政策,代之以鼓励和扶持的新方针。首先,该法第 1 条第 2 款明确宣布个体劳动是一种社会有益活动,国家允许其存在,是为了更充分地满足社会对商品和劳务的需求,提高公民就业率和劳动收入(见“前言”)。这是苏联首次在法律上对社会主义制度下的个体劳动的性质和目的作出的规定。它改变了过去那种认为个体劳动只能滋生资本主义,而对社会主义社会无益的教条主义观念,从而为鼓励这种社会有益劳动提供了法律依据。其次,基于对个体劳动的性质和目的的新认识,该法专门列出一条(第 5 条),明确要求各地政府、企业、机关和团体,在物资、资金、技术、信息、场地等各方面对个体劳动者提供必要的帮助。应该说,这一要求无论是在过去的立法文件中,还是在过去的实践中都是不曾见到的,它说明苏联确实开始对个体劳动者采取扶持的新政策,并且从财力、物力上保证新政策获得落实。最后,《苏联个体劳动法》第 1 条第 3 款规定:“国家鼓励从事个体劳动的公民……按法定程序联合成为合作社、志愿协会、公司。”1976 年《公民家庭手工业劳动条例》第 4 条第 3 款规定:“禁止向两个或两个以上的人发放同一场所从事同类手工劳动的登记证。”这就不难看出,苏联已放宽对个体劳动规模的限制,允许公民联合起来(但禁止雇佣劳动)从事这种活动,而且在人数上没有规定最高限额。显然,这一改革有利于个体劳动者扩大其经营规模,激发他们组织起来的积极性。据塔斯社 1988 年 1 月 17 日报道,《苏联个体劳动法》颁布之后,苏联拉脱维亚共和国首都里加市很快就出现了由 100 名公民组成的一支私人出租汽车队。该市还成立了两个加工工业废料的合作社,正在兴办其他一些合作社。

《苏联个体劳动法》作为全苏调整个体劳动的纲领性文件,与 1976 年《公民家庭手工业劳动条例》相比,不仅结构更加完整、严密,而且内容更为全面、具体。

1976 年《公民家庭手工业劳动条例》没有关于个体劳动的主体的具体规定,各地执行起来很不统一。同一范畴的主体,在某一共和国可以从事个体劳动,而在另一个共和国却被禁止,而且由于国家对个体劳动采取抑制政策,有很多公民,如在职职工、大学生等,基本上不能从事个体劳动。《苏联个体劳动法》弥补了《公民家庭手工业劳动条例》在个体劳动的主体范畴规定上的缺陷,结束了各地各行其是的局面。此法第 3 条列举了允许从事个体劳动的公民的范畴,几乎所有成年公民都可以行使宪法赋予的这一权利。此条还专门行文允许在职职工、在校大学生和中专生利用业余时间从事个体劳动,这就保证了这种正当有益的劳动不再有"干私活""谋取非劳动收入"之嫌。可以说,《苏联个体劳动法》实际上是扩大了个体劳动的主体范畴,为发展这种劳动提供了更多的人力资源。

公民究竟可以从事哪些个体劳动?1976 年《公民家庭手工业劳动条例》的规定仅一句话——允许从事本法和其他立法所不禁止的一切家庭手工劳动,紧接着又规定了 11 项禁令。但是,在科学技术日新月异的当代社会生活里,禁令再多也难以涵盖全部应该禁止的个体劳动。《苏联个体劳动法》在这个问题上,作了明确的规定。它以授权性规范为主,分别按家庭手工业、居民生活服务业、社会文化服务业以及其他领域具体地规定了 29 类允许从事的个体劳动。此外,还规定了 12 类禁止的项目。这样一来,无论公民还是执法机关,对于哪些个体劳动是允许的、哪些是禁止的,一看该法就一清二楚了。还应该指出,《苏联个体劳动法》取消了 1976 年《公民家庭手工业劳动条例》对私人从事饮食业、出租机械交通工具、开办膳宿旅店等的禁止,改为允许公民个人从事上述活动。可见《苏联个体劳动法》扩大了允许从事个体劳动的范围。

1976 年《公民家庭手工业劳动条例》只强调对个体劳动者实施严格监督,而只字不提个体劳动者在被监督过程中的民主权利。《苏联个体劳动法》增加了一项新的规定,即当公民被拒绝从事个体劳动(第 6 条)或被禁止继续从事这一活动(第 23 条)之时,有权就这两种行政决定向上级有关部门申诉。有了这一规定,个体劳动者就有可能依法维护自己的合法权益,抵制个别公职人员故意刁难和无理干涉的违法行为。

《苏联个体劳动法》在贯彻鼓励和扶持个体劳动事业发展的新方针的同时,还加强了对这一活动的宏观控制和具体监督,使之能够根据社会的需要合理地、正常地发展。

为了保证劳动立法的稳定性、明确性、易于理解和可行性,在劳动法律编纂和新的劳动立法中,苏联进行了适当的改革。从总体上归纳,劳动立法的新倾向体现于四个方面:刺激劳动生产率的增长;加强劳动工资与劳动的最终成果之间的联系;刺激产品质量提高;发展劳动组织的班组形式。

要发挥作为社会基层劳动集体单位的班组在社会生产中所起的越来越重要的作用，必须正确地解决劳动报酬问题。支付劳动报酬办法的改革，要求不再以简单的劳动标准额为重点，而是借助于劳动标准额，确保按劳动贡献付给相应的工资数额。班组集体的工资分配不再平均化，改为灵活地结合劳动分配核准原则，与工人原有工资等级、实际工作时间、出勤率相结合进行分配。要制定更有效的法律措施，以确保劳动者劳动工资权利、履行劳动规范的义务、参加管理生产的权利等。对于班组长所得补助金额，应按部门原则规定的比例，或按班组工资总额的百分比，或按班组人数、完成工作多少和工作的复杂程度来确定。当企业、机关滥用加班时，法院应成为对于企业行政机关的某种制约因素。法律规范中应包含一套综合规范措施，使采取加班的企业处于不利的地位。还要加重公职人员因非法采取加班工作所负的责任，例如，可按非法辞退人员或非法调动人员工作的劳动立法的规定，明确有关公职人员对给企业所造成损失的赔偿义务。将正在休假的人召回来工作，明显地降低了公民休息宪法权的法律保障，针对此点，有的学者建议修改劳动法典时明确规定："禁止企业、机关、团体行政机关未经本人同意把工人和服务人员从假期中提前召回来工作。""工作人员拒绝执行企业、机关、团体行政机关有关在例行或补充休假结束前出来工作的命令，并非违反劳动纪律"。

对于每一个劳动者来说，对他们的劳动争议，包括属于程序上有管辖权的上级机关所审理的，以及劳动争议诉讼前审理的，都应该维护苏联公民控诉公职人员、国家机关和社会团体的行为的权利，赋予他们有关劳动方面的诉讼辩护权利。为赋予劳动者上述权利，应制定相应条例，组织专门的社会法庭。社会法庭负责审理各种类型的劳动案件（有一些是按照赔偿程序审理，另一些是按照诉讼前审理程序审理），以及工资支付方面的争议。

第七节　刑法

随着苏联的建立，以及1924年《苏联宪法》颁布，创建全联盟的刑事立法工作就显得十分紧迫和必要。在这个阶段形成了具有全联盟性质的1924年《刑事立法纲要》以及1926年《苏俄刑法典》。

一、1924年《刑事立法纲要》

1924年《苏联宪法》颁布后,联盟立法机关便面临一个新的、复杂的、没有先例的任务——具体地充实刑事立法基本原则的内容和划分苏联和各加盟共和国在这方面的立法权限。在1924—1927年最重要的全苏刑事法律颁布之前,尤其是在拟订《刑事立法纲要》草案的过程中,联盟立法机关曾对全苏以及加盟共和国刑事立法的内容及其相互关系问题进行过详细的讨论。1924年《刑事立法纲要》规定了苏维埃刑法的原则和制度,成为全联盟和各加盟共和国的刑事立法特别是刑法总则的基础。1924年《刑事立法纲要》的制定也是在部门法中划分苏联和各加盟共和国立法权限的首次实践,对其他部门法的制定有借鉴作用。在1924年《刑事立法纲要》起草过程中曾提出了三个草案,它们的分歧焦点在于"纲要"是指令还是必须遵守的现行刑事法律。

(一)三个草案

1924年《刑事立法纲要》第一个草案由苏联中央执行委员会所属的一个委员会制定。该委员会的主席是苏俄司法人民委员库尔斯基,成员有乌克兰司法人民委员克雷连科、苏联最高法院副院长B. A. 安东诺夫-萨拉托夫斯基、苏联最高法院检察长[①] П. A. 克拉希科夫等人。该委员会制定的《刑事立法纲要》草案,被称为"宪法委员会草案"。这一草案后来由苏联人民委员会所属法案委员会加以审查并作了局部修改,被称为"法案委员会草案"。苏联人民委员会又对后一草案作了重大的修改,并在1924年10月将修改的草案提交给苏联中央执行委员会审查。

在制定和审查《刑事立法纲要》草案的过程中,曾存在争议:它是一种法律还是向各加盟共和国立法机关就将要颁布的刑事法律的内容和性质发布的指令。这是一个涉及立法纲要的法律性质的十分重要的问题。

---

① 1924年《苏联宪法》第21条指出,检察长和副检察长设在最高法院下面,但苏联最高法院检察长居于独立的地位,由苏联中央执行委员会主席团任命并向主席团报告工作。参见1924年《苏联宪法》第46条。

在1923年12月12—23日各加盟共和国司法人民委员的会议上，讨论了各加盟共和国编纂各法律部门法典的方法问题。

1924年《苏联宪法》规定，全联盟不颁布法律部门的法典，只颁布基本原则。该会议认为，按照《苏联宪法》的条文，苏联对这些法律部门的立法，只限于规定一般的原理、一般的规范和一般的原则。由苏联法律加以规定的原理、规范和原则，各加盟共和国都必须遵守。不过各加盟共和国可据以颁布自己的法典。从这项决议的精神来看，《刑事立法纲要》是被当作全苏性立法文件，但这指的只是各加盟共和国立法机关在其法典中必须体现《刑事立法纲要》的内容，不能得出结论：《刑法立法纲要》像任何全苏性法律一样，是在全苏联都有效的必须人人遵守的法律。

宪法委员会制定的《刑事立法纲要》草案和法案委员会修订草案，实质上都是把《刑事立法纲要》看成对各加盟共和国的指令。因此，两个草案的出发点都是《刑事立法纲要》不应当成为人人都必须遵守的现行刑事法律。只有在各加盟共和国规定这些规范的法律颁布以后，且在各加盟共和国的立法只是用同样的措辞表述《刑事立法纲要》的情况下，这些法律规范才会具有普遍遵守的效力，才能由各个法院加以适用。“宪法委员会草案”的名称“苏联刑事立法纲要”（未提加盟共和国）及两个草案的第1条都说明了，各加盟共和国的法律才是唯一的现行刑事法律。

由苏联人民委员会会议审订并提交苏联中央执行委员会审议的草案，否决了与《苏联宪法》相抵触的，对《刑事立法纲要》的解释。该草案第1条同前两个草案完全不同，它符合1924年《苏联宪法》的原则。1924年《苏联宪法》第1条第15款规定了全苏和加盟共和国刑事立法管辖范围。第三个草案第1条规定，苏联在自己管辖内颁布的是一切机关、公职人员和公民都必须无条件地遵守的刑事法律，而不是对各加盟共和国立法机关才有约束力的指示（或指令）。

1924年10月，第二届苏联中央执行委员会第二次会议讨论《刑事立法纲要》草案时，一些委员在发言中对苏联人民委员会的草案提出批评，特别指出：“规定……原则”的提法会使各加盟共和国有权严重违背立法纲要。加里宁批评这些意见时指出，对于全苏性问题来说，这些意见从各方面来看都是荒谬的。他进一步解释道：“规定……原则”的意思就是“作出原则性的规定，只可以更改细节”。加里宁恰当地表述了苏联《刑事立法纲要》

和各加盟共和国法典总则的相互关系。最后通过的1924年《刑事立法纲要》标题“苏联和各加盟共和国苏联刑事立法纲要”,本身就已反映了苏联刑事立法的基本主导作用和直接效力。1924年《刑事立法纲要》生效之后,尽管第1条的内容很明确,但是在个别场合中,对它作为全苏性刑事法律仍然有争议。例如,1926年颁布的《乌兹别克共和国刑法典》,其结构总的来说是仿照1922年《苏俄刑法典》,只是过了相当长的时间,这部刑法典才与《刑事立法纲要》相协调,但仍然不完全一致。苏联中央执行委员会和人民委员会1927年6月1日的决议,制止了在确定1924年《刑事立法纲要》法律性质方面的一切摇摆不定的现象。决议规定,全苏的法律(包括“纲要”“基本原则”等法律)即使苏联政府或各加盟共和国政府没有公布实施细则或主管部门没有发布指令,客观上都是可以执行的法律,都依照1925年2月6日法律规定的一般程序发生效力。

(二)关于分则的争论

在起草1924年《刑事立法纲要》过程中,还就“纲要”这类具有全联盟性质的刑事立法要不要列出分则的条款进行了讨论。在1924年《苏联宪法》颁布后,Н. Л. 泽里别尔什杰思的一篇供讨论的文章认为,《苏联宪法》对苏联刑事立法基本原则规定的概念范围,大体上应与1919年《苏俄刑法指导原则》的内容一致,即应当把有关总则的一些规定和各种刑罚的名目列入立法的纲要,至于分则,按照Н. Л. 泽里别尔什杰思的意见,完全属于各加盟共和国的管辖范围。Л. 卡缅斯卡娅对此持截然不同的意见,对于分则的条款不应当列入《苏联宪法》所指的全苏刑事立法基本原则感到不可理解,她认为倒退到1919年《苏俄刑法指导原则》是不正确的。

在宪法委员会和法案委员会制定的两个《刑事立法纲要》草案中,根本没有把分则问题列入全苏性立法。例如,“法案委员会草案”第6条第1款写道:“具体的犯罪种类将在各加盟共和国刑法典中予以规定。”苏联人民委员会的草案对这些规定作了重大修改。该草案第3条第1款“具体的犯罪种类和对它们适用社会保卫方法①的程序,由各加盟共和国刑法典加以规定,但国事罪、军职罪和应由苏联法律决定的违反全苏立法规定的法律的行为除外”的表述,在1924年10月苏联中央执行委员会会议上受到一

① 适用刑罚的方法。

些与会者的反对。库尔斯基、克雷连科和 M. A. 斯克雷普尼克都认为人民委员会草案第 3 条和 1924 年《苏联宪法》不一致。《刑事立法纲要》草案的报告人、苏联最高法院检察长 П. А. 克拉希科夫认为，颁布全苏法律来追究侵犯全苏利益的犯罪的责任是合理的。关于是否违反宪法的规范，他驳斥道，反对者是咬文嚼字地理解问题。П. А. 克拉希科夫的意见是十分公正的。1924 年《苏联宪法》中关于苏联刑事立法基本原则的概念，绝不是说它只应包括总则的规范，分则中有关在各加盟共和国都应受惩罚的那些犯罪的责任的重要规范，也应当列入苏联刑事立法基本原则中。加里宁在苏联中央执行委员会审查此问题时，批评了反对苏联人民委员会草案作出上述规定的不同意见。经协调委员会研究加工后通过的第 3 条的措辞为："具体的犯罪种类和对适用社会保卫方法的程序，由各加盟共和国的刑事法律加以规定，但国事罪和军职罪不在此限。必要时，苏联中央执行委员会主席团向各加盟共和国下达指示，有权说明苏联认为需要实行统一惩罚政策的犯罪种类。"这样就肯定了颁布分则的规范也属于苏联的管辖范围，而且特别指出了苏联立法机关具有详细规定国事罪和军职罪的责任的特别管辖权。这是正确的解决方法。苏联作为一个联邦制国家，对那些必须由统一方针和统一法律形式来规定其刑事责任的具体犯罪，应当拥有颁布关于刑事责任的法律的权限。

从 1924 年《刑事立法纲要》可以看出，刑事立法规范应当规定犯罪构成和准确的法定刑，但是第 22 条是例外。该条规定，对因与罪犯们有联系或者由于以往的犯罪活动而被认为具有社会危害性的人，可以适用 5 年以下的流放和放逐。作出这种例外的规定是由于当时阶级斗争条件的需要。苏联最高法院全体会议于 1946 年 7 月 12 日就此问题解释道，随着 1938 年《苏联、各加盟共和国和自治共和国法院组织法》的颁布，这种例外也就失效了，法院只能对实施的行为追究刑事责任。

（三）刑罚的正名

1924 年《刑事立法纲要》的三个草案，在取消"刑罚"这个术语而代之以"社会保卫方法"这一问题上倒是完全一致的。在起草期间，尤其在《刑事立法纲要》通过和颁布以后，各种期刊和书籍就开始评论这一术语的采用及其对解释这部法律的意义。从 20 世纪 30 年代前半期开始，苏联法学书刊中已形成了一种几乎完全一致的见解，即认为不用"刑罚"而采用"社会保卫方法”这个不恰当的术语,实质上主要是术语的改变。M. Д. 沙尔戈罗茨基(Шаргородский Михаил Давидович)曾写道,拒绝采用“刑罚”这一术语,并不意味着对刑法任务的看法有任何原则的变化。这主要是立法希望强调不能把刑罚作为报复。不采用“刑罚”纯粹是术语上的、字面上的问题,内容没有发生变化。

但是,在1924年《刑事立法纲要》颁布后一段时期内,有些作者把采用“社会保卫方法”这一名称看作对刑事法律的原则性修改,认为它将导致主要是以刑事社会学派的思想来改造刑事立法。M. A. 切利佐夫-别布托夫认为:社会保卫思想日益渗入刑事立法,刑事立法正在摆脱一系列的传统的制度,危险人应按犯罪人对待,报复(指罪刑相适应)应由合理性予以代替,法院不应当过于受法定刑的约束等。伊萨耶夫写道,1924年《刑事立法纲要》不仅没有提到过,而且也拒绝采用刑罚,对此不能不表示赞同。相反,A. H. 维诺格洛夫则说:“社会保卫方法”这一术语不恰当,而“刑罚”的术语倒是确切的。他指出:列宁总是使用“刑罚”这个术语,在苏维埃政权成立初期的法令中,在1919年《苏俄刑法指导原则》中,也都是使用这个术语的。①他在批评“社会保卫方法”这个术语时指出,这一术语是从艾里科·菲利那里搬来的,并建议恢复1918年和1919年的提法,不要迷恋新的术语,其中也包括“社会保卫方法”这个术语。A. H. 维诺格洛夫在刊物上发表的上述意见,对促使“社会保卫方法”这一术语的停止使用,对于1934年重新采用“刑罚”一词,起了极大的作用。

二、1926年《苏俄刑法典》

1926年《苏俄刑法典》被认为是对1922年《苏俄刑法典》的继承,如犯罪的概念、类推制度、分则的罪名等都没有太多变化,但也有所创新。

---

① 实际上1922年《苏俄刑法典》规定了刑罚和其他社会保卫方法(如第5条、第8条,第4章的标题)似乎是承认刑罚为社会保卫方法的一种。实际上却不是这样,总则和分则的所有规范,几乎谈的都是刑罚。《苏俄刑法典》第46条所列其他社会保卫方法,是两种医疗性质的方法和两种惩治方法(禁止担任某种职务或从事某种活动和处3年以下放逐)。其实,这两类社会保卫方法只是对刑罚体系稍加补充,其中两种医疗性质的方法缺乏判处刑罚的含义。但是,20世纪20年代中期的一些学者都错误地借用《苏俄刑法典》上述有关条文而坚持完全拒绝采用“刑罚”这一术语。

首先,发展了犯罪概念,法典中首次载入附则规定:“对于形式上虽然符合本法典分则任何条文所规定的要件,但因为显著轻微,并且缺乏损害结果,而失去危害社会性质的行为,不认为是犯罪行为。”①这实质上对罪与非罪作出了界定。

其次,明确了对未完成犯罪的处罚。1926 年《苏俄刑法典》规定法院应当根据未遂犯或者预备犯的危害程度、犯罪行为的预备程度和接近犯罪行为的结果的程度,并且考察犯罪没有进行到底的原因,在此基础上选择社会保卫方法的种类。这实质上是要求法院依据犯罪阶段来处罚犯罪人,这比 1924 年《刑事立法纲要》中的规定显然更为明确。

1924 年和 1926 年,国家还分别颁布了两部全联盟性质的法律文件——《军职罪条例》《国事罪条例》,对专门领域的刑法问题作出了规制,而其中的制度和内容都是对 1924 年《刑事立法纲要》和 1926 年《苏俄刑法典》中个别部分内容的拓展和细化。

三、1958 年《刑事立法纲要》

如前文所述,1958 年《刑事立法纲要》由苏联最高苏维埃于 1958 年 12 月通过,是各加盟共和国制定刑法典的立法基础。1958 年《刑事立法纲要》由 4 编共 47 条构成,其主要任务是“保护苏维埃和国家制度、社会主义财产、社会主义法律秩序、公民的人身和权利”。

苏联中央执行委员会和人民委员会于 1936 年 7 月 20 日的决议,规定整个苏联应有统一的刑事立法。1936 年《苏联宪法》把制定刑法典和民法典的权限列入苏联最高权力机关的管辖范围。

根据苏共二十大的决议,1957 年 2 月 11 日举行的第四届苏联最高苏维埃第六次会议,通过了一项具有重要原则意义的法律。该法律规定,关于各加盟共和国法院组织的立法、民法典、刑法典和诉讼法典的制定,由各加盟共和国管辖,《法院组织和诉讼的立法纲要》《民事立法纲要》《刑事立法纲要》的制定,由苏联管辖,从而对 1936 年《苏联宪法》第 14 条第 21 款作了修改。这项法律通过以后,立即开始起草《刑事立法纲要》。最初的草

---

① [苏]盖尔青仲主编:《苏联和苏俄刑事立法史料汇编(1917—1952)》,郑华、王增润译,法律出版社 1956 年版,第 481 页。

案,是在检察机关、司法机关、内务部、国家安全委员会、苏联部长会议所属法律委员会的工作人员以及大批实际工作者和学者的积极参与下制定的。同时,在中央和地方报纸上,在法律期刊上,也对刑事立法最重要的问题以及许许多多具体的问题,进行了生动活泼的讨论。在这次讨论基础上认真制定出了 1958 年 6 月公布的草案。通过讨论以及深入的认真研究,公开发表的这一讨论稿得到了很大的完善。所公布草案的 40 个条文中,有 30 条进行了修改和补充,增加了 7 条,对特别危险的犯罪和严重犯罪规定了新的概念。主要涉及的问题有:

第一,1958 年草案第 1 条规定苏维埃刑事立法的任务,是通过规定刑罚方法并依照苏联和各加盟共和国刑事立法所规定的程序适用刑罚方法来实现,这较 1924 年《刑事立法纲要》的提法有了发展。在讨论中,H. A. 斯特卢契科夫建议,应指明这些任务是通过认定危害社会的行为是犯罪,对它们规定刑罚并依照法定程序适应刑罚的途径来实现的。这一意见被采纳了,1958 年《刑事立法纲要》第 1 条的表述为:为了实现这些任务,苏维埃刑事立法确定那些危害社会的行为是犯罪,而且规定对实施犯罪的人应当适用刑罚。这样把重点放在确定犯罪及其构成和犯罪人适用的刑罚方法上,突出了刑事法律的预防作用和保护公民权利的作用。

第二,草案第 2 条写的内容是,根据苏联和各加盟共和国的宪法和 1958 年《刑事立法纲要》,各加盟共和国颁布刑法典,而国事罪和军职罪则由苏联立法予以规定。经过讨论,对它作出了重大的修改。1958 年《刑事立法纲要》第 2 条首先明确规定了全苏的刑事立法和各加盟共和国刑事立法包括哪些立法文件,还写入了草案中所没有的,但非常重要的关于《刑事立法纲要》的实质性规定。这个规定很短,但内容丰富又明确:1958 年《刑事立法纲要》规定苏联和各加盟共和国刑事立法的各项原则和一般原则。这表明了 1958 年《刑事立法纲要》具有十分重大的意义。1936 年的《劳动改造立法纲要》也采用了这种表述方法。这一修改还扩大了苏联的管辖范围,即除制定 1958 年《刑事立法纲要》和有关国事罪、军职罪的法律以外,也可以颁布其他刑事法律。

第三,对有关苏维埃刑事法律在时间和空间上的效力范围的条文,进行了重大的修改。1958 年《刑事立法纲要》草案认为苏维埃刑事法律的效力取决于犯罪人的国籍,实质上是用刑事责任问题代替了刑事法律的效力问题。1958 年草案第 4 条的标题是“苏联公民实施犯罪的刑事责任”，第 5 条的标题是“外国人实施犯罪的刑事责任”。既然都是关于在苏联领土上实施的犯罪，专门列出一条规定外国人的责任的做法，显然是不适当的，因为外国人在这方面并不存在任何特殊的地位。条文的标题也不合适，因为确定刑事责任的并不是这些条文，而是总则的条文和分则的有关条文。经过讨论，对刑事法律在空间上的效力的条文作了根本性的修改。1958 年《刑事立法纲要》第 4 条规定了苏联和各加盟共和国的刑事法律对任何人在苏联领土上实施的行为的效力。第 5 条规定了对在苏联境外实施的行为的效力，并且第 5 条还分别规定了刑事法律对苏联公民（第 1 款），在苏联境内居留但在苏联境外实施犯罪的无国籍人（第 2 款和第 3 款），以及在苏联境外实施犯罪但根据国家间协议应按苏维埃刑事法律担负责任的外国人的效力。

第四，1958 年《刑事立法纲要》第 3 条和第 7 条明确规定，只有刑事法律规定的行为才被认为是犯罪，这意味着完全取消了类推。根据 1958 年《刑事立法纲要》草案，未成年人的责任完全属于各加盟共和国的管辖范围，学者们在期刊上就此展开了讨论，几乎所有的作者都指出，对应负刑事责任的年龄作出不同的规定是毫无道理的。后《刑事立法纲要》第 10 条将这归入了苏联的管辖范围。各种出版物中多次指出，有必要在全苏的刑事法律中规定共犯的种类，因为没有这种规定，在适用全苏法律时就会出现不一致的现象；然而草案基本上保留了从前对这一规范的提法。后来 1958 年《刑事立法纲要》提出了各种共同犯罪人的定义。

第五，剥夺担任一定职务或从事某种活动的权利、罚金、公开训诫等多种刑罚，在 1958 年《刑事立法纲要》草案中没有加以规定。草案的作者认为，刑罚应由各加盟共和国刑法典予以规定。但是，这在讨论过程中受到了有根据的批评。《刑事立法纲要》对所有刑罚方法都作了明确的规定，解决了缓刑和假释的问题，同时指明了适用假释时应由各加盟共和国加以调整的那些具体情况。

第六，通过详细的讨论，1958 年《刑事立法纲要》最重要的条文之一——第 32 条“判刑的一般原则”，有了重大的改进，即第 32 条指明，法院应切实依据《刑事立法纲要》和刑法典总则的各项原则，在刑事法律条文规定的范围内判处刑罚；法院在判刑时，应依据社会主义法律意识，考虑所实施的犯罪的社会危害性质和程度,犯罪人个人情况及减轻和加重责任的情节。

四、1960年《苏俄刑法典》

根据1958年《刑事立法纲要》对立法权限的划分,苏俄于1960年颁布了新的《苏俄刑法典》(以下简称1960年《苏俄刑法典》)。1960年《苏俄刑法典》最明显的变化是在分则上:(1)将原刑法典中国事罪组成部分的反革命罪和对苏联特别危险的妨害管理秩序罪分别改为特别危险的国事罪和其他国事罪;(2)将原有"财产上的犯罪"一章分为"侵犯社会主义所有制的犯罪"和"侵犯公民个人财产的犯罪";(3)增设了"侵害公民的政治权利和劳动权利的犯罪"一章;(4)设置专章规定违反公正审判的犯罪。此外,1958年12月还颁布了《国事罪的刑事责任》和《军职罪的刑事责任》两个法律文件。在1960年《苏俄刑法典》颁布之后,其他加盟共和国开始接受并采用这部刑法典。①

五、刑事立法的变化

(一)非犯罪化的影响和犯罪定义的更新

自从1958年《刑事立法纲要》及各加盟共和国刑法典颁布后,先后作了多次修改和补充,其中引人注目的是1977年和1982年的修改和补充,因其重要曾有"两次外科手术式变动"之称。

苏联最高苏维埃主席团1970年6月12日颁布的《关于剥夺自由、宣告缓刑、强制被判刑人参加劳动的法令》规定的剥夺自由、宣告缓刑、强迫被判刑人参加劳动,是作为刑罚出现的缓刑,它同1958年《刑事立法纲要》第38条规定的缓刑制度的各项原则有很大区别。新的缓刑制度扩大了缓刑的适用范围,使犯有中等危害程度罪行的人有可能被宣告缓刑。同时,这一法令又加强了缓刑制度中的强制因素,被宣告缓刑的人必须在法院指定的地点从事劳动并履行种种义务。

苏联长期以来对罚金刑一直持保守态度,1919年《苏俄刑法指导原则》的刑罚体系中根本就没有罚金刑。1922年《苏俄刑法典》虽然规定了罚金,但它在适用法定刑的总数中所占比例甚小,还禁止用剥夺自由易科

① См:Ю. П. Титов. *История государства и права России*. М. ,2014. с. 464.

罚金。至新经济政策时期,已较多地适用罚金。波兰著名刑法学家安德烈耶夫教授曾说过:“限制适用罚金在苏联刑事立法中具有某种传统。”①1958年之后,各加盟共和国刑法典规定罚金作为主刑和附加刑的仍然为数不多。据统计有10个加盟共和国的刑法典没有规定罚金可作为附加刑,其他几个加盟共和国的刑法典将罚金作为附加刑的也仅寥寥一两处。1982年7月26日的法令扩大了罚金的适用范围,对某些贪利性质的犯罪可以判处1000卢布以下的罚金,在特殊场合可以判处更多数额的罚金。

1977年苏联最高苏维埃主席团法令(以下简称1977年法令)对1958年《刑事立法纲要》作了重要的补充。该法令扩大了缓期执行判决的范围,原先附条件不执行刑罚只适用于未成年人,现在扩大适用于初次被判3年以下剥夺自由不予社会隔离亦能得到改造的成年人。1960年《苏俄刑法典》只对特别危险的累犯规定不适用假释和不准对未执行完毕的刑罚易科较轻的刑罚。1977年法令对此项规定作了重要的补充,即扩大了不适用假释和重刑易科轻刑的范围。该法令规定的犯有特别危险的国事罪被判刑的、犯有情节严重的故意杀人罪的、原被宣告死刑被大赦的和特赦改判剥夺自由的等,均不得适用假释和重刑易科轻刑。1977年法令还对《刑事立法纲要》补充了新的免除刑事责任的条款,对免除刑事责任的行为人可追究其行政责任。

上述变化是同当代刑法改革运动有一定关系的。自20世纪下半叶以来,西方国家掀起了主要内容为非犯罪化、避免适用短期的剥夺自由刑以及扩大罚金和缓刑适用范围的刑事立法改革运动,它作为国际文化交流的一部分,已超越同类型国家的范围,在世界范围内产生一定的影响。

1958年《刑事立法纲要》把苏联学者经过多年创造性讨论而制定的犯罪定义从立法上确定下来。1958年《刑事立法纲要》第7条反映出犯罪的两个基本特征:社会危害性和刑事违法性。1958年《刑事立法纲要》颁布以后,一些刑法方面的著作,在描述犯罪特征时都提到犯罪有四个特征:社会危害性、违法性、罪过和应受惩罚性。尤其在20世纪60年代到70年代

① 参见[苏]安德烈耶夫、[苏]伊戈尔:《社会主义国家刑法概论》,法律文献出版社1978年俄文版,第124页。

问世的刑法总则教科书均有类似的看法。① 由此可见,1958 年《刑事立法纲要》颁布以后,对犯罪的实质概念、犯罪分类这样一些基本问题又作了进一步的探讨,这促进了刑法的完善。例如,1972 年在 1958 年《刑事立法纲要》中增补了列举严重罪行的第 7 条,就是刑法书刊对此问题展开讨论的结果。

(二)深入服务行业和商业的规范

苏俄最高苏维埃主席团于 1981 年 9 月 21 日通过了补充 1960 年《苏俄刑法典》第 156^2 条和第 156^3 条的法令,其他加盟共和国也通过了类似的法令,这是为了加强同完成服务性工作而向公民收取非法报酬及违反商业规则行为作斗争。

1960 年《苏俄刑法典》第 156^2 条规定了在商业、饮食业、日常生活设施、市政、医疗、运输等服务行业里的企业、机关、团体中的非公职售货员在完成职责范围内的服务性工作时向公民敲诈勒索非法报酬的刑事责任。

这一犯罪被列入经济犯罪中,它所侵害的客体是法律所保护的服务行业中的广泛的社会关系。这一犯罪的直接客体是社会主义社会中各种收取报酬的和免费的服务行业的秩序。这一犯罪和其他的贪财的经济犯罪一样,侵害了社会主义的按劳分配原则。

这一犯罪的主体是非公职人员。诸如零售店中的现金出纳员、售货员,食堂中的售票员、管理员,缝衣店、洗衣店及其他日常生活服务企业中的接货员,饭店、旅馆中的值班员等都不是公职人员。另外,各种专门从事城市公用事业的人员,如水暖工、电工、木工、瓦工、清洁工、殡葬工以及衣服、鞋等生活用品的修理工等都是这一犯罪的主体。医疗单位的护士和旅馆、餐厅的看门人也可以列入其中。

这一犯罪的客观方面,是在完成或者提供职责范围内的工作或者服务的工作中,用敲诈勒索的手段获取非法报酬。依照苏俄最高苏维埃主席团 1981 年 9 月 21 日颁布的《关于苏俄刑法典第 156^2 条的适用的法令》中的说明,非法报酬是指财产上的非法利益,如金钱、工业品、食品、酒类、参观

① 参见[苏]О. 希绍夫:《犯罪和行政过错》,全苏法学函授大学 1965 年学位论文,俄文版;参见[苏]П. Ф. 捷里诺夫:《苏维埃刑法总则教科书》,法律文献出版社 1964 年俄文版;参见[苏]Н. 库兹涅佐娃:《犯罪和犯罪现象》,莫斯科大学出版社 1969 年俄文版。

券、疗养许可证等。

依照《苏俄刑法典》第 156^{2} 条的规定，这一犯罪在主观方面表现为直接故意，即犯罪人明知自己在提供职责内的服务时，在使用敲诈勒索的手段获得非法报酬，而且他是希望这种结果发生的。犯罪人最终所关注的是获取非法报酬，而非是否完成工作、是否提供服务。

《苏俄刑法典》第 156^{3} 条规定了出售仓库、商业和饮食业所属房屋中的商品及由于贪利或其他个人动机而向买主隐瞒商品这样两种行为的刑事责任。这一犯罪的社会危害性就在于破坏了苏联商业的威信，损害了顾客的利益，使他们受到精神和物质上的损失，承受了额外的负担。

《苏俄刑法典》第 156^{3} 条中规定了犯罪的直接客体，是商业和饮食业的工作秩序。依照第 156^{3} 条的含义，非法出售的处所，是指零售商业（百货商场、商店、售货亭、货摊、流动货车等）和饮食业（饭店、咖啡店、食堂、小吃部、小饭馆等）的附属房屋，不以其中的物品为转移。至于附属房屋，则是那些虽然并不是直接供商业、饮食业活动之用的但却归属于这些企业的库房、院子、走廊、办公室等房屋和地方，不论它们是公开的还是非公开的。非法出售的处所还包括虽不直接销售商品但都负责向商业、饮食业提供零售商品的商业仓库、商店库房。

本罪的犯罪主体是组织和领导商业、饮食业活动的公职人员（部、组、商店、食堂、药店的负责人等）和辅助人员两种人。

本罪在客观方面表现为向公民非法出售商品。这一行为违反了商业规则和苏联商业部部长于 1973 年批准的《商店工作基本规则》第 40 条规定。该条规定，商店工作人员只有在受到许可和监督的情况下才能出售商品。

《苏俄刑法典》第 156^{3} 条规定的非法出售商品，指在数量、质量和价格上并没有欺骗顾客的情况。如果在非法出售中又有欺骗顾客的情况，那就同时触犯了《苏俄刑法典》第 156 条和第 156^{3} 条的规定。

依照《苏俄刑法典》第 156^{3} 条的规定，破坏商业规则的行为不仅可以表现为非法出售，也可以表现为出于贪财或其他个人动机而对顾客隐瞒商品。例如，企业或企业下属部门的经理截留商品不向消费者出售。

隐瞒商品的主体也可以是商业、饮食业的售货员、配货员、装卸员、送货员。如果商品已经送到，而售货员不陈列在货架上却隐藏在柜台里，那就是隐瞒商品。隐瞒商品的手段可能是隐藏货物收据或销售货物一览表,也可能是拖延商业规则规定的保管货物的时间。向顾客隐瞒商品通常都以随后非法出售为目的,因此,这两者是相继发生的。但是,法律中规定了隐瞒商品的责任。因此,当向顾客隐瞒商品时,就已经构成了《苏俄刑法典》第 156^3 条规定的犯罪。

向顾客隐瞒商品可能是为了之后改动商品的等级和价格以欺骗顾客。如果这一犯罪意图得以实现,那就同时触犯了《苏俄刑法典》第 156^3 条和第 156 条的规定。

1960 年《苏俄刑法典》颁布后修改最多的是有关侵犯社会主义财产罪、妨害管理秩序罪和经济犯罪等章节。在 1960—1984 年,危害公共秩序罪一章中增加了 13 条新条文,妨害管理秩序罪增加了 10 条,经济犯罪增加了 8 条,而其余各章增加的新条文没有超过 3 条的。在同期内,有关国事罪、侵犯人身罪、侵犯公民个人财产罪、渎职罪以及地方旧习残余的犯罪等各章,都没有增加新的条文。

(三)经济犯罪的刑事化及其趋势

“经济犯罪”一词并没有正式在苏维埃立法或文献中出现,其理由在于社会主义条件下经济、国家和法律之间关系的特殊性。这种特殊性就在于国家与法律在经济生活中起着重大的作用,以及它们对经济生活产生重大影响。在苏联刑事立法中,这种特殊性表现为《苏俄刑法典》的许多规范的目的都在于保护社会主义经济的各个方面正常活动,防止犯罪的侵犯。首先,《苏俄刑法典》有关于贪污和其他侵犯社会主义财产的条文(见 1960 年《苏俄刑法典》第 2 章)。其次,《苏俄刑法典》关于侵犯公民的劳动权和劳动保护的第 4 章也有若干这方面的条文。经济犯罪当然应该包括违反保护水、大气、海洋,以及国家所保护的自然资源的规范的行为,这类规范由于《苏俄刑法典》章节划分的缺陷,而暂时留在第 10 章。最后,对经济关系危害最大的行为——伪造货币和证券,违反外汇硬通货管理的行为和走私,则规定在国事罪一章中,并且处以特别严厉的处罚。

在苏联的刑事立法和文献中,是以“生产上的犯罪”的概念来代替“经济犯罪”的概念的。1960 年《苏俄刑法典》的“生产上的犯罪”这一章共有 26 个条文,按照犯罪的直接客体可以分为:一般类型的经济犯罪(虚报国家计划执行情况、私营企业活动、商业居间行为等);工业上的犯罪(制造劣质商品、非法使用商标等);农业上的犯罪(非法采伐林木、违反兽医规则等);商业方面的犯罪(投机、欺骗顾客、违反出售酒精饮料规则等);环境保护方面的犯罪(非法从事商业性渔业、非法狩猎等);财政方面的犯罪(伪造邮票、违反金矿开采规则和向国家交付黄金的规则等)。

上述刑法规范可以概括为旨在保护国家与企业之间、各个企业之间以及公民和零售商店之间的各种经济关系免受犯罪的侵犯。上述规范的目的是直接保护各个经济部门的正常活动。这些规范所规定的刑事责任扩及这样一种行为——虽然该行为不属于贪污或盗窃,但是是对工作不负责任、自私自利、违反"各尽所能、按劳分配"的社会主义基本原则的行为。因此,根据苏联刑事立法,经济犯罪的实质在于违反社会主义经济的活动原则和按劳分配的原则。也必须指出,苏联刑法对经济的影响,相对于经济法、环境保护法、民法和行政法而言,是次要的和有限的。苏联刑法包括的只是那些其他法律部门较为温和的法律手段不能解决的问题。这一原则给经济犯罪的刑事化带来了非常特殊的特点——不仅要考虑到刑事化的一般原则,还要考虑到经济领域刑事政策的本质所决定的某些附加因素。

苏联立法者把经济犯罪刑事化时,其视野只限于若干最典型的情况。

第一个限制是属于主观方面的。苏联刑事立法原则上只把出于故意的行为认为是犯罪,有时不仅是故意,还必须具有直接故意并有贪利动机的行为,才认为是犯罪。统计资料表明,在司法实践中,基于贪利动机的犯罪占全部已立案的经济犯罪的 9/10。1960 年《苏俄刑法典》第 168 条明文规定构成犯罪必须要有故意,而且从法律的用词及其规定来看,"欺骗买主"(第 56 条)、"虚报"(第 152 条)、"伪造"(第 159 条)等表明必须具有直接故意。只有几种经济犯罪是可能出于疏忽大意的,如生产劣质产品、违反兽医规则以及某些生态方面的犯罪。

第二个限制是属于客观方面的,往往只有在屡犯或重犯的场合才负刑事责任。1960 年《苏俄刑法典》第 152 条、第 153 条第 2 款(生产劣质产品、销售劣质产品、商业居间)、第 157 条将"多次性"和"职业性"作为犯罪要件规定下来。另外法典明文规定,只有在行为前的一年内曾因实施同一行为受过行政处罚的情况下,行为人才负刑事责任(如 1960 年《苏俄刑法典》第 154 条、第 156 条、第 156^1 条、第 166 条、第 166^1 条)。1977—1978 年,立法者把再犯轻微的投机行为,再犯轻微的倒卖外汇通货的行为全部排除出刑法范围,只由行政法加以处罚。

在司法实践中,在一些场合中,即使法律条文本身没有直接作出规定,法院也被要求限制刑法的适用范围。1976 年 6 月 25 日,苏联最高法院全体会议在《关于法院在实际适用关于从事私营企业活动和商业居间行为的刑事责任的法规》的决定中,建议各级法院只有“生产产品或者提供各种服务是经常的或者大规模的”才按 1960 年《苏俄刑法典》第 153 条第 1 款追究行为人的刑事责任。苏联一些学者指出,有关经济犯罪刑事责任的规定,在进一步缩小犯罪的范围,进一步非刑事化方面,还有很大的余地,尤其是那些在实践中并未使用的刑法规范。但是,在自然保护法规方面,苏联最高法院所支持的趋向却是在任何情况下也不限制应受惩罚的行为的范围。1983 年 6 月 7 日苏联最高法院全体会议的决定指出,在天然水库中非法从事渔业和其他经济活动,都应当负刑事责任,而不论实际上是否已捕获或杀死鱼类或其他水生动物。

随着改革的深入和经济关系的发展,出现了一些妨碍社会主义经济关系进一步发展的新的危害社会的行为,使立法者又面临着规定一些新的刑事禁令的任务。苏联法学家们还讨论了许多其他经济犯罪的非刑事化问题。一部分专家引证早期的苏维埃立法和其他社会主义国家的经验,主张制定一个规定管理不善的刑事责任的综合法规,以此改善对经济关系的保护。另一部分专家则主张依照某些加盟共和国的做法,在刑法中增加个别禁令,诸如建筑和修理不合标准、不执行国家计划、无效使用土地等相关禁令。

苏联各加盟共和国刑法典可以说基本上对经济犯罪采取了较为宽大的态度。1960 年《苏俄刑法典》有关此类犯罪的 26 个条文中,有 19 条规定的最高刑为剥夺自由 3 年,有 6 条规定的最高法定刑为剥夺自由 1—3 年。只对两种情况,即规模巨大的投机或者有投机前科的人再犯此罪的,分别规定了 10 年和 7 年剥夺自由刑作为最高法定刑。

因此,可以说在苏联立法者心目中,大量的经济方面的刑事犯罪介于犯罪与违法之间,把它们非刑事化是一项紧迫的事。俄罗斯联邦最高苏维埃主席团 1982 年 12 月 3 日的法令排除了《苏俄刑法典》8 个条文罚则中的剥夺自由刑,其中有 3 个条款属于经济犯罪(第 154^1 条、第 156 条第 1 款和第 158 条第 1 款)。该法令还对经济犯罪一章的几乎全部罚则都补充了非剥夺自由的选择刑,多数情况下是罚金,目的在于鼓励法院进一步限制剥夺自由刑的适用。调查资料表明,司法实践对经济犯罪的处刑比立法者更为温和。在1982年12月3日法令实施以前,1960年《苏俄刑法典》第152[1]条对虚报国家计划执行情况的罪行规定了唯一一种刑罚——剥夺自由3年以下。但是,法院只对其中12.1%的罪犯判处剥夺自由,而判处劳动改造和缓刑的却占81.1%。

还必须指出下述一个事实:一部分经济犯罪案件在侦查或审理阶段就已排除刑事责任。据俄罗斯某一地区的抽样调查,在1981—1982年,有40%的从事投机活动的人被免除了刑事责任,这些人的案件被移送给同志审判会处理。中止这些案件的理由是:行为人在犯罪中起次要的作用;初犯;违法所得金额微小;存在足以证明犯罪或犯罪人的社会危害程度轻微的情况。

1988年10月,新的《刑事立法纲要》草案的正式文本刊登在《全俄农民代表苏维埃消息报》上,以供全民讨论,经过两年多的讨论、意见征集和修改,于1991年7月2日通过,可称为1991年《刑事立法纲要》。该纲要由8篇71条组成,在很多方面对以前的刑事立法作出了修改和补充。第一,刑法原则条文化,提出"苏联和各加盟共和国刑事立法建立在法制、公民在法律面前平等、责任的不可避免性、个人和罪过责任、公正、民主和人道主义原则之上"。这是苏联刑事立法首次将刑法原则及其范围加以固定,并阐明公民在法律面前平等原则、法制原则和公正原则的含义作出阐明。第二,将犯罪分为社会危害性不大的犯罪、非常重的犯罪、严重犯罪和特别严重的犯罪四类,并规定了法定刑,同时保留了一般犯罪的概念。第9条根据犯罪的严重程度对犯罪进行了分类,即引入犯罪分级制度。第三,将再犯和累犯纳入犯罪部分予以规定,并且分别界定了再犯、累犯和特别危险的累犯的概念定义,同时规定了不属于再犯的情形。第21条、第22条、第23条揭示了重复犯罪、多数犯罪和累犯的概念。第四,在正当防卫和紧急避险之外,补充了拘留和逮捕犯罪嫌疑人、职务上和业务上的正当风险、执行命令或指令。第五,认为刑罚不仅是惩治,更为重要的是改造和教育,以及预防犯罪,同时不以肉体痛苦和人格伤害为目的。第六,重新调整刑罚体系,废除了流放、放逐刑,增设了限制自由和拘役。死刑依然存在,但是适用范围开始变窄。新纲要规定死刑——枪决,作为非常的刑罚方法。第七,将未成年人刑事责任的规范集中在一起,形成专章——未成年人刑事责任的特别规定。1991 年《刑事立法纲要》还补充了有关未成年人刑事责任的单独一编内容(第八编,第 60—71 条)。但是,由于苏联的解体和独联体的成立,1991 年《刑事立法纲要》并未生效。

第八节 诉讼法

一、刑事诉讼法

苏维埃政权建立初期,没有制定专门的刑事诉讼法,相关规则和规范都包含在旨在改造审判体系和侦查体系的法令中。

1917 年 11 月 24 日《关于法院的第一号法令》正式废除了一切旧的法院、检察院、侦查机关和律师机构,宣布在民主原则的基础上建立新的法院和侦查委员会。该法令规定了一系列直接属于刑事诉讼的基本规范,为苏维埃刑事诉讼立法的继续发展奠定了坚实的基础。此后,《关于法院的第二号法令》和《关于法院的第三号法令》确定的重要的诉讼原则有:用民族语言进行诉讼;法庭审理的合议制原则和公开原则;在处理有关案件的一切问题时人民陪审员和专职审判员权利平等;保障刑事被告人的辩护权;法院不受评定证据的形式规则的约束;刑事判决违反诉讼形式或者上诉的决定显然不公正的,可予以撤销。所有这些规范,对于扩大和加强苏维埃刑事诉讼制度的民主基础,保证在刑事诉讼中达到客观真实,建立审查刑事判决是否合法和有无根据的崭新规则,都有重要的意义。

1918 年 11 月 30 日《苏俄人民法院条例》完全禁止在诉讼文件中引用已被推翻的政府的法律,更详尽地规定了侦查、法庭审理和上诉审程序。1920 年 10 月 21 日,全俄中央执行委员会批准了新的《苏俄人民法院条例》。该条例是根据 1919 年俄共(布)第八次代表大会通过的纲领提出的任务而制定的。这一俄共(布)纲领专章规定了党在司法方面的政策。1920 年《苏俄人民法院条例》对法院组织的民主原则和进行刑事诉讼的程序,作出了更加系统的阐述,摒弃了集体侦查的做法,规定由人民侦查员独立开展侦查工作，并把侦查和调查区分开来。根据1920年《苏俄人民法院条例》的规定，法院在审理案件中不受形式证据的约束，须进行完全、充分的控诉和辩护，法院在审查过程中也可以不受申诉理由限制而以监察程序审查全部案件。同时，法官回避制度得到了承认，诉讼参与人可以要求法官回避，但是还没有规定按法庭成员的主动请求实行的回避制度。[①] 上诉依然是被禁止的，只规定了二审程序，由人民法院委员会进行，它可以撤销一审判决并将案件转交本司法管辖区内的其他法院审理，期限为1个月。

苏维埃政权初期颁布的关于革命法庭和革命军事法庭的组织和活动的规范性法律文件，对苏维埃刑事诉讼法的产生起到了重要作用。

1922年5月25日，第九届全俄中央执行委员会第三次会议通过第一部《苏俄刑事诉讼法典》。它明确规定了刑事诉讼的任务、民主原则和刑事诉讼各主体的权利，以及每一诉讼阶段的活动等。《苏俄刑事诉讼法典》十分重视审判工作的诉讼保障及对公民权利和合法利益的维护。由于同年10月31日通过了新的《苏俄法院组织条例》，1923年2月15日颁布了《苏俄刑事诉讼法典》的新版本，它确定了苏俄各级法院审判工作的统一程序。

苏联成立并颁布苏联宪法以后，苏联中央执行委员会于1924年通过许多全联盟性立法文件，《苏联和各加盟共和国诉讼程序立法纲要》（以下简称1924年《诉讼程序立法纲要》）就是其中之一。1924年《诉讼程序立法纲要》规定了最重要的、全国统一的原则，同时吸收了苏维埃刑事诉讼立法发展中所取得的进步成果，大大地完善了刑事诉讼立法。它明确规定了保障人身不受侵犯、刑事被告人辩护权、评定证据的规则、对刑事判决上诉自由等其他一些原则。

1936年《苏联宪法》对苏联刑事诉讼的发展有着重大的意义。其第9章进一步发展了一些诉讼原则，并把它们提高到宪法高度上。例如，审判权只能由法院行使，审判员独立并且只服从法律，用民族语言审判，法庭公开审理，保障刑事被告人的辩护权等。1936年《苏联宪法》还规定，苏联检察长对法制实行最高监督，苏联最高法院对全国各级法院的活动实行监

---

① 参见［苏］Л. Н. 古谢夫编、С. А. 郭伦斯基审定：《苏联和苏俄刑事诉讼及法院和检察院组织立法史料汇编（1917—1954）》，王增润、赵涵舆、范宏源等译，法律出版社1958年版，第152页。

督。这些宪法原则后来被纳入了1938年8月16日《苏联、各加盟共和国和自治共和国法院组织法》。这项法律明确了实现社会主义审判权的任务、原则和途径,以及属于审判体系的各级法院的职权。

“二战”后,苏共和苏联政府采取一系列重要措施,进一步加强社会主义法制,扩大公民的权利和自由,并且在诉讼中对这些权利加强保护。1954年8月14日,苏联最高苏维埃主席团颁布了《关于建立各加盟共和国最高法院、自治共和国最高法院、边区法院、州法院和自治州法院主席团的命令》,它扩大了有权依照监督程序审查法院判决是否合法和有无根据的审判机关的范围,扩大了有权对已经发生法律效力的刑事判决(裁定和决定)提出抗诉的检察院和法院的公职人员的范围。这一命令的目的在于加强对地方司法机关实行审判监督,保证对已经发生法律效力的刑事判决进行复核的作用。

1955年5月24日通过的《苏联检察监督条例》详细地规定了实行检察监督的任务、途径和方法,使检察长在不同的活动领域(包括刑事诉讼各个阶段)中的职权具体化。

苏联刑事诉讼立法由联盟的和加盟共和国的规范性文件组成。其中,最重要的是1958年12月25日苏联最高苏维埃批准的《苏联和各加盟共和国刑事诉讼纲要》(以下简称1958年《刑事诉讼纲要》),其第1章为“总则”,第2章为“诉讼参与人及他们的权利和义务”,第3章为“调查和侦查”,第4章为“第一审法院对案件的审理”,第5章为“上诉审和监督审对案件的审理”,第6章为“刑事判决的执行”。

1958年《刑事诉讼纲要》第2条规定的苏联刑事诉讼的基本原则为:作为刑事诉讼原则的社会主义法制,保护着自己的普遍性和无可争议性,同时充满着特殊的诉讼内容。刑事诉讼任务本身就包括维护和加强法制。刑事诉讼中的社会主义法制原则就是要求侦查机关、检察院、法院和所有诉讼参加者都必须准确地、坚决地遵守法律。

1958年《刑事诉讼纲要》第3条的内容体现了诉讼公开原则。法院、检察长、侦查员和调查机关为了维护国家和社会的公共利益,不以个别人和个别组织的意见为转移,在每次发现犯罪形迹的时候,都有责任在自己的职权范围内提起刑事诉讼,采取法律所规定的一切办法来查明犯罪事件和犯罪人,并使之受到处罚。国家机关有责任根据法律规定的形式和程序吸收社会团体代表参与揭发和预防犯罪,这也是公开原则的表现。公开原则贯穿于案件的全过程,它既保证达到诉讼的总目的,同时也保证实现每一诉讼阶段的直接任务。

1958 年《刑事诉讼纲要》规定了各级法院审理案件必须在公开的审判庭进行,刑事判决在任何情况下都必须公开宣布。只有在法律规定的情况下,才允许进行不公开的法庭审理。

1936 年《苏联宪法》规定的关于人身自由,住宅不受侵犯,通信、电话、电报联系秘密的一般法律保障,在刑事诉讼领域有其特殊的表现。

根据 1936 年《苏联宪法》规定,在苏联,只有法院才能行使审判权(第 151 条)。1958 年《刑事诉讼纲要》第 7 条包含了法院审理刑事案件的同样提法。审判员和人民陪审员的选举制确定了刑事案件的审判组织,也反映了合法的法庭组成人员是实行审判的基本原则之一,是审判员独立和只服从法律的重要保障。

审理案件有人民陪审员参加并且实行合议制体现了列宁关于公民普遍参加法庭管理国家事务的思想。

1958 年《刑事诉讼纲要》第 4 条体现了审判员独立并且只服从法律的原则,这一原则是由审判员选举程序及其担负刑事责任和纪律责任的特别程序、评议室保密制度、回避制度等加以保障的。

1936 年《苏联宪法》第 34 条、第 156 条规定,审理刑事案件依照一切公民不分出身、社会地位、财产状况、种族、民族、性别、教育程度、语言、宗教信仰、职业的种类和性质、居住地以及其他情况,在法律和法院面前一律平等的原则进行。它表明了刑事诉讼的每个参加人在刑法、诉讼法和法院面前都不得享有任何特权。

1958 年《刑事诉讼纲要》第 11 条保障诉讼参加者有权用本民族语言提出申请,在法庭上发言和提出请求,以及取得翻译人员的帮助。民族语言原则保障实现公民在法律和法院面前一律平等,便于他们参加诉讼的全过程。第 21—23 条具体体现了保障刑事被告人的辩护权,认为刑事被告人和辩护人是拥有广泛权利的诉讼参加人。第 14 条、第 36 条、第 43 条的规定均是无罪推定原则的表现。

上述刑事诉讼原则说明了刑事诉讼的重要特点,揭示了刑事诉讼的内容和阶级本质。这些原则保证处理一切刑事案件的诉讼程序的一致性,它们的共同点是都有相应的国家机关具体落实。国家机关有责任严格遵守各项原则,并承担由于违反原则而造成的一切后果。

1958 年《刑事诉讼纲要》发展了列宁的原则,完善了实践已经证明的各项诉讼原则,确定了苏维埃刑事诉讼的民主性,反映了审判、检察、侦查和调查机关同犯罪作斗争的共同任务和职责,同时也反映了每个机关为实现上述任务而拥有的职权。它明显地扩大了诉讼参加人的权利,特别是刑事被告人及其辩护人和受害人的权利,并加强了对这种权利的保障。1958 年《刑事诉讼纲要》还巩固和发展了适用于整个诉讼及其各个阶段的民主原则。

其他联盟文件对刑事诉讼问题也有所规定,主要有:1966 年《军事检察院条例》、1969 年《羁押条例》、1977 年《关于短期拘留犯罪嫌疑人程序条例》等。

俄罗斯联邦最高苏维埃根据 1958 年《刑事诉讼纲要》制定了新的《苏俄刑事诉讼法典》(以下称 1960 年《苏俄刑事诉讼法典》),于 1960 年 10 月 27 日批准通过,自 1961 年 1 月 1 日起生效。1960 年《苏俄刑事诉讼法典》共 8 篇 33 章 413 条,它取代了 1923 年《苏俄刑事诉讼法典》。1960 年《苏俄刑事诉讼法典》吸收并发展了 1958 年《刑事诉讼纲要》的规则,明确规定了各个诉讼主体的地位、权利和义务以及对这些权利的保障,全面阐明了刑事诉讼的体系,详尽规定了诉讼的每一个阶段。1960 年《苏俄刑事诉讼法典》最后 5 章规定了处理若干案件的特点。

1970 年 8 月 31 日苏联最高苏维埃主席团命令修改了 1958 年《刑事诉讼纲要》第 22 条和第 33 条,扩大了辩护人参加侦查的机会,扩大了必须有辩护人参加侦查的案件范围,规定审判员个人不能决定将未成年人犯罪案件和可能被判处死刑的案件交付审判,而必须由法院预备庭作出决定。

1977 年 2 月 8 日苏联最高苏维埃主席团《关于补充和修改〈苏联和各加盟共和国刑事诉讼纲要〉的命令》规定,强制处分(拘留)只适用于依法判处剥夺自由 1 年以上的犯罪案件,在极个别场合,才适用于判处剥夺自由 1 年以下的犯罪案件;可以用追究行政责任的办法终止刑事案件;对于未成年人的刑事判决可以缓期执行等。根据上述联盟立法文件,各加盟共和国刑事诉讼法典都作了相应的修改,如 1960 年《苏俄刑事诉讼法典》第 6 条、第 69 条、第 401 条等。

1977年《苏联宪法》从根本法层面集中规定了苏联诉讼的基本原则。1979年11月30日，苏联最高苏维埃通过了《苏联最高法院法》《苏联检察院法》《苏联律师法》。这三项法律“使苏联宪法所确立的苏联最高法院、检察机关和苏联律师机构的基本活动原则具体化，并在此基础上规定了它们的职权和工作的方式、方法”①。

为了保证行使审判权时正确、统一的适用法律，苏联最高法院全体会议就法庭审理案件所产生的适用法律问题，向各级法院发布指导性解释。按照《苏联最高法院法》第3条的规定，这一指导性解释，对于各级法院和其他适用所解释的这项法律的机关和公职人员，具有约束力。

总检察长依据法律并为了执行法律，发布对各级检察机关具有约束力的命令、训令和指示。按照1979年《苏联检察院法》第13条的规定，苏联总检察长就侦查工作问题发布的指示，一切侦查机关都必须执行。

二、民事诉讼法

苏维埃国家初期的民事诉讼规则主要集中规定在关于法院的三个法令，以及1918年7月23日司法人民委员部制定和公布的《关于地方人民法院的组织和活动的指示》中。② 根据规定，民事诉讼案件由地方法院和区法院负责审理。地方法院最初管辖权范围为标的额在3000卢布以内的所有民事案件，《关于法院的第三号法令》决定将地方法院的管辖权范围扩展到标的额在10,000卢布以内的所有民事案件。在裁判民事案件时，可以使用沙俄时期的部分诉讼规则，但不得违背社会主义法律意识。

在进入国民经济恢复阶段之后，商品流通量大增，各种企业的数量日益增长，民事案件随之频繁发生，制定民事诉讼法成为当时的迫切要求。为顺应这一形势，1923年7月7日第十届全俄中央执行委员会第二次会议通过了1923年《苏俄民事诉讼法典》，并规定自1923年9月1日起施行。

1923年《苏俄民事诉讼法典》共5编39章473条。第1编的内容涉及民事诉讼的基本原则、诉讼代理、管辖、诉讼费用、罚金、诉讼期间、法院通

---

① 《苏联法案委员会主席M. C. 戈尔巴乔在第九届苏联最高苏维埃第二次会议上的报告》，载《真理报》1979年12月1日。

② В. М. Сырых. *История государства и права России*(*Том*2). М. ,2014. с. 43.

知和传唤等,此编贯彻的民事诉讼主要原则有:诉讼的民主原则,诉讼中国家利益和劳动人民利益相结合原则,双方当事人的积极性与主动性同法院、检察机关的积极性与主动性相结合的原则。第 2 编对一般民事诉讼程序作出了规定:一切民事案件均由法院合议审理,人民陪审员享有常任审判员的同等权利,公开审理,双方当事人在诉讼中享有同等权利,双方当事人都负举证责任,法院也可以依职权收集证据,法院应积极干预诉讼、查明案件的事实真相。第 3 编规定了特别程序,适用特别程序的案件包括:审理死亡人遗产的案件、仲裁协议和仲裁判决的案件、因宗教信仰而免除兵役的案件、控告公证人行为的案件以及丧失不记名证书复权程序的案件等。此类案件一般由审判员一人审理,在审理过程中如果利害关系人提出异议,审判员可以终止特别程序,依照一般诉讼程序审理。第 4 编的内容为上诉和再审:当事人不服法院的判决可以向有管辖权的法院提起上诉,提起上诉的期间为宣告判决时起 10 天之内。当事人不服法院的裁定也可以向上级法院提起上诉。诉讼当事人、苏俄最高法院院长、共和国检察长、边区(省)法院院长或者边区(省)检察长和区检察长,对于已经发生法律效力的判决,可以根据发现的新事实申请再审。司法人民委员、共和国检察长和苏俄最高法院院长有权从共和国任何法院调取判决已经发生法律效力的案件,依照审判监督程序对案件进行再审。第 5 编为判决和裁定的执行:当事人对于已经发生法律效力的判决和裁定,可以申请执行。涉及国营企业、国家机关、集体农庄、合作社和社会团体间一切纠纷的判决和裁定,可以在 1 年内申请执行。其他案件判决和裁定,可以在 3 年内申请执行。

1923 年《苏俄民事诉讼法典》还对自然人和法人的破产、国营企业和公私合营股份公司以及合作社的破产作出了详尽的规定。在苏联卫国战争之前,曾经对 1923 年《苏俄民事诉讼法典》作出多次的修改和补充,也曾经废止过一些条文。最重大的一次修改是,1927 年经全俄中央执行委员会和人民委员会的决议,对 1923 年《苏俄民事诉讼法典》增加了《关于宣告自然人及私法人的破产》的有关条文。

苏联最高苏维埃于 1961 年 12 月 8 日批准通过《苏联和各加盟共和国民事诉讼纲要》(以下简称 1961 年《民事诉讼纲要》)是各加盟共和国制定民事诉讼法典的立法基础,共 6 章 64 条。第 1 章总则,规定了苏维埃民事诉讼的任务，确立了苏维埃民事诉讼的基本原则：公民在法律和法院面前一律平等、审判员独立且只服从法律、法院审理案件公开、诉讼中使用当地民族语言等。第 2 章涉及诉讼参与人及其权利和义务。民事诉讼的参与人可以是公民，也可以是享有法人权利的国家集体农庄、其他合作社组织、社会组织，诉讼参与人享有同等的诉讼权利。第 3 章为第一审法院对案件的审理。此章详细规定了民事案件的受理、诉讼保全、法庭审理前的准备、法庭审理、法庭审理原则、公众参与法庭审理、法院的民事判决、法院的特别裁定、法院判决发生效力、诉讼的中止和终止以及案件的移送等一系列规范。第 4 章规定了上诉审和监督审对案件的审理。1961 年《民事诉讼纲要》规定当事人和其他诉讼参与人对各级法院的判决（除了苏联最高法院和各加盟共和国最高法院的判决），都可以在法律规定的期限内提出上诉。检察长、法院院长和副院长可以根据法律的授权，对已经发生法律效力的判决、裁定和决定提出抗诉。第 5 章的内容涉及法院判决的执行。此章明文规定法院判决在发生法律效力后执行，对以公民为一方当事人的案件的法院判决，可以在该判决发生法律效力之日起 3 年内申请强制执行。对所有其他案件的判决应在发生法律效力之日起 1 年内申请强制执行。第 6 章涉及外国公民和无国籍人的民事诉讼权利、向外国提起的诉讼、外国法院的司法委托和判决以及国际条约和国际协定。此章规定了外国公民有权向苏联法院提出请求，并享有和苏联公民相同的民事诉讼权利。还规定，对苏联公民、企业或组织的民事权利实行特别限制的国家，苏联部长会议可以对这些国家的公民、企业和组织规定对等的限制。苏联最高苏维埃主席团于 1972 年至 1979 年曾多次发布法令，对 1961 年《民事诉讼纲要》的部分条款作了修改和补充。

根据 1961 年《民事诉讼纲要》，苏俄最高苏维埃于 1964 年 6 月 11 日通过了新的《苏俄民事诉讼法典》（以下简称 1964 年《苏俄民事诉讼法典》），取代了 1923 年《苏俄民事诉讼法典》。1964 年《苏俄民事诉讼法典》主要依据 1961 年《民事诉讼纲要》对 1923 年《苏俄民事诉讼法典》作了修改和补充。1964 年《苏俄民事诉讼法典》由 6 编 42 章 438 条组成，与 1923 年《苏俄民事诉讼法典》相比，发生了诸多变化。例如，1964 年《苏俄民事诉讼法典》规定检察长必须在民事诉讼的各个阶段及时采取合法手段，规范任何违法行为，同时规定检察长只能在他认为为了国家和劳动人民的利益必须参与诉讼时才能介入。1964年《苏俄民事诉讼法典》遵照1961年《民事诉讼纲要》中的精神,扩大了国家机关、社会组织、劳动委员会和公民个人在诉讼活动中的权利。法律赋予他们提起诉讼以保护其他人的权利和利益,并参加诉讼活动的权利。1964年《苏俄民事诉讼法典》第94条就是对这些主体积极行使这种权利的重要保障。此外,对三种类型民事诉讼案件的审判程序进行了重新规定:(1)由公民、家庭、劳动和集体农庄的法律关系而引起的诉讼案件;(2)由行政法律关系引起的诉讼;(3)特别诉讼程序。

1964年《苏俄民事诉讼法典》具有两个特点:一是更加详细地规定了民事诉讼中的重要问题,包括"法庭组成人员""回避""民事案件的司法审查""案件终止"等。二是合理贯彻了民事诉讼程序民主化方针,并建立了民事案件司法管辖权的完整保障制度。① 可以说,1964年《苏俄民事诉讼法典》对"在监督体制下扩大法院审判活动中的权利具有重大意义,在那些年保障了法院的工作效率"②。

第九节　司法制度

一、法院体系

十月革命胜利后,苏维埃政权发布了关于法院的三个法令,宣布彻底废除所有沙俄的法院机构,创建新的法院体系。但是,当时苏俄的法院体系并不完善,机构混乱,存在众多的革命法庭。

1917年11月24日公布了《关于法院的第一号法令》,宣布废除沙俄时期的审判机关,建立了地方法院和革命法庭,分属普通法院系统和专门法

---

① См. В. М. Сырых. *История государства и права России*(Том2). М. ,2014. с. 304.

② Б. Н. Земцов. *История государства и права России*. М. ,2008. с. 296.

院系统，“暂时停止”[1]调解法官职能并以地方法院代替其职权，同时规定地方法院的管辖范围为诉讼金额不超过3000卢布的民事案件和处刑不超过2年的剥夺自由，而附带民事诉讼的诉讼金额不超过3000卢布的刑事案件，[2]但实际上地方法院受理不属于革命法庭管辖的一切刑事案件。

1918年2月22日公布了《关于法院的第二号法令》，进一步对普通法院系统作出立法规定。法令在保留地方法院的基础上，为审理超越地方法院管辖权的案件而设立了管辖几个县的区人民法院，下设民事庭和刑事庭。

1918年7月20日公布了《关于法院的第三号法令》，扩大了地方人民法院的案件管辖范围。地方人民法院审理除了谋杀、强奸、抢劫、土匪、伪造货币、贿赂和投机倒把以外的一切关于犯罪的刑事案件，并可以判处5年以下剥夺自由的刑罚。为了审理对地方人民法院的上诉案件，成立了地方人民审判员会议。

1922年11月11日全俄中央执行委员会通过的《苏俄法院组织条例》（以下简称1922年《苏俄法院组织条例》），确定了人民法院、省法院和苏维埃俄国最高法院的统一法院体系。除了这种普通法院之外，苏俄还设立了各种临时特别法庭。1922年《苏俄法院组织条例》规定了各种法院的权限和任务，规定了审判员和人民陪审员的资格、任期等。苏联建立后，法院体系有了进一步的发展和完善。1924年10月29日苏联中央执行委员会通过的《苏联和各加盟共和国法院组织原则》，是苏联第一个关于法院体系的指导性法律文件。它对法院的构成、任务以及审判原则等作出了详细的规定。在工业化时期，为了适应行政区划的变动，苏联中央执行委员会于1928年批准了新的《苏俄法院组织条例》。此条例重新安排了适应新的行政区划的法院体系，撤销了一些特别法庭，如铁路法庭、劳动案件法庭等，把它们的司法职能依据管辖权的规定移交给普通法院。

根据1936年《苏联宪法》的规定，苏联最高苏维埃于1938年8月16日

---

① 虽然法令以“暂时停止”的方式来代替“废除”，但是这并不意味着以后可以恢复调解法官，其实质上是表明对调解法官的废除，另外，也可以由地方苏维埃将个别调解法官选为临时地方审判员，或者根据民主选举成为正式的审判员。

② 参见[苏]A.盖尔青仲编：《苏联和苏俄刑事立法史料汇编（1917—1952）》，郑华、王增润等译，法律出版社1956年版，第55-56页。

通过了《苏联、各加盟共和国和自治共和国法院组织法》。此法对司法权、法院的工作宗旨、最高法院全体会议对各级法院审判工作的指导作用、各级法院组建法庭审理案件等一系列重要问题作出了明确的规定。

1958 年 12 月 25 日,苏联最高苏维埃颁布了《苏联和各加盟共和国法院组织立法纲要》,经过修改和补充,苏联最高苏维埃于 1980 年 6 月 25 日再次颁布了《苏联和各加盟共和国法院组织立法纲要》(以下简称 1980 年《法院组织法立法纲要》),共 3 章 36 条,是各加盟共和国制定法院组织法的立法基础。第 1 章"总则"规定了法院的任务,具体为:(1)巩固社会主义法制和法律秩序;(2)防止犯罪和其他违法行为;(3)维护苏联宪法确认的苏联社会制度、政治制度和经济制度;(4)保障公民的社会经济、政治和人身的权利和自由;(5)保障国家企业、机构、组织、集体农庄、其他合作社组织和其他社会团体组织的权利和合法利益。"总则"还明确宣布刑罚的目的不仅在于惩治罪犯,还在于改造和再教育罪犯。"总则"明文规定的审判原则为:(1)公民在法律和法院面前平等;(2)切实依据法律进行审判;(3)审理案件实行合议制;(4)人民陪审员和审判员在审判过程中权利平等;(5)审判员独立且只服从法律;(6)诉讼使用本民族语言;(7)公开审理案件;(8)保证被告人的辩护权。此外,"总则"还规定了:(1)检察长对法院案件审理中执行法律状况实行监督;(2)允许社会团体的代表以社会公诉人和辩护人的身份,在法庭上实行社会公诉和进行辩护;(3)司法执行员和法院的组织领导的职责。第 2 章"法院系统"对苏联法院系统和加盟共和国法院系统作出了规定。苏联法院系统包括苏联最高法院和军事法院。加盟共和国法院系统包括加盟共和国最高法院,自治共和国最高法院,边疆区、州、市法院,自治州法院,自治专区法院,市(区)人民法院。审判实行两审终审制。基层的市(区)人民法院的人民审判员由公民直接选举产生,任期 5 年。市(区)以上的各级法院的审判员由相应的各级人民代表苏维埃主席团选举产生。军事法院的审判员由苏联最高苏维埃主席团选举产生。苏联最高法院的审判员由苏联最高苏维埃选举产生。以上审判员的任期均为 5 年。第 3 章为"审判员和人民陪审员"。此章规定年满 25 岁的公民,都可以当选为审判员和人民陪审员。年满 25 岁的正在服役的公民,都可以当选为军事法院的审判员和人民陪审员。人民陪审员在法院担任职务的时间每年不超过两星期。审判员和人民陪审员向选民或选举他们的机关负责并报告工作。只有根据选民或选举他们的机关的罢免,或根据法院涉及他们的刑事判决,才能提前免除审判员或人民陪审员的职务。未经有关机关同意,审判员和人民陪审员在任职期间不被追究刑事责任、不受逮捕且不得对其依审判程序采取行政处罚措施。

苏联最高法院是苏联的最高一级审判机关,其职责为:(1)对苏联和各加盟共和国各级法院的审判活动实行监督;(2)在自己权限范围内审理一审、上诉审和按监督程序再审的案件;(3)对各级法院执行苏联最高法院全体会议的指导性解释实行监督;(4)在自己管辖权限内解决苏联参加的国际条约中的争端。苏联最高法院包括苏联最高法院全体会议以及苏联最高法院民事审判庭、刑事审判庭和军事审判庭。苏联最高法院全体会议由苏联最高法院院长、副院长和各加盟共和国最高法院院长等组成。苏联总检察长和苏联司法部部长参加全体会议的会议,苏联总检察长还必须参加全体会议的工作。

苏联最高法院全体会议的职权有:(1)按审判监督程序审理苏联最高法院院长和苏联总检察长对苏联最高法院、各审判庭所作民事判决、刑事判决和裁定提出的再审和抗诉案件。(2)审理苏联最高法院院长和苏联总检察长对各加盟共和国最高法院主席团和全体会议所作与苏联立法相抵或违背其他加盟共和国利益的决议提出的再审和抗诉案件。(3)审议审判实践和司法统计的总结报告,审议苏联总检察长和苏联司法部部长提出的上述总结报告对适用法律中出现的问题,向各级法院作出指导性解释。(4)根据苏联最高法院院长的提名,批准组成苏联最高法院各审判庭人选,任命苏联最高法院全体会议秘书,批准组成苏联最高法院学术咨询委员会。(5)审议并按行使立法提案权的程序,向苏联最高苏维埃或最高苏维埃主席团提出立法议案,审议并决定向苏联最高苏维埃主席团提出的解释法律意见。(6)听取苏联最高法院各审判庭庭长关于本庭工作的报告,听取各加盟共和国最高法院院长的报告,听取各军区、集团军、海军各舰队军事法庭的报告,听取关于实施苏联最高法院全体会议指导性解释的报告。(7)审议苏联最高法院院长提出的关于各加盟共和国最高法院全体会议的指导性解释同全联盟立法或苏联最高法院全体会议决议相抵触的报告;审议苏联最高检察长提出的关于各加盟共和国最高法院全体会议的指导性解释同全联盟立法相抵触的报告。苏联最高法院全体会议关于审判案件的决议立即生效,并按照民事诉讼法和刑事诉讼法规定的程序执行。

苏联最高法院民事审判庭的职责为:(1)审理特别重要的第一审民事案件;(2)按审判监督程序审理苏联最高法院院长和副院长、苏联总检察长和副总检察长对加盟共和国最高法院第一审案件适用与联盟立法相抵触或违背其他加盟共和国利益的民事判决和裁定提出抗诉的案件。

刑事审判庭的职责为:(1)审理特别重要的第一审刑事案件;(2)审理按审判监督程序提出的刑事案件;(3)解决加盟共和国法院之间有关案件管辖的争论;(4)根据同苏联签订的国际条约,受外国法院的委托,解决法院适用他国诉讼法规,进行个别诉讼程序活动的可能性问题。

军事审判庭的职责为:(1)审理对军事法庭管辖的特别重大的第一审案件,审理有将军军衔或者兵团、兵团以上的指挥员以及与此相当级别军人的犯罪案件;(2)审理对各军区、集团军、舰队军事法庭的判决和裁定提出的上诉、申诉和抗诉案件;(3)按监督程序,审理苏联最高法院军事审判庭庭长、总军事检察长对各军区、集团军、舰队军事法庭所作判决和裁定提出的抗诉案件;(4)审理苏联总检察长和军事总检察长根据新发现的案情对各军区、集团军、舰队军事法庭作出判决和裁定提出再审的案件。苏联最高法院的第一审案件由1名审判员任审判长和2名人民陪审员组成合议庭进行审理。苏联最高法院的上诉、个人申诉和抗诉案件以及再审案件,由相关审判庭的3名审判员组成合议庭进行审理。苏联最高法院审判员和人民陪审员对苏联最高苏维埃负责并向其报告工作。

二、检察院体系

(一)苏俄检察机关的建立

在以列宁为首的布尔什维克党的领导下,十月革命彻底摧毁了沙俄政权。沙俄检察机关是极端反动的沙俄政府机构之一,是完全不符合新成立的社会主义国家的法律秩序和革命法制的。

《关于法院的第一号法令》郑重宣布废除沙俄检察制度及其一切机关,没有一个旧检察官进入革命政权。《关于法院的第一号法令》第1条宣布成立"民主选举而成立的新法院",但是苏俄检察机关并没有在苏维埃政权成立之初立即成立,因为苏俄劳动人民群众十分憎恨沙俄检察机关和检察官,认为他们是沙俄暴力统治的一个体现。世界上第一个社会主义检察机关在5年后,即1922年才成立。

1922年之前,苏俄国家对执行机关遵守法律问题实行监督和检查的重任落在了司法人民委员部和工农检察院肩上,当时“契卡”也承担了这一监督和检查任务。但是,这些机构不具备法律赋予的全权,因而未能较好地完成监督任务。

国内战争结束后,苏俄国家转向和平的建设时期,新经济政策实施后苏俄面临新的严峻形势,这一新的客观条件要求国家机器和法律体系必须进行重大的改革,因而迫切需要有一个专门机关来对遵守法律问题实行监督。1921年初冬,列宁委托司法人民委员德·依库尔斯基着手制定关于设立检察监督的法律草案。1922年5月2—26日召开的第九届全俄中央执行委员会第三次会议讨论了关于设置苏维埃检察机关的问题,并于5月26日通过了《苏俄检察监督条例》。在讨论过程中,加米涅夫、雷科夫、季诺维也夫和奥辛斯基激烈反对。为此,列宁于1922年5月20日发表了给斯大林的信——《论“双重”领导和法制》。在信中,列宁全面论述了苏维埃国家设立检察机关的必要性以及检察机关的组织结构、活动方向和监督的任务、检察长的职权等一系列基本原则。1922年5月28日,全俄中央执行委员会主席加里宁签署了《苏俄检察监督条例》,苏俄国家的检察机关正式成立。《苏俄检察监督条例》自1922年8月1日起生效。当时苏维埃国家检察机关的职能包含两个方面:对执法实行监督和保证正确地组织同犯罪作斗争。

这两项职能有机结合,充分表明了苏维埃检察机关与十月革命前沙俄检察机关和其他资产阶级国家检察机关的根本性差别。

列宁关于实行检察长监督的思想和关于检察机关组织结构的思想,从此得到了贯彻。俄罗斯联邦共和国组建中央检察机关的工作进展得相当快,尽管组建工作遇到了极大的阻力,但到1922年年底1923年年初,俄罗斯联邦共和国检察机关作为统一法制的国家监督机关已经开始积极发挥自己的职能,之后也不断地获得完善。

1922年7月29日俄罗斯联邦司法人民委员部首次颁布的关于检察长的一般任务的规范性文件规定,检察长发现违法行为或威胁国家利益的不作为行为等任何情况,都应行使监督权。检察长应当成为一个中心,负责揭露各种犯罪行为,对具有犯罪性质的不作为行为提出控告、通报。如果上述罪行未受到制裁,则检察长应该承担责任。1923 年 2 月 1 日,全俄中央执行委员会批准的《俄罗斯联邦共和国司法人民委员部条例》进一步规定,检察机关还应负责注意国外“涉及俄罗斯联邦共和国政府利益”的刑事案件和民事案件的进行情况,注意执行剥夺自由场所和劳动改造机关正确发挥职能的状况。1926 年《苏俄法院组织条例》进一步扩大了检察长监督的权限,规定检察机关应负责一般监督并协助同犯罪作斗争的一切机关的活动,对调查机关进行一般领导和监督。检察长有权对违法的过失人提起刑事追诉,还有权提起纪律或行政追诉。1926 年《俄罗斯联邦共和国诉讼程序条例》赋予检察机关监督预审的权力,还规定在检察长不同意最高法院全体会议涉及司法政策指导问题的决议时,共和国检察长可提请全俄中央执行委员会主席团予以解决。

(二)检察机关的集中化

随着苏联的建立,当时实行的检察长监督系统已无法保障各加盟共和国范围内的法制统一。加盟共和国的检察长隶属于加盟共和国中央执行委员会,无权对联盟直属机构和主管部门的活动的执法情况实行监督,也不能对加盟共和国法律是否与全联盟法律一致的问题实行监督。1923 年 11 月 23 日苏联中央执行委员会主席团批准的《苏联最高法院条例》规定设立苏联最高法院检察署,一直到 1933 年,检察机关均纳入了苏联最高法院,这不利于监督任务的实现。为了巩固法制,1933 年 6 月 20 日成立了以苏联检察长为首的苏联检察院。1933 年 6 月 29 日的《关于建立苏联检察院的决议》和 1933 年 12 月 17 日的《苏联检察院条例》确认了苏联检察院是独立的国家机构的法律地位。

苏联检察院对各加盟共和国检察院的活动进行总的领导,检察机关的集中化基本实现,苏联最高法院检察署被撤销。1933 年 8 月 27 日,铁路运输检察院彻底脱离加盟共和国司法人民委员部系统,被划归苏联检察院管辖。1936 年 7 月 20 日颁布的《关于成立苏联司法人民委员部的决议》规定,所有检察机关都从加盟共和国司法人民委员部改为归属苏联检察长领导,这标志着检察系统集中化过程的全部完成。1936 年《苏联宪法》进一步提高了检察长监督在国家中的作用和意义,赋予检察长对苏联各部、部属机构、公职人员和公民准确地执行法律实行最高监督的职权。1936 年《苏联宪法》第 113 条、第 115 条、第 116 条和第 117 条规定了检察系统的组织和活动原则：检察机关集中制；检察机关独立行使职权，不受任何地方的干涉；一切检察机关只服从苏联检察长；加盟共和国、自治共和国、边疆区和州检察长由苏联检察长任命；由加盟共和国检察长任命专区、区和市检察长，但须经苏联检察长批准。1936年《苏联宪法》还首次确立了检察机关的监督为最高监督的原则。

（三）卫国战争时期检察机关的活动

依据1941年6月22日苏联最高苏维埃的宣告进入战争状态的命令，检察机关工作也纳入战争轨道，其主要任务是：战争时期的法律遵守，保卫社会秩序，遵守劳动纪律，保卫军人及其家属的权利和合法利益，保卫社会主义财产不受侵犯，保证准确地执行关于巩固后方、支援前方的法律。1942年下半年，俄罗斯联邦共和国人民委员会根据俄罗斯联邦共和国检察院的提议，下令各州、边疆区执委会和自治共和国人民委员会在各自通过的决议和命令中必须严格遵守法律，并规定缩短对各级检察长就不合法法律文件提出的抗议的审查日期。

卫国战争结束后，苏联、俄罗斯、白俄罗斯和乌克兰检察机关立即投入了打击法西斯及其帮凶罪行的任务，积极参与1945年11月21日至1946年10月1日纽伦堡国际法庭对法西斯战犯的审讯工作。随着国民经济的进一步恢复，检察机关也转向了经济领域的法制工作。

苏联最高苏维埃1946年3月19日会议通过的《关于授予苏联检察长以苏联总检察长称号的法律》大大提高了苏联总检察长监督的作用。但是，斯大林个人崇拜时期极大妨碍了检察机关的工作。

（四）1954—1991年的检察机关

这一时期的特点是，全面恢复了检察监督的权能，以立法形式明确规定检察长监督的权力。1954年8月14日苏联最高苏维埃主席团的命令，进一步加强了司法机关的监督职能，进一步加强了检察机关的司法监督职能。1955年2月27日苏联最高苏维埃主席团颁布的《苏联检察监督条例》规定："各级检察长以国家名义实行执法监督，及时采取措施消除任何违法行为，不论这些行为来自何人。"该条例对检察长监督的立法发展做出了重大贡献，不仅规定了检察长监督的一般任务，调整了检察机关保护法制不受任何侵犯的活动，还详细规定了检察长进行一般监督工作、监督调查机关和预审机关活动、监督法院对刑事和民事案件的审理以及监督剥夺自由场所是否遵守法律时应采取的形式和方法。这一条例使检察长监督的规范呈现法典化趋势。1959 年 2 月 27 日苏联最高苏维埃主席团颁布的《关于在苏联检察院和各加盟共和国检察院成立院务委员会的法令》进一步提出了检察机关本身的民主化、委员会制和公开化,规定在苏联和各加盟共和国检察院成立院务委员会,强调对实际行使检察权时的一些最重要问题进行集体讨论,这对于完善检察系统的领导具有重要意义。1964 年 2 月 24 日苏联最高苏维埃主席团颁布了《检察机关检察员和侦查员表扬和纪律责任条例》,它有利于巩固检察人员的工作纪律和执行纪律,具体规定了奖励和处罚的措施。

在《刑事诉讼纲要》《民事诉讼纲要》《劳动改造立法纲要》及各加盟共和国的相应法典中,也包含一系列有关检察长监督的规范。《刑事诉讼纲要》第 20 条规定,检察长应在刑事诉讼的各个阶段及时采取法定措施消除一切违法行为,不论其来自何人。检察长在刑事诉讼中独立行使职权,不受任何机关和公职人员的干涉,只服从法律并遵循总检察长的指示。《民事诉讼纲要》第 14 条也有类似规定。《劳动改造立法纲要》第 10 条规定,在以国家名义实行执法监督时,检察长必须及时采取措施预防和消除一切违法行为,不论其来自何人,并应追究过失人的责任。

1977 年《苏联宪法》加强了检察长监督职能,以专章(第 21 章第 164—168 条)对检察长监督、检察机关的组织与活动作出了详细的规定(此前的苏联宪法没有一部对检察机关予以如此高度的重视)。1977 年《苏联宪法》不仅保留了 1936 年《苏联宪法》有关苏维埃检察机关的组织与活动的基本原则,即检察机关的集中原则、不受地方机关干涉的独立原则等,还扩大了由检察机关对其执法情况实行最高监督的机关范围,即一切国家委员会和主管机关、企业事业单位和组织、地方人民代表苏维埃执行和管理机关、集体农庄、合作社和其他社会团体。

根据 1979 年《苏联检察院法》,苏联检察机关体系由苏联检察院,加盟共和国和自治共和国检察院,边疆区、州、市检察院,自治州检察院,市(区)检察院以及军事检察院、运输检察院和一些专门检察院组成。1979 年《苏联检察院法》规定的各级检察院的基本任务为:(1)对国家机关、企业、组织、公职人员和公民遵守法律的状况进行监督,对法院审判案件是否严格遵守法律进行监督,对监禁场所、羁押场所执行刑罚以及法院判处采取的其他强制性措施是否严格遵守法律进行监督,对调查和侦查机关是否严格遵守法律进行监督;(2)同侵犯社会主义财产的违法行为以及国民经济领域内的其他违法行为作斗争,同侵犯公民权利和合法利益的违法行为作斗争;(3)侦查犯罪案件、追究犯罪人的刑事责任,保证使犯罪分子受到处罚;(4)会同国家有关机关共同研究并拟定预防犯罪和其他违法行为的措施;(5)在同犯罪和其他违法行为的斗争中,协调执法机关之间的活动;(6)参加完善苏维埃法律的制定和宣传活动。苏联总检察长领导和监督各级检察院的活动,各级检察机关必须执行苏联总检察长发布的命令和指示以及他对侦查工作的指令。苏联最高苏维埃主席团可以撤销同法律相抵触的苏联总检察长的命令、指示和指令。

苏联检察机关系统实行上下级的垂直领导体制,苏联检察院是最高领导机关,由苏联总检察长主持苏联检察院工作。苏联总检察长由苏联最高苏维埃任命,任期 5 年,对苏联最高苏维埃负责并向其报告工作。苏联检察院的常设机构是院务委员会,由苏联总检察长、副总检察长、苏俄检察院检察长、军事检察院总检察长以及苏联检察院各检察处处长组成。各加盟共和国、自治共和国、边疆区、州、自治州检察长由苏联总检察长任命,自治专区、市(区)检察长由加盟共和国检察长任命,但须获得苏联总检察长的批准。各级检察长的任期均为 5 年。军事检察院的结构和活动形式同军队的职能和结构相一致,是军队的一个重要组成部分。但是,军事检察院也是苏联检察体系的一个组成部分,军事检察院总检察长由苏联总检察长提名、苏联最高苏维埃主席团任命。军事检察院的首要任务是确保军队严格遵守苏联法律。

1988—1990 年检察机关面临新的任务,当时全苏正开展合作运动,股份有限公司开始出现,吸收外国资本,军事工业的民用化等,这些都使检察机关的活动发生重大的变化,进入长期以来没有过的领域。1989 年 2 月 1 日,苏联最高苏维埃主席团颁布《关于苏联检察机关的机构的命令》,对原先的一般监督局进行了改组,新设立了国家安全法执行监督局和国际问题监督局,原有的各检察监督局获得了补充职能。

苏联解体,独联体成立之后,原总检察长发表了《关于改组联盟检察机关的设想》。苏俄最高苏维埃于 1991 年 11 月 15 日发布《关于成立俄罗斯联邦共和国检察机关的统一体系的命令》,使原检察机关和总检察长的地位发生了根本变化。该命令依据1990年6月通过的《俄罗斯苏维埃联邦社会主义共和国国家主权宣言》(以下简称《国家主权宣言》)以及《苏联宪法》第176条和第179条的规定,进一步统一了俄罗斯检察机关,并命令各级检察机关必须服从俄总检察长的领导。自从苏联检察机关消失后,1979年《苏联检察院法》也失去了效力,为此,苏俄制定了《俄罗斯联邦检察院法》,该法自1992年2月18日起生效,其内容基本与1979年《苏联检察院法》相同,设立了军事检察院、运输检察院、环境保护检察院和劳动改造机构检察院。

第三篇　新俄篇

1991年12月,苏联解体,“俄罗斯苏维埃联邦社会主义共和国”改名为“俄罗斯联邦”,俄罗斯联邦成为苏联在国际法上的继承国,俄罗斯由此从社会主义制度向资本主义制度全面转轨,俄罗斯法的历史也由此进入了新俄罗斯时期。1993年12月12日,国家以全民投票方式通过了《俄罗斯联邦宪法》,这也是以最低极限票数通过的一部宪法。这部宪法确定了俄罗斯的联邦制度,明确了俄罗斯联邦的国家地位,规定了国家的社会、政治、经济制度,它已经完全不同于此前所有的苏联宪法和苏俄宪法,已经彻底放弃了“社会主义”及其立法原则,采用西方的“民主政治”“主权在民”等宪法基本原则。1993年《俄罗斯联邦宪法》分别在2008年、2014年、2020年进行过五次修改,其中,2008年和2014年各修改两次。这部宪法为俄罗斯联邦法制变革提供了法律依据。其他领域的法制也都发生了重要变化。

在民法领域,在俄罗斯联邦建立后,根据当时的国内情况,为了适应俄罗斯经济体制改革的成果和市场经济发展的需要,俄罗斯联邦再次制定《俄罗斯联邦民法典》。《俄罗斯联邦民法典》作为俄罗斯历史上第三部民法典,与前两部不同。它不是以完整的形式一次生效,而是把部分内容丰富的民法典的编纂与颁布作为一个过程。整部《俄罗斯联邦民法典》从1992年开始起草,到2006年完成,历时15年,其间法典分四个部分依次颁行。从法典第一部分生效开始,其每个部分都进行了多次修订。据统计,截至2023年12月底,第一部分共修改75次,第二部分共修改78次,第三部分共修改25次,第四部分共修改40次。

在经济法领域,俄罗斯联邦自确定向市场经济过渡之后,实施了全方位的改革措施,辐射至经济领域的各个方面。因此,俄罗斯联邦在转型时期的经济立法相当活跃,数量颇多,涉及领域甚广。其中较为重要的是破产法、消费者权利保护法、竞争法和关于小企业的立法、对外经贸法、吸引外国投资法、税法、关税法等。

在刑法领域,俄罗斯联邦时期的刑法改革始于1991年,这是对1960年《苏俄刑法典》进行的第一次修改,此后,分别在1993年和1994年进行了两次重要的修改。俄罗斯联邦国家杜马于1996年5月24日通过新的《俄罗斯联邦刑法典》,1960年《苏俄刑法典》自此失去法律效力。1996年《俄罗斯联邦刑法典》不再使用“社会主义”等词句,在任务的表述上抽象地称:保护人和公民的权利和自由,保护财产,维护公共秩序和公共安全,保护环境,捍卫宪法制度、原则不受犯罪行为的侵害,保障人类和平和安全以及预防犯罪。《俄罗斯联邦刑法典》自1996年通过至今已经近30年,俄罗斯刑事立法也通过修订法典的方式持续发展。

在诉讼法领域,1991年10月24日,苏俄最高苏维埃颁布了《俄罗斯苏维埃联邦社会主义共和国司法改革构想》,司法改革被正式提上议事日程。在俄罗斯联邦时期,国家进行了新一轮的司法改革,在诉讼法领域较为明显。俄罗斯联邦初期,在民事诉讼法领域,以修改、补充和实施1964年《苏俄民事诉讼法典》为主,直到2002年通过《俄罗斯联邦民事诉讼法典》。在刑事诉讼法领域,以修改、补充和实施1960年《苏俄刑事诉讼法典》为主,截至1995年《俄罗斯联邦刑事诉讼法》颁布前,其共修改50余次。与此同时,《俄罗斯联邦刑事诉讼法典》也在制定,该法典于2001年公布。在行政诉讼领域,直至2015年才颁布了《俄罗斯联邦行政诉讼法典》。

在司法制度领域,1996年12月31日,俄罗斯联邦国家杜马第二次会议通过了形成法院体系的基本文件《俄罗斯联邦法院体系法》,确立了俄罗斯联邦法院体系,其包括联邦法院和联邦主体法院两大部分,其中,将联邦法院分为俄罗斯联邦宪法法院、具有普通管辖权的法院和仲裁法院,联邦主体法院分为俄罗斯联邦主体宪法法院和调解法院。2013年11月,《关于俄罗斯联邦最高法院和俄罗斯联邦检察院的俄罗斯联邦宪法修正案》通过,取消了俄罗斯联邦最高仲裁法院,将其职能转归俄罗斯联邦最高法院。1992年1月17日,俄罗斯联邦最高苏维埃通过了《俄罗斯联邦检察院法》,废除了检察院对法院及诉讼参与者的监督权,仅保留了检察院对司法审判在一般意义上的监督权。1995年10月18日,《对俄罗斯联邦检察院法的增补和修改法》通过。1998年12月23日,颁布了《修改和补充〈俄罗斯联邦检察院法〉的联邦法》,这些法律文件是俄罗斯检察院组成、活动以及确定基本原则的主要依据,其明文规定俄罗斯联邦检察院自成一个统一、集中的体系。2014年2月5日,俄罗斯联邦对宪法进行了修改,将第7章的名称由“司法权”改为“司法权和检察机关”,并确定了俄罗斯联邦副总检察长的宪法地位,在根本法层面确认了检察机关是独立的特殊机关,而非司法权机关,同时也提升了检察机关在整个国家宪法制度中的地位。此举尽管没有扩大检察权,但对于检察权的顺利、独立行使具有重要意义。此外,在司法制度领域,还明确了司法公正的保证制度和公证制度。

新俄罗斯即俄罗斯联邦的法律制度是俄罗斯转型时期产生的,是在苏联法的基础上逐渐发展的,其中吸收了诸多西方法的内容,并一直处在发展变化之中。俄罗斯联邦修法的频率也非常高。因此,新俄罗斯时期的法律仍在动态变化之中,需要我们不断关注。

第七章　俄罗斯联邦的法律制度

第一节　苏联解体和俄罗斯联邦的新生

一、苏联解体

1991 年 12 月 25 日，在克里姆林宫上空飘扬了 69 年的苏联国旗缓缓降下，俄罗斯联邦的红蓝白三色国旗在总统办公厅前徐徐升起，作为苏联的国际法意义上的继承国——俄罗斯联邦，呈现在世人面前。（下文提及带有“苏俄”“俄罗斯联邦”的表述均是按照俄罗斯的历史时间确定的）从此，俄罗斯历史进入一个新的时期——新俄罗斯时期。“新俄罗斯”之新在于，它既不是 1917 年十月革命前的“沙皇俄罗斯”，也不是苏联 15 个加盟共和国之一的“俄罗斯苏维埃联邦社会主义共和国”。现在的俄罗斯联邦是一个从社会主义制度向资本主义制度全面转轨的国家。

苏联解体是一系列因素造成的，有西方国家的外部因素，但根源还是苏联本身的问题。戈尔巴乔夫上台后推行的一条错误改革路线是苏联解体的直接原因。1988 年 6 月 28 日—7 月 1 日，苏共第十九次全国代表大会在莫斯科召开，大会通过了《关于苏联社会民主化和政治体制改革的决议》。接着，当时任最高苏维埃主席团主席的戈尔巴乔夫，在 1988 年 10 月 1 日召开的苏联最高苏维埃第十一届非常会议（联盟院和民族院的联席会议）上提出要“重建苏维埃”,使“苏维埃成为全权中心”。同年12月1日,第十一届苏联最高苏维埃第十二次会议通过了《苏维埃社会主义共和国联盟关于修改和补充苏联宪法(根本法)的法律》。依据此项法律的规定,苏联新的最高国家权力机关由苏联人民代表大会、苏联最高苏维埃、苏联最高苏维埃主席团和苏联最高苏维埃主席四级组成。苏联的人民代表苏维埃制度就此正式确立,即设立了与最高苏维埃相并列的人民代表大会。① 从法律规定的人民代表大会的地位和作用来看,它实际上取代了最高苏维埃,成为国家的最高权力机关,拥有解决国家重要问题(例如,宪法、政治、经济和社会等问题)的全权。1988年12月1日,法律赋予苏联人民代表大会十分广泛的权限:(1)通过和修改苏联宪法;(2)确定苏联国家边界、批准修改加盟共和国之间的边界;(3)确定苏联对内对外政策的基本方针;(4)通过有关属于苏联权限内的民族国家制度问题的决定;(5)批准苏联国家经济发展和社会发展的远景国家计划和重要的联盟计划;(6)选举苏联最高苏维埃和苏联最高苏维埃主席;(7)批准苏联最高法院院长、苏联总检察长、苏联最高仲裁法院主席;(8)根据苏联最高苏维埃主席的提名,选举苏联宪法监督委员会成员;(9)废除苏联最高苏维埃通过的法令;(10)通过举行全民公决的决定。根据1988年12月1日法律的规定,最高苏维埃主席团失去了立法权,成为向最高苏维埃报告工作的常务工作机关,其主要职能为:“确保苏联人民代表大会和最高苏维埃的组织工作,在苏联宪法和苏联法律规定的范围内行使其他权限。”②最高苏维埃相应地成了最高权力机关——人民代表大会的常设立法、发布命令和监督的机构。最高苏维埃主席为苏联国家元首,领导人民代表大会、最高苏维埃和最高苏维埃主席团的工作,对人民代表大会和最高苏维埃负责并报告工作。法律还规定,最高苏维埃主席须由苏联共产党总书记兼任,系集国家元首、议会议长和苏

---

① 苏联人民代表大会共2250名代表,其产生分为三种方式(各产生750名代表)。第一种方式是根据人口比例从地区中选出,平均每257,300名选民中产生1名代表。第二种方式是从民族专区按固定名额选出,名额的分配为:加盟共和国32名、自治共和国11名、自治州5名、自治专区1名。第三种方式是从苏联全国性的社会团体中选举产生。法律明文规定:总统,副总统,苏联各部、委、局的负责人,苏联最高法院院长和审判员不得当选为人民代表。

② 《苏维埃社会主义共和国联盟关于修改和补充苏联宪法(根本法)的法律》,载《真理报》1998年12月8日,俄文版。

共总书记于一身。

1988年12月1日法律规定,由联盟院和民族院组成的最高苏维埃代表由人民代表大会以无记名投票方式从人民代表中选出,两院人数相等,各271名,共542名。[①] 最高苏维埃主席团组成人员不是选举产生的,而是按职务组成,包括最高苏维埃主席、最高苏维埃第一副主席和15名副主席(各加盟共和国最高苏维埃主席)、联盟院主席、民族院主席、人民监督委员会主席、最高苏维埃两院常设委员会主席和各委员会主席。

苏联人民代表大会每年举行一次例会,由最高苏维埃负责召集。在紧急情况下,由苏联最高苏维埃提出动议,或最高苏维埃两院中的任何一院、苏联总统及1/5以上人民代表提议,或根据加盟共和国最高国家机关的动议,可以召集人民代表大会的非常会议。自1989年5月首届苏联人民代表大会至1991年12月苏联解体,一共召开了5次苏联人民代表大会和2次非常会议。对苏联解体有重大影响的是1990年3月举行的第三次人民代表大会。这次会议通过了补充宪法和实行总统制的议案,戈尔巴乔夫在这次会议上当选为苏联第一任总统。1990年苏联第三次人民代表大会还对1977年《苏联宪法》的一些条款作出了重大修改,删除了“苏联共产党——苏联人民的先锋队——领导作用加强了”的表述,将第6条关于苏共领导作用的内容改为“苏联共产党、其他的政治组织以及工会、共青团、其他社会团体和群众运动通过自己选入人民代表苏维埃的代表并以其他形式参加制定苏维埃国家的政策、管理国家和社会事务”,[②]还将第51条的内容改为“苏联公民有权结成政党、社会团体,参加有助于发挥政治积极性和主动性、满足他们多种利益的群众运动”[③]。这些对1977年《苏联宪法》的重大修改,从法律和宪法上根本取消了苏联共产党在国家政治生活中的领导地位和决策作用,苏联共产党和其他政党、群众团体一样,成为一个议会政党。1991年9月召开的苏联非常人民代表大会通过了《过渡时期苏联

① 联盟院从按地区的人民代表和按社会团体的人民代表中,根据加盟共和国或地区的选民人数选举产生。民族院从民族地区选出的人民代表和社会团体选出的人民代表中选举产生。具体名额为:每个加盟共和国1名、每个自治共和国4名、每个自治区2名、每个自治专区1名。最高苏维埃代表任期5年,每年更换1/5。

② 戴学正等编:《中外宪法选编》(上册),华夏出版社1994年版,第282页。

③ 戴学正等编:《中外宪法选编》(上册),华夏出版社1994年版,第292页。

国家权力机关和管理机关法》。此法规定在过渡时期苏联的最高国家权力复归最高苏维埃，民族院改称为共和国院，还规定联盟院通过的法律只有在共和国院批准之后才能生效。

自 1953 年赫鲁晓夫上台执政时起到 1991 年 12 月戈尔巴乔夫下台，苏联对传统经济体制的改革一直没有停止。在这 38 年中，苏联虽然多次更换主要领导人，不断调整改革方针与政策，但都没有获得成功。长期以来，苏联一直没有明确以市场为取向的经济改革的总方向，改革理论的研究和改革的实践都把主要精力和主攻方向放在计划与市场两者结合的问题上。在戈尔巴乔夫执政后期，已提出了向市场经济过渡的改革方针，但经历了一场激烈的争论与斗争。从 1990 年开始，国家的主要任务是扭转经济形势，稳定经济，以行政命令为主，以经济杠杆调节为辅，着重解决财政赤字和市场严重失衡等问题。与此同时，必须奠定新经济体制的法律基础，特别应迅速制定《苏联所有制法》《苏联和各加盟共和国土地立法原则》，以及对《企业法》进行重大修改。1990 年 2 月苏共中央全会通过了向党和苏共第二十八次代表大会提出的行动纲领草案，确定了建立有效的计划——市场经济的目标。在 1990 年 5 月苏联最高苏维埃会议上，时任苏联部长会议主席的雷日科夫代表政府作了《关于国家经济状况和向可调节市场经济过渡的构想》的报告。这一报告被人们认定为是一个全面提价的方案，导致了席卷全苏联的抢购风潮。在苏共第二十八次代表大会上，经过激烈的争论，基本上肯定了向市场经济过渡的经济改革总方向。1990 年 8 月底，受戈尔巴乔夫和鲍里斯·尼古拉耶维奇·叶利钦（Борис Николаевич Ельцин）（以下简称叶利钦）的共同委托，由沙塔林牵头形成的“500 天纲领”问世。与此同时，联盟政府的纲领也准备就绪。在吸收各种方案的有关内容基础上，最后以苏联总统戈尔巴乔夫的名义提出了向“市场经济过渡”的纲领，即 1990 年 10 月 19 日苏联最高苏维埃通过的《稳定国民经济和向市场经济过渡的基本方针》。由此可见，苏联经济改革的曲折道路，从“计划—市场经济”到“可调节的市场经济”再到“市场经济”的改革方向的确定，大体上用了 1 年的时间。

“冰冻三尺非一日之寒”，苏联解体的原因错综复杂，有主观因素，也有客观因素，有历史原因，也有现实问题，可以归纳为以下几点：（1）高度集中、高消耗低效益及结构失衡的“斯大林经济模式”的功能衰竭，无法适应新的形势的需要。(2)政治上严重缺乏民主、党内专断、腐败滋长、官僚主义四处蔓延,以及党严重脱离群众。(3)20世纪70年代苏联的侵略扩张,以及长期以来与美国的军备竞赛使苏联背上了沉重的包袱。(4)苏联领导人长期忽视民族问题,随着苏联国内危机的加剧,被压抑的民族问题终于大爆发,进一步恶化了苏联的状况。

苏联解体的后果是十分严重的,简言之表现为:(1)列宁亲手缔造的、走过93年历程的、在苏联执政长达74年之久的苏联共产党丧失了执政党的地位。(2)存在了69年之久的苏维埃社会主义共和国联盟从此不再存在了,15个加盟共和国先后宣布独立。(3)苏联解体后宣布独立的15个原加盟共和国,均宣布同斯大林时期形成和发展起来的、高度集中的政治、经济体制彻底决裂,纷纷向"经济市场化""政治民主化"的体制转轨。(4)俄罗斯及其他从苏联独立出来的国家都放弃了社会主义方向,改朝西方国家认同的价值观念方向发展。

二、俄罗斯联邦的新生

自1917年十月革命胜利至1991年苏联解体,苏俄经历了两个不同的历史发展阶段:独立国家阶段(1917年11月7日—1922年12月30日)和苏联的一个加盟共和国阶段(1922年12月30日—1991年12月25日)。苏联解体后,俄罗斯联邦又一次成为一个独立国家。为了在民族自治和自决权原则基础上维护和实现各民族的联合和国家的统一,列宁提出了联邦制的构想,在《被剥削劳动人民权利宣言》中就宣布:"俄罗斯苏维埃共和国是建立在自由民族的自由联盟基础上的各苏维埃民族共和国联邦。"① 1918年7月,全俄苏维埃第五次代表大会通过的《俄罗斯苏维埃联邦社会主义共和国宪法》规定:"凡生活习惯和民族成分不同的各省苏维埃可以联合为自治的省联盟。……按照联邦制原则加入俄罗斯社会主义联邦苏维埃共和国。"当时俄罗斯联邦的自治形式有:自治共和国、自治的劳动公社以及自治州。1922年苏联成立后,俄罗斯仍保留联邦制结构并成为苏联的一个加盟共和国。俄罗斯联邦于1923年废除了自治的劳动公社这一形式,随后在一些边疆区和州建立了新的自治形式——自治专区(1929—

① 《列宁选集》(第3卷),人民出版社1995年版,第386页。

1930 年相继建立了卡尔亚克、楚科奇、泰梅尔、埃文斯克、涅涅茨自治专区），使俄罗斯北部和东北部地区的一些少数民族获得了自治。自治共和国、自治州和自治专区成为俄罗斯联邦长期采用的三种民族自治形式。自治共和国是一种民族政治自治形式，具有国家形式，有自己的最高立法、执行和司法机关，有自己的宪法和国籍（同时也具有俄罗斯联邦和苏联国籍），但是自治共和国并非主权国家，没有退出俄罗斯联邦加盟共和国的权利。自治州和自治专区属于民族区域自治形式，是边疆区和州的组成部分。在苏联存续的 69 年间，俄罗斯联邦的一些自治共和国脱离俄罗斯联邦，成为苏联的加盟共和国（1925 年、1934 年和 1936 年中亚的一些俄罗斯联邦自治共和国先后脱离俄罗斯联邦，成为苏联的加盟共和国，获得与俄罗斯联邦平等的主权国家地位。土库曼斯坦、乌兹别克斯坦、塔吉克斯坦、吉尔吉斯斯坦和哈萨克斯坦就是经历这一变化成为苏联的加盟共和国的）。到苏联解体前，俄罗斯联邦共有 16 个自治共和国、6 个边疆区、49 个州、2 个直辖市、5 个自治州及 10 个自治专区，其中的边疆区和州是俄罗斯联邦的行政区域单位（自治州和自治专区是这一行政区域单位的组成部分），实际上俄罗斯采用的是联邦制、单一制和民族区域自治的混合型国家结构。列宁的构想是，具有不同历史、文化、语言和风俗的民族，在自治和自决权原则基础上建立联邦制国家，他们享有充分的自治权利。然而，苏联长期实行高度集权的行政命令体制，各种民族自治形式享有的自治权是极其有限的。20 世纪 80 年代末期，苏联的联邦制出现严重危机，起草和签署新的联盟条约的过程起了推波助澜的作用，一些加盟共和国先后发表独立宣言，宣布脱离苏联，还有一些加盟共和国发表国家主权宣言，主张国家的主权权利。1990 年 6 月 12 日，苏俄第一次人民代表大会通过了《国家主权宣言》，由在这一次代表大会上当选为苏俄最高苏维埃主席的叶利钦签署，宣布苏俄拥有“绝对主权”。① 1991 年 12 月 25 日，苏联解体后，“俄罗斯苏维埃联邦社会主义共和国”改名为“俄罗斯联邦”。苏联的分离和主权化运动在俄罗斯联邦内部也激起同样的分离和主权化风潮，俄罗斯联邦的统一面临严重威胁。卡累利阿、鞑靼斯坦、巴什基尔、布里亚特、科米和

---

① 参见赵华胜：《波谲云诡的俄罗斯政局——俄总统和议长的争斗》，载《国际展望》1993 年第 6 期。

马里等自治国,先后通过了国家主权宣言,更改国名,宣布自己为共和国,个别共和国甚至要求彻底独立。出于克服危机、维护俄罗斯联邦的完整和统一,1990 年 5 月,俄罗斯联邦第一次人民代表大会决定起草联邦条约。经过长达 1 年半的起草工作,对提出的各种构想和方案进行了审议,最后采用的方案为:俄罗斯联邦国家权力机关为一方,组成俄罗斯联邦的共和国、边疆区和州、莫斯科和圣彼得堡市、自治州和自治专区为另一方,就划分管辖对象和职权问题签署条约。1992 年 3 月 31 日,在克里姆林宫圣乔治大厅,俄罗斯联邦最高苏维埃主席哈斯布拉托夫和俄罗斯总统叶利钦代表俄罗斯联邦与联邦各主体的全权代表签署了《俄罗斯联邦的国家权力机关与组成俄罗斯联邦的共和国权力机关之间的管辖对象和职权的联邦条约》《俄罗斯联邦的国家权力机关与组成俄罗斯联邦的自治州和自治专区权力机关之间的管辖对象和职权的联邦条约》《俄罗斯联邦的国家权力机关与俄罗斯联邦的边疆区、州、莫斯科市和圣彼得堡市权力机关之间划分管辖对象和职权的联邦条约》三个条约(这三个条约统称为《联邦条约》)。① 同年 4 月 10 日,俄罗斯联邦第六次人民代表大会通过了《联邦条约》,并将其列入 4 月 21 日修订的 1978 年《苏俄宪法》文本中。

在起草俄罗斯联邦新宪法的过程中,联邦条约存在的问题——联邦中央与各主体之间、各主体相互之间在法律地位和权力范围的矛盾,成为激烈争论的焦点之一。1993 年 7 月 16 日公布的俄罗斯联邦立宪会议通过的宪法草案,把《联邦条约》全文载入宪法草案的第二部分,这实际上确认了俄罗斯联邦制度的宪法——条约基础和共和国的“主权国家”性质,突出了各主体平等的原则。1993 年 9—10 月叶利钦以强力解散了俄罗斯联邦人民代表大会和最高苏维埃,加强了总统对地方的控制力度,接着又命令制宪会议提出新的宪法草案,②从宪法中删掉了《联邦条约》的全部文本,取消了俄罗斯联邦的共和国是“主权国家”的规定。1993 年 12 月 12 日以全民投票③方式通过了《俄罗斯联邦宪法》,确定了俄罗斯的联邦制度。

---

① 车臣共和国和鞑靼斯坦共和国拒绝在《联邦条约》上签字。

② 1993 年《俄罗斯联邦宪法》先后有过 4 个正式宪法草案,以及“总统草案”和“议会草案”,本章第二节有详细叙述。

③ 1978 年《苏俄宪法》第 5 条规定:“国家生活中的重要问题提交全民讨论,并付诸全民投票,全民公决。”这是俄罗斯关于全民公决的最早的宪法依据。

第二节　宪法

苏俄共颁布过四部宪法：1918年《苏俄宪法》、1925年《苏俄宪法》、1937年《苏俄宪法》和1978年《苏俄宪法》。① 所有这些宪法都是沿着"建设社会主义""建成社会主义""建成发达的社会主义"这样一条发展轨迹向前推进的。1978年《苏俄宪法》是苏俄第九届最高苏维埃第七次非常会议于1978年4月12日通过生效的。苏联解体前后，俄罗斯联邦的政治制度及国家地位发生了剧烈变动，由于种种原因，俄罗斯未及时制定新的宪法，为了适应发生的变动，先后于1989年10月，1990年5月、6月、12月，1991年3月，1992年4月对1978年《苏俄宪法》进行了修改和补充。但是，这些修改和补充都未涉及根本的宪法原则，都未改变俄罗斯的政治基础——苏维埃制度。

一、1993年《俄罗斯联邦宪法》的制定经过及主要特点

(一)制定经过

苏俄第一次人民代表大会选举叶利钦为最高苏维埃主席。此后，以叶利钦为首的俄罗斯民主派开始执掌国家权力，立即进行制定新宪法的工作，力图以国家根本大法形式将民主派的胜利成果固定下来，改变苏俄的社会主义性质，建立"主权的、民主的、社会的和法制的国家"，改变国家经济制度的基础——生产资料社会主义所有制，代之以"自由的企业家活动"，改变议行合一的苏维埃国家权力、体制，建立西方式的总统制国家权力体制。

苏俄第一次人民代表大会选举成立了一个以鲁缅采夫(Румянцев)为首的宪法委员会，委托该议会宪法委员会起草新宪法，以解决实行"议会-总统共和制"还是"总统共和制"的问题。议会宪法委员会主张实行"议

① 除1918年《苏俄宪法》外，其余三部《苏俄宪法》是分别依据1924年《苏联宪法》、1936年《苏联宪法》和1977年《苏联宪法》制定的。

会-总统制”。1991年5月21—25日召开的苏俄第四次人民代表大会通过了《俄罗斯苏维埃联邦社会主义共和国总统选举法》和修改1978年《苏俄宪法》的修正案。1991年6月12日,在直接选举俄罗斯苏维埃联邦社会主义共和国总统的全民投票中,叶利钦当选为第一任总统,他随即辞去苏俄最高苏维埃主席(在1991年10月底召开的苏俄第五次人民代表大会上,改选哈斯布拉托夫为苏俄最高苏维埃主席)一职。在1992年4月召开的俄罗斯联邦第六次人民代表大会上,总统与议会的矛盾开始公开化。议会宪法委员会先后于1990年11月、1991年10月、1992年3月和1993年4月公布过四个《俄罗斯联邦宪法》草案,议会试图通过制定一部议会制宪法来限制总统的某些权力。与此相反,俄罗斯联邦总统叶利钦力图制定一部总统制共和国的宪法,以加强总统的权力。由于分歧较大,议会宪法委员会提出的四个宪法草案都没有通过。1993年4月初,在叶利钦指示下,成立了以苏联宪法委员会主席阿列克谢耶夫为首的宪法起草委员会。该委员会起草了一部“总统宪法草案”,它融合了议会宪法草案及当时出现的沙赫赖草案①和阿列克谢耶夫草案的许多内容。但是,“总统宪法草案”强调建立总统共和制。在1993年4月25日全民公决前一天,即4月24日,叶利钦发表电视讲话,公布了“总统宪法草案”。议会宪法委员会立即公布了自己的第四个“议会宪法草案”,这一草案的核心是建立议会制民主共和国,设置了一个有职无权的总统职位,而赋予议会广泛的权力。1993年5月12日召开的联邦主体苏维埃领导人会议就新宪法起草工作发表声明:宪法草案必须经过全民讨论并由俄罗斯联邦最高苏维埃和人民代表大会通过。

叶利钦总统和议会的权力斗争最终导致了莫斯科加加林广场的“流血冲突”(发生于1993年5月1日),时任俄罗斯联邦总统叶利钦以强力控制了政治局面,但是形势依然十分混乱。1993年6月3日在捍卫宪法制度和社会委员会的倡议下,一批人民代表和救国阵线、劳动俄罗斯,以及其他反对派政党和运动的支持者举行了全俄制宪会议,随后提出了由Ю. М. 斯洛博德②主持下起草的《俄罗斯苏维埃联邦社会主义共和国宪法》。与此同

---

① 谢尔盖·沙赫赖曾任叶利钦的法律顾问和俄罗斯联邦政府的副总理,受叶利钦的委托他起草了一部与议会宪法草案相对立的宪法草案。

② Ю. М. 斯洛博德当时是俄罗斯共产党人议会党团成员。

时,其他一些党派(如俄罗斯自由民主党)也提出了自己的新宪法草案。[①]面对严峻和扑朔迷离的形势,叶利钦于1993年5月20日发布总统令,决定于1993年6月5日召开制宪会议。由于各方意见相左,制宪会议延长至7月中旬才宣告闭幕,经过相互妥协和让步,制宪会议于1993年7月12日的第四次全体会议以434票对62票[②]通过了以"总统宪法草案"为基础形成的宪法草案,并决定进行全民讨论。[③]

以议会这一最高权力机关为一方和以叶利钦这一最高执行权力机关为另一方的双重政局的权力之争在1993年8月19日引发了冲突,以叶利钦为首的总统共和制派取得了最后的胜利。这一重大胜利为叶利钦制定新宪法和建立总统制共和国扫清了障碍。叶利钦对制宪会议起草的宪法草案又作了修改,并于1993年11月10日再次公布了经过最后修改并经制宪会议赞同的、俄罗斯联邦总统提交全民讨论的最新宪法草案。同年12月12日,俄罗斯举行了国家杜马选举,同时对最新的宪法草案进行全民投票。1993年12月20日,俄罗斯联邦中央选举委员会公布投票结果,宣布宪法草案全民公决有效,1993年《俄罗斯联邦宪法》通过并生效。1993年12月12日也成为"俄罗斯宪法日"。

(二)主要特点

1993年《俄罗斯联邦宪法》是俄罗斯走上新轨道,社会、政治、经济变化的全面总结,同时又为俄罗斯联邦的进一步变革提供了法律依据。1993年《俄罗斯联邦宪法》具有以下几个主要特点。

1. 明确了俄罗斯联邦的国家地位

苏联解体后,俄罗斯联邦成为苏联国际法意义上的继承国。1993年《俄罗斯联邦宪法》根据变化了的实际情况已不再使用"主权国家""在经过革新的苏维埃联盟中建立民主的法制国家"等词句了。1925年《苏俄宪法》、1937年《苏俄宪法》和1978年《苏俄宪法》中多次出现的"苏联""苏维埃国家"等词句也都消失不见了。1993年《俄罗斯联邦宪法》明确了俄

---

① 参见[俄]弗·沃·日里诺夫斯基:《俄罗斯的命运》,李惠生等译,新华出版社1995年版,第285-298页。

② 参加制宪会议的人数近600人,以哈斯布拉托夫为首的一些反对派成员没有出席此次会议。

③ 此宪法草案于1993年7月16日公布。

罗斯联邦的国家地位,俄罗斯又一次以国际法意义和地缘政治概念上的国家的身份出现在国际舞台上。

2. 规定了国家的社会、政治、经济制度

1993 年《俄罗斯联邦宪法》第 2 条规定“人及其权利与自由具有至高无上的价值”;第 13 条宣布“承认意识形态的多样性”“承认政治多元化和多党制”;第 8 条第 2 款宣布“平等地承认和保护私有制、国家所有制、地方所有制以及其他所有制形式”;第 9 条第 2 款确认“土地和其他自然资源可以以私人、国家、地方或其他所有制形式存在”。

3. 以西方式的“民主政治”作为宪法的基本原则

1993 年《俄罗斯联邦宪法》以所谓的人民主权、联邦制、共和制等作为宪法制度的基本原则。因此,1993 年《俄罗斯联邦宪法》取消了以工人阶级为主导力量的社会主义全民国家的提法,改而采用“主权在民”原则。其第 1 条第 1 款规定“俄罗斯联邦——俄罗斯是共和制的民主联邦制国家”,第 3 条第 1 款宣布“俄罗斯联邦的多民族人民是俄罗斯联邦主权的拥有者和权力的唯一源泉”。1993 年《俄罗斯联邦宪法》取消了“社会主义的生产资料所有制是国家经济制度基础”的提法,代之以“私有财产神圣不可侵犯”的原则,第 35 条第 1 款宣布“私有权享受法律保护”,第 2 款进一步宣布“每个人都有权拥有私有财产,有权单独或与他人共同掌管、使用和支配这些财产”。1993 年《俄罗斯联邦宪法》取消了议行合一的苏维埃制度和民主集中制原则,改而规定“分权与制衡原则”,确立国家的立法权、行政权、司法权各自分立而又相互牵制和协调的关系。“分权”原则在《国家主权宣言》第 13 条中首次获得了俄罗斯联邦的官方认可,①但处于过渡国家形态的俄罗斯,各权力之间的关系并未完全理顺,因此这部宪法性文件中“不包含对‘制衡’制度的参照,只是限制性地在第 10 条中简洁地指出将权力划分为立法权、执行权和司法权,总统代表着的执行机关依然处在最高地位,并凌驾于其他所有权力之上”②。可以说,这部法律文件依然保留着苏维埃国家的法制思维。《俄罗斯联邦宪法》延续了分权原则,取消了议行

① См:*Декларация о государственном суверенитете Российской Советской Федеративной Социальсти-ческой Республикиот* 12 *июня* 1990 *г.*

② Н. Д. Эриашвиль. *Судебная власть в российской федерации:тенденции и перспективы развития.* М. ,2016. с. 28.

合一的苏维埃制度和民主集中制原则，仿照西方政治体制的原则规定立法权、执行权和司法权三种相互独立的国家权力，分别由俄罗斯联邦总统、俄罗斯联邦的联邦议会、俄罗斯联邦政府和俄罗斯联邦法院行使，[①]同时建立"制衡"制度来实现权力平衡，主要表现为司法权对立法权和执行权相互制约。具体而言，司法权被赋予了对执行权和立法权的监督职能，但"这个职能对于司法审判职能而言是独立的——虽然二者紧密相关"[②]。可以说，不同权力分支之间相互影响必要性的论点补充了权力制约理论，其含义在于："如果一个权力分支缺乏履行自己职权的权能或能力，如果宪法对此予以规定且被协助的权力分支也不反对，其他权力就要以自己的方式对它给予协助。"[③]这既源于俄罗斯联邦国家权力的统一性，也源于国家政治的总体方向。《俄罗斯联邦宪法》确定的权力制约原则在俄罗斯联邦国家政治发展、法治建设过程中被较好地实践了，这种制度模式即便是在总统权力过大的情况下也没有被恶意打破，甚至在某种意义上，总统权力是对各权力分支的相互制约和平衡的保障。

俄罗斯联邦在分权原则之下形成了多种监督机制，主要包括俄罗斯联邦宪法法院的监督和议会监督，以及检察机关的监督，并在法治实践中不断推进和发展。一是俄罗斯联邦宪法法院对权力的监督。俄罗斯联邦宪法法院的权力监督作用不可忽视。俄罗斯联邦宪法法院合法合理地通过宪法监督解决权力机关之间产生的关于权限的纠纷，同时体现出对所有共和国权力机关系统的活动的良性影响。[④] 俄罗斯联邦宪法法院对权力的监督还体现在对国家权力机关运行权力过程中的违宪审查，这项职能在提高俄罗斯宪法权威和宪法司法化过程中也不断地推动法治发展。二是议会对权力的监督。《俄罗斯联邦宪法》赋予俄罗斯联邦议会以监督权，包括监督俄罗斯联邦政府的权力和弹劾俄罗斯联邦总统的权力，其中监督俄罗斯

---

① См：*Конституция Российской Федерации*（*сгимном России*）. М. ,2014. Статья 10,11.

② Н. Д. Эриашвиль. *Судебнаявластьвроссийскойфедерации*：*тенденцииииперспективыразвития*. М. ,2016. С. 27.

③ Енгибарян Р. В. *Конституционное развитие в современном мире. Основные тенденции*. М. ,2007. С. 242.

④ См：ОсипянБ. А. *Конституционно – судебное разрешение споровокомпетенции* // Российская юстиция. 2008. № 2.

联邦政府的权力“是指对政府的财政监督权、维护人权情况的监督权、质询权和举行议会听证会”①。在梅德韦杰夫(Дмитрий Анатольевич Медведев)任俄罗斯联邦总统期间,俄罗斯联邦议会通过了《关于国家杜马对政府监督职权的宪法修正案》,对《俄罗斯联邦政府法》相关条款也进行了修改,要求政府向国家杜马作年度工作报告,其中包括国家杜马直接规定的问题,这些报告还需要在《俄罗斯报》和《议会报》上公开发表。② 这加强了俄罗斯联邦议会对政府工作的监督力度,扩大了议会的监督职能。三是检察机关对权力的监督。俄罗斯检察机关在性质上是一种国家为保障其所创制的法律实施的特殊机关——“护法机关”,其首要职能在传统意义上依然被认为是检察监督,其中“检察监督活动非常广泛,需要按照其实现监督职能的法律关系做出区分,所有这些都可纳入检察监督的领域”③。在对权力监督方面,检察机关的监督职能体现在对执行法律的情况的监督,对保障人和公民权利和自由情况的监督,对侦查机关、预审机关执行法律情况的监督,对执行刑罚和其他强制措施的机关执行法律情况的监督,以及对司法警察执行法律情况的监督。可见,检察机关在各权力领域都具有监督权。近年来,检察机关的检察监督职能逐步强化。2014 年 2 月 5 日,俄罗斯联邦将《俄罗斯联邦宪法》第 7 章名称由“司法权”改为“司法权和检察机关”,同时明确了俄罗斯联邦副总检察长的宪法地位。《俄罗斯联邦宪法》从根本法层面确认了检察机关并非司法权机关,而是具有独立的宪法地位的特殊机关,极大地提高了俄罗斯联邦检察机关的独立性,同时通过赋予俄罗斯联邦副总检察长以宪法地位来提升检察机关在整个国家宪法制度中的地位。尽管没有扩大检察机关的职权,但有利于检察机关今后更顺利地履行检察监督职能。

4. 接受西方人权概念

1993 年《俄罗斯联邦宪法》序言中宣布“肯定人的权利和自由”作为普遍价值,并以专章“人和公民的权利与自由”的形式就“人和公民的权利与自由”问题作出了专门规定,充分体现了《俄罗斯联邦宪法》意欲宣扬和突

---

① 韩大元主编:《外国宪法》(第 4 版),中国人民大学出版社 2013 年版,第 143 页。

② См: *Федеральный закон Российской Федерациио “контрольных полномочиях Государственной Думы вотношении Правительства Российской Федерации”*.

③ Н. П. Кирилловой, Н. Г. Стойко. *Право охранительные органы*. М. ,2016. с. 227.

出的人权保障精神。《俄罗斯联邦宪法》第 17 条第 1 款宣布“依据公认的国际法原则和准则并按照本宪法,俄罗斯联邦承认保障人和公民的权利与自由”,第 2 款规定“人的基本权利与自由不可被剥夺并且每个人生来就具有”。从这些内容可以明显看出,1993 年《俄罗斯联邦宪法》接受了西方人权概念,遵循了西方“尊重尊严和基本权利”的原则。《俄罗斯联邦宪法》第 114 条第 1 款规定,俄罗斯联邦政府有权“采取措施以保障法制,保障公民的权利和自由”。此外,执行机关还可以通过行政救济手段来保障人权。2006 年 5 月 2 日,俄罗斯联邦通过《审理俄罗斯联邦公民请愿程序法》,确立了联邦公民的申诉制度,这更加体现出了对权力的制约和对公民权利的保障,充分显示出了该法的“权利救济”特征。在司法保障层面,《俄罗斯联邦宪法》第 18 条规定:“人和公民的权利与自由是直接有效的,它们决定着法律的目的、内容和适用,决定着立法权、执行权以及地方自治的活动,并受到司法的保障。”

5. 是以最低极限票数通过的一部宪法

俄罗斯联邦的登记选民总数约为 1. 06 亿,然而 1993 年 12 月 12 日参加《俄罗斯联邦宪法》全民公决的人数只占登记选民的 54. 37%,最后获得赞成票数为 32,937,630 票,占比为 58. 43%,赞成新宪法的选民数只占登记选民总数的 31%,因此 1993 年《俄罗斯联邦宪法》是以“从未有过的最低法定人数”“几乎是可以允许的最低极限票数”获得通过的。①

1993 年《俄罗斯联邦宪法》已经完全不同于此前所有的苏联宪法和苏俄宪法,它已彻底放弃了“社会主义”及其立法原则,采用西方的“民主政治”“主权在民”等宪法基本原则。

二、1993 年《俄罗斯联邦宪法》的主要内容

1993 年《俄罗斯联邦宪法》共有两部分,第一部分是正文,包括 9 章 137 条,第二部分是结论性和过渡性条款,共 9 项。

(一)国家结构

1993 年《俄罗斯联邦宪法》明文规定俄罗斯是一个联邦制国家,确定

---

①　参见[俄]B. H. 阿夫托诺莫夫、[俄]A. C. 阿尼西莫夫:《俄罗斯:政党、选举、政权》,新闻出版社 1996 年俄文版。

了俄罗斯联邦制度的原则、结构形式、联邦中央与各主体的政治法律关系,明确划分了联邦中央和各主体的管辖对象和职权。

俄罗斯联邦共有 89 个联邦主体,按照 1992 年《联邦条约》和 1993 年《俄罗斯联邦宪法》的规定,这些主体可以区分为三类:第一类共和国是组成俄罗斯联邦的民族国家,共 21 个。第二类边疆区、州和联邦直接管辖的市是组成俄罗斯联邦的地区——国家构成体,共 6 个边疆区、49 个州、2 个直接管辖市(莫斯科市和圣彼得堡市)。第三类自治州和自治专区是组成俄罗斯联邦的民族——国家构成体,共 1 个犹太自治州、10 个自治专区。由此可见,俄罗斯联邦有自己的特点,不同于世界上其他近 30 个联邦制国家按照地区特征建立的联邦,俄罗斯联邦是按照民族——地区特征建立的混合型联邦。

1993 年《俄罗斯联邦宪法》明确宣布俄罗斯联邦是一个主权国家,设有对整个联邦的国家权力机关。俄罗斯联邦总统是俄罗斯联邦的国家元首,由联邦委员会(上院)和国家杜马(下院)组成的联邦议会,是俄罗斯联邦的代表和立法机关,俄罗斯联邦政府行使联邦的执行权,俄罗斯联邦宪法法院、俄罗斯联邦最高法院、俄罗斯联邦最高仲裁法院和俄罗斯联邦检察院为司法机关,行使司法权。上述俄罗斯联邦立法、国家元首、行政机关和司法机关的体系结构和活动程序都充分说明了俄罗斯联邦拥有完整国家主权和联邦中央国家机关。各联邦主体虽然形成了相互独立的政治实体,但不是主权国家,只有俄罗斯联邦才是统一的主权国家,是这些政治实体通过联邦形式联合成的主权国家。

根据 1993 年《俄罗斯联邦宪法》和《联邦条约》的规定,俄罗斯联邦各主体可以建立自己的代表机关、执行机关和司法机关,在自己的管辖范围内颁布法律和法规,有权参与解决联邦管辖的问题,有权选举代表参加联邦委员会和国家杜马。联邦中央与各主体之间在管辖范围和职权范围方面实行分权原则。《俄罗斯联邦宪法》和《联邦条约》赋予联邦的专有权限为:(1)解决跨联邦主体的事务。联邦有权通过和修改联邦宪法和法律并监督其执行情况。联邦有权处理联邦国家权力机关和联邦主体国家权力机关发生的纠纷、联邦主体最高权力机关之间的纠纷,联邦有权决定俄罗斯联邦国籍、国家奖励和荣誉称号及赦免等方面的事务。(2)处理与国家对外职能相关的事务,如联邦对外政策,签署国际条约,战争与和平问题,防务和安全问题,国防生产问题,确定和保护联邦的领土、领海、领空等。(3)领导国家的经济、文化和社会等方面的建设。(4)主持国家的法制建设。

《俄罗斯联邦宪法》和《联邦条约》规定属于联邦和联邦主体共有的权限为:(1)决定国家财产的划分,对土地、矿藏、水资源及其他资源的拥有、使用和支配;(2)确定共同纳税和收费的一般原则;(3)处理教育、科学文化、体育和培训等方面的一般性问题;(4)协调医疗卫生问题;(5)保护家庭、母亲、父亲和子女;(6)加强社会保障;(7)保证各主体共和国的宪法和法律,各主体边疆区、州、联邦直辖市、自治州、自治专区的章程和法律及其他规范性法律文件要符合联邦宪法和法律;(8)依法保护公众的权利和自由;(9)保障社会安全、法律秩序、法制以及边界地区的社会秩序;(10)保护少数民族的权利;(11)负责行政、行政诉讼、劳动、家庭、住宅、土地和水资源、环境保护等方面的立法;(12)确立律师、公证制度。

俄罗斯联邦实行统一的国籍,俄语为国家语言。各个共和国可以保留自己的国籍(同时也拥有俄罗斯联邦国籍),有权规定自己的国家语言(与俄语同时使用)。

综合上述内容可以看出,俄罗斯联邦是按照各主体平等、联邦中央与各主体分权的原则建立的,可以明显看出与过去的联盟、联邦有显著的不同,表明俄罗斯联邦力图既避免联邦中央高度集权,又防止民族分裂的倾向。

俄罗斯联邦的联邦制国家结构有两个明显的特点:(1)联邦构成主体呈现多极化。俄罗斯联邦制结构是民族自治单位和区域性单位的结合,共有32个民族自治的共和国、自治州、自治专区和57个区域性边疆区、州和直辖市。由此可见,俄罗斯的联邦制既不同于美国和联邦德国主体均为州一级的平等主体,各州都有自己的宪法和议会,也不同于前南斯拉夫联邦的共和国和自治省两级主体,而且自治省作为联邦主体只有两个并且有法定的附加条件。俄罗斯的89个联邦主体在形式上是平等的,实际上有很大的差异;可以说民族自治单位特别是共和国的权力大于区域性主体单位的权力。(2)联邦实行高度的中央集权,但是也不排除地方自治。《俄罗斯联邦宪法》规定,联邦宪法和法律是所有联邦主体都必须遵守的,在联邦全部领土范围内具有最高法律效力。联邦国家权力机关的管辖范围相当广泛,权力也相当大。但是,《俄罗斯联邦宪法》又承认并且保障地方自治制度,地方自治机关在其职权范围内是独立的。

(二)总统制

1. 总统制的确立

在1990年3月苏联设立总统之后,苏俄开始把建立总统制的问题提上议事日程。1990年6月12日,俄罗斯联邦第一次人民代表大会通过《国家主权宣言》,提出把立法权、行政权和司法权分立作为法制建设的最重要原则。在1991年3月17日举行的关于总统制的全民投票中,[①]俄罗斯联邦参加投票的选民中有69.85%投了赞成票。据此,1991年5月24日,苏俄第四次人民代表大会审议通过了《俄罗斯苏维埃联邦社会主义共和国总统选举法》,同时对1978年《苏俄宪法》作了修改和补充。1991年6月12日,俄罗斯联邦举行了总统大选,叶利钦以57.3%的选票当选为俄罗斯联邦社会主义共和国第一任总统。总统职位的设立改变了苏俄长期实行的立法与执行权力相统一的苏维埃体制。但是,还不能说苏俄确立了总统制共和国的政体,根据1991年5月对1978年《苏俄宪法》的修改的规定,苏俄总统只是执行权力的首脑,人民代表大会才是联邦的最高权力机关,最高苏维埃作为它的机关,是常设的立法、发布命令和监督机关。在职权上,人民代表大会有权审议和解决属于苏俄管辖的任何问题,确定苏俄的内外政策、批准联邦部长会议主席的任命。苏俄总统必须每年不少于一次向人民代表大会提交关于执行人民代表大会和最高苏维埃通过的社会经济和其他问题纲领的报告,提出国情咨文。人民代表大会有权罢免总统、撤销总统的命令,而苏俄总统没有解散人民代表大会和最高苏维埃或停止它们活动的权力。由此可见,人民代表大会居于总统之上。

苏联解体后,俄罗斯在实行"议会—总统制"还是"总统制"的问题上陷入了深刻的政治和宪法危机。议会试图通过制定一部议会制宪法来限制总统的权力。与此相反,俄罗斯联邦总统叶利钦力图制定一部总统制宪法来加强总统的权力。为了排除障碍通过新的总统制宪法草案,叶利钦于1993年9月21日宣布解散俄罗斯联邦人民代表大会和最高苏维埃,命令

---

① 这是俄罗斯联邦利用苏联举行关于维护联盟问题的全民公决的机会,同时举行了关于总统制的全民投票。

于1993年12月12日举行国家杜马选举并对新的总统制宪法草案进行全民投票,结果叶利钦大获全胜。1993年《俄罗斯联邦宪法》获得通过,正式确立了俄罗斯联邦的总统共和制政体。1995年5月,俄罗斯联邦议会通过了《俄罗斯联邦总统选举法》,规定了俄罗斯联邦总统选举的组织、程序和方法。

2. 总统的选举、任期及罢免

1995年《俄罗斯联邦总统选举法》规定,总统由俄罗斯联邦人民以秘密投票方式直接选举产生,选举日由俄罗斯联邦议会上院联邦委员会确定(必须在时任总统任期届满后的第1个星期日)。凡是年龄在35岁以上、常住俄罗斯联邦10年以上的俄罗斯联邦公民都享有被选举权。总统候选人由政党、政党联盟和选民倡议团体提名,但是每个选举组织或选举联盟只可以提名1名总统候选人(还需征求不少于100万名选民的签名)。总统候选人自登记日起至选举日前一天,有权利用广播、电视和其他各种形式进行竞选活动。总统候选人可以建立自己的选举基金作为竞选的费用。俄罗斯联邦总统的选举按照统一的联邦选区进行,选票由各级选举委员会中具有表决权的成员进行统计。俄罗斯联邦中央选举委员会自选举日起不迟于15天确定总统选举结果。凡是获得超过半数选票(以参加投票的选民数为基准)的总统候选人被认定为当选。如果有两名以上总统候选人,又没有一人当选时,将对得票最多的两名候选人进行第二轮总统选举的投票,在第二轮投票中获得多数票的候选人被认定为当选。如果总统选举被认定为无效或者在第一轮和第二轮投票中没有候选人当选,俄罗斯联邦议会的联邦委员会应确定重新选举总统(应当在初次选举日后的4个月内进行)。

当选总统在选举结果公布日起的第30天就任总统职位,届时应当在俄罗斯联邦议会两院议员和俄罗斯联邦宪法法院法官在场的情况下,举行隆重的宣誓就职仪式。总统行使权力从其宣誓时起至任职期满和新当选总统宣誓时停止。根据1993年制定《俄罗斯联邦宪法》时的规定,俄罗斯联邦总统每届任期4年,连任不得超过两届。在俄罗斯联邦总统因健康原因无法行使自己的权力时,或总统辞职及被解除职务时,总统权力由俄罗斯联邦政府总理代为行使。在这种情况下,必须在总统权力提前停止行使后的3个月内举行总统选举。

1993年《俄罗斯联邦宪法》规定俄罗斯联邦议会可以罢免总统,并且对此规定了严格的法律程序。国家杜马有权对总统的叛国罪或其他严重罪行提出指控,然后由联邦委员会作出罢免总统职务的决定。但是,国家杜马对总统的指控必须获得俄罗斯联邦最高法院关于总统确实犯有罪行的结论和俄罗斯联邦宪法法院关于符合指控程序的结论。对总统的指控在国家杜马应有1/3以上议员的提议,并经为此成立的国家杜马专门委员会作出结论(此时需要国家杜马议员总数的2/3以上票数通过)。联邦委员会也必须以议员总数的2/3多数票通过关于罢免总统的决定。如果在国家杜马提出对总统指控的3个月内,联邦委员会没有通过罢免总统的决定,就认定国家杜马对总统的指控被否决。1993年《俄罗斯联邦宪法》关于联邦议会罢免总统的规定,体现了权力制约原则。

3. 总统的职权

1993年《俄罗斯联邦宪法》有"俄罗斯联邦总统"专章,并且排列在"联邦议会""联邦政府"等各章之前,明文规定"俄罗斯联邦总统是国家元首",赋予俄罗斯联邦总统以执行权力首脑无法行使的宪法权力。按照《俄罗斯联邦宪法》规定,总统是俄罗斯联邦宪法、人与公民权利和自由的保证人,保护俄罗斯联邦国家主权、独立和领土完整,保证国家权力机关协调地发挥职能,确定国家对内、对外政策的基本方向,是国家人格化代表,在国内和国际关系中代表俄罗斯联邦。

俄罗斯联邦总统拥有组成国家机构的权力。在取得国家杜马的同意之后,总统有权任命俄罗斯联邦政府总理。根据总理的建议,总统有权直接任免政府副总理和联邦部长,并且无须征求议会的意见。总统还有权作出政府辞职的决定,有权批准政府机关的结构。总统可以提出俄罗斯联邦中央银行行长人选,由国家杜马任命。

总统有权向联邦委员会提出俄罗斯联邦宪法法院法官、俄罗斯联邦最高法院法官、俄罗斯联邦最高仲裁法院法官和俄罗斯联邦总检察长的人选,由联邦委员会任命。由此可见,俄罗斯联邦政府(总理)和司法机关人员的任命,是按"分权与制衡"原则来实现的。俄罗斯联邦总统还有权确定国家杜马的选举,在宪法规定的情况下,有权解散国家杜马。

按照宪法规定,俄罗斯联邦政府行使执行权,由总理组织政府的工作。但是,俄罗斯联邦总统不仅有权决定政府的组成人员和主持政府会议,还有权撤销同宪法、联邦法律及总统命令相抵触的政府决定和命令。列入联邦执行权力机构的一些联邦机关直接隶属于总统，诸如国防部、外交部、内务部、对外情报局、联邦反间谍局、保卫总局、联邦政府通讯社、国家档案局、联邦广播电视局、联邦边防局，都是受联邦政府和总统的双重领导。这些关键的部门实际上直接掌握在总统手中。由此可见，俄罗斯联邦总统对联邦执行权力机关有极大的控制权。

俄罗斯联邦总统在外交方面拥有广泛职权，他确定国家对外政策的基本方针，对外代表国家进行外交谈判，签署国际条约，接受外国派遣的外交代表，任命和召回俄罗斯联邦驻外国和国际组织的外交代表。

俄罗斯联邦总统是联邦武装军事力量的最高统帅，有权任免武装力量的最高指挥人员，批准军事理论，组成并领导联邦安全会议和国防会议。在俄罗斯联邦遭受侵略或直接侵略威胁时，总统有权宣布实行战时状态。依据国内形势和有关宪法性法律的规定，总统有权宣布实行紧急状态。

1993 年《俄罗斯联邦宪法》还赋予俄罗斯联邦总统立法方面的职权。俄罗斯联邦议会通过的法律必须由总统签署和公布之后方能生效，总统对这些法律拥有拖延否决权。总统还拥有立法倡议权，可以提出修改或重新审议《俄罗斯联邦宪法》条文的建议，可以向国家杜马提出法律草案，可以向俄罗斯联邦宪法法院提出解释宪法的要求，以及法律、法令是否符合宪法规定的咨询。《俄罗斯联邦宪法》还规定，俄罗斯联邦总统公布的命令具有法律效力，在全联邦必须执行。总统还有权就俄罗斯联邦国籍、政治避难和大赦作出决定。

综上，可以看出，1993 年《俄罗斯联邦宪法》赋予俄罗斯联邦总统以极其广泛和强有力的职权。

4. 俄罗斯联邦总统制的特点

同美国等一些国家典型的总统制相比较，俄罗斯联邦的总统制还保留着议会制的一些形式。俄罗斯联邦总统不兼任政府首脑，另外设有政府总理。虽然政府总理人选由总统任命，但是必须征得国家杜马的同意，联邦政府不仅向总统负责，还要向议会负责，而且国家杜马有权对政府提出不信任案。虽然总统任命政府总理要取得国家杜马的同意，但是总统拥有最终的决定权。1993 年《俄罗斯联邦宪法》第 111 条第 4 款规定，在国家杜马连续 3 次否决总统提出的总理人选之后，俄罗斯联邦总统有权任命总理，同时解散国家杜马,确定新的选举。第 177 条第 3 款规定,国家杜马有权对联邦政府表示不信任,但是总统有权宣布不同意国家杜马的决定。如果国家杜马在 3 个月内再次对政府表示不信任,总统可以宣布政府辞职或者解散国家杜马。因此,俄罗斯联邦的总统制类似于法国的半总统制,但是俄罗斯联邦总统比法国总统拥有更大的权力:(1)俄罗斯联邦总统可以确定内外政策,在法国这是属于议会的权力,由议会通过纲领性法律来确定国家经济和社会的发展目标。(2)法国议会对政府不信任案获得通过后,法国总理必须向总统提出政府辞职。俄罗斯联邦总统有权否定国家杜马对联邦政府的不信任案,甚至有权保留政府而解散国家杜马。(3)法国总统签署经政府审议的法令、命令时必须由政府总理或有关部长副署。1993 年《俄罗斯联邦宪法》没有关于总统法令的副署规定。(4)法国总统在作出全民公决的决定之前必须有政府或议会的提议,俄罗斯联邦总统作出全民公决的命令时没有这种附带条件。实际上,可以进一步说,俄罗斯联邦总统的一些权力已超过了美国总统的权力,因为美国总统没有解散议会和宣布全民公决的权力。

俄罗斯联邦的总统制既不同于美国的典型总统制,也不同于法国的半总统制,是一种适合俄罗斯联邦的混合型总统制。俄罗斯联邦没有设立副总统职位,①在总统空缺的情况下,总理依法临时代理行使总统的职责,但不得继任总统职位。总理代行总统职权时还受到宪法规定的一些限制,如无权同总统一样作出解散国家杜马和全民公决的决定,也无权提出修改和重新审议宪法条款的建议。俄罗斯联邦总统为实现自己的职权,还设立了直接隶属于总统的一些机构,如总统办公厅、俄罗斯联邦安全会议和国防会议等常设机构。它们不属于立法、执行和司法三大权力体系中的任何一个机构,是垂直隶属于总统的咨询、决策、组织和协调机构。

(三)联邦立法机关

1993 年《俄罗斯联邦宪法》第 94 条规定:“俄罗斯联邦议会是俄罗斯

① 按照 1991 年 5 月俄罗斯联邦第四次人民代表大会通过的《俄罗斯苏维埃联邦社会主义共和国总统选举法》和对 1978 年《苏俄宪法》的修改,俄罗斯联邦同时设有总统、副总统和总理职位。在 1991 年 6 月俄罗斯联邦总统的选举中,鲁茨科伊当选为副总统,后来鲁茨科伊公开批评政府的市场经济改革和“休克疗法”,成为叶利钦的反对派。这件事是促使叶利钦决定不设副总统职位的原因之一。

的代表和立法机关。”第 95 条第 1 款规定：“俄罗斯联邦议会由联邦委员会和国家杜马两院组成。”

1. 联邦委员会

联邦委员会最初是作为一个协商会议机构而出现的，是在 1993 年 8 月于彼得罗扎沃茨克举行的俄罗斯各共和国和跨地区协会领导人会议上，由一些联邦主体的代表建议设立的。1993 年《俄罗斯联邦宪法》将联邦委员会规定为联邦会议的“上院”。联邦委员会共有 178 个席位，其成员由俄罗斯联邦每个主体各派一名国家代表权力机关代表和一名国家执行权力机关代表组成，从上述成员中选举产生联邦委员会主席和副主席。依据 1993 年《俄罗斯联邦宪法》第 102 条第 1 款的规定，联邦委员会的职权为：(1)批准俄罗斯联邦主体间边界的变更；(2)批准俄罗斯联邦总统关于实行战时状态的命令；(3)批准俄罗斯联邦总统关于实行紧急状态的命令；(4)决定能否在俄罗斯联邦境外动用俄罗斯联邦武装力量的问题；(5)确定俄罗斯联邦总统的选举；(6)罢免俄罗斯联邦总统的职务；(7)任命俄罗斯联邦宪法法院法官、俄罗斯联邦最高法院法官和俄罗斯联邦最高仲裁法院的法官；(8)任免俄罗斯联邦总检察长；(9)任免审计院副主席及其半数检查员。从上述联邦委员会的职权可以认定，联邦委员会是一个常设的职能机关，而不是一个实权机构，因为它的主要职责是“批准”。《俄罗斯联邦宪法》第 93 条第 1 款明确规定了联邦委员会罢免总统的前提条件，即“联邦委员会只有根据国家杜马提出的由俄罗斯联邦最高法院关于俄罗斯总统的行为中有犯罪迹象的结论书及俄罗斯联邦宪法法院关于提出的指控符合规定程序的结论裁定所证实的对总统叛国或犯有其他重罪的指控，才能罢免俄罗斯联邦总统”。联邦委员会对法院法官的任命及对总检察长的任免均必须根据总统的提名。

1993 年《俄罗斯联邦宪法》第 102 条第 2 款、第 3 款对联邦委员会的议事规则作出了规定：“联邦委员会就俄罗斯联邦宪法规定由其管辖的问题通过决议。”“如果俄罗斯联邦宪法未规定其他通过决议的程序，联邦委员会的决议以联邦委员会成员总数的多数票通过。”

2. 国家杜马

1993 年《俄罗斯联邦宪法》将国家杜马规定为联邦会议的重要组成部分。俄罗斯联邦国家杜马由 450 名代表组成，其中 225 名代表由全联邦

225 个大选区根据多数制原则各产生 1 名,另外 225 名按比例原则产生,即由各参选政党按照得票多少分配席位,但是得票率在 5%以下的参选政党没有资格获得国家杜马的席位。按照《俄罗斯联邦宪法》规定,国家杜马每 4 年选举 1 次,凡年满 21 岁并且拥有选举权和被选举权的俄罗斯联邦的公民都可以当选为国家杜马代表。国家杜马代表为专职常任工作,因此,国家杜马代表不得兼任联邦委员会代表,不得兼任国家其他代表权力机关和地方自治机关的代表,不得在任何国家机关里担任公职,不得从事任何其他有报酬活动。

1993 年《俄罗斯联邦宪法》第 103 条第 1 款规定了国家杜马的管辖范围:(1)同意俄罗斯联邦总统对俄罗斯联邦政府总理的任命;(2)决定对俄罗斯联邦总统的信任问题;(3)任免俄罗斯联邦中央银行行长;(4)任免审计院主席及其半数检查员;(5)任免按联邦宪法法律行事的人权全权代表;(6)宣布大赦;(7)提出罢免俄罗斯联邦总统的指控。相对于联邦委员会的"批准"权限,国家杜马有了一定的决定权。俄罗斯联邦总统必须经过国家杜马同意后,才能任命俄罗斯联邦政府总理。国家杜马有权决定对俄罗斯联邦总统的信任问题,有权提出罢免俄罗斯总统的指控。

1993 年《俄罗斯联邦宪法》就解散国家杜马问题作出了明确规定,即前文提及的第 111 条第 4 款和第 117 条第 3 款的规定。与此同时,1993 年《俄罗斯联邦宪法》还规定了对解散国家杜马的限制:(1)重新选举的国家杜马在选出 1 年内不能被解散(第 109 条第 3 款);(2)国家杜马从其对俄罗斯联邦总统提出指控之时起到联邦委员会作出相应的决定前不得被解散(第 109 条第 4 款);(3)在联邦全境内实行战时状态或紧急状态时期以及联邦总统任期届满前的 6 个月内,国家杜马不得被解散(第 109 条第 5 款)。

就宪法规定而言,国家杜马掌握着联邦会议的实权。俄罗斯联邦的法律由国家杜马通过,但是有关联邦预算、联邦税收和收费、金融、外汇、信贷、关税调节、货币发行、批准和废除俄罗斯联邦签署的国际条约、俄罗斯联邦国家边界的状态与保卫、战争与和平等问题的联邦法律性文件须先经联邦委员会审议。在一般情况下,国家杜马可采用多数票同意通过联邦法律,通过后,国家杜马须在 5 日之内将该项法律转交给联邦委员会审议,联邦委员会有半数以上的成员投票赞成的,该项法律即获通过,如果联邦委员会在接到国家杜马转交的法律后,在 14 日内没有审议,该项法律即获自动通过。联邦委员会否决国家杜马通过的法律时,两者应建立调解委员会讨论消除分歧,随后国家杜马应再次复审。如果国家杜马不同意联邦委员会的意见并且再次以 2/3 赞成票通过,则该项联邦法律也获通过。

联邦总统任命政府总理,必须获得国家杜马的同意。国家杜马 3 次否决总理人选时,联邦总统或者更换总理候选人,或者解散国家杜马并确定重新进行选举。

根据 1993 年《俄罗斯联邦宪法》的规定,联邦委员会有权罢免联邦总统的职务,但其前提是必须依据国家杜马提出的罢免总统的指控。国家杜马提出罢免总统的指控必须有不少于总数 1/3 的代表提议,随后成立专门委员会进行讨论作出结论,最后须经国家杜马超过代表总数 2/3 的赞成票才获通过。联邦委员会罢免总统的决定同样需要超过代表总数 2/3 的赞成票。

(四)联邦政府

1993 年《俄罗斯联邦宪法》以联邦政府取代原来的联邦部长会议。联邦政府是对总统负责的最高权力机关的执行机关,是俄罗斯联邦最高的行政机关,担负着全联邦政治、经济、军事、外交和社会等领域的管理重任。联邦政府的职能为:(1)实施保障国家防御、国家安全和贯彻国家对外政策的措施;(2)维护国家主权和领土完整;(3)保障公共安全;(4)制定并向国家杜马提出联邦财政预算并且确保其执行;(5)向国家杜马报告联邦财政预算的执行情况;(6)确保在全联邦内实行统一的金融、信贷和货币政策;(7)管理联邦财产;(8)强化对经济的宏观调控;(9)贯彻执行联邦在文化教育、科学技术、卫生、社会保障,以及生态领域实行统一的国家政策;(10)保障法制的实施、公民的权利与自由;(11)贯彻、执行保护公共和私人财产、维护社会秩序以及同各种犯罪现象进行斗争的一切措施;(12)履行联邦宪法和联邦法律;(13)履行联邦总统赋予的其他职权。

联邦政府的组成人员有:联邦政府总理、第一副总理、副总理以及各部部长。根据 1993 年《俄罗斯联邦宪法》的规定,联邦政府总理人选由联邦总统提名并任命,但提名后须获得国家杜马的同意。联邦政府除了总理以外的其他成员,由总理提名、总统批准和任命。但是,俄罗斯联邦外交部不属联邦政府管辖,而直接归属联邦总统的领导,因此,外交部部长和副部长的任命、解职都由联邦总统作出。

联邦政府对总统负责,接受总统的领导,并向其汇报工作。联邦政府下设的各部是政府的中央行政管理机关,中央各部在总理的统一指导和协调下开展工作,但是,外交、国防等部由总统直接参与领导。俄罗斯联邦政府共有 21 个部、17 个委员会、20 个局,具体组成如下:

总理 1 人,第一副总理 2 人,副总理 6 人。

21 个部:外交部,内务部,财政部,国防部,紧急情况部,司法部,工业与贸易部,经济发展部,卫生部,劳动和社会保障部,教育与科学部,交通运输部,建筑工业、住房与公共事业部,自然资源与环境保护部,能源部,文化部,体育部,通信与大众传媒部,农业部,远东发展部,北高加索事务部。

17 个委员会:国家国有财产管理委员会,国家反垄断委员会,国家北方开发问题委员会,国家最高鉴定委员会,国家国有储备委员会,国家青年事务委员会,国家住房和建设政策委员会,国家土地资源和土地规划委员会,国家电影委员会,国家扶持和发展小企业委员会,国家环保委员会,国家出版委员会,国家通讯和信息委员会,国家标准化、度量衡和证书委员会,国家海关委员会,国家统计委员会,国家体育和旅游委员会。

20 个局:联邦航空局、联邦档案局、对外情报局、联邦测绘和制图局、联邦水文气象和环境监测局、联邦破产和金融整顿事务局、联邦矿业和工业监察局、联邦铁道兵局、联邦林业局、联邦安全局、联邦移民局、联邦税务局、联邦税务警察局、联邦保障酒精类制品国家专卖局、联邦警卫局、联邦边防局、联邦通讯领域自然垄断协调局、联邦运输自然垄断协调局、联邦广播电视局、联邦核能和放射安全监察局。

(五)地方权力机构

根据《俄罗斯联邦宪法》和有关组织国家代表权力机关和执行权力机关的一般原则,各联邦主体有权独立地确定自己的权力机关系统。

1. 联邦主体杜马

各联邦主体的代表权力机关是联邦各共和国、各边疆区、州、直辖市、自治州及自治区的杜马,即联邦主体杜马。各联邦主体杜马(圣彼得堡是唯一的例外,没有设杜马,而是设立大会)实行一院制,设有各种委员会及工作小组。联邦主体杜马每届任期 2 年,主要权限为:(1)可以用法律文件形式批准联邦主体预算及其执行情况的报告;(2)通过关于组织联邦主体预算外基金和外汇基金的决议并听取上述基金使用情况的报告;(3)以法律文件的形式规定本联邦主体范围内的土地及其他自然资源的使用程序、自然界和文化遗产的保护程序、联邦主体财产私有化的程序;(4)规定联邦主体税费征收的程序;(5)联邦主体杜马有权向联邦议会提出立法议案;(6)有权监督联邦主体法律的执行情况;(7)有权对联邦主体行政机关提出不信任议案;(8)有权就联邦法律、联邦总统、联邦委员会、国家杜马和联邦政府的法律文件以及联邦的国际性公约等是否符合《俄罗斯联邦宪法》,向联邦宪法法院提出询问。

2. 联邦主体行政机关

联邦主体行政机关也称联邦主体政府,是联邦主体的执行权力机关,包括政府、行政首脑、部门性和区域性的管理机关及行政首脑组建的其他机构。联邦主体政府实行首长负责和集体领导相结合的原则。根据联邦宪法和法律及联邦主体代表权力机关通过的决定,根据联邦总统和政府以及联邦主体行政首脑颁布的法律性文件,联邦主体政府行使自己的行政权力,解决属于本联邦主体权限内的一切管理问题,以保证本联邦主体经济和社会的发展,保障和维护公民的合法权益。为实现上述任务,联邦主体政府可以通过相应的决议,公布命令,并检查这些决议和命令的执行情况。

联邦主体政府的首脑可以出席联邦主体杜马的会议并有发言权,可以提出决议草案或对决议草案提出异议。同样,联邦主体杜马代表也有权出席联邦主体政府的会议并有发言权,可以提出决议草案或对决议草案提出异议。联邦主体政府首脑每年必须向联邦主体杜马报告自己和政府的工作情况。联邦主体政府和首脑发布的命令或决议必须事先送交联邦主体杜马,后者有权提出修改甚至废除上述文件。同样,联邦主体杜马通过的法律性文件也必须送交联邦主体行政首脑签署。联邦主体杜马和联邦主体政府首脑之间发生职权方面和其他方面的纠纷时,应按对等原则组织协商委员会在2个月内解决。若是协商委员会在上述期间内解决不了纠纷,应当提交联邦主体法院和仲裁法院解决。

3. 地方自治机关

根据1993年《俄罗斯联邦分阶段宪法改革时期地方自治组织原则条例》的规定,各联邦主体的市(区)、市辖区、市、镇和村居民点居住的居民,实行地方自治。

居民在5000人以下(或选民人数在1000人以下)的市、镇、村居民点,地方自治主要是通过经选民选举产生的地方自治长官(市长、镇长、村长)具体负责,不设专门的地方自治代表机关,也不设地方自治长官下属的工作机构。地方自治长官任期2年,可以连选连任。

居民在5000—50,000人(或选民人数在1000人以上)的市、镇、村居民点,主要通过代表机关、地方自治长官和地方公决等直接民主形式来实行地方自治。由选民选举产生的代表大会和地方自治长官(市长、镇长、村长)组成地方自治机关。代表大会会议由地方自治长官召集,会议通过的决议也由地方自治长官签署。

居民在50,000人以上(或选民人数在10,000人以上)的区级市,地方自治主要通过由选民选举产生的代表大会和地方自治长官(市长)来实施。地方自治长官也可以由联邦主体行政首脑任命。

《俄罗斯联邦宪法》《俄罗斯联邦分阶段宪法改革时期地方自治组织原则条例》《莫斯科州地方国家管理和地方自治临时条例》对地方自治机关和中央国家权力机关之间的关系作出了明确规定:(1)地方自治机关的主要任务是,组织执行联邦宪法和联邦法律、联邦总统命令、联邦政府决议及联邦主体的各种法律文件;(2)根据联邦法律的规定,地方自治机关可以拥有部分国家权限,可以获得行使部分权限的物资和财政资金,同时应受到联邦主体国家权力机关的监督;(3)联邦和联邦主体国家权力机关无权限制联邦宪法和联邦主体立法文件所规定的地方自治权利,但是,有权对地方自治机关执行联邦宪法和法律、联邦主体立法文件、地方自治章程的情况进行监督;(4)联邦国家机关要给予地方自治机关司法保护权;(5)联邦主体代表权力机关和执行权力机关应当建立地方自治机关联合会,以有利于听取地方自治机关的意见。

三、1993年《俄罗斯联邦宪法》的修改

1993年《俄罗斯联邦宪法》颁布实施以来,截至2023年年底,俄罗斯已对其进行多次修改,具体包括1996年1月9日第20号俄罗斯联邦总统令,1996年2月10日第173号俄罗斯联邦总统令,2001年6月9日第679号俄罗斯联邦总统令,2003年7月25日第841号俄罗斯联邦总统令,2004年3月25日第1号联邦宪法法律,2005年10月14日第6号联邦宪法法律,

2006年7月12日第2号联邦宪法法律,2006年12月30日第6号联邦宪法法律,2007年7月21日第5号联邦宪法法律,2014年3月21日第6号联邦宪法法律,2019年3月27日第130号俄罗斯联邦总统令,2022年10月4日第5号、第6号、第7号、第8号联邦宪法法律。但是,宪法的基本框架与核心内容保持不变。在宪法修改中,大部分是对第3章"联邦体制"下第65条的微调,即联邦主体的名称变化。例如,1996年1月9日第20号俄罗斯联邦总统令,"印古什共和国和北奥塞梯共和国的名称分别改为印古什共和国和北奥塞梯-阿拉尼亚共和国"。1996年2月10日第173号俄罗斯联邦总统令,"卡尔梅基亚-哈尔姆-坦奇共和国更名为卡尔梅基亚共和国"。2019年3月27日第130号俄罗斯联邦总统令,在《俄罗斯联邦宪法》第65条第1款中增加俄罗斯联邦主体凯梅罗沃州-库兹巴斯的新名称,取代凯梅罗沃州的名称。2022年10月4日第5号、第6号、第7号、第8号联邦宪法法律,接受顿涅茨克、卢甘斯克、扎波罗齐和赫尔松为新的俄罗斯联邦主体,在《俄罗斯联邦》第65条中增加了新俄罗斯联邦主体的名称:顿涅茨克人民共和国、卢甘斯克人民共和国、扎波罗齐地区和赫尔松地区。除此之外,有五次具有实质意义的修改,分别为2008年12月30日两次修改、2014年2月5日、2014年7月21日和2020年3月14日的修改。

(一)第一次修改

第一次修改的依据是2008年12月30日颁布的联邦宪法6号法令。2008年11月21日国家杜马批准、11月26日联邦委员会批准了《关于修改俄罗斯联邦总统和国家杜马的任期俄罗斯联邦宪法修正案的联邦法律》。12月30日通过了关于修改宪法的法令,涉及修改的内容包括以下两方面。(1)第81条第1款修改如下:"俄罗斯联邦总统由俄罗斯联邦公民在普遍平等和直接选举权的基础上,通过无记名投票选举产生,任期六年。"(2)第96条第1款修改如下:"国家杜马的任期为五年。"同时,上述法令还规定:"本俄罗斯联邦宪法修正法自其正式公布之日起生效,并经不少于三分之二的俄罗斯联邦主体立法机关批准。本俄罗斯联邦宪法修正法适用于在其生效后当选的俄罗斯联邦总统和国家杜马。"[①]按照修改情况,其具体内

---

① *Закон Российской Федерации опоправкек Конституции Российской Федерации от* 30. 12. 2008 *N*6 - *ФКЗ* " *Об изменении срока полномочий Президента Российской Федерациии государственной Думы*".

容为将总统任期4年及国家杜马任期4年分别延长至6年和5年。

(二)第二次修改

第二次修改与第一次修改为同一天,依据即为2008年12月30日颁布的联邦宪法7号法令。2008年11月21日国家杜马批准、11月26日联邦委员会批准《关于国家杜马对俄罗斯联邦政府的监督权俄罗斯联邦宪法修正案》。进行了以下两点修改。(1)对第103条第1款进行了修改,增加“в”款作为新的内容,即“听取俄罗斯联邦政府关于其活动成果的年度报告,包括关于国家杜马提出的问题的报告”;将“в”-“ж”相应调整为“г”-“з”。(2)第114条第1款(а)项改为:“(а)制定并向国家杜马提交联邦预算并确保其执行;向国家杜马提交联邦预算执行情况报告;向国家杜马提交关于其活动成果的年度报告,包括关于国家杜马提出的问题的报告。”①

(三)第三次修改

第三次修改的依据为2014年2月5日颁布的联邦宪法2号法令。2013年11月22日国家杜马批准、11月27日联邦委员会批准《关于俄罗斯联邦最高法院和俄罗斯联邦检察院的俄罗斯联邦宪法修正案》,对第71条、第83条、第102条、第104条、第125条、第126条、第128条、第129条进行了修改。其中,较为重要的是对《俄罗斯联邦宪法》第7章名称“司法权”进行了相应调整,由“司法权”改为“司法权和检察机关”,同时明确了俄罗斯联邦副总检察长的宪法地位。② 此外,该修正案中取消了俄罗斯联邦最高仲裁法院,将其职能转归俄罗斯联邦最高法院,并在此基础上扩大俄罗斯联邦最高法院的职责,规定补充了俄罗斯联邦最高法院“是国家的最高司法机关,负责民事、经济纠纷、刑事、行政诉讼案件以及其他属于具有一般管辖权审理的案件”的内容。③

在修正案中还对修改后的相关内容作出了说明:(1)自本俄罗斯联邦

---

① *Закон Российской Федерации опоправкек Конституции Российской Федерации от* 30. 12. 2008 *N7 - ФКЗ* “*О контрольных полномочиях государственной Думы вотношении Правительства Российской Федерации*”.

② См. :*Закон Российской Федерации опоправкек Конституции Российской Федерации от* 5 *февраля* 2014*г. N* 2-*ФКЗ* “*О Верховном Суде Российской Федерациии прокуратуре Российской Федерации*”.

③ См:*Проект закона №* 352924-6 “*О поправкек Конституции Российской Федерации о Верховном Суде Российской Федерациии прокуратуре Российской Федерации*”.

宪法修正法生效之日起,应确定为期 6 个月的过渡期,在此期间,俄罗斯联邦最高仲裁法院被撤销,属于其管辖范围内的司法执行问题应移交俄罗斯联邦最高法院管辖。(2)俄罗斯联邦最高法院根据俄罗斯联邦宪法修正案法设立,由 170 名法官组成。(3)为了形成根据俄罗斯联邦宪法修正案的本法设立的俄罗斯联邦最高法院的原始组成人员,应当设立一个专门的资格小组,以遴选俄罗斯联邦最高法院法官职位的候选人。该小组由 27 名成员组成。合议庭由俄罗斯联邦总统、俄罗斯联邦公会和全俄律师公会各一名代表组成。(4)选举过渡时期俄罗斯联邦最高法院法官候选人的特别资格小组,在大众媒体上宣布俄罗斯联邦最高法院法官职位空缺;按照既定程序审查申请上述职位的公民的申请;按照既定程序决定推荐候选人担任上述职位。(5)俄罗斯联邦最高法院法官候选人甄选特别资格小组在执行第 5 条规定的程序后,应向俄罗斯联邦总统提交候选人,以便按照既定程序任命俄罗斯联邦最高法院法官。(6)接受根据俄罗斯联邦宪法修正案的本法设立的俄罗斯联邦最高法院法官的资格考试,在其初始人员组成时,由俄罗斯联邦最高法院法官资格考试特别考试委员会进行。(7)接受俄罗斯联邦最高法院法官资格考试的特别考试委员会的成员不得成为俄罗斯联邦最高法院法官候选人甄选特别资格委员会的成员。(8)俄罗斯联邦最高法院法官候选人甄选特别资格小组的组成程序和上述职位候选人的甄选程序,俄罗斯联邦最高法院法官资格考试特别考试委员会成员的选举程序和接受考试的程序由联邦法律规定。

(四)第四次修改

第四次修改的依据为 2014 年 7 月 21 日颁布的联邦宪法 11 号法令。2014 年 5 月 23 日国家杜马批准、5 月 28 日联邦委员会批准,2014 年 7 月 2 日通过《关于修改俄罗斯联邦联邦会议联邦委员会宪法修正案的联邦法律》。此次进行了两个条文修改。一是在第 83 条中增加“e. 2”款如下:“(e. 2)任免俄罗斯联邦在联邦委员会的代表。”二是修改第 95 条,修改后的表述为:(1)联邦议会由联邦委员会和国家杜马两院组成。(2)联邦委员会由俄罗斯联邦各联邦主体两名代表组成,国家立法机关和国家行政机关各一名;由俄罗斯联邦总统任命的俄罗斯联邦代表的人数不超过联邦委员会成员人数的 10%。(3)联邦委员会成员要同时在俄罗斯联邦主体相应的国家机关的任期内任职。(4)俄罗斯联邦总统在其第一任期内不得解雇在其就职前任命的联邦委员会成员——俄罗斯联邦代表,但联邦法律规定的情况除外。(5)国家杜马由 450 名议员组成。①

(五)第五次修改

第五次修改的依据为 2020 年 3 月 14 日颁布的联邦宪法 1 号法令。2020 年 3 月 14 日,俄罗斯联邦总统弗拉基米尔·弗拉基米罗维奇·普京(Владимир Владимирович Путин)(以下简称普京)签署了国家杜马和联邦委员会于 2020 年 3 月 11 日通过的《关于调整完善个别公共权力组织和功能问题的〈俄罗斯联邦宪法〉修正案》。此次《俄罗斯联邦宪法》修正案共三个部分:第一部分是对宪法条款修改的具体内容;第二部分是关于全民投票的相关事宜;第三部分是此次修改生效程序方面的事宜。②

2020 年俄罗斯联邦对《俄罗斯联邦宪法》进行了多处修改,在《俄罗斯联邦宪法》第 1 编的 9 章中,除第 1 章"宪法制度的原则"、第 2 章"人和公民的权利与自由"、第 9 章"宪法修改和重新审议"外,第 3 章"联邦体制"、第 4 章"俄罗斯联邦总统"、第 5 章"俄罗斯联邦会议"、第 6 章"俄罗斯联邦政府"、第 7 章"司法权和检察机关"和第 8 章"地方自治"均有修改。本次修改涉及《俄罗斯联邦宪法》第 67 条、第 68 条、第 69 条、第 70 条、第 71 条、第 72 条、第 75 条、第 77 条、第 78 条、第 79 条、第 80 条、第 81 条、第 82 条、第 83 条、第 92 条、第 93 条、第 95 条、第 97 条、第 98 条、第 100 条、第 102 条、第 103 条、第 104 条、第 107 条、第 108 条、第 109 条、第 110 条、第 111 条、第 112 条、第 113 条、第 114 条、第 115 条、第 117 条、第 118 条、第 119 条、第 125 条、第 126 条、第 128 条、第 129 条、第 131 条、第 132 条、第 133 条,并增加第 67.1 条、第 75.1 条、第 79.1 条、第 92.1 条,共计 46 条,约占《俄罗斯联邦宪法》基本条款总数(137 条)的 1/3。修宪的具体内容涉及领土主权、语言文化、民族权利、联邦与主体的管辖权、最低工资、养老保险、社会保险、公职人员任职要求和限制、国际组织、维护和平、总统权力、总统任期、总统豁免权、罢免总统、两院建构、联邦委员会的管辖权、国家杜马的

① *Закон Российской Федерации опоправкек Конституции Российской Федерации от* 21.07.2014 *N11-ФКЗ* "*О Совете Федерации Федерального Собрания Российской Федерации*".

② *Закон Российской Федерации опоправкек Конституции Российской Федерации от* 14.03.2020 *N1-ФКЗ* "*О совершенствовании регулирования отдельных вопросов организации и функционирования публичной власти*".

管辖权、两院会议、议会监督、总统的立法否决权、俄罗斯联邦政府、政府总理、政府副总理、联邦部长、政府信任问题、司法系统、法官任职要求和限制、宪法法院、最高法院、检察机关、地方自治等。① 2020 年 6 月 25 日至 7 月 1 日,俄罗斯就此次宪法修改举行了全民投票。7 月 2 日,俄罗斯联邦中央选举委员会宣布已完成俄罗斯宪法修正案全民投票全部计票,结果显示约 77.92%的选民投票赞成修改宪法,约 21.27%的人反对,宪法修正案通过,上述修改的内容也已经生效。

第三节 民法

苏俄于 1922 年制定了《苏俄民法典》。此后,苏俄依据 1961 年《民事立法纲要》,制定了 1964 年《苏俄民法典》。

苏联末期,大规模的经济体制改革触及多年来形成的行政命令式管理机制,以及旧有的经济关系,过去为适应计划经济体制需要制定的、依靠行政手段调整经济关系的法律规范在新的条件下已不适用,必须对原有法律规范的内容及调整方式进行变革和重新修订,建立符合市场经济发展规律的民事法律规范和调整规则。然而在改革之初,通过立即废除旧的民法典、制定新民法典的途径快速满足改革的需要显然不现实。因此,苏联针对市场经济条件下出现的某些重要的财产关系,陆续颁布了一系列基本的单行法律,如《苏联个体劳动法》《苏联财产所有权法》《苏联和各加盟共和国租赁法纲要》《苏联国有企业法》《苏联合作社法》《苏联公司法》《企业和经营活动法》。这些单行法规定了财产关系新的变化规则和改革后新的调整手段,对建立新型的市场关系、保障市场主体的合法利益起了一定的指导作用。

根据苏联的立法传统,在一部新民法典制定之前,会先以《民事立法纲要》作为民法典的基础,其后对《民事立法纲要》进一步细化补充,形成民

① 参见於海梅:《2020 年〈俄罗斯联邦宪法〉修改前后文本对照》,载《法治现代化研究》2020 年第 4 期。

法典。由苏联功勋科学院士、著名民法学家卡尔梅科夫（Ю. Х. Калмыков）教授发起，并在苏联最高会议立法委员会副主席阿列克谢耶夫（С. С. Алексеев）的支持下，苏联最高会议主席团于1990年6月组成了由卡尔梅科夫教授领导的《民事立法纲要》起草委员会，由苏联23位著名的民法学家组成，但实际上具体执笔的学者是9位。经过近一年的连续工作，《民事立法纲要》草案提交苏联最高苏维埃和苏联人民代表大会审议。苏联最高苏维埃和苏联人民代表大会于1991年5月31日通过了《苏联和各加盟共和国民事立法纲要》（以下简称1991年《民事立法纲要》）。1991年《民事立法纲要》总共有170条，其主要内容为：民法总则（包括基本原则、权利主体、法律行为、有价证券、期限与时效），所有权和他物权，债权（包括债法总则，合同与非合同之债），著作权、发明权和其他智力成果权，继承权，国际私法中的冲突规范等。尽管条文不多，却是苏联经济体制改革后第一次以统一的、体系化的民事法律调整过渡时期民事法律关系的立法尝试。[①] 1991年《民事立法纲要》颁布后，俄罗斯的众多法律专家普遍认为，该纲要是反映市场经济特点，符合市场经济需要的成功的法律文件，为调整向市场经济过渡中出现的新的关系奠定了统一的民事立法基础。

按照立法者的本意，1991年《民事立法纲要》应该为随后制定和通过的全苏统一民法典提供立法模式，以完成苏联宪法早已确定的制定全苏统一民法典的使命。但是，由于1991年年底苏联解体，这个计划不仅没有实现，而且还使本应在1992年1月1日生效的《民事立法纲要》因失去适用对象而未能实施。[②] 但是，“尽管新的《民事立法纲要》在全苏范围内实际上未实施一天，但它对以后俄罗斯民法典制定的促进作用是不容忽视的。可以说，没有1991年《民事立法纲要》作为基础，就不可能有今天的俄罗斯新民法典”[③]。

根据当时俄罗斯的情况，为了适应俄罗斯经济体制改革的成果和体现市场经济发展的需要，俄罗斯联邦再次制定《俄罗斯联邦民法典》。这部民

① 参见鄢一美：《俄罗斯社会转型与民法法典化》，载《比较法研究》2015年第3期。

② 参见王志华：《论俄罗斯民法典的编纂及其历史继承性》，载《学习与探索》2008年第4期。

③ 鄢一美：《俄罗斯第三次民法法典化——写在俄联邦新民法典中译本出版之际》，载《比较法研究》2000年第1期。

法典是俄罗斯在经济体制改革取得一定成效的基础上制定颁行的，是实现第三次民法法典化的重要标志。

一、《俄罗斯联邦民法典》的制定基础

《俄罗斯联邦民法典》关于所有权和其他物权的内容吸收和发展了1990年《苏联财产所有权法》、《苏俄财产所有权法》以及1991年《民事立法纲要》的合理规定，并结合改革中的实践增加了一些新内容。

（一）《苏联财产所有权法》

1990年3月6日，苏联最高苏维埃通过了《苏联财产所有权法》，这是苏联立法中第一次以专门法的形式规定所有权制度。虽然1961年《民事立法纲要》和1964年《苏俄民法典》都有关于所有权内容的专门章节，但是《苏联财产所有权法》的立法者没有在这些章节的基础上进行补充和修订，而是另行制定专门的单行法。简明扼要、有针对性的单行法更有利于指导对市场的法律调整和人的观念意识的转变。《苏联财产所有权法》的主要内容有以下几个方面：(1)对所有权概念的表述侧重于所有权是"在法律规定的范围内"属于所有人的占有、使用和处分的"三项权能"。《苏联财产所有权法》的表述侧重于所有权是所有人"按自己的意愿"实现占有、使用和处分财产的三项权能，强调"所有人对属于自己的财产有权实施不与法律相违背的任何行为"，可实施"法律不禁止的任何经济活动或其他活动"。与此同时，该法第1条第5款规定，所有人在行使所有权时不应给周围环境带来损害，不应破坏受法律保护的他人权益。《苏联财产所有权法》关于所有权概念的表述被新的俄罗斯联邦民法典所吸收。(2)《苏联财产所有权法》没有采用以前的法律关于所有制形式的规定，该法将社会中存在的财产所有分为公民、集体和国家所有，并且把公民所有列于首位。对国家所有，《苏联财产所有权法》又区分出全苏国家所有、各加盟共和国和自治共和国所有、自治州和自治区所有以及行政区组织所有等。(3)《苏联财产所有权法》在十月革命后的苏联立法中首次承认了雇佣劳动的合法化，规定公民不仅可以拥有生活资料还可以拥有生产资料(而且对公民所拥有的房屋、牲畜、生产工具没有数量限制)，允许财产所有人在实现自己的所有权时，可以雇佣他人劳动。(4)《苏联财产所有权法》在苏联民事立法取消物权概念的几十年后，首次提出了恢复物权的概念(但是没有形式)

和建立物权体系的设想。按该法的规定,法人对国家或集体所有财产的经营权,是物权体系的核心,它包括国有企业对所有人财产的完全经营权、国家机关对所有人财产的经营管理权和租赁企业对租赁财产的限制物权。

(二)《苏俄财产所有权法》

1990 年 12 月 24 日颁布的《苏俄财产所有权法》的主要内容和立法精神,基本上以《苏联财产所有权法》为基础,不过有些方面的内容作了新规定。《苏俄财产所有权法》提出了"市政自治组织所有权"和"私有权"的概念,将财产所有关系明确划分为"公有"和"私有"。属于"公有"的是国家、市政自治组织和社会联合体(组织)所有权,公民与法人所有权是"私有"。由此可见,《苏俄财产所有权法》取消了"所有制形式"的内容,直接规定了所有权的形式。《苏俄财产所有权法》第 25 条直接采用了"私有化"的概念,规定属于国家所有和市政自治组织所有的财产,可以通过法律规定的条件和程序变为公民和法人所有。

1991 年《民事立法纲要》由于苏联解体没有正式实施。但是,1992 年 7 月 14 日,俄罗斯联邦最高苏维埃颁布了专门决议,确定 1991 年《民事立法纲要》在俄罗斯联邦范围内适用。1991 年《民事立法纲要》第 2 编"所有权和其他物权"的内容,既肯定了《苏联财产所有权法》和《苏俄财产所有权法》的立法原则,又作出了进一步的发展。1991 年《民事立法纲要》取消了"所有制形式"的概念,第 44 条第 1 款直接规定"财产可由公民、法人、国家所有"。同时,以法律的形式明确提出了他物权概念,初步建立了物权体系,所提出的他物权包括法人(企业)对所有人财产的完全经营权、法人(预算机关)对所有人财产的经营管理权以及公民和法人对国有土地和其他自然资源的使用权。

二、《俄罗斯联邦民法典》的制定过程

《俄罗斯联邦民法典》作为俄罗斯历史上第三部民法典,与前两部不同,它"并非以完整的形式一次生效,而是把一部分内容丰富的民法典的编纂与颁布作为一个过程,将其分为四个部分在若干年内依次通过"[①],因此在俄罗斯民法发展史上以其规模最大、制度最全最新、编纂时间最长、争议

---

① 鄢一美:《俄罗斯当代民法研究》,中国政法大学出版社 2006 年版,第 10 页。

最激烈而著称。

整部《俄罗斯联邦民法典》从1992年开始起草到2006年完成，历时15年。15年中，法典分四个部分依次颁行。第一部分（第1编“民法总论”；第2编“所有权和其他物权”；第3编“债法总则”）于1994年10月21日由国家杜马通过，1995年1月1日生效。第二部分（第4编“债法分论”）于1995年12月22日由国家杜马通过，1996年3月1日生效。这两个部分是民事最重要的规范，因此率先获得了通过。第三部分（第5编“继承法”；第6编“国际私法”）于2001年11月1日由国家杜马通过，2002年3月1日生效。第四部分（第7编“智力活动成果和个别化手段权”，也可以称为“知识产权”），2006年12月18日由国家杜马通过，2008年1月1日生效。

在《俄罗斯联邦民法典》编纂过程中，第四部分知识产权部分的法典化问题经历时间较长。在1994—2001年这一阶段，主要工作是对“知识产权编”的起草，也就是当时的第三部分第5编。先后公布了5次草案，分别是1995年草案、1997年草案、1999年草案、2000年草案和2001年草案。这些草案在立法技术质量上不断提高，篇幅和保护对象的范围也不断扩大。由于始终没有放弃另立知识产权特别法的做法，因此只是将知识产权的原则性规范和一般性规则列入了民法典当中。在具体的篇章结构上，关于知识产权编的归置也出现了波折，1995年草案将涉及知识产权法、继承法和国际私法的内容都纳入了民法典的第三部分，而在1999年草案当中，第三部分没有包括知识产权编，其主要原因就是各方在知识产权法上的争议无法达成妥协。

在2001—2005年，立法者对于将知识产权一般规范编入民法典、另有知识产权单行法并存等是没有争议的，反响最为强烈的是知识产权法在民法典当中应该单独成编还是应分置在各部分这一问题。为此出现了两种观点：第一种观点支持独立成编，认为这有利于保持知识产权规范的独立性和完整性；第二种观点支持分散编著，认为这有利于知识产权规范与其他民事规范的统一和融合。由于当时并没有主张废除其他有关知识产权的特别法，民法典只是知识产权法的一般性规范，与其他民事规范的差异性不明显，知识产权具有的特殊性被并行存在的特别法吸收，最终分散编著的观点得到了官方认同。

2005年9月—2006年12月，在总统和政府的极力推动下，立法工作迅速且具建设性意义。经过了前两个阶段的观点争论和各方博弈,从起草、研讨法案,到审议通过,仅用了一年多时间。知识产权是《俄罗斯联邦民法典》最后通过的部分,共1编9章327条,不仅作为单独1编归入了《俄罗斯联邦民法典》中,同时替代了此前调整知识产权领域法律关系的6部单行法,即《俄罗斯联邦专利法》《俄罗斯联邦著作权与专利权法》《俄罗斯联邦计算机软件和数据库保护法》《俄罗斯联邦商标、服务标记和原产地名称法》《俄罗斯联邦育种成就法》《俄罗斯联邦集成电路布图设计保护法》。应当说,这是一次非常彻底的知识产权民法典化立法,“此举意味着俄罗斯在世界上第一个将知识产权立法民法典化,而且是完全民法典化”①。

三、《俄罗斯联邦民法典》的主要内容

《俄罗斯联邦民法典》是俄罗斯联邦在向市场经济过渡中诞生的,是一部在经济体制改革中形成的,反映市场经济关系特点的法典,因此与前两部民法典相比具有重大变化。如前所述,《俄罗斯联邦民法典》分为四个部分:第一部分包括3编,共29章,453条。第1编为“民法总论”,由基本原则人民事权利客体行为和代理期限、诉讼时效等章节构成;第2编为“所有权和其他物权”,由所有权一般原则、所有权取得、所有权终止共有土地的所有权和他物权、住宅所有权和他物权、经营权和经营管理权、所有权和他物权的保护等章节构成;第3编为“债法总则”,由债法总则和合同总则两个分编组成。第二部分包括1编,即第4编“债法分编”,共31章,656条,每一章都由一个典型的合同之债或非合同之债组成。第三部分包括2编,共9章。第5编为“继承法”,由继承的一般规定、遗嘱继承、法定继承、遗产的取得、某些种类财产的继承构成;第6编为“国际私法”,由一般规定、确定法律地位时应适用的法、对财产关系和人身非财产关系应适用的法构成。第四部分为第7编,“智力活动成果和个别化手段权”。

(一)物权和契约

《俄罗斯联邦民法典》宣布了公民民事权利能力人人平等的原则,并进一步规定了民事权利能力的内容,即能够享受财产权利和人身非财产权利

---

① 施刚:《俄罗斯知识产权“入典”的历史选择》,载易继明主编:《私法》第14辑·第1卷(总第27卷),华中科技大学出版社2017年版,第20页。

以及相应地承担财产义务和人身非财产义务。《俄罗斯联邦民法典》列举的人身非财产权利有：生命权、健康权、荣誉权、名誉权、自由权、个人和家庭隐私权。可见权利能力的范围较前 3 部民法典有极大的拓展。在物权方面，既对所有权作了新的规定，又增加了关于他物权的内容。《俄罗斯联邦民法典》先扩大了所有权权能，使其更具广泛性，随后增加了关于公民所有权的内容，确认了私人所有权（包括生产资料）。《俄罗斯联邦民法典》已没有关于"所有制形式"的规定，也取消了"其他所有制形式""混合所有制""集体所有制"等用词。《俄罗斯联邦民法典》明确规定了两类所有权主体：一是私法性质的所有权主体，主要是公民和法人（包括商业组织和非商业组织、社会团体、宗教团体、福利基金会及其他基金会）；二是公法性质的所有权主体，主要是国家和市政自治组织。国家所有权主体包括整个俄罗斯联邦和联邦主体（后者指各共和国、自治州、自治区、民族区、莫斯科市以及圣彼得堡市）。市政自治组织所有权主体有：城市（镇）居民组织、农村居民组织以及其他市政自治组织（《俄罗斯联邦民法典》第 215 条）。《俄罗斯联邦民法典》第 292 条规定，房屋所有者的家庭成员依住宅法的规定，有使用该住宅的权利。住宅使用权不因该住宅所有者的变更而终止，而且排除任何第三人的干涉。由此可见，《俄罗斯联邦民法典》明文规定了不动产之一的住宅的他物权。他物权内容首次列入《俄罗斯联邦民法典》，从而使俄罗斯民法的物权体系更趋完整。此外，《俄罗斯联邦民法典》首次对有价证券作出了原则性规定。《俄罗斯联邦民法典》关于债和契约的规定已不再只作原则性规定，这部分的规范体现了立法者的具体和周密的意图。《俄罗斯联邦民法典》第 47 章涉及保管契约，此章内容比 1964 年《苏俄民法典》有所增加（1961 年《民事立法纲要》和 1991 年《民事立法纲要》没有如此具体的规定）。第 47 章已经对有价证券的保管、银行保管、运输单位保管箱、旅馆保管等作了明确规定，明确了保管契约双方的权利和义务，明确规定保管既可以是有偿的，也可以是无偿的。

（二）企业

《俄罗斯联邦民法典》中"民事权利客体"章的第 132 条将"企业"列为民事权利客体的种类之一，此条规定："1. 企业作为权利客体，是用以从事经营活动的财产综合体。作为财产综合体的企业就是其整体为不动产。2. 企业就其整体或其部分可以作为买卖、抵押、租赁和与产生、变更及终止物权有关的其他法律行为的客体。如果法律或者契约没有其他的规定,企业作为财产综合体,包括所有用于其活动的各类财产,其中包括土地、建筑物、构筑物设备、器材、原材料、产品、请求权、债务以及表明企业独有特征的权利、其产品、工作和服务的权利(商号、名称、服务商标)和其他专有权。”

按照此条规定,由所有人的权利客体组成的企业,可以是不同种类财产的综合体,这些财产必须是属于企业所有者的,并且是能够转让的权利和义务的组合。因此,企业作为不同契约的客体时,大多是指企业的买卖,企业可以作为抵押、租赁和继承的客体。不过企业的出售应按照《俄罗斯联邦民法典》第132条确定的财产内容的构成实现。这些规定基本上是适应实现企业私有化的需要。《俄罗斯联邦民法典》第340条第2款的内容更是确保新权利人实际权利的实现。此款规定,如果法律和契约没有其他规定,交付抵押的企业在交付抵押时,除了现有的财产还必须把企业在将来有可能获得的请求权和专有权都包括在该项财产组合之中。

《俄罗斯联邦民法典》第一部分的实施法第6条的内容,进一步完善了《俄罗斯联邦民法典》第132条的内容。此条规定,从《俄罗斯联邦民法典》颁布之日起(1994年12月8日),建立新的商业组织应遵循《俄罗斯联邦民法典》第4章关于法人的规定,即以商合伙和经营公司的形式(含无限公司、两合公司、有限责任公司、股份有限责任公司以及股份无限责任公司)以及生产合作社的形式或者以国家、自治地方单一制的形式建立。此条还规定,个人(家庭)私有企业和由其他商业公司、社会团体、宗教团体、联合会以及福利基金会创办的企业,必须在1999年7月1日以前改组为经营公司、生产合作社或进行清算。违反实施法第6条规定,将由该企业的国家登记机关、税务机关或公诉人提起清算该企业的诉讼。

《俄罗斯联邦民法典》第113条规定“单一制企业是未被其所有人赋予对财产享有所有权的商业组织。单一制企业的财产不可分割,不能按投资比例分割(份额、股份),并且也不能在企业的职工中分配”“只有国家和自治地方所有的企业能以单一制企业的形式设立”,还规定单一制企业是具有法人资格的主体。第113条进一步规定,单一制企业的章程是该法人唯一的设立文件。章程的内容不仅应写明该企业法定基金的数额和基金形成的来源和方式,还应包括该企业活动的范围和活动的目的。单一制必须具有足以表明其财产所有的名称,例如,“联邦国家企业”“州国家企业”“地方自治企业”等。单一制企业的机关是由所有人指定的领导人(或由所有人授权的机关任命)。《俄罗斯联邦民法典》第114条规定,建立在经营权基础上的单一制企业,是根据国家授权机关的决定或地方自治机关的决定设立的。经营权的主体只能是作为商业性组织的国有或市自治组织所有的单一制企业。《俄罗斯联邦民法典》第115条规定,建立在经营管理权基础上的单一制企业,是根据俄罗斯联邦政府的决定,在联邦财产所有基础上设立的单一制(联邦国家企业)。它既可以是商业性也可以是非商业性组织的机关。享有经营权的企业在《俄罗斯联邦民法典》相应条款确定的范围内(如第294条),对提供给它的财产可以按照自己的意愿占有、使用和处分。但是,这类企业未经所有人的同意,对其经营的不动产无权出售、租赁和抵押。具有经营管理权的国营企业必须在法律规定的范围内(如第296条),根据企业活动的目的、所有人的任务和财产的用途占有、使用和处分其经营管理的财产。单一制企业不对企业所有人的债务承担责任,企业所有人也不以自己的财产对单一制企业的债务承担责任。但是,企业所有人对具有经营管理权的企业(国营企业)的债务负补充责任。由此可见,具有经营权的单一制企业以自己的全部财产承担义务,直到破产为止。

(三)土地关系

1990年11月23日,苏俄最高苏维埃通过《关于土地改革的法令》,1991年颁布的《俄罗斯苏维埃联邦社会主义共和国土地法典》(以下简称1991年《苏俄土地法典》),使苏俄的土地关系发生了根本的变化。从1917年颁布《土地法令》起,苏俄和俄罗斯联邦几十年一贯地实行土地国有化,国家是土地的唯一所有者,土地不可以买卖、租赁、抵押和以任何方式转让。直至1990年苏联才开始进行土地关系的改革,1990年苏联最高苏维埃颁布的《苏联财产所有权法》及稍后颁布的《土地立法纲要》正式取消了国家对土地的垄断,确认了土地所有的多主体原则,允许土地的租赁和有偿使用。1990年《关于土地改革的法令》和1991年《苏俄土地法典》明文规定,土地不仅由国家、自治共和国、自治州和民族区所有,公民和法人对土地也可以享有所有权。1993年10月27日叶利钦总统发布的《关于在俄罗斯调整土地关系和发展农业改革的命令》,在确定公民和法人可以是土地所有者的同时,还允许公民和法人实施与土地有关的民事法律行为,公民和法人有权合法转让土地或将土地的一部分作为法定资本投资于股份公司或合作社。该命令还规定"只要有关土地之买卖,中央政府不但保证私人土地所有权不受侵害,而且还要对私有财产权加以保护",规定对个人名义下土地个人有权自由出售、赠与、出租或留给子女。1993 年《俄罗斯联邦宪法》在确认土地私有权的同时,把合理使用土地、保护自然资源和维护社会利益放在了第一位,将社会(国家调整)利益和私人(意思自治)利益的相结合作为调整土地法律关系的出发点。

《俄罗斯联邦民法典》在上述宪法、法律、命令的基础上,形成了合理使用土地、保护土地所有者利益的土地他物权制度,涉及土地的永久继承权、土地的长期(无期限)的使用权和对他人土地的限制使用权(地役权)。

《俄罗斯联邦民法典》第 265 条规定:"公民根据土地法规的程序,对国家或市政组织所有的土地享有其占有部分的永久继承权。"由此可见,拥有该土地永久继承权的公民对按继承转移的土地有占有和使用的权利,成为该土地的占有人。在不违反有关法律规定的情况下,土地的占有人可以在该土地上建筑房屋和其他不动产,并对该建筑物和不动产享有所有权(第 266 条)。这些规定为土地占有人长期占有和使用国有或市政自治组织所有的土地提供了法律依据,土地占有人可以稳定地在该土地上发展农业、畜牧业和林业等。但是,该土地的占有人无权出售、抵押和转让土地,因此,土地的永久继承权是对土地的限制使用权。与土地的永久继承权不同,土地长期使用权的主体可以是公民也可以是法人,而且权利的取得必须由对该土地有决定权的国家或授权机关作出决定。与土地永久继承权相同的是,土地长期使用权享有者未经所有人的同意无权处分该土地。《俄罗斯联邦民法典》第 274 条规定,不动产(土地、其他不动产)的所有者有权要求相邻土地的所有人为自己提供有限制地使用相邻土地的权利(地役权),规定对他人土地的限制使用权须订立地役权人和相邻土地所有人之间的协议,还须按不动产权利登记程序进行登记。如果双方无法达成协议,由法院解决争议。

(四)继承法

继承法位于《俄罗斯联邦民法典》第三部分,第 5 编"继承法"的"遗嘱继承"和"法定继承"两章的内容在法学家和社会各界人士中产生了激烈的争论和严重的分歧。①

“遗嘱继承”这一章重申了遗嘱自由的基本规范。关于遗嘱自由的限制,《俄罗斯联邦民法典》的规定比1964年《苏俄民法典》更为具体。《俄罗斯联邦民法典》第1193条明文规定,未成年人和丧失劳动能力者的继承权不为遗嘱剥夺,并且规定未成年人和丧失劳动能力者的法定继承份额为遗产的1/2以上。《俄罗斯联邦民法典》第1174条还规定被继承人的银行存款必须纳入遗产的总数,这样立遗嘱人就不能在银行保存的遗嘱中剥夺未成年人和丧失劳动能力者的继承权。《俄罗斯联邦民法典》第三部分保留了遗嘱公证规范,同《俄罗斯联邦公证条例》第16条相适应,且明文规定公证员不得泄露公证遗嘱的内容。

《俄罗斯联邦民法典》第1172条对“密封遗嘱”的公证程序作了规定,公证员收到密封遗嘱之后不得启封了解遗嘱内容,应当在两个证人在场的情况下对密封遗嘱进行签封。在立密封遗嘱人去世后,公证员同样必须在两个证人在场情况下,启封该遗嘱并当场宣读密封遗嘱的内容。草案的起草者认为这一公证程序有利于密封遗嘱的保密。草案还进一步规定密封遗嘱必须由立遗嘱人亲自书写和密封,违者视为无效。这一密封遗嘱的制作程序,引起了各方面的异议。不同意见认为上述规定剥夺了丧失书写能力的立遗嘱人立密封遗嘱的可能性,建议上述制作程序中增加采用口头(录音)方式立遗嘱,再对录音带进行密封的规范。

《俄罗斯联邦民法典》第三部分第1156条涉及法定继承,主要变化反映在草案扩大了法定继承顺序的范围。1964年《苏俄民法典》第532条规定的法定继承人为两个顺序,即子女、夫妻、父母、兄弟、姐妹和祖父母、外祖父母。草案第1185—1187条将原来两个顺序改为三个顺序,第1188—1189条又添加了六亲等,即扩大至堂、表曾孙子女和曾祖的兄弟、姐妹。因此,草案规定了法定继承的五个顺序。

总体而言,《俄罗斯联邦民法典》第三部分“继承法”一编较多地增加了继承规范的数量并且更加复杂。

(五)智力活动成果和个别化手段权

随着《俄罗斯联邦民法典》第四部分第7编“智力活动成果和个别化手

---

① 参见鄢一美:《俄罗斯民法典中继承法律规范的新变化》,载《比较法研究》2004年第2期;王蜀黔:《俄罗斯联邦民法典中的继承法研究》,载《湖北社会科学》2004年第6期。

段权”,包括9章:第69章“一般规定”、第70章“著作权”、第71章“邻接权”、第72章“专利法”、第73章“育种成果的权利”、第74章“对集成电路布局设计的权利”、第75章“生产秘密权”、第76章“法人、商品、工作、服务和企业个别化手段权”、第77章“统一技术中的智力活动成果权”。

例如,第69章“一般规定”共30个条文(第1225—1254条)。与整个第7编共327条相比,在条文数量上也相对比较适中合理。该章对知识产权客体的范围、概念术语含义的明确和统一、各章共同适用的规则、几种客体共同适用的规则以及不宜在其他各章规定的内容作了规定。[①] 根据《俄罗斯联邦民法典》第1225条的规定,受法律保护的智力活动成果和个别化手段包括“科学、文学和艺术作品、电子计算机程序、数据库、表演、音像制品、无线和有线的广播、电视节目、发明、实用新型、外观设计、育种成果、集成电路布图设计、生产秘密、商业名称、商标和服务标志、商品原产地名称、商业标识”[②]。

又如,第72章为“专利法”,规定了发明、实用新型和工业设计的法律保护问题。发明、实用新型和工业设计分别通过在国家发明登记处、国家实用新型登记处和国家工业设计登记处注册取得保护。发明、实用新型和工业设计申请应在俄罗斯专利商标局提交。发明和工业设计的注册流程包括形式审查和实质审查。形式审查是确定申请书中是否包含所有涉及的文件及这些文件是否符合要求。实质审查是确定宣告的事物是否符合授予专利权的条件。实用新型的注册过程是宣告性的,通过形式审查后(形式与发明一样)会立即授予专利权。发明专利权的保护期限是自申请之日起20年。专利保护涉及药物、农药等,国家的专利管理部门可以根据权利人的要求延长专利保护期限。实用新型的专利保护期限是自专利申请之日起10年,并且可以按权利人要求延长3年。工业设计专利权的有效期限是自专利申请提交之日起15年,其保护期限也可以根据权利人要求延长,但延长不超过10年。

再如,第77章“统一技术中的智力活动成果权”是以前俄罗斯法中并

---

① 参见王志华:《论俄罗斯知识产权法的民法典化》,载《环球法律评论》2009年第6期。

② 参见《俄罗斯联邦民法典》(全译本),黄道秀译,北京大学出版社2007年版,第427页。

不存在的制度。它是一个非常独特的权利，其客体是复合性的，包含受不同知识产权制度保护的智力活动成果，以及此前不受知识产权制度保护的智力活动成果。统一技术权包含两层权利：第一层是各作者或权利持有人对构成该复合客体的各智力活动成果的权利，该权利根据专有权移转合同或许可使用合同移转给统一技术权的持有人；第二层是对复合客体整体的使用权，通常为完成统一技术的组织者（履行人）所享有，例外情况下由公法组织（俄罗斯联邦或者俄罗斯联邦主体）享有。统一技术权的特殊性不仅在于它的客体为复合客体，而且还在于该权利的存在是以在实践中应用统一技术的义务为前提的，当统一技术权人违背该义务时，所获得的权利将会被剥夺。①

《俄罗斯联邦民法典》第1406条明确规定，“与专利权保护有关的争议由法院予以审理”。该类争议包括：（1）发明、实用新型、工业品外观设计创造人的身份纠纷；（2）确定专利权人的纠纷；（3）发明、实用新型或工业品外观设计独占权的侵权纠纷；（4）签订、履行、变更和终止专有权移转（专利转让）合同和发明、实用新型、工业设计使用许可合同争议；（5）先用权纠纷；（6）后用权纠纷；（7）向发明、实用新型或者工业设计作者支付报酬的数额、期限和程序的争议；（8）对《俄罗斯联邦民法典》规定支付的补偿数额、期限和程序的争议。

四、《俄罗斯联邦家庭法典》

俄罗斯联邦曾于1994年12月22日对《苏俄婚姻和家庭法典》进行了修改和补充，与此同时着手起草新的家庭法典。1994年的修改和补充使《苏俄婚姻和家庭法典》的一些章节的名称更为确切，且为了适应社会和经济的转轨增加了不少新内容，但是未摆脱苏俄立法的框架，难以适应新的社会、家庭关系。1995年8月，《俄罗斯联邦家庭法典》获得国家杜马、联邦委员会和总统的批准，同年12月公布，自1996年3月1日起生效。

在俄罗斯联邦，民法和家庭法为一般法和特别法的关系。具体而言，根据《俄罗斯联邦家庭法典》第4条规定，民法可以调整家庭成员之间的财

---

① 参见张建文：《俄罗斯知识产权立法法典化的创举：统一技术权制度》，载《重庆理工大学学报（社会科学版）》2010年第3期。

产关系和非财产关系,但须具备两个条件:第一,该关系是家庭法典不调整的关系;第二,民法规范调整家庭关系时不应与该家庭法律关系的本质相抵触。同时,《俄罗斯联邦家庭法典》第5条规定,如果家庭立法或双方当事人的协议不调整家庭成员之间的关系,而且也没有直接调整该关系的民事法律规范,对于这样的关系,只要不与该关系的本质相抵触,则适用家庭法典和(或)民法典调整类似关系的法律规范(法的类推适用),如果类似的规范也没有,家庭成员间的权利义务关系则按照家庭法和民法的基本原则确定。因此,民法与家庭法之间的相互关系,是一般法与特别法的关系。

根据《俄罗斯联邦家庭法典》的规定,其内容有许多新的规定。依据《俄罗斯联邦民法典》第256条第1款"如果夫妻双方没有订立契约作出另外的约定,婚姻存续期间的财产是夫妻双方共同的财产"的规定,《俄罗斯联邦家庭法典》调整夫妻财产的规范,将夫妻财产分为法定和契约约定两种形式,详细规定了夫妻双方法定共同财产包括的项目并且相当广泛,如每方的劳动收入、退休金、各种现金收入、动产和不动产的收入以及证券的收入等。参照法国和波兰关于夫妻双方契约约定财产制度的经验,[①]《俄罗斯联邦家庭法典》在俄罗斯立法史上首次对此作出了规定。夫妻双方就财产进行约定的契约,可以在婚姻登记前签订,也可以在婚后的任何时间签订,但是都必须进行公证。《俄罗斯联邦家庭法典》第47条详细规定了父母和子女各自的权利和义务,此部分的内容安排在"双亲和子女的赡养义务"一章。这一章名比俄罗斯苏维埃联邦社会主义共和国立法使用的章名更为确切。而且,此章许多内容是新增加的。《俄罗斯联邦家庭法典》对结婚顺序、禁止结婚的原因和宣布其为无效婚姻作出了明确的规定。《俄罗斯联邦家庭法典》还着眼于调整未成年人和其他家庭成员的人身和财产关系,但不再包括民事状况登记方面的规范,因为已经制定了这方面的单行立法。这是《俄罗斯联邦家庭法典》同以往《苏俄婚姻和家庭法典》的一个明显不同之处。

《俄罗斯联邦家庭法典》以相当多的条款对监护作出了规定,其立法意图在于保护未成年人和无行为能力人以及无完全行为能力人的财产和非财产权利。规定监护应受地方自治机关委托的机构的严格监督。第56条

---

① 一般认为夫妻双方契约约定财产制度在法国和波兰盛行。

规定子女有维护自己权利和法律保护的利益的权利，并且可以由父母、监护机构、检察机构和法院代理实现。第145—150条规定了必须确保未成年人的受教育权。与此相联系，家庭法典关于确认父权（母权）的规范比以前的法律规定要宽松许多。

五、《俄罗斯联邦劳动法典》

（一）制定《俄罗斯联邦劳动法典》的准备

俄罗斯联邦向市场经济的过渡，致使《苏俄劳动法典》无法适应新的经济和社会劳动关系的变化。俄罗斯联邦早在1994年10月26—27日就在《俄罗斯报》公布了新《俄罗斯联邦劳动法典》草案，原来的立法计划打算于1995年上半年由国家杜马通过，自1995年7月1日起生效。但是，草案的许多内容反映了立法者思想没有跟上转轨时期的新情况，较多地保留了苏俄立法的痕迹，草案遭到了众多学者和社会各界人士的不满，受到了激烈抨击，各方人士都认为必须对草案进行大范围的修改。主要意见有：（1）法典改名称应更为确切，原来"苏俄劳动法典"实际上是"劳动法法典"（俄文为"кодекс законов о труде"），这是不正确的，也是俄罗斯联邦其他法典没有使用的名称，应明确改为"劳动法典"（俄文可用"кодекс отруде"或"трудной кодекс"）。[①]（2）在草案中应增加1993年《俄罗斯联邦宪法》第15条的内容，即公民和负责人必须遵守宪法和法律的规定。这是法治国家的基本要求在各种立法中的必然体现。（3）劳动法渊源的内容必须同俄罗斯联邦的立法结构相符合，应增加主体国家和地方自治机关的立法和规定。这也是同1993年《俄罗斯联邦宪法》保持一致必须有的内容。（4）必须同俄罗斯联邦经济改革相一致，集体农庄已经不存在了，草案中的这些规定必须予以取消。俄罗斯联邦已经有大量的私人企业，草案应该对此作出规定。（5）草案没有体现国际法和国际条约关于劳动立法的规定，这有碍于俄罗斯联邦同外国的交往和吸引外资、外商政策的实现。

为了摆脱《俄罗斯联邦劳动法典》的悬而未决所带来的困境，从解决实际问题出发，俄罗斯联邦于1995年11月23日颁布了《关于解决集体劳动

---

① 参见卢森通、王婷婷：《俄罗斯〈劳动法典〉评述及对我国的启示》，载左菁编：《社会法学研究》（2022年第1卷），法律出版社2022年版，第8-95页。

纠纷的程序的联邦法律》。

(二)2001 年《俄罗斯联邦劳动法典》

此后,经过长达 6 年的起草和讨论,2001 年 12 月 30 日《俄罗斯联邦劳动法典》获得通过,并于 2002 年 2 月 1 日生效。该法典由 6 个部分组成,共 14 篇,62 章,424 条。这部法典增加了一些以前没有规定的新内容,如“职业培训、进修和提高干部技能”“劳动者劳动权利的保护,侵害劳动权利的责任”“劳动者个人资料的保护”“劳动者劳动权的自我保护”等。这些内容对稳定社会转型时期的劳动关系、推动经济发展起到了很大的促进作用。[①] 其中,对劳动者权利的保障是《俄罗斯联邦劳动法典》的重要内容和主要目的。

1. 工会对劳动者的保护

《俄罗斯联邦劳动法典》确立了工会对劳动者劳动权利的保护机制,突出了工会对用人单位的监督作用。

(1)工会对用人单位内部规章的预先审查制度。《俄罗斯联邦劳动法典》加强了用人单位在做出影响劳动权利的决策时考虑工会意见的义务,并详细规定了相关程序。用人单位在确定其内部规章以前,应向经基层工会选举产生的上级工会组织(以下简称上级工会)提交内部规章草案及据以制定该草案的法律依据。工会在 5 个工作日内回复其书面意见。如果工会发现内部规章草案的规定有违反劳动法律、法规的情况,可向用人单位提出进一步解释的要求或责令其改正。用人单位应在收到工会要求就相应情况进行说明和改正的意见之日起一周内查清情况,并回复工会调查结果及采取的措施;如果工会不同意这一内部规章草案,或者向用人单位提出了改进建议,那么用人单位可以有三种选择:①采纳工会意见;②在 3 日内与工会进行补充协商,以达成一个相互能够接受的决定;③用人单位有权通过与工会意见尚有分歧的内部规章。当用人单位采取最后一种办法时,上级工会可以向同级国家监察机关或法院申(起)诉,也可以按《俄罗斯联邦劳动法典》所规定的程序提起集体劳动诉讼。国家劳动监察机关必须在收到工会的申诉书之日起一个月内进行审查,发现违法情况时命令

① 参见王佳慧:《〈俄联邦劳动法典〉中的劳动权利保护制度——兼谈我国劳动立法的完善》,载《湖北社会科学》2008 年第 12 期。

用人单位修改内部规章。

(2)工会对大规模裁员的审查限制制度。主要表现在以下三个方面。①用人单位在解除劳动合同之前有预先通知工会的义务。《俄罗斯联邦劳动法典》规定了工会参与用人单位解除劳动合同的程序。用人单位在下述情况下解除劳动合同时需要听取上级工会的意见:缩减劳动者编制或裁减人员;劳动者的技能不符合规定的评定标准;劳动者没有正当理由不止一次地不完成劳动任务。用人单位缩减劳动编制、裁减人员或可能发生解除劳动合同的情况时,必须在作出相应决定的 2 个月前以书面形式通知工会,如果缩减劳动编制或裁减人员可能引起大规模辞退劳动者的情况,则应在作出相应决定的 3 个月前通知工会。此时,用人单位应向工会提交决定草案,同时抄送作出此决定所依据文件的复印件。工会在收到草案和抄送文件后 7 个工作日内对其进行审查并向用人单位回复其书面意见。②工会有对裁员进行质询和就违法决定向国家监察机关申诉的权利。工会有权就用人单位关于解除劳动合同的决定草案中存在的问题及违法解除劳动合同的情况要求用人单位作出补充解释,用人单位有义务从收到该要求之日起一周内向相应工会报告其审核结果。如果工会不同意用人单位的决定,那么工会应在 3 个工作日内召开与用人单位或其代表人的补充质询会议。在没有达成一致意见的情况下,用人单位在将决定草案和抄送文件提交上级工会审查之日起满 10 个工作日后,有权通过该决定。这时,该决定可以被申诉到同级国家劳动监察机关。国家劳动监察机关在收到申诉书之日起 10 日内对解雇问题进行审查,在认为其违法的情况下,责令用人单位恢复劳动者的工作,并补发解雇期间的工资。用人单位不服国家劳动监察机关的决定的,可以向法院提出申诉。③上级工会有权就违法解除劳动合同、缩减编制和裁减人员的情况直接向法院提起诉讼。

(3)工会对劳动安全的监察制度。为了更好地实现监督作用,《俄罗斯联邦劳动法典》还规定,全俄工会协会及其各级组织应建立劳动法律和技术监察工会。工会的劳动监察权包括:对用人单位遵守劳动立法的情况进行监督;独立进行劳动条件及工人工作安全保障的技术鉴定;参与生产过程中发生的不幸事故及职业病的调查活动;从用人单位和其他负责人处收集所有关于劳动保障以及生产过程中发生的不幸事故、职业病情况的信息;保护工会组织成员在生产或工作中对其身体健康造成损害的赔偿方面的权利和利益;在工作对劳动者的生命和健康有直接危害的情况下,向用人单位提出暂停工作的要求;向用人单位提出消除已查明的违反劳动法及其他劳动法律规范的行为。可以看出,这一规定旨在增强工会监督的专业性,提高其监督效率。此外,《俄罗斯联邦劳动法典》还首次规定了工会监察员的权利,比《工会权利和活动保障法》中规定的权利范围更加广泛。工会劳动监察员作为工会协会劳动保护的全权代表,不但有权按法定程序不受干涉地进入企业,检查各企业遵守劳动法、工会法的情况及实行劳动保护的情况,而且还可以提起消除违反劳动保护规定行为的提案。

(4)对工会成员劳动权和工会活动的保障制度。《俄罗斯联邦劳动法典》规定,经选举产生的工会人员不脱离其在基层组织的基本工作,只有他在作为代表参加工会协会组织的代表大会会议,以及参加上级工会的工作时,才可以脱离本职工作。脱离工作的条件以及参加指定的公务所需要的时间和程序应事先规定在集体合同中。此规定旨在保障工会成员的工作权不因其参加工会活动而受到侵害,为工会成员解除后顾之忧。

同时,用人单位有义务创造适当的条件,保证工会活动的顺利进行。这些条件主要有:①向上级工会无偿提供召开会议、存放资料的房屋;②无偿为工会提供具有基本供暖、供电和办公设备的基础设施以及必要的法律文件;③基层工会组织可以按照集体合同的规定无偿使用或者租赁用人单位的房屋、设备、基础设施等建筑设施;④向基层工会组织拨付相应经费用于文化、体育和健身活动。

2. 国家劳动监察机关对劳动权的保护

《俄罗斯联邦劳动法典》较详细地规定了国家劳动监察机关对用人单位遵守劳动法及其他劳动法律规范的情况进行监督的权力及程序。国家劳动监察机关在执行职务时全权代表国家,独立于其他国家机关,只受《俄罗斯联邦宪法》、联邦法律和其他规范性文件的约束。国家监察机关的任务包括:(1)遵守、保障劳动者的劳动权利和自由;(2)保证用人单位遵守劳动立法及其他劳动规范法律文件;(3)为用人单位和劳动者获得遵守劳动立法及其他劳动规范法律文件的方法、途径的资料和信息提供保障;(4)在国家权力机关脱离法律和其他规范性文件的约束,以作为或不作为的方式,违反或者滥用职权时,获取证明其违法事实的资料。

3. 劳动者自我保护制度

《俄罗斯联邦劳动法典》首次规定了劳动者劳动权利的自我保护问题。主要有两点:(1)劳动者有权拒绝从事对劳动权可能造成侵害或对劳动者生命和健康造成危害的工作;(2)劳动者自我保护的权利不受侵犯。《俄罗斯联邦劳动法典》第 142 条规定,劳动者在用人单位超过 15 天不支付其劳动报酬的情况下,有权拒绝继续工作;除劳动法典和其他劳动规范性法律文件另有规定,劳动者可以书面形式通知用人单位的领导人或者其他代表,拒绝从事直接危害劳动者生命和健康的工作、劳动合同约定工作范围以外的工作。《俄罗斯联邦劳动法典》第 379 条规定,在拒绝工作期间劳动者享有劳动法及其他含有劳动规范的法律文件规定的所有合法权利。《俄罗斯联邦劳动法典》第 380 条规定,用人单位无权妨碍劳动者实现其对劳动权利的自我保护,在劳动者采用法律允许的方法对劳动权利进行自我保护时,禁止对其进行限制。

六、俄罗斯民法的发展

《俄罗斯联邦民法典》一直处在修改变动之中,各个部分都存在不同程度和不同数量的修改。从法典第一部分生效至今,法典的每个部分都进行了多次修订。据统计,截至 2023 年 12 月底,第一部分共修改 75 次,第二部分共修改 78 次,第三部分共修改 25 次,第四部分共修改 40 次。其中第一、第二部分通过较早,因此修改次数也较多。

1996 年 2 月 20 日,通过了《关于补充俄罗斯联邦民法典第一部分的联邦法律》,对《俄罗斯联邦民法典》第 64 条第 1 款进行了补充,即规定"在清算吸引公民资金的银行或其他信贷机构时,应首先满足作为吸引公民资金的银行或其他信贷机构债权人的公民的要求"。1997 年 10 月 4 日通过《关于修改和补充俄罗斯联邦民法典第 855 条第 2 款的联邦法律》,对《俄罗斯联邦民法典》第 855 条第 2 款进行以下修改和补充,即在"俄罗斯联邦社会保险基金、俄罗斯联邦居民国家就业基金"之后添加"和强制性医疗保险基金"的表述。2004 年 12 月 4 日,通过《关于修改俄罗斯民法典第三部分第 1174 条的联邦法律》,对《俄罗斯联邦民法典》第三部分第 1174 条第 3 款第 4 项进行修改,将"100"改为"200"。2006 年 12 月 18 日第 231 号联邦法律增加了"保护公民肖像"的条文,规定公布和进一步使用公民肖像须经公民同意,规定了同意原则的例外情形及在公民死亡后肖像的保护主体。2008年7月18日,俄罗斯联邦总统签署第1198号关于完善《俄罗斯联邦民法典》的总统令,启动了《俄罗斯联邦民法典》的现代化进程。2008年11月8日,通过《关于修改俄罗斯联邦民法典第四部分第1473条的联邦法律》对《俄罗斯联邦民法典》第四部分第1473条第4款进行修改,在第1款中删除"俄罗斯联邦"一词,第8段改为"在法人实体的企业名称中加入俄罗斯联邦或俄罗斯的官方名称,以及该名称衍生的词语,须经俄罗斯联邦政府按照规定程序签发的许可证",第9段改为"如果撤回将俄罗斯联邦或俄罗斯官方名称以及该名称衍生的词语纳入法人实体名称的许可,法人实体应在三个月内对其组成文件进行相应的修改"。

2009年10月13日,俄罗斯联邦总统签署了《俄罗斯联邦民事立法发展的基本构想》,作为民法典现代化的指导性文件。2011年12月16日,俄罗斯签署《关于加入世贸组织的马拉喀什协议》,于2012年8月22日正式加入世贸组织。成为世贸组织成员后,俄罗斯便遵守《马拉喀什协议》《与贸易有关的知识产权协定》(TRIPs)等世贸组织框架下条约。

2012年12月30日第302号联邦法律也对《俄罗斯联邦民法典》关于公民姓名的第19条和关于公民住所地的第20条进行了修改。2013年7月2日第142号联邦法律对第8章"非物质利益制度"进行了修改:①一是扩大了受保护的非物质利益的范围。第150条第1款规定,其范围包括生命和健康、人格尊严、人身不受侵犯、名誉、商业信誉、私生活不受侵犯、住宅不受侵犯、个人和家庭秘密、迁徙自由、选择居留地和住所地的自由、公民姓名、作者身份等;第152.1条明确规定"保护公民肖像"。二是规定了判断该清单没有规定的非物质利益是否应受保护的实体标准。第150条第1款中规定了非物质利益的一般特征,即"自出生或者依照法律归属于公民"和"不得转让给他人"。三是发展了姓名、名誉、尊严和商业信誉的保护规则。四是公民肖像权的保护规范得到了更新。第152.1条第2款中增加了依据法院判决对准备流通或已在流通中的包含违法取得公民肖像的物质载体复制件的没收与不给予任何补偿而销毁的保护方式;第3款规定

① 参见张建文:《俄罗斯联邦民法典现代化中的非物质利益制度变革》,载《学术交流》2016年第9期。

了在互联网传播的背景下保护公民肖像的方式。

2014年3月12日，俄罗斯总统签署了第35号联邦法律，对《俄罗斯联邦民法典》第四部分作了多项重大修改。大部分内容的更改于2014年10月1日生效，适用于俄罗斯联邦境内包括专利权、实用新型、工业品外观设计、专有技术、商标、许可和侵权责任等多种类型的知识产权权利。2016年12月28日，通过《关于修改俄罗斯联邦民法典第一部分第3条的联邦法律》，对《俄罗斯联邦民法典》第一部分第3条进行修正，并补充第2.1款如下："2.1.本法典的修正案以及本法典条款的暂停适用或宣布无效的规定，由单独的法律执行。规定对本法典进行修正、暂停适用或宣布无效的规定，不得纳入修改本法典条款的法律文本，它们（中止效力或宣布无效）是俄罗斯联邦的其他立法行为，或包含独立的法律规范主题。"2018年8月3日，通过《关于修改俄罗斯联邦民法典第三部分第1202条的联邦法律》，对《俄罗斯联邦民法典》第三部分第1202条第1款进行修正，并将其补充为"……和《联邦国际公司法》"。

2020年12月30日，通过《关于修改俄罗斯联邦民法典第四部分第1422条的联邦法律》，对《俄罗斯联邦民法典》第四部分第1422条第4款进行修正，将"联合会"一词改为"联合会。本项规定适用于根据法律指定为中小企业实体的个体企业家和法人实体以及公民"。2021年6月11日，通过了《关于修改俄罗斯联邦民法典第一部分第358.17条的联邦法律》，对《俄罗斯联邦民法典》第一部分第358.17条第1款进行修正，即规定"证券质押合同可规定质押人行使质押人所拥有并经质押证券证明的全部或部分权利"。

2023年2月28日，通过《关于修改俄罗斯联邦民法典第三部分第1125条和第1171条的联邦法律》，对《俄罗斯联邦民法典》第三部分进行修改，在第1125条第7款和第1171条第7款中将"俄罗斯联邦领事机构官员"改为"领事官员"。2023年7月24日，通过《关于修改俄罗斯联邦民法典第一部分第453条的联邦法律》，对《俄罗斯联邦民法典》第一部分第453条第3款进行修正，修正后内容如下："在合同变更或宣告合同无效的情况下，除非协议另有规定，否则自双方当事人订立变更或宣告合同无效的协议之日起，义务即被变更或终止。在法院修改或宣告合同无效的情况下，自法院关于修改或宣告合同无效的决定生效之日起，义务被视为已修改或终止，除非该决定规定了从某日期起,义务被视为已相应修改或终止。这一日期由法院根据合同的实质和(或)修改合同的法律效力的性质确定,但不得早于导致修改或宣告合同无效的情况发生的日期。"2023 年 7 月,俄罗斯总统普京签署了一项法案,对现行《俄罗斯联邦民法典》的部分条款进行修改,引入了数字卢布和创建相应电子平台的法律规范。

第四节　经济立法

俄罗斯联邦自确定向市场经济过渡之后,实施了全方位的改革措施,辐射至经济领域的各个方面。因此,俄罗斯联邦在转型时期的经济立法相当活跃,数量颇多,涉及领域甚广。例如,《俄罗斯联邦著作权及相关权法》于 1993 年 8 月生效,1991 年 11 月颁布了新的《俄罗斯联邦银行法》,1991 年 10 月 4 日颁布了《俄罗斯联邦旅游法》,1992 年颁布了《俄罗斯联邦专利法和商标法》《俄罗斯联邦外汇调节和外汇监督法》,1993 年颁布了《俄罗斯联邦海关法典》《俄罗斯联邦关于文化珍品进出境办法的法令》,1994 年 6 月 30 日颁布的《完善俄罗斯境内贵重金属交易的办法》,1995 年 11 月 20 日生效的《俄罗斯联邦水法典》,1995 年还颁布了关于国家调整电能和热能的法律,1996 年颁布了《俄罗斯联邦股份公司法》,1998 年 3 月 1 日起生效的《俄罗斯联邦有限责任公司法》,1998 年 6 月国家杜马通过了关于《俄罗斯联邦股份公司(国营企业)职工法律地位特点法》,1998 年 6 月国家杜马第二次通过了《俄罗斯联邦农业法典》和《俄罗斯联邦建筑法典》,1998 年 7 月 29 日颁布了《俄罗斯联邦估价活动法》,1998 年通过《俄罗斯联邦不动产抵押法》,1999 年、2000 年 7 月分别颁布了《俄罗斯联邦税法典》第一部和第二部。

同时,俄罗斯联邦经济立法的修改相当频繁,法律缺乏稳定性。例如,1992 年 2 月 7 日公布的《消费者权利保护法》,实施不到 4 年就于 1996 年 1 月 9 日颁布了《修改和补充〈消费者权利保护法〉的法律》;1992 年 11 月 19 日颁布的《企业破产法》已经被 1998 年 3 月 1 日生效的《破产法》所取代;1990 年 12 月 5 日生效的《股份公司条例》已被 1996 年《俄罗斯联邦股份公司法》所取代。

此外，俄罗斯联邦经济立法一些领域的立法分散、零乱，缺乏系统性和完整性。例如，俄罗斯联邦关于有价证券的立法就是如此。涉及调整股票的法律就有：1990 年的《股份公司条例》、1991 年 12 月 28 日俄罗斯联邦政府的《有价证券发行和流通以及股票交易所条例》、1992 年 7 月 1 日的总统命令《国营企业商业化同时改组为股份公司条例》、1993 年 10 月 27 日的总统命令《保护股东权利的措施》、1994 年 7 月 11 日的总统命令《保护投资者的利益》。上述法律基本上是以政府法令和总统命令的形式公布生效的。立法机关有关票据和证券的立法，最早出现的是 1992 年《商品交易所和商品交易法》，俄罗斯联邦最高法院对此法适用作出了解释，认定证券符合该法关于“现货”的概念，将证券列入该法的调整范围。《俄罗斯联邦民法典》中关于票据和股票等有价证券的规范是目前最新、效力最高的规范。《俄罗斯联邦民法典》第一部分第 96—104 条关于股份公司的规定涉及有价证券，第 109 条也有这方面的内容，第 7 章证券和有价证券集中了这方面的规范。2012 年俄罗斯加入世贸组织以后，颁布了《技术调节法》。

一、破产法

从俄罗斯破产法发展的历史来看，彼得一世执政后，大力进行改革，积极兴办工厂，发展贸易，加强封建专制的中央集权制，俄罗斯国家开始称为帝国。沙俄于 18—19 世纪资本主义关系开始形成，俄国民法开始调整破产，1740 年 12 月 15 日颁布了《破产条例》，1800 年 12 月 15 日再次颁布《关于破产条例》。这些条例的制定、颁布和实施标志沙皇俄国形成了一系列关于破产的法律规范，形成了破产法。

（一）1992 年《企业破产法》和 1998 年《破产法》

俄罗斯破产法长期处在停滞状态，在俄罗斯联邦确立市场经济体制后，才出现新转机。1992 年 6 月，俄罗斯联邦总统通过了《关于支持和改善无支付能力（破产）的国有企业和采取特殊程序的措施的法令》。1992 年 11 月 19 日，颁布了《企业破产法》，即俄罗斯联邦的第一部破产法。1994 年 11 月 30 日，《俄罗斯联邦民法典》第一部分通过，其中第 25 条和第 65 条专门规定了破产制度。1998 年 1 月 8 日，俄罗斯联邦总统签署联邦《关于破产法》第 6 号法案。至此，俄罗斯联邦的第二部《破产法》颁行，于

1998 年 3 月 1 日起生效。

1992 年《企业破产法》和 1998 年《破产法》涉及的范围相当广泛,结构复杂,表述烦琐,尤其是 1998 年联邦《关于破产法》第 6 号法案在内容上比 1992 年《企业破产法》增加了 3 倍之多。从结构方面探讨,新法比旧法更严谨,逻辑性更强。1992 年《企业破产法》颁布前后,俄罗斯联邦正处于向市场经济过渡阶段,其民法(尤其是物法)和民事诉讼法(也涉及刑事诉讼法)均处于进一步修订时期,这些法律部门的规范正值新旧交替,相当混乱,旧法面临难以适从状态。新破产法的制定和颁布可以说面临了新的适应市场经济的民法和民事诉讼法已基本定型的状态,新法必然比旧法更完整、更严谨、更具逻辑性。

1998 年《破产法》共 7 章。第 1 章、第 2 章、第 4 章主要涉及物权法方面的规范,第 3 章为"仲裁法院审理破产案件的程序",规定了管辖权和案件审理的费用。第 2 章只有 2 条,但是必要的、必须独立成章的,涉及审理前的警告和预防措施。新法以专节分别规定了农业企业、破产企业、有价证券市场的从业人员、公民(包括个体企业主和个体农业经济者以及农场主)的破产程序。同《俄罗斯联邦民法典》第 25 条的规定相比较,1998 年《破产法》第 152 条将破产的主体范围扩及非个体企业主的普通公民。因此,1998 年《破产法》第 185 条明确指出,本法生效后,《俄罗斯联邦民法典》的一些规定势必作新的修改和补充。

1998 年《破产法》第 2 条涉及破产法的一些基本概念,规定破产宣告的方法有:仲裁法院的宣告、无力偿还债务的债务人的申请宣告。这一规定比 1992 年《企业破产法》更为精确。1998 年《破产法》第 3 条规定了破产标准:如未如期履行债务并已逾期 3 个月,对于公民破产进一步规定了逾期债务超过本人的财产,还规定了法人所欠债务金额为不少于 500 卢布(沙俄在 20 世纪初规定债务金额不低于 1500 卢布)。但是,1998 年《破产法》没有进一步区分出破产债务人和"不幸事件"债务人。

1998 年《破产法》第 23 条就法人破产规定了四个程序,而对个人破产只规定了两个程序,两者共有的程序为:破产程序和和解。对法人破产还规定了监督和外界人士的管理程序。1992 年《企业破产法》规定的破产程序有重组、解散以及签订和解协议,1998 年《破产法》取消了重组和解散,增加了监督和托管两个程序。1998 年《破产法》第 4 章共 10 条,规定了监督程序,涉及临时管理人的任命和限制债务人管理机构的缔约行为等法律后果。

1998年《破产法》第5章涉及外界人士管理(托管),规定外界人士的管理期可达几个月,甚至长达半年,破产人原领导机关不得再进行管理工作,更严格地限制破产人的缔约行为。第68条规定,由仲裁法院依据债权人会议的决定,作出实行外界人士管理的裁定。第76条规定,只有取得债权人会议或债权人委员会的同意,破产人才可以进行不动产买卖的缔约行为,并应由破产管理人签字。但是,缔约标的不超过破产财产的20%的不在此限之内。在外界人士管理期间,如果发生有损于债权人利益的缔约行为,可以经由仲裁法院审理予以撤销。1998年《破产法》第6章为"破产终结",第98条规定,破产终结开始后,进入履行所有货币债务的阶段,不再计算违约金和利息,还规定了变卖破产人财产的方法和程序以及破产管理人的权力。1998年《破产法》第7章共10条,涉及和解协议的形式、内容和法律后果。

1998年《破产法》采用了一些破产程序的新思路,比1992年《企业破产法》更接近世界上破产法的发展趋势。但是该法内容庞杂,结构和表述烦琐,尤其是在物权方面有一些规范,必然构成司法机关的"适用困难"。① 此外,涉及破产方面的规范性文件还有:1992年6月14日第623号总统令《维持和复苏经济状况恶化(破产)的国营企业的措施以及对它们适用的特别程序》。这一个立法文件是对1992年《企业破产法》的补充,第623号总统令规定了国营企业宣布无支付能力的程序,财政部法令是第623号总统令的实施细则。

(二)2002年《破产法》

2001年年底,俄罗斯联邦经济发展和贸易部起草了新的破产法草案并递交国家杜马,国家杜马于2002年3月6日一读通过。在准备该法案的二读过程中,国家杜马讨论了3500多项修正条目,二读、三读先后于6月20日和7月1日通过,7月10日俄罗斯议会上院联邦委员会通过该草案。2002年9月27日国家杜马通过,10月16日联邦委员会通过,10月26日联邦第127号法案通过了《俄罗斯联邦无支付能力法(破产法)》(以下简称

① 参见《俄罗斯民法中的破产传统与前景》,载《俄罗斯司法》1998年第10期。

2002 年《破产法》),这是俄罗斯联邦的第三部破产法,也是俄罗斯联邦的现行破产法。①

2002 年《破产法》由 12 章组成,共计 233 条,主要包括:总则、破产宣告、仲裁法院对破产案件的审理、观察、财务重组、外部管理、清算、和解协议、单独范畴的法人债务的破产特征、公民破产、破产的简易程序、终结条款和过渡性规定等。相对于 1998 年《破产法》,2002 年《破产法》提高了启动破产程序的入门要求,并把监管破产过程的一部分职能转移到新成立的行业自我监管组织。关于联邦政府在破产过程中的职能,1998 年《破产法》规定了政府作为债权人的优先地位,但是没有具体规定政府在破产过程中的投票权,2002 年《破产法》则剥夺了政府的这种优先地位,而代之以直接的投票权。

按照 2002 年《破产法》的规定,破产程序大体上分为对破产案件的审理阶段、破产调查阶段、优化财务状况阶段、外部调查阶段、破产诉讼阶段五个阶段。2002 年《破产法》适用除国有企业、机构、政党和宗教团体外的所有法律实体,也规定了包括个体经营者在内的与公民个人破产有关的法律关系。根据规定,有破产能力的债务人是指在俄罗斯联邦法律规定的期限内,无力清偿债权人的金钱债务和(或)无力履行强制性付款义务的包括个体经营者在内的公民或法人。

此后,俄罗斯破产制度经历了几次重要发展。2008 年国际金融危机,2011—2012 年的信贷热潮实际上使公民贷款的数额远高于他们能偿还的数额。从 2013 年年底开始,俄罗斯再次陷入严峻的经济危机时期,公民实际收入不断减少,加上商业银行贷款利率高,公民难以履行还贷义务,且通货膨胀和失业率明显上升,食品和工业制品价格上涨,立法者逐渐认识到该问题的严重性。鉴于此,2014 年 12 月 29 日联邦第 476 号法案《关于修改破产法及其他单行法》对 2002 年《破产法》第 10 章“公民破产”作出修改。2015 年 10 月 1 日俄罗斯公布新的法案《俄罗斯联邦个人破产法》,规定从当日起公民个人可以提出破产申请。根据这项法律规定,凡是总负债超过 50 万卢布(约 5.4 万元人民币)且至少有一项债务逾期 90 天及以上

---

① *Федеральный закон* “*О несостоятельности* (*банкротстве*)” *от* 26. 10. 2002 *N* 127-*ФЗ*.

仍无力偿还的公民皆可申请破产保护。相应地,被宣布破产的俄罗斯联邦公民将在 3 年内被禁止担任高级职务或启动个人项目,也无法在公务员系统或执法部门任职。至此,俄罗斯联邦的破产法将破产主体扩大至普通消费者,是在历史上第一次允许公民个人进行破产申请。2023 年 2 月 7 日,俄罗斯联邦宪法法院作出裁决认定,如果债务人已经注销,但债权人可以提供间接证据证明债务人的股东或者实际控制人对债务人的破产有过错,则债权人可以直接起诉债务人的股东或者实际控制人,不需要经过破产程序。

二、消费者权利保护法

俄罗斯联邦于 1992 年 2 月 7 日公布并施行《消费者权利保护法》,共 4 章 44 条。[①]

1992 年《消费者权利保护法》先宣布了此法的调整范围和立法意图,接着对一些基本概念(诸如消费者、制造人、执行人、销售人、标准、强行性验证、缺陷及重大缺陷)作出了界定。第 1 章“总则”的前 3 条涉及保护消费者权利的立法、共和国这方面立法的适用和国际条约的适用。第 4 条规定商品(工作、劳务)的质量。第 5 条规定消费者对商品(工作、劳务)安全的权利。第 6—8 条涉及信息问题(如消费者取得信息的权利、制造人以及执行人和销售人的信息、商品以及工作和劳务的信息)。第 9 条对销售人(执行人)的工作制度作出了规定。第 10—13 条的内容是关于各种责任和赔偿,规定了提供不当信息的责任,销售人(执行人、制造人)的责任,因商品(工作、劳务)缺陷而造成损害的财产责任以及精神损害的赔偿。第 14 条明确宣布有损消费者权利的契约条款无效。第 15 条涉及商业、生活服务和其他服务领域的优惠和优待权。第 16 条涉及对消费者权利的司法保护。

第 2 章共 9 条,涉及商品销售方面的消费者权利保护,具体规定了销售有缺陷商品的后果、提出请求的期限、商品缺陷的消除、更换等。第 3 章共 13 条,具体规定了执行工作和提供劳务中对消费者利益的保护。第 4

---

① 此法已由陈汉章译成中文。参见陈汉章:《俄罗斯联邦消费者权利保护法》,载《外国法译评》1993 年第 1 期。

章共6条,其主要内容为对消费者权利的国家保护和社会保护,规定了有关国家机构和消费者社会团体的职责。

1996年1月9日,俄罗斯联邦国家杜马通过了《修改和补充〈消费者权利保护法〉的法律》,后经联邦委员会同意和俄罗斯联邦总统批准,已公布实施。与1992年《消费者权利保护法》相比,1996年《消费者权利保护法》具有这样一些特点:(1)1996年《消费者权利保护法》对一些概念作出了更明确的界定。1992年《消费者权利保护法》前言中对消费者界定为"使用、取得、定作或者具有取得或定作商品(工作、劳务)的意图以供个人生活需要的公民"。1996年《消费者权利保护法》进一步明确公民的个人生活需要不能同营利相联系,即将金融服务的亏损排除在外。新版还对制造者、销售者和执行者作出更加明确的界定,扩大了商品(工作、劳务)重大缺陷的范围。(2)消费者权利保护的法律依据有了扩大。以前的《苏俄民法典》没有消费者权利保护的规范,因此1992年《消费者权利保护法》没有将民法典列入该法的法律依据。《俄罗斯联邦民法典》已包含了消费者权利保护规范,所以1996年《消费者权利保护法》在依据中增列了民法典。(3)扩大了消费者对商品(工作、劳务)安全的权利。1992年《消费者权利保护法》第5条第1款、第4款、第6款中均提及商品安全应呈现于正常使用、贮存、运输中。1996年《消费者权利保护法》增加了商品的再利用和再加工两个环节。(4)1992年《消费者权利保护法》关于赔偿的规定局限于损失。1996年《消费者权利保护法》赔偿范围扩大为生命、健康和财产的损害。(5)1996年《消费者权利保护法》对商品介绍、信息和使用说明的语言作了明确的规定,全联邦范围的应使用俄语,各联邦主体范围内的可以使用各自的民族语言。(6)1996年《消费者权利保护法》积极鼓励地方自治机构和消费者社会组织保护消费者的权利,明文规定违法企业缴纳的罚款,一半上交国库,一半归处理此案的地方自治政府或消费者社会组织,并且免除地方自治政府和消费者社会组织的诉讼费用。1992年《消费者权利保护法》规定必须将所处罚款全部上缴国库,只免除消费者本人的诉讼费用。(7)1992年《消费者权利保护法》虽然规定有精神损害赔偿,但是没有明确必须同财产损失赔偿分开计算,1996年《消费者权利保护法》明文规定了精神损害赔偿必须同财产损失赔偿分开计算。(8)1996年《消费者权利保护法》加重了销售者的责任,规定由销售者提供出售证明,并承担商品鉴定责任。还规定消费者在审理中对销售者提供的鉴定,有权提出异议。如果销售者最终没有责任,鉴定费用应由消费者负担。

此后,《消费者权利保护法》一直进行着修改,截至2023年年底,共修改36次。例如,1999年对《消费者权利保护法》进行修改,在序言部分第3段中,将“个人(家庭)非营利需求”改为“个人、家庭和其他非商业需求”;在第4段、第5段、第6段中,将“所有权形式”改为“组织法律形式”。2011年7月18日的修改包括:第1条第2款第3项宣布无效;在第7条第5款第2项中,删除“消费者权益保护领域的控制(监督)”等字;第17条第3款改为“3.根据俄罗斯联邦税费立法,消费者、其他消费者侵权诉讼原告免缴国家关税”;补充了第26.2条的内容;等等。2015年7月13日的修改,补充了第42.2条内容:“将国家监督机关的权力下放给俄罗斯联邦主体的行政权力机关,国家监督机关在消费者权利保护领域行使联邦国家监督的权力可以通过俄罗斯联邦政府的决定转移给俄罗斯联邦各主体的行政权力机关,要根据1999年10月6日第184-FZ号联邦法《关于俄罗斯联邦主体立法(代表)和国家权力执行机构组织的一般原则》进行。”2018年4月18日的修改,补充了第3.1条内容:“国家在对消费者权益保护领域进行监督时,国家监督机关按照2008年12月26日第294-FZ号联邦法《关于在实施国家控制(监督)和市政控制时保护法人和个体企业家权利》规定的程序对采购进行控制。对货物(工程、服务)采购的控制可由国家监督机构立即进行,同时通知检察机关。”2021年6月11日的修改,在第3条中补充第2款:为了实现消费者在消费者权益保护领域接受教育权,国家的监督机关应按照俄罗斯联邦政府规定的程序,将消费者权益保护、商品(工程、服务)质量和安全领域形成的国家信息资源予以公开。2022年5月12日的修改,将第4.1条修改为:“4.1不得出售含有行政或刑事责任的信息的货物,包括进口货物。”

三、竞争法和关于小企业的立法

(一)竞争法

1.1991年《竞争法》

苏俄于1991年3月22日颁布了《商品市场竞争和限制垄断活动法》(以下简称《竞争法》)。该法共7章,分别为总则,垄断,不正当竞争,反垄断委员会的任务、职能和权力,违法责任,诉讼,俄罗斯联邦反垄断委员会决定的撤销和执行。由此可见,这是一部广义的竞争法,其内容既涉及反不正当竞争又涉及反垄断。1991年《竞争法》第4条对企业在市场上的独占地位作了具体规定,市场份额超过35%的企业视为具有独占地位,由此可见35%的市场份额是衡量一企业独占地位的临界值。第5条第1款列举了经济主体滥用独占地位的5种行为:(1)为了造成或维持市场商品短缺或者为提价,企业从流通市场上回收商品。(2)向契约对方强加于其不利的契约条款,或强加于与契约标的物无关的条款。(3)以不平等条件向契约对方强加歧视性条款。(4)契约涉及对方没有兴趣的商品。(5)妨碍其他经济主体进出市场。

1991年《竞争法》将垄断界定为:经济主体或市场机构和行政机构违反该法,旨在阻止、限制或消灭竞争并损害消费者利益的作为或不作为。第6条明文禁止旨在限制竞争的横向协议和纵向协议。横向协议为参与直接竞争的双方或多方达成共同处于市场独占地位的协议,具体包括:(1)确定或维持价格、税赋、折扣和红利的协议。(2)提高、降低或维持拍卖价、投标价的协议。(3)依据所销售商品的买主或卖主的类型,按地区划分市场的协议。第6条第2款对纵向协议作了规定,即处于独占地位的企业与其供货者或买者达成的协议为纵向协议,如果造成实质上限制竞争,此纵向协议为违法协议。

1991年《竞争法》第7—9条涉及有关政府机关和管理机关的活动。该法第4条对有关行政管理机关作出了界定,包括:(1)联邦、各共和国、自治区、自治州和地区的国家与政府机关;(2)区和市设立的权力与管理部门;(3)社会组织和团体的管理部门,例如联盟、协会和商会以及企业跨部门、跨地区成立的履行管理职能的联合机构。第7条明文禁止行政管理机关从事限制企业独立性或区别对待个别企业的行为,如果该行为事实上构成限制竞争或者损害企业、公民的利益。第7条还具体列举了禁止行政管理机关从事的活动:(1)没有法律依据的禁止生产某种产品。(2)阻止企业在俄罗斯联邦境内某些地区的经营活动,或者以一定的方式限制企业的商品销售权、获取权、购买权和交换权。(3)指示企业优先供应商品给特定消费者或给予其优惠。第8条明文禁止行政管理机关之间缔结横向协议。第9条进一步对行政管理机关的工作人员作出限制性规定,禁止他们从事经商活动,不得自办企业,不允许在股份公司的例行会议上参与表决或发表意见,不可以在企业管理部门兼职。

1991 年《竞争法》第 10 条列举了禁止从事的不正当竞争行为:(1)传播有可能损害其他企业及其商业信誉的虚假、不准确以及失真的信息,这种行为属于商业毁誉行为。(2)在商品性质、生产方式、产地及质量方面误导消费者,这种行为属于误导消费者行为。(3)在广告中将自己的商品与他人商品作不正当比较,这是违法的比较广告行为。(4)未经允许使用他人的商标或商号以及模仿他人商品的形状、包装和外观,这是假冒和模仿侵权行为。(5)未经允许获取、使用或泄露他人的科技、生产或商业信息,这是侵犯商业秘密的违法行为。

1991 年《竞争法》规定对联盟、协会、商会和跨地区、跨部门联合体的设定、合并和接管,对股份公司的设定、合并、接管和清算进行控制,上述行为需获得联邦反垄断委员会的同意。该委员会必须在 30 日内对提出的合并申请作出决定(第 17 条)。1991 年《竞争法》具体地规定了反垄断委员会的权力和由其实施的制裁措施。反垄断委员会有权作出罚款的决定,最高额可达 100 万卢布,向该委员会提供虚假信息将被处以 5 万卢布的罚款。违反《竞争法》而引起的损害赔偿可以采用向法院起诉或仲裁方式解决。

2. 1991 年《竞争法》的发展

1994 年,随着《俄罗斯联邦民法典》的通过,竞争法的发展进入了一个新阶段。《俄罗斯联邦民法典》第 10 条规定,禁止利用公民权利限制竞争和滥用市场支配地位;第 1222 条规定,不公平竞争产生的义务适用于市场受这种竞争影响的国家的法律,除非法律另有规定。此外,《俄罗斯联邦地下资源法》第 17 条,《俄罗斯联邦银行法》第 32 条,1994 年 12 月 13 日《为联邦国家需要提供产品法》第 5 条,《俄罗斯联邦通信法》第 15 条、第 17 条、第 20 条和其他法令规定了一项长期的反垄断发展战略,并使之具有必要的制度性。关于保护金融服务(银行、保险和其他与资金有关的法人和自然人)市场竞争的立法也在逐步发展。《俄罗斯联邦电力法》是在保护竞争关系的法律框架内确立具体特点的一个典型例子。该法第 25 条规定,电力批发和零售市场的反垄断管理和监督由反垄断机构根据俄罗斯联邦反垄断立法、俄罗斯联邦政府的规范性法律文件进行,同时也要考虑上述根据俄罗斯联邦政府的规范性法律文件规定的联邦反垄断机构的规范性法律文件的特点。基于上述背景,俄罗斯联邦在1995年要求进一步修订《竞争法》及相关法律。

首先,对1991年《竞争法》的修改。俄罗斯立法中对不公平竞争的立法描述也出现在《竞争法》中,然而立法者当时只列举了5种形式的不公平竞争。不公平竞争的新提法出现在1995年5月25日《关于修改〈商品市场竞争和限制垄断活动法〉的联邦法》第5条中,其修订和补充俄罗斯联邦关于竞争和限制商品市场垄断活动的法律,它将经济主体的下列行为视为违法:(1)旨在在商业活动中优先获得商业利益的行为;(2)违反现行法律、商业惯例、诚信、合理、公正的要求的行为;(3)可能对其他经济竞争主体造成损失,或者损害其商业信誉的行为。

其次,对自然垄断领域法律的发展。当时,市场上占支配地位的经济主体的价格管理主要是在1995年8月17日的《俄罗斯联邦自然垄断法》的范围内进行的。在自然垄断的情况下经营的商品市场受专门法律管辖,被纳入特殊监管的具体行业只有7类:(1)通过输油管道对石油和石油产品的运输;(2)天然气的管道运输;(3)与电力和热能运输有关的服务;(4)铁路运输;(5)运输车站、港口和机场服务;(6)公共电信;(7)邮政服务。可见,被特殊处理的上述行业只是自然垄断中的一部分,其他如航空运输、市政交通、自来水等均不在其列。《俄罗斯联邦自然垄断法》对这些市场作了规定,该法确立了自然垄断实体的地位,并规定了无竞争市场的行为规则,禁止以经济上可行的方式阻止自然垄断领域从自然垄断转为竞争性市场。但是"该法的目的不在于为自然垄断行业提供'保护伞',而是对基于自然垄断行业的特性施以特殊的反垄断监管措施"①。

最后,相关法律法规的出台和修改。1994年俄罗斯联邦通过的一项重要规范性文件——《俄罗斯联邦政府关于俄罗斯联邦市场上经济非垄断化和竞争发展国家方案的决定》,确定了发展反垄断管理的长期战略,旨在强调国家反垄断政策必要的制度性和组织性。另外,管理影响竞争环境关系的法律也不能忽视这些法律,因为它们规定了对竞争环境产生和间接影响的规则。如为保护广告竞争,杜绝不当广告。1995年3月18日通过了《俄

① 刘继峰:《俄罗斯的经济转型与反垄断法规制目标的转向》,载张守文主编:《经济法研究》(总第20卷),北京大学出版社2018年版,第201页。

罗斯联邦广告法》,该法是反垄断法的一部分,规定了公司在广告市场上的行为规则,界定了不正当、不真实、不道德的广告以及故意虚假的广告,并明确了各类广告的特点,还规定了刊登广告者、广告制作者和广告传播者的权利和义务,联邦反垄断机构的监督权力和权利,并明确了违反广告法的责任。[①] 该法实施了 11 年后,当在俄罗斯建立和运作一个文明的广告市场时,该法的优点和缺点都得到了证明。然而,公司的市场营销战略越来越多地将新技术和新工具纳入其业务,而这些新技术和新工具不受现有广告法的管制。公众强烈主张国家加强对广告活动的监管,对 2006 年 3 月 13 日《俄罗斯联邦广告法》的制定和通过产生了重大影响。广告领域对 2006 年 3 月 13 日第 38 号联邦广告法进行调整,该法比其前身更加系统化,更加全面。此外,还包括《俄罗斯联邦电力和热力能源关税法》《合同制度法》,规范与公共或市政采购有关的关系,包括促进公平竞争,《俄罗斯联邦采购法》规定了为促进公平竞争而为特定客户采购货物、工程和服务的特点。

1998 年 8 月金融危机之后,经济政策的方向和方法发生了变化。人们认识到,反垄断政策既可以促进也可以阻碍经济政策的执行和有效性。一部新的竞争法正在出现。竞争法是在新的监管领域发展起来的。在竞争法管理方面,1999 年 6 月 23 日针对金融市场专门颁行了《金融服务市场竞争保护法》,明确界定了金融市场的基本概念,如金融服务、金融服务市场、金融服务市场竞争、金融服务市场资本集中等,揭露了金融机构之间在金融服务市场上不公平竞争的形式。该法规定了影响证券、银行、保险和其他金融服务市场竞争的关系,并对这些领域的金融企业的限制竞争行为进行规制,规定国家通过的信息只能由反垄断机构使用,也可以由有关的金融市场管理机构使用,还确定了金融机构可被视为不公平竞争的行为。[②] 该法的一些规定与 1991 年《竞争法》几乎完全重叠,包括金融市场中的垄断协议、市场支配地位、滥用权力阻碍竞争、经营者集中,在 2006 年公布《俄罗斯联邦保护竞争法》(以下简称《保护竞争法》)之前一直有效。此外,在监管标准和监管手段上都突出了金融市场的特殊性,为这一领域的

---

① См:*Федеральный закон от* 18.03.1995 *г. №* 108–*ФЗ* "*О рекламе*".

② См:*Закон* "*О защите конкуренции на рынке финансовых услуг*".

竞争政策确定了主要方向。

值得注意的是,2004年在俄罗斯联邦政府行政改革的框架内设立了联邦反垄断局后,7月29日俄罗斯联邦政府通过了《俄罗斯联邦反垄断局条例》,规定俄罗斯联邦反垄断局是一个联邦授权的执行机构,负责颁布法规、监督商品市场竞争法律的执行、保护金融服务市场的竞争、监督自然垄断主体的活动和广告。此外,俄罗斯联邦反垄断局负责监督有关为国家和市政需要发出商品订单、完成工作和提供服务的法律的遵守情况,并履行监督在俄罗斯联邦进行外国投资的职能。可以说,除了相关的联邦法律之外,竞争关系还可受俄罗斯联邦政府的决定、联邦反垄断机构的规范性法令的制约。如1996年2月19日俄罗斯联邦政府的第154号决议《特定商品市场份额超过35%的经济实体登记册》,俄罗斯联邦反垄断局2006年4月25日第108号《关于批准对商品市场竞争环境状况进行分析和评估的程序》的决议,其中批准了关于如何分析和评估金融服务市场竞争环境的定期建议。如果俄罗斯联邦的国际条约规定的规则与竞争法规定的规则不同,则适用俄罗斯联邦的国际条约规则。

客观地说,这段时期的竞争法采取的是竞争与反垄断统一的立法模式,并没有严格区分竞争法和反垄断法。也正因如此,这个阶段竞争法制的发展为在反垄断领域实行客观和公正的反垄断管理奠定了基础,有限地保障了俄罗斯市场经济的发展和转型,且在这个过程中形成的竞争法规则成为下一阶段竞争法发展的必要元素。

俄罗斯的立法者认为,特殊的法律制度只是市场环境不成熟时期的做法,立法的目标是建立完全统一的竞争法律制度。[1] 面对国内市场的变化,俄罗斯对竞争法领域的法律规范进行了多次修订和发展,《竞争法》在运行15年以后显然已不再符合俄罗斯的经济和法律现实,也不再符合竞争法的现代国际法律规范,俄罗斯竞争法也因此在2006年迎来了新的发展。

3.《保护竞争法》

2006年,俄罗斯联邦已经进入市场经济改革的深化阶段,俄罗斯私有化形成的垄断问题、计划经济时期的部分产业的垄断问题更加突出,同时

---

① 参见刘继峰:《俄罗斯的经济转型与反垄断法规制目标的转向》,载张守文主编:《经济法研究》(总第20卷),北京大学出版社2018年版,第201页。

市场上也形成了新的垄断势力。在这样的背景下,2006 年俄罗斯联邦对竞争法制进行全面的修订和发展,在整合 1991 年《竞争法》和《金融服务市场竞争保护法》的基础上,于 2006 年 7 月 26 日通过了一项具有里程碑意义的联邦法律——《保护竞争法》,实现了对商品市场和金融市场的统一监管,并就此形成了以《保护竞争法》为核心的竞争法体系。

《保护竞争法》包括 10 章,分为 54 条。第 1 章规定了该法的一般规定,其中包含了如金融组织、商品等基本概念,确定了该法律的立法目的和目标,还规定了各经济组织和经济主体之间行为的协调性。第 2 章旨在规范不公平竞争和垄断行为,规定在任何情况下,任何人不得以任何方式损害或伤害任何人的利益,其目的在于保障统一的经济空间、贸易活动自由进行、商品市场的高效运作,还特别规定了防止滥用优势地位的条款,以及“纵向”交易和协议的可行性。第 3 章明确了对限制行政部门和地方自治机关的良性竞争的禁止。第 4 章规定了咨询产品和市场的流通价格的反垄断要求,以及与各金融组织订立协议和合同的特点。第 5 章指出了国家和政府优惠的法律限制。第 6 章旨在规范反垄断机构的权力和职能。第 7 章指出,在保护经济主体之间的竞争方面,国家对经济集中的影响是强制性的。第 8 章也是最重要的一章,规定必须遵守反垄断机构的命令和决定,以及违反有关法律文书条款的责任和强制分割机构的条件。第 9 章规定了处理全部或部分违反反垄断法案件的程序。第 10 章载有该法的最后条款,还规定了有关文书生效的时间。

《保护竞争法》对于俄罗斯联邦在竞争领域的顺利运行和发展具有重要意义,其形成、内容等方面对于以前的相关法律而言都体现了一定的特点:(1)《保护竞争法》已经不再照搬西方国家的反垄断立法经验,而是深入研究本国的经济发展特点,植根于反垄断执法实践,对本国经济、社会因素进行综合考量,将效率、公平、保护消费者利益、提高市场主体的竞争力等理念融入法律制度。[①] (2)《保护竞争法》提出了一个新的概念,即“集体”(相对于个人)支配、协调行动和垄断性高价格。(3)2006 年俄罗斯联邦将金融服务市场的反垄断规制统一纳入《保护竞争法》,并将金融服务界

---

① 参见邢梅:《转型时期俄罗斯反垄断法的政策含义》,载张守文主编:《经济法研究》(第 9 卷),北京大学出版社 2011 年版,第 294 页。

定为金融组织提供银行、保险、证券、租赁合同服务以及有关吸收和配置法人和自然人的资金的服务,从而形成《保护竞争法》对各个行业一体适用,实质性地提高了联邦反垄断机关的权威。(4)协同协议的管理原则允许根据参与者的市场份额对这类协议作出区别对待。对市场份额较小的交易对手适用安全港制度,经济主体之间的协同协议是允许的,每一主体在任何商品市场上的份额不超过20%。相比之前的规定,《保护竞争法》对协同行为的认定标准有了本质上的改变,这种改变可以概括为由客观推定转为主、客观标准结合认定。[①] (5)在通过《保护竞争法》之前,《俄罗斯反垄断法》将垄断高价格的定义作为核心,这种定义更难适用,但在经济上最适当,即在竞争条件下,超过可比市场价格的价格,该法规定了垄断性高价格的两个标准:高于可比市场的价格和高于经济上合理的成本和利润。[②] (6)在空间效力范围上,《俄罗斯反垄断法》的规定提纲挈领且兼具域内效力与域外效力。在对象效力范围上,《俄罗斯反垄断法》的规定具体明确。简而言之,《俄罗斯反垄断法》适用于俄罗斯联邦行政机构和被授予行政机构职能的机构或组织以及包括个人企业在内的自然人、法人。

《保护竞争法》是一部广义的竞争法,将保护商品和金融市场竞争的规则合并为一项法律,就为统一处理经济行为者的公平和不公平竞争形式奠定了法律基础,是"具有开创性的,因为它引入了许多新的概念和制度,并对先前的反垄断规则和程序问题进行了大幅调整"[③],为俄罗斯联邦境内提供统一的市场经济环境、保障商品自由流通、支持竞争、商品市场的有效运行创造了环境,并以此确保了行为者可以同时或相互关联地在商品市场和金融服务市场上进行活动。

《保护竞争法》无疑是俄罗斯竞争法发展的重要一步,但并没有完全解决当时存在的所有问题,这一领域的侵权行为并没有减少,有时还会增加,

---

① 参见刘继峰:《俄罗斯反垄断法"协同行为"认定标准的创新及借鉴》,载《法商研究》2011 年第 3 期。

② См:СмагинаА. Ю. Развитие системы антимонопольного законодательства в России // Таврический научный обозреватель. 2016 № 3.

③ [摩尔多瓦]亚历山大·斯维特利奇尼(Alexandr Svetlicinii)、张娟娟:《金砖国家的竞争法制度体系——为保护市场竞争而发展的更好模型和机制》,何菁译,载《复旦公共行政评论》2017 年第 2 期。

这是因为虽然在行使权利的方式和方法方面取得了进展,但也为滥用法律提供了更多的法律机会。竞争是有效经济增长不可或缺的组成部分,向经济关系参与者提供合格的法律帮助不仅是个人的需要,而且是一个社会的需要,且社会关心法律关系的稳定和不受破坏的影响。因此,俄罗斯立法者非常重视改进竞争法,随着时间的推移对竞争法作出相应的修改,以改进和发展保护竞争和反垄断的管理制度。

第一,行政垄断范围的发展。俄罗斯无论是在《竞争法》中,还是《保护竞争法》及后续的修订中都重点强调了对行政性垄断的监管。2002 年该法的修订中,将行政性垄断单独列为一章,其将行政性垄断界定为俄罗斯联邦行政机构、各部门行政机关、各市政当局或委托行使指定机构职能或权力的其他机构或组织的限制竞争的法令、行为、协议或协同行为。2006 年在该法的修订中,又将反行政性垄断从商品市场扩展至金融市场,实现了这两个市场中相关监管的原则和制度的统一。这样,"反垄断法规定的行政垄断违法者的范围就扩大到除依《俄罗斯联邦宪法》第 10 条规定的享有国家立法权的联邦立法机关、享有司法权的各司法机关、最高联邦行政机关之外的所有权力主体及享有行政权力的主体"①。

第二,加强对垄断行为的行政处罚力度。2007 年通过了《俄罗斯联邦行政违法法典》修正案,对违反反垄断法的行为规定了新罚款制度。由于这些修正,俄罗斯联邦反垄断局的罚款数额在 2008 年增加到 15 亿卢布。然而 15 亿卢布仅仅比反垄断机构的决定所施加 130 亿卢布的罚款的 10% 多一点。与此同时,涉及协定情形的案件,特别是涉及协议行为的案件日益增多。俄罗斯联邦最高仲裁法院全体会议 2008 年 6 月 30 日第 30 号决议说明了适用于反垄断立法的若干问题,该法令的主要组成部分如下:在某一具体合同违反反垄断法的案件中,反垄断机构在提出申请的情况下有权根据《保护竞争法》下令修改或撤销该合同的条款;因违反反垄断法而获得收入的群体的任何成员均可被追究行政责任;将一个具有群体性行为的经济主体进行登记的依据是它们在市场上的总份额;经济实体是自然垄断

---

① 刘继峰:《俄罗斯反垄断法规制行政垄断之借鉴》,载《环球法律评论》2010 年第 2 期。

的主体,在自然垄断和自然垄断的商品市场上的地位得到普遍承认。[①] 此外,2009 年在确定可转让罚款时采用了一种不同的方法,如果经济主体从货物(工程、服务)销售中获得的收入超过其所有货物销售收入总额的 75%,则罚款数额将为犯罪市场收入的 0.3%—3%。

第三,逐渐放宽市场份额限制。俄罗斯联邦政府 2009 年 7 月 16 日《关于经济主体间协议可受理性》的第 583 号决定放宽了市场份额限制,将交易主体的最大市场份额定为 35%,而且在向两个或两个以上卖方出售货物时,每个卖方的市场份额不受限制。[②] 7 月 17 日第 164 号决定又对立法作了重大修改,认定市场份额不到 35%,但超过了其他经济主体在有关商品市场上的份额,如果这种主体能够对商品市场的一般销售条件产生决定性影响的话,也是具有优势地位的经济主体。这样,基于经济主体的特性与影响力,扩大了优势经济主体的范围,有利于推动市场竞争的合理合法运行。

第四,加强竞争法对特殊领域的规范。在其他方面,有些法律规定了竞争法的特殊性。例如,2007 年 12 月 1 日第 315 号《自治组织法》规定了协调经济活动而进入市场的其他条件。该法第 4 条第 7 款规定,自治组织的标准和规则应禁止自治组织的成员从事有损于其他商业主体或专业活动主体的行为,并应要求防止不正当竞争、对商品(工作、服务)用户和其他人造成精神伤害或伤害的行为、损害自治组织及其成员商业信誉的行为。[③] 2009 年 10 月生效的《俄罗斯联邦刑法典》第 178 条规定,自治组织成员对参加协议和协调行动以及在 3 年内两次以上实施某些滥用支配地位行为应负刑事责任。作为一项惩罚措施,最高可处以 100 万欧元的罚款。

对于这个阶段而言,是评估《保护竞争法》之后俄罗斯竞争法制不断完善和推进的最好指标,因为新通过的竞争法存在诸多问题,后续通过相关法律的出台和配合,共同形成了一个较为系统和完整的竞争法律体系,并

---

① См:*Постановлении Пленума Высшего Арбитражного Суда Российской Федерации от 30 июня 2008 года.*

② См:*Постановление Правительства РФ от 16 июля 2009 г. № 583 "О случаях допустимости соглашений между хозяйствующими субъектами"*.

③ См:*Федеральный закон от 01. 12. 2007 № 315 - ФЗ "О саморегулируемых организациях"*.

且也在不断完善过程中进行制度的自我更新，为此后继续发展提供必要经验。

近年来，反垄断法随着经济形势的转变而不断发展，这反映在俄罗斯联邦最高法院的裁决、保护竞争和自然垄断的法律的变化等方面。2013 年 12 月 28 日，第 423 号决议认定《保护竞争法》第 30 条的规定无效，并排除了向竞争管理机构报告该法生效后进行的交易和其他活动的要求。然而，俄罗斯联邦反垄断局指出，如果在第 423 号决议生效之日前实施的《保护竞争法》第 27—29 条规定的相关交易（行为）的目的是保护俄罗斯联邦的竞争政策，则对于相关交易主体在 2014 年 1 月 30 日之前向竞争管理机构提交通知的要求仍然有效。然而，根据《俄罗斯联邦行政违法法典》第 1.7 条的规定，如果未能就 2014 年 1 月 30 日之前完成的交易（行为）发出此类通知，则行政责任将被排除。在上述联邦法生效后，直接或间接受《保护竞争法》第 27—29 条第 2 款管辖的人之间的交易（行为）中，不需要向反垄断机构提交申请或后续通知。如果根据《保护竞争法》第 31 条的规定，在一个群体中进行的交易和其他活动符合该条规定的条件，则竞争管理机构应随后得到通知。

2015 年 7 月 13 日第 250 号联邦法改变了保护竞争领域行政责任的法律规定，2015 年 10 月 5 日的《第四套反垄断措施》实现了这一目标。2015 年 10 月 5 日关于修订《保护竞争法》和俄罗斯联邦某些立法的第 275 号联邦法修订了《保护竞争法》等部分法律，详细列出了某些形式的不公平竞争，并改进了处理这一现象的机制，修改了一些关于保护竞争的行政责任的规则。[①] 该法律的生效，标志着《第四套反垄断措施》实施阶段的结束。

在竞争政策方面，俄罗斯联邦近几年也在不断推进和发展。为进一步加强国民经济，发展竞争和反垄断，俄罗斯联邦 2017 年 12 月 21 日的第 618 号总统令《发展竞争国家政策的基本方针》，确定改进政府竞争政策的目标是：(1) 通过扩大产品、工程和服务的范围，提高质量和降低价格，提高消费者的满意度；(2) 提高经济主体的经济效率和竞争力，包括确保自然垄

---

① См：Башлаков－Николаев И. В. *Об изменениях в нормахобадмини стративной ответственности в сфере защиты конкуренции*//Законы России：опыт，анализ，практика. 2016 № 3.

断主体有平等机会获得企业经营所需的货物和服务以及公共服务,鼓励经济主体创新,增加知识产品和服务在生产结构中的份额,发展高新技术产品市场;(3)稳定增长和发展多种经济,发展技术,降低国民经济的成本,减少社会紧张,保障国家安全。

与此同时,上述总统令确定了竞争政策的基本原则:(1)减少由国家或政府建立或控制的经济实体在商品市场活动的经济实体总数中所占的比例;(2)确保俄罗斯联邦境内经济活动的平等条件和自由;(3)确保中小型企业的发展;(4)促进公共投资方面的竞争;(5)创造条件,吸引经济主体对商品市场的投资;(6)不应阻止自然垄断领域从自然垄断向竞争性市场的经济上的合法转变;(7)以从事受管制活动的组织的成本效益为基础,在降低成本和提高效率的基础上,对价格(关税)进行政府管制,以确保消费者的长期利益;(8)不允许通过在竞争性商品市场上确定价格(关税)或价格上限来实施国家价格(关税)调节,俄罗斯联邦法律规定的情况除外;(9)在国有企业和国有企业的经济活动中促进竞争;(10)将预防和事后监管相结合,以保护竞争;(11)鼓励经济主体,包括在商品市场上占支配地位的行为者,落实国内反垄断执法制度;(12)反垄断政策的开放性;(13)国家和地方政府在执行国家竞争政策方面的责任;(14)使政府竞争政策成果具有可衡量性;(15)国家鼓励正当的经济活动实践;(16)在俄罗斯联邦发展有组织的贸易;(17)基础设施垄断的信息公开;(18)确保为公共目的采购货物、工程和服务的透明度,以及基础设施垄断企业和政府参与的公司采购货物、工程和服务的透明度;(19)在政府监督中采用风险导向方法;(20)在数字经济发展和全球化的背景下改进反垄断条例,以便有效地制止跨界违反反垄断法的行为,并提高俄罗斯公司在世界市场上的竞争力。

总统令还对自治组织、公共组织、工会和消费者委员会提出要求:(1)应当积极参与竞争咨询机构的工作;(2)利用对国家和地方政府的公共监督机制,查明旨在限制竞争和造成不必要行政障碍的行为和行动;(3)每年向联邦反垄断局提供关于评估俄罗斯联邦竞争状况和国家竞争政策有效性的资料,以便纳入联邦反垄断局编写的关于俄罗斯联邦竞争状况的报告;(4)继续努力使社会不容忍任何形式的不公平竞争和旨在垄断的经济活动;(5)与媒体合作,宣传国家竞争政策的执行情况、反垄断立法的要求以及公民和民间社会机构在抵制不公平竞争和垄断经济活动方面的积极经验。

此外,俄罗斯联邦反垄断局的工作也在一定层面上推动了俄罗斯竞争法的发展。2017 年俄罗斯联邦反垄断局局长发起了一项制定《2017—2018 年国家竞争发展计划》的倡议,这一倡议得到了时任俄罗斯联邦政府总理梅德韦杰夫的批准,确定的计划最后提交给俄罗斯联邦总统普京。与此同时,梅德韦杰夫经与俄罗斯联邦 10 个部委、俄罗斯联邦经济发展部和俄罗斯联邦反垄断局协商,批准《2017—2018 年国家竞争发展计划》。可以说,在计划的第一部分就提出了,"为了促进竞争,我们必须减少经济中的国营经济成分,必须恢复私人银行的正常运作,发展对小企业的支持,使私有化正常进行,使投资环境适当,并消除官僚主义、犯罪和官方壁垒"①。此外,联邦反垄断局局长建议俄罗斯总统普京批准《2017—2018 年国家竞争发展计划》,并要求政府执行该计划,根据反垄断局的计划,反垄断局应确定关键的竞争指标,并提出减少行政障碍的建议。

俄罗斯联邦在《保护竞争法》颁布之后作出的所有努力都在推动国内竞争领域合理发展,并且各个方面的工作也都能体现出俄罗斯联邦对于保护竞争和发展经济的内在要求,也正是这些需求决定了其竞争法制的不断发展。

(二)关于小企业的立法

苏联解体之后几年,俄罗斯联邦的经济陷入前所未有的困境,国营企业步履维艰,难以为继,但是,向市场经济的转轨为小企业的建立、发展展现了广阔的前景。为了摆脱经济困境,解决失业者的重新安置问题,以稳定社会,俄罗斯联邦政府积极鼓励和扶持小企业的发展,制定了支持小企业发展的方针、政策和一系列措施,并且用立法形式固定下来。

1995 年 6 月,俄罗斯联邦颁布了《政府支持俄罗斯联邦小企业的基本法》,以立法的形式明确了小企业的社会法律地位,依据该法的规定成立了支持和发展小企业的联邦专门委员会。1996 年年底,俄罗斯联邦政府又颁布了《支持小企业 1996—1997 年的联邦纲领》。俄罗斯联邦政府在资金、税收等方面给予小企业以巨大的支持。1996 年 4 月,颁布了俄罗斯联邦总统命令《关于支持小企业的首项措施的法令》。俄罗斯联邦经济发展部据

① См:*Национальный план развития конкуренциина* 2017-2018 *годы.*

此拨出5000亿卢布作为向小企业的投资。[1] 为了提高小企业的工作效率,1995年12月颁布了《简化小企业税收、财会、统计和报告程序的决议》。在1996—1998年,俄罗斯联邦先后出台了40多项涉及小企业活动的法律法规,如《俄罗斯联邦融资租赁法》《关于小企业领域的担保和保证制度》等。

为推进小企业继续发展,1999年12月31日,俄罗斯联邦政府颁布《关于在物质生产领域发展和国家扶持小企业以及促进其创新活动的综合措施》的第1460号决议,提出要将物质生产作为小企业最重要的活动领域,尤其是促进小企业创新活动的发展。2001年12月,俄罗斯通过了《国家扶持和发展小企业的政策构想》。俄罗斯国家杜马于2002年7月通过了简化小企业纳税方法和降低小企业税负的法律,规定将小企业的利润税、销售税、财产税、统一社会税和增值税合并为"小企业统一税"。2007年7月6日,俄罗斯联邦国家杜马通过了《俄罗斯联邦中小企业发展法》,并于2008年1月1日生效,这是俄罗斯小企业发展的重要法律,为小企业发展制定了新的规范,也为国家权力机关和地方自治机构扶持小企业提供了必要的法律依据。2011年,俄罗斯国家杜马通过了《关于更改俄罗斯联邦税典为创新活动创造优惠税收条件》的法案。根据该法案,俄罗斯企业和个人投资创新领域将获得多项税收优惠。创新型企业在注册的前3年享有财产税优惠,3年后如该企业被认定又引入了新的高效创新项目,其财产税优惠将得到延续。

近年来,俄罗斯联邦政府制定了若干措施为小企业发展创造有利条件,提供支持。例如,2016年俄罗斯联邦制定了《俄罗斯联邦中小企业2030战略》,规定了中小企业发展领域国家政策的诸多优先事项。总统普京还责令政府进一步简化对中小企业的纳税环节,要求年收入1.5亿卢布以下的企业实行简化税制。2019年7月,俄罗斯联邦政府颁布了修订后的《俄罗斯联邦中小企业促进法》。根据2020年4月1日颁布的第102号联邦法,规定自2020年4月1日起所有中小企业的保险缴费费率从30%降至15%,在2020年12月31日之前首次注册的个体企业可以在两个纳税期适用零税率,享受税收优惠的企业活动类型由各联邦主体独立确定。俄罗斯

---

① 参见[俄]阿·奥尔洛夫:《小企业的新老问题》,载《经济问题》1997年第4期,俄文版。

联邦总统普京于同年 4 月 12 日宣布了包括对中小企业提供财政援助、对特定中小企业实行临时工资补贴等“一揽子”援助计划。2021 年 8 月，俄罗斯联邦政府颁布《对〈俄罗斯联邦中小企业发展法〉第 8 章、第 14 章的修正案》，除个别地方将 2007 年出台、2018 年修改的《俄罗斯联邦中小企业发展法》中“小型和中型企业”的表述修改为“小型或中型企业”外，最主要的变化就是放宽了对已接受政府扶持（资金或贷款）的中小企业出现轻微违规行为的处罚措施。[①]

四、对外经济贸易法规

1991 年 11 月，俄罗斯联邦总统签署的《对外经济活动自由化法令》，加快了俄罗斯联邦对外开放的步伐，确立了加强对外经济合作和扩大对外经济联系的方针。此后，俄罗斯联邦又推出了一系列涉外经济法规，形成了对外经济贸易的新的调节体系。自 1991 年 11 月至 1993 年年底是俄罗斯联邦对外经济贸易改变的第一阶段，其主要特征为：废除经济贸易的垄断制度，初步按市场经济原则建立对外经济贸易的新的调节机制。自 1994 年年初至今俄罗斯联邦政府在全面修订涉外经济法规基础上，进一步完善了对外经济贸易的新的调节机制。

（一）1991 年《对外经济活动自由化法令》

此法令由俄罗斯联邦总统于 1991 年 11 月 15 日签署后，正式公布生效。最大程度地促进对外经济贸易活动的自由化是此法令的主要内容。该法令的第一点内容是，只要在俄罗斯联邦境内登记为企业或联合公司，无论其所有制形式是国营企业，还是股份制企业、私人企业，都可以不进行专门登记而从事对外经济贸易活动（包括中介活动）。与其相配套的是，法令规定俄罗斯联邦境内经授权进行外汇业务的银行，可以对一切法人和公民开设外汇账户。对于公民账户上的外汇必须按公民的要求不加任何限制地支付。此法令的第二点内容是，责令俄罗斯联邦政府大量压缩需要许可证和限额的进出口商品清单。此法令的第三点内容是，宣布取消对对外经贸活动的限制。

---

① 参见郭连成：《俄罗斯中小企业改革发展历程与政府扶持政策》，载《俄罗斯东欧中亚研究》2021 年第 6 期。

(二)进出口商品许可证和限额制度

根据1991年8月27日俄罗斯联邦政府通过的《关于在俄罗斯联邦境内实行进出口商品许可证和限额制度的决定》和《发放商品进出口许可证程序的条例》,俄罗斯开始对一些具有全联邦意义商品的出口和一些商品的进口规定限额,对在限额范围内的商品和其他一些特殊商品(主要指工程、劳务)的进出口实行全联邦统一的许可证制度。许可证由联邦许可证委员会按照统一的进出口商品清单发放。许可证分为一般性的和一次性的。一般性的许可证是根据国家订货或政府对商品进出口的委托而颁布,最长有效期不超过1年,但是经书面批准可以展期。其他绝大多数的许可证均为一次性的。1991年12月31日依据1991年11月15日的法令,俄罗斯联邦政府通过的《俄罗斯联邦境内进出口商品(工程、劳务)许可证和限额制度的决定》,批准了4个进出口商品清单。其中的1992年限额出口商品清单比1991年规定的限额出口商品清单大大减少了,主要包括煤、原油、石油加工产品等26种限额出口商品。出口限额由证书确认,证书可以自由出售,证书持有人有权获得许可证。此外,还规定,联邦外交部外经委同联邦财政部、贸易原材料部协商后,可以取消其中任何一种限额出口商品。规定中的另外3个清单是1992年需办理许可证的进出口特殊商品清单。为了进一步促进对外经济贸易活动的自由化,俄罗斯联邦在1992年6—8月又3次压缩需要限额和许可证出口商品清单。1993年11月2日,俄罗斯再一次压缩需要限额的出口商品清单,当时颁布的《凭许可证按规定限额出口的商品目录》共计列有12大类商品:燃料、电能、碳氢化合物原料、部分种类的有色金属及其生产原料、纸浆、小麦、豆籽、葵花籽、未变性乙醇、鱼、虾类和鱼子。1994年5月23日第1007号总统令《取消商品和服务的出口限额和许可证》及1994年7月1日第758号联邦政府决议《完善国家对商品和服务出口进行调节的措施》规定,自1994年7月1日起取消所有商品和服务的出口限额和许可证制度。但是,根据国际义务出口的商品,例如俄罗斯联邦根据国际协定对"共同市场"国家实行自动限制出口规模的一些商品(纺织半成品和纺织成品、硅类、尿素、硝酸铵和未加工的铝),以及特殊出口商品(主要有野生动植物、药材、译码器及其技术标准文献、武器及其军民两用产品、在军事技术合作领域里的劳务和服务、核材料及其工艺和设备、贵金属和宝石、矿物学和古生物学收藏材料、名贵宝石及其制品、麻醉剂、精神药物和毒药、有关俄罗斯联邦境内和大陆架和海洋经济带的燃料与能源原料的产地和蕴藏地区的资料以及讯息等)，仍然实行特殊出口商品的限额和许可证制度。

重要战略原料商品的特殊出口制度，是俄罗斯联邦政府于 1992 年 6 月 29 日颁布的第 434 号决定加以规定的。自 1992 年 7 月 1 日起，13 种重要战略原料商品的出口(1992 年 9 月扩大到 15 种)只能通过由联邦外经部专门注册从事这种贸易的企业和组织进行。

五、吸引外国投资的法规

(一)外国投资法

1. 1991 年《外国投资法》

为了吸引国外资金、技术和技术秘密，苏俄于 1991 年 7 月 4 日颁布了《俄罗斯苏维埃联邦社会主义共和国外国投资法》(以下简称 1991 年《外国投资法》)，自 1991 年 9 月 1 日起生效。这是俄罗斯首次以专门立法的方式对外国投资者在俄罗斯投资进行规范，以法律的形式规定了外国投资者在俄罗斯投资的程序、范围和享受的优惠政策等，为外国投资提供了必要的法律依据。[①] 1991 年《外国投资法》对外国投资者在俄罗斯联邦的投资建立了相当完备的制度，使外国投资较之以往显得更为便利和灵活。

1991 年《外国投资法》将外国投资界定为：外国投资者以各种财产和知识产权作为资本而进行的设立企业或从事其他营利性活动的行为。外国投资者可以参与任何不为法律所禁止的投资，可以用企业资本、营业资金、证券、特别保证金、科技产品、知识产权和其他财产权进行投资。该法规定的投资方式有：(1)拥有俄罗斯联邦企业的股份；(2)设立完全属于外国投资者的企业(子公司)或外国法律实体的分支机构；(3)取得企业的财产，包括厂房、设备、证券和其他财产；(4)取得俄罗斯联邦的土地和自然资源的租用和使用权；(5)其他不被苏俄法律所禁止的活动，包括贷款、寄托和出租。外国投资者可以对俄罗斯联邦境内任何未被法律禁止的投资项目进行投资，包括对国民经济各领域的固定资产和流动资产进行重建和实

---

① 参见王佳慧：《当代俄罗斯外资立法的发展》，载《俄罗斯中亚东欧市场》2012 年第 9 期。

行现代化,对有价证券、专项储蓄、科技产品、知识产权和资产权等项目进行投资。该法进一步规定食品工业、军转民产业、燃料和能源部门、进口替代产业为吸引外资的重点领域。

1991 年《外国投资法》明文规定俄罗斯联邦对外国投资实行“绝对法律保护”。具体表现为:保障外国投资不被国家机关强行没收,不受政府官员的非法损害,不对俄罗斯联邦境内的外国投资企业实行国有化、征用或没收。在特殊情况下出于维护社会公共利益的需要,对外国投资企业实行国有化或征用时,必须立即给予等价赔偿(应该用投资时使用的货币或外国投资者认可的货币支付),如不能按时支付赔偿费,应按俄罗斯联邦现行利率加算利息。对俄罗斯联邦国家管理机关作出没收的决定,外国投资者可以向俄罗斯联邦最高法院或最高仲裁法院起诉。1991 年《外国投资法》还规定保障外国投资者在照章纳税后不受任何限制地向国外汇寄与投资有关的外汇,包括投资收入(含利润、股息、佣金、技术服务费和其他酬金)、根据货币需求权和履行有经济价值的契约义务给予的付款、投资者部分或全部清算和出售投资所获款项以及按规定得到的赔偿费。

1991 年《外国投资法》规定了 3 种外商投资企业类型:合营企业或者混合所有企业(联合企业)、独资企业及外国法律实体的分支机构。外国投资者可以通过成立一个新的法律实体、在已有的俄罗斯联邦企业取得平等股份(股票、其他证券)以及完全占有已有的俄罗斯联邦企业 3 种方式设立上述 3 种外商投资企业。外商投资企业的设立不仅要遵守国内法律实体的注册程序,还需得到俄罗斯联邦政府的特别许可。特定组织和公司的设立需要另外的特别许可,如大型建筑和科技项目必须经过俄罗斯政府组织的专家评估,有些企业还需得到生态或卫生(传染)部门同意。外资企业创办书必须写明经营项目及宗旨、企业决策程度以及企业终止的程序,另外还应写明组成人员名单,章程资金的总额和认缴程序,股东股份比例以及管理机构的结构、组成和权利。

按照 1991 年《外国投资法》的规定,外资企业可经营俄罗斯联邦立法未禁止的各项业务,但是,从事保险业务和充当有价证券交易经纪人,需领取俄罗斯联邦财政部颁发的许可证;从事银行业务,需领取俄罗斯联邦中央银行颁发的许可证。外贸企业可根据契约确定自产产品(工程、劳务)在俄罗斯联邦市场上销售的条件(包括价格)以及进货和雇佣劳动力的条件。

外国投资者在企业成立期内运入俄罗斯联邦境内且作为企业法定基金的财产以及用于本企业的物资生产的财产都免征进口关税。外资企业的外籍职工出于本人需要带入俄罗斯联邦境内的财产也免征进口关税。外资占法定基金30%以上的合资企业可以不办理许可证自行出口自产产品和进口自用商品,出口所得的外汇全部由该企业支配。一切外资企业均应按联邦现行法律规定的税项纳税。

1991年《外国投资法》与以往的法律相比具有重大突破:第一,扩大了投资主体的范围,允许外国自然人、无国籍人士和定居国外的俄罗斯公民对俄投资,体现了广泛吸引外资的宗旨。第二,提高了外国投资者的法律地位,给予其国民待遇。第三,扩大了外国投资者的投资范围,规定了他们在俄罗斯联邦境内的投资程序。第四,规定了外资企业的法律组织形式和种类。在俄罗斯联邦境内,外资企业可以股份公司或其他经营性公司的形式开展业务。在俄罗斯联邦境内允许成立的外资企业种类包括部分外资参股的合资企业及其子企业和分支机构,外国独资企业及其子企业和分支机构,外国法人的分支机构。这一规定放宽了外资进入的企业形式限制,允许外国公司设立拥有全部股权的子公司,而不再要求仅采取合资企业的形式。第五,详细规定了市场准入审查程序。第六,规定了较为具体的投资保障措施。第七,给予外国投资者一定优惠。俄罗斯向外国投资者提供货物和服务进出口关税优惠,对于自由经济区的外国企业还给予特殊优惠政策。①

2. 1999年《外国投资法》

以1999年7月9日颁布的《俄罗斯联邦外国投资法》(以下简称1999年《外国投资法》)为标志,俄罗斯联邦外资政策全面放开。该法明确规定,外资经营活动受俄罗斯联邦法律保护,在俄罗斯联邦可以进行任何合法的投资活动;外国投资者有权购买有价证券、自然资源、房屋、建筑物和其他不动产,参与俄罗斯联邦私有化进程,并享有法律提供的各种优惠;俄罗斯联邦政府保障外资重点项目在投资期内免受政策法令变更的影响;外国投资者的权利和义务可以向第三方转让;外国投资者的财产不被非法没收、

① 参见王佳慧:《当代俄罗斯外资立法的发展》,载《俄罗斯中亚东欧市场》2012年第9期。

征用和国有化,因特殊原因发生上述情况时,俄罗斯联邦政府必须给予赔偿;外国投资者依法纳税后,可以自由支配其收入(利润、股息和利息等),包括将收入汇出境外;外国投资者在俄罗斯联邦境内发生争议和诉讼时将得到公正待遇;外国投资者有权将投资带入的资产和资料带出俄罗斯联邦国境。

1999年《外国投资法》是俄罗斯联邦协调外国对俄罗斯联邦投资活动的基本法,其与1991年《外国投资法》在立法目的、内容等方面都有所不同,主要表现在:1991年《外国投资法》的立法目的是确立外国投资者在苏俄境内实施投资活动的总的法律原则,为外资企业的设立和经营提供基本的法律规定,而1999年《外国投资法》旨在为外国投资者进行实际投资活动时的权利提供保障,包括进行哪些投资活动的权利,享有自由支配投资所获收入和利润的财产权利,享有经营活动条件等方面的权利保障等。

(二)对外国投资限制的法规

对外国投资加以限制的法律文件有:1993年5月20日俄罗斯联邦国家海关委员会公布的《关于外资企业的国家注册》,1993年5月21日俄罗斯联邦环保部门发布的《关于对外资企业的生态鉴定的说明书》及1993年6月29日俄罗斯联邦税务部门发布的《关于自由经济区企业征税》。鉴于这些限制性文件的出台,俄罗斯联邦总统叶利钦于1993年9月27日发布命令取消对外国投资者的额外限制,明确宣布只有俄罗斯联邦法律和俄罗斯联邦总统才能规定对外国投资者在俄罗斯联邦境内活动的限制,其他一切机关发布的文件对外国投资者的额外限制均为无效。

实际上,自20世纪90年代以来,俄罗斯在对投资迫切需求的推动下,对外资审查较少,一些外国公司在俄战略领域掌握了相当多的股权,甚至一些军工企业也受到外国资本的控制,俄罗斯国家经济安全遭到冲击。从21世纪初开始,俄罗斯开始对国外资金进入本国进行限制,但于法无依。为改变这种状况,需要出台相关法规。2008年5月7日,俄罗斯联邦总统普京签署《俄罗斯联邦关于对保障国防和国家安全具有战略意义的经济公司实施外国投资程序法》(以下简称《俄罗斯联邦战略外资法》)。《俄罗斯联邦战略外资法》将矿产地质勘探研究、核能、武器生产和销售、渔业、宇航业、与国家垄断资源及国家安全相关产业的服务业、大众电信服务业、邮政服务、供暖和供电行业、在覆盖俄罗斯全体居民人口一半及以上的区域开展电视和广播业务、日发行量不少于100万份的印刷媒体等42个行业规定为战略领域。

根据《俄罗斯联邦战略外资法》,欲获得俄罗斯战略领域企业50%以上股份的外国公司,应事先向相关机构提出申请。如果俄罗斯企业有外国国有公司参股,则外商在购买25%以上的股份时,都要经过批准。此外,所有持有俄罗斯战略公司5%以上股份的外国公司,都应向俄罗斯联邦政府汇报控股情况。为使这一法律与其他法律相一致,俄罗斯还依该法规定对《俄罗斯联邦地下资源法》《俄罗斯联邦大陆架法》《俄罗斯联邦股份公司法》《俄罗斯联邦有限责任公司法》《俄罗斯联邦外国投资法》《俄罗斯联邦通信法》《保护竞争法》等联邦法律进行了修改。

按照《俄罗斯联邦战略外资法》,从事以下几类业务的公司被认定为对俄罗斯国家安全具有战略意义:(1)核工业,包括核设施的安装、建造和运行;核原料及放射性物质的勘探、开采、生产、使用、加工、运输、保存、掩埋;与核材料和放射性物质有关的科研和试验;设计、规划、制造核设备、放射源、核材料保存点或储存库等。(2)信息领域,包括信息和电讯系统的研制、使用,信息加密技术服务,获取秘密信息的电子设施的研制、生产和销售等。(3)军工领域,包括武器和军事设备的研制、生产、维修、回收、贸易;武器、弹药及其部件的研制、生产、回收、贸易;工业用爆破器材的生产、销售和运输;生产、销售用于武器和军事装备制造的金属、合金等。(4)宇航业,包括航空安全的保障,宇航活动,航空设备的研制、生产、维修、试验等。(5)在覆盖俄罗斯全体居民人口一半及以上的区域进行电视和无线电传播。(6)通信业,包括处于主导地位的行业从事的俄罗斯境内的通信服务;5个或5个以上俄罗斯联邦主体及联邦级城市的固定电话通信服务;自然垄断主体从事的服务,包括石油或石油产品、天然气的管道运输,电力和热力服务,铁路、港口、机场服务等,大众通信、邮政和配电网的供暖、供电服务除外。(7)自然资源领域,包括从事联邦级矿产、矿藏的研究、勘探和开采,开发和捕捞水生物资源等。(8)印刷出版业,包括每月印刷数量不少于2亿份及编辑部或出版社单期不低于100万份的印刷出版业务。(9)其他方面,包括从事对水文气象和地球物理现象产生有效影响的工作、传染病病原体的研究等。

违反《俄罗斯联邦战略外资法》具有一定法律后果。从总体上看,违反该法可能产生以下三种后果。一是交易无效。从事违反该法规定的特定交易的,该交易无效,法院可撤销交易的法律效力。二是剥夺外国投资者的投票权。存在以下四种情形时,主管机关可以向法院起诉,剥夺外国投资者在战略性公司股东大会上的投票权,并在统计股东大会有效人数和投票数时,不计算外国投资者及其投票。第一,交易违反该法,并且外国投资者已控制了战略性公司,导致法院无法改变交易的法律效力;第二,外国投资者在通过回购股份、优先股转换为普通股等方式导致股份比例变更或以其他方式控制战略性公司时没有按照规定程序提出控制申请;第三,外国投资者不严格履行或未履行其在申请控制战略性公司时承诺的义务;第四,外国投资者并未执行以下规定:外国投资者在没有获得批准的情况下已经控制了战略性公司时,须在主管机关向其发出不得控制决议之日起 3 个月内,转让其持有的战略性公司股份,未转让的部分不应导致其对战略性公司的控制。三是通过诉讼程序认定外国投资者的决议无效。当外国投资者违反该法规定获得对战略性公司的控制后,战略性公司股东大会和管理机构作出的决议以及该公司实施的交易可因主管机关的起诉由法院认定为无效。

此后,俄罗斯联邦政府于 2010 年 12 月 28 日、2011 年 7 月 1 日、2011 年 11 月 16 日、2014 年 3 月 2 日、2014 年 3 月 12 日、2014 年 11 月 4 日、2017 年 7 月 1 日、2017 年 7 月 18 日、2018 年 5 月 31 日、2018 年 11 月 28 日、2020 年 7 月 31 日、2021 年 3 月 9 日、2021 年 7 月 2 日、2022 年 2 月 16 日、2022 年 4 月 15 日、2022 年 6 月 28 日、2022 年 10 月 7 日、2022 年 12 月 5 日、2022 年 12 月 29 日、2023 年 4 月 28 日对《俄罗斯联邦战略外资法》进行了修订。

(三)其他有关外国投资的法律文件

1992 年《俄罗斯联邦国营和地方企业私有化纲领》有条款涉及外国投资者及其活动,规定外国投资者可以参加国营和地方企业私有化时进行的拍卖、征选和投标。当外国投资者作为唯一的参加者时,可将企业卖给外国投资者,由有关的财产基金会进行该企业的财产评估。

在 1992—1993 年,俄罗斯联邦总统、政府和主管部门公布了一系列调节外国投资的法律文件。这些法律文件的宗旨或者是吸引和保护外国投资,或者是对外国投资进行限制。1993 年 2 月 26 日,俄罗斯联邦总统命令《关于在俄罗斯联邦建立非商业风险的外国投资保险国际代理公司》,规定由拥有法定资本10亿美元的俄罗斯联邦国家投资公司承担保险任务。这一规定体现了切实保护外国投资的宗旨。为了更好地吸引外资,俄罗斯联邦政府于1992年7月1日发布了《关于在俄罗斯联邦境内发展自由经济区的措施》,在自由经济区经营的外国投资者可以享受较多的优惠条件:简化注册手续,外资额在7500万卢布以内的合资企业可以直接在自由经济区内注册;实行优惠税收制度,可按较低的税率纳税,优惠税率不得低于俄罗斯联邦政府对外资企业规定的现行税率的50%;降低土地和其他自然资源的使用费;提供长达70年以内的长期租赁权。1993年7月16日,俄罗斯联邦中央银行公布《关于由全权银行按俄罗斯联邦货币单位开设非侨民账户的办法》,规定非侨民可以在俄罗斯联邦银行开设"N"类专门卢布账户,进行外国投资项目(包括私有化项目)买卖交易付款。

俄罗斯吸引外资方面比较有影响的法律还有1995年12月30日通过的《俄罗斯联邦产品分成协议法》(以下简称《产品分成协议法》)、1998年10月29日颁布的《俄罗斯联邦融资租赁法》和1998年通过的《俄罗斯联邦以资本投资方式实施投资活动法》等。《产品分成协议法》是俄罗斯联邦鼓励外国资本向其产业领域投资的政策,对外资在石油、天然气等燃料和矿物原料的勘探、使用和产品分成方面作出了规定。此外,俄罗斯还规定了外国投资者在俄罗斯参与私有化的有关政策,其中包括外国企业可以通过参加拍卖和投标等方式参与俄罗斯企业的私有化,允许外国企业收购某些国有企业。《俄罗斯联邦融资租赁法》规定:俄罗斯联邦非居民以及依照俄罗斯联邦法律从事经营活动的含有外国投资的经营主体均可成为租赁主体;俄罗斯联邦非居民(包括法人和自然人)按照俄罗斯联邦立法规定的程序获得租赁经营许可证后可以成立租赁公司,租赁公司有权吸收包括俄罗斯联邦非居民法人的货币资金并按照俄罗斯联邦法律规定的程序实施租赁活动。《俄罗斯联邦以资本投资方式实施投资活动法》规定:投资主体可以是任何形式的法人和自然人(包括外国投资者);投资对象是俄罗斯联邦法律允许的任何所有制形式资产的新建或现代化改造项目;政府一律平等地对待各种所有制形式的投资和投资者;投资活动必须符合俄罗斯联邦有关法律法规、技术标准、规范和规则;所有投资项目方案都必须经过生态环境影响评估;禁止向俄方企业提供陈旧过时的高耗材、高耗能和科技含量低的工艺、设备、构件和材料;对投资方案进行评估鉴定等。

国际租赁合同参与者的权利和义务由1998年2月8日通过的《俄罗斯联邦加入国际融资租赁公约法》和与国际法条款不相抵触的国内其他有关法律条款作出规定。

六、税法

俄罗斯联邦于1991年年底颁布了一整套税法,涉及联邦税14种,共和国等联邦主体税4种,地方税8种。1994年,联邦税增至16种,联邦主体税增至5种,地方税增至22种。1998年颁布了《俄罗斯联邦税法典》第一部分,2000年颁布了《俄罗斯联邦税法典》第二部分。

(一)利润税法

1991年4月19日,俄罗斯联邦颁布了《关于在俄罗斯联邦境内对企业、联合公司和公民实行临时征税的办法》。1991年12月27日,俄罗斯联邦正式颁布了《企业和团体利润税法》。1992年5月27日,俄罗斯联邦制定了《外国法人利润和收入税征收细则》。依据这些法律文件,外国法人必须缴纳的利润和收入税的税率为:通过常设代表机构从事经营活动的利润税率为32%,中间业务和中介交易的利润税率为45%,从事银行业务银行交易的收入税率为30%,保险活动的收入税率为25%,娱乐场和其他娱乐场所及娱乐性营业收入税率(包括租赁收入税率)为90%,影视厅(放映录像)和出租影视制品的收入税率为75%,举办大型音乐会和游艺活动的利润税率为50%。与常设代表处无关的外国法人的收入税率为:支付的红利利息为15%,版权许可证的收入、租金和管理性劳务收入20%,国际运输费收入6%。以外国法人的名义办理的外贸业务、在俄罗斯联邦采购产品(工程、劳务)的业务,所获的利润不征税。另外还规定了所提供的税收优惠。1994年5月23日,俄罗斯联邦总统发布第1004号命令《关于税收政策的若干问题》,规定1994年1月1日以后注册、投资额在法定资产中所占比重高于30%并且投资金额不少于1000万美元、从事生产活动的外资企业享受新的利润税税收优惠。根据总统命令,俄罗斯联邦国家税务局和俄罗斯联邦财政部于1994年6月26日发布了“联合指令”,对此项税收优惠作出了具体的规定。凡是符合总统命令中规定的条件,并且生产活动所得额超过全部所得70%的新建企业,前两年免征归属联邦预算的利润税税收,第3年、第4年该企业生产活动所得超过全部所得的90%,可按基础税率的25%(第3年)和50%(第4年)课征归属联邦预算的利润税。如果外资企业未满5年(从正式注册之日起)即终止活动,该企业必须将其存在期间所享受的利润税优惠,如数退还联邦预算。

(二)增值税法和消费税法

俄罗斯联邦于1991年12月6日颁布了《增值税法》。此法规定在俄罗斯联邦境内从事生产和商业活动的国际联合公司、外国法人和合资企业,均应缴纳增值税,税率为产品销售额的28%,按包括增值在内的调节价销售产品时,税率为21.88%。1992年10月,俄罗斯联邦国家税务局公布了修改增值税率的具体规定,从1993年1月1日起,食品商品(征收消费税的除外)和儿童用品的增值税率为10%,其余商品(包括工程、劳务和征收消费税的食品商品)的增值税率为20%。自1993年2月1日起,俄罗斯联邦海关开始对部分进口商品开征增值税,增值税率为货值的20%。

俄罗斯联邦于1991年12月6日颁布了《消费税法》。此法规定在俄罗斯联邦境内的企业和组织(包括合资企业及其分支机构)凡销售自产的酒、鳇鱼子、鲑鱼子、贵重鱼产品和海产品、巧克力、烟草制品、轮胎、轿车、珠宝制品、钻石、高级瓷器、高级玻璃制品、地毯和地毯制品、毛皮制品和纯毛皮服装,一律须缴纳消费税,税率为10%—90%,其中伏特加等白酒类的税率最高(85%—90%)。依据1994年4月俄罗斯联邦政府发布的《关于在俄罗斯联邦境内实行消费税票》的决定,开始实行新的消费税制。企业须购买专门的消费税票,若无此票,烟草和酒类商品不得出售。自1993年2月1日起俄罗斯联邦海关开始对酒类、饮料、鱼子、高档水产品、巧克力、烟草制品、真皮服装、小轿车、轮胎、地毯、首饰、钻石、毛皮制品、高级瓷器和水晶制品15种进口商品征收消费税,税率根据商品品种分为几个档次(10%—90%)。1993年9月30日,俄罗斯联邦政府第985号决定,决定从1993年10月11日起将消费税率上调至进口商品海关货值的10%—250%。1994年7月18日俄罗斯联邦政府第863号决议《关于修订部分种类商品消费税税则》,规定自1994年8月1日起对烈性酒和烟草制品不再按商品海关货值的百分比计算消费税率,改用按每斤进口烈酒和每千支进口香烟以埃居表示的固定税率。

(三)企业财产税法和自然人所得税法

1991年12月13日,俄罗斯联邦颁布了《企业财产税法》,该法规定有外国投资者参加的企业、团体和从事经营活动的联合会公司及其分支机构以及外国公司、外国银行和团体驻俄罗斯联邦的代表处,均须缴纳财产税,税率为财产年平均值的 0.5%。1992 年 7 月 16 日,俄罗斯联邦又颁布了《修改企业财产税法的法律》,将企业财产税的税率提高到 1%。

1991 年 12 月 7 日,俄罗斯联邦颁布了《自然人所得税法》,该法规定对外国私人公司或组织形式上不属于法人的公司所得的收入征自然人所得税,具体办法为在每个股东分得收入时对其按自然人所得税率纳税。该法规定自然人所得税实行累进税率,具体为收入在 20 万卢布以下,税率为 12%;收入在 20 万—40 万卢布的,税率为 40%。自 1994 年 1 月 1 日起,俄罗斯联邦对自然人所得税的应税收入额和税额作了调整,具体为:500 万卢布以下税率为 12%,501 万—1000 万卢布的税额为"60 万卢布+20%×超过 500 万卢布的数额",1001 万卢布以上的税额为"160 万卢布+30%×超过 1000 万卢布的数额"。

依据俄罗斯联邦国家税务局于 1995 年 6 月 29 日发布的第 35 号文件《关于俄罗斯联邦自然人所得税法的适用细则》第 8 条 C 款(1997 年 12 月 8 日俄罗斯联邦国家税务局的命令对此规定作了重申),自然人工作单位给予的股息、红利属于纳税范围。1997 年 12 月 31 日《俄罗斯联邦所得税法》第 3 条第 1 款规定企业、单位、组织给予工作人员及其亲属、子女支付保健、疗养的费用以及社会保险机构所支付的疗养机构的费用,不属于纳税范围。《俄罗斯联邦所得税法》第 2 条规定自然人所得的钱款和实物均为纳税范围。第 3 条第 1 款规定,自然人从遗产和赠与中所得的钱款和实物均属纳税范围。

第 3 条第 1 款规定,自然人从单位所得的赠与不超过 1 个月的最低额的不属于纳税范围。

俄罗斯联邦的一些联邦主体或地区还规定对外资企业和合资企业征收这样几种税:(1)教育税,其数额为工资总额的 1%;(2)安全税,其数额为工资总额的 1%;(3)道路维修税,其税额为工资总额的 0.75%;(4)交通税,其税额为工资总额的 1%;(5)房产税,其税额为企业收入的 1.5%;(6)就业税,其税额为工资总额的 2%;(7)社会保险税,其税额为工资总额的 5.4%;(8)退休职工税,其税额为工资总额的 28.1%。

(四)《俄罗斯联邦税法典》

《俄罗斯联邦税法典》共分为两个部分。第一个部分于 1998 年 7 月 16 日由国家杜马通过,7 月 17 日经联邦委员会批准,由时任俄罗斯联邦总统叶利钦于 7 月 31 日签署并公布。

《俄罗斯联邦税法典》的第一部分包括 7 编,共 20 章 142 条。第 1 编为“总则”,共两章 18 条。与基本原则法相比,《俄罗斯联邦税法典》第 1 条首次明确规定国家整个税制的法律基础由以下法律组成:(1)税法典以及根据税法典通过的联邦税法;(2)俄罗斯联邦主体立法(代表)机关通过的法律和其他税收法规;(3)地方自治代表机构在税法典规定的范围内所通过的法规。据此,俄罗斯的税收分为三类:第一类为联邦税,该类税只能由税法典作出规定、提出变更或取消,是在俄罗斯全境必须征收的税种;第二类为俄罗斯联邦主体税(或称地区税),该类税是根据税法典规定并由联邦主体法律颁布实施,在有关联邦主体辖区内征收的税种;第三类为地方税,该类税是根据税法典规定并由地方自治代表机构颁布实施,在有关市政辖区内征收的税种。① 以上规定了税收体制的基本原则,确立了税权划分的三级框架。按照这些类别进行划分,《俄罗斯联邦税法典》第一部分详细规定了 16 种联邦税,7 种联邦主体税(或称地区税),5 种地方税。联邦税包括:增值税、某些商品(劳务)种类和某些矿产原料消费税、企业和组织利润(收入)税、资本收入税、自然人所得税、国家预算外社会基金缴纳、国家规费、海关关税和海关规费、地下资源使用税、矿物原料基地再生产税、开采碳氢化合物额外收入税、动物和水生物资源使用权税、林业税、水资源税、生态税、联邦许可证签发手续费。联邦主体税(或称地区税)包括:企业和组织财产税、不动产税、道路交通税、运输税、销售税、赌博生意税、地区许可证签发手续费。地方税包括:土地税、自然人财产税、广告税、继承或赠与税、地方许可证签发手续费。

第 2 编为“纳税人和付费人、税务代理人、税收法律关系的代表机构”,共两章 11 条。《俄罗斯联邦税法典》中纳税人和付费人是根据税法典必须缴纳有关税费的组织和自然人。这一点与基本原则法第 3 条对纳税人的

① 参见郭连成:《新版〈俄罗斯联邦税法典〉(第一部)简介》,载《东欧中亚市场研究》1999 年第 11 期。

定义是相符合的。《俄罗斯联邦税法典》还对“纳税人”“付费人”这两个概念作了明确解释。《俄罗斯联邦税法典》中使用的“组织”这个概念是指根据俄罗斯法律建立的法人,按照外国法律成立的外国法人、公司和具有民事法律能力的任何其他公司,国际组织及其在俄罗斯境内成立的分支机构和代表处。而“自然人”的概念包括俄罗斯公民、外国公民和无国籍人士。

第3编为“税务机关、海关机构、税务警察机关及其公职人员的责任”,共两章8条。《俄罗斯联邦税法典》第30条规定,俄罗斯的税务机关是俄罗斯国家税务总局及其在俄各地区的分支机构。在《俄罗斯联邦税法典》规定的情况下,海关机构也拥有税务机关的某些权限。《俄罗斯联邦税法典》第30条的第3款、第4款均对这些机构的相互作用及其各自的职能作用作了原则规定。

第4编为“履行纳税义务的一般规则”,共6章42条。就篇幅和内容而言,该编是《俄罗斯联邦税法典》中最长也是内容很丰富、很重要,并占有中心地位的一编。因为纳税人履行纳税义务,而国家职能部门实施税收监督,这两方面构成了税收法律关系的基本内容。本编在有关条款中对课税对象、税收基础、税期、税率、税收计算方法、纳税方式和期限等内容作了明确界定。第38条规定,财产、利润、收入、销售的商品(完成的工程、提供的劳务)的价值等,都可以是课税对象。而且指出,根据以后出台的《俄罗斯联邦税法典》第二部分,每个税种都重新确定单独的课税对象。在此基础上,《俄罗斯联邦税法典》对构成课税对象的“财产”“收入”“商品”“工程”“劳务”5个概念作了说明。

第5编为“税收报表与税收监督”,共两章26条。《俄罗斯联邦税法典》第82条规定,由税务机关的公职人员在其职权范围内实行下述形式的税收监督:税收检查、获取纳税人和其他责任人的说明材料、检查核算和报表材料、对纳税人用于取得收入的场所实施检查、税法典规定的其他税收监督形式。

第6编为“税收违法及违法的责任”,共4章31条。税收违法是纳税人、税务代理人及其代表者的犯法(违反税法)行为,《俄罗斯联邦税法典》对此规定行为责任。对于税收违法的种类,《俄罗斯联邦税法典》在第16章第116—135条中作了具体规定,主要包括:违反核税材料的提交期限;

逃避核税材料的提供;违反在银行开立账户和结清账户资料的提供期限;违反报税单或其他凭证的提交期限;粗暴破坏收支核算规则和课税对象核算规则;违反报税单的编制规则;不交税或不足额纳税;税务代理人不履行扣税或划拨税款义务;非法阻挠税务机关公职人员进入纳税人的场地和工作场所;不遵守被查封财产的管理、使用和支配制度;不向税务机关提供有关纳税人的资料;拒绝按税务机关的函询提交凭证和物品;拒绝鉴定专家、译员或其他专家参加税收检查,提供明显伪造的鉴定或译文;银行违反对纳税人开立账户的制度;违反税收划拨委托书的执行期限;银行不执行税务机关关于暂停从事纳税人或税务代理人账户业务的决定;银行不执行关于追缴税款的决定。

第 7 编为“对税务机关法令的申诉及对税务机关公职人员行为的控告”,共两章 6 条。根据《俄罗斯联邦税法典》第 137 条的规定,每个纳税人或其他责任人有权向上一级税务机关就税务机关的法令及其公职人员的行为提出控告。如果纳税人认为税务机关的法令及其公职人员的行为破坏了他们的权利,可以向法庭申诉。在上述情况下,按照《俄罗斯联邦税法典》第 138 条的规定,向上一级税务机关提交申诉信并不影响纳税人同时或以后将同样内容的诉状递交到法院。如果审理申诉信的税务机关有足够理由认为受到申诉的法令或行为不符合俄罗斯法律,该税务机关有权全部或部分地暂时中止该法令的执行或公职人员的行为。提交到法院的诉状,按俄罗斯民事诉讼法、仲裁诉讼法和其他联邦法律规定的方式审理和解决。

2000 年 8 月,《俄罗斯联邦税法典》第二部分生效,该部分是对各主要税种的具体规定和细化,主要涉及新增值税法、商品税法、个人所得税法和社会保障税法四个关键性法案。其中规定税率如下:所得税税率统一为 13%。统一社会保障税为累进税制,最低税率为 5%。啤酒消费税税率为 10%,其他酒类为 5%。制烟卷用的烟草的消费税为每公斤 405 卢布,烟斗丝消费税为每公斤 166 卢布,雪茄消费税为每支 10 卢布,小雪茄和长度超过 85 毫米的过滤嘴烟卷消费税为每千支 75 卢布。石油和凝析油的消费税为每吨 66 卢布,低辛烷值汽油消费税为每吨 1350 卢布,高辛烷值汽油每吨 1850 卢布,柴油每吨 550 卢布,柴油机和化油器汽油发动机用机油每吨 1500 卢布。俄罗斯和独联体境内销售的天然气消费税税率为 15%,境外销售的天然气每吨30%。发动机功率90—150马力的小汽车消费税税率为每马力10卢布,超过150马力的小汽车每马力100卢布。普通商品增值税税率为20%,对某些食品和儿童用品实行的优惠增值税税率为10%。

《俄罗斯联邦税法典》第二部分颁布后并未立刻实施,其中增值税、消费税、个人所得税、统一社会税纳税规则自2001年起生效;组织利润税、矿产资源开采税、销售税、统一农业税规则自2002年起生效;交通运输税、简易征税制、统一推算税制度自2003年起生效;国家规费、野生动物区资源与水生生物资源使用费、博彩税、组织财产税规则自2004年起生效;水资源使用税、土地税规则自2005年起生效。① 从1998年7月31日《俄罗斯联邦税法典》第一部分颁布至2023年12月末,俄罗斯总计对《俄罗斯联邦税法典》进行780余次大大小小的修改,其中第一部分修改180余次,第二部分修改600余次。

此外,俄罗斯联邦的税制也在不断改革之中。2008年国际金融危机之后,俄罗斯政府财政收入严重不足,卢布大幅贬值,资本外逃,银行资产大幅缩水,流动性不足,贸易顺差大幅下降。俄罗斯政府选择了支持企业,实行以减税为主的财税政策,自2009年起俄罗斯政府将组织利润税率从24%降至20%,年营业额不超限的超小型企业和小型企业可选择简税制。如果各联邦主体愿意为小企业进一步减税,还可以继续降低税率,最低可降至5%。自2008年起,俄罗斯开始对煤炭、泥炭、盐、矿泉水等采取特别税率,自2011年起进一步提高一些矿产资源的开采税率;自2010年起提高汽油、柴油、机油和香烟等消费税税率,同时降低石油及其制品的出口关税。提高税收管理效率,进行税务管理数字化建设,积极开展多边税收合作的政策一直持续到2014年。自2014年起,俄罗斯税制调整的总方向从减税过渡到有加有减,保障总体税负不提高。2018年之后,俄罗斯对税收政策进行了一些结构性调整,主要是进一步深化能源税收改革,提高增值税税率,减轻个体经营者与自由职业者税收负担。后税务信息化与数字化改革取得重要进展,自2020年年初俄罗斯采取了一系列减税、缓缴等措施。

---

① 参见张誉馨:《俄罗斯税制改革:现状与前景》,载《俄罗斯学刊》2021年第6期。

七、关税法

随着对外贸易政策的变化,俄罗斯联邦不断对关税进行调整,颁布了较多的立法文件。

(一)出口关税

俄罗斯联邦最初于1991年12月31日决定对一些商品实行新的出口关税税率,据此联邦海关委员会于1992年1月23日发布命令,规定在俄罗斯联邦从事出口业务的所有企业和单位(无论所有制形式如何),均应在出口商品抵达海关之前或抵达海关之时缴纳出口关税,并且对出口的主要原料商品(包括载能体、黑色和有色金属、锯材、食品、烟、酒、毛皮、摄影和电影商品、纸张、印刷品等)都规定了基准税率。随着国内原料商品价格的放开,俄罗斯联邦曾多次对《出口税则》作出变更,不断降低出口关税税率。1993年10月30日,俄罗斯联邦政府通过决定,批准了从1993年11月1日起实行统一出口关税税率。其主要内容为:(1)减少了需缴纳出口关税的商品种类,由53类减至29类,决定对畜产品及其加工品、某些食品、酒精、纸张、出版物、纺织原料和半成品等免征出口关税;(2)降低了出口关税税率,每吨商品的从量税为20,000—64,000埃居不等(在此之前的最高额可达80,000埃居),从价税为3%—25%不等(在此之前为5%—70%)。其中,农产品和食品出口关税的降低尤为明显。1994年7月19日俄罗斯联邦政府发布第862号决议,决定自1994年7月25日起对《出口税则》进行部分调整,变化体现在两个方面:(1)再次降低出口关税税率,天然气和液化气降低了近70%,氮肥和钾肥降低了35%—80%,未加工的铝降低了85%左右;(2)进一步压缩征税范围,决定免除糖、部分种类的黑色冶金废料、煤焦油高温蒸馏产品和石油提炼品、碱金属、有机化学品、硫酸铵、皮革工业废料、木质燃料以及木材的出口关税。另外,自1992年以来,俄罗斯联邦政府还对易货贸易出口税税率进行了多次调整。

俄罗斯外贸保护措施及关税政策委员会2002年8月1日举行会议,对石油、糖及工艺设备等产品的进出口关税作了大规模调整。会议决定,将石油出口关税由现在的每吨30.5欧元降低到每吨23.4欧元。2023年,俄罗斯联邦政府决定自2023年10月1日起至2024年年底对多种商品实施弹性出口关税,关税税率与卢布汇率挂钩。该措施涉及的绝大多数商品出口关税税率将为4%—7%,化肥出口关税税率最高可达10%。若俄央行官方卢布对美元汇率回升至1∶80,则部分商品出口关税为0。该措施不适用于石油、天然气、粮食、木材等出口商品。

(二)进口关税

为了保护国内工业的发展和增加国家预算收入,俄罗斯联邦从1992年7月1日起试行《临时进口关税税则》。该税则决定的进口关税税率为5%—25%,征税范围包括13大类商品,对在俄罗斯联邦不享受最惠国待遇的国家的商品,按所规定税率提高1倍的税率征收进口关税。1992年《临时进口关税税则》明确规定,所有进口商品都应缴纳进口关税,以前宣布的一切免税规定都不再适用(除了俄罗斯联邦法令和国际条约规定的免税项目)。但是,对按政府确定的品名表进口的食品和药品不征收进口关税。该税则还规定自然人在携带商品进入俄罗斯联邦时,可选择价值在1万美元以下的私人用品免缴进口关税。从1993年4月1日起,俄罗斯联邦决定按国际通用的《协调制度商品分类目录》实行新的进口关税税率,税率为5%—150%,同时对税率优惠制度作出了规定。1994年3月10日俄罗斯联邦政府通过决定,规定从1994年3月15日起实行新的进口关税率,其本税率占进口商品海关课税价值的5%—150%,税率最高的商品是未变性酒精,达150%。还规定上述税率只适用于在俄罗斯联邦享受最惠国待遇的国家的商品,对不享受最惠国待遇的国家的商品或未确定来源国的商品,进口关税率提高1倍,对来自享受暂行优惠方案的发展中国家的商品,进口关税税率减少一半,对来自享受暂行优惠方案的最不发达国家的商品,免征进口关税。

1999年9月7日,俄罗斯政府颁布调整多种商品进出口关税的决定,主要涉及的是与俄罗斯市场需求量不大的产品,变化最大的是木材,税率达到了20%。新的进口税率自公布之日起执行,有效期6个月,新的出口税率自公布之日起7天后生效,有效期未作限定。从2000年4月1日起,俄罗斯联邦实行新的海关税则,对部分商品进口税率进行调整,主要有三种情况:一是进口税率上调,上调幅度为5%—10%,其中有的商品除上调从价税外还新设从量税;二是进口税率下调,其中从价税下调幅度为5%—15%,从量税下调幅度为每公斤0.1—0.9欧元;三是新设从量税。

2002年俄罗斯联邦开展了一次大规模关税调整的工作,对2002年365

万吨的进口糖料规定关税配额,确定了糖的进口关税。关税配额将以竞卖方式售出。配额以内的糖料征收5%的进口关税;配额以外的糖料,自2002年1月1日起,征收40%的进口关税,且其税值不低于每吨120欧元。此外,自2002年7月1日起,对白糖原料还将加征50%的季节性关税,且其税值不低于每吨150欧元。会议还决定将白糖的进口关税由30%调高到40%,自7月1日起加征50%的季节性关税,且其税值不低于每吨180欧元。会议还通过了将工艺设备的进口关税普遍调低5%的决定。本次调税范围之广涉及冶金、汽车制造、轻纺、机床制造和食品等工业部门的400个商品项目。

2012年俄罗斯正式加入世贸组织后,根据入世协议,俄罗斯总体关税水平从10%降至7.8%。其中,农产品总体关税水平从13.2%降至10.8%,工业制成品总体关税从9.5%降至7.3%。协议生效后,俄罗斯有义务立即对超过1/3的进出口税目执行新关税要求,另有1/4税目在3年内调整到位。加入世贸组织的协议对俄罗斯一些产品给予较长关税保护期,其中禽肉制品保护期最长,为8年,汽车、直升机和民用航空器为7年。

2014年5月29日,俄罗斯联邦与白俄罗斯、哈萨克斯坦三国总统在哈萨克斯坦首都阿斯塔纳签署《欧亚经济联盟条约》,建立了一个大型贸易区。在欧亚经济联盟中,俄罗斯联邦与其他成员国形成了"关税同盟",在其统一的关境内相互贸易不适用关税及其他手续费、税费和类似行为、非关税调整措施,以及特别保障、反倾销和反补贴措施的经贸一体化形式,欧亚经济联盟与第三国实行统一的关税和统一的外贸管理措施。关税同盟运行的原则是在联盟框架内,各成员国运作内部商品市场,与第三方贸易适用欧亚经济联盟统一关税和其他外贸监管统一措施,与第三方的贸易适用统一的贸易制度,实行统一的海关监管,除了《欧亚经济联盟条约》规定的情况外,商品可在成员国之间自由流通,无须进行海关申报和在运输、卫生、兽医、植物检疫方面的国家检查。在进口关税方面,缴纳的进口关税应当在成员国之间分配,进口关税的计算和分配以及向成员国预算缴纳按照《进口关税(其他行政费、其他税和手续费)计算和分配以及上交成员国预算办法》进行。此外,还存在一种关税特惠制度,即对于联盟建立自由贸易区的国家的商品免除或者降低进口关税,对来自发展中国家或者最不发达国家被认定为"统一关税特惠制度的享受者"的商品降低关税。

八、其他经济立法

俄罗斯联邦于1991年10月11日颁布了《土地付费法》,该法的实施细则自1992年1月1日起生效。按照实施细则的规定,凡是拥有、占有、使用或出租俄罗斯联邦领土上土地的企业、联合公司、组织和机构(包括非官方的国际组织、联合公司、合资企业、外国法人、外国公民和无国籍人士),都须缴纳土地税和租金。土地税根据应税地块面积和规定的税率计算,每年征缴1次。

俄罗斯联邦于1991年11月颁布了《俄罗斯联邦银行法》,开始构建新的金融框架。俄罗斯联邦国家银行成为中央银行,形成了以中央银行为领导、商业银行为主体、多种金融机构并存的分工协作体系,明确了中央银行的主要职责是管理货币政策。货币政策成为国家宏观调控的主要手段。信用形式已由单一的银行信用向包括银行信用、商业信用、消费信用、国家信用和民间信用的多元化形式发展,形成了包括商业票据、国家债券以及各类债券在内的多样化的金融工具和金融手段,建立了统一的外汇管理机构,实行以贸易商品成本作为决定因素的卢布统一汇率体制。俄罗斯联邦中央银行于1992年年中发布了关于汇率的命令,规定自1992年7月1日起,实行卢布对美元的统一可浮动汇率:125.26卢布兑换1美元,还规定实行卢布在国内的可兑换性。1993年7月俄罗斯联邦颁布的法令,对在俄罗斯联邦境内的外国银行实行严格限制,禁止全部和大部分由外资拥有的银行为俄罗斯客户服务。此举旨在保护俄罗斯联邦银行业不受外国银行的竞争。自1993年7月起,俄罗斯联邦发行新版卢布,此前的纸币停止流通。

1992年,俄罗斯联邦政府基于对经济特区作为经济工具能够带来的重大价值,决定进一步发展经济特区政策。6月4日出台《关于在俄罗斯联邦境内的自由经济区(经济特区)发展若干措施的总统令》,同年制定了《俄罗斯联邦自由经济区法》草案,2005年7月22日正式颁布。该法第一次明确了"经济特区"的概念与内涵,即第2条规定:"经济特区是指俄罗斯联邦政府制定的,拥有特别经营活动制度并可拥有自由海关制度的区域。"第3条规定设立经济特区的主要目标为发展经济加工行业、发展高新技术行业、刺激新产品的生产和发展运输设施。该法将经济特区类型限于两种,即工业生产型经济特区和技术开发型经济特区。后来,通过两次修改,新增了港口经济特区以及旅游休闲经济特区,经济特区类型总数达到了4种。

1996年3月20日,俄罗斯联邦国家杜马通过、4月11日联邦委员会批准《俄罗斯联邦有价证券市场法》。该法律规定了可发行的证券的发行和流通过程中产生的关系,无论发行人的类型如何,在联邦法律规定的情况下其他证券的流通过程中产生的关系,以及证券市场专业参与者的创建和活动的特殊性。

1996年3月13日,俄罗斯联邦国家杜马通过、3月20日联邦会议批准《俄罗斯联邦节能法》,调整在节能工作中出现的关系,为有效利用动力资源创造经济和组织条件。具体包括:在动力资源的开采、生产、再加工、输送、存储和消费中,有效地利用动力资源;实现国家对有效利用动力资源的监督,发展、开采和生产能够取代更加昂贵和短缺种类动力资源的替代种类和燃料;创造和使用能效技术、燃料—能源消耗和诊断设备结构材料和绝缘材料,用于核算动力资源消耗量并检查动力资源利用的仪表、能源消耗自动控制系统;保证在核算被释放的和消耗的动力资源方面的测量准确、可靠和统一。

1998年6月,俄罗斯联邦国家杜马第二次通过了《俄罗斯联邦农业法典》。该法典规定了保护土地权,为国家调整农业生产关系提供了法律基础,完善工农业生产组织的各种法律形式,保障农业再生产和提高产量的有力措施,为了人类生存和健康还详细规定了环境保护的措施。

1998年6月,俄罗斯联邦国家杜马第九次会议再次通过了《俄罗斯联邦建筑法典》(第一次通过后被联邦委员会否决)。该法典调整居住地的关系,对城市建筑规划、城市建筑工业的发展以及城市交通和社会功能的发展作出了详细的规定。

1998年1月14日,俄罗斯联邦国家杜马通过了《俄罗斯联邦有限责任公司法》,联邦总统于1998年2月8日签署了本法,1998年3月1日起生效。该法规定了有限责任公司的法律地位、其成员的权利和义务、成立的程序以及改组和解散的程序。针对俄罗斯联邦的具体情况,该法第7条规定有限责任公司成员不得超过50人。此外还进一步规定,由原来的有限合伙改制的有限责任公司,如果人数超过50人,必须在1998年7月1日前将有限责任公司改组为股份公司或生产合作社,或者减少成员人数。

继1996年《俄罗斯联邦股份公司法》颁布之后,俄罗斯联邦国家杜马于1998年6月第九次会议上通过了与《俄罗斯联邦股份公司法》相配套的《关于股份公司(国营企业)职工法律地位特点的法律》。该法进一步对股份公司职工的权利和义务作了规定。

1997年12月11日,俄罗斯联邦国家杜马正式通过了《铁路运输章程》,联邦总统于1998年1月8日签署了此章程。此章程在原有章程基础上作了修改和补充,主要变化表现在保护旅客和客户的利益,加重运输部门的责任上。此章程第126条规定,运输部门遗失和损坏客户物品时应进行赔偿,原物丢失的应照赔该物品价值,损坏的按降低价值部分赔偿。第130条规定,列车未准点抵达目的地,应进行赔偿,每小时罚3%的票价,最高不超过票价。第94条规定,没有按车票明示提供座位的,可以提供更高一级待遇,如果是降低一级待遇,则应该退还差额金额。

2006年11月8日,俄罗斯联邦国家杜马通过、11月24日联邦委员会批准《俄罗斯联邦森林法典》。2006年12月22日俄罗斯联邦国家杜马通过,12月27日联邦委员会通过,30日颁布了《特别经济措施法》,该立法的目的是确保俄罗斯联邦的利益和安全,消除或尽量减少侵犯其公民权利和自由的威胁。在需要对外国或其机构和官员的国际不法行为或不友好行为立即作出反应的情况下,应采取特别经济措施,因为这些行为威胁到俄罗斯联邦的利益和安全,或侵犯其公民的权利和自由。

2020年,俄罗斯联邦出台了《数字金融资产和加密货币调节法》,自2021年1月1日开始施行。该法律出台前,俄对加密货币进行监管无法可依。根据《数字金融资产和加密货币调节法》,数字金融资产指的是在信息系统中发行、清算和流通的数字资产权利。数字金融资产可以作为抵押、买卖和交换的对象,但不可以用作支付手段。2022年对此进行了修订,将“数字货币”定义为“包含在信息系统中的一组电子数据,可以被接受为非俄罗斯联邦货币单位的支付手段或作为一种投资”。同时,限制了非合格投资者购买加密货币,同时为一些加密货币支付提供了法律依据,俄罗斯财政部提出的法律草案还对使用数字资产运营的平台提出了严格要求。

第五节 刑法

俄罗斯从苏维埃时期到俄罗斯联邦先后制定了四部刑法典，即1922年《苏俄刑法典》、1926年《苏俄刑法典》、1960年《苏俄刑法典》和1996年《俄罗斯联邦刑法典》。依据1958年《刑事立法纲要》制定的1960年《苏俄刑法典》曾受到好评，刑法学界一致认为该刑法典"对于加强法制和秩序起了积极的作用"，成为苏维埃刑法发展的重要阶段。此后，随着俄罗斯国家和社会的发展，俄罗斯联邦对1960年《苏俄刑法典》进行了大规模和频繁的修改。其中，俄罗斯联邦时期的刑法改革当始于1991年对1960年《苏俄刑法典》进行的第一次修改，主要体现为：在危害公共安全、妨害秩序和居民健康罪一章中补充规定了第213.3条、第213.4条有关恐怖主义以及散布明知虚假恐怖活动信息罪；在妨害司法罪一章中补充规定了第176.2条和第184.1条；在妨害管理秩序罪一章中增加规定了第194.4条、第191.5条；在侵犯公民政治权利、劳动权利、其他权利和自由罪一章中增加规定了第133.1条和第133.2条。此外还进行了其他改革。此后，分别在1993年和1994年进行了两次重要的修改。

一、1993年对1960年《苏俄刑法典》的修改

1993年4月29日通过的《关于修订苏俄刑法典、刑事诉讼法典和劳动改造法典》第4901-Ⅰ号联邦法律，对于妇女及65周岁以上男人废除死刑。与此同时，俄罗斯经济改革及其向市场关系的过渡，客观上要求废除1960年《苏俄刑法典》中某些不合理的规定，因为这些规定阻碍了俄罗斯经济改革的步伐。基于此，1960年《苏俄刑法典》中规定的某些罪名被废除，其中包括商业中介罪（第153条），生产质量不合格、不符合标准或者不配套产品罪（第152条），计划执行虚假报告罪（第152.1条），投机倒把罪（第154条）。此外，为了更好地调整向"市场经济过渡"时期产生的新型经济关系，又补充规定了某些新罪名，其中包括：拒不提交个人收入申报罪（第162.1条）、隐瞒收入（收益）或其他应税项目罪（第162.2条）、违反反垄断立法

罪(第175.1条)、为隐瞒收入(收益)或不缴纳税款而对抗或不履行税务机关要求罪(第162.3条)等。在此次刑事立法改革过程中,还取消了1960年《苏俄刑法典》第2章关于侵犯社会主义财产犯罪的规定,将其归入第5章侵犯财产罪中,即侵犯财产罪的犯罪对象不仅包含私人财产,也包含公共财产。此外,还明确规定了具有刑事可罚性的走私罪概念以及其他海关犯罪行为的刑事责任。

二、1994年对1960年《苏俄刑法典》的修改

1994年7月1日颁布的《关于修改和补充〈俄罗斯刑法典〉和〈俄罗斯刑事诉讼法典〉的法令》对1960年《苏俄刑法典》进行了重大的修改,共涉及近40个条文,许多条文被废除,一些新条款进入了刑法典。

(一)总则部分的修改

1994年《关于修改和补充〈俄罗斯刑法典〉和〈俄罗斯刑事诉讼法典〉的法令》对1960年《苏俄刑法典》的修改主要体现于以下方面:(1)进一步明确正当防卫的概念和界限;(2)规定了有组织犯罪的概念和组织、领导、实施犯罪的刑事责任条件;(3)扩大法定减轻刑事责任的适用范围;(4)修改刑罚体系。

《关于修改和补充〈俄罗斯刑法典〉和〈俄罗斯刑事诉讼法典〉的法令》规定,每个人都有运用正当防卫打击侵害者的权利,“不论其是否有可能逃避侵害或请示他人及国家机关的帮助”。这是首次出现在俄罗斯刑事立法中的新规范(尽管俄罗斯刑法学界在学理解释和司法解释中早已多次作过阐述),它使公民可以直接从法律条文中明确自己运用正当防卫的权利。《关于修改和补充〈俄罗斯刑法典〉和〈俄罗斯刑事诉讼法典〉的法令》进一步规定,如果侵害者采用危及防卫者或他人生命的暴力时,“对侵害者造成任意伤害”的防卫行为,都是合法的,即此时的正当防卫没有任何界限的限制。这一新的规定有利于公民(包括警察)充分行使自己的正当防卫的权利。

修改后的《苏俄刑法典》第17条对两种不同类型的有预谋的共同犯罪下了不同的定义:只要认定犯罪分子事先对实施犯罪达成了一致意见,就足以认定这一犯罪是有预谋的团伙犯罪。但是,若犯罪是由为实施某一次或多次犯罪而组成的稳定的集团所完成的,就应认定为是有组织的集团犯

罪。可见第 17 条的规定体现了有组织的犯罪和犯罪团伙的犯罪之间的本质区别，两者的区别在于团伙的组织程度，即组织的牢固性、稳定性。《关于修改和补充〈俄罗斯刑法典〉和〈俄罗斯刑事诉讼法典〉的法令》的规定体现了稳定犯罪集团的基本特征：(1)预先作出实施犯罪的周密计划；(2)准备犯罪工具；(3)选择共同犯罪人并分配角色；(4)采取保护性措施，保证事后不被发觉；(5)犯罪集团的组织纪律和为首者的命令具有强制性，在组织内部一体遵行。修改后的《苏俄刑法典》第 17 条进一步补充规定了犯罪集团组织者或领导者(为首者)的刑事责任，强调了对有预谋的团伙犯罪和有组织的犯罪适用更为严厉的刑罚。

《关于修改和补充〈俄罗斯刑法典〉和〈俄罗斯刑事诉讼法典〉的法令》明确规定，自首和积极帮助揭露犯罪，是减轻刑事责任的法定情节，可以适用 1960 年《苏俄刑法典》第 43 条判处轻于法定刑的刑罚。这一修改体现了当今世界刑事立法发展的新趋势，即立法者使法律直接面向执法机关(首先是法院)，违法者可与执法机关达成某种协议，用自己的实际行动争取宽大处理。

《关于修改和补充〈俄罗斯刑法典〉和〈俄罗斯刑事诉讼法典〉的法令》对刑罚的修改进一步明确了剥夺自由刑、假释和易判处较轻的刑罚的适用范围，对 1960 年《苏俄刑法典》第 24 条作了具体化规定，明文规定了哪些人属特别危险的累犯。修改后的《苏俄刑法典》第 27 条规定了不剥夺自由的劳动改造可用罚金替代，在适用财产刑罚时必须兼顾罪犯的经济状况。修改后的《苏俄刑法典》删除了第 49 条所列举的但早已取消的流放刑和放逐刑，还进一步明确列举了属于严重刑事犯罪的犯罪，明确了刑事责任年龄为 14 岁的犯罪。

(二)分则部分的修改

对刑法分则的体系作了重大的调整，删除了社会主义所有制的概念，取消了第 2 章侵犯社会主义所有制罪，另行设立侵犯所有权罪并且并入第 5 章。这一改变的主要依据是 1990 年《苏俄财产所有权法》明确宣布的所有类型的所有制形式都平等存在的权利。增加了关于侵犯所有权罪的 4 个条款：第 147^1 条规定的侵占委托财产罪(以前将侵占委托财物的行为按第 147 条的诈骗罪论处)。第 147^2 条规定的侵占具有特殊价值的物品罪(这一罪名填补了俄罗斯刑事立法的一个空白)。第 148^1 条规定的不以侵吞为目的非法占有交通运输工具、马匹或其他贵重物品罪(犯罪分子虽没有占有客体的主观故意,但仍按侵占他人财产罪进行处罚)。第 148^2 条规定的非法占有他人不动产罪,这一罪名的依据是 1993 年《俄罗斯联邦宪法》第 9 条关于土地和其他自然资源可以为私人所拥有的规定。与上述修改相类似的还有取消了盗窃少量国家财产和公共财产罪,对盗窃巨额国家财产或公共财产罪适用盗窃他人巨额财产罪进行处罚。

《关于修改和补充〈俄罗斯刑法典〉和〈俄罗斯刑事诉讼法典〉的法令》还对经济犯罪方面的规范作出了较大的修改。同 1993 年《俄罗斯联邦海关法典》相适应,上述法令规定增设违反海关法的内容列入第 169^1 条,还在第 162^6 条补充了逃避海关税的刑事责任。同 1993 年 4 月 15 日颁布的《俄罗斯联邦关于文化珍品进出境办法的法令》相适应,增加了第 78^1 条对于俄罗斯联邦及其他国家的艺术、历史、建筑珍品不再复归俄罗斯联邦境内行为的刑事责任。扩大了第 230 条故意毁灭、破坏或损伤文物罪的犯罪对象,将自然综合体和具有历史、科研或文化价值的物品、文件均列入这一犯罪的客体(当然保留了原来规定的国家自然保护区、历史及文化名胜)。同国家放弃对外汇交易垄断相适应,将原属于隐匿国事罪的非法外汇交易列入第 162^7 条从事禁止的营业罪,其包括的犯罪客观方面有:非法外汇交易,非法保管、运输、邮寄任何形式和状态的宝石或贵重金属(但是首饰、日常生活制品和制品的废料除外)。1994 年《关于修改和补充〈俄罗斯刑法典〉和〈俄罗斯刑事诉讼法典〉的法令》还增设了隐瞒外汇罪(第 162^8 条),对企业、机关、组织领导人大量隐瞒应上交国家外汇的行为规定了严厉的刑事责任。

此外,针对联邦主体以主体名义发行非官方货币,1994 年《关于修改和补充〈俄罗斯刑法典〉和〈俄罗斯刑事诉讼法典〉的法令》在第 87^1 条规定了这类行为应承担的刑事责任。针对俄罗斯联邦境内恐怖活动的猖獗,在危害国家安全、社会秩序和公民健康罪中增设了关于恐怖活动罪的第 213^4 条。为了体现刑罚缓和性,取消第 87 条对制造、使用假币或有价证券罪适用死刑的规定。

三、1996 年《俄罗斯联邦刑法典》

俄罗斯联邦国家杜马于 1996 年 5 月 24 日通过《俄罗斯联邦刑法典》,

联邦委员会于 7 月 5 日批准、俄罗斯联邦总统于 7 月 13 日签署公布该法典，该法典于 1997 年 1 月 1 日起生效实施，1960 年《苏俄刑法典》自此失去法律效力。

（一）制定背景和刑法典结构

1960 年《苏俄刑法典》从生效到被取代先后修改和补充 700 多个条款，有些条款经 5—7 次的修改，[①]还有相当数量的条文被废除或名存实亡，而且在多次的修改中对 1960 年《苏俄刑法典》补充了一些彼此不相协调甚至相互抵触的规定。这些零碎、部分的修改和补充破坏了 1960 年《苏俄刑法典》的系统性和权威性，因此俄罗斯联邦的刑法典必须重新制定。

1993 年《俄罗斯联邦宪法》确认了俄罗斯联邦是一个独立的主权国家，并规定俄罗斯联邦由 89 个联邦主体组成，实行二级立法权，明确规定刑事立法、刑事诉讼和刑事执行法的立法权属于联邦所有，这是制定 1996 年《俄罗斯联邦刑法典》的宪法依据。

1960 年《苏俄刑法典》是以高度集权和计划经济为立法基础的，因此它的许多规定明显不适应转制后的俄罗斯联邦社会、经济、政治的需要，也不符合 1993 年《俄罗斯联邦宪法》宣布的民主法治国家的要求。这些是制定 1996 年《俄罗斯联邦刑法典》的法理基础。

在 1960 年《苏俄刑法典》颁布后的 30 余年，尤其是俄罗斯联邦独立、转型时期，犯罪现象激增，致使 1960 年《苏俄刑法典》无法适应现实犯罪状况、动态、结构的变化，修订和补充等措施难以阻止犯罪浪潮的不断爆发。[②]有效地维护国家制度和民族的安宁、公民的权益，加强法律秩序，是制定 1996 年《俄罗斯联邦刑法典》的宗旨。

1996 年《俄罗斯联邦刑法典》的结构体系同 1960 年《苏俄刑法典》相比有重大改变。1960 年《苏俄刑法典》由总则 6 章 63 条，分则 12 章 206 条组成。1996 年《俄罗斯联邦刑法典》增加了“编”的结构，由总则 6 编 15 章 104 条、分则 6 编 19 章 256 条组成。1996 年《俄罗斯联邦刑法典》总则第 1 编为“刑事法律”，包含刑法典的任务和原则、刑法的时间效力和空间效力。

---

① 参见莫洪宪：《俄罗斯联邦刑法典的变革》，载《法学评论》1997 年第 5 期。

② 参见龙长海：《俄罗斯刑法二十年：修改变化与发展态势》，载江溯主编：《刑事法评论》（第 46 卷），北京大学出版社 2022 年版，第 3-4 页。

第2编为“犯罪”,包含犯罪的概念和种类、刑事责任、罪过、犯罪的未完成形态、共同犯罪、排除行为是犯罪的情况。第3编为“刑罚”,包含刑罚的概念、目的和种类、量刑。第4编为“免除刑事责任和免刑”。第5编为“未成年人的刑事责任和刑罚”。第6编为“医疗性强制措施”。

1937年《苏俄宪法》强调国家的管理职能,有关国家机关组织和活动原则的各章排列在有关公民基本权利和义务一章之前,1960年《苏俄刑法典》与此相适应,分则12章对各种犯罪的规定基本上按照侵犯国家、社会和个人利益的顺序排列。1993年《俄罗斯联邦宪法》已经把有关公民基本权利和义务的篇章,排列在有关国家机构的篇章之前。1996年《俄罗斯联邦刑法典》与此相适应,分则6编对各种犯罪的规定按侵犯个人、社会和国家利益的顺序排列。1960年《苏俄刑法典》分则将各种犯罪划分为12类,设12章。1996年《俄罗斯联邦刑法典》分则对犯罪进行二级分类,先把犯罪分为6类,设6编,即侵犯人身罪编、经济领域的犯罪编、危害公共安全和公共秩序罪编、危害国家政权罪编、兵役罪编、破坏和平和人类安全罪编,然后对上述6类犯罪一一进行第二级分类,形成分则各编包含的章。各章的具体名称如下:侵犯人身的犯罪包括侵犯生命和健康的犯罪,侵犯自由、名誉、人格的犯罪,侵犯他人性和性自由的犯罪,侵犯他人和公民宪法权利和自由的犯罪,侵害家庭和未成年人的犯罪;经济犯罪包括侵犯所有权的犯罪、经济活动领域的犯罪、侵犯商业组织和其他组织部门利益的犯罪;破坏公共安全和公共秩序的犯罪包括破坏公共安全的犯罪、危害居民健康和公共道德的犯罪、生态犯罪、破坏交通运输安全的犯罪、计算机信息犯罪;危害国家政权的犯罪包括危害宪法制度原则和国家安全的犯罪,危害国家政权、国家机关和地方自治机关的职务利益的犯罪,妨害司法罪,妨害管理秩序罪。军职罪和破坏和平和人类安全的犯罪。

(二)主要内容

1. 刑法基本原则

1996年《俄罗斯联邦刑法典》总则第1编第3—7条规定了刑法的基本原则:法制原则、公民在法律面前一律平等原则、罪责原则、公正原则和人道主义原则。

(1)法制原则。1996年《俄罗斯联邦刑法典》第3条规定:“行为是否构成犯罪,是否应受刑罚惩罚以及发生其他刑法后果,只能由本法典规定。”同时,法典强调行为的犯罪性、应受惩罚性以及其他刑法后果只能由现行刑法规定,俄罗斯的立法者还规定不允许类推适用刑事法律(本条第2款)。这些规定表明1996年《俄罗斯联邦刑法典》的法制原则包含罪刑法定主义。此项规定源于宪法关于政府当局、公职人员和公民遵守《俄罗斯联邦宪法》和《俄罗斯联邦刑法典》义务的规定。法制原则适用于刑事法律适用的各个阶段,其在每个阶段的效力都是具体的。

(2)公民在法律面前一律平等原则。1996年《俄罗斯联邦刑法典》第4条明确规定了该原则。公民在法律面前一律平等原则的法律基础是《世界人权宣言》和《俄罗斯联邦宪法》的相关规定。《世界人权宣言》第7条规定:“法律面前人人平等,并有权享受法律的平等保护,不受任何歧视。”1993年《俄罗斯联邦宪法》第19条规定“任何人在法律和审判面前一律平等”,实施犯罪行为的人在法律面前一律平等承担刑事责任,不取决于其性别、民族、种族、语言、出身、财产、职位、居住地、宗教、信仰、隶属的社会团体以及其他状况。公民在法律面前一律平等原则具有双重含义:其一,所有人在法律面前一律平等;其二,刑法不应当对不同范畴的公民认定为同等责任,如果这种范畴的不同具有刑事法律意义。公民在法律面前一律平等原则是内涵比较丰富的刑法原则,包括以下几方面内容:一是所有人都有权受到平等的保护;二是保护关系的主体对于刑法保护的对象和犯罪行为要平等对待;三是同等的刑事责任根据;四是在犯罪化和刑罚化过程中,刑法应当适当体现行为和行为人的社会危害性。

(3)罪责原则。1996年《俄罗斯联邦刑法典》第5条规定的是罪责原则,即只有在所实施的社会危害行为(包括不作为)和发生的社会危害后果确定有罪过的情况下,才能追究行为人的刑事责任;不允许客观归罪,即对于无罪过致害行为不得追究刑事责任。这就是说,追究刑事责任的必要条件之一是必须具备罪过要素,即行为人对其所实施的社会危害行为及后果所持的心理态度体现为故意或者过失。罪过要素缺失,则排除刑事责任,即无刑事责任能力人不应当承担刑事责任。与此同时,心理健康的人,其无罪过致害行为也排除刑事责任的适用。也就是说,刑事法律不允许对无罪过行为进行归罪,而无论此种无罪过行为所致的损害多么严重。罪责原则贯穿于整个刑法范畴及每一个刑法制度,如果说刑法的中心概念是“犯罪”和“刑罚”,则罪过就是此二者得以认定的根据所在。罪过还影响着责任的细化,即客观要件相同但罪过形式不同的犯罪行为之间,其社会危害性不同性质的区分,只能依据犯罪行为的主观罪过形态进行判断,例如,1996 年《俄罗斯联邦刑法典》第 105 条规定的故意杀人罪与第 109 条规定的过失致人死亡罪之间的区别,就在于主观罪过的不同。

(4)公正原则。公正原则是指对犯罪人适用刑罚和其他刑事制裁措施应当公正,必须与其所实施的犯罪行为的性质、社会危害程度、犯罪情节以及犯罪人的个性相一致,禁止对实施同一犯罪的人重复追究刑事责任。公正原则还体现为刑事法律手段对于犯罪的反应,以及此种反应和犯罪之间的适当性。

(5)人道主义原则。人道主义原则规定在 1996 年《俄罗斯联邦刑法典》第 7 条,本条一开始就规定"俄罗斯联邦刑事立法保障人的安全"。1996 年《俄罗斯联邦刑法典》在体现人道主义方面有所发展,不仅规定刑罚目的在于改造犯罪人和预防其实施新的犯罪,不能造成其肉体上的痛苦或侮辱其人格,还以专编的方式规定未成年人的刑事责任与刑罚,大幅度缩小死刑的适用范围(仅限于适用 5 种特别严重的侵犯他人生命的犯罪),对一等、二等残疾人,孕妇,有 8 岁以下子女的妇女,55 岁以上的妇女,以及 60 岁以上的男子不能适用强制性义务劳动、限制自由刑,对 16 岁以下的未成年人、孕妇和有 8 岁以下子女的妇女不适用拘禁刑。人道主义原则在俄罗斯刑法中的实现路径具有双重特性:一方面保护人身及其权利和利益不受犯罪侵害;另一方面保护那些虽然实施了犯罪但也具有基本的公民权利和义务的犯罪主体。

刑法的基本原则具有全局性和指导性的作用,对于正确适用刑法规范具有重要的意义,1996 年《俄罗斯联邦刑法典》是俄罗斯刑事立法中首次以法律规范的形式,①对刑法基本原则作出了规定,对于司法实践有明显的指导作用。

2. 刑法典的效力范围

1996 年《俄罗斯联邦刑法典》对刑法典的时间效力和空间效力作出了明确规定。第 9 条对时间效力增补了新内容,规定行为是否构成犯罪、是

---

① 过去的俄罗斯刑事立法都没有明确规定刑法基本原则,往往由刑法学者依据立法精神进行理论阐释和概括。

否应处刑罚,由实施犯罪时的刑法确定,实施危害社会行为(包括不作为)的时候,无论是否发生危害后果,均被认为是实施犯罪的时间。1996年《俄罗斯联邦刑法典》基本上确认刑法没有溯及力,但是第10条第1款作了例外的规定,如果按照新法不认为是犯罪、从轻处罚或者以其他形式能改善犯罪人的状况,则有溯及力。1996年《俄罗斯联邦刑法典》在空间效力方面增加了三点内容:(1)进一步明确在俄罗斯境内犯罪的概念,凡在俄罗斯领水、领空、大陆架、专属经济区内实施犯罪,都属于在俄罗斯境内犯罪。无论俄军用舰船、军用飞行器位于何地,凡在其上实施犯罪,也都属于在俄罗斯境内实施犯罪。(2)进一步明确俄罗斯公民在境外犯罪,行为发生地国家未判刑的,应当按照《俄罗斯联邦刑法典》的规定承担刑事责任(不过所判处的刑罚不得超过行为发生地国家法律规定的刑罚的上限)。(3)宣布不在俄罗斯境内定居的外国公民和无国籍人在俄罗斯境外实施犯罪,在其行为侵犯俄罗斯联邦利益的情况下(或在俄罗斯加入的国际条约规定的其他情况下),犯罪人在外国未被判刑或正在俄罗斯境内追究其刑事责任的,应当依照《俄罗斯联邦刑法典》的规定追究刑事责任。1996年《俄罗斯联邦刑法典》还增加了关于引渡犯罪人的条款,规定俄罗斯公民在外国领土上实施犯罪的,不得被引渡给相应国家。在俄罗斯境外实施犯罪后逗留在俄罗斯境内的外国公民和无国籍人,可以依照俄罗斯加入的国际条约的规定,引渡给外国以追究其刑事责任或执行刑罚。

3. 犯罪概念和种类

1996年《俄罗斯联邦刑法典》第14条规定的犯罪概念为:"本法典以刑罚相威胁所禁止的,在罪过情况下实施和危害社会的行为,被认为是犯罪。"这一定义将罪过作为犯罪的基本特征列入犯罪概念之中,强调了行为的社会危害性由罪过、违法性和应受惩罚性这样三个要素构成。1996年《俄罗斯联邦刑法典》规定的犯罪概念比1960年《苏俄刑法典》规定的犯罪概念精练。第15条根据犯罪的性质和社会危害性程度将犯罪分为4类:轻微犯罪,指法定刑为2年以下剥夺自由的故意和过失犯罪;一般犯罪,指法定刑为5年以下剥夺自由的故意和过失犯罪;严重犯罪,指法定刑为10年以下剥夺自由的故意和过失犯罪;特别严重的犯罪,指法定刑为10年以上剥夺自由或者更重的刑罚的故意犯罪。1996年《俄罗斯联邦刑法典》改变过去立法传统,将累犯从刑罚章提前至犯罪编,并且作了全新的规定,有了明确的累犯概念,区分出普通累犯、危险累犯和特别危险的累犯三类。第18条规定,行为人曾因故意犯罪而有前科再故意犯罪的构成累犯;行为人曾因故意犯罪两次被判处剥夺自由,而再次故意犯罪应判处剥夺自由,或者行为人曾因故意实施严重犯罪被判刑,又故意实施严重犯罪,为危险累犯;行为人曾因故意实施严重犯罪或故意实施较严重的犯罪3次或者3次以上被判处剥夺自由,又故意实施犯罪应判处剥夺自由,或者行为人曾因故意实施严重犯罪被判刑,或者行为人因实施特别严重犯罪被判刑,又故意实施严重犯罪,以及行为人曾因故意实施严重犯罪或特别严重的犯罪被判刑,又故意实施特别严重的犯罪,构成特别危险的累犯。1996年《俄罗斯联邦刑法典》还规定对累犯处以法定刑范围内的较重刑罚。

1996年《俄罗斯联邦刑法典》不仅对罪过的两种基本形式——故意和过失作了规定,还增加了"具有双重罪过形式的犯罪的责任",新规定了"无罪过造成的危害结果,包括意外事件和偶然事件两种情况"。1996年《俄罗斯联邦刑法典》首次对犯罪既遂概念作出界定——行为人实施的行为具备1996年《俄罗斯联邦刑法典》规定的犯罪构成的全部要件。在犯罪中止部分,1996年《俄罗斯联邦刑法典》增加了共犯自动中止的规范。共犯的组织者、教唆犯及时报告政权机关或者采取某种积极措施阻止了犯罪完成的,不追究其刑事责任;共犯的帮助犯为了阻止犯罪的实施,采取了一切力所能及的措施的,不追究其刑事责任;如果组织者、教唆犯的阻止行为没有能够避免实行犯的犯罪行为,对他们为此采取的措施,在量刑时可作为从轻情节考虑。1996年《俄罗斯联邦刑法典》取消了共同犯罪的概念,但保留了其罪犯分类,即实行犯、组织犯、教唆犯和帮助犯,并对每一类共犯增加了新的内容。

1996年《俄罗斯联邦刑法典》还对排除行为是犯罪的情况作了较大调整,首次规定了在逮捕犯罪嫌疑人时迫不得已造成损害(如逮捕正在实施犯罪的人、制止行为人实施新的犯罪)不构成犯罪。但是,超过必要的限度或者故意造成损害的,要追究刑事责任(第38条)。心理被强制甚至身体被强制,但行为人依然支配自己行为,而致使刑法保护的利益造成损失的,按1996年《俄罗斯联邦刑法典》规定,要追究其刑事责任(第40条)。第41条关于理由充足的风险的规定,是为了适应科技革命和经济飞速发展和调动公民的职业创造性。"理由充足的风险"的含义比1991年《刑事立法纲要》采用的“职业上和业务上的风险”更广泛。但是,如果明知“风险”具有对多数人生命的威胁,有造成生态灾难或者公共灾难的威胁,“风险”被认定为不具有充足理由。行为人因过于自信的过失或者间接故意违反了“风险”的合法条件,要追究该行为人的刑事责任。第61条将超过无罪风险的界限作为从轻处罚的情节。1996年《俄罗斯联邦刑法典》第42条对执行命令或指示的排除行为作了进一步的规定。行为人在履行一定的命令或指示造成刑法所保护的利益遭受损害的不构成犯罪,由下达非法命令或指示造成损失的人承担刑事责任。行为人明知是非法命令或指示而故意实施的,按照一般原则承担刑事责任;拒绝执行明知的非法命令或指示的不承担刑事责任。

4. 刑罚的概念和种类

在俄罗斯刑事立法中,1996年《俄罗斯联邦刑法典》首次表述了刑罚的概念,即刑罚是依据法院判决适用国家强制,刑罚适用于实施了犯罪的人,刑罚包括剥夺或限制罪犯的权利和自由。1996年《俄罗斯联邦刑法典》明确规定了刑罚的目的,即恢复社会的正义性,改造罪犯和预防其实施新的犯罪。

刑罚一共分为13种:(1)罚金;(2)剥夺担任特定职务或从事某种活动的权利;(3)剥夺专门称号、军衔或荣誉称号、职衔和国家奖励;(4)社会公益劳动;(5)劳动改造;(6)限制服役;(7)没收财产;(8)限制自由;(9)拘役;(10)军纪营管束;(11)剥夺一定期限的自由;(12)终身剥夺自由;(13)死刑。刑罚分为主刑和附加刑,社会公益劳动、劳动改造、限制服役、限制自由、拘役、军纪营管束、剥夺一定期限的自由、终身剥夺自由、死刑为主刑,罚金、剥夺担任特定职务或从事某种活动的权利既是主刑也可作为附加刑适用,剥夺专门称号、军衔或荣誉称号、职衔和国家奖励及没收财产是附加刑。

俄罗斯刑罚体系增加了一些新的刑种,如社会公益劳动、限制服役、限制自由、拘役、终身剥夺自由,对于其他之前就存在的刑种都进行了重新阐释。这些刑种不但术语表示上有所改变,内涵也发生了变化(如剥夺专门称号、军衔或荣誉称号、职衔和国家奖励;劳动改造;剥夺一定期限的自由;

军纪营管束)。[1] 某些刑罚种类继流放刑与驱逐刑之后也从新的刑罚(阶梯)体系中废除,如开除公职、消除造成损害的义务、社会谴责。

刑罚的排列上改变以前由重到轻的顺序,改而采用从轻到重的顺序。社会公益劳动、限制服役、拘役是1996年《俄罗斯联邦刑法典》增加的刑罚。社会公益劳动,是指罪犯在本职工作或学习之余被强制进行义务社会公益劳动,具体的劳动形式由地方自治机关确定,时间为60小时以上,240小时为最高时数,每天进行不超过4小时的劳动。限制服役期限为3个月至2年。拘役是将被判刑的人与社会严格隔离,期限为1个月至半年。俄罗斯立法者在改变了刑罚种类的排列顺序后,根据刑事处罚措施的经济性原则来引导司法实践优先适用那些不太严厉的刑罚。对具体罪名所规定的较严厉刑种只在适用轻缓刑罚不能保障达到刑罚目的的情形下才予以适用。

5. 罪名的变化

1996年《俄罗斯联邦刑法典》新增了"经济活动领域的犯罪"专章,规定了32个罪名,如非法获得贷款、故意逃避偿还贷款、虚假破产等。还以专章"生态领域的犯罪",共规定了17种罪名,如违反俄罗斯联邦大陆架立法和专属经济区立法、非法捕捞水生动植物等。"计算机信息领域的犯罪"也是1996年《俄罗斯联邦刑法典》新增的,规定了非法获得计算机信息等3种罪名。1996年《俄罗斯联邦刑法典》改变以前刑法典设立国事罪、妨害公正审判罪、妨害管理秩序罪3个专章的立法方法,把国事罪扩充为危害国家政权罪,并以此作为一编的名称。"危害国家政权罪"编共有4章,即第29章"危害国家宪法制度原则和国家安全罪",第30章"危害国家政权、国家公务利益和地方自治机关公务利益罪",第31章"妨害司法罪"和第32章"妨害管理秩序罪"。

6. 未成年人的刑事政策

1996年《俄罗斯联邦刑法典》在总则部分的第14章以专章规定了"未成年人的刑事责任与刑罚",确定了适用于未成年人罪犯的刑罚和感化措施的种类,其有别于成年人罪犯特殊量刑原则,采取宽容的刑罚执行程序

---

① 参见庞冬梅:《俄罗斯刑罚阶梯制度研究》,载赵秉志主编:《刑法论丛》(第39卷),法律出版社2014年版,第334页。

和替代措施,适用缓刑、假释、时效、前科消灭的优惠条件。此章内容体现了俄罗斯联邦对未成年人的刑事政策。1996年《俄罗斯联邦刑法典》明确规定,未成年人犯罪本身属于减轻责任的情节,未成年人罪犯的刑期最高不得超过10年,不适用终身剥夺自由和死刑。还规定了专门适用于未成年人的教育感化性强制措施,如警告、将未成年人交给其父母或者父母的代理人或者专门的国家机关管教、承担赔偿损失的义务以及限制业余时间并对未成年人的行为提出特别要求。适用上述教育感化性强制措施,必须具备以下3个前提条件:初犯、犯罪性质不很严重、不适用刑罚能够矫正。

7. 对特殊主体的特殊法律保护

由于俄罗斯法律保护机关的工作人员在与犯罪做斗争中付出了高昂的代价,1996年《俄罗斯联邦刑法典》加强了对法律保护机关和监察机关工作人员以及参与制止违法行为的公民的特殊法律保护。与此相关有三种犯罪构成:(1)谋害国家军事要员或者社会要员的生命;(2)侵犯法官、检察官、侦查人员、审讯人员以及预审人员的生命;(3)侵犯法律保护机关或军事机关工作人员的生命。上述犯罪只要行为人实施了企图剥夺他人生命的行为,就构成犯罪既遂,判处12年至20年剥夺自由或终身剥夺自由、死刑。

(三)主要特点

1996年《俄罗斯联邦刑法典》不再使用"社会主义"等词句,在任务的表述上抽象地称保护人和公民的权利和自由,保护财产,维护公共秩序和公共安全,保护环境,捍卫宪法制度原则不受犯罪行为的侵害,保障人类和平和安全以及预防犯罪是1996年《俄罗斯联邦刑法典》的任务。由此可见,1996年《俄罗斯联邦刑法典》已不属于社会主义性质的刑法典。

俄罗斯联邦国家杜马专门通过《俄罗斯联邦关于施行〈俄罗斯联邦刑法典〉的法律》,宣布1996年《俄罗斯联邦刑法典》自1997年1月1日起生效。这是俄罗斯立法史上前所未有的,这一新的程序有利于保证法律制定、颁布和施行的连续性。

1996年《俄罗斯联邦刑法典》是广义的刑法典。第1条第1款规定:"俄罗斯联邦的刑事立法由本法典构成。规定刑事责任的新法律,应列入本法典。"这表明一切关于刑事的法律都是刑法典的有机组成部分。

1996年《俄罗斯联邦刑法典》最后一章规定了破坏人类和平和安全的

犯罪,规定了发动侵略战争罪,公开号召发动侵略战争罪,灭绝种族罪,以及研制、生产、储存、获取或者销售大规模杀伤性武器罪等。这是俄罗斯联邦刑事立法的一个很大进步,是有关国际条约和国际惯例的国内法化的表现,对世界和平有十分深远的意义。

1996 年《俄罗斯联邦刑法典》对公民基本权利的保护和调整的范围进一步扩大。公民的生命、安全、健康、荣誉、人格、权利和自由被视为最重要的社会财富,具有最高的社会价值,被置于刑法典保护的中心。这些表明 1996 年《俄罗斯联邦刑法典》体现了人的价值优先保护原则。

1996 年《俄罗斯联邦刑法典》强调人道主义和严惩犯罪分子相结合。人道主义路线在刑法典中的主要体现在于:总则部分首次将人道主义列为刑法基本原则,在分则中增设"超过为拘留和逮捕人所采用必要措施的杀人、重伤或伤害他人身体"等罪名。1996 年《俄罗斯联邦刑法典》分则条款普遍提高了对犯罪分子适用的刑罚,分则中有 1/3 的条款对有组织犯罪作了详细的规定,并规定了严厉的刑罚,保留了死刑,这些都体现了刑法典的严惩犯罪分子的路线。

1996 年《俄罗斯联邦刑法典》分则部分还具有十分明确、没有抽象规定的特点。分则对较大、巨大、特别巨大的含义作了清晰的规定。罚金的计算单位不再以卢布为基准,而是以立法规定的最低劳动报酬额的倍数、被判刑人员工资或其他收入的倍数为罚金的计算单位。分则中还明显增加了作为立法解释的注解。

1996 年《俄罗斯联邦刑法典》还体现了国际法制约原则,第 1 章就强调了遵守国际法原则和规范,顺应国际刑法的发展趋势。

四、1996 年《俄罗斯联邦刑法典》的发展和变化

自 1996 年《俄罗斯联邦刑法典》通过至今已经快 30 年,俄罗斯刑事立法也通过修订法典的方式持续发展。

据研究统计,从 1997 年 1 月 1 日到 2022 年 10 月 30 日的 20 余年间,共有 288 部俄罗斯联邦法律和 11 个俄罗斯联邦宪法法院的决议对 1996 年《俄罗斯联邦刑法典》进行了修改与补充。从修改频率上看,基本上平均每 1 个月就会颁布一部对 1996 年《俄罗斯联邦刑法典》进行修改与补充的联邦法律,平均每年颁布 12 部对 1996 年《俄罗斯联邦刑法典》进行修改的联

邦法律。其中,从1997年到2006年的10年间,共有35部联邦法律对1996年《俄罗斯联邦刑法典》进行了修改,修改与补充的数量达到了600多处。这10年间,平均每年都要通过3—4部对《俄罗斯联邦刑法典》进行修改的联邦法律。其中,仅在1997—2002年,俄罗斯联邦议会国家杜马就提交了160多个法律草案,共涉及《俄罗斯联邦刑法典》中近200个条文的修订。其中,第一轮草案审议阶段共否决30个草案、撤回40个草案、通过19个法律草案。

具体而言,1998年5月27日,俄罗斯立法者便对1996年《俄罗斯联邦刑法典》进行了第一次修改。这次修改后的刑法典是时任俄罗斯总统叶利钦发布的,内容是关于公职人员或商业组织人员非法切断或限制向居民供电、供热、供水、供气,进而造成人员伤亡或重大损害要承担刑事责任的规定。这是在俄罗斯经济危机时期,出于保障民生的目的,俄罗斯对其刑法典作的第一次修改。1998年6月25日,俄罗斯联邦对1996年《俄罗斯联邦刑法典》进行了第二次修改,内容涉及总则和分则多个条文。

2003年12月,1996年《俄罗斯联邦刑法典》历经了非常重大的修改,其修改的主要特点是赋予《俄罗斯联邦刑法典》诸多规定以人道化内涵,其主要体现为以下几个方面:(1)废除了《俄罗斯联邦刑法典》原第16条关于多次犯罪应当承担相对较重刑事责任的规定。(2)明确了累犯的概念、限缩了危险累犯和特别危险累犯的认定范围。将不得认定为累犯的情形实质扩张并且具体化,其中包括实施故意轻罪的前科,年满18周岁之前实施犯罪的前科,被判处缓刑或延期服刑的被判刑人,缓刑或延期服刑的判决没有被撤销且犯罪人未被押送到剥夺自由刑服刑场所服刑情况下的前科,以及依照该刑法典第86条已经消灭或被撤销的前科(《俄罗斯联邦刑法典》第18条)。(3)进一步明确了正当防卫的界限,即对《俄罗斯联邦刑法典》第37条补充规定了2.1款:“如果防卫人由于侵害的突发性而不能客观地判断侵害危险性的程度和性质,则防卫人的行为不是超过防卫限度。”(4)扩张了罚金刑的适用范畴,其中包括对于重罪和特别重罪也可以适用罚金刑的规定;废除了之前用作附加刑的没收财产刑。(5)进一步明确了陪审团裁定被告人有罪,但应得到宽大处理的刑法规定的具体内容。(6)在主审法官确定刑罚的种类和轻重时,从重处罚情节(第63条)甚至在法庭审判过程中已经得以确证的情况下,也可以不予考虑。(7)俄刑事立法的人道化还体现在对一系列犯罪构成(中国刑法语境中的罪名)予以非犯罪化的情况上。

2003 年的刑法修订还将某些侵犯人的自由、荣誉和尊严的行为予以犯罪化,其中包括贩卖人口罪(第 127. 1 条)、利用奴隶劳动罪(第 127. 2 条)、侵犯人和公民权利与自由平等罪(第 136 条)。此外,其补充规定的罪名还有第 285. 1 条的滥用资金罪和第 285. 2 条的滥用国家预算外资金罪。

2006 年 7 月 27 日出台的第 153 号联邦法律也对其进行了大范围的修订,主要体现为:(1)对第 12 条、第 20 条、第 37 条、第 75 条、第 205 条、第 205. 1 条、第 208 条、第 277 条规定的内容进行了较大修改;(2)在第 6 编中增加规定了第 15-1 章"没收财产";(3)新增加了第 205. 2 条"公开号召进行恐怖主义活动或公开为恐怖主义辩护罪"。此外,2006 年 12 月 30 日通过的第 283 号联邦法律还对损毁石油管道的犯罪进行了加重刑事责任的规定(其中涉及第 158 条、第 175 条、第 215. 3 条)。俄罗斯联邦社会经济关系的不断发展,以及俄罗斯联邦刑法传统、理论学说的发展变化,决定着俄罗斯联邦刑事立法发展和完善的未来发展进程。2010—2014 年,俄罗斯联邦共出台 93 部联邦法律对刑法进行修订,其中仅 2011 年颁布的第 420 号联邦法律就对《俄罗斯联邦刑法典》总则进行了 19 处修改,分则的修订达 417 处。①

2014 年修改次数较多,这一年共颁布了 25 部对《俄罗斯联邦刑法典》进行修改的联邦法律。② 2014 年 2 月 3 日第 15 号联邦法律对确保交通安全问题的一系列联邦法律进行了修改,具体涉及《俄罗斯联邦大陆架法》《俄罗斯联邦刑法典》《俄罗斯联邦内河、内海和毗邻区法》《俄罗斯联邦专属经济区法》《俄罗斯联邦商船航运法典》《俄罗斯联邦内水航运法典》等多部法律。这样便出现一日之内连续公布多部涉及《俄罗斯联邦刑法典》修改的联邦法律的情况。2014 年 5 月 5 日同时颁布了 6 部对俄罗斯联邦法律进行修改的联邦法律,分别是第 96 号、第 98 号、第 104 号、第 105 号、第 128 号、第 130 号联邦法律。2014 年 7 月 21 日,连续颁布了 5 部对《俄罗

① 参见庞冬梅:《俄罗斯刑法总则制度研究》,载赵秉志主编:《刑法论丛》(第 39 卷),法律出版社 2023 年版,第 24-27 页。

② 参见龙长海:《俄罗斯刑法二十年:修改变化与发展态势》,载江溯主编:《刑事法评论》(第 46 卷),北京大学出版社 2022 年版,第 3-4 页。

斯联邦刑法典》进行修改的联邦法律。2017 年又有 16 部联邦法律对《俄罗斯联邦刑法典》进行了修改。这些修改涉及的俄罗斯联邦刑法方面的内容也比较多。

2017 年的修改尤其关注社会现实问题。例如,就当时社会中出现的通过网络引诱、迫使未成年人自杀问题,俄罗斯联邦专门修改了刑法典,以打击和预防这类行为的发生。2017 年 6 月 7 日第 120 号联邦法律提高了强迫他人,尤其是强迫未成年人自杀的刑事责任,以惩罚和预防诱使他人,尤其是诱使未成年人自杀的行为。这次修改,与俄罗斯联邦社会关注未成年人自杀问题存在直接关系。①

2022 年,俄罗斯联邦通过了 11 部联邦法律来修改《俄罗斯联邦刑法典》,对《俄罗斯联邦刑法典》的文本进行了大约 100 处修改。2022 年是《俄罗斯联邦刑法典》修改内容最多的一年,更新、补充和重新制定内容比以往更频繁。截至 2022 年年底,具体的犯罪和刑罚的内容从 256 条增加到 391 条,其中同时出现了 19 条有关罪行的新的法律条款,如“滥用职权罪”(第 286 条)和“强制作证罪”(第 302 条)包括实施严酷刑罚的行为,而“叛国罪”(第 275 条)包括投敌行为。2023 年 12 月 25 日《俄罗斯联邦刑法典》对第 207. 3 条进行了修改,在该条名称中添加“或俄罗斯联邦国民警卫队部队”字样,在第一部分第一段的“分配给俄罗斯联邦武装部队”之后添加“或俄罗斯联邦国民警卫队部队”字样;对第 280. 3 条进行修改,在该条名称中添加“或俄罗斯联邦国民警卫队部队”字样,在第一部分第一段的“分配给俄罗斯联邦武装部队”之后加上“或俄罗斯联邦警卫队部队”字样。

五、1997 年《俄罗斯联邦刑事执行法典》

1993 年《俄罗斯联邦宪法》确认了人的权利与自由受到法律保障并具有最崇高的地位。这一根本改变导致刑事执行政策产生了实质性调整,人的权利与自由具有最高价值的原则成为新刑事执行规范的立法根据与政策导向。1992 年 6 月,俄罗斯联邦通过了《关于对俄罗斯苏维埃联邦社会

① 参见龙长海:《俄罗斯刑法二十年:修改变化与发展态势》,载江溯主编:《刑事法评论》(第 46 卷),北京大学出版社 2022 年版,第 3-4 页。

主义共和国刑事法典、刑事诉讼法典与劳动矫正法典予以变更与修订的法令》,该法令对劳动矫正规范中刑事执行系统的基本职能、立法表述作出了更为实质、广泛的确定,一系列法律、法令相继颁布使俄罗斯联邦时期的刑罚执行规范更为切合时代的主题,极大程度上响应了当代俄罗斯转型期社会、政治、经济及多元化意识形态的要求。但是,劳动矫正法典制定于苏俄初期,刑罚执行与被处刑人员劳动矫正的基本原则、刑事执行对策的导向、刑罚执行的目的与方法、被处刑人员行为准则等大量规范不再适合俄罗斯社会发展的要求,加之以上法律法令虽然补充了法典的缺陷与不足,但同时也对法典的整体性、协调性产生了极大破坏,条文规范往往存在前后矛盾、适用冲突的问题,因此要求制定一部符合俄罗斯联邦国家当代社会形势的刑事执行法律的建议提上杜马议程。俄罗斯联邦国家杜马于 1996 年 12 月 18 日通过了《俄罗斯联邦刑事执行法典》(以下简称 1997 年《刑事执行法典》),于 1997 年 7 月 1 日起生效,由此完整、系统的俄罗斯当代刑事执行立法体系得以形成。

1997 年《刑事执行法典》共 190 个条文,分为总则与分则。总则分为 3 章 24 条,第 1 章为“一般规定”,具体规定了刑事执行的任务和原则、刑事执行立法的结构和内容、刑事执行立法与国际法文件的关系、立法对被判刑军职人员的效力、时间和空间效力、刑事执行的基本原则、改造的基本手段等;第 2 章、第 3 章分别规定了被判刑人的法律地位、执行刑罚的机构和机关及对其活动监督等。分则分为 7 编,共 17 章 166 条。第 1 编规定了被处刑人员非社会隔离性刑罚的执行;第 2 编规定了拘禁刑执行地点、执行条件与程序、指派被判处拘禁刑人员参与劳动的规则、对被判处拘禁刑人员适用的奖惩措施等原则;第 3 编规定了剥夺自由刑执行的一般原则与特殊原则,矫正机关及其管制制度与保障手段,矫正机构的刑罚履行条件,被判处剥夺自由刑人员的劳动、职业教育与职业培训及教导感化等;第 4 编规定了对现役被处刑军人裁定的限制性军役刑、拘禁刑与军事惩戒营禁闭刑的执行与履行;第 5 编规定了免除履行刑罚的条件与程序、对免除履行刑罚的被处刑人员予以救助与监督;第 6 编规定了死刑执行的法律程序;第 7 编为对附条件提前免除刑罚人员监督。

1997 年《刑事执行法典》的制定是依据《俄罗斯联邦宪法》规定的法治国家原则。1997 年《刑事执行法典》第 20—22 条明确规定由法院、司法部、检察机关对刑事执行机关实施监督。第23条还规定一些社会团体可以参与刑事处罚执行机关的工作。第186条规定了死刑的执行程序,即执行死刑时必须有检察官、死刑执行机关的代表和医生三方人士在场。1997年《刑事执行法典》规定为了便于执行限制自由刑这一新刑罚,必须设立一个新的限制自由刑的执行机构——感化中心。

1997年《刑事执行法典》同1971年6月1日《苏俄劳动感化法典》最大的区别在于:1997年《刑事执行法典》调整的范围遍及刑法典规定的所有刑罚种类,①而1971年《苏俄劳动感化法典》只涉及剥夺自由和感化劳动两种刑罚。1997年《刑事执行法典》总则部分明文规定了基本原则,与1996年《俄罗斯联邦刑法典》相适应,规定了人道主义原则和公民在法律面前一律平等原则,同时规定了该法典独有的基本原则:刑罚执行的区别原则和个别原则、强制手段的合理运用原则、守法行为激励原则以及刑罚与改造相结合原则。总则部分还详细规定了释放程序,明确了各种刑罚的执行机关,如剥夺各种荣誉称号、罚款和财产处分由法院执行,其余刑罚由刑事执行机关执行。1997年《刑事执行法典》同俄罗斯联邦的法治国家原则相适应,在规定被执行人(被判刑人)应遵守的种种规定的同时,还规定应当保护被执行人的权利,如应当尊重被判刑人的信仰自由和宗教自由。

1997年《刑事执行法典》是严格意义上的执行法典,其将法院裁判的刑事处罚的执行规则全部纳入法典中,实现了刑事执行立法的规范化和系统化,与1996年《俄罗斯联邦刑法典》和《俄罗斯联邦诉讼法典》一起筑构起俄罗斯联邦国家完善的刑事法律体系。

第六节　诉讼法

1991年10月24日,苏俄最高苏维埃颁布了《俄罗斯苏维埃联邦社会

---

①　参见赵路:《俄罗斯刑事执行法典的发展变革及对我国的启示》,载《山东科技大学学报(社会科学版)》2009年第5期;参见赵路:《俄罗斯联邦刑事执行法典(一)》,载《犯罪与改造研究》2009年第7期。

主义共和国司法改革构想》(以下简称《司法改革构想》),司法改革被正式提上议事日程。在俄罗斯联邦时期,更是进行了新一轮的司法改革,在诉讼法领域较为明显。其中,俄罗斯联邦多次修改和补充 1964 年《苏俄民事诉讼法典》和 1960 年《苏俄刑事诉讼法典》,并沿用至《俄罗斯联邦民事诉讼法典》和《俄罗斯联邦刑事诉讼法典》颁布实施。在行政诉讼领域,直至 2015 年才颁布了《俄罗斯联邦行政诉讼法典》。

一、民事诉讼法

俄罗斯联邦在转型初期,面临全面改革苏联时期立法的任务,民事诉讼法的修改与制定被提到了立法者的议事日程。这就出现了一个矛盾:一方面,立法不可能一蹴而就;另一方面,新的政治制度与经济现实又要求尽快制定一部新的民事诉讼法典。

(一)《俄罗斯联邦民事诉讼法典》的制定过程

《俄罗斯联邦民事诉讼法典》的起草工作从 1990 年就已经开始,一直到 2002 年俄罗斯联邦国家杜马通过《俄罗斯联邦民事诉讼法典》为止,持续了 12 年左右的时间。制定民事诉讼法典的工作是从两个方面入手的,即修订 1964 年《苏俄民事诉讼法典》和起草《俄罗斯联邦民事诉讼法典》,二者是同时进行的。到 2002 年《俄罗斯联邦民事诉讼法典》颁布之前,1964 年《苏俄民事诉讼法典》一直在实施运行。

在进行民事诉讼制度改革之初,俄罗斯采取了不断修订 1964 年《苏俄民事诉讼法典》的方式,以保证现实的法律需求同时不影响起草法典的质量。在各种讨论民事诉讼法典草案的会议上,法官和学者也都赞成先通过一些草案的规定,以满足司法实践的需要。因此,俄罗斯联邦最高法院两次向国家杜马提交了关于修订和增补《苏俄民事诉讼法典》的法案,俄罗斯联邦国家杜马分别于 1995 年 10 月 3 日和 2000 年 8 月 7 日通过了《关于修改和补充苏俄民事诉讼法典的法律》,且在 1995 年、1996 年、1997 年、1998 年、1999 年及 2000 年曾多次对 1964 年《苏俄民事诉讼法典》进行了一系列的修改和补充。例如,在 1995 年修改《苏俄民事诉讼法典》时,第 14 条取消了法院“应该”“必须”的用词,这为法院全面、深入研究民事案情提供了必要的条件。修改后的《苏俄民事诉讼法典》强调实现双方当事人辩论和权利平等原则。第 50 条明文规定由法官确定哪些情况对案件有影响、由哪一方提供证据、对双方作为证据的哪些情况进行辩论。

在修改1964年《苏俄民事诉讼法典》的同时,《俄罗斯联邦民事诉讼法典》也在起草。其实早在1990年,俄罗斯的民事诉讼法学界就已经开始研究民事诉讼法的修改问题,涉及法典的结构与体例以及具体的民事诉讼制度。1993年5月24日,俄罗斯联邦司法部门决定组织联邦民事诉讼法典的起草小组,并且确定了成员名单。自1993年6月起,起草小组开始工作,其成员主要来自两个领域:诉讼法学界的权威人士(如莫斯科大学诉讼法教研室主任和教授、国家法学科学院诉讼研究室主任)、司法实务部门的人士(如俄罗斯联邦最高法院副院长和法官、莫斯科市法院副院长)。起草小组断定,1964年《苏俄民事诉讼法典》虽经多次修改和补充,但是依然无法适应市场经济中的各种关系,因为其中充斥了太多陈旧的法律术语,根本不可能保证公民的宪法权利、民法典规定的民事权利的实现。起草小组成员同意向司法实务部门作深入的调查研究,共收到了联邦各地70多封建议信。到1995年,起草小组就制定好了民事诉讼法典的第一个草案。此后一直处在讨论之中。

1997年4月24—25日,在莫斯科举行了专门的民事诉讼法典草案研讨会,学者和司法实务部门的人员对民事诉讼法典草案进行了全面的讨论,提出了许多建设性的修改建议。有一些问题是容易达成共识的,如构建民事简易程序、引入和平司法制度、改革再审程序等。同时,这部法典草案的主要内容和引起争论的问题有以下几个方面:(1)草案第1条规定了民事诉讼的基本原则,此条第2款有俄罗斯联邦签署的国际条约高于该法典的效力的规定(在民事诉讼法典规定与俄罗斯联邦签署的国际条约相冲突时应适用国际条约)。(2)草案规定只有当案件涉及国家利益和社会利益时,检察机关才可以参与民事案件,但必须提出充分理由加以说明,如果理由被法院驳回,检察机关仍不可以参与。(3)草案有关规定体现了允许双方当事人充分体现自己的意志和主动性。(4)草案将民事诉讼分为两类,即普通诉讼和特别诉讼,取消了1964年《苏俄民事诉讼法典》关于涉及行政法律关系的诉讼的分类。起草者认为,涉及行政法律关系的诉讼仍应按照民事诉讼的一般程序进行。(5)草案以专章形式规定了民事执行和民事执行官的内容,起草者认为民事判决的执行仍应归于法院、受法院监督,不接受反对者的意见。后者认为民事执行应直接归属司法部。(6)草案规定上诉审以新的事实、新的证据为主,申诉审主要针对法律的适用,对已生效的判决可提起监督审。(7)草案涉及调解法官和陪审团审理问题。在《俄罗斯联邦调解法官法》颁布施行后,民事诉讼法典草案必定会作出相应的修改。起草者对民事案件适用陪审团制度持反对态度,认为民事案件无法区分事实问题和法律问题。(8)草案第22章为"缺席程序和缺席审判",此章招致了较多的抨击,即反对者不同意关于"缺席程序"的提法和规定。

当时,《俄罗斯联邦民事诉讼法典》草案几易其稿,但是依然受到各方面人士的抨击,还没有达到成熟程度,因此至1999年9月还未提交给国家杜马。最终,《俄罗斯联邦民事诉讼法典》草案在2000年由俄罗斯联邦最高法院将草案提交国家杜马审议,在2001年6月14日一读通过,2002年6月26日二读通过,2002年10月23日国家杜马三读审议,并以302∶26的票数比通过。2002年10月30日,俄罗斯联邦委员会批准了该法典。2002年11月14日,俄罗斯联邦总统普京签署了第137号联邦法律(公布2003年2月1日起实施新民诉法典的法律)和第138号联邦法律,即《俄罗斯联邦民事诉讼法典》。至此,《俄罗斯联邦民事诉讼法典》诞生,实施了近40年的1964年《苏俄民事诉讼法典》失效。可以说,"俄罗斯联邦民事诉讼法典的出台标志着俄罗斯司法改革有了实质性的突破,标志着俄罗斯民事诉讼法的变革取得了阶段性成果"①。

(二)《俄罗斯联邦民事诉讼法典》的体例与内容

2002年《俄罗斯联邦民事诉讼法典》分为7编,共47章,446条,采用总则—分则式的立法体例。

总则编共10章。第1章为"民事诉讼法的基本规定",包括民事诉讼的任务,民事诉讼法的基本原则,即平等原则、辩论原则和处分原则等,这些基本规定又构成总则编的"总则",统领总则编的其他制度或者规范;第2章为"法院的组成与回避";第3章为"主管与管辖制度",主管与管辖解决民事案件在什么法院以及在哪一级法院进行诉讼的问题;第4章为"案件参加人";第5章为"诉讼代理";第6章为"证据制度",包括证据与证明两个方面;第7章为"诉讼费用";第8章为"诉讼罚金";第9章为"诉讼期间";第10章为"法院的通知与传唤"。

① 刘鹏:《俄罗斯民事诉讼法的变革》,知识产权出版社2018年版,第62页。

分则编从第2编开始,共6编。第2编为"第一审程序",分为法院命令程序、诉讼程序、公共法律关系案件的诉讼程序、特别程序4种程序;第3编为"第二审程序",包括对调解法官作出的判决裁定的上诉程序和撤销程序;第4编为"再审程序";第5编为"涉外民事诉讼程序";第6编为"撤销仲裁裁决与执行仲裁裁决的程序";第7编为"执行程序",规定执行中裁判性事项的程序。

2002年《俄罗斯联邦民事诉讼法典》对1964年《苏俄民事诉讼法典》的体例和内容进行了调整。(1)将"管辖"从分则编放到了总则编,符合了总则—分则编制的规律。因为管辖属于适用于一切程序的规范,应当放在总则编。(2)通过在"第一审程序"编增加第1分编"命令程序",在"诉讼程序"章增加"缺席判决"构建了民事诉讼的简易程序。(3)在"第二审程序"编增加了"对调解法官作出判决和裁定的上诉程序和撤销程序",构建了撤销审程序。这意味着2002年《俄罗斯联邦民事诉讼法典》彻底改变了1964年《苏俄民事诉讼法典》确定的一元化上诉审模式,建立了二元化的上诉审模式。(4)将"涉外民事诉讼程序"编放在"执行程序"编之前,更加符合审判程序—执行程序的逻辑结构,将1964年《苏俄民事诉讼法典》第6编"外国公民和无国籍人的民事诉讼权利、向外国提起的诉讼外国法院的司法委托和判决、国际条约和国际协定"编的名称概括修改为"涉外民事诉讼程序"。①

《俄罗斯联邦民事诉讼法典》在制度方面也较1964年《苏俄民事诉讼法典》发生了变化。(1)取消了人民陪审员制。《俄罗斯联邦民事诉讼法典》第14条规定,在第一审法院中,案件由法官独任审理。在联邦法律规定的情况下,案件在第一审法院由3名职业法官组成的合议庭进行审理。第260.3条有关解散选举委员会和全民公决委员会的案件必须由3名审判员合议审理。(2)限制了检察机关参与民事诉讼的权力。根据《俄罗斯联邦民事诉讼法典》第45条的规定,检察长只有在公民由于健康状况、年龄、无行为能力和其他正当原因不能亲自提起请求,以及为维护不确定范围的人的权利、自由和合法利益或者维护俄罗斯联邦、俄罗斯联邦各主体、地方自治组织的利益时才能参与诉讼。至于检察长能否对案件的实体提

---

① 参见刘鹏:《俄罗斯民事诉讼法的变革》,知识产权出版社2018年版,第70-72页。

出意见,未曾提及。因此依《俄罗斯联邦民事诉讼法典》,检察长不再是民事诉讼的监督机关,其仅仅参加民事诉讼的审理。(3)增加了预审程序。该程序中审判员确定对正确审理案件有异议的案情、确定涉案证据是否充分、审查迟延向法院起诉的事实、确定是否超过诉讼时效。在该程序阶段,审判员可以作出终止诉讼、不予受理或拒绝司法救济的裁定。(4)增加公共法权关系案件的审判程序。《俄罗斯联邦民事诉讼法典》第246条规定,公共法权关系案件除法典和联邦法律规定的情形外由独任审判员审理,在审理公共法权关系案件时法院不受诉讼请求和理由的约束,可依职权主动收集证据,没有按法院要求提供证据的人员根据第249.2条的规定会被处以10个最低工资额(当时为1000卢布)的罚款。(5)对证据一章作了很大的变动。首先,规定录音带、录像带可作为证据使用,承认通过传真或电子邮件方式获得的数字、图表形式的书面证据材料。其次,增加专家咨询意见为证据的一种,并调整了鉴定的种类,现分为综合鉴定(由不同领域专家进行的鉴定)和委托鉴定(由两个或多个同一领域专家作出的鉴定)。再次,调整了不得作为证人来询问的人员:在1964年《苏俄民事诉讼法典》第61.1条规定的民事案件代理人和刑事案件的辩护人中加入了行政案件的代理人或辩护人,法院不得询问其在履行职业义务时了解的案情;取消第61.2条规定的因生理或心理的缺陷而不能正确辨别事实或对事实提出正确证言的人,亦即《俄罗斯联邦民事诉讼法典》实施时这类人可以作为证人。最后,首次规定涉及以下情形的证据,证人有权拒绝作证:自然人对自己或对近亲属不利的证言;立法机关代表对于因其履行代表职责而知晓的案情;经国家注册登记的宗教团体的神职人员对于“忏悔”的秘密;法官、陪审团成员、仲裁员对于在会议室讨论作出判决或裁决时出现的与案情相关的问题。(6)允许二审法院审查一审中未审查的证据。可以对新的事实和证据作出新的判断,有权撤销、变更一审法院的判决或予以重判。在合法性的审查方面,二审法院有权超出上诉状的范围。

(三)《俄罗斯联邦民事诉讼法典》的发展变化

2002年《俄罗斯联邦民事诉讼法典》正式实施后,经历了多次修改。从2004年开始,国家杜马每年都会通过联邦法律对法典进行修改,截至2023年年底,共修订了近120次。

例如,2010年4月21日,俄罗斯联邦国家杜马通过《基于通过〈关于侵害在合理期限内进行诉讼程序的权利或者在合理期限内履行法院裁判的权利的赔偿的联邦法律〉而修改特定俄罗斯联邦立法文件的联邦法》,对《俄罗斯联邦民事诉讼法典》进行修改,包括在第3条第1款增补:"其中包括判决其赔偿侵害在合理期限内进行诉讼程序的权利或者在合理期限内履行司法裁判的权利的请求。"增补第6.1条:"1.应当在合理期限内在法院进行诉讼程序和履行司法裁判。"2012年2月6日,通过《俄罗斯联邦关于俄罗斯联邦民事诉讼法第29条的修正案的联邦法》,将第29条修改为:"要求赔偿碰撞造成的损失、支付船员在船上工作的工资和其他款项、遣返费和社会保险费的诉讼,还可向被告船舶所在地或船舶注册港的法院追偿海上救助和救助费。"2018年2月22日,俄罗斯联邦国家杜马通过《关于修改〈俄罗斯联邦民事诉讼法典〉第278条和〈关于执行程序的联邦法律〉的联邦法》,在《俄罗斯联邦民事诉讼法典》第278条第1款"内务机关"之后增补"司法警察"术语。修订后的第278条为:"法官在准备案件的法庭审理时应当查明,谁有可能提供失踪人的情况,并向失踪公民已知的最后住地、工作地点的有关组织、内务机关、司法警察、部队询问失踪人的情况。"2023年6月24日补充的第445.1条内容为:第445.1条因新发现或新情况而被撤销的判决的撤销程序。(1)如果根据新发现的事实或新的事实撤销了法院的裁决,在重新审理后作出的新裁决中,法院将最终解决争议,或者终止诉讼程序,或者驳回申请,则必须解决撤销执行裁决的问题。(2)如果新的法院判决没有规定推翻法院判决的执行,参与案件的人有权向初审法院提出上诉。(3)在新发现或新情况的情况下,在劳动关系引起的索赔中,在科学、文学和艺术作品、表演、发现、发明、实用模型、工业品外观设计的使用权,赡养费的使用权和报酬的案件中,撤销了法院的判决,对于因养家糊口者的人身伤害或其他健康损害或死亡而造成的损害,如果没有确定事实证明原告提供了虚假信息或伪造文件,则不得撤销执行判决。

二、刑事诉讼法

在苏联时期,颁布过1958年《刑事诉讼立法纲要》和1960年《苏俄刑事诉讼法典》,1960年《苏俄刑事诉讼法典》自1961年1月1日起实施,截至1995年《俄罗斯联邦刑事诉讼法》颁布前,其修改50余次,仅1991年至1995年6月这3年多的时间就修改了22次。在俄罗斯联邦时期,国家修改1960年《苏俄刑事诉讼法典》的同时,也在制定《俄罗斯联邦刑事诉讼法典》。

(一)《俄罗斯联邦刑事诉讼法典》的制定过程

《俄罗斯联邦刑事诉讼法典》起草工作是在1994年6月7日由俄罗斯联邦总统颁布命令成立一个在国家法制委员会领导下的起草工作组开始的。1994年8月,该起草工作组公布了《刑事诉讼法典纲要》,但俄罗斯联邦最高法院、内务部、司法部等部门并未参与法典起草工作,因此这个纲要也被搁置了。① 1997年4月15日,联邦国家杜马审议通过了由国家杜马立法和司法改革委员会起草的《俄罗斯联邦刑事诉讼法典》草案,接着联邦委员会于6月6日进行了一读,9月30日联邦总统向国家杜马提出了自己对法典草案的意见,指出了草案中存在的一些问题,对草案的一些规范作了详尽的分析,明确指出该草案需要进一步作重大修改,肯定地表示现有的法典草案不应该在二读中通过。根据总统的意见,1997年9月联邦国家杜马立法和司法改革委员会成立了刑诉法典草案修改小组,继续对草案进行修改。自1997年10月至1998年8月刑诉法典草案修改小组进行了40多次会议,充分讨论俄罗斯联邦总统、俄罗斯联邦政府、国家杜马代表、俄罗斯联邦最高法院、俄罗斯联邦总检察长、俄罗斯联邦内务部以及俄罗斯联邦安全委员会所提出的修改意见,对草案作出了3000多处的修改。

《俄罗斯联邦刑事诉讼法典》草案一再修改涉及的主要问题是,该草案没有同1993年《俄罗斯联邦宪法》规定的诉讼程序相适应,没有同俄罗斯联邦新的国际环境相适应。俄罗斯联邦总统在1998年3月29日签署《批准〈保卫人权和基本自由条约〉的法律》时就写信给国家杜马,转告了许多专家的意见,明确指出新的刑事诉讼法典草案必须同《保卫人权和基本自由条约》相适应,建议刑诉法典草案修改小组进一步深入研究欧洲各国刑事诉讼法的新发展趋势。为此,刑诉法典草案修改小组继续进行修改和完善草案的工作。

在《俄罗斯联邦刑事诉讼法典》修改工作中,俄罗斯联邦公布了一些相关的单行立法:1992年3月11日,颁布了《俄罗斯联邦私人侦探和保镖活动法》;联邦国家杜马于1994年12月通过了《保护受害人和证人法》,联邦

---

① 参见张剑波:《俄罗斯联邦刑事诉讼法典的变迁及其制度创新》,载《法学评论》2004年第4期。

总统于1995年1月予以否定,1995年7月国家杜马再次通过,但遭到联邦委员会的否决。最后,《俄罗斯联邦刑事诉讼法典》草案于2001年6月20日通过国家杜马二读,并在2001年11月22日通过国家杜马三读,2001年12月17日由俄罗斯联邦总统签署并公布,并于2002年7月1日生效实施。至此,1960年《苏俄刑事诉讼法典》宣告失效。

(二)《俄罗斯联邦刑事诉讼法典》的内容

《苏俄刑事诉讼法典》分为10编39章,《俄罗斯联邦刑事诉讼法典》的规定更为细化,分五部分,共18编55章473条。第一部分是"通则",由6编组成,包括基本规定、刑事诉讼的参加人、证据与证明、诉讼强制措施、申请和申诉、其他规定。其中专门规定了刑事诉讼的参加人一编,分列法院、控方参加人、辩方参加人、其他诉讼参与人各章,确定了各诉讼机关和参加人的诉讼权利和职责。第二部分为"审前程序",由刑事案件的提起和审前调查2编组成,主要规定检察长领导下的刑事侦查程序。第三部分为"法院诉讼程序",共7编,包括第一审法院的诉讼程序、法庭审理的特别程序、和解法官审理案件的特点、陪审法庭审理案件的特点、第二审法院的诉讼、刑事判决的执行和已经发生法律效力的法院刑事判决、裁定和裁决的复审。第四部分为"刑事诉讼的特别程序",包括某几类刑事案件的诉讼特点和涉及某几种人的刑事案件的诉讼特点2编,专门规定了未成年人刑事案件的诉讼,适用医疗性强制措施的诉讼,以及涉及联邦委员会委员、国家杜马议员和联邦法院法官、检察长等特殊诉讼主体的特别程序。特殊主体案件的诉讼程序是《苏俄刑事诉讼法典》没有的内容。第五部分为"刑事诉讼领域的国际合作",仅1编,即法院、检察长、侦查员和调查机关与外国和国际组织的相应机关和公职人员合作的程序。

《俄罗斯联邦刑事诉讼法典》从刑事诉讼本体出发,增加了许多新的制度和程序以适应社会、政治、经济形势和国际环境发展变化,规定了刑事诉讼的主体、行为、客体以及实现刑事诉讼目的的基本原则和手段,在编、章安排上形成了比较合理的、完整的结构体系,五大部分构筑了相对完整的刑事诉讼体系,以审判为中心,结构完整符合现代司法的基本理念。[①] 具体

---

① 参见李洪杰:《俄罗斯刑事诉讼法的发展——兼论中俄刑事诉讼法的比较》,载《黑龙江省政法管理干部学院学报》2017年第5期。

而言,2002年《俄罗斯联邦刑事诉讼法典》较1960年《苏俄刑事诉讼法典》有了较大发展。

1. 完善了证据制度

根据《俄罗斯联邦刑事诉讼法典》的规定,侦查员、检察长、法官及调查人员可作的决定或裁判应是合法的、有根据的并应说明理由。当事人在了解案件材料之后或者收到起诉书副本之日起7日内有权提出排除证据的申请,法官通过庭前听证程序决定是否排除。这表明俄罗斯刑事诉讼法不但规定了刑事证据的合法性条件,而且规定了具体提出和解决这一问题的程序。《俄罗斯联邦刑事诉讼法典》把证明过程分为收集证据、审查证据效力和评定证据三个阶段。法官对每个证据是否采证应从其相关性、真实性角度评定,并根据自由心证原则就其案件全部证据的总和形成内心确信的根据,遵循法律和良知进行评价,任何证据均不具有事先确定的效力。同时规定了不具有可采性的证据情形,即第7条规定:"法院、检察长、侦查员、调查机关或者调查人员在刑事诉讼过程中违反本法典的规范所取得的证据不具有可采性。"第75条第2款规定了不允许采信的证据范围:(1)犯罪嫌疑人、被告人在没有辩护人在场时,包括他拒绝辩护人的情况下于审前程序中所作的在法庭上没有被犯罪嫌疑人、被告人确认的陈述;(2)被害人、证人基于猜测、假设、传闻所作的陈述和无法指明其信息来源的证人证言;(3)违反本法典要求取得的其他证据。第88条还规定:法院、检察长、侦查员、调查人员有权根据犯罪嫌疑人、被告人的请求或者主动认定属于第75条第2款规定的证据不具有可采性,不具有可采性的证据不得列入起诉结论或者起诉书中。

2. 确定了无罪推定原则

1960年《苏俄刑事诉讼法典》并未对无罪推定原则予以明确。《俄罗斯联邦刑事诉讼法典》第14条确定了无罪推定原则,第46条、第47条、第225条规定了犯罪嫌疑人、被告人的陈述拒绝权。同时规定在诉讼过程中,只有受审人同意进行陈述时,才能对其询问,这些规定实质上确立了沉默权。

3. 确定了司法审查原则

《俄罗斯联邦刑事诉讼法典》第10条、第12条、第13条规定,只有经过法院判决才能正式羁押人和对住宅进行搜查,提取物品,以及采取强制措施。侦查员、调查人员经检察长同意,才能向法院提出上述申请。这说明法院享有最终决定权,这是一种具有特色的司法审查原则。

4. 实行辩论式的庭审模式

俄罗斯的传统刑事诉讼结构具有明显的职权主义特征,侦查机关和检察长不仅在侦查过程中具有较大权力,在审判阶段也呈现明显的职权主义色彩。法官在庭审中起重要作用,审判的范围和证据调查过程都由法官依职权决定。被告人在整个诉讼过程中负有接受侦查员和法院询问的义务。① 《俄罗斯联邦刑事诉讼法典》规定,在审判中控辩双方一律平等,双方辩论采取类似于交叉询问的方式,在法庭对证据进行质证与对抗。这一规定较旧法有所变更与改进。在总结司法改革实践成果基础上,进一步落实宪法原则,重新定位控、辩、审三方的关系,正式确定辩论式诉讼模式和辩论原则。第 15 条规定:"(1)刑事诉讼实行当事人辩论式;(2)控诉、辩护和刑事案件的裁判等职能分立,不得由同一机关或同一公职人员进行;(3)法院不是刑事追诉机关,不得参加到控诉或辩护一方,法院为控、辩双方履行诉讼义务和行使相应权利创造必要条件;(4)控方和辩方在法院面前一律平等。"第 15 条中首次使用"诉讼职能"的概念,并对控、辩、审三方的职能和任务给予明确划分,由此确立辩论式诉讼模式,改变了俄罗斯传统上职权式的诉讼格局。② 此外,规定了陪审法庭审理案件的程序,以及组成陪审法庭的办法,即由职业法官任命审判长与陪审员组成合议庭,实行秘密评议、公开投票的方式进行工作,针对事实的认定和构成犯罪等问题进行表决,以票数过 7 票(多数票)作出决定。

5. 加强了对犯罪嫌疑人和被告人的权利保障

《俄罗斯联邦刑事诉讼法典》对辩护权加以强化,并对会见权和调查权给予充分保障,规定对犯罪嫌疑人和被告人询问时,辩护人享有在场权;辩护人不在场所作的陈述不允许被采信作为证据。辩护人的酬金由联邦预算支付。不允许通过复审程序加重被判刑人的刑罚。

(三)《俄罗斯联邦刑事诉讼法典》的发展

《俄罗斯联邦刑事诉讼法典》自颁布实施以来,一直处在修改中。据统

---

① 参见尹丽华:《刑事诉讼法律观的嬗变——俄罗斯新刑事诉讼法评析》,载《现代法学》2003 年第 6 期。

② 参见尹丽华:《俄罗斯联邦刑事诉讼法的创新发展》,载《当代法学》2004 年第 4 期。

计,截至2023年12月底,修改了330多次,在这个过程中既完善了刑事诉讼立法以及法典内容,又推动了俄罗斯刑事诉讼法制的发展。

2002年5月15日和6月10日通过了两个法律文件对法典中的79条作了修订。另外,还同时通过了《俄罗斯联邦关于施行〈俄罗斯联邦刑事诉讼法典〉的联邦法》,共15条。国家杜马5月15日通过的《关于修订和增补〈关于施行俄罗斯联邦刑事诉讼法典的联邦法律〉的联邦法》,又对该法中的6条进行了修订和增补。2003年6月21日,国家杜马再一次通过了对《俄罗斯联邦刑事诉讼法典》修改的联邦法。2006年3月3日,通过《关于修改〈俄罗斯联邦刑事诉讼法典〉第131条的联邦法》,对第131条进行修正,补充以下内容为第4款:"4. 除本条第二部分第2款和第8款规定的程序费用外,程序费用的补偿程序和数额应由俄罗斯联邦政府确定。"2011年6月14日发布了第140号联邦法律,对《俄罗斯联邦刑事诉讼法典》第30条进行补充,即对于审理具体案件法院的人员组成,要考虑排除影响司法审查的利害关系人,在运用自动化信息系统时,要考虑法官的具体负担和法官专业性。2011年《俄罗斯联邦刑事诉讼法典》的修正案中针对某些罪行新增了对罪犯监狱服刑之外的刑罚措施,取消了这些罪犯监狱服刑的最低期限。2019年7月3日,对《俄罗斯联邦刑事诉讼法典》第448条第1款进行修改,即在第4款"军事法庭"之后加上"地区法院、调解法官",在第5款中将"其他法官"修改为"俄罗斯联邦主体宪法(宪章)法院的法官"。

2022年12月5日,将《俄罗斯联邦刑事诉讼法典》第6.1条第3款修改为:"这些情况适用于根据本条确定的整个刑事诉讼期间,如果当事人在合理时间内就侵犯刑事诉讼权提出了新的赔偿要求,而在法院对先前就侵犯刑事诉讼权提出的赔偿要求作出裁决后,刑事诉讼仍在继续,在刑事诉讼结束或判决生效之前,某人因刑事诉讼时间超过四年而提出的申请,或拒绝该申请的决定。在这种情况下,对于在合理时间内侵犯刑事诉讼权而提出新的赔偿申请,不需要当事人根据本条第五部分的规定提出加快刑事诉讼程序的申请。"

2023年11月2日,对第5条进行修改,补充第27.1款和第27.2款两款内容:第27.1款为"根据本法典第20条、第81.1条、第108条和第164条,个体工商户在从事商业活动和(或)管理其用于商业活动的财产时犯下的罪行——犯罪，个体工商户在从事独立的风险活动过程中犯下的罪行，其目的是系统地从使用财产、销售货物、进行工作或提供服务中获利，以及（或）管理用于此类活动的属于他的财产”；第 27.2 款为“本法第 20 条、第 81.1 条、第 108 条和第 164 条规定的商业组织管理机构成员在行使管理该组织的权力或在从事商业组织的商业活动或其他经济活动时犯下的罪行，商业组织管理机构的成员在行使管理该组织的权力时犯下的罪行，或在商业组织为系统地从使用财产、销售货物、执行工程或提供服务中获利而进行的独立、自负风险的活动中犯下的罪行，或其他经济活动”。

2023 年 12 月 19 日，通过《关于对〈俄罗斯联邦刑法〉和〈俄罗斯联邦刑事诉讼法〉第 31 条和第 150 条进行修正的联邦法》，其中《俄罗斯联邦刑法典》补充第 321.1 条，即“被行政处罚或有犯罪记录的人向监狱系统或拘留所的被拘留者移交移动通信和其他通信设备。以任何方式将移动通信设备和其他通信设备和（或）支持其工作的部件移交给刑事执行机构或拘留所中的工作人员时，该工作人员获得、持有或使用这些设备都是法律禁止的，因《俄罗斯联邦行政违法法典》第 19.12 条第 2 部分规定的行为而受到行政处罚的人，或因犯有本条规定的罪行而被定罪的人，应处以 10 万—30 万卢布的罚款，或相当于罪犯 1 年至 2 年工资或其他收入的罚款，或两年以下强制劳动或监禁”。在《俄罗斯联邦刑事诉讼法典》第 31 条第 1 款和第 150 条第 3 款第 1 项中加上《俄罗斯联邦刑法典》第 321.1 条的内容。

三、行政诉讼法

相比《俄罗斯联邦刑事诉讼法典》和《俄罗斯联邦民事诉讼法典》，《俄罗斯联邦行政诉讼法典》颁布较晚。在 2015 年之前，俄罗斯还没有单独的行政诉讼法典，其是依靠民事诉讼程序和仲裁程序等解决行政争议的。2015 年颁布了《俄罗斯联邦行政诉讼法典》，一方面，意味着俄罗斯的行政诉讼制度在立法上的集中，另一方面，意味着俄罗斯行政诉讼最终脱离了民事诉讼程序和仲裁程序。[①] 与苏联时期行政诉讼制度相比，俄罗斯联邦已开始构建新的行政诉讼制度，并已显现出一些与苏联行政诉讼制度截然

---

① 参见周珩、龙长海：《当代俄罗斯法律制度概述》，当代世界出版社 2021 年版，第 247 页。

不同的特点。

(一)《俄罗斯联邦行政诉讼法典》颁布前的行政诉讼制度

在《俄罗斯联邦行政诉讼法典》颁布实施之前,俄罗斯的行政诉讼立法较为分散。1993 年 4 月 27 日,通过了《对侵犯公民权利与自由的行为与决定向法院控告法》(以下简称《控告法》),这部法律取消了苏联之前法律规定的诉前行政申诉程序的限制,公民权利的司法保障得到进一步发展,但是公民诉诸法院之前应当穷尽所有通过行政程序进行申诉的救济渠道。1995 年 12 月通过了《修改和补充俄罗斯联邦法律〈对侵犯公民权利和自由的行为和决定向法院控告法〉的联邦法》,对 1993 年《控告法》作出了实质性修改,修改后的《控告法》扩大了对国家管理领域的司法监督,对公民权利和自由的保障更加充分和完善,其主要条款也被后来的民事诉讼立法吸收。

《俄罗斯联邦宪法》第 46 条第 2 款规定:"对国家权力机关、地方自治机关、社会团体和公职人员的决定和行为(不作为),可以向法院投诉。"这一规定实质上改变了公民与权力机关之间的纠纷的司法管辖,也奠定了俄罗斯行政诉讼的宪法基础。第 118 条规定:"司法权通过宪法、民法、行政法和刑事诉讼程序来实现。"这是在宪法层面对行政诉讼作出明确规定。1993 年《俄罗斯联邦宪法》将行政诉讼分立为一个独立的诉讼类型,为这一新的程序法奠定了宪法基础。"但事实上,在之后的 20 多年里,俄罗斯一直没有专门的行政诉讼制度,而是通过民事诉讼程序和仲裁程序对行政案件进行审理"①,具体而言,由《俄罗斯联邦民事诉讼法典》第 2 编第 3 章"源于公法关系的案件"(第 245—261 条)、《俄罗斯联邦仲裁程序法典》第 3 编"行政法律关系和其他公法关系案件的第一审仲裁法院的诉讼程序"(第 189—216 条)、《俄罗斯联邦行政违法法典》等共同调整。

《俄罗斯联邦行政违法法典》是俄罗斯联邦行政法中非常重要的一部法典。从十月革命胜利到俄罗斯联邦独立,俄罗斯共颁布了两部行政违法法典,即 1984 年《俄罗斯联邦行政违法法典》和 2001 年《俄罗斯联邦行政违法法典》,后者继承了前者几乎 2/3 的内容。但是,由于它们分别制定于苏联解体前后,在俄罗斯社会发展的两个不同历史时期,它们的性质截然

---

① 温恒国:《分合之间:俄罗斯行政诉讼的立法演变》,载《求是学刊》2020 年第 4 期。

不同,在结构体系和基本内容方面也存在明显差别。根据 2001 年《俄罗斯联邦行政违法法典》,行政违法行为指“自然人或者法人违反法律的、有过错的并且被《俄罗斯联邦行政违法法典》或者俄罗斯联邦主体行政违法法律规定的行政责任的行为(不作为)”。《俄罗斯联邦行政违法法典》将 17 个领域 400 多种行政违法行为罗列于法典之中,如自然环境保护领域的行政违法行为、道路交通领域的违法行为、违反海关规则的行政违法行为、危害社会秩序和公共安全的行政违法行为等。《俄罗斯联邦行政违法法典》是同时包含实体法和程序法的法典,规定了完整的诉讼程序、执行程序等内容。

此外,还存在一些调整公法争议审理程序的法律,如《俄罗斯联邦地方自治组织的一般原则法》《俄罗斯联邦公民参与全民公决和选举权利基本保障法》《信息、信息化和信息保护法》《俄罗斯联邦国家公务体系法》《俄罗斯联邦国家公务基本法》。

(二)《俄罗斯联邦行政诉讼法典》的制定过程

《俄罗斯联邦行政诉讼法典》制定过程较为坎坷,从 2000 年开始到 2015 年方才完成、实施生效。

2000 年 9 月,俄罗斯联邦最高法院为了实现《俄罗斯联邦宪法》第 118 条关于行政诉讼的条款而向国家杜马提交了联邦宪法性法律《俄罗斯联邦行政法院法》草案及相关文件,同时提出四个依据:一是根据《俄罗斯联邦宪法》第 118 条和第 126 条,司法权通过 4 种诉讼实现;二是普通法院审理的行政法律争议案件的数量急速增长;三是行政争议案件非常复杂,具有很强的专业性,需要法官具有很高的专业水平;四是普通法院相对于地方政府来说不具有完全的独立性。2000 年 11 月 22 日,《俄罗斯联邦行政法院法》草案通过杜马一读。按计划,该草案本应当在 2001 年 1 月 1 日生效,但是由于缺乏资金,《俄罗斯联邦行政法院法》在联邦议会一直未获通过。在《俄罗斯联邦行政法院法》提交国家杜马后不久,《俄罗斯联邦行政诉讼法典》草案的草拟工作就开始了。2002 年,根据俄罗斯联邦最高法院院长列别杰夫的命令,法典起草工作小组成立,并准备起草法典,这项工作被认为是完善俄罗斯联邦司法制度的重要步骤。2003 年 3 月,俄罗斯联邦总统参事会就完善司法问题讨论了《俄罗斯联邦行政诉讼法典》草案的问题。2006 年 12 月 29 日,俄罗斯联邦最高法院版《俄罗斯联邦行政诉讼法典》草案提交国家杜马。但是由于当时俄罗斯的二元法院体系——普通法院体系和仲裁法院体系的存在,管辖和诉讼规则难以实现统一,因此这个草案遭到了来自仲裁法院的强烈反对。当时最高仲裁法院副院长明确表示,在两个法院系统明确管辖问题、统一诉讼程序规则之前,讨论这个问题为时尚早,虽然草案的想法是好的,但制定该法典和在普通法院内建立行政法院系统一样,对于今时今日来说太超前了。最终该法典草案甚至都没能通过国家杜马的预审,也未能进入一读程序。

2012 年 12 月,总统普京在给联邦会议的咨文中提出制定行政诉讼程序法典的建议,并于 2013 年 3 月 26 日提出了《俄罗斯联邦行政诉讼法典》草案,俄罗斯联邦最高法院于 2013 年 6 月撤回了之前的《俄罗斯联邦行政诉讼法典》草案,国家杜马停止了审议这个草案。2013 年 4 月末,由总统提出的法典草案提交国家杜马审议,俄罗斯联邦国家杜马在 2013 年 5 月一读通过,修改后交国家杜马宪法与国家组织委员会审查。按照正常程序,应当在 2014 年 1 月 1 日生效,但是由于各界对这个草案展开了激烈的争论,加之其间展开的合并联邦最高法院与联邦最高仲裁法院的立法活动,《俄罗斯联邦行政诉讼法典》未能于预期时间通过并生效。因此,在国家杜马一读通过该草案后,该草案的工作停顿了将近两年。

2014 年修改《俄罗斯联邦宪法》之后,俄罗斯联邦最高法院和俄罗斯联邦仲裁法院的管辖权合并。2015 年 2 月 17 日,国家杜马二读通过《俄罗斯联邦行政诉讼法典》草案;2 月 20 日,三读最终通过该法典;2 月 25 日,联邦委员会以联邦法律形式批准了《俄罗斯联邦行政诉讼法典》。3 月 8 日,总统普京签署《关于施行〈俄罗斯联邦行政诉讼法典〉的命令》。9 月 15 日,除个别条款外,《俄罗斯联邦行政诉讼法典》开始生效。随着《俄罗斯联邦行政诉讼法典》的通过,相关法律也开始失效或者修改。第一,长期以来一直被视为俄罗斯行政诉讼奠定基础的框架法律的 1993 年《控告法》和《关于〈对侵犯公民权利与自由的行为与决定向法院控告法〉的实施程序的决定》,以及其他一些法律文书宣布失效。第二,《俄罗斯联邦民事诉讼法典》的某些条款失效。例如,《俄罗斯联邦民事诉讼法典》第 23—26. 2 章的"公共法律关系引起的案件的诉讼",第 22. 1 章的"对在合理时间内侵犯诉讼权或在合理时间内执行判决的权利的索赔进行审查的程序",第 35 章的"公民住院到提供住院、非自愿和非自愿精神检查的医疗组织的程序"。

第三,对涉及行政诉讼规定的一些立法进行了修改,如《俄罗斯联邦税法典》,1991 年 12 月 27 日公布的《大众传媒法》《俄罗斯联邦检察院法》,2007 年 10 月 2 日公布的《俄罗斯联邦执行程序法》,等等。

(三)《俄罗斯联邦行政诉讼法典》的内容

《俄罗斯联邦行政诉讼法典》共 9 编,包括 39 章,共计 365 条,具体内容较为丰富。

《俄罗斯联邦行政诉讼法典》第 1 章“一般规定”的第 1 条就规定了“本法典的调整对象”,即行政诉讼案件类型包括:(1)救济公民或组织受到侵害的或者有争议的权益的行政案件,即救济权利的案件;(2)监督国家权力或者其他公共权力合法有据地行使职权的行政案件,即监督权力的案件。

在行政案件管辖方面,俄罗斯联邦最高法院负责审理以总统令、政府令、联邦上下议院颁布的规范性法律文件为依据的案件,俄罗斯联邦各主体法院负责审理以各主体层级的规范性法律文件为依据的案件,普通法院的调解法官的权限较小,负责审理《俄罗斯联邦行政诉讼法典》规定的行政违法案件。此外,区、市法院是大部分行政案件的一审法院,大量案件都集中在这里,法律没有明确规定由其他法院管辖的行政案件均由其审理。[①]《俄罗斯联邦行政诉讼法典》第 1 章第 1 条第 3 款、第 4 款规定不属于普通法院依据《俄罗斯联邦行政诉讼法典》审理的行政案件有两类:第一类属于俄罗斯联邦宪法法院、俄罗斯联邦主体宪法法院、仲裁法院管辖的,或者由俄罗斯联邦最高法院、普通法院应当依据其他诉讼程序审理的案件;第二类是行政违法行为、追索联邦预算体系资金的案件。

《俄罗斯联邦行政诉讼法典》的立法任务为:(1)在行政法律关系和其他公权力关系领域内,保障诉诸法院的实现;(2)维护公民或组织在行政法律关系和其他公权力关系领域内受到侵害或争议的权利;(3)保障行政案件正确、及时地审理和解决;(4)加强在行政法律关系和其他公权力关系领域内的法制,预防在行政法律关系和其他公权力关系领域内的违法行为。

行政诉讼的诉讼原则包括:(1)法官独立原则,这是俄罗斯行政诉讼的

---

① 参见周珩、龙长海:《当代俄罗斯法律制度概述》,当代世界出版社 2021 年版,第 251 页。

首要原则。该原则也是《俄罗斯联邦宪法》第120条、《保护人权和基本自由公约》第6条等明文规定的原则,是指法官仅服从于《俄罗斯联邦宪法》和俄罗斯联邦法律,以及禁止对法官审理案件的任何外来的非法干涉。(2)法律和法院面前人人平等原则,是指对于公民,不论其性别、民族等情况,在法律和法院面前一律平等,对于组织,不论其所有制形式、组织法律形式、隶属关系、所在地和其他情况,在法律和法院面前一律平等。法院对所有案件参与人的权利、自由和合法利益保证给予同等的司法保护。(3)审理和解决行政案件的合法性和公正性原则,这是第一次在俄罗斯诉讼立法上得到明确规定的原则,内涵是法院在审理行政案件时务必遵守法律规定,准确、符合案情地适用法律。(4)在合理期限内进行行政诉讼和在合理期限内执行行政案件的法院裁判原则,要求采取积极有效的措施,保障在合理期限内执行法院裁判之权利,以及赔偿所有在合理期限内执行法院裁判之权利受到侵犯的主体。(5)法庭审理的公开性和开放性原则,指的是任何人均有权无障碍旁听庭审并且做相关记录,而案件参与人有权获得关于法庭审理的信息和相关司法文书,这个原则要求法庭审理公开、信息公开、判决公开。(6)法庭审理的直接原则,是指法官在审理行政案件时应直接审查所有证据。从案件参与人的角度出发,法庭审理的直接原则还包括案件参与人有权亲自或者通过代理人等审查和质证行政案件的所有证据。(7)法庭积极能动下行政诉讼双方当事人的抗辩和平等原则,其实质上包含抗辩原则、平等原则和法庭积极能动原则。

行政诉讼参加人是依据《俄罗斯联邦行政诉讼法典》在审理和解决具体行政案件中应当或者可以完成诉讼行为的主体。《俄罗斯联邦行政诉讼法典》第4章为"案件参与人和其他案件参与人",第37条规定了案件参与人包括双方当事人、利害关系人、检察机关以及为维护他人和不特定群体的利益而诉诸法院的机关、组织和个人。需要说明的是,在诉讼参加人中,存在"行政原告"和"行政被告",这是《俄罗斯联邦行政诉讼法典》新创立的专门术语,其目的和功能在于与民事诉讼和仲裁程序的原告和被告相区分,同时也在于与《俄罗斯联邦民事诉讼法典》和《俄罗斯联邦仲裁程序法典》对源于公法关系的案件中采用的指代原告和被告的术语相区分。

根据《俄罗斯联邦行政诉讼法典》第124条第1款的规定,要求认定规范性法律文件完全或者部分无效,要求认定公权力机关、行使公权力的机关、公务人员等的决定、作为、不作为等完全或者部分无效，要求公权力机关、行使公权力的机关、公务人员等实施或者放弃实施某行为等属于维护权利、自由和合法利益的方法，为提起行政诉讼的标的。提起行政诉讼的方式是提交行政起诉状，俄罗斯立法者在行政起诉状的规定上采取了与民事诉讼诉状相似的形式，行政起诉状可以提交书面起诉状，也可以在法院网站上填写相关表格以电子形式提交，但是未规定口头起诉形式。对于行政起诉，法官可以作出决定受理的裁定、搁置行政起诉状不予审理的裁定、退回行政起诉状的裁定、拒绝受理行政起诉状的裁定。

《俄罗斯联邦行政诉讼法典》第 13 章第 132 条规定："每一个行政案件都必须进行法庭审理的准备。"俄罗斯行政诉讼在起诉与庭审之间设置的别具特色的预审程序制度，是起诉程序与审理程序之间的过渡与衔接程序，同时也是俄罗斯行政诉讼审前程序的最终阶段，目的是正确和及时地审理行政案件。除了法律另有规定外，预审程序是所有行政案件的必经程序。行政诉讼的预审程序在独任法官主持的情况下，双方当事人、代理人、利害关系人共同参与。仲裁法院在预审程序中还有法官助理参与。预审程序围绕着案件事实和证据展开，其任务包括查清行政案件的事实，对证据进行质证和评价，但是在预审程序中的这种质证和评价都是初步的，不会涉及证据是否具有关联性、真实性、可采性、充分性的问题。

对于行政诉讼判决的执行问题，《俄罗斯联邦行政诉讼法典》第 16 条规定，已经发生法律效力的行政案件，法院判决、裁定和裁决，以及法院的合法指令、要求、委托、传唤和通知，对于国家机关、地方自治机关、选举委员会、全民公决委员会、组织和联合组织、公职人员、国家工作人员和自治地方工作人员、公民均具有强制力，应在俄罗斯联邦境内予以执行。不执行行政案件的法院裁判的和拖延执行的，将对其采取罚款等处罚措施，并依照职权追究负有义务的公职人员的行政责任或刑事责任。

与苏联时期行政诉讼制度相比，俄罗斯联邦的行政诉讼制度具有自己的特点：(1)行政诉讼在性质上不再是行政"管理活动的要素"和行政权运行的"特殊法律形式"，已转换成司法制度。俄罗斯在转向以构建规范行政权为基点的行政法体系的同时，确认行政诉讼的首要价值在于保护公民权利，防止公权力滥用，确立了法院的独立地位和保护法官的独立性的法律制度，并把对行政案件审理纳入了诉讼程序，从而使行政诉讼成为司法权运行的法律形式。(2)行政诉讼在适用范围上,就行为类型而言除了具体行政行为,也包括对法规范性文件抽象行政行为提出异议的行政诉讼,维护公民选举权和参加全民公决权利的行政诉讼,对登记价值确定结果提出异议的行政诉讼,因在合理期限内进行法院诉讼和合理期限内执行法院裁判的权利受到侵害而要求赔偿的行政诉讼,中止政党及其他地区分部活动予以取缔的行政诉讼等,可谓范围十分广泛。实质上,只要公民认为这种规范性文件侵害了自己的权益;都可以进行诉讼;如果公民认为俄罗斯的某一项法律或者地方的某一个规范性文件违反了《俄罗斯联邦宪法》的规定,就可以向宪法法院起诉:这实际上扩大了公民的诉讼权利。① 就案件性质而言,不同于苏联行政诉讼在审理行政案件的同时又审理民事案件等其他各种法律关系、多种性质的案件,其仅限于各类行政案件。(3)行政诉讼在裁决主体上,已改变苏联行政诉讼通常由"法院外"的管理机关审理案件的状况,虽然对某些行政行为不服可以甚至必须先向"法院外"的管理机关申诉,但根据《俄罗斯联邦宪法》的规定,除从前归法院管辖的案件外,有关税务、海关、金融、养老金方面的纠纷和保护选举权的纠纷,以及法律文件争议的案件,以前不属于法院管辖的案件,现在处于法院的管辖之下。同时根据管辖行政案件类别不同,分别归普通法院、仲裁法院和调解法官管辖,由公民、法人向法院提出申诉和上诉,或者由检察机关提起公诉和抗诉,从而把行政纠纷案件纳入法院管辖。② (4)行政诉讼借鉴和引入民事诉讼制度的反诉制度,设置了一种行政被告维护自身权利的非常重要的手段——行政性反诉,这是行政被告对行政原告的一个独立的实体法律请求。《俄罗斯联邦行政诉讼法典》第 131 条第 1 款规定了提出行政性反诉的条件:(1)原诉与反诉之间具有相互关系,共同审理能够更快捷、更正确地解决争议;(2)满足反诉即完全或者部分排除满足原诉;(3)反诉是为了抵消原诉。因此不是在所有行政案件中都能提出行政性反诉,而必须满足上述条件之一。

---

① 参见周珩、龙长海:《当代俄罗斯法律制度概述》,当代世界出版社 2021 年版,第 251 页。

② 参见哈书菊:《俄罗斯行政诉讼的制度构建和理论走向》,载《俄罗斯中亚东欧研究》2004 年第 2 期。

（四）《俄罗斯联邦行政诉讼法典》的修订

《俄罗斯联邦行政诉讼法典》自生效后，一直处在修订之中，截至2023年12月末，共修订42次。

2015年，基于欧洲人权法院判决在俄罗斯的执行情况，修订后的《俄罗斯联邦行政诉讼法典》规定：国际条约确定的规则与规范性法律文件规定不一致时，适用国际条约的规则。2016年6月2日第169号联邦法律对《俄罗斯联邦行政诉讼法典》第55条进行了修改，规定可以获得行政案件代理人资格的只有律师或者具有完全行为能力、不在监护或者保护之下且具有高等法学教育学历的人。

2019年12月2日，进行的修改内容为在第319条第2款"驻军军事法庭"之后加上"已生效的判决"。第4款修改为："（4）驻军军事法庭已经生效的判决。如果这些判决已向军事上诉法院提出上诉；区（舰队）军事法院在初审行政案件中已经有效的判决，如果已向军事上诉法院提出上诉；区（舰队）军事法院的上诉和其他决定，如果这些司法行为已向军事上诉法院提出上诉；军事上诉法院的上诉和其他决定，上诉至俄罗斯联邦最高法院军人案件司法合议庭。"2020年12月8日的修改，即在第1条第4款、第17条、第190条第4款、第208条第5款中删除"俄罗斯联邦主体宪法（宪章）法院"的表述。2021年12月30日，对《俄罗斯联邦行政诉讼法典》第5条进行了修改，修改后为："俄罗斯联邦最高法院确定了以电子方式向法院提交文件，在信息和电信网络'互联网'上放置案件材料和法院行为，提供访问文件，以及在法院使用视频会议系统和网络会议系统的程序，由俄罗斯联邦最高法院在其职权范围内制定的程序确定。对组织使用网络会议，以电子形式执行法院行为和其他文件，以电子签名签署（认证）文件，使用信息和电信网络'互联网'发送此类电子文件的技术和软件工具的要求，以电子方式处理案件、在审理案件过程中使用电子形式的文件有关的文件清单，应以书面形式提交案件的文件清单，应按照俄罗斯联邦最高法院在其职权范围内制定的程序确定。"2023年6月13日通过了《关于修改部分联邦立法文件的联邦法》，对《俄罗斯联邦行政诉讼法典》进行了修改，在第51条第11款第5项中将"俄罗斯联邦联邦会议联邦委员会成员"改为"俄罗斯联邦参议员"，同样在第239条第1款和第2款中将"俄罗斯联邦联邦会议联邦委员会成员"改为"俄罗斯联邦参议员"。

第七节　司法制度

俄罗斯联邦在苏联解体后进行了大规模的司法改革，对实行了70余年的法院组织、法官制度、检察制度进行了影响深远的变革。[①] 为了维护司法权的独立行使，最大限度地减少地方政府对法院审判工作的干扰和影响，改变了过去法院在财政拨款上依赖地方各级政府的传统做法，建立了由联邦政府统一管理法院财政预算的制度，规定由联邦国家财政机关根据预算将法院经费直接划拨给俄罗斯联邦最高法院，再由俄罗斯联邦最高法院逐级下拨，而且在俄罗斯联邦最高法院中设立了司法财政管理局，负责整个法院系统的财政管理。为了实现真正意义上的司法权独立运行，还建立了保证法官独立的职业保障制度，实行法官任职终身制，规定未经过法定程序并符合法定的理由不得剥夺法官职务，切实保证法官的经济收入和物质生活条件，禁止降低法官工资等。俄罗斯联邦通过立法还对检察机关的职能进行了改革，检察机关对法院的法律监督权被剥夺了。

一、法院体系

1996年12月31日，俄罗斯联邦国家杜马第二次会议通过了形成法院体系的基本文件《俄罗斯联邦法院体系法》(以下简称《法院体系法》)，该法确立了俄罗斯联邦法院体系，包括联邦法院和联邦主体法院两大部分，其中将联邦法院划分为俄罗斯联邦宪法法院、具有普通管辖权的法院(以下简称普通法院)和仲裁法院，联邦主体法院分为俄罗斯联邦主体宪法法院和调解法官。

(一)俄罗斯联邦宪法法院

俄罗斯联邦宪法法院是俄罗斯联邦政治体制中的一个崭新事物。按照《俄罗斯联邦宪法法院法》的规定，宪法法院是一个司法机关，是通过宪

---

① 参见廉雅荣、薛瑞麟:《俄罗斯的司法改革》，载陈光中、江伟主编:《诉讼法论丛》(第2卷)，法律出版社1998年版，第272-273页。

法诉讼活动、独立行使司法权而进行宪法监督的机关。它的活动目的是要在俄罗斯联邦全境保障《俄罗斯联邦宪法》的最高地位和直接效力。

叶利钦当选为苏俄最高苏维埃主席后，他建立的宪法委员会支持建立宪法法院。1990 年 12 月 5 日，苏俄最高苏维埃通过了对 1978 年《苏俄宪法》的修订案。该修订案的一个内容即是提出了建立宪法监督制度和设立宪法法院。1991 年 5 月 6 日，苏俄最高苏维埃通过了《俄罗斯苏维埃联邦社会主义共和国宪法法院法》，但并未被苏俄人民代表大会批准。此后经过多次讨论和修改。1991 年 6 月 28 日，苏俄最高苏维埃批准了《关于对俄罗斯苏维埃联邦社会主义共和国宪法法院法进行修改和补充》的法律草案，并将其提交人民代表大会审议，实际上是宪法法院法的一个新的法律文本。1991 年 7 月 12 日，苏俄第五次人民代表大会批准了新的《俄罗斯苏维埃联邦社会主义共和国宪法法院法》。1991 年 10 月 28—30 日，苏俄第五次人民代表大会在秋季的第二阶段工作中选举产生了 13 名联邦宪法法院法官。自 10 月 30 日起，苏俄宪法法院成立，并开始正式运行。但是宪法法院在行使宪法司法权的同时也陷入了总统与议会之间的权力冲突之中，导致了权力运行危机。在苏联解体后，宪法法院的工作也就宣告停止了。

随着《俄罗斯联邦宪法》的颁布，关于俄罗斯联邦宪法法院的内容规定在“司法权”一章中。

1994 年 6 月 24 日，俄罗斯联邦国家杜马通过了《俄罗斯联邦宪法法院法》，7 月 12 日俄罗斯联邦委员会批准此项法律，7 月 21 日，俄罗斯联邦总统叶利钦签署并颁布了《俄罗斯联邦宪法法院法》。从此，俄罗斯政府按照《俄罗斯联邦宪法》和《俄罗斯联邦宪法法院》组建了新的俄罗斯联邦宪法法院，它的独立地位和专业素养使其具有极大的权威性，无论是总统、政府人员还是普通公民，都不可违反其规定。新旧宪法法院最显著的区别在于：新宪法法院被《俄罗斯联邦宪法》赋予了旧宪法法院所没有的对联邦宪法进行解释，以及根据法院的申请调查在个案判决中所引用的法律是否符合《俄罗斯联邦宪法》的权力。

1. 俄罗斯联邦宪法法院的主要职权与活动原则

根据 1993 年《俄罗斯联邦宪法》和《俄罗斯联邦宪法法院法》的规定，俄罗斯联邦宪法法院主要有 7 类职权。(1) 审理联邦性法律文件：联邦法律;联邦总统、联邦议会、联邦政府颁布的规范性文件;各共和国宪法和各联邦主体章程;各共和国和各联邦主体就联邦国家权力机关管辖的问题、联邦国家权力机关与联邦主体国家权力机关共同管辖的问题所颁布的法律和其他规范性文件;联邦国家权力机关与联邦主体之间以及各联邦主体之间签订的条约。审理俄罗斯联邦已签署但尚未生效的国际条约是否符合《俄罗斯联邦宪法》的规定。(2)解决国家权力机关之间包括联邦国家权力机关之间,联邦国家权力机关与联邦各主体国家权力机关之间,各联邦主体内部国家权力机关之间的权限纠纷。(3)根据俄罗斯联邦公民的投诉或者法院的询问,对具体案件中适用(或者应予适用)的法律是否符合《俄罗斯联邦宪法》进行审查。(4)对《俄罗斯联邦宪法》进行解释。(5)对指控俄罗斯联邦总统叛国或者犯有其他重大罪行的判决是否符合法定程序作出结论。(6)就《俄罗斯联邦宪法》划归宪法法院管辖的问题,向联邦国家杜马提出立法动议。(7)行使《俄罗斯联邦宪法》、联邦条约、联邦宪法性法律、联邦国家权力机关与联邦主体关于划分管辖对象与权限的条约所赋予的其他职权。

俄罗斯联邦宪法法院进行宪法诉讼活动时,必须遵循独立性、集体性、公开性、连续性、辩论性和平等性原则。独立性指俄罗斯联邦宪法法院法官独立行使其职权,只遵循《俄罗斯联邦宪法》和《俄罗斯联邦宪法法院法》;法官在活动中以个人身份发表意见,俄罗斯联邦宪法法院的决定和其他文件只反映法官们符合宪法并且不带政治倾向的法律立场;法官们在不受外来干扰的情况下作出决定。集体性包含两层含义:第一层含义是,俄罗斯联邦宪法法院必须集体审理案件和问题并作出相应决定;第二层含义是,只有参与案件庭审的法官才能决定。根据《俄罗斯联邦宪法法院法》的规定,在两个庭联合开庭时,作出决定必须基于不少于全院法官总数 2/3 的多数票;每个庭单独开庭时,作出决定必须基于不少于该法庭法定人数 3/4 的多数票(在确定法官人数时,实行回避的法官和职权被暂时中止的法官不予计算)。公开性指所有案件的审理都必须公开进行,只有在联邦法律作出特别规定的情况下才可以秘密开庭。连续性指俄罗斯联邦宪法法院审理任何案件都必须保持不间断性,但是诉讼参与人为准备进一步调查以消除妨碍法庭审理正常进行的障碍所必需的间断除外;在案件裁决之前不得开庭审理其他案件。辩论性和平等性指诉讼双方在俄罗斯联邦宪法法院开庭时,都有俄罗斯联邦宪法和法律所赋予的同样的权利和机会,双方在相互辩论的基础上阐述各自的立场、捍卫各自的利益。

2. 俄罗斯联邦宪法法院的组成人员

俄罗斯联邦宪法法院共有19名法官,法官须年满40岁、受过高等法学教育、具有15年以上的专业工龄、在法律界享有良好声誉。俄罗斯联邦宪法法院法官的产生程序为:首先由联邦总统提名推荐,然后由联邦委员会任命。联邦委员会必须对联邦总统提出的人选进行逐一审议,就每一位候选人进行秘密投票表决,获半数以上赞同的候选人即当选俄罗斯联邦宪法法院法官。《俄罗斯联邦宪法法院法》规定,每一位法官的任期可长达12年,但是同一人不得两次担任俄罗斯联邦宪法法院法官。

俄罗斯联邦宪法法院法官享有相当稳定、比较独立而又可靠的政治法律地位,具体表现为:(1)不得被随意撤换;(2)人身不受侵犯;(3)任何机关不得干预俄罗斯联邦宪法法院法官的诉讼活动;(4)不得因在俄罗斯联邦宪法法院所作的发言和所作出的决定而追究法官的责任。此外,还包括法官在任职期满之后享有的其他特殊福利待遇和安全保障措施。

《俄罗斯联邦宪法法院法》还具体规定了俄罗斯联邦宪法法院法官必须遵守的一些限制:(1)不得成为议员;(2)不得担任或保留任何国家职务或社会职务;(3)不得从事私人经营活动和企业活动以及其他有酬活动,但是可以自由地从事教学、科研和其他创作活动(不得妨碍俄罗斯联邦宪法法院法官的职责);(4)俄罗斯联邦宪法法院法官可以以普通公民身份在选举和公决时以自由投票方式表达自己的意志,但是不得参加政党和社会政治活动以及政治性的宣传和鼓动,不得参加国家权力机关和地方自治机关的竞选活动;(5)不得在法院、仲裁法庭或其他机构从事辩护活动或担任代理人(合法代理人除外)。

中止宪法法院法官职权的条件为:(1)经俄罗斯联邦宪法法院同意对该法官实施逮捕或追究刑事责任;(2)因健康状况不能履行职权。

停止俄罗斯联邦宪法法院法官职权的主要条件有:(1)对该法官的任命违反了法定程序;(2)该法官本人申请辞职;(3)该法官丧失了俄罗斯联邦国籍;(4)该法官被法院判为有罪;(5)该法官的行为有损法官的荣誉和尊严;(6)该法官无视俄罗斯联邦宪法法院的警告继续兼任与法官身份不相容的职务或从事法官不得从事的活动;(7)该法官无正当理由两次缺席

俄罗斯联邦宪法法院会议或拒绝投票;(8)该法官失踪或死亡。

俄罗斯联邦宪法法院从本院法官中选举产生院长、副院长和秘书法官各1名,任期3年,可以连选连任。要提前解除上述3类人员的职务,需要有俄罗斯联邦宪法法院5名以上法官提出并经2/3多数的同意(选举产生上述人员时只需过半数同意)。俄罗斯联邦宪法法院院长的职权为:(1)领导、筹备和主持、召集俄罗斯联邦宪法法院全体会议;(2)将应在全体会议和各庭会议上审议的问题提交讨论;(3)在同国家机关、组织和社会团体的交往中代表俄罗斯联邦宪法法院发表声明;(4)对俄罗斯联邦宪法法院机关实行总的领导。俄罗斯联邦宪法法院副院长可以根据院长委托行使院长的某些职权。当院长不能履行自己的职责时,由副院长代理行使。秘书法官的地位仅次于院长和副院长,当院长空缺或不能履职、副院长又不能代理行使院长职权时,由秘书法官代理行使院长职权,此时,由任职时间最长的法官代理秘书法官职务。

根据《俄罗斯联邦宪法法院法》的规定,俄罗斯联邦宪法法院由两个法庭组成,一个法庭有10名法官,另一个法庭有9名法官。每个法庭的具体成员采用抽签方式确定,任期均为3年,但院长和副院长不得同在一个法庭。每个法庭各自审理承办案件。需要联合开庭审理的问题为:(1)共和国宪法和联邦主体章程是否符合联邦宪法;(2)对联邦宪法进行解释;(3)对指控俄罗斯联邦总统叛国或犯有其他重大罪行的判决是否符合法定程序作出结论;(4)通过宪法法院公告;(5)提出法律方案。

3. 俄罗斯联邦宪法法院的诉讼活动

《俄罗斯联邦宪法法院法》规定,收到投诉后,俄罗斯联邦宪法法院必须在1个月内召开全体会议,作出联合开庭还是单独开庭的决定,有权将涉及同一对象的投诉合并为一个案件。俄罗斯联邦宪法法院在研究投诉和准备听证阶段,有权向有关方面和个人提出以下要求:(1)提供规范性文件和其他法律文件原件、证件及其复印件以及卷宗、案卷等材料;(2)进行检验、研究和鉴定;(3)吸收专家参与案件调查、作出解释和发表职业意见。所涉及的机关、组织和个人必须执行上述要求,并于一个月内作出答复报送俄罗斯联邦宪法法院(另有时间规定时按具体规定时间执行)。拒绝或者回避审理和执行上述要求、违反审理和执行上述要求的期限以及有意曲解的,都要对有关方面、组织和个人追究法律责任。国家机关和组织履行上述要求所支付费用，由国家机关和组织自行负担，其他组织和个人所支付费用由联邦预算予以补偿。

俄罗斯联邦宪法法院的诉讼参与人包括诉讼双方及其代理人、证人、专家和翻译人员等。诉讼双方的范围较广泛，包括：向俄罗斯联邦宪法法院投诉的机关或个人、对颁布或签署的法律文件是否符合宪法需要予以检查的机关或官员、发生权限争议的国家权力机关。因职务关系可以担任宪法诉讼代理人的主要有：(1)签署投诉书的机关领导人；(2)颁布有争议法律文件或发生权限纠纷的机关领导人；(3)签署了有争议法律文件的官员；(4)议会两院中发出质询的议员。法律规定诉讼双方的代理人均不得超过3人。

俄罗斯联邦宪法法院开庭审理时，首先宣布立案的理由和依据，阐明问题的实质及已经掌握的材料和所采取的措施。开庭后，允许其他到庭法官向报告案件的法官提问，获取诉讼双方的陈述材料，允许双方相互提问。庭审必须作记录和速记，诉讼双方有权了解记录和速记稿并可加注意见。宪法诉讼是纯粹法律性质的诉讼，不具有政治性的考虑，《俄罗斯联邦宪法法院法》规定，诉讼双方及其代理人不得在法庭上发表政治性声明和宣言，不得对国家机关、社会团体、诉讼参与人、官员和公民使用侮辱性语言。

俄罗斯联邦宪法法院对所审理案件作出决定前，采用逐个点名的方式征求每位法官的意见，每位法官都必须公开表态，无权回避表态，法庭庭长必须最后表态。得到多数法官赞同的决定即为通过。涉及规范性法律文件、国家权力机关的协定以及尚未生效的国际条约是否符合宪法的问题时，表决结果为票数相等即可视有争议文件为符合宪法的文件。

俄罗斯联邦宪法法院作出的决定必须由参加表决的全体法官签字，持不同意态度的法官有权以书面形式说明自己的意见，此意见必须归入案卷并且与俄罗斯联邦宪法法院决定一起公开发表。签署后的俄罗斯联邦宪法法院决定应在法庭上全文宣读，应于两周内将此决定送达俄罗斯联邦宪法法院法官、诉讼双方、联邦总统、国家杜马、联邦政府、人权问题全权代表、俄罗斯联邦最高法院、俄罗斯联邦高等仲裁法院、俄罗斯联邦总检察长、俄罗斯联邦司法部部长等。俄罗斯联邦宪法法院的决定为最终决定，不得上诉，一经公布立即生效，在决定正式文本送达后立即付诸执行。对决定的解释权属俄罗斯联邦宪法法院，俄罗斯联邦宪法法院所作决定的法律效力无须其他机关和官员予以确认,而且不因违反宪法的文件重新通过而失效。

4. 俄罗斯联邦宪法法院的改革

俄罗斯联邦宪法法院对宪法实施具有重要意义,但是在俄罗斯联邦宪法法院成立后,宪法的实施依然存在诸多问题,宪法的稳定实施仍然受到多方面制约,原因包括以下两方面:(1)宪法本身。宪法的制定需要结合本国经济、社会、文化等多重因素,需要符合国家的基本国情。例如,《俄罗斯联邦宪法》规定:"对法院的财政拨款只能来自联邦预算。"但俄罗斯经济已经滑坡,无法支付法院的正常消费,不符合国家的实际国情。(2)国家强制力的保障。只有得到了国家权力中心的全力支持,得到国家领导人的支持,联邦宪法才能有效实施,俄罗斯联邦宪法法院才能充分发挥其作用。由于普京上任前俄罗斯的司法权独立运行机制不强、效率低下、腐败问题严重,俄罗斯联邦宪法法院在实际工作中受到一定的制约。

2000 年后,俄罗斯联邦政府提出一系列的司法改革建议,加强了俄罗斯联邦宪法法院的职能和作用,俄罗斯联邦宪法法院逐渐发展起来。此外,改变了以前俄罗斯联邦宪法法院能够自己提出诉讼的制度,对宪法采取了一种保护性措施,避免了俄罗斯联邦宪法法院因不慎牵涉政治而受到干预政治的指责,增强了俄罗斯联邦宪法法院在人民心中的权威性,俄罗斯联邦宪法法院也可以更加方便、有效地行使权利,俄罗斯联邦宪法法院受理案件和争议至今已有数千件,绝大多数的诉讼都是公民和组织提起的。以 2014 年为例,俄罗斯联邦宪法法院全年作出了 33 项裁决,其中有 20 项是公民提起的,4 项是法人提起的。① 2005 年俄罗斯联邦宪法法院确认俄罗斯联邦总统提出的关于任命各联邦主体高级官员的新法规合宪。2007 年 2 月 5 日,时任俄罗斯联邦总统普京签署了有关决议,将俄罗斯联邦宪法法院从莫斯科迁至圣彼得堡。俄罗斯联邦宪法法院法官的任期也发生了变化。《俄罗斯联邦宪法法院法》第 23 条规定,俄罗斯联邦宪法法院院长由总统提名并由联邦议会任命,任期 6 年。两名副院长由总统提名并由联邦议会任命,任期 6 年。在任期期满后,可以连选连任。2015 年 12

---

① 参见刘秋岑、张若城:《俄罗斯联邦宪法法院的三十年改革与发展》,载《澳门法学》2021 年第 3 期。

月普京签署法令，赋予俄罗斯联邦宪法法院决定是否在俄罗斯执行具有国际性质的法院判决的权力，俄罗斯联邦宪法法院的判决优先于欧洲人权法院的判决。① 2020 年修改《俄罗斯联邦宪法》后，俄罗斯联邦宪法法院的相关规定也发生了变化。具体包括：(1)俄罗斯联邦宪法法院法官的人数变更。俄罗斯联邦宪法法院法官的数量从 19 人减到 11 人，在至少有 8 名法官在场的情况下方可合法进行俄罗斯联邦宪法法院日常活动，在至少 6 名法官参与的情况下方有权进行审判裁决。(2)俄罗斯联邦宪法法院法官的免职程序变更。根据新宪法修正案，若法官履职期间其行为损害了法官的名誉和尊严，或者有其他不能或不再胜任的情况，可由俄罗斯联邦议会依据议员的整体提议对其作出免职的决定。此前俄罗斯联邦宪法法院法官为终身制。(3)对法律合宪性审查的机制完善。根据 2020 年宪法修正案，俄罗斯联邦宪法法院不仅有权对生效的法律法规进行合宪性审查，而且有权对尚未生效的法律草案进行初步的宪法审查和立法监督。(4)提高了国家主权保护力度。俄罗斯联邦宪法法院根据俄罗斯加入的国际条约的相关规定，对国际组织的涉俄判决在俄罗斯境内的执行进行审查和法律解释，联邦总统、政府、最高法院及联邦政府均需配合。(5)增加了对公民权的保护。更加重视促进与保障国家人权的立法与司法实践的问题，并将这一任务很大程度上授予了俄罗斯联邦宪法法院。②

（二）普通法院

俄罗斯联邦普通法院体系由联邦最高法院，各共和国、边疆区、州最高法院，联邦直辖市法院、自治州法院、自治专区法院，市(区)法院，以及专门法院和军事法院组成。

各级普通法院按照民事、刑事和行政诉讼程序行使审判权。联邦最高法院是普通法院体系中民事、刑事、行政案件及其他案件的最高审判机关，有权对普通法院的活动实行司法监督并就审判的实践问题作出解释。俄罗斯联邦最高法院法官，由联邦委员会根据联邦总统的提名进行任命。各共和国、边疆区、州最高法院，联邦直辖市、自治州、自治专区法院及市(区)

---

① *Вердикты КСРФ получили при оритет над решениями ЕСПЧ*. Российская Газета. 15. 12. 2015.

② 参见刘秋岑、张若城：《俄罗斯联邦宪法法院的三十年改革与发展》，载《澳门法学》2021 年第 3 期。

法院,依照规定负责审理管辖范围内的民事、刑事、行政和其他案件,在审判实践中必须接受上一级法院的司法监督。联邦军事法院由各军兵种、军区、集团军、舰队军事法院和各军、卫戍区、兵团、分舰队军事法庭组成。各级军事法院的法官由联邦总统根据联邦法律规定的程序进行任命。各级军事法院和法庭负责审理各自管辖的各类案件,除了相互垂直的司法监督之外,都必须接受联邦最高法院的司法监督。

需要特别提及的是,在专业法院体系中,知识产权法院具有重要意义,是在知识产权领域以专业法院的方式发挥司法权的功能以及俄罗斯社会转型期司法权运行得到发展表现之一。

俄罗斯在社会转型初期以最快的速度建立起了联邦法院系统,此后联邦主体法院系统也逐渐得到完善,但是专业领域的法院的建构并没有同时完成,知识产权法院就是其中一个,与此相关的纠纷也没有因此消失,尤其是俄罗斯加入世界贸易组织(WTO)之后,这种窘境越来越突出。因此进行法院体系的改革,建立专门的知识产权法院就成为司法发展必要的工作。当然,知识产权法院的建立也是由俄罗斯国内外一系列因素共同推动的。(1)俄罗斯社会转型期知识产权保护意识淡薄。知识产权作为智力成果的权利形态,在西方国家已经在法律意识层面达成共识的同时,俄罗斯对保护知识产权的认识却依然匮乏。在实践领域,智力成果的非法使用长期存在,其所造成的不良影响也遭到国际社会的批评。在转型期的俄罗斯,政府缺失对知识产权文化教育的行为,民众对此一知半解,无法形成对智力成果创造经济利益及其保护的思想共识,“这既不利于知识产权保护观念的培育和树立,也不利于知识产权标准的推广和应用,导致民众不重视知识产权保护,甚至对知识产权持怀疑态度”①。这种情况强烈地刺激了俄罗斯精英人士,因而也成为他们不断呼吁和建议的诉求对象。(2)加入世界贸易组织后的责任。2012 年 8 月,俄罗斯正式加入世界贸易组织,这同时也意味着俄罗斯必须遵守《与贸易有关的知识产权协议》。加强知识产权保护,包括建立专门知识产权法院是俄罗斯加入世界贸易组织的必要条件。② 虽然“入世”

---

① 熊建军:《俄罗斯知识产权文化与法律保护》,载《欧亚经济》2014 年第 3 期。

② См:В. И. Еременко. *О создании в Российской Федерации суда по интеллектуальным правам*// Законодательство и экономика. 2012. № 8.

不可能使俄罗斯立即克服知识产权保护的弊端及体制障碍，但世界知识产权文化会对俄罗斯产生潜移默化的影响，对俄罗斯知识产权文化起到一定的矫正或弥补作用，①成为俄罗斯努力消除该领域的体制性障碍的外在推动力。(3)提高俄罗斯经济投资吸引力。由于俄罗斯转型期内知识产权法律长时间不健全，以及司法保护的不利，未经许可生产和销售侵犯著作权的光盘(DVD、CD)、电脑系统盗版软件随处可见，药品专利产品侵权现象也很普遍。在这种情况下，外国投资者在俄罗斯遭受的知识产权损失极大。② 此外，司法方面的保护不利也给俄罗斯招商引资带来负面影响，因此从吸引投资层面出发，专门保护知识产权的司法机关的建立成为必要。(4)知识产权的技术特性要求建立专业化法院。知识产权保护方面的冲突日益复杂也是决定是否需要设立专门法庭时考虑到的一个重要因素。同时，一个更为重要的因素是知识产权争议的性质本身，这不仅需要认真地了解法律知识和冲突的真正原因，而且还需要对语言、技术和科学解决办法进行评估。审理具有技术特性的知识产权案件纠纷通常要求具有专业知识，因为这种事务的审理本身需要非常严格的评估，非专业性的法院不能弥补专业知识的缺乏而审理。在知识产权法院缺失阶段，知识产权纠纷案件通常由法院民事审判庭或者州立仲裁法院管辖，州立仲裁法院往往倾向于作出更有利于知识产权权利人的裁决，而法院民事审判庭的做法则相反。由于二者均缺乏对知识产权技术特性的专业性的认识，判决结果不可为当事人预测，知识产权的司法保护并不统一。(5)知识产权法的民法典化。2006 年 12 月 18 日，俄罗斯总统普京签署了第 230 号联邦法律，宣布通过《俄罗斯联邦民法典》的第四部分知识产权编。《俄罗斯联邦民法典》第四部分的通过以及与侵犯知识产权有关的争端数量的增加，促使人们重新考虑设立专门法院的想法。《俄罗斯联邦民法典》规定专利纠纷案件由法院管辖，仅保留最高专利争议庭对“确权”“异议”类的专利纠纷的审查处理权，而且如果当事人对处理决定不服均可以依法诉至法庭。通过这些规定可以看出，俄罗斯开始将有关知识产权的纠纷纳入传统司法体制框架

---

① 参见熊建军：《俄罗斯知识产权文化与法律保护》，载《欧亚经济》2014 年第 3 期。

② 参见熊建军：《俄罗斯知识产权文化与法律保护》，载《欧亚经济》2014 年第 3 期。

下予以考量。[①]

俄罗斯联邦的司法权要想在知识产权领域发挥作用,必须建立一个专业性的载体,即专门法院,以专门对知识产权问题进行审理,使司法权的功能进入此领域,更好地运用司法权对权利予以保障,同时反过来完善司法权的运行机制。

在俄罗斯,设立一个解决知识产权争端的专门法庭的想法起源于20世纪末,而且在20世纪90年代初,专利法院被认为是这种法院的一种可能选择,这种想法本身起源于苏联,并在理论上得到实施。1991年5月31日,《苏联发明法》第43条中就曾规定了专利法院。除此之外,1991年7月10日《外观设计法》第26条和1991年7月3日《商品和服务商标法》第32条也间接提到了专利法院,这两部法律应当在1992年1月1日生效,但是由于苏联解体,这两个法律都没有生效。[②] 值得注意的是,设立专利法院的想法受到了《外观设计法》和《商品和服务商标法》起草者的欢迎,但是这一法院从未设立,而是将解决知识产权纠纷的进一步监管权移交给联邦专利办公室。在后续完善立法过程中,有关专利法院的建议逐渐被抵制,最终在1992年9月23日通过的《俄罗斯联邦专利法》中以立法方式被联邦最高专利争议庭所取代。然而关于最高专利庭的权限、设立程序以及具体活动的法律没有通过,因此联邦最高专利争议庭也就没有建立起来。[③]

在俄罗斯社会转型期,随着司法改革的开启和推进,设立知识产权法院的建议被列入1996年12月31日第1号《关于俄罗斯联邦法院体系的联邦宪法修改案》中,但是却迟迟未能实现。到1998年3月30日,《关于建立俄罗斯专利与商标局最高专利争议庭的决议》中出现了"隶属于俄罗斯专利局的在相应的联邦立法文件通过之前履行《俄罗斯联邦专利法》和《俄罗斯联邦商标法》规定的俄罗斯联邦最高专利争议庭职能的合议机关"的最高专利争议庭。但是,俄罗斯联邦专利局取代了构想中的独立于

---

① 参见张建文:《俄罗斯知识产权立法法典化研究》,知识产权出版社2011年版,第216页。

② См:В. И. Еременко. *О создании в Российской Федерации суда по интеллектуальным правам//* Законодательство и экономика. 2012. № 8.

③ См:МещеряковВ. А. *Патетные споры в России. Ктопоставитточку ?* // Патент ылицензии. 1996. № 9.

专利局且其作出的专利纠纷判决具有终局性的机关。[①] 这样,知识产权保护不是由一个独立的机构提供,而是由俄罗斯联邦专利局通过国家行政方式提供,这对于知识产权的保护并不是正常的状态。

根据《俄罗斯联邦宪法》和 1993 年 4 月 27 日《向法院申诉侵犯公民权利与自由的行为与决定法》的规定,俄罗斯公民如果认为国家机关、地方自治机构等机构、企业及其协会、社会团体或官员、公务员的非法行为或决定侵犯了其权利和自由,则有权向法院提出申诉,公务员有义务承认、尊重和保护个人和公民的权利和自由。基于这个规定,俄罗斯公民有针对专利局行为或决定向法院申诉的权利。这样,对于专利的保护依然落实到了司法领域,那么建立一个专门的专利法院进行保护的模式就非常有必要了。但是由于宪法层面没有相关的规定,这种想法依然无法实现。

鉴于此,当时比较现实的解决办法就是在俄罗斯联邦最高法院和俄罗斯联邦最高仲裁法院中建立专门的审理专利纠纷的法庭。[②] 2008 年,俄罗斯联邦最高仲裁法院院长伊万诺夫提出了在俄罗斯联邦仲裁法院中建立专利法院的建议,随后,这一专门法院在概念上被扩展至也对其他类型知识产权案件拥有管辖权。[③] 2010 年 6 月 16 日,在萨马拉举行的俄罗斯联邦最高仲裁法院主席团会议和仲裁法院主席会议上正式提出和深入讨论了关于建立知识产权专门法院的问题。与此同时,起草了一项关于设立俄罗斯联邦最高专利法院的法案,但后来被否决。但是根据上述建议,俄罗斯于 2011 年 12 月 7 日颁布了《关于修订〈俄罗斯联邦法院体系法〉和〈俄罗斯联邦仲裁法院〉的联邦宪法修正案》,规定最迟于 2013 年 2 月 1 日在仲裁法院系统内设立知识产权法院。2012 年 2 月 1 日,区一级联邦仲裁法院内部的知识产权庭成立,专门审理有关智力成果和与之等同的法人、商品、工作、服务和企业个别化手段的知识产权案件,[④]“旨在为设立知识产权专

---

① 参见张建文:《俄罗斯知识产权立法法典化研究》,知识产权出版社 2011 年版,第 214 页。

② См:СергеевА. П. *Право интеллектуально собственности в Российской Федерации.* М. ,2007. С. 458-459.

③ 参见施刚:《探索中的俄罗斯联邦知识产权法院》,载《科技与法律》2015 年第 1 期。

④ 著作权、邻接权和集成电路布图设计保护案件归普通法院审理。

门法院积累经验,培养专业审判人员"①。

2012 年 9 月 14 日,俄罗斯联邦最高仲裁法院院长伊万诺夫宣布,知识产权法院可以在一两个月内开始运作。2012 年 12 月 1 日,俄罗斯联邦总统签署 1580 号命令任命柳德米拉·那娃谢廖娃为知识产权法院院长。2013 年 1 月 21 日,知识产权法院作为法人注册。2013 年 2 月 1 日,根据俄罗斯联邦最高仲裁法院会议决议,知识产权法院成立,并开始在莫斯科开展审判工作。为了推动知识产权法院的运行,2014 年 6 月 20 日和 25 日,俄罗斯联邦国家杜马和联邦委员会通过了《俄罗斯联邦仲裁程序法典修正案》,规定了知识产权法院审理知识产权纠纷案件的程序,特别为知识产权法院设计了专家咨询制度和专家制度,以此弥补了法官在技术和相关学科专业方面知识不足的弊端。

知识产权法院属于仲裁性质的法院,是主要审理知识产权民事和行政案件的唯一一家专门法院,院址位于莫斯科。俄罗斯联邦知识产权法院由法院领导机关、审判业务部门、非审判部门三部分构成。法院领导机关为法院主席团,由一名院长、两名副院长以及庭长和法官组成。

审判业务部门包括第一法庭、第二法庭和专家顾问团。审判庭成员由知识产权法院院长考虑法官的专业化从知识产权法院法官中选出,主要从事知识产权纠纷一审案件和俄罗斯联邦主体仲裁法院、仲裁上诉法院审理的知识产权纠纷上诉案件的审理。非审判部门包括法院院长秘书处,司法实践、立法、统计分析与总结部,物资技术保障部,财务部,人事和国家公务员部,公文处理部,信息化和通信部。知识产权法院由联邦最高仲裁法院主持,知识产权法院的院长、副院长和法官均由俄罗斯总统根据联邦最高仲裁法院院长的提名和联邦最高仲裁法院法官评审委员会出具的结论书任命。②

审理知识产权案件必须了解其中所涉及的各相关专业的科技知识和问题,因此必须有专门的技术部门予以支持。鉴于此,根据 2013 年 3 月 20 日知识产权法院院长令,成立了附属于知识产权法院的非常设机构——知识产权法院科学咨询委员会。该委员会的成员可包括仲裁法院、普通法

---

① 施刚:《探索中的俄罗斯联邦知识产权法院》,载《科技与法律》2015 年第 1 期。

② 参见施刚:《探索中的俄罗斯联邦知识产权法院》,载《科技与法律》2015 年第 1 期。

院、外国和国际司法机构的法官和工作人员，俄罗斯和外国学者，某些法律领域的执业律师、科学技术专家和专利代理人，联邦执行机构、公共组织和协会的工作人员，俄罗斯和外国教育或研究机构的工作人员以及在保护知识产权方面具有专门知识的其他人员。委员会的主要任务为就国际条约、法律和其他规范性法律文书的适用问题，提供有科学依据的解释和咨询意见，以便形成统一的判例，并为完善知识产权保护立法提出建议，但是知识产权法院作出司法裁决时不受该委员会的解释和结论及其个别成员对某一问题发表的意见的约束。

2014 年 3 月 18 日，俄罗斯知识产权法院开设了调解室，调解谈判特别调解人将按特别日程接待人们，即每周星期一和星期三的 10 时到 17 时。调解人包括仲裁制度中的法官、知识产权法院的法官，他们往往会接受专门培训，以使争论双方能够进行和平对话。

2013 年知识产权法院开始独立运行之后，开始单独行使司法权。知识产权法院作为司法权主体，在具体运行过程中遵守了司法权机关的一般原则，如法官独立原则、审理案件时的法制原则、在法律和法院面前一律平等的原则、当事人平等的原则、辩论式原则、法庭审理的直接原则、法庭审理的审判公开性原则、使用俄语进行诉讼的原则等。法庭审理时均实行回避、合议、辩论、代理等诉讼制度。

作为专门法院，知识产权法院一审案件包括：(1)关于在智力活动成果和商标标识法律保护领域损害申请人权利和法益的违反联邦执行机关规范性文件的异议案件，涉及专利权和育种成果权，集成电路布图设计权，生产秘密权，法人、商品、工作、服务和企业商标权，由单一技术组成的智力成果活动使用权等领域；(2)关于赋予或者终止智力活动成果和与其等同的法人、商品、工作、服务和企业法律保护纠纷的案件(除著作权和邻接权、集成电路布图设计权客体外)，包括违反联邦知识产权权力执行机关、联邦育种成果权力执行机关和他们的负责人以及俄罗斯联邦政府授权审查授予秘密发明专利申请的机关非规范性法律文件、决定和行为(不作为)的异议案件；(3)关于认定与赋予法人、商品、工作、服务和企业商标权相联系的不正当竞争行为的违反联邦反垄断机关决定的异议案件；(4)关于专利权拥有者的确定案件；(5)有关发明、实用新型、外观设计或者育种成果专利的无效认定，赋予商标、商品产地名称和赋予这个名称特权的决定，它们的无效认定没有被联邦法的其他规定所规定的案件;(6)有关商标不使用法律保护提前终止的案件。知识产权法院审理的案件独立于产生纠纷的法律关系的参加者,包括组织、个体企业或者公民。

知识产权法院的审判、监督、重审案件由俄罗斯联邦最高仲裁法院审理,但有关著作权和邻接权、集成电路布图设计权等民事案件及知识产权刑事案件,不在知识产权法院的管辖范围。

俄罗斯联邦知识产权法院上诉审案件由主席团和审判庭审理,主席团只进行二审运作。主席团作为上诉审机构主要审理以下案件:(1)根据重新发现的事实重审被其通过的和发生法律效力的司法判决或行为。(2)对俄罗斯联邦主体仲裁法院一审审理的知识产权纠纷案件进行二审。

俄罗斯联邦知识产权法院的建立是其转型期各种方面实践诉求之下所形成的结果。经过苏联末期和俄罗斯联邦转型初期的争论和探索,知识产权法院最终建立并成为保护知识产权的专门司法机关,也成为俄罗斯联邦转型期司法权主体之一,进一步完善了司法权运行机制。

(三)仲裁法院

俄罗斯联邦仲裁法院体系由联邦最高仲裁法院,各联邦主体中共和国的最高仲裁法院,边疆区、州、联邦直辖市、自治州、自治专区仲裁法院组成。市(区)不设仲裁法院。各级仲裁法院是解决经济争议和审理管辖范围内的其他案件的司法机关,按仲裁程序行使审判权。联邦最高仲裁法院是解决经济纠纷的最高审判机关,有权监督下级仲裁法院的审判活动,对审判实践问题给予指导性说明。联邦最高仲裁法院法官由联邦委员会根据联邦总统的提名进行任命。其他各级仲裁法院依法审理自己管辖范围内的经济争议及其他案件,必须接受联邦最高仲裁法院的监督。各级仲裁法院法官也由联邦总统按照联邦法律规定的程序进行任命。《俄罗斯联邦仲裁程序法典》于1995年7月1日生效。

在苏联解体之后的俄罗斯联邦转型初期,法院体系中设立了俄罗斯联邦最高仲裁法院作为仲裁法院体系中的最高审判机关。随着司法实务的开展,俄罗斯联邦最高法院和俄罗斯联邦最高仲裁法院在对许多法律的解释中经常存在分歧,这导致了"对相似的案件作出不同的判决,有时对同样的案件会作出不同的判决,结果产生法律的不确定性,使民众感到不公"。因此普京在《2013年国情咨文》中建议修改宪法的这部分内容,合并最高法院和最高仲裁法院，认为将两个法院合并能使司法实践进入统一轨道，以保证实施最重要的宪法原则，即法律面前人人平等。

2013年11月，《关于俄罗斯联邦最高法院和俄罗斯联邦检察院的俄罗斯联邦宪法修正案》通过，取消了俄罗斯联邦最高仲裁法院，将其职能转归俄罗斯联邦最高法院，并在此基础上扩大后者的职责，补充规定：俄罗斯联邦最高法院"是国家的最高司法机关，负责民事、经济纠纷、刑事、行政诉讼案件以及其他属于具有一般管辖权法院审理的案件"。与此相应，俄罗斯联邦又通过了《关于修改俄罗斯联邦宪法性法律〈俄罗斯联邦法院体系法〉的联邦法》，以保持与现行法院体系相一致。重组最高法院和最高仲裁法院的主要目的就是确保司法标准一致，普京总统在国家杜马的全权代表加明赫一读审议宪法修正案时向大会解释：取消最高仲裁法院，将其职能转归最高法院，是为了司法实践的统一性。这与此前普京2013年6月21日在圣彼得堡国际经济合作会议的全体成员会议上提出的观点吻合，即这项改革必须是"为了保障解决无论是公民还是组织参与的纠纷，以及与国家权力机关和地方自治机关的纠纷的统一立场"①。

（四）调解法官

1998年12月17日，俄罗斯联邦总统签署了联邦法律《俄罗斯联邦调解法官法》。调解法官对于俄罗斯来说并不陌生，早在19世纪末20世纪初沙俄曾设立过调解法官，俄罗斯联邦重设调解法官的一个目的是要减轻区法院的压力。首次提出设立调解法官的文件是1991年通过的《司法改革构想》。1992年的《俄罗斯联邦法官地位法》涉及了调解司法规范制定的前景，第11条规定5年内完成这一工作。1996年俄罗斯联邦宪法性法律《法院体系法》确认了建立调解司法的构想，第28条规定："调解法官承担民事、行政、刑事案件的审理是第一审，调解法官的权限、程序和活动由联邦和各主体国法律规定。"1997年10月10日，俄罗斯联邦国家杜马通过了《俄罗斯联邦调解法官法》，但同年10月15日被联邦委员会否决，提出了一些不同意见。经两院协调委员会一周的协调工作，于10月24日递交总统。1998年1月8日，俄罗斯联邦总统亦提出不同意见，认定该法的一

① ЮриковА. *Улучшитли общие суды объединение с арбитражем?* // Коммерсанть. 2013. 11. 22.

些条款同联邦宪法有不统一的表现,两院协调委员会在联邦总统代表的参加下并且吸收了联邦最高法院代表,又一次对该法进行了长达9个月的修改。该法最终于1998年12月17日经联邦总统签署后颁布生效,一些联邦主体也根据这一法律先后设立了调解法官。此后,俄罗斯联邦总统于1999年12月签署批准了《俄罗斯联邦主体调解法官总额和司法分区法》。2001年2月,总统普京签署批准了《俄罗斯联邦主体调解法官总额和司法分区法的修改补充法》。2004年6月和12月,俄罗斯联邦又对上述法律进行了两次修改补充,调整了司法分区调解法官的数量。

《俄罗斯联邦调解法官法》确定调解法官为各主体单位的普通司法人员,归入司法体系,调解法官的司法审级低于区法院(《法院体系法》第21条也作了同样的规定),区法院作为第二审法院有权检查调解法官的判决的法制原则和合法性。调解法官审理的刑事案件为法定刑不超过2年监禁的案件,申请民事执行、无子女抚养纠纷的离婚案件、共同财产的分割以及家庭关系的其他纠纷(对认父或认母有异议的案件除外),诉讼标的不超过工资额500倍的财产纠纷,劳动关系的纠纷(但恢复工作的纠纷除外),涉及土地、建筑物及其他不动产使用权的纠纷,《俄罗斯联邦行政违法法典》规定由调解法官审理的行政违法案件。调解法官均为独任审理,调解法官的工资从联邦财政预算拨付给联邦最高法院司法财政管理局,再由后者下发。调解法官办案所需要的物质保障和技术保障由联邦司法部以及联邦各主体执行机关负责解决。调解法官的任期为5年。

根据《俄罗斯联邦调解法官法》第6条的规定,调解法官由俄罗斯联邦主体的国家权力机构选举或任命,或由相应司法区的居民按照俄罗斯联邦主体法律规定的程序选举产生。调解法官像其他法院的法官一样行使司法权,在各自司法区工作,仅在自己的司法区处理较为简单、轻微的案件。

经过近些年的发展,调解法官的一审司法管辖权发生了变化,涉及以下案件:(1)《俄罗斯联邦刑事诉讼法典》第31条规定的最高刑罚不超过3年剥夺自由的刑事案件;①(2)申请发给法院令的案件;(3)配偶间无子女

① 同时根据《俄罗斯联邦刑事诉讼法典》的规定,调解法官管辖的案件不包括《俄罗斯联邦刑法典》第467条第2部分第2款列举的复杂的、要求更长时间进行调查的案件,如防卫失当的杀人案,破坏著作权、妨碍执法和妨碍案件调查的案件等。

抚养权纠纷的离婚案件；(4)在诉讼标的不超过5万卢布的情况下，配偶之间分割共同财产的案件；(5)家庭法律关系中产生的其他案件，但质疑父母的案件、确定父亲与子女身份的案件、剥夺父母权利的案件、限制父母权利的案件、收养儿童的案件、其他涉及儿童的案件以及宣布婚姻无效的案件除外；(6)财产纠纷案件(财产继承案件和涉及知识活动成果产生和使用关系的案件除外)，且诉讼标的不超过5万卢布；(7)事关确定土地、建筑物和其他不动产等财产使用方式的案件；(8)《俄罗斯联邦行政违法法典》和俄罗斯联邦主体法律规定由调解法官审理的行政违法案件。此外，调解法官还有权根据新发现的事实对一审已经产生法律效力的案件进行审理。

在调解法官行使司法权的过程中，其独立性受到了因不同法律之矛盾而产生的限制。从《俄罗斯联邦宪法》第120条第1款的规定出发，"法官独立，只服从《俄罗斯联邦宪法》和联邦法律"，这应当为俄罗斯联邦司法权规则的最高法律依据。但是《法院体系法》第28条第2款规定："调解法官的职权和活动程序，由联邦法律和联邦主体法律规定。"据此，在调解法官行使司法权层面上有可能会突破《俄罗斯联邦宪法》，而在某种程度上被联邦主体法律限制，例如，《俄罗斯联邦调解法官法》第4条第3项规定，"司法区和调解法官职位依俄罗斯联邦各主体的法律可以设立和撤销"。这样，实质上联邦主体就有可能通过设立和撤销司法区而对该区调解法官进行职务任免。在这种情况下，调解法官的司法权独立问题就受到很大冲击。

(五)陪审团制度

在《司法改革构想》中，陪审团制度是一个主要改革内容。《司法改革构想》出台之后、开启司法改革之前，国内改革派"将改革整个法院与司法制度作为其主要使命，并将刑事陪审团制度的重建作为改革的核心"①。1991—1992年几个宪法修改法通过，在根本法层面将被告人有接受陪审团审判的权利予以确认，并为此后正式确定陪审团制度奠定了重要基础。1993年俄罗斯联邦议会通过了旨在规范陪审团制度的法律。1995年联邦不同部门向议会提交了两份关于司法改革的法律草案，建立陪审团制度是两份草案一致的意见。

---

① 章礼明：《评俄罗斯刑事陪审团制度的重建》，载《河北法学》2004年第8期。

就历史角度而言,早在沙俄时期进行的1864年司法改革中,已经建立过陪审团制。1917年十月革命之后,人民陪审员制度取代了沙俄的陪审团制度,并且一直沿用到2004年。在戈尔巴乔夫时期,曾提出人民陪审员制度的改革方案,建议增加合议庭的人民陪审员人数,但是不少人对无法真正发挥制约作用的人民陪审员制度持否定态度,建议彻底将其取消,重新建立陪审团制度的设想随之产生。1993年俄罗斯正式将陪审团制度引入刑事诉讼程序。俄罗斯最早实施陪审团制度的地区有莫斯科、萨拉托夫、伊万诺沃。1993年11月1日,在莫斯科、梁赞和萨拉托夫州等地设立了陪审团。1993年《俄罗斯联邦宪法》通过之后,陪审团制度被宪法所确认,明确规定被控犯罪的被告人有权要求法院依联邦法律进行陪审团审判或为可能被判决死刑的被告人提供陪审团审判等。这些规定"不仅为适用陪审制度提供了宪法上的依据,而且也为刑事诉讼法规定陪审团制度提供了法律基础"①。1993年12月15日,俄罗斯联邦萨拉托夫州法院对一桩案件进行了判决,被告人被控以特别残忍的方式蓄意杀害3人,并被控与一群人预谋进行抢劫。该案一审由陪审法庭进行审理,最终适用了刑法中较轻的条款并缩短了罪犯的刑期,且以此恢复了陪审团制度。1994年1月1日,又在阿尔泰边疆区、克拉斯诺达尔边疆区、罗斯托夫州和乌里扬诺夫斯克州重新建立陪审团制度。② 从2003年1月1日起,俄罗斯联邦其他地区开始分阶段实行陪审团审判。③

2002年,新的《俄罗斯联邦刑事诉讼法典》规定了陪审团的遴选机制、陪审团的审判准备工作、陪审团的组成、更换备用陪审员、解散陪审团的情形、陪审团宣誓、陪审团的权利和义务、陪审团审案范围、参与审理的程序和要求、一审法院陪审团审判的特别规定以及二审和三审法院可以撤销一审法院无罪判决和陪审团裁决的特殊情形等,这些规定都很大程度上丰富

---

① 米铁男:《俄罗斯刑事陪审团制度刍议》,载《中国刑事法杂志》2011年第5期。

② См: Иванова В. В. *Институт присяжных заседателей какнасущный институт судебной системы в России*//Актуальные проблемы права: материалы V Междунар. науч. конф. М. ,2016. С. 137.

③ См: А. И. Бастрыкина, А. А. Усачева. *Уголовный процесс*. М. ,2014. С. 395.

了陪审团审理案件的诉讼程序。① 2004 年 8 月 20 日,《俄罗斯联邦普通法院陪审员法》颁布,进一步明确了陪审员的资格、法律地位和选任机制等问题。该法第 1 条规定,涉及联邦普通法院陪审员参加的刑事案件由俄罗斯联邦最高法院、共和国最高法院、省法院、州法院、联邦直辖市法院、自治区和自治专区法院、地区法院、地区(海军)军事法院和驻军军事法院审理,但部署在俄罗斯联邦境外的军事法院除外。根据这个规定可知,陪审法庭审理的案件已经覆盖了俄罗斯联邦全境各级普通法院第一审刑事案件。

陪审团制度的适用也只限于谋杀、强奸和危害国家安全等涉及较为严重犯罪的重大刑事案件,在可以适用陪审团的案件中,被告人也享有选择是否有陪审团参加的权利。根据法律规定,在俄罗斯联邦的边疆区、州法院和市法院,某些刑事案件可以根据被告人的请求组成陪审团进行审理,由 1 名法官和 12 名陪审员组成审判庭。被告人的这种权利也被写进了宪法。同时,因法院财政不足以及地方行政部门的干预,实行陪审团制度也往往受限。

值得一提的是,在确立陪审团制度的同时,人民陪审员制度并未完全废除,二者并存了大约 10 年。2002 年《俄罗斯联邦刑事诉讼法典》生效后废除了人民陪审员制度,而实际上到了 2004 年俄罗斯在司法实践中才完全取消了人民陪审员制度,至此实行了 80 余年的人民陪审员制度在俄罗斯寿终正寝。这在一定程度上可以表明,"由于法律文化的历史惯性,在俄罗斯转型的过程中,俄罗斯的司法制度改革始终处于与苏联传统司法观念的不断较量中"②。

俄罗斯引入陪审团审判的过程耗费了 10 多年时间,在一些地区,陪审团审判很晚才出现,如在斯维尔德洛夫斯克州,陪审团审判直到 2003 年才出现。从 2004 年 1 月 1 日起,除车臣共和国之外(2007 年开始实行)的所有俄罗斯联邦主体和俄罗斯联邦最高法院的军事审判庭都可以组建陪审法庭,俄罗斯联邦最高法院的刑事审判庭从 2004 年 8 月 20 日起也可以组

① 参见胡云红:《俄罗斯陪审团制度的重建及其对完善我国人民陪审员制度的启示》,载《法律适用》2015 年第 2 期。

② 陆南泉等:《俄罗斯国家转型研究》,社会科学文献出版社 2013 年版,第 88 页。

建陪审法庭。①

陪审团由 12 名俄罗斯联邦公民组成,在开庭之前从选民名单随机遴选产生(年龄限制为 25—70 岁),实行"一案一组成"的原则,案件审判结束后即告解散。为了防止陪审团成员因生理或精神方面的状况无力行使职能,法庭一般还确定两名候补陪审员以便及时递补进陪审团,从而保证审判的顺利进行。曾经或者正在被追究刑事责任的人,生理、精神上有不适宜情况的公民,以及从事特定职业的人士(教师、神职人员、政府官员以及法律职业者),都不得担任陪审团成员。俄罗斯联邦建立了陪审员补偿制度,公民经过法定程序进入陪审团,在参与审判活动期间,将获得相当于一名法官同时间应得工资的 1/2 的经济补偿,起始时间为接受法庭审查之日。如果上述经济补偿少于陪审员同时间本职工作的报酬,法院应按其本职工作报酬计算补偿费用。除此之外,陪审员于法院审判期间所花费的食宿费用以及交通费用,均按照法官的待遇进行补偿。

俄罗斯联邦陪审团有权对事实问题即对被告人被指控的罪行是否成立进行裁断,还有权决定被告人是否应被判决犯有该罪行。因此,俄罗斯联邦陪审团的裁断包括两个部分:被告人事实上是否犯有起诉书指控的犯罪行为;被告人应否在法律上被判决有罪。陪审团可以裁断被告人实施了刑法典明文禁止的行为,也可以裁决被告人在法律上无罪(不应受到刑事处罚)。俄罗斯联邦陪审团的裁断采用"多数裁决"原则。定罪裁断必须 7 名以上陪审员同意,陪审团表决必须单独秘密进行。俄罗斯联邦陪审团在对被告人作出定罪结论后,可以向负责量刑的法官提出宽大处理的建议。因此,俄罗斯联邦陪审团不仅拥有对被告人有罪与否的裁决权,还可以就有罪被告人的量刑对法官作出限制(对于陪审团的宽大处理建议,法官一般应当接受)。

俄罗斯联邦的陪审团制度经过转型期的发展,后续也发生了一些变化。2008—2013 年,陪审团的权力大幅度减少。根据《俄罗斯联邦刑法典》大部分条款的规定,有些刑事案件被排除在陪审团制度适用范围之外,如妇女、65 岁以上的男子和未成年人失去了在所有条款下接受陪审团审判的

---

① 参见[俄]K. Φ. 古岑科主编:《俄罗斯刑事诉讼教程》,黄道秀、王志华、崔熳、丛凤玲译,中国人民公安大学出版社 2007 年版,第 456 页。

权利。2017 年年底,妇女、65 岁以上的男子和未成年人恢复了接受陪审团审判的权利。自 2018 年 6 月 1 日起,俄罗斯联邦实行了新的陪审团审判程序。

(六)审判原则

俄罗斯联邦的审判原则主要有:(1)法院是唯一审判机关的原则。根据 1993 年《俄罗斯联邦宪法》的规定,俄罗斯联邦的审判权只能由各级法院行使,其他任何国家机关和公职人员都没有审判权。俄罗斯联邦的法院体系由联邦宪法和其他法律确定,不得设立任何特别法庭。(2)法官独立的原则。《俄罗斯联邦宪法》规定,法官独立,只服从联邦宪法和联邦法律,法官的司法活动不受任何国家机关、社会团体、政府官员和公民的干预。法官有人身不受侵犯的权利,除非按照联邦法律规定的程序,否则不得追究法官的刑事责任。1993 年《俄罗斯联邦宪法》还规定了法官终身制,即法官不可随意撤换,只有按照联邦法律规定的程序才可以终止或暂时停止法官的权力。联邦宪法和法律还明文保护法官不受任何可能对其执行司法职能产生影响的经济或财物方面的干涉和限制。《俄罗斯联邦宪法》第 124 条明确规定:“法院的经费只能来自联邦预算并应能保障按照联邦法律充分而独立地进行审判。”(3)诉讼公开原则。除了法律有明确规定的案件,各级法院审理案件必须公开进行,公民都可以旁听。(4)刑事案件不得缺席审理的原则。(5)当事人有平等辩论权的原则。(6)陪审员参加审理的原则。(7)无罪推定原则。(8)被告(人)没有义务向法庭提供不利于自己的证据的原则。(9)不允许使用违反联邦法律的手段获取证据的原则。(10)被告(人)有权要求由陪审团法庭对其案件进行审理的原则。

二、检察院

(一)《俄罗斯联邦检察院法》

1992 年 1 月 17 日,俄罗斯联邦最高苏维埃通过了《俄罗斯联邦检察院法》,废除了检察院对法院及诉讼参与者的监督权,仅保留了检察院对司法审判的一般意义上的监督权,而对于检察机关在国家机关体系中的地位问题并未提及。但是检察院依据刑事诉讼法所享有的部分侦查权以及对司法诉讼程序的干预越来越引起了法院的不满,检察院与法院之间的矛盾和冲突日益尖锐。

1993 年《俄罗斯联邦宪法》的通过取消了议行合一的苏维埃制度和民

主集中制原则,以西方资本主义国家宪法为样本规定了“分权和制衡原则”,确立立法权、行政权和司法权各自分立,并相互牵制和协调,最终从根本法上确定了独立运行的司法权。在这个基础上,检察院也开始摆脱了以往的束缚,对检察院和检察权的改革也随之而来。根据《俄罗斯联邦宪法》的规定,俄罗斯联邦司法权只能由法院行使,对任何人的逮捕和羁押只能由法院决定。这不仅明确了法院与检察院的关系,也表明检察权并未包含于司法权之中,但是由于此前关于废除检察院的监督权、将检察院变为刑事追诉机关的声音与俄罗斯联邦总检察长以及反对限制检察权的力量的激烈对抗,俄罗斯理论界与实务界关于检察院的地位和作用问题的分歧依然严重,检察权与司法权的分离并没有体现在宪法中。根据《俄罗斯联邦宪法》的安排,有关检察院的内容规定在了“司法权”一章中,该章对法院行使司法权、法院组织系统和法官独立、法官保障制度以及检察院等作出了原则性规定。在检察院权能方面,《俄罗斯联邦宪法》规定俄罗斯联邦检察院是统一的、下级检察长服从上级检察长和俄罗斯联邦总检察长的集中体系,此外对俄罗斯联邦总检察长、俄罗斯联邦各主体的检察长和其他检察长的任命和解除职务进行了规定,但没有对检察权予以明确,而是规定关于检察院的地位和作用的问题由专门的联邦法律规定。宪法对检察院的规定在为检察院保留以往权限的同时,也为日后有关检察院法律地位问题的争议埋下了伏笔。①

1995 年 10 月 18 日,《对俄罗斯联邦检察院法的增补和修改法》通过。1998 年 12 月 23 日,《修改和补充〈俄罗斯联邦检察院法〉的联邦法》颁布。这些法律文件是俄罗斯检察院组成、活动以及基本原则的主要依据,明文规定俄罗斯联邦检察院自成一个统一、集中的体系,规定检察院的任务为:保障法律的崇高性、法制的统一和巩固;保护公民的社会、经济、政治和其他权利;保卫俄罗斯联邦及其成员的主权国家的权利;等等。这些法律文件还确认检察院在处理违法行为方面的职权是必须绝对执行的,包含了一系列有利于提高监督效能的规定,涉及检察员和侦查员的任命,规定只有俄罗斯联邦公民,并且受过高等法学教育、具备必需的职业素质和道德素质的人才可以担任检察员和侦查员。检察员和侦查员在同犯罪做斗争中

---

① 参见李昕:《俄罗斯民事检察制度研究》,中国检察出版社 2012 年版,第 18 页。

受国家的特别保护,可以携带有编号的武器。

(二)检察院体系

俄罗斯联邦的检察院体系由俄罗斯联邦总检察院,各联邦主体检察院(共和国、边疆区、州检察院,联邦直辖市检察院,自治州检察院,自治专区检察院),市(区)检察院以及军事检察院和运输检察院等专门检察院组成。

1. 俄罗斯联邦总检察院

俄罗斯联邦总检察院由俄罗斯联邦总检察长领导,俄罗斯联邦总检察长下设 1 名第一副总检察长和几名副总检察长。

俄罗斯联邦总检察院由各管理总局、管理局和处(与管理局同级的处,管理局所属的处)组成。各管理总局、管理局和与管理局同级的处的负责人为高级助理,其副手和各处的负责人是俄罗斯联邦总检察长的助理。在各总局、局、处设置高级检察长和检察长职位。俄罗斯联邦总检察长有顾问、高级助理和特别委托高级助理,他们的地位相当于管理局局长;助理和特别委托高级助理的地位相当于管理局副局长。俄罗斯联邦第一副总检察长和副总检察长有特别委托高级助理,他们的地位相当于管理局副局长。俄罗斯联邦总检察院下设检察委员会,由俄罗斯联邦总检察长(任主席)、第一副总检察长和副总检察长(当然成员)以及俄罗斯联邦总检察长任命的其他检察机关工作人员组成。俄罗斯联邦总检察院设有科学咨询委员会,负责审查与检察机关组织和活动有关的问题。《科学咨询委员会条例》由俄罗斯联邦总检察长批准。

俄罗斯联邦总检察院为负责管理归属检察机关和组织的联邦财产的授权联邦国家机构,并以俄罗斯联邦的名义对归属检察机关和组织所有的联邦财产项目进行俄罗斯联邦财产权的国家登记。俄罗斯联邦总检察院对其附属机关,包括疗养和保健机关,行使职权和职责。

2. 俄罗斯联邦主体检察院

俄罗斯联邦主体检察院由相应的检察长领导,检察长有第一副检察长和副检察长。俄罗斯联邦主体检察院下设管理局和处(与管理局同级的处,管理局所属的处),管理局局长和与管理局同级的处的处长是高级助理,管理局副局长和管理局所属的处的处长是俄罗斯联邦各主体检察长的助理。上述检察院中设有检察长高级助理和助理。俄罗斯联邦各主体的检察长和与之同级的检察长可以有特别委托助理,其地位相当于管理局副局长。俄罗斯联邦主体检察院中设有检察委员会,由俄罗斯联邦主体检察长(任主席)、第一副检察长和副检察长(当然成员)以及俄罗斯联邦主体检察长任命的其他检察机关工作人员组成。

3. 市(区)检察院

市(区)检察院、与之同级的军事检察院和其他专门检察院均由相应的检察长领导。上述检察院中设立了第一副检察长和副检察长、处长、检察长高级助理和助理。这个层级的检察院通常没有内部的部门机构,根据俄罗斯联邦总检察长的决定,在市(区)检察院及与之同级的检察院中设处。总体来看,俄罗斯联邦转型期检察机关系统分为三级,第一级也是最低级的系统为市(区)级检察院。

4. 专门检察院

专门检察院在苏联时代就已经被纳入俄罗斯的检察院体系之中,与其他普通检察院相比,它在特定的领域和行业内行使检察权,其专业性也更强。俄罗斯联邦时期检察院体系中的专门检察院延续了苏联时期的体系,包括军事检察院和运输检察院。

(1)军事检察院

在俄罗斯联邦专门检察院体系中,军事检察院占有重要的地位,对其的法律规范和保障问题也直接写入了《俄罗斯联邦检察院法》之中。

军事检察院系统包括军事总检察院,军区军事检察院,舰队检察院,战略火箭部队检察院,莫斯科市军事检察院,与俄罗斯联邦主体检察院平级的其他军事检察院,兵团、集团军、卫戍部队军事检察院,与市(区)检察院平级的其他军事检察院。军事检察院由兼任军事总检察长的俄罗斯联邦副总检察长领导,其负责指导军事检察院的活动,保障人员的选拔、配置和培养,对军事检察长进行评定,发布对所有军事检察院都具有强制力的命令和指示。军事检察院在俄罗斯联邦武装部队,根据联邦法律和其他规范性法律文件设立的其他部队、军队单位和机关行使自己的职权。军事检察院的设立、改组和撤销,其地位、权限、结构和编制的确定,军事检察院中除任命高级军官职务以外的军职名单的批准由俄罗斯联邦总检察长决定,其他组织和编制问题由兼任军事总检察长的俄罗斯联邦副总检察长在俄罗斯联邦军事检察院的规定人数范围内决定。军事检察院在俄罗斯联邦武装部队,根据联邦法律和其他规范性法律文件设立的其他部队、军队单位和机关行使自己的职权。

军事总检察院的结构包括管理局、处(独立和隶属于管理局的处)、办公室和接待处,各管理局和处中均设有高级检察长和检察长职位。管理局局长和独立处的处长都是高级助理,而管理局副局长和独立处的副处长、隶属于管理局的处的处长、办公室主任和接待处的主任则是军事总检察长的助理。有关军事总检察院的机构条例由军事总检察长批准。军事总检察院设立检察委员会,由军事总检察长(任主席)、第一副检察长和副检察长(为当然成员)以及军事总检察长任命的其他检察机关工作人员组成。委员会的人员构成由俄罗斯联邦总检察长根据军事总检察长的建议批准。与市和区检察院平级的军事检察院,可根据军事总检察长的决定设立检察区。因特殊情况在俄罗斯联邦其他检察机关无法履职的地方,根据国际条约在俄罗斯联邦境外驻扎俄罗斯联邦军队的地方,俄罗斯联邦总检察长可授权军事检察机关行使检察职能。

(2)运输检察院

俄罗斯联邦境内的铁路、内河、航空、海洋等运输线路对于其辽阔的国土具有特殊的政治意义和经济意义,影响着国家安全、公共安全、经济安全等重要的领域。在2000—2003年,俄罗斯联邦政府采取了包括行政体制改革措施在内的一系列改革措施,来理顺联邦和联邦主体的相互关系,强化国家垂直权力体系。在这个基础上,在2003—2005年实施行政体制改革时,俄罗斯联邦将交通部和运输部合并为大运输部,①加强了对运输系统的管理。与此相适应,俄罗斯联邦总检察长于2006年12月—2007年5月先后签署8个命令,使独立的三级运输检察院体系最终得以建立起来。②具体而言,俄罗斯联邦的运输检察院体系分为三级。第一级为俄罗斯联邦总检察院驻联邦区的总局,在7个联邦区范围内设置7个总局,分别由一名俄罗斯联邦副总检察长领导,是联邦层面运输检察机关的最高一级。第二级为跨地区的运输检察院。俄罗斯联邦共有8个跨地区的运输检察院,分别为莫斯科跨地区运输检察院、西北运输检察院、南部运输检察院、伏尔

---

① 参见刘向文:《谈俄罗斯联邦现任政府的机构改革》,载《俄罗斯中亚东欧研究》2005年第6期。

② 参见刘向文、王圭宇:《俄罗斯联邦"大运输检察机关"体系的改革及启示》,载《人民检察》2010年第13期。

加河沿岸运输检察院、乌拉尔运输检察院、远东运输检察院、西西伯利亚运输检察院和东西伯利亚运输检察院。它们的级别相当于俄罗斯联邦主体检察院。第三级为区级运输检察院。区级运输检察院为最基层的运输检察院,其隶属于各个跨地区部分,它们的级别与俄罗斯联邦区域性检察院中的市(区)检察院一样。

运输检察院的监督职能包括:(1)对联邦行政机关的区域性机关、联邦主体权力机关和地方自治机关、海关机关和运输内务机关以及其公职人员,商业组织和非商业组织的管理机关和领导人在铁路、航空、水上运输领域及海关领域执行法律的情况,以及恪守人和公民权利和自由的情况,以及上述机关和人员颁布的法律文件是否符合法律,实施监督。(2)对运输领域的调查机关和预审机关执行法律的情况实施监督。(3)对运输和海关领域各级机关和机构执行反贪污贿赂立法的情况实施监督。

俄罗斯联邦总检察院设总检察长,由联邦委员会根据联邦总统提名(提议)任命或解除。联邦各主体的检察长由俄罗斯联邦总检察长与相应的联邦主体协商后任命。俄罗斯联邦总检察长负有监督各级检察院的职责。各级检察院独立行使检察权,不受其他国家机关、社会团体和公职人员的干涉,这体现了检察院的独立性原则。各级检察院都由检察长负责,俄罗斯联邦总检察长对各级检察长实行垂直领导,下级服从上级,最终受总检察长监督,这体现了检察院系统的集中统一原则。

(三)俄罗斯联邦检察立法及其制度的发展

1998年12月23日对《俄罗斯联邦检察院法》的修改和补充主要有以下几点:(1)对第1条补充了检察院对遵守联邦宪法的监督权,这一监督权没有列入1992年和1995年《俄罗斯联邦检察院法》中。与此相关,1998年《俄罗斯联邦检察院法》规定了检察院可向俄罗斯联邦宪法法院提出对国际条约、联邦法律和其他规范性文件的宪法审查的要求。(2)在第1条第2款规定了检察机关有对民事执行的监督权。(3)进一步明确检察机关的监督对象包括一切执行机构。(4)以第251条形式恢复了检察院对即将发生的违法行为发出警告和予以制止的权力。(5)就检察院本身及其组成人员的待遇和地位作出了进一步的规定。依据1997年6月23日国家杜马通过的《检察机关工作条例》,将《俄罗斯联邦检察院法》第5章标题改为“检察院工作、检察院干部”。国家杜马1997年的条例颁布后没有取得较好的法律效果,后将其列入《俄罗斯联邦检察院法》,以增加法律效果。此章正式规定检察院工作人员是联邦国家工作人员,代表国家履行职务;还规定了检察院工作人员的劳动关系的特点,重申了检察院工作人员的任命和免职程序,规定政法院校毕业生分配至检察院必须试用6个月。第44条规定了检察院工作人员的物质和社会保障,涉及工资、奖励和表彰。取消了关于各级检察长的任期为5年的规定,参照国家工作人员的有关规定以及劳动法的规定执行。详细规定了退休待遇。

2002年,《俄罗斯联邦刑事诉讼法典》生效后,对检察院的职权进行了重大修改:(1)将以前由检察院行使的各种审前程序,如审前监禁,搜查和扣押,以及排除非法获得证据的决定权转交给俄罗斯联邦法院,取消了检察院对法院审判时的监督权,"去除了检察院对法院办案的潜在影响,法院能够更加独立地审理案件,刑事诉讼中的控辩双方可以处于更加平等的地位,同时也有利于保障犯罪嫌疑人的权利"①。(2)取消了检察长使用强制措施的决定权,将涉及人身自由权、财产权、住宅权和通信自由权等方面的强制措施的决定权转交法院行使。(3)检察院不再参与对一般经济合同诉讼案的审理,此类案件完全由法院负责。(4)拘押和解除当事人职务的权力将作为各级法院的专属权,检察机关不得干预。这增强了法院司法权力及法官在整个审判过程中的主动权,有利于司法权的运行。

从很大程度上讲,俄罗斯联邦的检察权在刑事诉讼中的地位发生了很大改变,检察长诉讼地位规定在"刑事诉讼的控方参加人"一章中,即他只能是行使控诉职能的一方当事人,强调了控辩双方的地位由不平等向平等的转变。② 对检察权的限制,"不仅是为了维护司法公正,更重要的还是为了理顺各权力机关的职权范围,改变以往国家权力过于分散、各部门之间职权重叠与职责不分的现象,使之更有利于加强国家权威"③。

《俄罗斯联邦刑事诉讼法典》的出台,以及其对检察权范围的限制,一方面提高了法院的司法独立性,另一方面也明晰了检察权的具体范畴,整

---

① 陆南泉总编、李雅君主编:《曲折的历程:俄罗斯政治卷》,东方出版社2015年版,第92页。

② 参见刘根菊、官欣:《俄罗斯联邦检察权的改革及借鉴》,载《华东政法学院学报》2004年第4期。

③ 李雅君主编:《曲折的历程:俄罗斯政治卷》,东方出版社2015年版,第103页。

体上对于检察权以及俄罗斯整个司法系统的发展具有积极意义。与此同时,也要注意到,俄罗斯检察权与司法权关系的规定依然未体现在宪法中,因此严格意义上说,俄罗斯检察权和司法权要彻底分离还需要在宪法层面上再往前迈进一步。

2013 年 11 月 22 日,《修订俄罗斯联邦宪法中〈俄罗斯联邦最高法院和俄罗斯联邦检察院〉的法律》通过,其中"就考虑到之前很早就表现出的关于修改俄罗斯宪法第 7 章名称必要性的理论性建议"[①]。基于此,2014 年 2 月 5 日,俄罗斯联邦对宪法进行了修改,将第 7 章的名称由"司法权"改为"司法权和检察机关",并确定了俄罗斯联邦副总检察长的宪法地位。俄罗斯联邦通过修改宪法,从根本法层面确认了检察机关是独立的特殊机关,而非司法权机关,同时也提升了检察机关在整个国家宪法制度中的地位,尽管没有扩大检察权,但对于检察权的顺利、独立行使具有重要意义。

俄罗斯联邦时期,检察机关的地位和权力发生变化,一改苏俄时期检察机关检察监督的权力模式,检察监督的职能与苏俄时期相比也发生了相应变化。

第一,"一般监督"的弱化。"一般监督"作为苏俄时期检察监督中最为重要的部分,就是对一切部、国家委员会和主管部门、企业、机构和组织、地方人民代表苏维埃执行和发布命令的机关、集体农庄、合作社和其他社会组织、公职人员以及公民是否严格和一律遵守法律,苏联总检察长及其所属各级检察长行使最高监督。"一般监督"作为苏联检察监督制度的核心直至苏联解体。如在讨论苏联检察监督制度时所提到的,在实行一般监督的过程中,检察长可以在权限范围内调取各部、国家委员会、主管机关及其下属机构、组织和地方人民代表苏维埃执行机关和管理机关、合作社、其他社会团体和公职人员所发布的命令、指示和其他文件,以便审查这些文件是否合法。检察长还可以要求上述机构的领导人提供必要的文件和材料,要求他们对其下属机构、企业、组织及其下属公职人员的活动进行检查和修正。此外,检察长还有权传唤公职人员和公民到检察机关,要求他们就违法情况作出口头和书面的陈述,有权对不合法的法律文件提出抗议,

---

① Н. Д. Эриашвиль. *Судебная власть в российской федерации :тенденции и перспективы развития*. М. ,2016. С. 43.

有权向国家机关和社会团体及公职人员提出书面建议以便消除违法行为、导致违法的因素和条件。可以说,“一般监督”在苏联时期呈现出的功能和角色十分特殊,甚至可以囊括整个检察监督范畴,从很大程度上说,这种宽泛性的监督并不利于检察监督制度的运行和发展。在俄罗斯联邦转型期,“一般监督”职能开始受到限制,并在缩小的趋势中逐渐明确。具体而言,在俄罗斯联邦检察监督立法的措辞方面,“一般监督”被“对执行法律的情况进行监督”取代,在规定对各执行机关遵守宪法和法律的情况,以及对颁布法律文件的合法性进行监督方面,即使比以往更加具体、明确,监督的内容也逐渐丰富,但也仅限于“执行法律的情况”,实际上成为“执法监督”。

第二,审判时监督职权的废除。与苏联时期检察监督制度相比,俄罗斯联邦转型期在检察监督领域发生的最大变化就是取消了审判时监督,即当庭监督制度。1992 年的《俄罗斯联邦检察院法》和 1995 年该法的修正案都没有提及检察院对在法庭上法律适用的监督问题。普京第一次任总统期间,对检察制度进行了改革,目的是要将检察院完全排除在司法机关之外,将检察权限制在法律监督的范围内。在 2001 年全俄罗斯检察长会议上,普京指出,《俄罗斯联邦宪法》中有关检察院在国家权力机关中地位的规定是开放性的,有关检察院的法律也没能对此作出明确的规定。① 在这种情况下,为了改变刑事审判中检察权主导、法院审判权弱化的情况,《俄罗斯联邦刑事诉讼法典》废除了检察院的审判监督职权。

可见,在《俄罗斯联邦检察院法》《俄罗斯联邦刑事诉讼法典》《俄罗斯联邦民事诉讼法典》中,仅规定了对侦查人员、调查人员进行执法监督,以及二审程序中上诉和抗诉,而废除了苏联时代检察机关对法院的审判监督职权,内化为程序内的监督。

第三,在民事检察监督领域,也发生了诸多变化。从历史发展来看,俄罗斯的民事检察监督制度是随着 1864 年司法改革中检察制度改革而形成的。当时检察官参与民事诉讼的任务是维护法律的实施,并监督当事人权利的行使。这种制度在 1911 年曾面临争论,因为“实行检察官参加民事诉讼的制度,没有产生任何实际效果,检察官的意见已经变成一些空洞的形

---

① 参见李昕:《俄罗斯联邦检察权性质初探》,载《学术探索》2009 年第 2 期。

式"[①]。1923 年《苏俄民事诉讼法典》和 1964 年《苏俄民事诉讼法典》中都规定了检察长有提起和参加民事诉讼的职权,并可以对当事人权利的行使,以及对法院行使职权进行监督。在俄罗斯联邦时期,民事检察权问题是随着讨论民事诉讼法典的制定而被提出的。1993 年,在讨论制定不同于《苏俄民事诉讼法典》的新法典时,有关检察长在民事诉讼中的法律地位问题是一个主要问题。[②] 经过讨论,在《俄罗斯联邦民事诉讼法典》中将检察长在民事诉讼中的权力定位为:起诉、参加由利害关系人提起的诉讼并提出结论、对调解法官审理的案件的上诉以及抗诉。2003 年《关于理解和适用民事诉讼中检察长参加民事诉讼的规定》也要求检察长可以通过起诉、提出结论、上诉和抗诉等方式参加诉讼。同时,也相应地对这些权力作出了限制,即前文提及的《俄罗斯联邦民事诉讼法典》第 45 条规定。[③] 在提出结论方面,检察长有权对强制迁出、恢复工作、生命或健康损害赔偿等案件提出结论,但检察长不能在其自己提起的民事诉讼中提出结论,对他人提起诉讼的民事案件提出结论应当在法庭审查证据之后、法庭辩论之前。在检察长上诉和抗诉的民事案件中,其权力仅限于对自己参加的案件提出上诉,以及对参加的民事案件的已生效判决和裁定提出抗诉。总体来说,俄罗斯联邦的民事检察监督的范围与苏联时期相比缩小了,这也与检察监督整体上受到限制相关,体现出了民事检察监督范畴内的情况,即"由全面监督逐步演化为有限、有条件的监督"[④]。

俄罗斯联邦转型期民事检察监督制度的改革实质上是国家干预诉权理念的变革的一种表现。转型期的俄罗斯,国家开始减少对公民之间相互关系的干预,提高了处分原则的地位,《俄罗斯联邦民法典》第 2 条就规定:"公民(自然人)和法人以自己的意志和为自己的利益取得和行使其民事权利。他们在根据合同确定自己的权利、义务方面,以及在确定不违背法律的合同条件方面,享有自由。"同时,其开始平等保护民事权利,将国家的

---

① 刘鹏:《俄罗斯民事诉讼法的变革》,知识产权出版社 2018 年版,第 110 页。

② 参见陈桂明、刘鹏:《俄罗斯民事诉讼法典的修改》,载《比较法研究》2005 年第 3 期。

③ 检察长有权为了维护公民、不确定范围的人的权利、自由和合法利益或者维护俄罗斯联邦、俄罗斯联邦主体、地方自治组织的利益,而向法院提起诉讼,但是仅限于公民因健康状况、年龄、无行为能力和其他正当理由不能亲自向法院提起诉讼的情况。

④ 李昕:《俄罗斯民事检察制度研究》,中国检察出版社 2012 年版,第 43 页。

民事权利和私人的民事权利变为平等关系,《俄罗斯联邦民法典》第1条就规定,民事立法的基本原则是确认民事立法所调整的关系参与者一律平等,财产权不受侵犯,合同自由,不允许任何人随意干涉私人事务,必须无阻碍地行使民事权利,保障恢复被侵害的权利及其司法保护。《俄罗斯联邦检察院法》也对保障权利予以规定,即检察院保障法律至上、统一和加强法制,保护人和公民的权利和自由,以及保护俄罗斯联邦国家和社会的利益。可以说,基于上述理念以及具体立法的确认,俄罗斯联邦民事检察监督制度得到了新的发展。

三、司法公正的保证制度和公证制度

(一)司法公正的保证制度

俄罗斯联邦的《控告法》于1993年4月27日生效,1995年12月14日颁布了对该法进行补充的联邦宪法性法律。依据该法的规定,可以控告的对象十分广泛,不仅仅局限于法院,还包括国家机关、地方自治机关、企业、联合体的领导人员和工作人员(含长期和临时)、社会组织、住宅建设合作社、股份公司以及工会等。控告的主要内容为:侵犯或妨碍实现公民的权利和自由,非法责成公民承担责任以及其他非法行为(已列入宪法法院管辖范围或法律已规定为其他诉讼范围的除外)。

由于俄罗斯联邦司法部不能全面、有效地保证法院的正常活动(因为司法权的地位发生了变化),自1998年起联邦最高法院设立了联邦法官代表大会,由其负责法院物质技术和资源的保证,以确保各级法院不依赖地方政府,不脱离最高法院。

依据1993年《俄罗斯联邦宪法》中"司法权"专章的规定(第125条涉及俄罗斯联邦宪法法院、第126条涉及俄罗斯联邦最高法院、第127条涉及俄罗斯联邦最高仲裁法院),俄罗斯联邦制定并颁布了《俄罗斯联邦法官地位法》《俄罗斯联邦法院体系法》,于1997年1月1日生效。2001年,俄罗斯联邦国家杜马再次通过了对《俄罗斯联邦法官地位法》的修正案,这是俄罗斯联邦国家杜马对《俄罗斯联邦法官地位法》所进行的第六次修改和补充。

近年来,俄罗斯联邦在提升司法公正方面也作出了诸多努力。例如,在司法领域运用先进科学技术可以保证司法结果的相对公平,促进司法公正,同时也可以给予每个公民接近司法正义的机会。俄罗斯在近些年的司法改革中,也逐渐对司法领域的科技手段进行实践和提高,并获得了较好的效果。2010 年时俄罗斯通过法律规定俄罗斯所有仲裁法院必须对庭审过程进行录音,原、被告通过互联网填写原告与被告信息情况的表格并通过网络提交至法院,当案件开始审理时,法院仅用传票传唤当事人一次,其后当事人必须自己从互联网上得到所有相关信息。此外,法院还可以使用视频会议作为确定证据的手段。① 此后,俄罗斯进行统一俄罗斯联邦最高法院和俄罗斯联邦最高仲裁法院案件数据库的工作,并在圣彼得堡和萨马拉州这两个地区进行统一仲裁法院和普通法院电子数据库的尝试,将国家自动化系统"司法审判"计划和仲裁系统相结合。此外,逐渐地开始转播庭审,如别尔哥罗德州被选为审判视频转播的设备测试试验场。2015 年 5 月 15 日,俄罗斯首次在国家自动化系统"司法审判"中对庭审进行视频直播。与此相关,为了提高基于信息交流技术的法院活动的公开性、大众化和透明度,建议在实施上述规划领域内优化联邦普通法院系统 1250 个大楼的司法会议过程的视频记录系统及 10,600 个大厅的音频记录系统。

2017 年 2 月 15 日,俄罗斯国家杜马全体大会二读通过一项法律案,允许对庭审现场进行在线录播,并就法律文书网上公布的时间加以规定。该法律规定庭审旁听人员及媒体记者可以对庭审现场进行在线录播,但须事先征得法院的同意。法律案特别指明,庭审现场在线发布通道的组织工作由法院进行,且必须注明即将播放庭审的网站。根据《获取俄罗斯联邦法院活动信息公示保障法》第 15 条第一部分的修订内容,法律文书应在"合理的时间内"公布上网,但最迟不得晚于最终版本作出后的 1 个月,刑事判决书的公布时间不得晚于其生效后的 1 个月,仲裁法院文书上网公布时间不得迟于其作出后的第 2 天。此外,还特别规定要保护诉讼当事人的个人信息。

俄罗斯从法律层面保证对司法领域各种技术的使用,使每个俄罗斯公民都有权通过网络获得相关案件和司法实践的信息,以及法院判决、庭审时间和其他相关信息,这使司法更加透明,也更加接近公正,对于整个司法

① 参见金晓丹编译:《电子法院——俄罗斯联邦仲裁法院》,载《人民法院报》2010 年 11 月 5 日,第 8 版。

发展都是有益的。

（二）公证制度

1993 年俄罗斯联邦于 1993 年 2 月 11 日第 4462-1 号联邦法律公布了《俄罗斯联邦公证立法纲要》（以下简称《公证立法纲要》），依据《俄罗斯联邦宪法》的原则规定，俄罗斯联邦于 1995 年 10 月 6 日由国家杜马通过了《修改和补充俄罗斯联邦公证立法纲要的联邦法》，1997 年对该纲要再次进行修改和补充，重新颁布了《俄罗斯联邦公证立法纲要》。

同苏联时期公证立法相比较，《公证立法纲要》的最大变化在于确认了国家公证机关和私人公证机关具有同样的法律效力，规定前者受司法部监督，后者的业务受国家机关监督，实际上仍由司法部履行这一职能。具体而言，在苏联时期，公证员的身份定位是国家公务员。《苏联国家公证法》第 3 条第 1 款规定：为了办理公证事务，在苏联设立国家公证处。第 4 款规定，在国家公证处里，由国家公证员主任国家公证员、副主任国家公证员、国家公证员办理公证事务，而《公证立法纲要》对公证员的身份定位作了较大突破，引入了“拉丁式”的公证员制度。《俄罗斯联邦公证立法纲要》第 1 条第 2 款明确规定，在俄罗斯联邦，公证行为由在国家公证处工作的或从事私人执业的公证员依照该纲要实施。第 2 条第 3 款规定，在实施公证行为时，公证员拥有同样的权利并承担同样的义务，无论他们是在国家公证处工作还是在从事私人执业。公证员所做成的文件具有同等的法律效力。《公证立法纲要》中对私人公证员制度作了一些特殊规定，力图使私人公证员制度能顺利在俄罗斯社会扎根，确保私人公证员能够依法独立办理公证事务并获得民众信任，同时进一步提升公证员的职业素质与形象。一是提高了公证员任职条件。《公证立法纲要》第 2 条对公证人的准入资格作出较为详细的规定。俄罗斯联邦公证人的准入条件如下：公证人员的任命程序必须是严格的，公证人必须受过高等法律教育，并且要求在国家公证事务所或者私人执业的公证人处有过最低 1 年的见习时间，而且必须通过职业考试，并且由取得公证职业资格的公民担任。如果从事法律相关工作年限不低于 3 年，见习期可以适当缩短。但是见习期仍然不得少于 6 个月。二是增加了首次任命的公证员宣誓的规定。《公证立法纲要》规定，首次被任命的公证员作如下宣誓：“我庄严宣誓，我将依照法律和良心履行公证员的义务，保守职业秘密，在自己的行为中遵循人道主义和尊重人类的原则。”作为俄罗斯联邦成员的共和国的立法可以规定其他的公证员誓词内容。三是增加了公证员义务的规定,规定自然人和法人在实现其权利和合法利益时,公证员必须给予协助,向他们解释权利和义务,预先告知实施公证行为的后果,以免不知法律给他们带来损害。公证员依照该纲要、作为俄罗斯联邦成员的共和国的立法和誓言履行自己的义务。公证员对在职业活动中所知晓的信息必须保守秘密。如果由于实施公证行为而针对公证员提起了刑事案件,法院可以免除公证员保守秘密的义务。

按照规定,只有从事国家公证事务的工作人员或者从事私人执业的公证人,才能在俄罗斯联邦进行公证行为。由司法部对从事公证工作的人员进行登记。在没有公证人的居民区,行政机关负责人实施公证工作。俄罗斯联邦领事机构负责人也可以从事公证工作。公证活动不是商业活动,不追求利润。

《公证立法纲要》规定了在国家公证事务机构工作的公证人实施的公证行为,除从事上述私人执业的公证人的公证行为外,还包括颁发继承权证明书、采取遗产保存措施。当公证区内没有国家公证事务所时,根据公证人协会和司法行政机关的共同决定,委托 1 名或者多名从事私人执业的公证人实施公证行为。但是,在配偶一方死亡的情况下,办理继承权事务时涉及的所有权证明书必须由有权办理继承事务的国家公证事务机构颁发。

《公证立法纲要》第 35 条规定,从事私人执业的公证人可以从事的公证行为包括:(1)关于法律行为发生、中止、终止等的证明;(2)经申请颁布与夫妻财产有关的证明书;(3)关于禁止让渡财产的处分行为;(4)证明文件的复印件及其节本与正本相同且无误;(5)证明文件上签名的真实性;(6)证明文件中不同语言、文字之间的转换翻译无误;(7)关于公民还存活的证明;(8)关于公民生活于某一地点的事实证明;(9)证明证件照片是公民本人;(10)关于文件时间的证明;(11)代表申请人提出申请;(12)代表委托人接受提存的金钱及证券;(13)制作执行文件;(14)制作票据拒付证明书;(15)提示票据兑付的相关文件;(16)保管文件;(17)制作海上遇难证明书;(18)证据保全。

在没有公证人的居民区,由被授权的行政机关负责人实施公证行为,包括:(1)证明遗嘱的效力;(2)证明委托书的效力;(3)对遗产采取保存措施;(4)证明文件的复印件及其节本与正本相同且无误;(5)证明文件上签名的真实性。此外,俄罗斯联邦领事机构负责人也可以实施公证行为,包括:(1)证明除了让渡位于俄罗斯联邦境内的不动产的合同以外的法律行为的效力;(2)对遗产采取保存措施;(3)颁发继承权证明书;(4)颁发夫妻共有财产所有权份额证明书;(5)证明文件的复印件及其节本与正本相同且无误;(6)证明文件上的签名的真实性;(7)证明文件中不同语言、文字之间的转换翻译无误;(8)关于公民还存活的证明;(9)关于公民生活于某一地点的事实证明;(10)证明证件照片是公民本人;(11)关于文件时间的证明;(12)代表委托人接受提存金钱及有价证券;(13)制作执行文件;(14)保管文件;(15)制作海上遇难证明书;(16)证据保全。

《公证立法纲要》规定了对公证活动的保障,即公证人员在从事公证活动过程中,必须保持不偏不倚的态度,并且要服从联邦宪法及相关的法律法规、法律文件及有关国际条约。禁止公证员和公证处工作人员泄露其在履行职责时知晓的信息和文件,但有规定的除外。有关公证行为的相关资料,只能给以其名义或者接受其委托而实施行为的人。已完成的所有公证程序,如果产生争议,就必须按照有关案件的类型,根据法院或检察院的要求,请求法院仲裁。

公证制度方面还有其他表现。例如,2019 年 12 月 25 日《俄罗斯联邦最高法院关于公司法律适用问题的指导意见》第 3 条规定,《俄罗斯联邦民法典》第 67.1 条第 3 款中对股东会决议进行公证的要求适用于一人公司。2019 年 12 月 30 日,俄罗斯联邦最高法院作出决定,回答了 2019 年 12 月 25 日前作出的股东会(股东)决议是否应该按照《俄罗斯联邦民法典》第 67.1 条第 3 款的规定进行公证的问题。俄罗斯联邦最高法院认为,上述规定只在审理与 2019 年 12 月 25 日之后作出的决议有关的案件时适用。因此,2019 年 12 月 25 日之后一人公司作出的股东会(股东)决议需要进行公证。

结 语

从俄罗斯1100多年的法律发达史来看，其经历了古代俄罗斯、中央集权时期、沙俄时期、苏俄时期和俄罗斯联邦时期，其间存在三次大转型，法律历史形态的变化和国家体制的变化紧密相关。第一次是以沙皇彼得一世改革为肇始的法制近代转型，第二次是十月革命胜利后苏维埃社会主义法的发展转型，第三次是在苏联解体、俄罗斯联邦独立之后开始的法制转型。俄罗斯法的发展恰与这三次大转型和变革相吻合，也由此呈现出俄罗斯法律的演变轨迹。在古代俄罗斯时期，《罗斯法典》作为主要的法律文件，虽然既不是世界上第一部法典，也没有像古希腊、罗马法那样影响欧陆法律发展的进程，但它是俄罗斯法制的基础，在国家的法制进程中占有重要地位。站在世界法律发展进程的角度来看，它的存在具有不可磨灭的历史意义。在俄罗斯统一后的中央集权国家时期，《一四九七年律书》《一五五〇年律书》《一六四九年会典》都在俄罗斯法的历史上具有时代意义。在近代社会，俄罗斯法的重要发展和转型始于沙皇彼得一世开始的大规模改革，它所带来的意义是开启了俄罗斯国家和法的国际化进程，开拓了俄罗斯法发展的视野。沙俄经历过多次法制改革，尽管不止一次地被一些运动阻碍，但依然在摇摆中前进。十月革命胜利后，苏维埃政权在俄罗斯建立，俄罗斯法的发展开启了第二次转型，即社会主义转型，这不仅开启了俄罗斯国家与法的全新发展历史，也呈现了世界国家与法的发展的全新面貌。苏维埃政权的取得及其国家的建立是通过革命手段实现的，在很大程度上改变了此前的“旧制度”，所以苏维埃政权建立之后便开始进行大规模的、带有革命性的社会主义革新，这种革新涉及国家机器和社会制度，其中法律被改造成具有革命性和工具性的制度。此后，苏维埃国家不断发展，经历多次法制改革，并在一定程度上形成了具有苏维埃社会主义性质的法制形态。苏联解体之后,俄罗斯政治制度和经济制度都发生了巨大变化,俄罗斯再一次经历社会转型。俄罗斯联邦虽然无法立即中断与此前的关联,但是作为一个主权独立国家,它于20世纪90年代迅速在新的历史条件下进行社会转型,政治和经济层面的变化将其法律制度推向了一个新的历史发展阶段。从现阶段来看,其法制已经呈现出了自身特色。俄罗斯法的发展还在继续,其修法频率之高和速度之快或许已经让我们无法快速及时了解最新的法制内容。

在俄罗斯法的发展进程中也衍生出其法治问题。在法治现代化背景下,俄罗斯的法治发展和法治现代化是其现代社会发展的一种必然选择。尽管俄罗斯选择的法治发展模式颇有争议,但是从俄罗斯法的发展状况考察,它在不断地探索和实践中已经逐渐形成了自身的法治发展路径,具有独特性。在当代,俄罗斯将会不断更新和发展其法律制度,不断凸显其法治发展的特色,在法治现代化的道路上继续前行。

参考文献

一、外文资料

1. А. В. Шободоева. История отечественного государства и права: курс лекций и методические материалы. И. ,2009.

2. А. И. Бастрыкина, А. А. Усачева. Уголовныйпроцесс. М. ,2014.

3. Б. В. Виленский. Росское законодательство X－XX веков. Том8. М. ,1991.

4. Б. Н. Земцов. История государства и права России. М. ,2008.

5. Башлаков－Николаев И. В. Об изменениях в нормахобадмини стративной ответственности в сфере защиты конкуренции // ЗаконыРоссии: опыт, анализ, практика. 2016. No 3.

6. Тихомиров М. Н. Исследование о русской правде. М－Л. 1941.

7. Белковец. Л. П. , Белковец. В. В. История государства и права России курис лекций. Новосибирск. ,2000.

8. С. В. Юшков. Русская Правда. М. ,2002.

9. Смагина А. Ю. Развитие системы антимонопольного законодательства в России. Таврический научный обозреватель. 2016. No 3.

10. Сергеев А. П. Право интеллектуально собственности в Российской Федерации. М. ,2007.

11. Смагина А. Ю. Развитие системы антимонопольного законодатель ства в России. Таврический научный обозреватель. 2016. No 3.

12. Енгибарян Р. В. Конституционное развитие в современном мире.

Основные тенденции. М. ,2007.

13. Троицкий. Н. А. Адвокатура в России и политические процессы 1866 – 1904 гг. Тула. ,2000.

14. Н. Калачовь. Текст Русской Правды на основании четырехь списковь разныхь редакции. С–П. ,1889.

15. Н. В. Давыдов, Н. Н. Полянский. Судебная Реформа. Том1. М. ,1915.

16. Н. А. Омельченко. История государственного управления в России. М. ,2014.

17. Н. Д. Эриашвиль. Судебная власть в российской федерации : тенденции и перспективы развития. М. ,2016.

18. Н. П. Кирилловой, Н. Г. Стойко. Право охранительные органы. М. ,2016.

19. Ю. Л. Проценко. Древнерусское государство и право: лекция. В. ,2000.

20. Ющков. С. В. История государства и права СССР. Ч. 1. М. ,1950.

21. Ю. П. Титов. История государства и права России. М. ,2014. 22. М. В. Нечкиной, Б. А. Рыбакова. История СССР(Том1). М. ,1956.

22. М. Ф. Владимирский – Буданов. Обзор истории русского права. М. ,2005.

23. ОсипянБ. А. Конституционно – судебное разрешение споровоком петенции // Российская юстиция. 2008. No 2.

24. Попов. А. Русская Правда в отношении к уголовному праву. М. ,1841.

25. Владимирский – Буданов. М. Ф. Обзор исстории русского права. Р. ,1995.

26. Восиковский. Е. В. Организация адвокатуры. СПб. ,Ч. 1.

27. В. М. Сырых. История государства и права России (Том2). М. ,2014.

28. В. И. Еременко. О создании в Российской Федерации суда по интеллектуа-льным правам // Законодательство и экономика. 2012. No 8.

29. Иванова В. В. Институт присяжных заседателей какнасущный институт судебной системы в России//Актуальные проблемы права: материалы V Междунар. науч. конф. М. ,2016.

30. МещеряковВ. А. Патетные споры в России. Ктопоставитточку ? // Патен-тыилицензии. 1996. No 9.

31. Чельцов. М. А. Уголовный процесс. М. ,1948.

二、中文著作

1.《列宁全集》,人民出版社 2017 年版。

2.《列宁选集》,人民出版社 1972 年版。

3.《斯大林全集》(第 25 卷),人民出版社 1958 年版。

4.《苏联共产党代表大会、代表会议和中央全会决议汇编》(第 1 分册),中共中央马克思恩格斯列宁斯大林著作编译局译,人民出版社 1964 年版。

5.《苏联共产党代表大会、代表会议和中央全会决议汇编》(第 4 分册),中共中央马克思恩格斯列宁斯大林著作编译局译,人民出版社 1957 年版。

6.《1922 年苏俄民法典》,郑华译,法律出版社 1956 年版。

7. [俄]拉夫连季编:《往年纪事:古罗斯第一部编年史》,朱寰、胡敦伟译,商务印书馆 2011 年版。

8. [俄]О. И. 奇斯佳科夫主编:《俄罗斯国家与法的历史》(上卷)(第 5 版),徐晓晴译,付子堂审校,法律出版社 2014 年版。

9. [俄]О. И. 奇斯佳科夫主编:《俄罗斯国家与法的历史》(下卷)(第 5 版),徐晓晴译,付子堂审校,法律出版社 2014 年版。

10. [俄]鲍里斯·尼古拉耶维奇·米罗诺夫:《俄国社会史:个性、民主家庭、公民社会及法制国家的形成(帝俄时期:十八世纪至二十世纪初)》(下卷),张广翔等译,山东大学出版社 2006 年版。

11. [俄]瓦·奥·克柳切夫斯基:《俄国史教程》(第 1 卷),张草纫、浦允南译,商务印书馆 1992 年版。

12. [俄]瓦·奥·克柳切夫斯基:《俄国史教程》(第 3 卷),左少兴等译,商务印书馆 2013 年版。

13. [俄]瓦·奥·克柳切夫斯基:《俄国史教程》(第4卷),张咏白等译,商务印书馆2013年版。

14. [俄]К. Ф. 古岑科主编:《俄罗斯刑事诉讼教程》,黄道秀、王志华等译,中国人民公安大学出版社2007年版。

15. [俄]弗·沃·日里诺夫斯基:《俄罗斯的命运》,李惠生等译,新华出版社1995年版。

16. [俄]Ю. Е. 维诺库罗夫主编:《检察监督》(第7版),刘向文译,中国检察出版社2009年版。

17. [苏]С. В. 尤什可夫:《苏联国家与法权历史》(第1卷),中国人民大学出版社1954年版。

18. [苏]瓦里赫米托夫:《苏联国家与法的历史:俄罗斯国家与法的历史》,中国人民大学国家与法的历史教研室译,中国人民大学出版社1956年版。

19. [苏]尼·米·尼科利斯基:《俄国教会史》,丁士超、苑一博、杜立克等译,丁士超校,商务印书馆2000年版。

20. [苏]Б. Б. 卡芬加乌兹、[苏]Н. И. 巴甫连科主编:《彼得一世的改革》(上册),郭奇格等译,商务印书馆1997年版。

21. [苏]Г. М. 斯维尔特洛夫:《苏维埃婚姻—家庭法》,方城译,作家书屋1954年版。

22. [苏]А. 盖尔青仲编:《苏联和苏俄刑事立法史料汇编》,郑华、王增润等译,法律出版社1956年版。

23. [苏]Л. Н. 古谢夫编、[苏]С. А. 郭伦斯基审定:《苏联和苏俄刑事诉讼及法院和检察院组织立法史料汇编(1917—1954)》(上、下册),王增润、赵涵舆、范宏源等译,法律出版社1958年版。

24. [美]拉伊夫:《独裁下的嬗变与危机——俄罗斯帝国二百年剖析》,蒋学祯、王端译,谭汝谦、汤象校,学林出版社1996年版。

25. 陈之骅主编:《俄国沙皇列传》,东方出版社1999年版。

26. 陈志强:《巴尔干古代史》,中华书局2007年版。

27. 戴学正等编:《中外宪法选编》(上册),华夏出版社1994年版。

28. 孙成木、刘祖熙、李建主编:《俄国通史简编》(上),人民出版社1986年版。

29. 刑广程:《苏联高层决策70年:从列宁到戈尔巴乔夫》,世界知识出版社 1998 年版。

30.《苏联刑法科学史》,曹子丹、张广贤等译,法律出版社 1984 年版。

31. 薛君度、陆南泉主编:《新俄罗斯:政治、经济、外交》,中国社会科学出版社 1997 年版。

32.《俄罗斯联邦民法典》(全译本),黄道秀译,北京大学出版社 2007 年版。

33. 陆南泉等:《俄罗斯国家转型研究》,社会科学文献出版社 2013 年版。

34. 于沛、戴桂菊、李锐:《斯拉夫文明》,中国社会科学出版社 2001 年版。

35. 王钺:《〈罗斯法典〉译注》,兰州大学出版社 1987 年版。

36. 赵士国:《俄国政体与官制史》,湖南师范大学出版社 1998 年版。

37. 赵振英:《俄国政治制度史》,辽宁师范大学出版社 2000 年版。

38. 张建文:《俄罗斯民法典编纂史研究》,中国政法大学出版社 2012 年版。

39. 张建文:《俄罗斯知识产权立法法典化研究》,知识产权出版社 2011 年版。

40. 庞冬梅:《俄罗斯刑法总则制度研究》,法律出版社 2023 年版。

41. 陶惠芬:《俄国近代改革史》,中国社会科学出版社 2007 年版。

42. 李昕:《俄罗斯民事检察制度研究》,中国检察出版社 2012 年版。

43. 鄢一美:《俄罗斯当代民法研究》,中国政法大学出版社 2006 年版。

44. 李雅君主编:《曲折的历程:俄罗斯政治卷》,东方出版社 2015 年版。

45. 刘鹏:《俄罗斯民事诉讼法的变革》,知识产权出版社 2018 年版。

46. 周珩、龙长海:《当代俄罗斯法律制度概述》,当代世界出版社 2021 年版。

47. 韩大元主编:《外国宪法》(第 4 版),中国人民大学出版社 2013 年版。

三、中文论文

1. [摩尔多瓦]亚历山大·斯维特利奇尼(Alexandr Svetlicinii)、张娟娟、何菁:《金砖国家的竞争法制度体系——为保护市场竞争而发展的更好模型和机制》,何菁译,载《复旦公共行政评论》2017年第2期。

2. 朱寰:《略论〈罗斯法典〉产生的社会条件》,载《求是学刊》1994年第3期。

3. 王松亭:《〈罗斯法典〉形成始末——俄国法制史研究之一》,载《吉林大学社会科学学报》1994年第3期。

4. 王佳慧:《当代俄罗斯外资立法的发展》,载《俄罗斯中亚东欧市场》2012年第9期。

5. 王佳慧:《〈俄联邦劳动法典〉中的劳动权利保护制度——兼谈我国劳动立法的完善》,载《湖北社会科学》2008年第12期。

6. 王志华:《论俄罗斯知识产权法的民法典化》,载《环球法律评论》2009年第6期。

7. 王志华:《论俄罗斯民法典的编纂及其历史继承性》,载《学习与探索》2008年第4期。

8. 刘向文、王圭宇:《俄罗斯联邦检察制度及其对我国的启示》,载《中国刑事法杂志》2010年第9期。

9. 刘向文:《谈俄罗斯联邦检察制度的历史发展》,载《俄罗斯中亚东欧研究》2008年第6期。

10. 刘向文:《谈俄罗斯联邦现任政府的机构改革》,载《俄罗斯中亚东欧研究》2005年第6期。

11. 刘向文、王圭宇:《俄罗斯联邦"大运输检察机关"体系的改革及启示》,载《人民检察》2010年第13期。

12. 刘根菊、官欣:《俄罗斯联邦检察权的改革及借鉴》,载《华东政法学院学报》2004年第4期。

13. 刘秋岑、张若城:《俄罗斯联邦宪法法院的三十年改革与发展》,载《澳门法学》2021年第3期。

14. 刘继峰:《俄罗斯反垄断法规制行政垄断之借鉴》,载《环球法律评论》2010年第2期。

15. 刘继峰:《俄罗斯反垄断法"协同行为"认定标准的创新及借鉴》,载《法商研究》2011年第3期。

16. 刘继峰:《俄罗斯的经济转型与反垄断法规制目标的转向》,载张守文主编:《经济法研究》总第 20 卷,北京大学出版社 2018 年版。

17. 李昕:《俄罗斯联邦检察权性质初探》,载《学术探讨》2009 年第 2 期。

18. 廉雅荣、薛瑞麟:《俄罗斯的司法改革》,载陈光中、江伟主编:《诉讼法论丛》(第 2 卷),法律出版社 1998 年版。

19. 郭响宏:《近代俄国陪审制度的创立及其实践》,载《世界历史》2012 年第 4 期。

20. 郭连成:《俄罗斯中小企业改革发展历程与政府扶持政策》,载《俄罗斯东欧中亚研究》2021 年第 6 期。

21. 郭连成:《新版〈俄罗斯联邦税法典〉(第一部)简介》,载《东欧中亚市场研究》1999 年第 11 期。

22. 米铁男:《俄罗斯刑事陪审团制度刍议》,载《中国刑事法杂志》2011 年第 5 期。

23. 陈桂明、刘鹏:《俄罗斯民事诉讼法典的修改》,载《比较法研究》2005 年第 3 期。

24. 施刚:《探索中的俄罗斯联邦知识产权法院》,载《科技与法律》2015 年第 1 期。

25. 施刚:《俄罗斯知识产权"入典"的历史选择》,载易继明主编:《私法》第 14 辑 · 第 1 卷(总第 27 卷),华中科技大学出版社 2017 年版。

26. 熊建军:《俄罗斯知识产权文化与法律保护》,载《欧亚经济》2014 年第 3 期。

27. 胡云红:《俄罗斯陪审团制度的重建及其对完善我国人民陪审员制度的启示》,载《法律适用》2015 年第 2 期。

28. 章礼明:《评俄罗斯刑事陪审团制度的重建》,载《河北法学》2004 年第 8 期。

29. 哈书菊:《俄罗斯行政诉讼的制度构建和理论走向》,载《俄罗斯中亚东欧研究》2004 年第 2 期。

30. 庞冬梅:《俄罗斯刑罚阶梯制度研究》,载赵秉志主编:《刑法论丛》(第 39 卷),法律出版社 2014 年版。

31. 尹丽华:《俄罗斯联邦刑事诉讼法的创新发展》,载《当代法学》2004 年第 4 期。

32. 尹丽华:《刑事诉讼法律观的嬗变——俄罗斯新刑事诉讼法评析》,载《现代法学》2003 年第 6 期。

33. 鄢一美:《俄罗斯第三次民法法典化——写在俄联邦新民法典中译本出版之际》,载《比较法研究》2000 年第 1 期。

34. 鄢一美:《俄罗斯社会转型与民法法典化》,载《比较法研究》2015 年第 3 期。

35. 於海梅:《2020 年〈俄罗斯联邦宪法〉修改前后文本对照》,载《法治现代化研究》2020 年第 4 期。

36. 李洪杰:《俄罗斯刑事诉讼法的发展——兼论中俄刑事诉讼法的比较》,载《黑龙江省政法管理干部学院学报》2017 年第 5 期。

37. 龙长海:《俄罗斯刑法二十年:修改变化与发展态势》,载江溯主编:《刑事法评论》第 46 卷,北京大学出版社 2023 年版。

38. 莫洪宪:《俄罗斯联邦刑法典的变革》,载《法学评论》1997 年第 5 期。

39. 温恒国:《分合之间:俄罗斯行政诉讼的立法演变》,载《求是学刊》2020 年第 4 期。

40. 邢梅:《转型时期俄罗斯反垄断法的政策含义》,载张守文主编:《经济法研究》第 9 卷,北京大学出版社 2011 年版。

41. 张誉馨:《俄罗斯税制改革:现状与前景》,载《俄罗斯学刊》2021 年第 6 期。

42. 张剑波:《俄罗斯联邦刑事诉讼法典的变迁及其制度创新》,载《法学评论》2004 年第 4 期。

43. 张建文:《俄罗斯联邦民法典现代化中的非物质利益制度变革》,载《学术交流》2016 年第 9 期。

44. 张建文:《大国崛起的法治之路——俄罗斯民法典编纂活动及其历史启示》,载《人民论坛 · 学术前沿》2013 年第 17 期。

45. 张建文:《俄罗斯知识产权立法法典化的创举:统一技术权制度》,载《重庆理工大学学报(社会科学版)》2010 年第 3 期。

46. 赵华胜:《波谲云诡的俄罗斯政局——俄总统和议长的争斗》,载《国际展望》1993 年第 6 期。

大事年纪

882 年,基辅罗斯建立。

1147 年,莫斯科城建成。

1243 年,蒙古建立金帐汗国,对东北罗斯和西南罗斯进行统治。

1480 年,俄罗斯摆脱蒙古的统治。

1497 年 9 月,《一四九七年律书》颁布,其为俄罗斯中央集权制国家的第一部法典。

1547 年 1 月,伊凡四世加冕即位,改大公称号为“沙皇”,莫斯科公国称“沙皇俄国”,沙俄历史由此开始。

1549 年 2 月 27 日,沙俄历史上第一次缙绅会议召开,中心议题为政治改革和制定新法典,主要目的是加强中央集权统治,这次会议的召开标志着沙俄等级代表君主制的确立。

1613 年,米哈依尔·罗曼诺夫被选为沙皇,罗曼诺夫王朝开始。

1689 年,彼得一世亲政,接手沙俄政权进行执政。

1712 年,彼得一世将沙俄首都从莫斯科迁到圣彼得堡。

1721 年,彼得一世称“俄罗斯帝国皇帝”,改国号为俄罗斯帝国。

1762 年,叶卡捷琳娜二世率领禁卫军发动政变后即位。

1767 年,叶卡捷琳娜二世召集新法典起草委员会会议,宣布女皇训令,主张“开明专制”。

1809 年,斯佩兰斯基提出国家改革草案,主张沙俄在君主立宪制下实行杜马制度。

1825 年 12 月,“十二月党人”起义。

1830 年,沙俄颁布了《俄罗斯帝国法令全集》。

1833 年,沙俄颁布了《俄罗斯帝国法律全书》,1835 年 1 月 1 日生效。

1861 年，亚历山大二世签署了改革法令和关于废除农奴制的特别宣言。

1864 年，亚历山大二世颁布司法改革法令，沙俄进行司法改革。

1905—1907 年，沙俄发生第一次资产阶级民主革命。

1905 年，第一个工人代表苏维埃成立。

1905 年 10 月，沙皇尼古拉二世颁布了《关于完善国家制度的宣言》，允诺赋予公民自由，赋予国家杜马以立法职权。

1906 年 4 月 23 日，国家批准了《俄国根本法》，规定了沙皇、杜马和国务会议的权限。

1906 年 4 月 27 日，沙俄第一届国家杜马召开。

1910 年 6 月 14 日，国家杜马通过了斯托雷平的土地改革法令。

1914 年，沙俄参加第一次世界大战。

1917 年，沙俄发生第二次资产阶级革命（二月革命），推翻了沙皇政权，由克伦斯基以及其他一些社会革命党、立宪民主党人控制，组成了临时政府。

1917 年 3 月，沙皇尼古拉二世签署了退位宣言。

1917 年 11 月 7 日，十月革命胜利。俄国召开了全俄工兵代表苏维埃第二次代表大会，通过了《告工人、士兵和农民书》，宣告临时政府已经被推翻，次日通过了《和平法令》和《土地法令》。

1918 年 1 月 5 日，苏俄召开立宪会议。

1918 年 1 月 23 日，全俄工兵代表苏维埃第三次代表大会召开，1 月 25 日通过了《被剥削劳动人民权利宣言》，宣告俄罗斯苏维埃联邦社会主义共和国成立。

1918 年 7 月 10 日，在全俄苏维埃第五次代表大会上通过苏维埃第一部宪法《俄罗斯苏维埃联邦社会主义共和国宪法（根本法）》，即 1918 年《苏俄宪法》。

1921 年 3 月，颁布了《关于用粮食税代替余粮征集制的法令》，新经济政策开始实行。

1922 年 5 月，第九届全俄中央执行委员会第三次会议通过了《苏俄刑法典》。

1922 年 10 月，第九届全俄中央执行委员会第四次会议通过了《苏俄土地法典》《苏俄劳动法典》《苏俄民法典》,批准了《苏俄法院组织条例》,建议修订 1922 年制定的《苏俄刑事诉讼法典》。

1922 年 12 月 23 日至 29 日,举行全俄工兵代表苏维埃第十次代表大会,讨论成立苏联的问题,一致通过了《关于成立苏维埃社会主义共和国联盟的决议》和《关于俄罗斯联邦以平等共和国的资格加入苏联的决议》。1922 年 12 月 30 日,在苏维埃社会主义共和国联盟第一次苏维埃代表大会上,通过了《苏联成立宣言》和《苏联成立条约》。俄罗斯、乌克兰、白俄罗斯、外高加索苏维埃社会主义联邦共和国组成。

1923 年 7 月,第十届全俄中央执行委员会第二次会议通过了《苏俄民事诉讼法典》和《苏俄森林法典》。

1924 年 1 月,苏联第二次苏维埃代表大会批准了 1924 年《苏联宪法》。

1924 年 1 月,列宁逝世。

1925 年 5 月,通过了《俄罗斯苏维埃联邦社会主义共和国宪法》,即 1925 年《苏俄宪法》。

1926 年,全俄中央执行委员会决议通过了新的《苏俄刑法典》。

1927 年 12 月,联共(布)的第十五次代表大会提出实行农业集体化的方针,此后,新经济政策逐渐被取消。

1933 年 6 月,以苏联检察长为首的苏联检察院成立。

1936 年 12 月 5 日,苏联第八次苏维埃代表大会批准了新的《苏联宪法》,即 1936 年《苏联宪法》。

1953 年 3 月 5 日,斯大林去世。

1953 年 9 月,赫鲁晓夫成为苏共中央第一书记。

1958 年 12 月,苏联最高苏维埃通过《苏联和各加盟共和国刑事立法纲要》。

1961 年 12 月 8 日,苏联最高苏维埃通过《苏联和各加盟共和国民事立法纲要》,这是规定民事法律调整的基本原则的第一个全联盟的法典式文件。

1964 年 6 月 11 日,苏联最高苏维埃通过《苏俄民法典》。

1964 年 10 月,苏共中央解除了赫鲁晓夫的一切职务,勃列日涅夫出任苏共中央第一书记。

1977 年 10 月 4 日至 7 日,举行了苏联最高苏维埃第七次非常会议。

苏联最高苏维埃对宪法草案的每一篇都进行单独表决，通过了 1977 年《苏联宪法》。

1979 年 11 月 30 日，苏联最高苏维埃根据 1977 年《苏联宪法》通过了《苏联最高法院法》《苏联检察院法》《苏联律师法》。

1979 年 11 月 30 日，《苏联国家仲裁法》通过。

1982 年 11 月 10 日，勃列日涅夫病故。安德罗波夫于 11 月 12 日当选为苏共中央总书记兼国防会议主席，1983 年 6 月又当选为苏联最高苏维埃主席团主席。

1984 年 2 月 9 日，安德罗波夫病逝，契尔年科担任苏共中央总书记。

1985 年 3 月 11 日，戈尔巴乔夫于苏共中央非常全会当选为苏共中央总书记、苏联国防会议主席。

1988 年 6 月，苏联共产党第十九次代表大会通过了《关于苏联社会民主化和政治体制改革的决议》。

1990 年 3 月 14 日，戈尔巴乔夫在苏联第三次（非常）人民代表大会上当选为苏联首任总统。

1990 年 6 月，俄罗斯联邦通过了《俄罗斯苏维埃联邦社会主义共和国国家主权宣言》，俄罗斯苏维埃联邦最高苏维埃主席叶利钦签署，宣布俄罗斯苏维埃联邦拥有“绝对主权”。

1990 年 10 月 19 日，苏联最高苏维埃通过了《稳定国民经济和向市场经济过渡的基本方针》，以总统的名义提出了向市场经济过渡的纲领。

1991 年 5 月，俄罗斯苏维埃联邦社会主义共和国第四次人民代表大会审议通过了《俄罗斯苏维埃联邦社会主义共和国总统选举法》。

1991 年 6 月 12 日，在直接选举俄罗斯苏维埃联邦社会主义共和国总统的全民投票中，叶利钦当选为第一任总统。

1991 年 8 月，苏联发生“八一九”事件。

1991 年 9 月召开的苏联非常人民代表大会通过了《过渡时期苏联国家权力机关和管理机关法》，规定在过渡时期苏联的最高国家权力复归最高苏维埃，民族院改称为共和国院，联盟院通过的法律只有在共和国院批准之后才能生效。

1991 年 9 月 6 日，苏联通过决议，承认爱沙尼亚、拉脱维亚、立陶宛三个加盟共和国独立。

1991年10月24日,俄罗斯联邦最高苏维埃批准了叶利钦总统提出的《俄罗斯司法改革构想》,司法改革正式提上日程。

1991年10月28日至30日,俄罗斯联邦第五次人民代表大会选举产生了13名联邦宪法法院法官,第一次成立俄罗斯联邦宪法法院。

1991年12月8日,俄罗斯联邦、白俄罗斯、乌克兰三个加盟共和国的领导人在别洛韦日签署《关于建立独立国家联合体的协议》,宣布组成"独立国家联合体"。

1991年12月21日,除波罗的海三国和格鲁吉亚外的苏联11个加盟共和国签署《阿拉木图宣言》和《关于武装力量的议定书》。

1991年12月25日,戈尔巴乔夫发表电视讲话正式宣布辞职,"俄罗斯苏维埃联邦社会主义共和国"改名为"俄罗斯联邦共和国",苏联解体。

1991年12月26日,苏联最高苏维埃共和国院举行最后一次会议,宣布苏联停止存在。俄罗斯联邦成为完全独立的国家,并成为苏联的唯一继承国。

1993年9月21日,叶利钦宣布解散俄罗斯联邦人民代表大会和最高苏维埃。

1993年12月12日,俄罗斯举行了国家杜马选举,同时对最新的宪法草案进行全民投票,通过了《俄罗斯联邦宪法》。

1994年7月21日,俄罗斯总统叶利钦签署并颁布了《俄罗斯联邦宪法法院法》,由此组建了新的俄罗斯联邦宪法法院。

1996年5月24日,国家杜马通过《俄罗斯联邦刑法典》,联邦委员会于7月5日批准、俄罗斯联邦总统叶利钦于7月13日签署公布该法典,该法典于1997年1月1日起生效实施。

1999年12月31日,叶利钦发表电视讲话,宣布提前卸去总统职务,并任命总理普京为代总统。

2001年12月17日,俄罗斯联邦总统普京签署并公布《俄罗斯联邦刑事诉讼法典》。

2002年11月14日,俄罗斯联邦总统普京签署并公布《俄罗斯联邦民事诉讼法典》。

2011年12月16日,于瑞士日内瓦举行的世界贸易组织(WTO)第八届部长级会议正式批准俄罗斯加入世界贸易组织。

2014 年 2 月 5 日,《俄罗斯联邦宪法》修改,将第 7 章名称由“司法权”改为“司法权和检察机关”。

2014 年 5 月 29 日,俄罗斯与白俄罗斯、哈萨克斯坦三国总统在哈萨克斯坦首都阿斯塔纳签署《欧亚经济联盟条约》。

2020 年 3 月 14 日,俄罗斯联邦总统普京签署了国家杜马和联邦委员会于 2020 年 3 月 11 日通过的《关于调整完善个别公共权力组织和功能问题的〈俄罗斯联邦宪法〉修正案》,6 月 25 日至 7 月 1 日举行全民公投,最终以 67. 97%的投票率和 77. 92%的支持率获得通过。